Psychologie

Eine Einführung in ihre Grundlagen und Anwendungsfelder

Herausgegeben von
Dietrich Dörner und Herbert Selg

Mit Beiträgen von
Detlef Berg, Hans Th. Bick, Jan Born, Veronika Brandstätter, Dietrich Dörner, Peter M. Gollwitzer, Heinz W. Kreuzig, Hermann J. Liebel, Jürgen Merz, Harald Meyer, Hans Mogel, Hans Reinecker, Franz Reither, Astrid Schütz, Herbert Selg, Dieter Ulich

Verlag W. Kohlhammer
Stuttgart Berlin Köln

CIP-Kurztitelaufnahme der Deutschen Bibliothek

Psychologie : eine Einführung in ihre Grundlagen und Anwendungsfelder / hrsg. von Dietrich Dörner und Herbert Selg. Mit Beitr. von Detlef Berg ... 2., überarb. und erw. Aufl. - Stuttgart ; Berlin ; Köln : Kohlhammer, 1996
ISBN 3-17-012266-5
NE: Dörner, Dietrich [Hrsg.]; Berg, Detlef

2., überarbeitete und erweiterte Auflage

Stuttgart Berlin Köln
Verlagsort: Stuttgart
Gesamtherstellung:
W. Kohlhammer Druckerei GmbH + Co. Stuttgart
Printed in Germany

Inhalt

Anschriften

Herausgeber und Autoren

Prof. Dr. Dietrich Dörner	Lehrstuhl Psychologie II, Universität Bamberg, Markusplatz 3
Prof. Dr. Herbert Selg	Lehrstuhl Psychologie I, Universität Bamberg, Markusplatz 3

Autoren

Prof. Dr. Detlef Berg	Schulpsychologie, Universität Bamberg
Dipl.-Psych. Hans-Thomas Bick	vormals Mitarbeiter am Lehrstuhl Psychologie II, Universität Bamberg
Prof. Dr. Jan Born	Physiologische Psychologie, Universität Bamberg
Dr. Veronika Brandstätter	Mitarbeiterin am Lehrstuhl für Sozialpsychologie, Universität München, Leopoldstraße 13
Prof. Dr. Peter M. Gollwitzer	Lehrstuhl für Sozialpsychologie, Universität Konstanz, Postfach 5560
Dipl.-Psych. Heinz Werner Kreuzig	Beratender Psychologe, Raidingerstraße 3, München
Prof. Dr. Hermann Liebel	Organisations- und Sozialpsychologie, Universität Bamberg
Dr. Jürgen Merz †	vormals Mitarbeiter am Lehrstuhl für Psychologie I, Universität Bamberg
Dr. Harald Meyer	Akademischer Oberrat, Mitarbeiter am Lehrstuhl für Psychologie II, Universität Bamberg

Prof. Dr. Hans Mogel	Lehrstuhl für Psychologie, Universität Passau, Innstraße 51 und 59
Prof. Dr. Hans Reinecker	Lehrstuhl für Klinische Psychologie, Universität Bamberg
Dr. Franz Reither	vormals Mitarbeiter am Lehrstuhl Psychologie II, Universität Bamberg
Dr. Astrid Schütz	Mitarbeiterin am Lehrstuhl für Persönlichkeitspsychologie, Universität Bamberg
Prof. Dr. Dieter Ulich	Lehrstuhl für Psychologie, Philosophische Fakultät I, Universität Augsburg, Universitätsstraße 10

Vorwort

Chronologisch betrachtet, ist dieses Vorwort wie die meisten anderen ein Nachwort: Es wurde geschrieben, als fast alle Kapitel schon feststanden.

Nach Überzeugung der Herausgeber besteht für das Fach Psychologie ein Mangel an deutschsprachigen Einführungstexten; die zahlreichen angloamerikanischen Bücher können die besondere Lage der Psychologie bei uns nicht hinreichend berücksichtigen.

Wir haben uns bei der Gliederung von dem derzeit bestehenden Kanon psychologischer Teil-Fächer leiten lassen, der für das *Psychologie-Grundstudium* an den Universitäten der Bundesrepublik Deutschland recht einheitlich geregelt ist. Somit findet der Leser Kapitel zur *Allgemeinen Psychologie* (mit den Unterteilungen Handeln, Motivation und Emotion, Wahrnehmung, Gedächtnis und Lernen, Denken und Sprache), zur *Entwicklungs*psychologie, zur *Persönlichkeits-* und *Sozial*psychologie, aber auch zur *Methoden*lehre und zu den *biologisch-physiologischen Grundlagen* der Psychologie. Die beiden letztgenannten Kapitel haben wir trotz ihrer schwierigen Materie zusammen mit einem speziellen Einführungskapitel an den Anfang des Buches gerückt, wo ihr logischer Platz ist. An dieser Stelle möchten wir betonen, daß u. E. *alle Kapitel in sich geschlossen* genug sind, um in nahezu beliebiger Reihenfolge gelesen zu werden.

Wir möchten mit diesem Buch aber auch in die Fächer des sog. *Psychologie-Hauptstudiums* einführen; das ist im Psychologiestudium der auf das Zwischenexamen folgende zweite Studienabschnitt. Dies tun wir zum einen, weil wir möchten, daß die an Psychologie Interessierten, zumal die Studierenden, recht schnell einen Überblick über das gesamte Fach erhalten sollen; zum anderen, weil viele Interessen vorwiegend der Klinischen Psychologie gelten, die aber erst im Hauptstudium angeboten wird, und somit bei einer auf das Grundstudium reduzierten Einführung fast völlig vernachlässigt werden müßte.

Mit den darzustellenden Teilfächern aus dem Hauptstudium tun wir uns jedoch schwer - ganz einfach deshalb, weil die Regelung an den Universitäten uneinheitlich ist. Wir glauben aber, uns der (von uns beeinflußten) Regelung in Bayern in etwa anschließen zu können: Sie berücksichtigt zunächst „klassische" Fächer wie *Klinische* und *Pädagogische* Psychologie und läßt im Rahmen der sog. *Angewandten* Psychologie eine Palette von Möglichkeiten offen, aus der wir für unser Buch die *Organisations*psychologie ausgewählt haben.

Die *Psychodiagnostik,* welche an den Hochschulen sehr unterschiedlich gewichtet wird, haben wir auch als eigenes Fach aufgenommen, dazu als Vorgriff auf eine vielleicht reformierte Fächerregelung auch die *„Ökopsychologie"*.

Insgesamt sind 16 Autoren, von denen die meisten in Bamberg lehren oder gelehrt haben, aber verschiedener psychologischer Herkunft sind, an dieser Auflage des Buches beteiligt. Ein Nachteil solcher Gruppengröße wird gewiß sofort in stilistischen Details erkannt; ein Vorteil ist, daß die vertretenen Standpunkte relativ breit streuen. Wir ahnen nicht, ob Vor- oder Nachteile überwiegen.

Wir haben versucht, ein Buch vorzulegen, das *in die gesamte Psychologie einführt.* Wir meinen, daß es für Hauptfachstudenten nach dem ersten oder zweiten Semester seine wichtigsten Dienste getan haben müßte.

Zu Dank verpflichtet sind wir u. a. vielen Studierenden für hilfreiche Diskussionen, vor allem aber Frau Fricke, Frau Friedrich, Frau Kacher, Frau Komnick und Frau Salomon für die Geduld an den Schreibmaschinen. Die Verantwortung für die sicherlich enthaltenen Fehler und Schwächen tragen die Herausgeber, ein klein wenig auch die hartnäckig in ihre Textentwürfe verliebten Ko-Autoren. Für konstruktive Kritik sind wir dankbar.

Bamberg, im Herbst 1995 *Die Herausgeber*

I. Grundlagen der Psychologie

Herbert Selg und Dietrich Dörner

1. Psychologie als Wissenschaft - Ihre Aufgaben und Ziele

1.1 Psychologie als Wissenschaft

> Es ist in jeder Hinsicht ein sehr schwieriges Unterfangen, sich über die Seele eine feste Meinung zu bilden.
> Aristoteles

Es soll einmal eine Zeit gegeben haben, in der Wissenschaftler Fragen der Art „Wieviel Zähne haben Pferde?" nicht durch einen Blick ins Maul ausgewachsener Hengste und Stuten beantworteten, sondern durch Nachschlagen in den Werken von Aristoteles. Wir haben an den Anfang unseres Buches ein Zitat eben dieses Philosophen gestellt; es soll uns zur Vorsicht und Zurückhaltung mahnen - auch gegenüber der Autorität, Aristoteles eingeschlossen. Jede „feste Meinung" muß kritisch hinsichtlich der Argumente geprüft werden, welche die Meinung stützen.

Bevor wir fortfahren und allmählich darzustellen versuchen, wie es um die Lehrmeinungen der Gegenwartspsychologie steht, möchten wir die Leserinnen und Leser zu einer Besinnungspause auffordern: *Was verstehen Sie jetzt, zu Beginn der Lektüre, unter Psychologie?* Jeder hat einschlägige Vor-Urteile und eine Art Definition im Kopf, sei sie auch noch so vage. Notieren Sie doch bitte kurz einmal, was Sie z. Zt. auf die Frage „Was ist Psychologie?" antworten.

Ehe Sie Ihre Notiz mit unseren Vorschlägen vergleichen können, möchten wir Ihnen noch eine kleine zweite Aufgabe stellen, deren Lösung etwas leichter fällt. Kreuzen Sie bei den folgenden Behauptungen nur an, ob sie Ihrer Meinung nach richtig oder falsch sind:

		richtig	weiß nicht	falsch
(1)	Nur Menschen können denken, Tiere nicht	○	○	○
(2)	Vieles am menschlichen Verhalten ist instinktiv.	○	○	○
(3)	Die Menschen haben einen Aggressionstrieb.	○	○	○
(4)	Das Schulfach Mathematik trainiert den Geist so, daß man ganz allgemein logischer zu denken lernt.	○	○	○
(5)	Wenn wir jedesmal nach einer bestimmten Leistung gelobt werden, lernen wir nachhaltiger, als wenn wir nur hin und wieder Anerkennung finden.	○	○	○

		richtig	weiß nicht	falsch
(6)	Eine Verhaltensauffälligkeit kann nur behoben werden, wenn man die Ursache der Störung kennt.	○	○	○
(7)	Säuglinge, die von Geburt an mit der Flasche ernährt werden, werden in ihrer psychischen Entwicklung dauerhaft geschädigt.	○	○	○
(8)	Dicke Menschen sind gemütlich.	○	○	○
(9)	Ein Psychologe ist jemand, der Psychoanalysen durchführen kann.	○	○	○
(10)	Ein Psychologe kann seine Mitmenschen in relativ kurzer Zeit durchschauen.	○	○	○
(11)	Ein Psychologe kann aus Handschriften den Charakter der Schreiber erschließen.	○	○	○

Die Anregung für obige Aufgabe haben wir durch ein amerikanisches Buch (Morgan 1961) erhalten. Wie oft haben Sie „falsch" angekreuzt? Wir stimmen mit Ihnen vollkommen überein, wenn Sie das bei *jedem* Satz zumindest in Betracht gezogen haben.

Je öfter Sie eine Behauptung für gut und richtig hielten, desto mehr bleibt uns an Überzeugungsarbeit zu leisten. Verschiedene der Behauptungen sind fragwürdig, weil sie für wissenschaftliche Ansprüche viel zu vage formuliert sind; andere enthalten unzulässige, grobe Verallgemeinerungen; wieder andere Aussagen werden zwar von einigen Fachleuten ernsthaft vertreten, sind aber außerordentlich umstritten und spiegeln nicht den kontroversen Diskussionsstand wider.

Wir tasten uns zur Beantwortung unserer Frage, was Psychologie sei, nun ein Stück weiter. Unter anderem ist Psychologie z. Zt. eine *Modewissenschaft* mit einer großen Expansion. Die Zahl derer, die Psychologie studieren wollen, übertrifft das Studienangebot bei weitem. Viele, die sich der Psychologie nähern, kommen mit Riesenwartungen und *Riesenbefürchtungen* zugleich: Man erhofft Hilfe im Kampf mit den Schwierigkeiten des Alltags, im Bemühen um die eigene Stabilität und gegen die eigene Unsicherheit; man fürchtet aber auch den diagnostischen Blick des Psychologen und seinen verborgenen, dafür um so tiefer gehenden Einfluß in der Werbung, in der Politik usw. Zu diesem völlig schiefen Bild trägt der eine oder andere Psychologe durch Geheimniskrämerei und durch Vortäuschung gottähnlicher Allwissenheit und Allmächtigkeit bei. Die Not der Menschen hat es den Scharlatanen stets sehr leicht gemacht. Wir meinen, die Psychologie sei zu Unrecht geheimnisumwittert; was sie ist und kann, läßt sich sachlich darstellen. Psychologe kann jeder werden, der zum Hochschulstudium zugelassen wird (und nicht über den Numerus clausus stolpert); es bedarf keiner außergewöhnlichen Begabung (doch freue sich, wer sie hat).

Die Psychologie findet allenthalben Interesse; sie gilt als etwas, woran wir alle Anteil haben. Physik und Mathematik, Geographie und Geschichte lassen manchen kalt, Psychologie hingegen kaum; denn wir alle sind der Stoff, von dem die Psychologie handelt. Das Wissen in der Psychologie ist Wissen um uns; um so enttäuschender ist es, wenn dieses Wissen gering ist, wie es die wissenschaftliche Psychologie selber meint. Viele Nichtpsychologen und Geschäftemacher denken da über ihre Psychologiekenntnisse völlig anders; sie ziehen die enttäuschten Psychologie-Sucher und Wundergläubigen oft auch an sich.

Einige, die sich für gute *Menschenkenner* halten, sehen sich deshalb auch schon als Psychologen. Aber: manch einer behandelt Menschen geschickt, ohne nur eine einzige psychologische Theorie zu kennen; man denke an historische Verführer wie Goebbels und Hitler. Bestenfalls ist Menschenkenntnis - sofern sie nicht eine bloße Selbstüberschätzung ist - eine Art „Kunst"; sie ist nicht wirklich zu lehren; vielleicht wird sie durch ein schweres Schicksal und durch eine lange Lerngeschichte erworben und reicht aus, um erfolgreich im Alltag zu bestehen. Doch erst durch systematische Überprüfung der eigenen Überzeugungen würde sie in die Nähe von Wissenschaftlichkeit geraten.

Psychologie ist - entgegen verbreitetem Vorurteil - auch *nicht* mit *Psychoanalyse* gleichzusetzen.

Insgesamt ist die *Psychoanalyse* als Psychotherapieform in ihren Grundzügen heute relativ bekannt, bekannter als andere Schulen der Psychologie. Ihr Begründer, Sigmund Freud, hat zur Behandlung psychischer Störungen (sogenannter *Neurosen)* neue Verfahren (u. a. die *Traumdeutung)* eingesetzt und ein dazugehöriges Theoriensystem geschaffen. Weniger bekannt ist allgemein, daß die Psychoanalyse nur *ein* Theorien- und Therapiensystem neben *vielen* anderen ist, aber ein relativ altes, relativ einfaches und dort sehr verbreitetes System, wo ein verständliches Interesse an einer griffigen psychologischen Theorie besteht, z. B. bei Ärzten, Pädagogen, Philosophen, Soziologen, Journalisten etc. (z. B. Guha 1971). Schriftsteller bedienen sich der psychoanalytischen Theorie zur Konstruktion ihrer Figuren (z. B. Thomas Mann); bleibt zu hoffen, daß nicht allzu oft solche literarischen Charaktere als Beweis für die Gültigkeit der Psychoanalyse benutzt werden (Beispiel: Kiell 1976); denn ist das Wiederfinden selbstversteckter bunter Eier wirklich ein Beweis für die Existenz des Osterhasen? Wenig bekannt ist im allgemeinen auch die an der Psychoanalyse mögliche Kritik; doch über die Psychoanalyse gehen die Meinungen stark auseinander. Das Spektrum reicht von der boshaften Umschreibung, die Psychoanalyse sei die Geisteskrankheit, für deren Therapie sie sich halte (Karl Kraus), über die differenziert begründete Schlußfolgerung, die Psychoanalyse sei noch keine Wissenschaft (Perrez 1972), über die von uns geteilte Akzeptierung der Psychoanalyse als einer Theorie unter vielen, bis hin zu ihrer kritiklosen, uneingeschränkten Bejahung als einer umfassend gültigen Erklärung menschlichen Handelns. Im Extremfall wird gar nicht mehr die Möglichkeit alternativer Erklärung erkannt; häufig sind den Vertretern sämtliche konkurrierenden Theorien fremd. Durch solchen Dogmatismus läuft die Psychoanalyse Gefahr, außerhalb jeder Wissenschaft in die Nähe von Religionsersatz zu gelangen.

Des Lesers Geduld soll nicht auf eine allzu harte Probe gestellt werden; aber noch ist die Frage unbeantwortet, was Psychologie nach Meinung der Autoren sei.

Es gibt Psychologie-Bücher, welche diese Frage gänzlich vermeiden; sofern Antworten angeboten werden, weichen sie oft stark voneinander ab. Gelegentlich wird Psychologie als „die Lehre von der Seele" umschrieben. Vielleicht entspricht diese Antwort vielen Erwartungen, aber sie ist - genau betrachtet - nur die Übersetzung des griechischen Wortes, und es stellt sich die Frage, was mit „Seele" gemeint sei, und hier könnte es gleich Streit mit den Religionen geben. Die Seele als etwas unsterblich Gedachtes, das vom Körper gelöst existieren kann, oder die Seele als ein sündenfrei zu haltendes Etwas ist jedenfalls nicht Gegenstand der Psychologie.

Nun – um es abzukürzen: Amerikanische Texte (z. B. Zimbardo und Ruch 1978) umschreiben Psychologie vielfach als Wissenschaft vom Verhalten; wir werden unter dem Stichwort „Behaviorismus" noch eine Erklärung dafür finden, uns ist diese Definition zu eng. In deutschsprachigen Lehrbüchern kreisen die Umschreibungen mehr um Aussagen wie: *Psychologie ist die Wissenschaft vom Verhalten und Erleben.* Das schließt die Untersuchung von Ursachen und Wirkungen der Erlebens- und Verhaltensweisen ein. Aber trotzdem ist auch diese Definition nicht voll befriedigend: Erleben selbst ist schwer zu umschreiben, und es ist auch unklar, ob alle Ursachen und Wirkungen von Verhaltensweisen tatsächlich erlebt werden; und schließlich ist nicht jedes Verhalten „Gegenstand der Psychologie".

Dörner stellt die Psychologie daher akzentuierend als die *Wissenschaft von den offenen oder variablen Regulationen* vor *(Regulation* = Steuerung, welche die Stabilität eines dynamischen Systems aufrechterhält, s. auch Kap. 4). Eine offene (oder variable) Regulation ist eine solche, die in ihrer Form nicht genau durch genetische Vorprogrammierungen festgelegt ist. Bei niederen Lebewesen werden fast alle Lebensprozesse durch feste „Programme" exakt gesteuert. Je weiter man aber in der phylogenetischen Reihe aufwärts steigt, desto mehr werden feste Regulationen durch variable oder offene ersetzt.

Zum Beispiel führt eine Glukosedifferenz im Blut bei Insekten wohl zur Auslösung eines instinktiven Verhaltens, d. h. einer bestimmten, fest vorprogrammierten Verhaltenssequenz; beim Menschen hingegen entsteht ein „Bestreben" (nämlich Hunger), das bezüglich der Verhaltensweise nicht näher spezifiziert ist. Der Motivationszustand „Hunger" legt nur in globaler Weise das Ziel fest aber nicht mehr das Verhalten selbst.

Dörner meint, daß man psychische Phänomene ganz allgemein als Vorgänge offener Regulationen interpretieren kann. Wenn die „festverdrahteten" Regulationsprozesse nicht mehr greifen, kommt es zu Motivationen, Wünschen und Bedürfnissen. Die zugehörigen, zur Befriedigung führenden Verhaltensweisen aber müssen gelernt werden.

Betrachtet man mit Rohracher den Bereich der psychischen Phänomene als aufteilbar in psychische *Kräfte* (Emotionen und Motivationen) und psychische *Funktionen* (Wahrnehmen, Lernen, Denken), so signalisieren die psychischen *Kräfte* jeweils die *Notwendigkeit* einer offenen Regulation, wohingegen die psychischen *Funktionen* die spezifische *Form* der Regulation ausarbeiten: Das Hungergefühl signalisiert die Notwendigkeit der Nahrungsfindung; *Wahrnehmungen* sorgen für ein Bild der augenblicklichen Umgebung, welches es erlaubt, die Regulation so zu wählen, daß sie der Situation angemessen ist. *Lernprozesse* dienen zum Erwerb eines Bildes der Realität und dem Erwerb von Fertigkeiten, welche ein der spezifischen Form der Realität angemessenes Verhalten ermöglichen. Das *Denken* schließlich ermöglicht als inneres Probehandeln die Vorwegnahme von Erfahrungen in der Realität und dient damit ebenfalls einer a-priori- (d. h. vor dem offenen Handeln geschehenden) Anpassung an die Realität.

Für unsere Umschreibungsversuche müssen wir noch ergänzend erläutern, was wir unter *„Verhalten"*, *„Handeln"* und *„Tätigkeit"* einerseits, unter *„Erleben"* und *„Bewußtsein"* andererseits, schließlich auch unter *„Wissenschaft"* verstehen.
Verhalten: Verhalten nennen wir beobachtbare, exakt registrierbare Lebensvorgänge.

Allerdings greift neuerdings eine kleine Sprachverwirrung um sich: Es ist von *offenem* und von *verdecktem Verhalten* die Rede. Das offene Verhalten besteht aus den hier gemeinten, objektiv beobachtbaren Vorgängen; das verdeckte Verhalten (Denken, Vorstellen usw.) ist nur der Selbstbeobachtung zugänglich bzw. wird aus offenem Verhalten erschlossen.

Dieses „Sprachspiel" wird ein wenig verständlich, wenn man erfährt, daß für amerikanische Verhaltensforscher (Behavioristen) der Gegenstand der Psychologie nur das *Verhalten* ist. Entschließen sie sich dennoch z. B. zur Untersuchung von Gefühlsprozessen, so müssen diese als „verdecktes" Verhalten angesehen werden. Eine solche Benennung drückt zugleich programmatisch die Überzeugung aus, daß für verdecktes Verhalten die gleichen Gesetze gelten wie für offenes Verhalten.

Auch andere Wissenschaften – wie die Physiologie und die Soziologie – können für sich beanspruchen, daß sie mit Verhalten befaßt sind. Ihre Abgrenzung von der Psychologie kann daher nicht wirklich scharf, vielmehr oft nur akzentuierend erfolgen:

Die *Physiologie* untersucht relativ elementares, genetisch festgelegtes Verhalten von Organen, von Teilsystemen des Individuums, so z. B. die Funktionsweise des Nervensystems, des Stoffwechsels, die Muskelaktivität etc.; sie untersucht m. a. W. Verhalten, das sich mehr *im* Körper abspielt.

Die *Psychologie* untersucht komplexeres Verhalten von Individuen; sie untersucht nicht jedes Verhalten, und das Verhalten, das sie tatsächlich zum Gegenstand macht, nicht immer um seiner selbst willen, sondern um Rückschlüsse zu ziehen (z. B. von der hastigen Atmung auf Angst). Traxel schreibt, daß Verhalten nur so weit interessiere, wie es als Handeln oder Teil eines Handelns bezeichnet werden kann (1968, S. 42). Der Begriff „Handlung" hat in der Psychologie zunehmend Gewicht bekommen (s. unten).

Die *Soziologie* schließlich hat es mit dem gesellschaftlichen Leben, mit umfassenderen sozialen Systemen und Institutionen zu tun und nicht mit Individuen.

Handlung: Wir befassen uns hier vorwiegend mit dem Verhalten und Erleben des *Menschen*, also mit der Humanpsychologie. „Handlung" meint zunächst einmal komplexes Verhalten, dem eine *Bedeutung* zuerkannt wird, d. h. das einen größeren, zielgerichteten Kontext aufweist. Nicht eine rasche Handbewegung über 43 cm zum Kopf eines anderen ist Forschungsobjekt, sondern die als Ohrfeige *interpretierte* Bewegung (die auf der nächsten Abstraktionsebene als „Aggression" eingestuft werden kann). Handlungen sind (wenigstens zum Teil, z. B. bezüglich ihres Sinns) *bewußte*, zielgerichtete Verhaltensmuster, die nach einem Plan mit bestimmten Absichten und Erwartungen ablaufen (von Cranach et al. 1980). Wir verhalten uns immer, aber nicht immer handeln wir; die Grenzen sind fließend. Eine Handlung kann sehr unterschiedlichen Umfang haben. Wenn uns menschliches Denken interessiert, kann z. B. das Lösen einer Rechenaufgabe eine Handlung sein, wenn uns der Aufbau politischer Reden interessiert, ist eine politische Rede eine Handlung; bei einem sorgfältig geplanten Mord reicht der Handlungsbogen von der ersten Vorsatzbildung bis zur Ausführung. Der Forscher bestimmt im konkreten Ansatz, was für ihn zur Handlung, was zum bedeutsamen Verhalten wird.

Da für Handlungen die Bewußtheit betont wird, deckt Handeln nicht voll das ab, was Psychologen beschäftigt. Freud hat uns bereits dafür sensibilisieren wollen, daß menschliches Handeln zumindest in seinen Beweggründen, seinen Motiven oft nicht bewußt ist. Was Gegenstand der Entwicklungspsychologie (z. B. bei

Säuglingen) oder der Klinischen Psychologie (z. B. bei Phobien) ist, kann durch „Konzepte wie Absicht, Planung und bewußte Steuerung nicht adäquat" erfaßt werden (Jaeggi 1981); und ohne den Reflex, der nicht als „Handlung" gesehen wird, ist die Lernpsychologie nicht darstellbar (s. Kap. 7.2). Insofern wäre eine Umschreibung der Psychologie als Wissenschaft vom menschlichen Handeln unzulänglich.

Tätigkeit: Über Verhalten und Handlung hinaus gewinnt der Begriff „Tätigkeit" in der Psychologie an Bedeutung; er hatte in der Psychologie der sozialistischen Länder einen hervorragenden Platz inne. Leider ist der Begriff sehr unscharf gefaßt. Bei Klaus und Buhr (1972) könnte man ihn als Synonym für Verhalten verstehen. Nach Rubinstein (1971, S. 236) besteht eine Tätigkeit in der Regel aus einer Reihe von Handlungen. Darüber hinaus zählt die Literatur immer wieder Tätigkeiten auf: Denk-, Lern-, Spiel-, Phantasie-, Arbeitstätigkeit usw. Man kann vielleicht folgende Begriffshierarchie sehen: Tätigkeit ist mehr ein philosophisch-anthropologischer Oberbegriff, dem Menschen in seinem gesamten Leben zugeordnet. Tätigkeit ist unterteilbar in Handlungen als den psychologisch angehbaren Einheiten (Hacker 1978, Semmer und Pfäfflin 1978): Die Arbeitstätigkeit eines Schreiners z. B. zerfällt in Handlungen wie das Herstellen eines Schrankes, eines Tisches etc. Handlungen zerfallen in Operationen (Teilhandlungen; beim Schreiner: Bretter sägen); die Operationen schließlich kann man in Bewegungen unterteilen usw.

In der Humanpsychologie spielt der Begriff des Handelns zunehmend eine zentrale Rolle. Die westliche Psychologie, soweit sie behavioristisch orientiert war, hat sich ihm vom Verhalten, gleichsam „von unten her" genähert, die östliche Psychologie mehr „von oben her", vom umfassenden Verständnis menschlichen Handelns als gesellschaftsbezogener Tätigkeit. Man mag im Handlungsbegriff eine (noch nicht ausreichende) Konvergenz der Ansätze sehen.

Erleben und Bewußtsein: Beim Begriff *„Erleben"* tun wir uns von Anfang an gewiß nicht leichter als beim „Verhalten". Zum Glück hat jeder ein wohl hinreichendes Vorverständnis, was Erleben sei, denn Umschreibungen fallen schwer. Das „Lexikon der Psychologie" (Arnold et al. 1971) schweigt sich ganz aus. Bei Dorsch (1959) lesen wir: „jegliches Innewerden von etwas", „jegliches Haben mehr oder weniger bewußter Inhalte . . ." Es werden Beispiele für das Erleben genannt: Wahrnehmungen, Erinnerungen, Gedanken, Gefühle, Antriebserlebnisse. Das Erleben ist uns unmittelbar in der Selbstbeobachtung (Introspektion) zugänglich.

Nach Pongratz (1971, S. 276) „handelt es sich bei Bewußtsein um ein mehr oder weniger klares Wissen von etwas". – „Die sich uns unmittelbar darbietende psychische Realität ist die subjektive Welt des Bewußtseins" (Leont'ev 1977, S. 42), bzw.: „Das Bewußtsein in seiner Unmittelbarkeit ist das sich dem Subjekt darbietende Bild von der Welt, welches auch das Subjekt selbst, seine Handlungen und Zustände einschließt." Während Leont'ev Bewußtsein als qualitativ neue Form des Psychischen nur dem Menschen zuspricht, billigt Hebb (1967) auch höheren Tieren wie Katzen und Hunden bereits ein Bewußtsein zu, da ihr Verhalten mit Reflexen und Instinkten allein nicht erklärt werden könne, vielmehr Bewußtseinsprozesse wie z. B. Erinnerungen angenommen werden müssen.

Wichtig erscheint uns: Man kann dem menschlichen Erleben ein Kontinuum zuordnen, das sich vom bewußtlosen Leben (z. B. im traumlosen Tiefschlaf) bis zu einer über sich selbst reflektierenden *Bewußtheit* erstreckt. Bewußtheit kann man von Bewußtsein nur schwer trennen; Bewußtheit (Drever und Fröhlich 1968) meint eher das Bemerken, das Gewahrwerden von etwas; nach Lersch (1956) meint es mehr das willkürliche Sich-steuern als höchste Form des Erlebens.

Das Bewußtsein war der Gegenstand der „klassischen" Psychologie im 19. Jahrhundert. Nach Wundt hatte die Psychologie das Bewußtsein zu untersuchen.

Vor allem sog. tiefenpsychologische Theorien wie die Psychoanalyse haben stattdessen ein *Unter- oder Unbewußtes* gegenüber dem Bewußtsein in den Mittelpunkt gerückt. Ersteres wird vorwiegend als „Schicht" der Motive oder Triebe gesehen.

Zwischendurch verlor das „Bewußtsein" als Diskussionsgegenstand in der Psychologie vorübergehend an Bedeutung, nicht zuletzt wegen der begrifflichen Unschärfen. In neuerer Zeit werden Themen aus diesem Kreis (z. B. sog. *metakognitive Prozesse*) jedoch wieder verstärkt behandelt.

Vor der Verselbständigung der Psychologie im 19. Jahrhundert hat es in der Philosophie seit dem griechischen Altertum einen Streit um die Natur des Bewußtseins gegeben. Auf der einen Seite galt das Bewußtsein als eine von der Materie unabhängige Erscheinung; auf der anderen Seite wurde die Auffassung vertreten, daß psychische Prozesse (und damit das Bewußtsein) an Vorgänge im Körper gebunden sind. In der Psychologie hat sich - sofern der Streit überhaupt thematisiert wird - weitgehend die Auffassung durchgesetzt, daß psychische Prozesse als Funktionen des zentralen Nervensystems, insbesondere des Gehirns, gesehen werden. Das Gehirn ist das Organ des Bewußtseins (so u. a. Rubinstein).

Auch nach Rohracher (1971, S. 418) ist die Gehirnabhängigkeit aller bewußten Vorgänge und Zustände nicht zu verkennen. Wenn das Gehirn seine Funktionsfähigkeit (z. B. in der Narkose) verliert, hört jedes psychische Geschehen auf. Wie aber sieht der Zusammenhang zwischen Physischem (Gehirnprozeß) und Psychischem (Erleben, Verhalten) aus, welche Abhängigkeiten gibt es? Das ist Kern des alten sog. *Leib-Seele-Problems.* Die bekanntesten Denkmodelle der Philosophie hierzu lauten:

(1) Es gibt zwei Substanzen, Leib und Seele, und zwischen ihnen eine Wechselwirkung (Descartes 1650 †). Seelisches kann Änderungen im Körper und Körperliches Änderungen in der Seele hervorbringen. Als Beispiel könnte man behaupten: Ärger führt zu einem Magengeschwür, ein Magengeschwür zu seelischen Verstimmungen.

(2) An Stelle der Wechselwirkung sah Leibniz (1716 †) eine „prästabilierte Harmonie". Danach soll es eine durch Gott von Anfang an festgesetzte Parallelität zwischen Leiblichem und Seelischem geben. Leib und Seele beeinflussen einander nur scheinbar; gerade dann, wenn wir traurig sind, weinen wir; gerade dann, wenn wir weinen, befällt uns ein Gefühl der Niedergeschlagenheit.

(3) Spinoza (1677 †) setzte gegen diese dualistischen Lehren seine Identitätstheorie: Bei körperlichen und seelischen Erscheinungen handelt es sich um zwei Seiten ein und desselben Phänomens.

Das Leib-Seele-Problem (oder psycho-physische Problem) ist mit den Methoden der Psychologie nicht angehbar. Genau betrachtet, zerfällt es in mindestens zwei verschiedene Fragenbereiche. Der erstere befaßt sich mit der alten philosophischen Frage, wieviele „Substanzen" es gibt; er ist in der Psychologie kein Thema; der zweite zielt auf den Zusammenhang zwischen physischen und psychischen Vorgängen.

Delius und Fahrenberg (1966) versuchen eine Synthese, die sich letztlich auch der Identitätstheorie zurechnen läßt. Grundsätzlich wird der Mensch ganzheitlich als Einheit begriffen, aber empirisch sei ein Methodendualismus angemessen:

Bei relevanten Lebensvorgängen, z. B. dem Affekt der Angst, müssen immer alle Erscheinungsweisen analysiert werden: das mehr objektiv zugängliche Körperliche, die Organfunktionen, das Verhalten *und* das mehr subjektiv erfaßbare Erleben und Befinden. Man kann sich also einer Lebenserscheinung wie der Angst einmal mehr als Physiologe (z. B. Blutdruckänderungen beachtend), einmal mehr als Psychologe (komplexes Verhalten wie Flucht oder Erleben beachtend) nähern. Ähnlich dürfte auch Plack (1967, S. 201) ganzheitliches Vorgehen verlangen, wenn er gegen dualistische Theorien schreibt: „Erregung ist beides: Angst *und* Herzklopfen. Die Angst ist nicht die Ursache des Herzklopfens, sondern *im* Herzklopfen ist der leibhaftige Mensch geängstigt."

Unseres Erachtens entsprechen in der Psychologie gegenwärtig vertretene Standpunkte mehr einer Identitätslehre, obgleich sich im Erleben zunächst eine Trennung von Physischem und Psychischem aufdrängt. Doch so, wie sich in der Physik das Licht dem Beobachter einmal als Welle, einmal als Korpuskel zeigt, so kann „das Lebendige als Leib oder als Seele" erscheinen (Hofstätter 1972, S. 208).

Das uralte Thema ist damit jedoch keineswegs erschöpft. Eine Wechselwirkungstheorie (zwischen Geist und Gehirn) favorisieren z. B. Popper und Eccles (1982).

Fassen wir – mit ganz anderen Worten – einmal kurz zusammen: *Gegenstand der Psychologie* kann alles werden, was erlebbar ist und/oder sich im Verhalten äußert.

Eine zunächst befremdlich klingende Ergänzung könnte lauten: Gegenstand der Psychologie kann alles werden, was Psychologen dazu machen. Denn auch das ist richtig: Psychologie ist das, was wissenschaftlich ausgebildete Psychologen tun. Was aber trennt wissenschaftliches von nicht-wissenschaftlichem Vorgehen?

Damit sind wir wieder bei der Teilfrage, was Wissenschaft sei.

Wissenschaft: Nach Bochenski (1965, S. 18) ist die Wissenschaft ein Gefüge von objektiven Sätzen. Objektiv heißt: Intersubjektiv überprüfbar, so daß eine Unabhängigkeit vom einzelnen Wissenschaftler gewährleistet wird. Wir empfinden diese Umschreibung als sehr statisch. Besser scheint es uns, Wissenschaft als einen *dynamischen Problembereich* zu sehen, als einen *Bereich von Fragestellungen* und *objektiven Sätzen,* als ein *System von Theorien* mit ihren *Gesetzen* und den dazu nötigen *Begriffen.*

Wir sehen die Psychologie als eine *empirische* Wissenschaft, d. h. sie beruht auf Erfahrungen. Ihre Aussagen werden nicht nur (wie z. B. in der Mathematik) auf logische Widerspruchsfreiheit überprüft; die Sätze, die sie über die Realität macht, werden mit Beobachtungen (z. B. im Experiment) überprüft.

In amerikanischen Texten heißt es oft: Jedes System sei eine Wissenschaft, wenn es auf *wissenschaftliche Methoden* gegründet sei. Was ist aber dann eine wissenschaftliche Methode? Vom Wortstamm her meint Methode den „Weg zu etwas". Die wissenschaftliche Methode im weiten Sinne nimmt folgenden allgemeinen Gang: Am Anfang steht ein *Problem,* d. h. eine unbeantwortete Frage. Mit Hilfe von mehr oder weniger fortgeschrittenen Theorien wird eine Antwort hypothetisch abgeleitet. Es folgt der Versuch, durch Beobachtung Daten zu gewinnen, mit denen die Hypothese geprüft werden kann. *Empirisch-wissenschaftliche Methode* meint somit ein dialektisches „Spiel" von Theorie und Beobachtung. Der Gang der Wissenschaft könnte als Spirale umschrieben werden, die über Theorie und Beobachtung sich immer mehr der Wahrheit - als einer nicht realisierbaren regulativen Idee - zu nähern versucht.

Fassen wir zusammen

Wir sehen eine *empirische* Wissenschaft wie die Psychologie als einen Bereich von Fragestellungen und objektiven Sätzen, die in Theoriesysteme zusammengefaßt sind und auf systematischen Beobachtungen gründen bzw. durch systematische Beobachtungen überprüft werden.

Worin unterscheidet sich die Wissenschaft von *vorwissenschaftlichen Versuchen,* Sätze über die Realität aufzustellen?

Mit Boulding (1978, S. 134f.) könnte man akzentuierend drei „Stufen" menschlichen Wissens unterscheiden: Die erste wäre so etwas wie ein *Volkswissen,* ein gesunder Menschenverstand, der die unmittelbare Umwelt durchaus richtig erfaßt. Es geht um Wissensinhalte, die alltäglich sind und leicht bestätigt werden bzw. leicht scheitern können. Man weiß, wie die eigene Wohnung aussieht; man weiß, wo die Freunde wohnen; der Bauer weiß, was in seinem Garten wächst und was auf seinem Acker angebaut ist usw. Bei dieser Art Wissen *erscheint eine systematische Prüfung überflüssig.*

Das nächste Stadium nennt Boulding *spekulativ* oder literarisch-philosophisch. Die außergewöhnliche Neugier und Vorstellungskraft des Menschen läßt ihn immer wieder die erfahrbare Welt überschreiten. Er verallgemeinert unzulässig und stützt sich gleichermaßen auf die Sprichwörter „Gleich und Gleich gesellt sich gern" und „Gegensätze ziehen sich an." Ähnlich sind auch die großen Phantasiegebilde der Märchen und Mythen entstanden und in neuerer Zeit die Welt der Literatur. Eine *systematische Überprüfung* der Aussagen wird z. B. bei den Sprichwörtern *nicht als notwendig erachtet;* bei der Mythenbildung ist sie nicht möglich, denn ihre Aussagen sind in der Regel *nicht prüfbar.* Daß in jeder Quelle eine immaterielle Nymphe, in jedem Baum eine zauberkundige Fee lebt, kann dem, der es glaubt, nicht widerlegt werden.

Das dritte Stadium, dessen Vorläufer etwa vor 2500 Jahren zu erkennen sind, ist wenige hundert Jahre alt. Es ist das Stadium der *Wissenschaft* als einem System organisierten Lernens, in dem Behauptungen immer wieder überprüft werden, nach Möglichkeit durch messende Beobachtung. Viele Gerätschaften (Mikroskop, Thermometer etc.) sind zu diesem Zweck nötig.

Die ersten beiden Stadien sind durch die Wissenschaft nicht einfach beseitigt; sie sind vielmehr ein Stück weit im dritten Stadium enthalten („aufgehoben"); denn auch die Wissenschaft spekuliert durchaus, aber sie muß ihre Annahmen stets sorgfältig mit beobachtbaren Erscheinungen vergleichen. Dabei wird der *Zugewinn an Präzision* der Aussagen oft mit einem *Verlust an Aussagenbreite* erkauft. Die „Weltbilder" des „Alltags" sind bei weitem umfassender als die wissenschaftlichen Theorien, dafür aber vager, und sie vermengen ungeprüft Richtiges mit Falschem.

1.2 Aufgaben und Ziele der Psychologie

Es gibt ein leidliches Einvernehmen darüber, was Aufgaben und Ziele der Psychologie sind.

Als *erstes* gilt es, menschliches Erleben und Verhalten möglichst umfassend und systematisch zu *beschreiben*. Schon eine solche beschreibende Psychologie kann zu Gesetzen führen, welche Zusammenhänge aufzeigen. Sie haben bereits die Form: „Wenn a, dann b". Zum Beispiel: Wenn Kinder täglich Aggressionen im Fernsehen miterleben, dann steigt ihre Aggressionsbereitschaft.

Sammeln und Beschreiben gehen dem *Erklären* voraus; Erklärungen sind das *zweite Ziel* der Psychologie. Wenn wir etwas erklärt bekommen, können wir es leichter verstehen. Erklären bedeutet, daß man einen Spezialfall auf etwas Allgemeingültiges zurückführt. Hilfreich scheint hier das Hempel/Oppenheim-Schema der Erklärung zu sein. Das zu erklärende Ereignis folgt logisch aus vorgegebenen Gesetzen und Randbedingungen. Ein Beispiel:

Gesetz:	
Wenn a, dann b	Wenn Kinder täglich Aggressionen im Fernsehen erleben, steigt ihre Aggressionsbereitschaft
Randbedingung:	
A als Fall von a	Kind X sieht täglich Aggressionen auf dem Bildschirm
Zu erklärendes Ereignis:	
B als Fall von b	Kind X zeigt zunehmend Aggressionsneigungen

Die zunehmende Aggressivität des Kindes X wird in diesem Beispiel durch ein einschlägiges Gesetz und durch das Aufweisen der sog. Randbedingung erklärt.

Das, was wir *„Diagnose"* nennen, ist nichts anderes als eine solche Erklärung, wie das gewählte Beispiel aufzeigen kann.

Gesetze sind Bestandteile von Theorien. Wir können sie als Aussagen über notwendige, allgemeine und wesentliche Zusammenhänge zwischen Sachverhalten der objektiven Realität umschreiben (Clauss 1975). Sie haben eine Wenn-dann- oder Je-desto-Form. Sie müssen intersubjektiv überprüfbar sein und im Unterschied zu *Hypothesen* sich schon praktisch bewährt haben. Mit anderen Worten sind Gesetze Aussagen über regelhafte Zusammenhänge zwischen Variablen.

In der Psychologie haben wir es oft mit *statistischen* Gesetzen zu tun; d. h., Gesetzesaussagen sind nur mit einer bestimmten Wahrscheinlichkeit zu bilden: Kinder, die täglich Aggressionen auf dem Bildschirm sehen, werden also nicht mit Sicherheit aggressiver werden; es ist nur sehr wahrscheinlich.

Ein *drittes Ziel* der Psychologie ist die *Vorhersage* von Verhalten. Hier gehen wir beim Hempel-Oppenheim-Schema den umgekehrten Weg wie bei der Erklärung: Gesetz und Randbedingungen sind vorgegeben, eine Prognose wird gefolgert. In unserem Beispiel: Aus der Tatsache, daß wir beobachten, wie Kinder physische Fernsehgewalt sehen, sagen wir bei Kenntnis des Gesetzes entsprechende Aggressionsneigung der Kinder voraus.

Alle Ziele, die wir hier nennen, bauen aufeinander auf. Ein *viertes Ziel* ist die *Kontrolle,* die durch Erklärung und Vorhersage möglich wird. Das Wort „Kontrolle" ist jedoch schlecht gewählt. Es klingt allzusehr nach Manipulation und erweckt Mißtrauen. „Kontrolle" in unserem Sinne meint aber nur ein gezieltes Beeinflussen, so z. B. das Beraten und Behandeln von Menschen, nicht das Aufzwingen von irgendetwas. Insofern ist jedes bewußte und gekonnte Verändern „Kontrolle".

Als *letztes Ziel* sei genannt: Die Psychologie soll Beiträge liefern zur *Emanzipation* des Menschen. Holzkamp (1972) z. B. möchte, daß der Mensch sich mit Hilfe der Psychologie aus den von Menschen gesetzten Zwängen befreit. Hier werden politisch-ethische Entscheidungen vom einzelnen Psychologen verlangt.

Damit die Psychologie ihren Aufgaben gerecht werden kann, ist Faktensammlung und *Theoriebildung* vonnöten. Wichtig erscheint uns der Hinweis: Theorien sind Erfindungen; sie sind Konstruktionen, sind Problemlösungsversuche. Theorien sind insofern nicht einfach als wahr oder falsch einzustufen, sondern sie können sich allmählich bewähren oder scheitern. So stellt sich die eine Theorie als besser dar, d. h. sie ist empirisch mehr gestützt, die andere als schlechter. Theorien können mehr oder weniger nützlich erscheinen. Deshalb sind auch immer mehrere Theorien nebeneinander möglich; dies ist etwa im Bereich der Angst- oder der Aggressionsforschung zu erkennen.

In jedem Fall müssen Theorien zu überprüfbaren Aussagen führen. Beobachtungsergebnisse müssen den aus Theorien ableitbaren Hypothesen widersprechen können. Nicht-widerlegbare Aussagen sind unsinnig, aber gar nicht so selten. In der Psychologie bedienen sie sich z. B. gerne des Wörtchens „latent": Wenn etwas nicht durch Beobachtung nachgewiesen werden kann, wird es als „latent" behauptet (z. B. daß jeder heterosexuelle Mensch latent auch homosexuell sei etc.).

Im Umfeld von Theorien begegnet uns häufig ein zunehmend unklar werdender Begriff: der des *Modells.* Vielfach scheinen Modell und Theorie synonym gebraucht zu werden; oft meint „Modell" aber auch nur ein *vereinfachtes Theorie-Schema.* Eine wirklich scharfe Trennung der Begriffe Modell und Theorie ist jedenfalls nicht möglich.

Breuer (1977) schlägt als Sprachregelung vor, daß sich Theorien nicht unmittelbar auf die Realität beziehen (da Realität von zu großer, nämlich unendlicher Reichhaltigkeit und Verschiedenartigkeit sei), sondern nur auf abstrakte und idealisierende Modelle. *Modelle bilden wesentliche und invariante Züge und Eigenschaften* des interessierenden Gegenstandes ab:

Gegenstände in der Realität →	Modell →	Theorie
	(deskriptiv; Wesentliches erfassend)	(erklärend)
(z. B. Studenten)	(als wichtig gilt z. B. die Intelligenz der Studenten, als unwichtig z. B. die Haarfarbe und das Gewicht)	(z. B. eine Theorie über die Studienleistungen)

Diese Modelle erst seien das direkte Objekt von Theorien. So wird eine Theorie, welche die Wirkung von Gewaltdarstellungen in den Massenmedien auf Kinder erklären soll, weder die Vielfalt der Darstellungen noch die Vielfalt kindlichen Verhaltens umfassen, sondern nur die für relevant erachteten Merkmale.

Vielfach sind *Modelle nichts als Analogien*. Bereits bekannte Bereiche der Realität liefern hier „Modelle" für noch zu erforschende Bereiche. So liefern Biologie, Physik und Chemie der Psychologie Modelle. Ein Beispiel ist das „Schmetterlingsmodell" für die Vorstellung der menschlichen Entwicklung in Phasen (analog dem Ei, der Raupe, der Puppe und dem Falter, s. *Kap. 11*).

Sinnvoll erscheint uns auch die Nuancierung, es gebe Modelle *von* etwas (z. B. abbildende Modelle in der Architektur; ähnlich sind Modelle als vereinfachte Theorie-Schemata zu sehen) und es gebe Modelle *für* etwas (z. B. das Atommodell von Bohr; es stellt den Atomaufbau nach Art des Planetensystems vor; es ist kein Abbild, aber viele Ergebnisse über das Atom sind mit dem Modell vereinbar); Modelle dieser Art sind eher *Unter*stellungen als *Dar*stellungen. Zunehmend begegnen wir auch sog. mathematischen Modellen: Numerische Relationen (z. B. bestimmte Exponentialgleichungen) werden als Modell für psychologisch-empirische Relationen (z. B. Behalten sinnarmer Silben in Lernexperimenten) ausgewählt und auf ihre Stichhaltigkeit überprüft. Die Behaltensmenge y folgt nach Kintsch (1982) z. B. recht gut der Gleichung $y = a \cdot b^{-t}$ (s. auch *Abb. 7.5*); a und b sind empirisch bewährte Konstanten, t verweist auf die Zeit.

1.2.1 Programme zur Problemlösung in der Psychologie

Die Psychologie stößt bei ihren Bemühungen, ihre Probleme zu lösen, auf Schwierigkeiten, die den meisten anderen Wissenschaften unbekannt sind. Insofern wird es verständlich, daß sie noch recht wenig entwickelt ist. Eine Psychologie, die Klarheit und Präzision der Begriffe mit interessanten und komplexen Inhalten verknüpft, existiert erst in Ansätzen.

Eine der besonderen Schwierigkeiten der Psychologie haben wir schon erwähnt: Es sind in der Regel nur *Wahrscheinlichkeitsaussagen* möglich. Wir können nicht mit Sicherheit, sondern nur mit einer (un)bestimmten Wahrscheinlichkeit sagen, daß Kinder, die nicht überdurchschnittlich intelligent sind, auf der höheren Schule versagen werden.

Noch wenig diskutiert ist in diesem Zusammenhang die Tatsache, daß psychische Prozesse oftmals von recht minimalen Bedingungen in massiver Weise beeinflußt werden können. Ein winziger unangemessener Zungenschlag, ein falscher Blick kann einem Gespräch eine gänzlich andere Wendung geben. Diese „kleinen" Bedingungen sind außerdem sehr variabel; mal spielen diese, mal jene eine Rolle;

bei manchen Menschen achtet man auf die Art, wie sie sich kleiden, bei anderen spielt das keine Rolle. „Kontexte“, „Muster“ sind wichtig. Ist dies der Grund dafür, daß man menschliches Verhalten *im nachhinein* immer ganz gut erklären kann, im vorhinein aber längst nicht so gut? Im nachhinein kennt man das gesamte Muster der „kleinen“ Ursachen mit den großen Wirkungen, welches man im vorhinein nicht kennt (und nicht kennen kann?). Niemand wird behaupten, daß menschliches Verhalten indeterminiert sei und nur vom bloßen Zufall abhängt. Andererseits ist das Muster der Bedingungen für psychische Abläufe so vielfältig und so kontextabhängig variabel, daß man ihnen mit wenigen einfachen Gesetzen kaum gerecht werden kann. Die Suche nach wenigen, sehr allgemeinen Generalprinzipien, die in der Geschichte der Naturwissenschaften so erfolgreich war, könnte sich in der Psychologie als erfolglos erweisen.

Die genannten Schwierigkeiten hängen aufs engste mit der nächsten zusammen: Interessante psychologische Sachverhalte sind immer in *komplexe Zusammenhänge* eingebettet. Die Schulleistung hängt beispielsweise nicht nur von der Intelligenz des Schülers ab, sondern auch von den Fähigkeiten seiner Lehrer, von seinem Interesse an der Schule, seiner Motivation etc. Betrachtet man alle für wichtig erkannten Komponenten isoliert, so führt das nicht zu voll befriedigenden Ergebnissen, weil die Wechselwirkungen zwischen den Variablen nicht hinreichend erfaßt werden. Ein empirisch gestütztes Beispiel einer solchen Wechselwirkung ist: Ermutigende Lehreräußerungen beeinflussen ängstliche Schüler positiv, lassen aber die Leistung von nichtängstlichen Schülern unbeeinflußt (A. M. Tausch et al. 1969). Wo komplexe Wechselwirkungen vorliegen, dürfen wir nicht damit rechnen, durch Anhäufungen von einfachen Einzeluntersuchungen zu einem guten Gesamtbild des Gegenstandes zu kommen.

Eine *dritte Schwierigkeit* bereitet die *Plastizität* des Gegenstandes der Psychologie. Psychische Phänomene verändern sich permanent in der Zeit. Wir alle ändern unsere Interessen und Werthaltungen; wir lernen stets dazu. Versuchspersonen reagieren im Experiment äußerst sensibel auf verschiedene Bedingungen. Interviewte Eltern, die eigentlich keine Meinung über die Wirkung von Gewaltdarstellungen im Fernsehen haben, bilden sich eine solche Meinung aufgrund der Befragung noch während eines Interviews.

Eine *besondere Schwierigkeit* bildet die Erfassung des menschlichen *Erlebens*. Die hier interessierenden Zustände und Prozesse sind *verborgen* (verdecktes Verhalten), nicht objektiv beobachtbar. Die Introspektion, die uns einen Teil dieser Zustände und Prozesse direkt erfassen läßt, ist nur dem erlebenden Individuum selbst möglich und kann keine allgemeine Verbindlichkeit beanspruchen. Eine Beschränkung auf das direkt Beobachtbare (s. später unter „Behaviorismus“) würde aber die Psychologie außerordentlich verarmen.

Eine *weitere Schwierigkeit* sehen wir in der Tatsache, daß *ethische* Überzeugungen uns nicht jede denkbare Untersuchung erlauben. In der Geschichte hat es Beispiele für unverantwortliche Experimente gegeben. Dem Stauferkönig Friedrich II. wird (zu Unrecht) nachgesagt, daß er, um die Sprachentwicklung zu studieren (ist Hebräisch die dem Menschen angeborene Sprache?), Kinder ohne Sprache aufziehen ließ; dabei sollen sie alle vorzeitig gestorben sein. Im 19. Jahrhundert wurde Kaspar Hauser als Einzelfall für die Erziehung in einer extrem eingeengten Umwelt berühmt. Zu diesen Beispielen fällt das Urteil leicht. Aber im Alltag des Psychologen stellen sich allenthalben schwierigere ethische Probleme:

Ist es zulässig, in einem Experiment die Versuchspersonen für eine kurze Zeit zu täuschen? Ist es erlaubt, bestimmte therapieartige Maßnahmen bei einem Kind zu ergreifen, nur weil die Erzieher Probleme mit dem Kind haben? Gelegentlich haben die Psychologen vergessen, sich zu fragen, ob die Probleme vielleicht eher bei den Erziehern als bei den Kindern zu suchen sind.

Geschichtliche Problemlösungen

Wir machen einen sehr kurzen Ausflug in die Geschichte der Psychologie, um den Weg einiger relevanter Gedanken und Methoden aufzuzeigen. Der historisch Interessierte verlangt keine Rechtfertigung dafür; ohne Geschichte bleiben wir der Gegenwart verhaftet und laufen Gefahr, bereits vollzogene Denk- und Forschungsansätze unnötig zu wiederholen. Geschichte macht uns die Gegenwart transparenter, sie schafft einen Überblick. Sie lehrt Bescheidenheit; vieles war in ähnlicher Form schon einmal da. Mit Wertheimer (1971) halten wir fest: Jede geschichtliche Darstellung trifft nur eine subjektive Auswahl; dies gilt um so mehr, je kürzer sie ist.

Die Vorgeschichte der Psychologie reicht bis in die „Achsenzeit" zurück; dies ist nach Jaspers (1949) die Zeit des philosophischen Aufbruchs in mehreren Kulturen um ca. 500 v. Chr. Einen ersten Höhepunkt erreichte psychologisches Denken bei Aristoteles – als Teil naturwissenschaftlicher Schriften, die in eine umfassende Philosophie eingebettet waren. Für Aristoteles war „Seele" ein Begriff, der alle Lebenserscheinungen umfaßte (also auch pflanzliches Leben). Dem Namen „Psychologie" begegnen wir ab dem 16. Jahrhundert und als Buchtitel erstmals 1732 bei Christian Wolff (1697–1754). Als eigenständig und empirisch gewordene Wissenschaft gibt es die Psychologie seit etwa 100 Jahren. Viele legen die Geburtsstunde in das Jahr 1879; damals hat Wundt das erste psychologische Labor in Leipzig gegründet. Allzu gebannt dürfen wir aber nicht auf dieses Jahr und den Ort starren, wie z. B. Thomae (1977) aufweist. Wollte man sich ernsthaft darüber streiten, wer der erste Psychologe war, dürften u. a. auch Weber, Fechner, Helmholtz, W. James und Ebbinghaus nicht vergessen werden.

Lassen wir es bei diesen wenigen Namen bewenden. Es gab eine Vielfalt von *wissenschaftlichen* Strömungen im 19. Jahrhundert, welche die Psychologie beeinflußten. Vor allem die Physiologie, die Biologie mit Darwins Evolutionstheorie und die Chemie mit dem erfolgreichen Atomismus sind zu nennen. Eine der *philosophischen* Strömungen, welche für die Psychologie bedeutsam waren, ist z. B. der wissenschaftliche Materialismus mit den Assoziationstheorien.

Die Psychologie Wundts

Wundt jedenfalls war von diesen Strömungen beeinflußt. Er gewann eine überragende Bedeutung; Leipzig soll durch ihn zu einem „Mekka für Psychologen" geworden sein. Die Psychologie sollte als Wissenschaft vom Bewußtsein – analog zur Chemie – die Elemente bewußter „Verbindungen" und die Möglichkeiten ihrer Synthese erfassen. Hauptarbeitsfeld war die Wahrnehmung mit ihren physiologischen Grundlagen. Elemente der Wahrnehmung sind die „Empfindungen". „So nennen wir Grün oder Rot . . . Gesichtsempfindungen" (Wundt 1913, S. 31). Mit Begriffen wie Assoziation, Verschmelzung etc. glaubte Wundt, den Verbindungen der Elemente auf die Spur zu kommen. Zur wichtigsten Methode wurde das *Experiment,* das die systematische Selbstbeobachtung (Introspektion) einschloß. Beobachtung trat an die Stelle des mehr spekulativen Arbeitens. Später galt sein Augenmerk zunehmend auch „höheren Vorgängen", die sich dem Experiment verschlossen; dieser Ansatz gipfelte in einer vielbändigen „Völkerpsychologie".

Gestaltpsychologie

Gegen Wundts Ausrichtung der Psychologie gab es mehrere „Revolutionen". Die eine, die *Gestaltpsychologie,* kam direkt aus dem Kreis seiner Schüler. Ihre Kritik (deutlich seit 1912) setzte vorwiegend am Elementarismus an: Psychische Prozesse, Erlebnisse und Handlungen sind nicht aus Elementen zu erklären; sie sind gegliederte Ganze, sog. Gestalten *(s. Kap. 6).* Von Aristoteles entlieh sie das Motto: Das Ganze ist mehr als die Summe seiner Teile. Zum Beispiel ist eine Melodie nicht als eine Summe von Tönen zu begreifen; eine Gestalt wie die Melodie eines Liedes bleibt in C-Dur ebenso erhalten wie in Fis-Dur, obgleich die Töne als Elemente nicht identisch sind. Als Schule gibt es die Gestaltpsychologie nicht mehr. Wichtige Gedanken leben in verschiedenen Theorien, welche die Ganzheitlichkeit des Menschen betonen, weiter (s. auch die von Lewin angeregte Gruppenforschung und Ökopsychologie, *Kap. 12*).

Behaviorismus

Ganz anders setzte sich die „Schule" gegen Wundt und Positionen des 19. Jahrhunderts ab, die sich den Namen *„Behaviorismus"* gegeben hat (Watson 1913). Die *Bewußtseins*psychologie und die dazugehörige *Introspektion* wurden als *Irrwege* der Psychologie eingestuft, da sie zwangsläufig zu Ungenauigkeit und Subjektivität führten. Ausschließlich das von außen *exakt registrierbare Verhalten (behavior)* sollte Gegenstand der Psychologie sein. *Am Elementarismus stieß man sich nicht;* vielmehr suchte auch der Behaviorismus nach *Verhaltenselementen.* Als solche boten sich einfache *Reiz-Reaktions-Verbindungen* wie Reflexe und Instinkte an. Von da bis zur Tatsache, daß vorwiegend *tierisches* Verhalten erforscht wurde, war nur ein kurzer Weg. Das Leben etwa von Ratten ist im Labor kontrollierbar; sogar die Vererbung kann gesteuert werden. Alles gerät ein gutes Stück weit unter die Kontrolle des Wissenschaftlers; kein Wunder, daß hier die Umwelt statt der Anlage für die Entwicklung als dominant angesehen wurde *(s. Kap. 11).*

Ist der Behaviorismus noch modern? Wir wissen es nicht . . . Aber es ist modern, auf den Behaviorismus zu schimpfen, ohne ihn zu kennen. Der Behaviorismus hat sich vielfältig weiterentwickelt. Skinner (1904–1990) war der letzte Vertreter einer „reinen" Lehre. Miller, Galanter und Pribram nennen sich paradox „subjektive Behavioristen". In dieser Benennung kommt eine Bindung an den Behaviorismus ebenso wie die Überwindung der klassischen behavioristischen Enge zum Ausdruck (1973).

Psychoanalytische Schulen

Weniger eine Bewegung gegen Wundt als vielmehr eine Ergänzung der bis dahin aufgekeimten Psychologie sollte die *psychoanalytische* Schule bringen. Sie ist aus der klinischen Arbeit erwachsen (etwa 1895). Die Franzosen Charcot und Janet, die ohne nennenswerte Wirkung auf Wundt geblieben waren, beeinflußten den Wiener Arzt Sigmund Freud, den Begründer der Psychoanalyse, sehr. Thomae (1977, S. 32) nennt dessen Werk die „bedeutendste und folgenträchtigste Alternative" des 19. Jahrhunderts zu Wundt. Gewichtiger als das Bewußtsein bzw. das Bewußte werden für Freud die unbewußten Prozesse bzw. das Unbewußte.

Auffallend sind von Anfang an interne Schulstreitigkeiten in der Psychoanalyse, die bald zur Abspaltung großer Teil-Schulen führten (Adler 1911, Jung 1913). Das Bild, das die Psychoanalyse heute bietet, ist mindestens so bunt wie das des Behaviorismus.

Ethologie

Eine Stellung zwischen mehreren Wissenschaften nimmt ähnlich die Ethologie ein, das lebendige Kind einer ausgestorbenen Tierpsychologie. Ein zentrales Anliegen ist ihr, die biologische Basis menschlichen Verhaltens und Erlebens aufzuweisen. Die von den Behavioristen betonte Umwelt soll ganz klar gegenüber der Anlage in den Hintergrund treten. Die Tierverhaltensforschung (von Heinroth „Ethologie" genannt) ist vor allem mit dem Namen Konrad Lorenz verbunden; bei ihm und seinen Schülern kam es immer wieder auch zu Übertragungen von tierischem auf menschliches Verhalten. Tiere wie Buntbarsche und Graugänse dienten also als Modelle für die Humanpsychologie. Im Detail muß solchem Vorgehen widersprochen werden, z. B. bei der Behauptung eines menschlichen Aggressionstriebs.

Moderne Strömungen

Die *Gegenwart der Psychologie* ist u. E. vornehmlich als eine Vielfalt von theoretischen Ansätzen zu beschreiben. Herausgehoben werden könnte: Während der Behaviorismus und die Psychoanalyse noch unmittelbar auf die Psychologie einwirken, haben Gedanken der Gestaltpsychologie im Rahmen der *Systemtheorie* wieder an Bedeutung gewonnen *(s. Kap. 4)*. Um die Komplexität menschlichen Erlebens und Verhaltens zu erfassen, wurden verschiedenste Ansätze in die Psychologie aufgenommen, so die Informationstheorie und Kybernetik, die auch Brücken zu anderen Wissenschaften schlagen. Wo von der *„kognitiven Wende"*, von *Handlungs*theorien, von „humanistischer" Psychologie etc. die Rede ist, wird die programmatische Abkehr sowohl von einer engen Verhaltensforschung als auch von der psychoanalytischen Betonung des Unbewußten deutlich.

Wir können hier nur andeuten, wie uneinheitlich das Bild der gegenwärtigen Psychologie ist; die folgenden Kapitel werden es belegen. Aber diese Aussage soll zunächst in ihrem positiven Gehalt verstanden werden: Die Arbeit in der Psychologie ist vielfältiger Art; über Gefühle zu arbeiten, ist genauso möglich, wie über Denkprozesse; auf elementar Erscheinendes einzugehen, ist so legitim wie der Zugriff zum Komplexen. Wer will, kann tierisches Verhalten untersuchen; wer will, kann die Entwicklung des Kindes ebenso wie die des Greises, kann die Menschen mehr als Individuen oder mehr als Gruppenmitglieder, mehr die Unauffällig-Normalen oder mehr die Gestört-Leidenden untersuchen. Mehr als bislang dürfte es auch zur Kooperation mit anderen Wissenschaften kommen. Während etwa die Zusammenarbeit mit der Medizin nicht ganz selten ist, scheinen uns die

Möglichkeiten der Kooperation mit Historikern, Archäologen, Paläontologen (s. Leakey und Lewin 1978) etc. noch wenig genutzt.

In der Psychologie sind keine nennenswerten neuen Schulen mehr entstanden; die Grenzen der alten sind durchlässiger denn je. Weniger große umfassende Theorien als vielmehr zahlreiche Theorien mittlerer Reichweite sind anzutreffen. Die Vielfalt der Psychologie birgt in jedem Fall *Gefahren:* Jeder kann sich hinter dem Etikett „Psychologe" verstecken. Es gibt keine Garantie dagegen, daß diplomierte Psychologen als Scharlatane, als dümmliche Astrologen, als Gesundbeter auftreten. Der Psychoboom, d. h. der rapide Zuwachs an „Psychotherapien", ist ein negatives Beispiel großen Stils, wohin die Vielfalt einer heftig expandierenden Psychologie auch führen kann, nämlich zum *Verlust an Wissenschaftlichkeit.* Alles, was sich marktschreierisch anbietet, wird von Menschen in ihren Nöten unkritisch als Strohhalm ergriffen. Die Psychologie droht, zu einem Sammelbekken für Ersatzreligionen zu werden. Es ist Pflicht der Wissenschaft „Psychologie", die Untersuchung menschlichen Erlebens und Verhaltens auf einem hohen Niveau zu halten und dem Verlust der Wissenschaftlichkeit entgegenzutreten (s. Thomae 1977).

Halten wir *zusammenfassend* fest: Unsere Umschreibungen der Psychologie als einer Wissenschaft vom Erleben und Verhalten bzw. der offenen Regulationen spannen nur einen weiten Rahmen, der kaum anzudeuten vermag, was gegenwärtig alles von ihr umfaßt wird und wie sich die Psychologie noch entwickeln kann. Jedes der folgenden Kapitel gibt auf seine Weise ergänzende Antworten auf die Frage, was Psychologie sei. Was Psychologie „ist", weiß man allenfalls, wenn man alle ihre Bereiche kennengelernt hat; aber dann läßt es sich nicht mehr knapp sagen.

Literatur-Empfehlungen

Leahey, Th. H: A history of psychology. Englewood Cliffs 1987.
Lück, H. E.: Geschichte der Psychologie. Stuttgart 1991.
Thomae, H.: Psychologie in der modernen Gesellschaft. Hamburg 1977.
Traxel, W.: Über Gegenstand und Methode der Psychologie. Bern 1968.

Harald Meyer

2. Psychologische Methodenlehre

2.1 Stellenwert der Methoden in der Psychologie als empirischer Wissenschaft

2.1.1 Charakteristika einer empirischen Wissenschaft

Wie in Kap. 1 bereits hervorgehoben, versteht sich die Psychologie als *empirische Wissenschaft*. Diesen Gedanken weiterführend wollen wir uns fragen: Wodurch unterscheidet sich eine empirische Wissenschaft, wie die Psychologie, von einer nicht-empirischen Wissenschaft, wie beispielsweise Mathematik, Logik oder Ethik? Eine Antwort auf diese Frage gibt uns die Wissenschaft, deren Forschungsgegenstand nun ihrerseits die verschiedenen Wissenschaftsdisziplinen sind, die *Wissenschaftstheorie*. Die nachfolgenden Ausführungen orientieren sich an Popper (1976) und Weingartner (1978).

Halten wir zuerst fest, worin sich die Wissenschaften *nicht* unterscheiden: Ziel *aller* Wissenschaften ist das Aufstellen möglichst allgemeingültiger und gehaltvoller Sätze über ihren jeweiligen Forschungsgegenstand, die es erlauben,

- zum Forschungsgegenstand gehörende Phänomene zu erklären,
- das Auftreten bestimmter Phänomene als Folgen bekannter Vorinformationen vorherzusagen,
- Bedingungen herzustellen, die das Eintreten erwünschter Konsequenzen garantieren oder das Eintreten unerwünschter verhindern können.

Solche Sätze können als *Hypothesen* oder *Gesetze* und auch zusammen mit anderen Sätzen im Rahmen von *Modellen* oder *Theorien* vorliegen, wie das Beispiel auf S. 26 im Kapitel 1 zeigt.

Nun zu den Unterschieden: Was empirische Wissenschaften charakterisiert, ist die Betonung des *empirischen Gehalts* als entscheidendes Qualitätsmerkmal eines Satzes. Was ist mit empirischem Gehalt gemeint? Ein Satz hat empirischen Gehalt, wenn die behaupteten Sachverhalte sich auf *empirisch Prüfbares* beziehen, m. a. W. wenn der Satz (zumindest prinzipiell) auf seine Richtigkeit *empirisch prüfbar ist*. Zum Beispiel ist der – übrigens schon längst widerlegte – Satz: „Frustration führt immer zu Aggression“ von großer Allgemeingültigkeit (er betrifft *jede* Frustration) und empirisch prüfbar. Der Satz: „Jede Form von Aggression ist moralisch verwerflich“ mag zwar als allgemein gültig angesehen werden, hat jedoch keinen empirischen, sondern ethischen Gehalt. Zwar könnte man z. B. untersuchen, wieviel Prozent der Bevölkerung diesen Satz uneingeschränkt akzeptieren, jedoch ließe sich aus den empirischen Prozentsätzen nicht ableiten, ob der Satz als solcher richtig oder falsch ist.

Die Beschränkung auf empirisch prüfbare Sätze unterscheidet empirische von nicht-empirischen Wissenschaften. Prüfinstanz aller Sätze und Satzsysteme ist die empirisch faßbare Realität. Ein noch so allgemeiner und interessant erscheinender, aber empirisch nicht prüfbarer Satz kann zwar anregend, nicht aber dauerhafter Bestandteil empirischer Wissenschaften sein.

Satzsysteme: Theorien, Modelle, Gesetze

↓ ↑

Einzelsätze: Hypothesen = prüfbare Behauptungen über empirisch prüfbare Sachverhalte

↓ ↑

Realität: Bereich der empirisch beobachtbaren Phänomene

Abb. 2.1: Grundkonzeption empirischer Wissenschaften - empirische Prüfbarkeit ihrer Sätze (↓: Ableitung beobachtbarer Phänomene aus Satzsystemen, ↑: Entscheidung über die Gültigkeit der Satzsysteme auf der Grundlage des Eintretens/Nichteintretens der Phänomene)

Diese Grundkonzeption empirischer Wissenschaften *(s. Abb. 2. 1)* bedarf einiger Erläuterungen, um nicht mißverstanden zu werden.

(1) *Nicht jeder Satz muß sich auf unmittelbar Beobachtbares beziehen, um überhaupt prüfbar zu sein.* Es genügt vielmehr, wenn sich aus ihm *prüfbare Sätze geringeren Allgemeinheitsgrades* ableiten lassen. Gerade die bedeutungsvollsten Sätze sind in der Regel nie unmittelbar empirisch prüfbar. Woran das liegt, erkennt man am Beispiel „Frustration führt immer zu Aggression": Die Phänomene „Frustration" und „Aggression" sind in der Globalität ihrer Bedeutung nicht unmittelbar beobachtbar - eine Eigenschaft, die sie mit anderen wesentlichen Begriffen der Psychologie (sog.„Hypothetischen Konstrukten") gemeinsam haben. Unmittelbar beobachtbar sind lediglich bestimmte Aspekte oder Indikatoren dieser globalen Konzepte, wie etwa verbale Äußerungen als Frustrationsindikatoren und zerstörerische Handlungen als Spezialfälle aggressiven Verhaltens. Aus dem allgemeinen ableitbar und prüfbar wäre demzufolge der Satz:„Vorausgesetzt, die Äußerung A ist ein Frustrationsindikator und die Menge B von Verhaltensweisen beinhaltet alle möglichen Ausdrucksformen der Aggression, dann folgt auf die Äußerung A immer eine der Verhaltensweisen aus B."

(2) *Noch nicht einmal jene Sätze, die sich auf unmittelbar Beobachtbares beziehen, müssen mit aller Strenge empirisch prüfbar sein.* Die empirischen Wissenschaften sind voll von Sätzen, die vielleicht irgendwann einmal, vielleicht auch nie mit aller Strenge empirisch prüfbar sein werden, und trotzdem sind sie

äußerst wertvoll. Der Grund: Die Grenzen der Prüfbarkeit eines Satzes liegen in der *Unschärfe der Methoden zur Erfassung der behaupteten Sachverhalte.* Die empirische Prüfung eines Satzes ist ohne irgendeine Art der Erfassung realer Vorgänge unmöglich. Jede Erfassung aber - angefangen bei der sehr subjektiven Beobachtung und Eindrucksbildung bis hin zu psychologischen und physikalischen Messungen - ist fehlerbehaftet. Was die Präzisionserhöhung des Satzes gegenüber der Erfassung eines einzelnen Sachverhalts ermöglicht, ist die Miteinbeziehung einer - empirisch wiederum nicht unmittelbar beobachtbaren - Theorie über das Verhalten der Fehler, die bei der Erfassung auftreten. Genau so verhält es sich in der Psychologie: Die Prüfbarkeit des Satzes, „auf die Frustrationsäußerung A folgt eine der Verhaltensweisen aus der Menge B", steht und fällt mit der Präzision, mit welcher A und B registrierbar sind. Schwächen der Erfassungsmethoden können aber nicht den Sätzen oder den behaupteten Sachverhalten angelastet werden.

(3) *Nicht jeder unmittelbar prüfbare Satz hat, wenn er widerlegt wurde, die Widerlegung des Satzsystems zur Folge, aus dem er abgeleitet wurde.* Dafür gibt es zweierlei Gründe: Erstens ist nie ganz auszuschließen, daß unkontrollierte und unbeobachtbare Einflüsse dafür verantwortlich sind, daß die behaupteten Phänomene sich nicht eingestellt haben. Dieser Umstand macht jede Überprüfung eines Satzes unsicher; bei wiederholter Prüfung treten die behaupteten Sachverhalte lediglich mit einer gewissen Wahrscheinlichkeit, niemals aber mit Sicherheit auf. Es wäre demnach vorschnell, würde man eine Theorie allein aufgrund des einmaligen Nichteintretens eines behaupteten Sachverhalts schon verwerfen. Um sicher zu gehen, müssen wir die Prüfung entweder wiederholen oder den Wahrscheinlichkeitscharakter des gesamten Vorgangs selber mit ins Kalkül ziehen. Zweitens können unmittelbar prüfbare Sätze im Lichte der Theorie betrachtet derart irrelevant sein, daß eine Widerlegung der behaupteten Sachverhalte die Theorie kaum erschüttert. Es scheint - zumindest in den Verhaltenswissenschaften - eine gewisse Unvereinbarkeit zu bestehen zwischen dem Bemühen um Sätze, die unmittelbar und von Störquellen weitgehend unbeeinflußt prüfbar sind, einerseits und der theoriebezogenen Relevanz dieser Sätze andererseits. Dies könnte ein Grund dafür sein, daß sich Theorien trotz vieler Widersprüche relativ lange halten können.

Aus diesen Überlegungen läßt sich folgendes ableiten: *Erstens* ist es nicht damit getan, möglichst gehaltvolle Sätze aufzustellen, also z. B. gewaltige und tiefgründige Sätze über die „Seele" zu formulieren, sondern diese Sätze müssen zusätzlich den denkbar strengsten Prüfungen unterziehbar sein, um Bedeutsamkeit beanspruchen zu können. (Daß in der Öffentlichkeit Aussagen oft schon allein wegen ihres Gehalts geschätzt werden, die Prüfbarkeit und der Grad der Überprüfung jedoch kaum beachtet werden, ist zwar eine Tatsache, aber keine erfreuliche). *Zweitens* ist es nicht damit getan, sich in einer Wissenschaft auf diejenigen Sätze zu beschränken, die mit den vorhandenen Möglichkeiten prüfbar sind. Vielmehr besteht die Verpflichtung, das Rüstzeug einer Wissenschaft jeweils an den Gegenstand anzupassen und so zu erweitern, daß gehaltvolle Sätze, die bisher nicht prüfbar waren, einer Prüfung zugänglich werden.

Mit anderen Worten: *Eine empirische Wissenschaft ist so weit entwickelt, wie die Möglichkeiten zur Prüfung ihrer Sätze.*

2.1.2 Begriffsbestimmung: Methodenlehre und Methoden

Die *Methoden* einer Wissenschaft sind die Verfahren zur Gewinnung und zur Prüfung von Sätzen.

Methodenlehre ist die Lehre von den Verfahren zur Gewinnung und Überprüfung der Erkenntnisse einer Wissenschaft. *Aufgabe der Methodenlehre* ist es, die Methoden einer Wissenschaft darzustellen, die Anwendungsbereiche zu erläutern, und schließlich ihre Möglichkeiten und Grenzen aufzuzeigen. Die Kenntnis der Methoden ermöglicht erst wissenschaftliches Arbeiten. Sie ist jedoch auch eine unerläßliche Hilfe für die praktische Tätigkeit; denn ohne Kenntnis der Methoden ist der Praktiker der Gefahr ausgesetzt, aus seiner Tätigkeit in nicht fundierter Weise zu verallgemeinern (z. B. durch Überschätzung der Bedeutung von Einzelbeobachtungen). Außerdem ist er allen Neuerungen und Vorschlägen hilflos ausgeliefert, wenn er nicht in der Lage ist, den Grad der Prüfbarkeit und Überprüftheit dieser Neuerungen richtig zu beurteilen.

2.1.3 Die Angemessenheit psychologischer Methoden im Lichte des Forschungsgegenstandes

Jeder Forschungsgegenstand verlangt eine ihm *angemessene* Methodik. Wer z. B. über eine Sanduhr verfügt, kann die Lichtgeschwindigkeit nicht exakt messen, und die Effizienz der Krebsvorsorge hängt von der Verfügbarkeit aufwendiger Früherkennungsmethoden ab.

Die Diskussion um die „richtige" Methodik der Psychologie zieht sich wie ein roter Faden durch die Geschichte dieser Wissenschaft. Das Meinungsspektrum bewegt sich zwischen *zwei Extrempositionen*, die man die Aquinsche und die Descartessche nennen könnte. Gemäß einem Aristoteles-Zitat der Thomas von Aquin („Das geringste Wissen über die höheren Dinge ist unendlich viel erstrebenswerter als das noch so genaue Wissen über die niedrigen Dinge") bemühten sich die einen, möglichst viel und Umfassendes über die menschliche Seele auszusagen - wobei sich dann leider oft nur unkontrollierte und unüberprüfbare Ausführungen ergaben, deren Begriffe an Unklarheit und Mehrdeutigkeit kaum zu übertreffen waren. Gemäß den Leitsätzen der kartesianischen Philosophie glaubten viele andere dagegen, daß die Psychologie nur dadurch zu einer seriösen Wissenschaft entwickelt werden könnte, daß man sich um äußerste Klarheit und Präzision der Begriffe bemüht.

Daraus ergaben sich eine Reihe von Tendenzen:

(1) die Tendenz zur Zerlegung komplexer Zusammenhänge in ihre kleinsten Bestandteile und zur isolierenden Betrachtung dieser Bestandteile,
(2) die Tendenz, möglichst mit numerisch faßbaren Begriffen zu arbeiten und
(3) die Tendenz, nicht unmittelbar Beobachtbares aus der wissenschaftlichen Betrachtung möglichst auszuschließen.

Dies führte leider oftmals dazu, daß gerade die interessanten Inhalte wegen ihrer Unzugänglichkeit aus der Forschung ausgeklammert wurden.

In der Gegenwartspsychologie gehen die„ganzheitliche Psychologie" und einige psychoanalytische Ansätze deutlich in die Aquinsche Richtung, während die naturwissenschaftlich-experimentell ausgerichtete, in ihrer Extremform als „Behaviorismus" bekannte Psychologie dem Descartesschen Flügel zuzurechnen ist. Beide Richtungen unterscheiden sich sehr deutlich sowohl durch die *Art der Sätze*, die sie aufstellen, als auch durch die *Ansprüche an die Methoden*, die sie verwenden. Die *Aquinsche Richtung* mißt der empirischen Prüfbarkeit ihrer Sätze vergleichsweise geringes Gewicht bei und verlangt konsequenterweise nach Methoden, die primär neue Möglichkeiten des Zugangs zum Forschungsgegenstand eröffnen. Die Prüffunktion von Methoden wird hintangestellt. Die *Descartessche Richtung* legt größeren Wert auf die empirische Prüfbarkeit ihrer Sätze und verlangt primär nach Prüfmethoden. Selbstverständlich kann weder die eine noch die andere Extremposition die vielfältigen theoretischen und praktischen psychologischen Probleme lösen, sondern eine Synthese beider ist nötig mit der Forderung nach maximaler Inhaltsfülle und möglichst harter empirischer Prüfung der Sätze. In diesem Zusammenhang sei hervorgehoben, daß eine Trennung in Methoden, die ausschließlich der Gewinnung und solche, die ausschließlich der Prüfung von Sätzen dienen, nicht zweckmäßig ist. Gewinnung und Prüfung sollten eng miteinander verbundene Bestandteile des Wissenschaftsprozesses sein. Die Gewinnung von Sätzen (beispielsweise durch Verallgemeinerung systematischer Experimentalbefunde oder auf introspektivem Wege) spielt sich immer vor dem Hintergrund theoretischer Voranahmen ab, und seien diese noch so wenig bewußt. Popper drückt das so aus, daß „... Beobachtungen und erst recht Sätze über Beobachtungen und über Versuchsergebnisse immer Interpretationen der beobachteten Tatsachen sind und daß sie Interpretationen im Lichte von Theorien sind" (S. 72). Die *Gewinnung von Sätzen* bedeutet gleichzeitig die Prüfung der theoretischen Voranahmen, als deren Bestätigung oder Widerlegung die Sätze ausfallen. Die *Prüfung von Sätzen* wiederum liefert in aller Regel eine Fülle von Hinweisen für die Bildung neuer Sätze

Die Frage also, welche Methoden in der Psychologie angemessen sind, darf nicht von einer unangemessenen Extremposition aus beantwortet werden, sondern wenn wir Klarheit über die Charakteristika unseres Forschungsgegenstandes gewonnen haben. Die in Kapitel 1 erläuterten Merkmale halten wir für wesentlich zur Charakterisierung psychischer Sachverhalte und damit zur Entwicklung adäquater Methoden: der *Indeterminismus psychischer Phänomene*, die *Komplexität psychischer Zusammenhänge*, die *Plastizität psychischer Gegebenheiten* und schließlich die *Verborgenheit psychischer Zustände* und *Prozesse*. Das genauere Verständnis dieser Charakteristika wird erleichtert, wenn wir ein konkretes Beispiel, etwa die menschliche Intelligenz, heranziehen:

Verborgenheit

Die Charakteristik der Verborgenheit vieler psychischer Phänomene läßt sich am Beispiel der Intelligenz vermutlich unmittelbar einsehen. Wir können „die Intelligenz" einer Person ebensowenig direkt erfassen (durch Beobachtung oder Messung) wie z. B. „die Ehrlichkeit", „den Mut" usw. Direkt erfaßbar sind lediglich Indikatoren, die unter gewissen Bedingungen den Rückschluß auf den Ausprägungsgrad dieser Phänomene (psychologische Fachausdrücke für diese Phänomene sind *„Hypothetische Konstrukte"* oder *„Latente Variable"*) erlauben. Diese Feststellung ist mit der Einschränkung zu versehen, daß ein stringenter Zusammenhang zwischen Indikatoren und verborgenen psychischen Phänomenen in den meisten Fällen nicht gegeben ist. Auf was zum Beispiel läßt eine schlechte Mathematiknote schließen? Auf Faulheit des Schülers, Desinteresse, mangelnde Fähigkeit, auf Faulheit des Lehrers, Desinteresse . . .?

Wenn es aber so ist, daß ein stringenter Zusammenhang zwischen Indikatoren und verborgenen hypothetischen Konstrukten nicht gegeben ist, dann wird klar, daß die begriffliche Festlegung dieser Konstrukte (ihre Definition) ein enormes Problem darstellt. Seine Lösung kann letztendlich nur auf einer *konventionalistischen Festlegung* beruhen: Auf einer Festlegung der relevanten Indikatorenmenge und der (in den günstigsten Fällen durch ein mathematisches „Meßmodell" definierten) Form des Rückschlusses von den Indikatoren auf das zu indizierende Konstrukt. Diese Festlegung bedarf der Zustimmung aller an diesem Konstrukt Interessierten (Wissenschaftler). Nur dadurch kann sie jenen Grad an Verbindlichkeit erlangen, der eine unerläßliche Voraussetzung für das Aufstellen möglichst allgemeiner Sätze (eines der Hauptziele jeder Wissenschaft, wie wir bereits festgestellt haben) unter Verwendung des Konstruktes ist. Es würde viele Seiten dieses Buches füllen, den Kampf um die konventionalistische Festlegung etwa nur des Intelligenzbegriffes in der Geschichte der Psychologie nachzuzeichnen.

Der vielleicht naheliegende Gedanke, in Anbetracht dieser Schwierigkeiten auf die Verwendung solcher verborgener *Hypothetischer Konstrukte* gänzlich zu verzichten, ist nicht neu. Er war einer der Programmpunkte des frühen Behaviorismus *(s. Kap. 1.2.1)*. Er hat sich unseres Erachtens schon deshalb nicht durchgesetzt, weil der Verzicht auf *Hypothetische Konstrukte* den natürlichen Denkgewohnheiten zuwiderläuft: Man denkt nach über, spricht von, argumentiert mit Begriffen wie „Intelligenz", „Mut", „Ehrlichkeit" usw. Wissenschaftliche Satzsysteme sind aber immer in den kulturellen Rahmen eingebunden, aus dem heraus sie entstehen. Mehr zu diesen Problemen in *Kapitel 2.2.2*.

Prozeßhaftigkeit

Man muß kein Wissenschaftler sein, um feststellen zu können, daß sich die Intelligenz eines Menschen in dauernder Veränderung befindet. Die Intelligenz des Menschen, im Verlaufe seines Lebens betrachtet, ist daher ein Prozeß. Es gab in der Psychologie einen viele Jahre andauernden Streit über die Frage, wie dieser Prozeß verläuft. Die pessimistische Auffassung war, daß sich die menschliche Intelligenz bis ca. in die Mitte des zwanzigsten Lebensjahres entfaltet und von da ab langsam wieder abbaut. Die optimistische Gegenauffassung behauptete, daß die Intelligenz sich bis ins hohe Lebensalter permanent weiterentwickle. Dieser Streit war bemerkenswerterweise auch ein Methodenstreit: Die Vertreter der einen wie der anderen Auffassung konnten zur Stützung ihrer Behauptungen empirische Ergebnisse vorweisen, die sie allerdings mit unterschiedlichen Methoden (Querschnitt- und Längsschnittuntersuchungen) gewonnen hatten. Die Überwindung dieser - wegen ihres Allgemeingültigkeitsanspruchs falschen - Auffassungen verdanken wir wiederum methodischen Überlegungen, die zu neuen Untersuchungsansätzen und Ergebnissen führten.

Tatsache ist jedenfalls, daß die Eigenschaft der Prozeßhaftigkeit praktisch alle psychischen Phänomene haben. Selbstverständlich verändern sich manche unterschiedlich stark, bzw. sie verändern sich in bestimmten Zeitabständen stärker als in anderen. Das ändert aber nichts an der Richtigkeit der Feststellung, daß Prozeßhaftigkeit eines der Hauptcharakteristika des Forschungsgegenstandes der Psychologie ist. Bezeichnen wir also mit X den Zustand oder Ausprägungsgrad eines psychischen Phänomens - z. B. den Wert des ominösen „Intelligenzquotienten" (IQ) - so meinen wir implizit immer den Zustand oder Ausprägungsgrad zu einem gewissen Zeitpunkt t, also X_t, zum Beispiel den IQ-Wert eines Menschen im Alter von 18 Jahren. Wenn folglich die Persönlichkeitspsychologie (*vgl. Kap.* 9) von stabilen Persönlichkeitsmerkmalen - sog. „traits" - spricht, so meint sie damit Merkmale, deren Veränderungsintensität von einem bestimmten Zeitpunkt ab oder innerhalb eines Zeitintervalls relativ gering ist.

Plastizität

Dieser Begriff umschreibt die Beeinflußbarkeit psychischer Phänomene durch psychische und andere Phänomene. Genauso selbstverständlich wie die Feststellung, daß psychische Phänomene ihren Zustand bzw. Ausprägungsgrad verändern, ist nämlich die implizite Annahme, daß diese Prozesse in irgendeiner Art und Weise verursacht und gesteuert werden. Das philosophische Prinzip des „nihil sine causa" ist nicht nur im außerwissenschaftlichen Denken fest verankert, sondern auch im wissenschaftlichen. Der größte Teil psychologischer Forschung ist folglich der Frage gewidmet, welche Veränderungen auf welche Ursachen zurückgeführt werden können. So kann man beispielsweise vermuten, daß als Ursachen der (Veränderung der) menschlichen Intelligenz intrapersonale (die genetische Ausstattung, Interessen, Ehrgeiz usw.) und extrapersonale (Bildungsangebot, Bildungsinteresse des Elternhauses, finanzielle Möglichkeiten usw.) in Frage kommen. Gegenstand der psychologischen Forschung ist die Frage, welche der vermuteten Ursachen tatsächlich einen empirisch nachweisbaren Einfluß haben und wie stark dieser jeweils ist. Unmittelbar mit dieser Charakteristik hat die nächste zu tun.

Komplexität

Einfluß- oder Bedingungsfaktoren stehen keineswegs isoliert nebeneinander, sondern bedingen sich gegenseitig (z. B. die finanziellen Möglichkeiten bedingen das Bildungsangebot, dies wiederum die Interessen usw.) Ja mehr noch, der Mensch verändert selbst diese intra- und extrapersonalen Bedingungen durch bewußtes und unbewußtes Eingreifen in seine Umwelt und in die eigene psychische Ausstattung. Kurt Lewin, der zu Recht als ein Vordenker und Begründer moderner psychologischer Theorien und Strömungen gilt, hat schon in den dreißiger Jahren auf diese Tatsache der selbstherbeigeführten Veränderungen des „Psychischen Feldes" - wie er es nannte - hingewiesen. Natürlich darf nicht übersehen werden, daß nicht nur selbstherbeiführbare Veränderungen dieses komplexe System von Einfluß- und Bedingungsfaktoren kennzeichnen. Wie praktisch jedes System haben auch die Systeme, die Gegenstand der psychologischen Forschung sind, eine *Eigendynamik*. Die Forschergruppe um Dörner (1989) beschäftigt sich insbesondere mit der Frage, wie Menschen mit komplexen und eigendynamischen Systemen umgehen. Die praktische Nutzanwendung der Forschungsergebnisse wirft ein bezeichnendes Licht nicht nur auf die Art und Weise, wie Menschen mit einfachen Problemen umgehen, sondern wie Wirtschafts- und Gesellschaftssysteme „gemanaget" werden.

Wir stellen daher fest, daß prozeßhaftes psychisches Geschehen in einen Komplex interdependenter, teils steuerbarer, teils nicht steuerbarer Zusammenhänge eingebunden ist, so daß die Bestandteile dieses Komplexes – je nach Sichtweise – einmal als verursacht, ein anderes Mal als (mit-)verursachend aufgefaßt werden können. Neuere Methoden (Kausalanalysen) wurden erfunden, um dieses Wirrwarr zu entwirren.

Indeterminiertheit

Diese Charakterisierung umschreibt die Tatsache, daß die gegenseitigen Beeinflussungen, die ja den Komplex psychischer Zusammenhänge und Veränderungen ausmachen, zumindest nach unserem jetzigen Wissensstand keine deterministische Stringenz haben. Formallogisch läßt sich ein Determinismus als Implikation „$A \rightarrow B$" darstellen. *Ein Beispiel:* A soll bedeuten: „Dieses Individuum ist ein Mensch". B soll bedeuten: „Dieses Individuum ist sterblich". $A \rightarrow B$ heißt dann, in die Umgangssprache übersetzt: „Jeder Mensch ist sterblich".

Zusammenhänge zwischen psychischen Phänomenen sind indeterministisch, weil sie sich nicht in der Form einer logischen Implikation darstellen lassen. Zum Beispiel liegen empirische Befunde vor, die zeigen, daß zwischen der Intelligenz einer zukünftigen Führungskraft und der Steilheit ihrer Karriere im Unternehmen ein Zusammenhang besteht. Ein logisch stringenter Zusammenhang besteht allerdings nicht, weil nicht jeder mit hoher Intelligenz sehr schnell aufsteigt, und weil nicht jeder, der eine steile Karriere macht, hohe Intelligenz aufweisen muß. Der Zusammenhang besteht lediglich der Wahrscheinlichkeit nach (wir sagen auch: „Es besteht eine Korrelation zwischen ..." *vgl. Kap. 2.2.4*).

Verborgen wie viele psychische Phänomene ist auch die Form des Zusammenhangs zwischen ihnen. Ein Großteil psychologischer Forschung beschäftigt sich mit der Aufgabe, die Zusammenhänge zwischen komplexen psychischen Phänomenen in irgendeine mathematische Form zu bringen, sie z. B. durch lineare Gleichungen, Polynome, Exponentialgleichungen und dergleichen darzustellen. Überwiegend – und häufig zu Unrecht – geht man hypothetisch von linearen Zusammenhängen aus (dem sog. *„Allgemeinen Linearen Modell", vgl. Kap. 2.2.*). Da die empirischen Daten, auf denen diese Forschungen beruhen, wie in jeder anderen empirischen Wissenschaft auch, fehlerbehaftet sind, kommen bei der Bestimmung oder Überprüfung dieser Zusammenhänge mathematisch/statistische Methoden des Fehlerausgleichs zur Anwendung, wie sie in allen anderen empirischen Wissenschaften ebenfalls verwendet werden.

Die Methoden der Psychologie, die im nächsten Kapitel im kurzen Überblick und nur in Ausschnitten dargestellt werden können, sollten diesen Charakterisierungen Rechnung tragen. Tun sie das wirklich? Vorwegnehmend sei festgestellt, daß man streng unterscheiden muß zwischen der Entwicklung von Methoden (Mathematik, Statistik, Systemtheorie, Experimental Design usw.) als eigenständige Fachgebiete und der Anwenderseite, die, wie es scheint, dieses Angebot nur zum Teil nutzt. Gerade in der Psychologie scheint die Schnittstelle Entwicklung – Anwendung sehr undurchlässig zu sein. Es ist müßig darüber zu räsonieren, warum das so ist. Viel wichtiger ist es, in der Zukunft konstruktive Schritte zu unternehmen. Diese müssen - trotz aller zu erwartender Schwierigkeiten - zuerst einmal bei der Methodenausbildung während des Studiums ansetzen.

2.2. Methoden der Psychologie

Über ihre *Methoden* kommt eine Wissenschaft zu ihren *Fakten* und *Theorien*. Methode meint dem Wortstamm nach: Weg zu etwas. Diese „Etwas" sind in der Psychologie stets außerordentliche komplexe Systeme von miteinander verbundenen Variablen, wie bereits erläutert wurde. Der Studienerfolg z. B. ist eine Funktion der Intelligenz, der psychischen Belastbarkeit, erworbener Arbeitstechniken, der finanziellen Situation, der Ausstattung des Studienplatzes etc., Faktoren also, die ihrerseits wieder miteinander zusammenhängen.

Wir wollen - stellvertretend für viele andere Fragestellungen - die folgende aufwerfen: Wie verhält sich ein Studienanfänger, sagen wir in den ersten vier Wochen des Studiums? Wie organisiert er seine Lehrveranstaltungsbesuche, seinen sonstigen Tagesablauf und welche Erfolgs- und Mißerfolgsgefühle hat er dabei? Wir wollen schrittweise explizieren, wie die angewandte psychologische Forschung derartige Fragestellungen normalerweise bearbeitet und welcher Methoden sie sich hierbei bedient. Dabei läßt sich die Verwendung von Formeln nicht vermeiden. Formeln können zwar abschrecken, sind aber die einfachste Art der prägnanten Formulierung von Sachverhalten. Den Leserinnen und Lesern sei daher nahegelegt, die folgenden Formeln nicht zu überlesen, sondern sie als Hilfsmittel zum Verständnis des Textes anzunehmen.

Wiederum war es Kurt Lewin, der schon in den dreißiger Jahren programmatisch - aber auch wenig explizit - festgestellt hat:

Verhalten = **F**unktion von (**P**erson und **S**ituation)

Diese Feststellung war der Aufruf zu einer strikten Abkehr von der Gedankenwelt des frühen Behaviorismus, die das Individuum als lediglich durch äußere (Reiz-)Situationen gesteuertes „Reagens" auffaßte. In diese Gedankenwelt paßten weder intrapsychische latente Variable noch die Möglichkeiten der selbstherbeigeführten Veränderungen des Gesamtsystems - man stelle sich den Studienanfänger vor, dessen intrapsychische Ausstattung als sog. „black box" überhaupt nicht zur Kenntnis genommen wird und der nichts weiter tut, als auf äußere Anstöße (Reize) zu reagieren!

Greift man den Gedanken Lewins auf und versucht, ihn durch die im vorangegangenen Kapitel erläuterten Charakteristika psychischen Geschehens anzureichern, so wird man feststellen, daß er vermutlich nicht nur auf (beobachtbares) Verhalten zutrifft, sondern auch auf intrapsychische Begleiterscheinungen, wie z. B. Freude, Ärger, Leistungsstreben usw. Berücksichtigt man zusätzlich noch die Komplexität psychischer Phänomene so müßte man diesen Gedanken wie folgt ergänzen:

AV = **F**unktion eines { **S**ystems von (**P**erson und **S**ituation)}

Dabei steht **AV** nun für jede interessierende psychische Variable, nicht nur für Verhalten. **AV** als Abkürzung für „*Abhängige Variable*" kennzeichnet auch den Tatbestand, daß ein bestimmter Teil des Gesamtsystems gewissermaßen als „Zielvariable" isoliert wird, und die Abhängigkeiten dieser Zielvariable vom Rest des Systems untersucht werden sollen. Zumindest die personseitigen Systembestandteile sind überwiegend verborgen. Systemparameter sind noch nicht explizit angeführt. Was macht nun die angewandte empirische Forschung damit?

Sie kann nicht alle möglicherweise relevanten P- und S-Variablen berücksichtigen. Daher muß sie *Hypothesen* darüber bilden, welche Variablen die wichtigsten sind. Eine Einschränkung wird sie auch auf der AV-Seite vornehmen müssen. Es wäre z. B. unmöglich, das gesamte Verhaltensspektrum des Studienanfängers zum Gegenstand der Forschung zu machen. Man könnte sich aber für sein Kompetenzgefühl (das Gefühl, den Studienanforderungen gewachsen zu sein) als AV und dessen Abhängigkeit von Erfolgs-/Mißerfolgserlebnissen beim Verstehen des Lehrstoffs und bei der sozialen Integration in die Gruppe der Gleichsemestrigen sowie von den Möglichkeiten des regelmäßigen Besuchs der Lehrveranstaltungen interessieren. Obige Gleichung wird daher vereinfacht zu (wir verwenden als Abkürzungen die Angangsbuchstaben und berücksichtigen, daß mit AV nur noch eine oder einige ganz bestimmte Variablen gemeint ist):

$$AV = F\,\{S\,(P_1, ..., P_n, S_1, S_2, ..., S_m)\}$$

Auch der Systemcharakter bleibt normalerweise unberücksichtigt, die Berechnung von sog. „Wechselwirkungen" wird dem nur ungenügend gerecht. Daher

$$AV = F\,(P_1, ..., P_n, S_1, S_2, ..., S_m)$$

Nun aber sind einige der P-Variablen latente Variablen, und möglicherweise auch einige der S-Variablen von zu umfangreicher Bedeutung, so daß vereinfachende Präzisierungen notwendig sind. Diese Präzisierungen sind entweder psychologische Meßinstrumente (z. B. ein Meßinstrument zur Erfassung der subjektiven Kompetenz) oder sog. „Operationale Definitionen" (z. B. die S-Variable = „Soziale Integration" wird operational definiert durch die Häufigkeit gemeinsamer Mensabesuche mit den Gleichsemestrigen). Daher nur noch

$$AV = F\,(UV_1, UV_2, ..., UV_n)$$

Dabei stehen die Abkürzungen UV_1, UV_2, ... für die Bezeichnung „*Unabhängige Variable*" und kennzeichnen die Operationalisierungen bzw. Meßwerte für die ursprünglichen P- und S-Variablen. Offen ist nun noch die Art des funktionalen Zusammenhangs F. Üblicherweise geht man von einem *linearen Zusammenhang* aus, also

$$AV = c + b_1\,UV_1 + b_2UV_2 + ... + b_nUV_n + E$$

Dies ist die Grundgleichung des sog. „*Allgemeinen Linearen Modells*" (abgekürzt ALM), das bei den meisten empirischen Untersuchungen nicht nur der Psychologie, sondern aller Verhaltenswissenschaften zur Anwendung kommt.

Das ALM besagt grob gesprochen folgendes: Der Ausprägungsgrad der AV (z. B. die Höhe des Kompetenzgefühls des Studienanfängers) ist die Summe der gewichteten UVn (z. B. der Intelligenz, der finanziellen Situation, der Belastungsfähigkeit usw.). Die Gewichte (b_1, b_2, . . .) entsprechen der relativen Stärke des

Einflusses der UVn auf die AV: Je größer der Absolutbetrag des Gewichtes ist, umso stärker ist der (positive oder negative) relative Einfluß dieser UV im Vergleich mit den anderen. Eine UV, die im Vergleich mit den anderen praktisch keinen Einfluß auf die AV ausübt, erhält ein Gewicht von Null. Die Größe E (Abkürzung für „Error") drückt den Tatbestand aus, daß bei der Abschätzung des Ausprägungsgrades der AV als Funktion der gewählten UVn so gut wie immer *Schätzfehler* auftreten. Einsichtigerweise wird man an der Größe dieses Schätzfehlers ablesen, ob die gesamte Hypothese (das Gesamt aus AV, den gewählten UVn und der behaupteten Form des Zusammenhangs) empirisch bestätigt oder widerlegt ist. Die durch das ALM getroffene Festlegung des linearen funktionalen Zusammenhangs hat den Vorteil, daß zur Berechnung dieser unbekannten Gewichte das gesamte Methodeninventar der Linearen Algebra (ein Spezialgebiet der Mathematik) zur Verfügung steht.

Der durch das ALM festgelegte hypothetische Zusammenhang wird nun empirisch untersucht: Man zieht eine Stichprobe von Personen, erzeugt wenn möglich durch experimentelle Bedingungen *(s. Kap. 2.2.2)* eine systematische Variation der UVn oder hofft, daß die Personen von vornherein eine Variation in diesen Variablen aufweisen, was normalerweise auch der Fall ist. Man erfaßt sodann von jeder Person die Ausprägungsgrade in den UVn und der AV; die Operationalisierungen der Variablen wurden genau mit der Absicht vorgenommen, dies möglich zu machen. Im einfachsten Fall, wenn man den Zusammenhang zwischen einer einzigen UV und einer AV untersucht, lassen sich die Ergebnisse einer jeden Person aus der Stichprobe in ein Koordinatensystem *(s. Abb. 2.3.)* eintragen, wobei man auf der Ordinate den jeweiligen Wert der AV und auf der Abszisse den Wert der UV einträgt. Unter Verwendung dieser bekannten UV- und AV-Werte lassen sich schließlich die unbekannten Gewichte berechnen, sodann Schätzwerte für die AV ausrechnen und aus dem Vergleich dieser Schätzwerte mit den tatsächlich erhaltenen die Fehlergröße E berechnen. E liefert die empirische Information, anhand derer entschieden wird, ob die gesamte Hypothese als widerlegt anzusehen ist oder nicht.

Was besagt ein solches Ergebnis, und inwieweit entspricht das gesamte methodische Vorgehen der Zielsetzung, Erkenntnisse über psychisches Geschehen mit den in *Kap. 2.1.3* herausgearbeiteten Charakteristika zu gewinnen?

Bei der Beantwortung dieser Frage wollen wir zum Problem der vereinfachenden Präzisierungen lediglich feststellen, daß diese (Operationalisierungen und Messungen) so gut wie immer darauf hinauslaufen, daß die Bedeutungsfülle der ursprünglich gemeinten S- und P-Variablen verringert wird. Was einerseits als Mangel erscheint, erweist sich andererseits als Vorteil: Die Präzisierungen zwingen mich als Forscher dazu festzulegen, welche Aspekte an diesen Variablen für mich die wichtigsten sind. Außerdem geben sie dem Leser meiner Untersuchung eine klare Antwort auf die Frage, was da eigentlich untersucht wurde.
Aus Raumgründen wollen wir die Inbeziehungsetzung des methodischen Vorgehens zu der Zielsetzung der Untersuchung auf zwei Hauptaspekte beschränken:

Erstens: Eigentlich bezog sich die Fragestellung auf ein Einzelindividuum (einen Studienanfänger) bzw. – es sollen ja möglichst allgemeingültige Sätze aufgestellt werden – auf eine Grundgesamtheit von Einzelindividuen (z. B. die Studienanfänger des Faches Psychologie an der Universität Bamberg). Wir hatten ja konkret gefragt: Wie verändert sich in den ersten vier Wochen des Studiums das Kompetenzgefühl eines Studienanfängers in Abhängigkeit von Erfolgs-/Mißerfolgserlebnissen beim Verstehen des Lehrstoffs und bei der sozialen Integration in die Gruppe der Gleichsemestrigen, sowie von den Möglichkeiten des regelmäßigen Besuchs der Lehrveranstaltungen? Konsequenterweise hätte man am Einzelindividuum (bzw. an einer Stichprobe von Individuen) die interessierenden P- und S-Variablen über einen bestimmten Zeitraum mehrfach registrieren müssen (sog. „Zeitreihen").

Als ein Detailergebnis könnte sich dann herausstellen, daß bei allen Personen das subjektive Kompetenzgefühl in dem Maße abnimmt, wie sich Mißerfolgserlebnisse beim Verstehen des Lehrstoffes verstärken. Man könnte das Ergebnis dadurch veranschaulichen, daß man die erhaltenen Daten einer jeden Person durch einen Graphen in der X-Y-Ebene (mit X: Stärke des Mißerfolgserlebnisses und Y: Stärke des Kompetenzgefühls) darstellt. Sodann könnte man prüfen, ob diese Graphen den Schluß zulassen, daß die Form des Zusammenhangs zwischen den beiden Merkmalen bei allen Personen ein und dieselbe funktionale Gestalt (Gerade, Polynom, Exponentialfunktion) mit denselben Parametern hat. Wäre dies der Fall, dann hätte man in der Tat folgende Detailantwort auf die Fragestellung erhalten: Ohne Berücksichtigung der anderen UVn variiert bei Studienanfängern das Kompetenzgefühl als . . . -Funktion der Stärke des Mißerfolgserlebnisses beim Verstehen des Lehrstoffes.

Tatsächlich aber war dies nicht das methodische Vorgehen: Es wurden Daten von einer Personenstichprobe erhoben, aber von jeder Person nur einmal, etwa nach dem Motto: Es läuft auf dasselbe hinaus, ob ich Daten von einer Person mehrmals erhebe oder von vielen Personen je einmal. Anstatt eines Graphen in der X-Y-Ebene für jede Person hat man nur einen für alle Personen. Man könnte versucht sein, diesen Graphen zu interpretieren als Verlaufskurve der Y-Werte des „Durchschnittsindividuums" oder als „durchschnittliche Verlaufskurve der Y-Werte eines jeden Individuums" in Abhängigkeit von X. Beide Interpretationen sind im allgemeinen falsch! Wir verdanken diese Erkenntnis neueren Untersuchungen von Sixtl (1980, 1985). Die Antwort auf die Frage: Darf dieser Graph inhaltlich so interpretiert werden, wie oben (bei Studienanfängern variiert das Kompetenzgefühl als . . . -Funktion der Stärke des Mißerfolgserlebnisses beim Verstehen des Lehrstoffes), lautet: Im allgemeinen nicht. Das übliche gruppenstatistische methodische Vorgehen liefert im allgemeinen keine Ergebnisse, die auf das Einzelindividuum übertragbar sind.

Zweitens: Der Prozeßhaftigkeit des psychischen Geschehens, auf die sich unsere Fragestellung bezog, haben wir nur scheinbar Rechnung getragen. Wir haben zwar Zusammenhänge zwischen Ausprägungsgraden (zwischen Kompetenzgefühl und Mißerfolgserlebnis) hergestellt, dabei aber völlig vernachlässigt, daß es sich hierbei um prozeßhafte Größen X_t und Y_t handelt. Dadurch blieb auch unbeachtet, daß unsere Fragestellung ja nicht lautete: Welcher funktionale Zusammenhang besteht zwischen X und Y, sondern: Wie verändert sich Y in Abhängigkeit der Veränderung von X? Daß die Frage genau so lauten muß, wird klar, wenn man sich vergegenwärtigt, daß das Individuum durch Anpassung und verändernden Systemeingriff auf Veränderungen reagiert. Dabei spielt es sicherlich eine Rolle, von welchem Ausgangszustand aus eine Veränderung stattfindet. Wenn der Studienanfänger z. B. ein Erfolgserlebnis erfährt, wird die Veränderung seines Kompetenzgefühis ganz anders erfolgen, wenn er zuvor nur Mißerfolgserlebnisse hatte, als wenn er zuvor nur Erfolgserlebnisse verzeichnen konnte.

Dies bedeutet aber, daß wir unsere Ausgangsgleichungen noch einmal verändern müssen, etwa so:

$$\Delta\ (AV) = F\ \{S\ (\Delta\ (P),\ \Delta\ (S))\}$$

Das Zeichen Δ soll ausdrücken, daß wir *Veränderungen* und deren Zusammenhänge untersuchen. Derartige Vorstellungen sind in der Psychologie keineswegs neu, wie sich durch viele Beispiele aus der psychologischen Forschung belegen ließe. Wir wollen darauf im Detail nicht eingehen, sondern lediglich festhalten, daß diese Vorstellungen nur selten zur Anwendung kommen und anscheinend nur bei bestimmten Forschungsbereichen und Personengruppen (den sog. „mathematischen Psychologen"). Dies hat sicherlich seinen Grund darin, daß der Umgang mit den hierfür benötigten Methoden (Differenzen- und Differentialgleichungen) nicht zum Kanon der psychologischen Methodenausbildung gehört.

Fassen wir also zusammen

Nach der Absetzung von der Philosophie hat die Psychologie ihre Methoden vorwiegend aus den Naturwissenschaften, insbesondere aus der Physik übernommen und auf ihre eigenen Fragestellungen mehr oder weniger erfolgreich adaptiert. Wenn also von Methoden der Psychologie gesprochen wird, so ist damit in der Regel gemeint, daß es sich um Methoden handelt, die u.a. *auch* in der Psychologie zur Anwendung kommen. *Denkmethoden* (z. B. *induktives* und *deduktives* Denken) sind allen Wissenschaften gemeinsam, *Beobachtungsmethoden* sind eher speziell. Das *Experiment* ist z. B. nicht in allen, das *Interview* nur in wenigen Wissenschaften anzutreffen.

Der *allgemeine Weg wissenschaftlichen Arbeitens* läßt sich wie folgt skizzieren (vgl. auch Selg et al. 1992, S. 19 ff):

(1) Es ist ein *Problem* gegeben, d. h. eine Fragestellung, die geklärt werden soll. Wichtige Anfangsschritte zur Problemlösung sind Explikationen zentraler Begriffe und die Suche nach bereits vorhandenen einschlägigen Theorien und Fakten.

(2) Es werden *Hypothesen* gebildet; d. h. sofern einschlägige *Theorien* vorliegen, werden aus diesen vermutete Antworten auf die gestellte Frage abgeleitet (deduziert). Bei mehr explorativen Studien - wenn also wissenschaftliches Neuland betreten wird - ist eine differenzierte Hypothesenbildung weniger möglich.

(3) Es muß zur *Überprüfung der Hypothesen* kommen. Der erste Teilschritt besteht in der *Sammlung* relevant erscheinender Daten. Dafür werden in der Psychologie die verschiedensten Methoden der Datenerhebung eingesetzt. Den nächsten Teilschritt macht die *Datenverarbeitung* aus *(s. Kap. 2.2.3)*, und schließlich muß das so aufbereitete Material *interpretiert* werden - unter Rückbeziehung auf die vorangestellten Hypothesen und Theorien.

Was zum Problem wird und *was* demnach an Daten erfaßt wird, bestimmt der jeweilige Forscher. Er stellt die Fragen und bestimmt die Methoden. Wer sich für die Aggressivität von Schülern interessiert, kann versuchen, solches Verhalten direkt zu beobachten. Häufig wird aber das Lehrpersonal gefragt, gelegentlich die Schülerinnen und Schüler über sich selbst. In jedem Fall sind die erhaltenen Daten bereits *selektierte Daten*. Jede Methode selektiert. Über die experimentelle Methode, die wir noch darstellen werden *(Kap. 2.2.2.)*, muß man sagen, daß sie nicht nur selektiert, sondern die Situation insgesamt erst herstellt: In jedem Experiment wird etwas realisiert, das ohne den Forscher gar nicht existieren würde.

Noch eine abschließende Bemerkung zu den Erkenntnisabsichten psychologischen Forschens und den hierbei verwendeten mathematisch-statistischen Methoden:

Wir haben uns in diesem Kapitel sehr stark auf jenen Bereich psychologischen Forschens konzentriert, dessen primäre Erkenntnisabsicht die Aufdeckung verborgener, komplexer und prozeßhafter psychischer Phänomene ist, und wir haben Methoden vor diesem Hintergrund diskutiert. Wir mußten feststellen, daß für derartige Erkenntnisabsichten das Standardmethodenrepertoire (wie z. B. statistische Regressionsrechnung, Varianz- und Faktorenanalyse) nur bedingt geeignet ist. Tatsächlich aber sind diese Erkenntnisabsichten nicht die einzigen und nicht die am weitesten verbreiteten, mit denen sich psychologische Forschung auseinandersetzt. Als ein Beispiel sei das große Gebiet der psychologisch begründeten Entscheidungen genannt, das Teilbereiche umfaßt wie: Entscheidungshilfe bei der Berufswahl, unternehmensinterne Personalentwicklung und -auswahl, psychologische Diagnostik. Die Beschäftigung mit Fragestellungen aus diesen Gebieten setzt nicht zwingend voraus, daß man sich explizit hypothesenbildend mit verborgenen, komplexen und prozeßhaften Phänomenen auseinandersetzt. Die empirisch vielfach belegte Tatsache zum Beispiel, daß Personen mit hoher Leistungsmotivation Aufgaben mit mittlerer Schwierigkeit gegenüber sehr schweren oder sehr leichten Aufgaben bevorzugen, kann man als Faktum zur Kenntnis nehmen, ohne sich zu fragen, aufgrund welcher verborgener Zusammenhänge dies zustandekommt. Bei Fragestellungen dieser Art kann das Standardrepertoire psychologischer Methoden durchaus mit Erfolg eingesetzt werden.

Wir ziehen daraus den Schluß, daß die Auswahl psychologischer und insbesondere mathematisch-statistischer Methoden sich nach der Erkenntnisabsicht zu richten hat; *die Art der Fragestellung steuert die Methodenauswahl.* Die Kunst (das eigentliche Problem) psychologischer Forschung besteht nicht darin, standardmäßig vorgegebene Methoden anzuwenden, sondern darin, die jeweils passenden Methoden auszuwählen. Die Anwendung ist dann Routinesache. Verständlicherweise bedient man sich in der Forschungspraxis der leicht verfügbaren – d. h. der während des Studiums vermittelten und den Hauptbestandteil der einschlägigen Lehrbücher bildenden – Methoden. Wir vermuten, daß zwischen den Methoden und der Art der Fragestellungen, die überhaupt zur Behandlung kommen, ein weiterer Zusammenhang besteht, insoferne, als *die verfügbaren Methoden die Art der Fragestellungen steuern,* die tatsächlich untersucht werden. In diesem Sinne äußert sich auch Herrmann (1989) bei seiner Erörterung von Methoden als Problemlösungsmittel: Der Beeinflussungszusammenhang zwischen dem Problemlösungsmittel (der Methode) und dem angestrebten Ziel (der Erkenntnisabsicht) ist wechselseitig. Sollen folglich Fragestellungen, deren primäre Erkenntnisabsicht die Aufdeckung verborgener, komplexer und prozeßhafter psychischer Phänomene ist, in der Psychologie verstärkt und mit einiger Aussicht auf

Erfolg behandelt werden, dann muß das Methodeninventar um prozeßorientierte, kausalanalytische Verfahren erweitert werden. Dies verlangt aber eine Schwerpunktverlagerung und -erweiterung der Methodenausbildung schon während des Studiums.

2.2.1 Beobachtungsmethoden in der Psychologie

Wir können zunächst zwischen Beobachtungen in mehr *natürlichen* und solchen in *künstlichen Situationen* unterscheiden. In natürlichen Situationen kann der Forscher keinen oder nur wenig Einfluß („Kontrolle") ausüben, in künstlichen Situationen steigt dieser Einfluß an; er ist besonders groß im Laborexperiment.

Für viele Fragestellungen wäre es ideal, wenn wir in natürlichen Situationen Dauerbeobachtungen vornehmen könnten. Aus ökonomischen Grunden müssen wir uns darauf beschränken,
(1) nur bestimmte Verhaltensweisen zu beobachten,
(2) uns auf bestimmte Personenstichproben einzuengen und
(3) die Beobachtung auf bestimmte Zeiträume zu beschränken.

Jede Beobachtung muß *sorgfältig vorbereitet* werden; andernfalls erbringen Beobachtungen chaotische Daten: Z.B. würden zwei ohne Detailinstruktionen in das „Feld" Schule entsandte Beobachter völlig verschiedenes Material sammeln. Eine systematische Beobachtung setzt ein ausgefeiltes Beobachtungssystem voraus. Dieses ist zu überprüfen, ob es zur Beantwortung der Fragestellung ausreicht, ob es *zuverlässig* (liefert ein Beobachter zu ein und demselben Verhaltensausschnitt an verschiedenen Auswertungstagen übereinstimmende Registrierungen - was mit Filmen leicht überprüft werden kann?) und *objektiv* ist (Kommen verschiedene Beobachter bei ein und demselben Verhaltensausschnitt zu übereinstimmenden Protokollierungen?). Näheres folgt in *Kap. 10* unter „Gütekriterien von Tests".

Beobachtungen sind kostspielig und aufwendig, z. B. durch die benötigte gründliche Beobachterschulung; Beobachtungen können vielfach als Eingriff in die Privatsphäre der Beobachteten erlebt werden; Beobachter ändern durch ihre Anwesenheit oft die Situation. Dies sind nur einige der Schwierigkeiten, mit denen man bei Beobachtungsmethoden zu kämpfen hat. Gelegentlich werden die Resultate von Beobachtungen als unergiebig hingestellt, z. B. wird bestimmten, detailreichen Beobachtungen oft vorgeworfen, sie seien allzu „elementhaft" („Fliegenbeinzählerei" etc.). Derartige Vorwürfe sind nicht selten vorschnell. Ein Beispiel: Bei der Untersuchung der sprachlichen Kommunikation im Unterricht kann man ganz schlicht die Worte zählen, die von Lehrenden und Schülern gesprochen werden. Dies mag man Wortglauberei o. ä. nennen. Ist es bedeutungslos? Immerhin zeigt sich in entsprechenden Untersuchungen, daß Lehrende ein vielfaches dessen sprechen, was alle Schüler zusammen verbal zum Unterricht beitragen. So drückt sich selbst in der Anzahl der Worte eine wichtige Einstellung aus: Unterricht verrät sich als lehrerinduziert, und die Lehrenden bemerken dies selbst gar nicht. Sie kommen zu völlig anderen Einschätzungen ihres Verbalverhaltens im Unterricht; sie unterschätzen ihre Anteile eklatant. In einer Untersuchung von R. Tausch (1962) glaubten Lehrer im Verlauf einer Stunde durchschnittlich 260 Wörter zu sprechen, tatsächlich waren es mehr als 3000!

2.2.2 Experimentelle und quasi-experimentelle Methoden

Wie jede Wissenschaft, geht auch die Psychologie davon aus, daß die Phänomene ihres Forschungsbereichs einer gewissen *Regelhaftigkeit* unterliegen. Die Theorien und Gesetze in der Psychologie haben diese Regelhaftigkeit - genauer: ihre Ursachen - zum Inhalt. Die Überprüfung der Sätze und Satzsysteme geschieht, der empirischen Ausrichtung der Psychologie entsprechend, durch die *Konfrontation mit der Realität.* Dabei kann Realität nicht in jeder Form als Prüfinstanz in Frage kommen. Es muß vielmehr darauf geachtet werden, daß die Rahmenbedingungen erfüllt sind, die den Gültigkeitsanspruch der zu prüfenden Sätze und Satzsysteme abstecken, und daß die behaupteten Ursachen und Komplexe in ihrer ganzen Spielbreite auch wirksam werden. Diese Voraussetzungen herzustellen, erfordert zumeist einen gezielten *Eingriff in die Realität.* Hierbei kommt *experimentellen* und *quasi-experimentellen Methoden* eine besondere Bedeutung zu. Vor der weiteren Erörterung dieser Methoden soll zur Vermeidung von Begriffskonfusionen vereinbart werden, daß mit *der experimentellen Methode* das invariante *Regelsystem* gemeint ist, nach welchem experimentelles und quasi-experimentelles Forschen zu geschehen hat, während *die Methoden Vorgehensweisen* meinen, die diesem Regelsystem genügen.

Die experimentelle Methode ist aus der Physik übernommen. Als Geburtsdatum der experimentellen Methode in der Psychologie nennt man üblicherweise das Jahr 1879, das Jahr der Gründung des psychologischen Laboratoriums in Leipzig durch Wilhelm Wundt, den Begründer der experimentellen Psychologie. Ursprünglich wurden experimentelle Methoden nur in einigen Spezialgebieten der Psychologie angewandt. Eines davon verrät schon dem Namen nach die Herkunft der Methode, die Psychophysik. Selbst Wilhelm Wundt bestand darauf, daß die - von ihm auch betriebene - Völkerpsychologie nicht experimentell sein könne. Mittlerweile jedoch kommen experimentelle und die quasi-experimentellen Methoden in allen Teildisziplinen der Psychologie zur Anwendung.

Kennzeichnend für die experimentelle Methode ist die Befolgung dreier Regeln, die man mit den Schlagworten *„Variierbarkeit, Willkürlichkeit, Wiederholbarkeit* umschreibt.

Erst die *willkürliche Variation* der verursachenden Bedingungen und Bedingungskomplexe - *Unabhängigen Variablen* - durch den Experimentator eröffnet die Möglichkeit, Ursache und Wirkung zu unterscheiden. Der verursachende Einfluß von Alkohol auf die Reaktionsgeschwindigkeit als verursachte, *Abhängige Variable,* läßt sich nicht einfach dadurch erfassen, daß man bei einer genügend großen Zahl von Menschen gleichzeitig den Alkoholgehalt des Blutes und die Reaktionsgeschwindigkeit feststellt und den Zusammenhang zwischen diesen beiden Größen numerisch durch den sog. „Korrelationskoeffizienten" *(vgl. Abb. 2.3.)* ausdrückt. Die Reaktionsgeschwindigkeit einer Person hängt nämlich von vielen anderen Einflußgrößen ab, die hier nicht interessieren, wie z. B. von ihrem Alter. Das Wertepaar (Blutalkoholgehalt - Reaktionsgeschwindigkeit) einer Person darf daher nicht interpretiert werden als (Blutalkoholgehalt - durch Blutalkoholgehalt verursachte Reaktionsgeschwindigkeit) dieser Person. Wenn es aber um die Ermittlung der verursachenden Wirkung allein von Alkohol auf die Reaktionsgeschwindigkeit geht, dann sind alle anderen möglichen Einflußgrößen *Störvaria-*

blen. Ein Verursachungszusammenhang läßt sich erst ermitteln, wenn der Experimentator nach Ausschaltung des Einflusses der Störvariablen die Menge des Blutalkohols - natürlich im Rahmen ethisch vertretbarer Grenzen - systematisch variiert und die davon abhängige Veränderung der Reaktionsgeschwindigkeit erfaßt. Dies kann im einfachsten Fall dadurch geschehen, daß jedes Mitglied einer sog. *„Experimentalgruppe“* eine bestimmte Menge Alkohols verabreicht bekommt. Die anschließend erhobenen Werte der Reaktionsgeschwindigkeit werden verglichen mit jenen einer *„Kontrollgruppe“*. Diese hat keinen Alkohol erhalten und gleicht der Experimentalgruppe in allen anderen Variablen so weit wie möglich, um den interessierenden Zusammenhang nicht zu stören. Die Forderung nach *Wiederholbarkeit* ergibt sich aus der einsichtigen Überlegung, daß jede wissenschaftliche Untersuchung Zufallsergebnisse erbringen kann, die wissenschaftlich bedeutungslos sind. Befunde erhalten in dem Maße wissenschaftliche Bedeutung, wie sie bei Wiederholung eines Experiments immer wieder nachweisbar sind.

Man kann daher ein Experiment definieren als *Prozedur zur Untersuchung des Einflusses bestimmter Ursachen(komplexe) auf bestimmte davon abhängige Phänomene unter festgelegten Rahmenbedingungen, die durch die experimentelle Methode vorgeschrieben sind.* Die Ursachen(komplexe) bezeichnet man als *Unabhängige Variablen* und die davon abhängigen Phänomene als *Abhängige Variablen.* Einschränkungen erfährt die experimentelle Methode schon durch den Grad der willkürlichen Variierbarkeit der UVn: Willkürlich variierbar war im obigen Beispiel die Menge des verabreichten Alkohols. Überhaupt nicht willkürlich variierbar sind Variablen wie Alter, Geschlecht oder Intelligenz, obwohl sie durchaus wesentlicher Bestandteil von Hypothesen oder Theorien sein können. Daß verborgene, intrapsychische Variablen, wie zum Beispiel die Motivationslage, Erregtheit oder Ich-bezogene Kognitionen willkürlich variierbar sind, darf zumindest bezweifelt werden. Wenn nicht alle Einflußgrößen durch den Experimentator systematisch variiert oder kontrolliert werden können, aber ansonsten die Regeln der experimentellen Methode eingehalten werden, spricht man von *Quasi-Experimenten.* Die folgenden Feststellungen betreffen beide Arten; lediglich der Einfachheit halber verwenden wir nur die Bezeichung „Experiment“.

Es gehört zu den Hauptmerkmalen eines Experiments, ein *eingeschränktes Abbild der Realität* zu sein. Schon die Unterscheidung zwischen UVn und Störvariablen macht dies deutlich: Von allen denkbaren Einflußgrößen werden nur ganz bestimmte ausgewählt und systematisch variiert. Der Rest wirkt sich störend aus und muß folglich kontrolliert oder eliminiert werden. Die Einschränkung der Realität betrifft allerdings nicht nur den Ursachenkomplex, sondern auch die Grundgesamtheit der Individuen, auf die sich die Hypothese bezieht, da man das Experiment aus verständlichen Gründen lediglich an einer *Stichprobe von Individuen* durchführen kann. Meist ist auch die *semantische Breite der Variablen* betroffen, auf die sich der zu prüfende Satz bezieht. Im vorangegangenen Beispiel wurde das Vorliegen eines Zusammenhangs zwischen Alkoholgehalt des Blutes und Reaktionsgeschwindigkeit behauptet. Es dürfte ohne weiteres einleuchten, daß es praktisch unmöglich ist, den gesamten begrifflichen Bedeutungsspielraum des Konstrukts „Reaktionsgeschwindigkeit“ durch ein Experiment abzudecken.

Der *Vorteil der Beschränkung in Experimenten* liegt in der eindeutigen Erfassung von Ursache- und Wirkungsverhältnissen. Allerdings ist mit dieser Einschränkung auch die *Gefahr* verbunden, künstliche Entflechtungen verborgener und prozeßhafter psychischer Ursachenkomplexe vorzunehmen und damit völlig irrelevante und realitätsfremde Situationen zu untersuchen. Man beachte jedoch, daß die Hauptschuld solcher Entgleisungen nicht in der experimentellen Methode an sich, sondern in ihrer unangemessenen Anwendung zu suchen ist.

Die Frage der *Relevanz und der Möglichkeit zur Verallgemeinerung experimenteller Ergebnisse* hängt daher davon ab, inwieweit die experimentelle Wirklichkeit ein verkleinertes, aber unverzerrtes oder ein verzerrtes Modell der Realität darstellt. Einfache Fragen (z. B. ob Kinder Filmaggressionen imitieren, oder ob die Menge des Blutalkohols tatsächlich einen verursachenden Einfluß auf die Reaktionsgeschwindigkeit ausübt) lassen sich mit schlichten Versuchsplänen, z. B. mit der oben kurz skizzierten Methode des *Kontrollgruppenexperiments* untersuchen. Die experimentelle Versuchsplanung erlaubt die Durchführung komplexerer Experimente mit mehreren Gruppen, mehreren UVn und AVn, auch die experimentelle Analyse von Einzelfällen. Experimente, bei denen der Einfluß einer einzigen UV untersucht wird *(univariate Experimente),* haben nur in seltenen Fällen hohen Erklärungswert. In Anbetracht der Komplexität psychischen Geschehens informativer sind *multivariate Experimente,* bei denen der Einfluß von Systemen unabhängiger Variablen untersucht wird. Die Anwendung von Methoden der modernen Statistik erlaubt es,

(1) die Größe des Einflusses einer jeden UV auf die AV(n) zu ermitteln,
(2) die Interaktion zwischen UVn allein und ihre kombinierte interaktive Auswirkung auf die AV(n) zu ermitteln, schließlich
(3) festzustellen, ob die getroffene Auswahl der UVn (in Verbindung mit dem gewählten mathematisch-statistischen Auswertungsmodell) zur Erklärung der Zusammenhänge ausreicht.

Man beachte, daß die Wahl des mathematisch-statistischen Modells *vor* der Beantwortung der anderen Fragen erfolgt, diese also von der Wahl des Modells abhängt. In der Regel kommt das sog. *„Allgemeine Lineare Modell" (vgl. Kap. 2.2)* zur Anwendung – wohl wegen seiner mathematischen Handlichkeit.

Wir können sagen, die *wichtigste Funktion der experimentellen Methoden* liegt in der Überprüfung theoretischer Annahmen (Hypothesen) über Ursache-Wirkungszusammenhänge. Das Ergebnis eines Experiments stützt solche Hypothesen oder widerlegt sie. Andere Funktionen können sein, daß durch unerwartete Ergebnisse neue Hypothesen generiert werden oder daß die Befunde zu einer Umgestaltung der Wirklichkeit beitragen (man betrachtet die Wirklichkeit in einem anderen Licht als bisher), schließlich kann dem Experimentieren auch schlicht die Funktion einer Demonstration zukommen z. B. im Unterricht.

Experimente müssen *interne* und *externe Validität* aufweisen. *Interne Validität* liegt vor, wenn nachweislich nur die UV(n) die Veränderung der AV(n) bewirkt haben, wenn also Konkurrenzhypothesen begründet ausgeschlossen werden können, die behaupten, daß andere als die UV(n) die Veränderung der AV(n) bewirkt haben. *Externe Validität* liegt vor, wenn die Ergebnisse über die experimentelle Wirklichkeit hinaus verallgemeinert werden können. Eine solche Verallgemeinerung kann sich auf Individuen, Situationen, die inhaltliche Breite des Ursachenkomplexes und die AVn erstrecken. Daß psychologische Experimente hier Probleme aufwerfen, kann man sich leicht klar machen. Menschen verhalten sich schließlich nicht wie physikalische Objekte. Sie sind zumindest in gleichem Maße aktiv wie reaktiv. Sie können gegen den Willen des Experimentators ein Experiment mehr oder weniger deutlich verändern durch die Tendenz, bewußt oder unbewußt experimentellen Absichten entgegenzuhandeln *(Reaktanz)*. Um dem entgegenzusteuern, kann man Versuchsbedingungen wählen, die den Personen nicht zu sehr das Gefühl vermitteln „manipuliert" zu werden. Mit diesem Argument empfiehlt sich gegenüber dem *Labor*experiment das *Feld*experiment, das in der natürlichen Umgebung der Personen durchgeführt wird. Dem Vorteil der größeren Realitätsnähe des Feldexperiments steht im Regelfall aber der Nachteil der geringeren internen Validität gegenüber, weil sich nämlich hier die Vielfalt des gesamten Wirkungskomplexes psychischer Phänomene der Kontrolle durch den Experimentator weitgehend entzieht.

2.2.3 Meßmethoden

Die Bedeutung der Meßmethoden in der Psychologie

Durch die Entwicklung von *Meßinstrumenten,* d. h. von Methoden zur metrischen Erfassung ihrer wesentlichen Begriffe, erreicht die Psychologie eine Reihe von Zielen: Sie kommt dem Bedürfnis nach, Eigenschaften von Dingen und Personen durch Maß und Zahl auszudrücken, und sie liefert wesentliche Hilfsmittel für die praktische und psychologische Tätigkeit. Schließlich erfahren auf diesem Weg die von ihr verwendeten Begriffe eine zusätzliche Präzisierung.

Die bekannten psychologischen Tests sind z. B. Meßinstrumente einer solchen Art. Sie dienen der Messung von *Merkmalen, Konstrukten, Eigenschaften,* die in der Psychologie in Theorie und Praxis bedeutsam sind.

Die Anwendung psychologischer Tests ist nicht unumstritten. Häufig wird von Kritikern das Argument vorgebracht, daß man den Menschen nicht messen könne. Isoliert betrachtet ist diese Behauptung eine Binsenweisheit; natürlich ist es nicht möglich, „den Menschen" zu messen, ebensowenig wie man ein Tier oder eine Maschine messen kann. Es ist lediglich möglich, an diesen Objekten *bestimmte Eigenschaften zu* messen, z. B. Größe, Gewicht, Umfang usw. Als Einwand gegen psychologische Tests ist obige Behauptung also falsch, weil sie eine gar nicht vorhandene Absicht unterstellt und suggeriert, daß in anderen Bereichen die metrische Erfassung von Objekten in ihrer Totalität möglich sei, was einfach nicht stimmt. Messen bezieht sich immer nur auf bestimmte Eigenschaften von Objekten.

Definition des Messens

Messen bezieht sich stets auf die Feststellung von Eigenschaften und Eigenschaftsunterschieden an Objekten (z. B. Menschen). Was das Messen in der Psychologie besonders schwierig gestaltet, ist die *Beschaffenheit der Eigenschaften,* die hier gemessen werden sollen: Eigenschaften in der Psychologie sind Abstraktionen realer Phänomene, folglich *nicht direkt beobachtbar,* sondern lediglich anhand *beobachtbarer Auswirkungen zu erschließen.* Wir können die Intelligenz einer Person nicht beobachten, wir sehen nur mehr oder weniger eindeutige *Indikato-*

ren. Da die Rückschlüsse aus Indikatoren im allgemeinen nicht widerspruchsfrei sind (vom heiteren Gesichtsausdruck eines Menschen auf Unbelastetheit zu schließen, ist nicht unproblematisch) entschließen wir uns, eine Standardsituation auszuwählen, und nur die in dieser Standardsituation auftretenden Indikatoren für den Rückschluß auf die Eigenschaft zu verwenden. Übrigens beinhalten alle Meßvorgänge solche Standardbedingungen, nicht nur die psychologischen. Wir merken dies nur nicht mehr: Bei jeder Längenmessung z. B. ist die Preisgabe eigener subjektiver Längeneinheiten zu Gunsten eines geeichten Zentimetermaßes gleichbedeutend mit dem Akzeptieren der Standardbedingung. *Messen* wird also darin bestehen, Beziehungen aufzustellen, die es gestatten, aus beobachtbaren Phänomenen in bestimmten Standardsituationen auf den Ausprägungsgrad der Eigenschaft (des in dieser Situation agierenden Eigenschaftsträgers) zu schließen.

Wir haben auf der einen Seite beobachtbare Ergebnisse von Meßprozeduren in standardisierten Situationen (z. B. Herr X bejaht in einem Fragebogen die Fragen A, B, C ...); diese gestatten es, bestimmte Beziehungen zwischen den Objekten (hier: Menschen) zu etablieren, die als *empirische Relationen* bezeichnet werden (z. B. alle Personen, die weniger Fragen bejaht haben als Herr X, stehen zu diesen in der Merkmalsrelation „weniger als"). Wir haben auf der anderen Seite Zahlen, die als Meßwerte in Frage kommen (z. B. die reellen Zahlen). Diese Zahlen gestatten es, bestimmte Beziehungen zu etablieren, die als *numerische Relation* bezeichnet werden (z. B. Zahlen von 0 bis 9 stehen zur Zahl 10 in der Relation „kleiner als").

Mit Sixtl (1982, S. 2) können wir Messen wie folgt definieren: „Messen besteht im Zuordnen von Zahlen zu Objekten, so daß bestimmte Relationen zwischen den Zahlen analoge Relationen zwischen den Objekten reflektieren."

Man kann sich einen *Meßvorgang* folgendermaßen veranschaulichen:

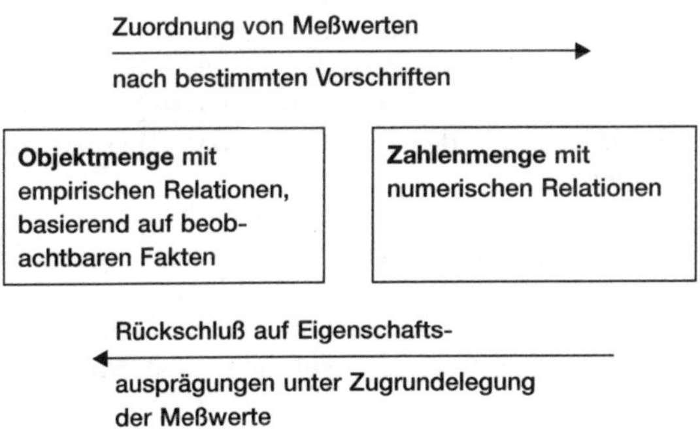

Abb. 2.2:
Graphische Veranschaulichung eines Meßvorgangs

Bei der Prozedur des Rückschlusses von Meßwerten auf Merkmalsausprägungen gehen immer spezifische Vorannahmen (sog. *Meßmodelle)* über den Zusammenhang zwischen Ausprägungsgraden der Eigenschaften und den beobachtbaren Ergebnissen der Meßprozedur ein. Angenommen, der Meßwert einer Person wäre gleich der Anzahl erfragter psychischer Überforderungsreaktionen, die jemand an sich schon beobachten konnte. Dem Rückschluß auf den Grad der psychischen Belastbarkeit könnte man das Meßmodell zugrunde legen, daß zwischen der Anzahl der Überforderungsreaktionen und der tatsächlichen Belastbarkeit eine umgekehrte Beziehung besteht: Je mehr Überforderungsreaktionen jemand an sich beobachtet hat, um so weniger belastbar ist er. Selbstverständlich ist die Angemessenheit solcher Meßmodelle empirisch zu prüfen.

Zur Methodenabhängigkeit psychologischer Meßwerte

Allen Meßmethoden ist gemeinsam, daß Personen mit *Reizen* agieren. In unserem letzten Beispiel werden Reaktionen auf psychische Belastungssituationen erfaßt. Angenommen, man würde zusätzlich zu einem Fragebogen in experimentellen Belastungssituationen physiologische Daten erheben (Blutdruck, Herzfreguenz etc.) dann würden, wie die Erfahrung zeigt, die Rückschlüsse auf die Belastbarkeit mehr oder weniger deutlich verschieden ausfallen. Verallgemeinert müssen wir also feststellen, daß das Meßergebnis von den zu messenden *Eigenschaften der Person und* von den *Meßprozeduren,* die gewählt worden sind, ahhängt. Dieser Makel haftet den meisten psychologischen Meßverfahren an. Die praktische Konsequenz ist, daß Vergleiche von Personen anhand von Meßwerten aus verschiedenen Tests ebenso mit Vorsicht zu behandeln sind, wie absolut klingende Aussagen über Eigenschaften (z. B.: X hat einen Intelligenzquotienten von 120).

Die Psychologie bemüht sich, Meßinstrumente zu entwickeln, die *methodenunabhängige Meßwerte* liefern; die Eigenschaft von Meßmethoden, methodenunabhängige Meßwerte zu liefern, bezeichnet man als *spezifische Objektivität.*

Meßniveaus

Meßmethoden unterscheiden sich nach dem *Informationsgehalt der Meßwerte.* Wir sind es gewohnt, die Länge eines Stabes von 80 cm zu der Länge eines Stabes von 50 cm addieren zu dürfen. Beim Intelligenzmeßwert (Intelligenzquotient = IQ) wird die Addition von zwei Werten unsinnig: Zwei Personen mit dem IQ von 80 und 50 bringen zusammen nicht die Leistung einer Person mit einem IQ von 130. Wir müssen also auf den Informationsgehalt der Meßwerte, das Meßniveau, Rücksicht nehmen. Man unterscheidet u. a.

Nominalniveau: Meßwerte auf diesem Niveau gestatten es lediglich, zu unterscheiden, ob die gemessenen Objekte gleiche oder verschiedene Ausprägungsgrade eines Merkmals haben. Ein tpyisches Beispiel hierfür ist die Messung des Geschlechts von Personen: Dem Ausprägungsgrad „männlich" kann man willkürlich den Meßwert „0" zuordnen, dem Ausprägungsgrad „weiblich" den Meßwert „1".

Rangniveau: Meßwerte mit Rangniveau ermöglichen die Bildung von Rangreihen nach der Größe des Ausprägungsgrades. Würde man z. B. eine Gruppe von Personen nach dem Augenschein ihrer Körpergröße aufstellen, und der größten Person die Zahl 1, der zweitgrößten die Zahl 2 usw. zuordnen, dann hätten diese Meßwerte Rangniveau. Anhand solcher Meßwerte kann man feststellen, welches von zwei Objekten größer ist. Um wieviel das eine größer ist als das andere, läßt sich auf diesem Niveau jedoch nicht angeben.

Im obigen Beispiel konnte über den Abstand zwischen Person 1 und 2 nichts Genaues ausgesagt werden. Dazu werden Meßeinheiten benötigt. Diese liegen nicht natürlicherweise vor, sondern müssen *operational definiert* werden, d. h. die

Maßnahmen zur Herstellung der Meßeinheiten müssen angegeben werden. So lautet etwa die Definition der Meßeinheit der Celsius-Skala: „Nimm die der Temperaturdifferenz zwischen Gefrier- und Siedepunkt des Wassers unter Standardbedingungen entsprechende Längendifferenz der Quecksilbersäule und teile sie durch 100, dann hast Du 1 °C" (Sixtl 1982, S. 12). Eine *Intervallskala* ist dadurch gekennzeichnet, daß Meßeinheiten operational definiert sind, nicht aber der Nullpunkt. Er wird - wie auch bei der Celsius-Skala - willkürlich festgelegt. Letzteres bewirkt Einschränkungen im Aussagegehalt der Meßwerte. Zum Beispiel meint 40 ° nicht „doppelt" so warm wie 20 °C (wenngleich das im Alltag hin und wieder so gesagt wird - fälschlich). Bei vielen Tests, z. B. Intelligenztests gehen wir davon aus, daß sie *Intervallniveau* haben. Die Psychologie arbeitet jedoch im allgemeinen mit niedrigeren Meßniveaus als die Physik. Die höchstwertigen Niveaus (Ratio- und Absolutskalen) sind in der Physik die Regel (cm, g, sec), in der Psychologie die Ausnahme.

2.2.4 Mathematisch-statistische Methoden

Begründung für die Verwendung statistischer Methoden

Wie wir bereits erwähnt haben, besteht der überwiegende Teil psychologischer Sätze aus *Wahrscheinlichkeitsaussagen;* nichts außer Trivialitäten ereignet sich mit absoluter Sicherheit. Die Psychologie benötigt Methoden, die dem Wahrscheinlichkeitsphänomen gerecht werden; solche Methoden liefert die *Statistik.*

Aufgabenbereiche der Statistik

Die Statistik entwickelte sich in ihrer mordernen Form etwa seit Beginn unseres Jahrhunderts. Sie entstand aus der Verbindung der viel weiter zurückreichenden Beschreibung geographischer, wirtschaftlicher und sozialer Zustände eines Staates, mit Teilgebieten der Mathematik, insbesondere der Wahrscheinlichkeitstheorie. Diese beiden Quellen findet man wieder in der Aufgliederung der modernen Statistik in einen rein beschreibenden *(deskriptive Statistik)* und einen mathematisch-schlußfolgernden Teil *(Inferenzstatistik).*

Deskriptive Statistik

Die *deskriptive Statistik* beschäftigt sich mit den Methoden der möglichst kompakten und übersichtlichen Darstellung von Fakten. Die wichtigsten Begriffe für unser Einführungsbuch sind u. E. die hier als bekannt vorausgesetzten *Prozentangaben,* ferner *Mittelwert, Varianz* und *Korrelation.*

Arithmetisches Mittel und Varianz: Das Arithmetische Mittel einer Zahlenmenge ist ihre Summe dividiert durch die Zahl der Summanden. Wenn z. B. bei einer Leistungsprüfung in einer Gruppe von 6 Probanden je einer 3, 5, 6, 8, 10 und 16 Aufgaben löst, in einer anderen Gruppe 1, 3, 5, 6, 7 und 26 Aufgaben, liegt das Arithmetische Mittel jeweils bei 8.

Die Varianz ist ein Maß dafür, wie eng die Meßwerte sich um den Mittelwert scharen. Mathematisch ist sie das Arithemtische Mittel der quadrierten Abweichungen der Meßwerte von ihrem Mittelwert. Dieser Wert wird in der zweiten Gruppe größer als in der ersten. Man sieht, daß der Mittelwert allein oft nur wenig über erhaltene Meßwerte aussagt.

Korrelation: Korrelationen sind in der Psychologie häufig anzutreffende Größen. Ein *Korrelationskoeffizient* bringt den Zusammenhang zwischen zwei Meßwertreihen zum Ausdruck. Er kann zwichen +1,00 und -1,00 variieren. Eine hohe *positive Korrelation* drückt eine fast unverzerrte lineare positive Beziehung zwischen den beiden Meßwerterreihen aus. Wenn z. B. eine Gruppe von Kindern sehr ähnliche Leistungen in Latein und Englisch erbringt, entsteht eine hohe positive Korrelation *(s. Abb. 2.3.a)*. Eine *negative Korrelation* dürfte z. B. zwischen Beliebtheits- und Aggressivitätswerten von Kindern bestehen *(s. Abb. 2.3.b)*

Eine *Null-Korrelation* besagt, daß zwischen beiden Meßwertreihen kein linearer Zusammenhang ermittelt worden ist. Korrelationen lassen - entgegen häufigem Mißverständnis - nicht immer auf Ursache-Wirkungs-Zusammenhänge schließen. Sehr wahrscheinlich korrelieren das Ausmaß des Imports von Südfrüchten und das Ausmaß der Umweltverschmutzung in der Bundesrepublik seit ihrer Gründung positiv miteinander, ohne daß eines als Ursache des anderen gesehen werden kann.

Faktorenanalyse: Relativ viele psychologische Untersuchungen verwenden sog. Faktorenanalysen. Dieses sind mathematische Versuche, aus einer Vielzahl von Korrelationen grundlegende „Faktoren" herauszuarbeiten, so wie man die Fülle unserer Farbeindrücke auf drei Grundfarben (rot, blau und gelb) zurückführen kann. Im Intelligenzbereich hat man aus Korrelationen zwischen vielen Aufgaben Faktoren wie „rechnerisches Denken", „räumliche Vorstellung", „verbale Fähigkeit" etc. herauspräpariert.

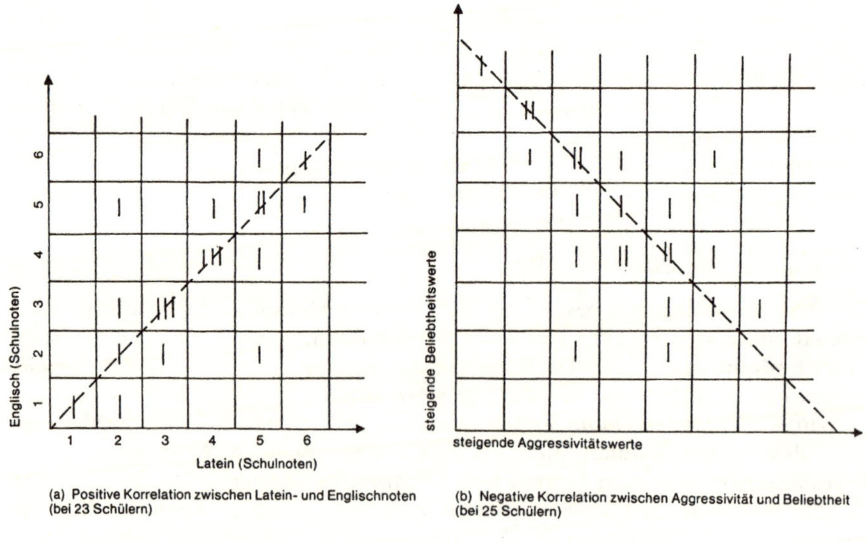

Abb. 2.3: Korrelationsdiagramme:
Jeder Strich steht für einen Schüler und seine zwei Meßwerte

Inferenzstatistik

Für die Psychologie ist die Inferenzstatistik besonders wichtig; ihre Bedeutung rührt daher, daß jede Erkenntnis mit Unsicherheit behaftet ist, und trotzdem immer wieder auf dieser Erkenntnis basierende Entscheidungen getroffen werden müssen.

In jeder Entscheidungssituation gibt es eine große Menge potentiell verwertbarer Informationen und eine Fülle von Möglichkeiten, aus dem Angebot konkrete Entscheidungshilfen auszuwählen und zu gewichten. Genau dieser Vorgang der Verarbeitung von Information, um in unsicheren Situationen von allen Entscheidungen die beste zu finden, ist die Domäne der Inferenz-Statistik. Ihr Aufgabenbereich gliedert sich in zwei Teile: *statistische Induktion* und *Hypothesentestung*. In beiden Fällen geht es um eine »Hochrechnung« von Ergebnissen aus Stichproben auf die Verhältnisse der Grundgesamtheit (Population).

Als *Hypothesentestung* bezeichnet man den Prozeß der empirischen Prüfung eines Satzes, z. B. daß der Studienerfolg von der Intelligenz abhängt. Jeder Satz bezieht sich auf eine bestimmte Grundgesamtheit von Individuen oder Objekten: der hier zur Debatte stehende auf die Grundgesamtheit aller Studierenden eines bestimmten Zeitraums einer bestimmten Kultur. Die Richtigkeit eines Satzes würde sich erweisen, hätte man alle Beboachtungen aus der Grundgesamtheit zur Verfügung, auf die sich der Satz bezieht. Dies ist meist nicht zu realisieren und dank der Statistik auch nicht nötig. Weil auch in Stichproben gelten muß, was in der Grundgesamtheit gilt, genügt es, zur Prüfung des Satzes, in Stichproben Daten zu erheben. Treten dabei die hypothetisch erwarteten Sachverhalte ein, ist die Hypothese bestätigt, andernfalls widerlegt *(vgl. Abb. 2.1)*. In unserem Beispiel ließe sich aus dem Satz „In dieser Grundgesamtheit besteht kein Zusammenhang zwischen Intelligenz und Studienerfolg" ableiten, daß auch in einer Stichprobe kein Zusammenhang nachweisbar ist. Da die Entscheidung über die Richtigkeit eines Satzes, der sich auf eine Grundgesamtheit bezieht, letztendlich anhand von *Stichprobenergebnissen* erfolgt, und da die behaupteten Sachverhalte sich nicht mit Sicherheit einstellen, ist auch hier mit Irrtümern zu rechnen. Der besondere *Vorteil statistischer Methoden* liegt in der exakten Berechenbarkeit des Zusammenhangs zwischen der Präzision, mit der ein Satz gewisse Sachverhalte behauptet und der Sicherheit der Entscheidung über seine Richtigkeit.

Nach den Gesetzen der Logik gibt es zu jedem Satz ein logisches Komplement mit der Eigenschaft, daß der Satz und sein Komplement niemals gleichzeitig falsch oder wahr sein können. Folglich ist immer eines von beiden wahr. Die Widerlegung eines Satzes ist gleichbedeutend der Bestätigung des logischen Komplements. Jener Satz, der empirisch geprüft wird, heißt *„Null-Hypothese"* (abgekürzt: H_0); sein logisches Komplement heißt *„Alternativ-Hypothese"* (H_1). Im Falle unseres Beispiels lautet H_0: „In dieser Grundgesamtheit besteht *kein* Zusammenhang zwischen Intelligenz und Studienerfolg". Das Komplement H_1 wäre dann: „In dieser Grundgesamtheit besteht ein Zusammenhang zwischen Intelligenz und Studienerfolg." Diese Überlegungen liefern folgende Graphik einer Entscheidungssituation *(Abb. 2. 4)*:

entschieden wird / wahr ist	H_0	H_1
H_0	richtige Entscheidung	Fehler zweiter Art (β-Fehler)
H_1	Fehler erster Art (α-Fehler)	richtige Entscheidung

Abb. 2. 4:
Graphische Darstellung einer Entscheidungssituation und der dabei auftretenden Fehlermöglichkeiten

Wie man aus *Abb. 2.4* erkennt, sind zweierlei Fehler möglich: Der Fehler, H_0 zu Unrecht abzulehnen, der als *„Fehler erster Art"* oder „Alpha-Fehler" bezeichnet wird und der Fehler, H_0 zu Unrecht als richtig zu akzeptieren, der als *„Fehler zweiter Art"* oder „Beta-Fehler" bezeichnet wird. Der besondere *Vorteil statistischer Methoden* liegt darin, daß sie es gestatten, die Größe des Risikos für diese Fehler im vorhinein festzulegen und sodann zu entscheiden, ob Diskrepanzen zwischen den aus H_0 gefolgerten Sachverhalten und den tatsächlich beobachteten zur Widerlegung von H_0 hinreichen oder nicht.

Diskrepanzen, die bei der gewählten Irrtumswahrscheinlichkeit zur Widerlegung von H_0 führen, heißen *signifikant.* Beispiel: Ein klinischer Psychologe behauptet, eine Therapie gegen Bettnässen entwickelt zu haben, die besser sei als andere. Dies belegt er empirisch mit einem Experiment: Aus einer Stichprobe von 40 bettnässenden Kindern hat er 20 mit seiner neuen Therapie, die restlichen 20 mit einer anderen behandelt. Durch die neue Therapie werden 12 Kinder geheilt, durch die Kontrolltherapie nur 6. Dieses Ergebnis ist vielleicht beeindruckend, ist es aber auch signifikant? Immerhin könnte es sein, daß sich der Unterschied von 12 zu 6 Geheilten zufällig so ergeben hat und daß er deshalb für die Grundgesamtheit aller Patienten mit dieser Störung nicht gilt.

Die Null-Hypothese lautet: In der Grundgesamtheit besteht kein Unterschied in der Wirksamkeit der beiden Therapieformen. Daraus folgt, daß auch der Unterschied in der Stichprobe zufällig sein müßte. Die „Spielregeln" des statistischen Entscheidungsvorgangs verlangen, daß wir die Irrtumswahrscheinlichkeit für den Fehler erster Art *jetzt,* bevor wir noch irgendwelche Auswertungen vorgenommen haben, festlegen. Die Gründe dafür werden wir bald verstehen: Legen wir uns auf eine Irrtumswahrscheinlichkeit von 5 % fest, so ergeben vorgefertigte statistische Tabellen für Problemstellungen unserer Art, daß das Ergebnis in unserem Beispiel nicht statistisch signifikant ist; wir müssen H_0 also beibehalten. Was wäre gewesen, wenn wir uns auf eine Irrtumswahrscheinlichkeit von z. B. 10 % festgelegt hätten? Nun wäre das statistische Ergebnis signifikant und wir würden uns für die Alternativ-Hypothese entscheiden müssen, die lautet: In der Grundgesamtheit besteht ein Unterschied in der Wirksamkeit beider Therapieformen.

Man erkennt an diesem Beispiel dreierlei:

(1) Der statistische Entscheidungsprozeß ist ein Spiel mit der Ungewißheit nach bestimmten Regeln; absolute Gewißheit darf man dabei nicht erwarten.

(2) Die Spielregeln müssen eingehalten werden; Irrtumswahrscheinlichkeiten sind vorher festzulegen und zu begründen.

(3) Wenn die Irrtumswahrscheinlichkeit für den Fehler erster Art relativ groß gewählt wird, steigen die Chancen, H_0 zurückzuweisen. Wegen der Logik des Entscheidungsvorganges wachsen damit die Chancen, H_1 anzunehmen, was, sofern H_1 wahr ist, einer Verringerung des Fehlers zweiter Art gleichkommt.

Warnend sei darauf hingewiesen, daß der Signifikanzbegriff auch in der *Umgangssprache* vorkommt, aber mit anderer Bedeutung. In der Umgangssprache bezeichnet er etwas Bedeutsames, Wichtiges, Interessantes. Aber nicht alles, was in der Statistik signifikant ist, ist es in des Wortes alltäglicher Bedeutung auch. Angenommen, zwischen hochintelligenten und weniger intelligenten Studenten betrage der Unterschied des Studienerfolgs, gemessen am Examen, im Durchschnitt 0,01 Notenstufen; dieser Unterschied kann sich bei sehr großen Stichproben statistisch als signifikant erweisen, er ist und bleibt jedoch psychologisch unbedeutend.

Der *statistischen Induktion* liegen im Gegensatz zur Hypothesentestung keine Vergleiche zwischen verschiedenen Hypothesen zugrunde. Es geht hier um die *Abschätzung von Parametern in der Grundgesamtheit aufgrund von Stichprobendaten.* Ein Beispiel sind die Hochrechnungen von Wahlen. Der besondere *Vorteil* liegt in der Ersparnis, da eine vergleichsweise geringe Zahl von Beobachtungen ausreicht, um Sätze mit Gültigkeitsanspruch für die Grundgesamtheit zu begründen. Die Verallgemeinerung (Hochrechnung) geht in zwei Schritten vor sich: Als erstes legt man fest, welches Risiko man einzugehen bereit ist, bei der Verallgemeinerung zu irren *(Irrtumswahrscheinlichkeit).* Statistische Methoden erlauben es sodann, die Genauigkeit zu berechnen, mit der die Verallgemeinerung erfolgen kann. Angenommen, wir hätten eine Korrelation zwischen Intelligenz und Studienerfolg berechnet und einen Wert von +0,25 erhalten; gilt dieser Korrelationskoeffizient über die Grenzen der untersuchten Stichproben hinaus? Nach der Festlegung einer Irrtumswahrscheinlichkeit von 5 % könnte das Ergebnis dann möglicherweise lauten: In der Grundgesamtheit aller Studenten liegt die Korrelation zwischen Intelligenz und Studienerfolg mit einer Irrtumswahrscheinlichkeit von 5 % in den Grenzen +0,20 bis +0,30.

Die Erfahrung zeigt, daß es für Studienanfänger oft schwierig ist, die Argumentationsweise der Statistik oder die Aussagekraft statistischer Methoden in wissenschaftlichen Arbeiten zu verstehen. Aus diesem Grunde sollen einige Anmerkungen über Möglichkeiten und Grenzen statistischer Methoden dieses Kapitel beschließen.

Der Wert einer Wissenschaft ist nicht gleichzusetzen mit der Qualifikation derer, die sich ihrer bedienen. Mit anderen Worten: Nicht jeder, der sich statistisch betätigt, ist ein guter Statistiker, und folglich ist nicht alles, was mit dem Etikett „Statistik“ versehen wird, brauchbare statistische Arbeit.

Statistische Verfahren, mit denen Behauptungen im strengen Sinne *bewiesen* werden können, gibt es nicht. Statistik ermöglicht allerdings zu entscheiden, welche von allen möglichen Behauptungen in einer gegebenen Situation unter bestimmten theoretischen Annahmen die größte Wahrscheinlichkeit hat, richtig zu sein und wie groß diese Wahrscheinlichkeit unter gegebenen Modellannahmen ist.

Es wäre ein grobes Mißverständnis, statistische *Belege* für eine Behauptung als *Beweise* für die Richtigkeit der Behauptung anzusehen.

Statistik liefert zwar die exaktesten und besten Methoden, im Falle von Ungewißheit bei psychologischen Ergebnissen vernünftige Entscheidungen zu treffen; sie kann jedoch die Ungewißheit nur reduzieren, nicht vollständig beseitigen.

In einer wissenschaftlichen Arbeit müssen folglich nicht nur Ergebnisse und ihre Signifikanzen mitgeteilt werden, sondern auch die verwendeten statistischen Methoden und die Sicherheitswahrscheinlichkeit für die Aussagen. Es sei dem Leser überlassen, diese Kriterien an Aussagen anzulegen, die etwa mit dem Satz beginnen: „Die Statistik beweist, daß . . .“

Literatur-Empfehlungen

Herrmann, Th.: Methoden als Problemlösemittel. In: Roth, E. (Hrsg.): Sozialwissenschaftliche Methoden. München 1989.

Mees, U. & Selg, H. (Hrsg.): Verhaltensbeobachtung und Verhaltensmodifikation. Stuttgart 1977.

Popper, K. R.: Logik der Forschung. Tübingen 1976.

Selg, H., Klapprott, J., Kamenz, R.: Forschungsmethoden der Psychologie. Stuttgart 1992.

Sixtl, F.: Skalierungsverfahren: Gründe und ausgewählte Methoden sozialpsychologischen Messens. In: Holm, K. (Hrsg.): Die Befragung, 4, München 1976.

Weingartner, P.: Wissenschaftstheorie I. Einführung in die Hauptprobleme. Stuttgart 1978.

Heinz W. Kreuzig, Hans Th. Bick und Jan Born

3. Physiologische Grundlagen, Physiologische Psychologie

3.1. Gegenstand der Physiologischen Psychologie

Die Physiologische Psychologie untersucht im Rahmen von Tier- und Humanexperimenten Zusammenhänge zwischen seelischen und biologischen Prozessen. Weitgehend synonym sind die Begriffe „Biologische Psychologie" und „Psychobiologie". Die „Neuropsychologie" und „Psychophysiologie" können als Teilgebiete der Physiologischen Psychologie verstanden werden, bei denen es speziell um psychobiologische Zusammenhänge beim *Menschen* geht. In der Neuropsychologie werden vor allem Patienten mit umschriebenen Hirnschädigungen untersucht, um aufgrund bestehender psychischer Veränderungen auf die Funktion des geschädigten Hirnteils zu schließen. In der Psychophysiologie werden dagegen physiologische Prozesse gesunder Menschen mit weitgehend nicht-invasiven Meßmethoden (Elektrokardiogramm, Elektroenzephalogramm etc.) erfaßt und mit psychologischen Veränderungen korreliert.

Das Experimentieren mit Menschen ist strengen ethischen Grundsätzen unterworfen. Im Gegensatz zum Tierversuch ist es daher in Humanexperimenten häufig nicht möglich, physiologische Prozesse – im Sinne von unabhängigen Variablen – direkt zu manipulieren. Ein solches Vorgehen ist aber Voraussetzung, um physiologische Prozesse als *Ursachen* für bestimmte psychische Veränderungen interpretieren zu können. Psychophysiologische Forschung muß sich daher in vielen Fällen darauf beschränken, nach entsprechenden Manipulationen der Reizsituation Korrelationen zwischen Veränderungen physiologischer und psychologischer Vorgänge festzustellen, um so physiologische *Korrelate* von den entsprechenden Erlebens- und Verhaltensaspekten aufzuweisen.

Das Ziel Physiologischer Psychologie, Zusammenhänge zwischen körperlichen Vorgängen und dem subjektiven, psychischen Erleben und Verhalten herzustellen, leitet sich aus einer sehr viel älteren, philosophischen Fragestellung ab, die als das „Leib-Seele-Problem" bezeichnet wird. Darunter wird zunächst die Frage verstanden, ob Seelisches unabhängig von Körperlichem existieren kann. Daran knüpfen die Fragen, ob und wie Organismisches aus Seelischem oder Seelisches aus Organismischem hervorgehen kann. Vom philosophischen Standpunkt aus muß das Leib-Seele-Problem als ungelöst betrachtet werden. In der Physiologischen Psychologie wird dagegen im allgemeinen (a apriori) angenommen, daß seelische Prozesse und bewußtes Erleben vollständig von den physisch-materiellen Vorgängen im Körper und insbesondere von den physikalisch beschreibbaren Erregungsprozessen des Gehirns determiniert werden. Fühlen, Wollen und Denken sind Leistungen der Nervenzellverbände des Zentralnervensystems. Schädigungen solcher Zellverbände haben entsprechende Veränderungen des Bewußtseins zur Folge. Rohracher (1967) formulierte die Position der Physiologischen Psychologie wie folgt: „Zwischen dem Erregungsgeschehen im Gehirn und dem bewußten Erleben besteht eine so enge und feste kausale Beziehung, daß das letztere in seiner Existenz und in allen seinen Eigenschaften vom ersteren abhänge." Zusammenhänge zwischen psychischen und physischen Prozessen bestehen damit nur in einer Richtung, nämlich in derjenigen vom Physischen zum Psychischen. Psychische Prozesse des Erlebens können nicht auf zentralnervöse Erregungsprozesse einwirken oder etwa neue Erregungen generieren, weil sie selbst vollkommen von diesen abhängen und ohne diese überhaupt nicht existieren (Rohracher 1967).

Unter dieser Annahme wird in der Physiologischen Psychologie untersucht, welche physiologischen Prozesse Ursachen - oder zumindest Korrelate - bestimmter psychologischer Vorgänge sind. Die nach Gabe des Sexualhormons Testosteron erhöhten Testosteronblutspiegel könnten z. B. die Ursache für verstärkte Libido sein; starke Angst geht im allgemeinen mit einem rasenden Puls einher; mentale Konzentration ist mit hochfrequenter, niederamplitudiger elektroenzephalographischer (EEG-) Aktivität assoziiert usw. Der bisherige Stand der Forschung zeigt aber, daß sich psychische Prozesse nicht so leicht *eindeutig* auf physiologische Prozesse abbilden lassen. Z. B. kann ein Beobachter anhand des rasenden Pulses allein nicht entscheiden, ob ein Mensch Angst hat oder gerade sportlich aktiv war. Die physiologischen Prozesse, die Angst hervorrufen und mit ihr einhergehen, sind sehr viel komplexer, und mit den gegenwärtigen Meßmethoden ist außerdem nur ein kleiner Ausschnitt aus der vermuteten Vielzahl physiologischer Prozesse erfaßbar, die an der Entstehung des Gefühls „Angst" ursächlich beteiligt sind. Dieser in vieler Hinsicht sicherlich noch unbefriedigende Erkenntnisstand in der Physiologischen Psychologie hat vielleicht dazu beigetragen, daß sich mancherorts die Ausbildung in diesem Fach auf die Vermittlung allgemeinphysiologischer Grundlagen beschränkt, ohne daß der Versuch unternommen wird, physiologische Mechanismen zu psychologischen in Beziehung zu bringen.

Ziel der Physiologischen Psychologie bleibt aber, das Gesamt der für einen psychologischen Prozeß relevanten physiologischen Mechanismen zu erfassen. Die Allgemeine Physiologie, die ein Verständnis der physiologischen Prozesse für sich genommen vermittelt, ist dabei nur die wichtigste Grundlage der Physiologischen Psychologie. Die Physiologie - das ist die Lehre von den Funktionsweisen einzelner Zellen, Zellverbänden (Geweben), Organen und Organsystemen - stützt sich ihrerseits auf Kenntnisse über den anatomischen Aufbau dieser Strukturen. Prinzipiell kommen Prozesse auf allen diesen Strukturebenen als physiologische Korrelate psychischen Geschehens in Frage. Der in jeder einzelnen Zelle verankerte genetische Code kann für die biologische Erklärung bestimmter Aspekte des Verhaltens genauso genutzt werden wie der komplexe Informationsaustausch innerhalb ganzer Organsysteme, z. B. innerhalb des Herz-Kreislaufsystems. Im folgenden wird daher zunächst in einige physiologische und anatomische Grundlagen eingeführt, um dann an Beispielen zu zeigen, wie Prozesse auf der Ebene der einzelnen Zelle (hier der genetischen Prozesse), auf der Ebene zellulärer Verbände (hier der neuronalen Netzwerke) und auf der Ebene von Organsystemen für die Erklärung psychischen Geschehens verwendet werden.

3.2 Einige physiologische Grundlagen

3.2.1 Die Zelle

Die kleinste Einheit des Lebendigen ist die *Zelle*, da sie - und keine kleinere Einheit - in der Lage ist, die Grundfunktionen des Organismus, u. a. Stoffwechsel, Wachstum, Vermehrung und Vererbung, zu erfüllen. Zellen bestehen aus einer Membran, die das Zellplasma umhüllt. Im Zellplasma schwimmen subzelluläre Strukturen, sogenannte Organellen, einschließlich des Zellkerns. Der Zellkern enthält in Form des Chromatingerüsts den Träger der erblichen Information, die Desoxyribonucleinsäure (DNS).

Die DNS ist in ineinander verdrehten Doppelsträngen angeordnet und bildet die Chromosomen, von denen der Mensch 46 besitzt. Das Muster der in den DNS-Ketten aufeinanderfolgenden Basenmoleküle repräsentiert den genetischen Code, d. h. die Information über Zellfunktionen, die im Rahmen der Zellteilung vererbt wird. Die in den DNS-Strängen enthaltene Information steuert die Zellfunktionen, indem sie die Struktur der durch die Zelle synthetisierten Eiweißmoleküle festlegt. Im Gesamtorganismus steuert damit derselbe genetische Code auch die Aspekte des Verhaltens und Erlebens, die vererbt werden.

Zellen eines Lebewesens besitzen zwar denselben genetischen Code, innerhalb des Organismus erfüllen sie jedoch ganz unterschiedliche Funktionen. Sofern Erleben und Verhalten im engeren Sinne als unmittelbare Leistung von Zellverbänden des Nervensystems aufgefaßt werden, wollen wir uns hier auf eine kurze Darstellung von Aufbau und Funktionsweise der Nervenzelle (Neuron) bzw. des Nervensystems konzentrieren.

Das Neuron

Die Nervenzelle ist die kleinste Funktionseinheit des Nervensystems. Das menschliche Nervensystem enthält ca. 20 Milliarden Nervenzellen. Jede Nervenzelle besteht aus Dendriten, dem Zellkörper (Soma), dem Axon, den Kollateralen und Synapsen (s. *Abb. 3.1*). Wird eine Nervenzelle an ihren Dendriten elektrisch oder chemisch gereizt, so hat sie im Gegensatz zu anderen Zellen die spezielle Eigenschaft, die Reizung über Soma und Axon weiterzuleiten. Durch die elektrische oder chemische Reizung ändert sich ihr elektrisches Potential Die Spannung zwischen innerer und äußerer Seite der Zelle steigt von etwa -80 mV (Ruhepotential) auf einen Wert zwischen +20 und +40 mV (Aktionspotential). Nach ca. einer tausendstel Sekunde bildet sich dieses Aktionspotential wieder zurück, bis das „Ruhepotential" von -80 mV schließlich wieder nach etwa 2 msec erreicht ist (s. *Abb. 3.2*). Die Wiederherstellung der Fähigkeit der Zelle, ein Aktionspotential zu erzeugen, braucht als biochemischer Prozeß eine bestimmte Zeit, in der die Zelle nicht erregbar ist (Refraktärzeit). Durch die Refraktärzeit wird die Übertragungsrate der Nervenzelle auf maximal 1000 Aktionpotentiale pro Sekunde (1000 Hertz) begrenzt.

Das Aktionspotential bleibt nicht örtlich begrenzt, sondern pflanzt sich - vom Soma weg - über das bis zu einen Meter lange Axon und seine Verzweigungen (Kollateralen) zu den „Synapsen", das sind Schaltstellen zwischen zwei Neuronen,

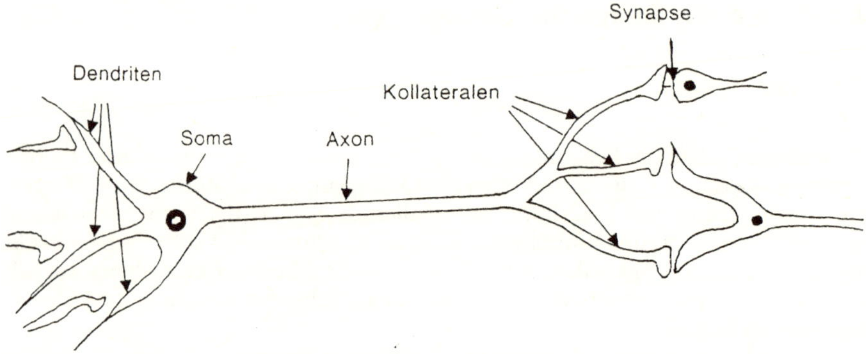

Abb. 3.1: Grundschema einer Nervenzelle

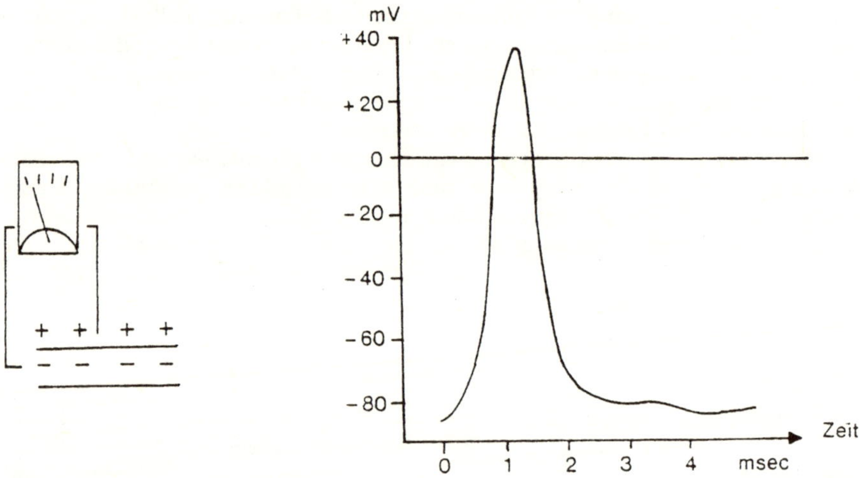

Abb. 3.2: Der Verlauf eines Aktionspotentials in einer Nervenzelle

fort. Es existieren im Nervensystem Nervenzellen, deren Axon von einer Markscheide umhüllt ist, und solche ohne eine Markscheide. Die Erregungsleitungsgeschwindigkeit für marklose Nervenfasern ist langsam und beträgt nur 0,5–2,0 Meter pro Sekunde. Nervenzellen, deren Axone von Markscheiden umhüllt sind, haben dagegen eine sehr viel höhere Leitungsgeschindigkeit von bis zu 120 Metern pro Sekunde.

Nervenzellen sind im Zentralnervensystem zu großen Zellnetzen zusammengeschaltet. Die Schaltstellen sind die Synapsen. An den Synapsen wird die elektrische Stimulation in eine chemische umgewandelt. In den synaptischen Endigungen befinden sich kleine Bläschen mit Neurotransmittersubstanzen, die durch die Depolarisation des Axons angeregt werden, zum synaptischen Spalt zu wandern und sich dort zu entleeren. Die synaptischen Transmitter können einzelne Aminosäuren (z. B. Glutamat, Aspartat etc.), aus einzelnen Aminosäuren abgeleitete Stoffe (z. B. die Katecholamine Noradrenalin und Dopamin oder das Serotonin) oder aus mehreren Aminosäuren zusammengesetzte Substanzen (Neuropeptide) sein. Die Neurotransmitter im synaptischen Spalt besetzen spezielle Rezeptoren in der Membran der postsynaptischen Zelle. Die Bindung an diese Rezeptoren bewirkt, daß in der postsynaptischen Zelle entweder eine Depolarisation oder eine Hyperpolarisation eintritt. Im ersten Falle bezeichnet man die Synapsen als erregende (exzitatorische), im zweiten Fall als hemmende (inhibitorische) Synapsen (s. *Abb. 3.3*). Exzitatorische Synapsen bewirken eine Erregung der angrenzenden Nervenzelle, inhibitorische eine Blockade der Erregungsfortpflanzung. In der veränderbaren Fähigkeit der Synapsen zur Inhibition bzw. Exzitation kann man die physiologische Grundlagen von Lernprozessen sehen. Die Veränderung der Fähigkeit von Synapsen zur Erregungsweiterleitung könnte z. B. auf der Vermehrung synaptischer Bläschen und einer dadurch erhöhten Fähigkeit zur Weiterleitung von Erregungen beruhen. Wir werden später noch auf die Struktur von lernfähigen Netzen eingehen.

Wichtig ist in diesem Zusammenhang außerdem, daß sich die Wirkung fast aller Psychopharmaka und Rauschgifte als Einwirkung auf das Geschehen an den Synapsen erklären läßt, d. h. als Einwirkung auf die Synthese, Ausschüttung und den Abbau bestimmter Neurotransmitter oder als Einwirkung auf ihre Rezeptoren in der postsynaptischen Zellmembran. Da im Nervensystem je nach Funktion und Lokalisation verschiedene Transmittersubstanzen zum Zuge kommen, können Psychopharmaka sehr unterschiedliche psychische Wirkungen zeigen.

Eine Besonderheit der Nervenzellen ist, daß sie sich nicht regenerieren (erneuern) können wie die meisten anderen Zellen des menschlichen Körpers. Bei Schädigungen, z. B. durch Sauerstoffmangel, gehen sie unwiederbringlich verloren.

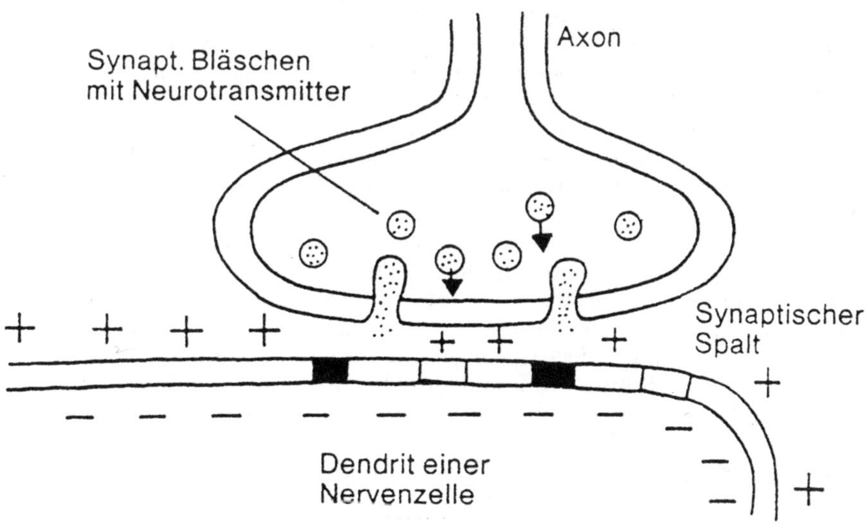

Abb. 3.3: Die Erregungsübertragung an der Synapse

3.2.2 Das Nervensystem

Wie bereits erwähnt, werden Informationen innerhalb von zu Netzwerken zusammengeschlossenen Neuronen verarbeitet. Der Gesamtverbund an Nervenzellen wird als Nervensystem bezeichnet. Dieses Organ enthält neben Nervenzellen auch andere Zellen, z. B. Gliazellen, denen Stütz- und Ernährungsfunktionen für die Nervenzellen zugeschrieben werden. Der eigentliche materielle Träger psychischer Prozesse - so wird angenommen - sind aber im wesentlichen die Nervenzellen. Das Nervensystem wird unterteilt in ein *Zentralnervensystem* und in ein *peripheres Nervensystem.*

Das Zentralnervensystem

Das Zentralnervensystem besteht aus Gehirn und Rückenmark. Das Rückenmark erfüllt bei der Informationsverarbeitung grundlegendere und einfachere Funktionen als das Gehirn und soll zuerst behandelt werden.

Das Rückenmark ist ein dicker Nervenstrang, der sich im Wirbelkanal über die 30 Segmente der Wirbelsäule erstreckt. Seine Aufgabe ist die (efferente) Fortleitung von Erregungen des Gehirns zu den einzelnen im Körper befindlichen Drüsen und Muskeln sowie die (afferente) Zuleitung von Informationen zum Gehirn, die über Rezeptoren in Muskeln, Haut und Organen Aufschluß über den internen Zustand des Organismus und seine Orientierung im Raum (über in den Muskeln, Sehnen und Gelenken befindliche Rezeptoren) geben. Eine Durchtrennung des Rückmarks (Querschnittslähmung) führt daher zum Ausfall von Empfindungen und zu Lähmungen der willentlich steuerbaren Muskulatur in den Körperbereichen, die über Rückenmarksanteile unterhalb des zerstörten Segmentes versorgt werden.

Das Rückenmark ist jedoch nicht nur Fortleitungssystem, sondern auch Umschaltstelle für motorische und vegetative Muskelreflexe. Ein Reflex ist eine angeborene Reaktion auf einen bestimmten Stimulus. Um einen motorischen Reflex handelt es sich z. B., wenn uns das Anfassen eines heißen Gegenstandes die Hand zurückziehen läßt, bevor uns der Hitzeschmerz überhaupt bewußt wird und wir willkürlich darauf hätten reagieren können. Aber auch vegetative Funktionen, wie z. B. Magen- und Darmkontraktionen, laufen völlig unbewußt und reflexartig ab.

Die oberste Schaltzentrale der menschlichen Informationsverarbeitung, das Gehirn, läßt sich anatomisch in drei große Abschnitte gliedern: den Hirnstamm, das Zwischenhirn und das Großhirn (s. *Abb. 3.4*). Die unterste Struktur des Hirnstammes ist das verlängerte Mark (Medulla oblongata), das bis zur Brücke (Pons) reicht. Hier befinden sich die Ursprungskerne der meisten Hirnnerven (die hauptsächlich für die Gesichtsmotorik und -sensibilität verantwortlich sind) und die Zentren für lebenswichtige Körperfunktionen, wie z. B. Atmung und Kreislaufregulation.

Auf gleicher Höhe wie die Brücke liegt das Kleinhirn (Cerebellum), welches wichtige Funktionen der motorischen Feinregulation hat. Es erhält Impulse aus den Muskeln und Sehnen über die Orientierung des Körpers im Raum und korrigiert die vom Großhirn an die motorischen Systeme gesendeten Bewegungsimpul-

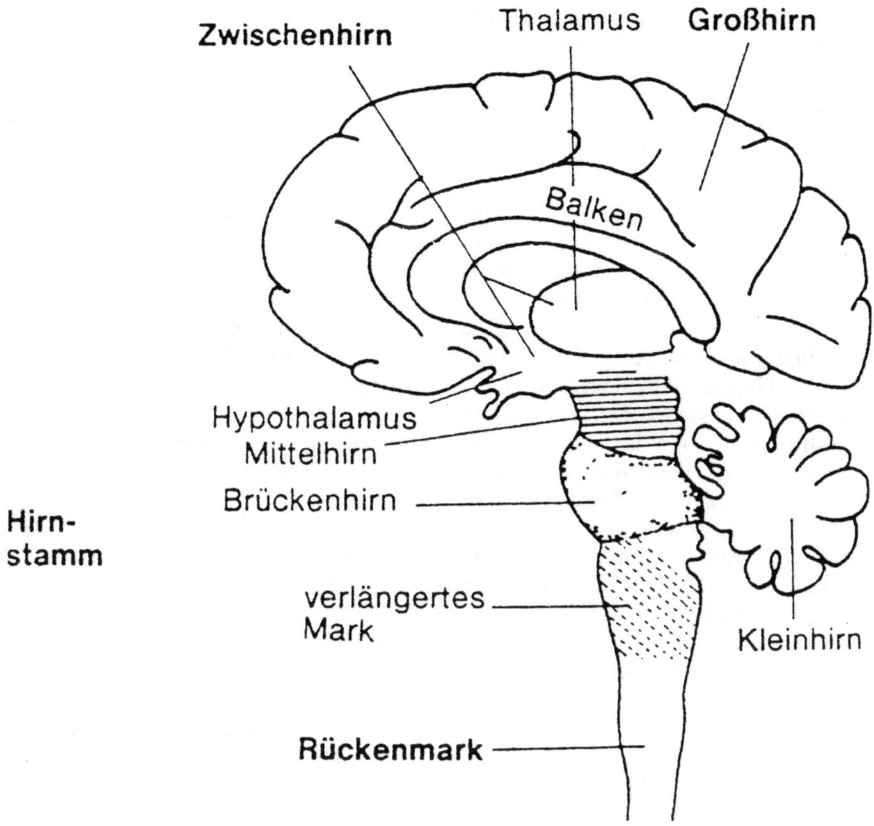

Abb. 3.4: Der anatomische Aufbau des zentralen Nervensystems

se. Fällt das Kleinhirn aus, so kommt es zu schweren Störungen der feinmotorischen Koordination und des Gleichgewichts.

Im oberen Teil des Hirnstammes, dem Mittelhirn (Mesencephalon), befinden sich u. a. Umschaltkerne der Hörbahn und der Bahnen des Tastsinnes, die von hier über eine Zwischenstation im Thalamus (s. unten) bis zur Hirnrinde ziehen. Eine weitere, sehr wichtige Struktur ist die Formatio reticularis (FR), ein Nervennetzwerk, das durch den gesamten Hirnstamm bis zum Zwischenhirn zieht. Die herausragende Bedeutung der FR liegt in ihrer aktivierenden Wirkung auf höher oder tiefer liegende Strukturen des Zentralnervensystems. Sie erhält über abzweigende Bahnen (Kollateralen) von allen auf- und absteigenden Nervenbahnen, die den Hirnstamm durchziehen, Impulse, die dann – über die FR vermittelt – das Gesamtniveau der Erregung des Gehirns beeinflussen können. Dies äußert sich im subjektiven Erleben als Wachheit oder Aktiviertheit. Die FR ist vermutlich auch an der Regulation des Schlaf-Wach-Zyklus beteiligt. So beobachtete man, daß schlafende Tiere bei elektrischer Stimulation der FR aufwachen und daß andererseits eine Hemmung der Aktivität bestimmter Gebiete der FR Schlaf auslöst.

Oberhalb des Hirnstamms liegt das Zwischenhirn. Es ist vollständig von den beiden Großhirnhemisphären überdeckt. Die wichtigsten Strukturen sind hier der Thalamus und der Hypothalamus; dies sind eiförmige Ansammlungen von Nervenzellen, die zahlreiche Verbindungen zu anderen Teilen des Gehirns haben. Der Thalamus ist eine Umschaltstelle für alle zum Großhirn laufenden afferenten Bahnen. Eine wesentliche Funktion des Thalamus liegt wahrscheinlich in der Vermittlung von motorischen und sensorischen Aufmerksamkeitsprozessen.

Der Hypothalamus, der mit der unter ihm befindlichen Hirnanhangsdrüse (Hypophyse) eine enge Verbindung hat, ist Steuerzentrum für basale Körperfunktionen wie Wasserhaushalt, Körpertemperatur, Sexualfunktion, Nahrungsaufnahme sowie Stoffwechsel- und Herz-Kreislauf-Prozesse. Auch Biorhythmen, wie der Menstruationszyklus der Frau oder der Schlaf-Wachrhythmus, werden über den Hypothalamus gesteuert. Über seine enge Verbindung mit der Hirnanhangsdrüse lenkt der Hypothalamus wesentliche Bereiche des körperlichen Hormonhaushalts (Endokrines System). Der Hypothalamus hat außerdem übergeordnete Steuerungsfunktionen für das vegetative Nervensystem (s. unten), welches zusammen mit dem endokrinen System die unwillkürliche Motorik der Eingeweide und Sekretionsprozesse der Drüsen steuert.

Das Großhirn wird durch die beiden Hemisphären gebildet, die durch den Balken (Corpus callosum) und die vordere Kommissur (Commissura anterior) miteinander verbunden sind. Das Großhirn läßt sich in drei Bereiche gliedern: die Basalganglien, Bereiche des „Limbischen Systems" und die Hirnrinde. Die Basalganglien, eine Gruppe relativ großer Kerne, sind Teile des extrapyramidalmotorischen Systems, welches u. a. wichtige Funktionen bei der Bewegungssteuerung erfüllt. Das Limbische System weist eine sehr komplizierte anatomische Struktur auf mit einer Vielzahl von Kernen und Kerngebieten und Verbindungen zwischen diesen. Eine herausragende Struktur des limbischen Systems ist der Hippocampus, der eine wichtige Rolle bei Orientierungsreaktionen, Lern- und Gedächtnisprozessen zu spielen scheint. Insgesamt wird das Limbische System mit der Ausprägung emotionaler Funktionen in Verbindung gebracht.

Die Hirnrinde (Kortex) ist die oberste Schicht des Großhirns und stark gefaltet. Grobanatomisch teilt man die Hirnrinde in vier Lappen auf: den Frontal- oder Stirnlappen, den Temporal- oder Schläfenlappen, den Parietal- oder Scheitellappen und den Okzipital- oder Hinterhauptslappen (s. *Abb. 3.5*). Die Grenze zwischen Frontal- und Parietallappen bildet die Zentralfurche.

Den verschiedenen Feldern der Hirnrinde lassen sich unterschiedliche Funktionen zuordnen. So gilt zunächst die Faustregel, daß Bereiche vor der Zentralfurche vor allem motorische Funktionen erfüllen, während Bereiche hinter der Zentralfurche eher sensorische Funktionen besitzen. Die sensorischen afferenten Bahnen der verschiedenen Sinnesmodalitäten laufen vorwiegend zu je verschiedenen Kortexarealen, den sogenannten primären sensorischen Kortices. Für den (somatosensorischen) Tastsinn liegt das primäre Projektionsareal auf dem „Gyrus postcentralis", der Windung direkt hinter der Zentralfurche (s. *Abb. 3.5*). Innerhalb des primären somatosensorischen Kortex lassen sich Gebiete ausgrenzen, die Informationen von je verschiedenen Körperregionen erhalten, so daß durch diese „somatotope" Zuordnung ein Abbild des gesamten menschlichen Körpers entsteht. Diese Abbildung sieht jedoch skurril verzerrt aus (s. *Abb. 3.6*). Dies hat seinen Grund darin, daß die Projektion keine flächengetreue Abbildung des Körpers ist,

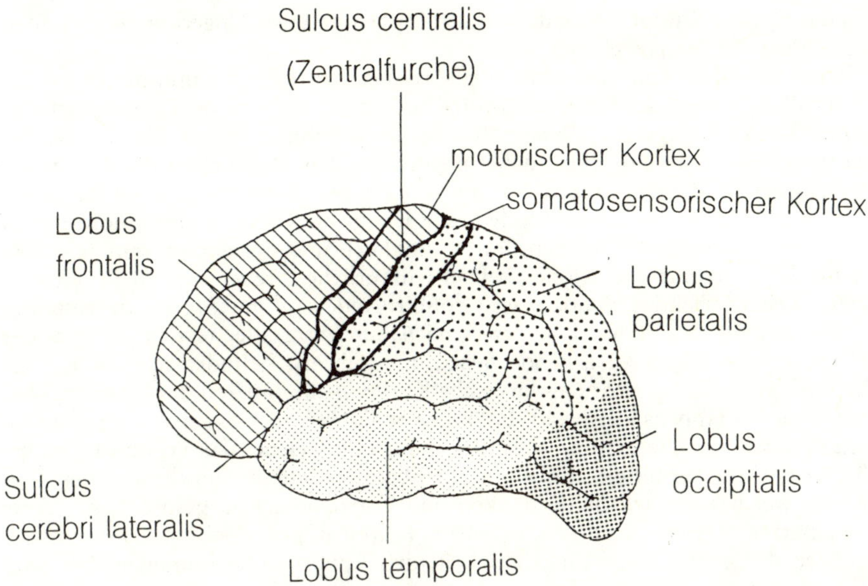

Abb. 3.5: Die linke Hirnrinde in der Aufsicht. Der primäre somatosensorische und der primäre motorische Kortex sind durch dickere Linien hervorgehoben.

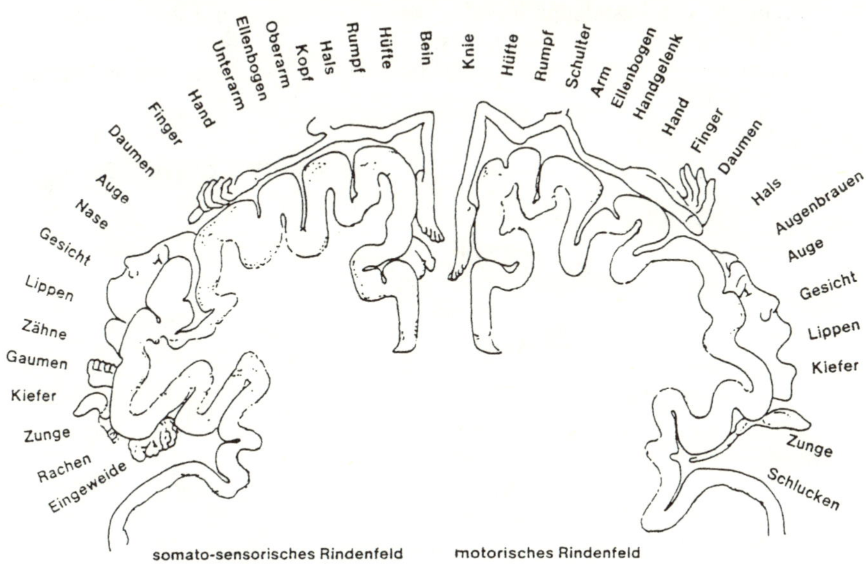

Abb. 3.6: Der rechte primäre somatosensorische und der linke primäre motorische Kortex in der frontalen Schnittebene.

sondern der Rezeptorendichte in den verschiedenen Körperregionen entspricht. So ist z. B. das somatosensorische Feld für den Kopf unverhältnismäßig viel größer als das für den Rumpf. Besonders in den Lippen und den Fingerkuppen befinden sich sehr viele Tastrezeptoren.

Direkt vor dem primären somatosensorischen Kortex und damit direkt vor der Zentralfurche liegt der primäre motorische Kortex, der eine dem somatosensorischen Kortex entsprechende somatotope Gliederung aufweist. Die Größe der motorischen Areale korreliert dabei positiv mit dem Regelungsaufwand für die verschiedenen Muskelgruppen. So sind z. B. die für die feinmotorische Steuerung der Finger verantwortlichen Areale besonders groß. Vom primären motorischen Kortex entspringen die Bahnen des pyramidalen und des extrapyramidalen Systems. Beide erfüllen Funktionen bei der willkürlichen Steuerung von Skelettmuskeln. Weitere wichtige Zentren der Großhirnrinde sind in *Abb. 3.7* dargestellt.

Die primäre Sehrinde, d. h. der Bereich der Hirnrinde, in den die von der Netzhaut des Auges ausgehende Sehbahn projiziert, befindet sich im Hinterhauptslappen. Der primäre auditorische Kortex ist im Inneren des hinteren, oberen Temporallappens lokalisiert. Im linken Schläfenlappen existiert außerdem ein sensorisches Sprachzentrum (Wernicke-Zentrum), welches das Verstehen von gehörter Sprache vermittelt, und ein motorisches Sprachzentrum (Brocasches Zentrum), welches ermöglicht, Gedanken und Vorstellungen in gesprochene Worte umzusetzen. Zerstörungen dieser Zentren führen zu ganz speziellen Beeinträchtigungen der geistigen Leistungsfähigkeit, den Aphasien. So kommt es bei einer Zerstörung des Wernicke-Zentrums zu einer sensorischen Aphasie, ein Mensch mit dieser Störung kann gehörten Worten keine Bedeutung mehr zuordnen. Bei einer Zerstörung des Broca-Zentrums kommt es dagegen zu einer motorischen Aphasie, bei der der Ausfall der Sprachmotorik im Vordergrund steht, das Sprachverständnis aber kaum beeinträchtigt ist.

Zwischen den sehr spezialisierten (primären und diese umgebenden sekundä-

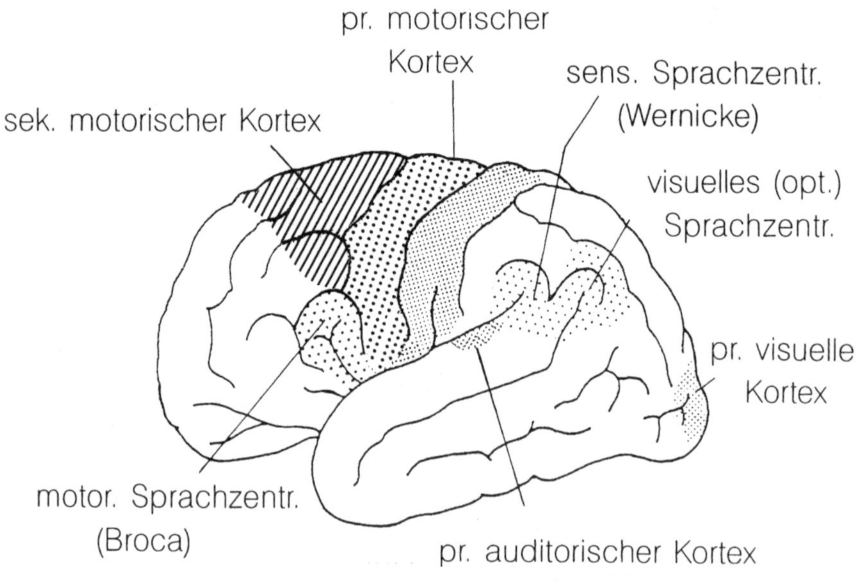

Abb. 3.7: Funktionelle Gliederung der Großhirnrinde

ren) sensorischen und motorischen Hirnrindenfeldern befinden sich große Bereiche der Hirnrinde, welche weniger spezialisierte Funktionen haben. Wahrscheinlich werden in diesen sogenannten „assoziativen Feldern“ durch Lernprozesse Verbindungen zwischen den spezialisierten Projektionsfeldern hergestellt. Es gelang z. B. Lassen, Ingvar und Skinhoj (1980) mit Hilfe einer radioaktiven Substanz, die in die Blutbahn eingespritzt wurde, die mit der Nervenzellaktivität zusammenhängende Durchblutungsmenge der Hirnrinde sichtbar zu machen. Sie stellten fest, daß bei einfachen Aufgaben wie Zählen und Lesen nur jeweils die notwendigen primären Projektionsfelder und die auf sprachliche Leistungen spezialisierten Projektionsfelder eine Zunahme der Durchblutung zeigten, während bei komplizierten Aufgaben, die Leistungen des Erinnerns und Nachdenkens erforderten, das gesamte Gehirn in unspezifischer Weise aktiviert war.

Es wurde schon angedeutet, daß die sprachlichen Fähigkeiten überwiegend in der linken Hirnhälfte lokalisiert sind. Man hat eine ganze Reihe von Hinweisen darauf gefunden, daß Unterschiede in der Funktion der beiden Großhirnhälften bestehen (Funktionelle Asymmetrie oder Lateralisierung der Hirnfunktionen).

Das periphere Nervensystem

Im Zentralnervensystem würden keine Informationen verarbeitet werden können, wenn nicht über das periphere Nervensystem Input- und Outputfunktionen bei der Informationsverarbeitung abgewickelt würden. Das periphere Nervensystem besteht aus „afferenten“ und „efferenten“ Nerven. Afferente Nerven leiten Informationen von peripheren *Rezeptoren* (z. B. Rezeptoren in der Haut, die Berührung oder Wärme registrieren) zum Zentralnervensystem. Efferente Nerven leiten umgekehrt Befehle des Zentralnervensystems zu *Effektoren* der Körperperipherie (z. B. Skelettmuskeln, die sich kontrahieren).

Rezeptoren

Rezeptoren sind spezialisierte Nervenzellen, die als Sensoren für die verschiedensten Reize aus der Umwelt (exogen) und dem eigenen Körper (endogen) dienen. Aufgabe der Rezeptoren ist die Transformation physikalischer Energie in neuronale Erregungen. Die neuronale Erregung bildet dabei den Reiz nicht originalgetreu ab. So wird der Zusammenhang zwischen Reizstärke und der neuronalen Erregung wesentlich durch die spezifischen Eigenschaften der Rezeptoren, ihrer räumlichen Anordnung und neuronalen Verschaltung, mitbestimmt.

Es sollen an dieser Stelle nur die allgemeinen Eigenschaften von Rezeptorsystemen behandelt werden, auf spezielle Sinnessysteme wird im Kap. 6 (Wahrnehmung) genauer eingegangen. Guttmann (1982) unterscheidet drei große Formenkreise von Rezeptoren nach der Art ihrer Übertragungsmechanismen:

(1) Mechanische Erregungsbildung: Rezeptoren, die auf mechanische Reizung reagieren, finden sich z. B. beim Tastsinn und im auditiven System. Die mechanische Reizung führt durch Zug oder Druck zu einer Veränderung der Leitfähigkeit der gedehnten Zellmembran, die von der Stärke der Dehnung abhängt. Es kommt zu einer Depolarisation der Zellmembran, dem sogenannten Rezeptorpotential, welches dann über Synapsen an andere Neurone weitergeleitet wird.

(2) Zwischenschaltung eines biochemischen Filters: Bei visueller Reizung und bei Reizung der Geschmacksrezeptoren wird das Rezeptorpotential durch Verän-

derungen von chemischen Substanzen erzeugt. Bei den lichtempfindlichen Rezeptoren der Netzhaut, den Stäbchen, wird unter Lichteinwirkung ein Sehfarbstoff (Rhodopsin) zerlegt, dessen Komponenten das Rezeptorpotential erzeugen. Ein gegenläufiger Prozeß baut das Rhodopsin wieder auf. In den Geschmacksknospen der Zunge werden ähnliche Vermittlerstoffe vermutet

(3) Stereochemische Erregungsbildung: Diese Art der Erregungsbildung kommt nur bei den Geruchsrezeptoren vor. Jeder Stoff, der Geruchsempfindungen auslösen kann, hat eine bestimmte räumliche Struktur, die für die spezifische Geruchsempfindung verantwortlich ist. So können ganz verschiedene Substanzen, die eine gleiche räumliche Molekularanordnung haben, dieselben Geruchsempfindungen auslösen. Es wird vermutet, daß die Rezeptoren an ihrer Oberfläche bestimmte „Schlösser" haben, in die nur Moleküle ganz bestimmter Gestalt als „Schlüssel" hineinpassen, die dann die Depolarisation der Membran auslösen.

Der Zusammenhang zwischen Reizstärke und Rezeptorpotential ist nicht linear, sondern folgt einer Potenzfunktion (Gesetz von Stevens). Was das bedeutet, wird anhand *Abb. 3.8* erläutert. Bei einer Erhöhung der Reizstärke von 0 auf 3 erhöht sich die Aktionspotentialfrequenz des Rezeptors von 0 auf 40, bei einer Erhöhung der Reizstärke von 3 auf 5 dagegen nur von 40 auf 48 Hertz, d. h., mit zunehmender Reizstärke wird der Zuwachs der Aktionspotentialfrequenz immer geringer (nichtlineares Verhalten). Dieser Sachverhalt findet seine Entsprechung im subjektiven Erleben. So genügt es nicht, den Schalldruck einer Stereoanlage um einen bestimmten konstanten Betrag zu erhöhen, um jeweils den gleichen Zu-

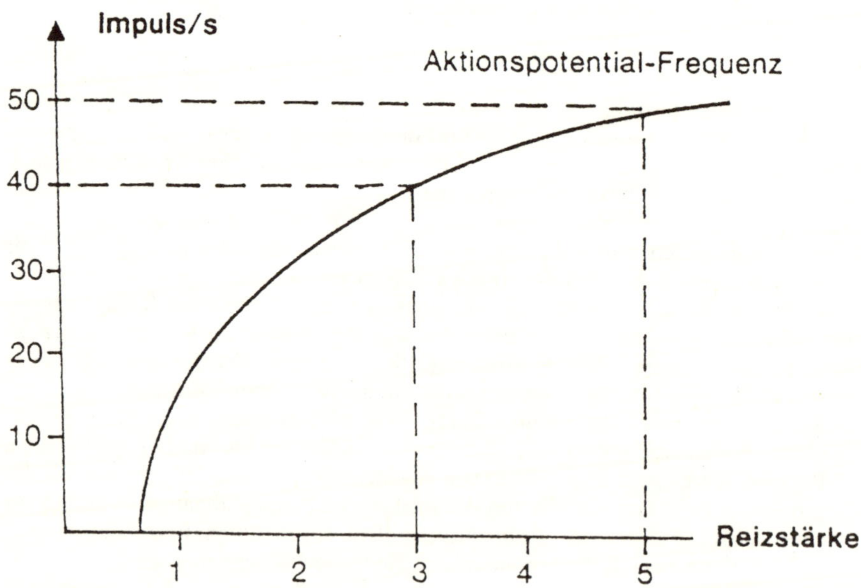

Abb. 3.8: Zusammenhang zwischen Reizstärke und Frequenz des Aktionspotentials

wachs an (subjektiver) „Lautheit“ zu erzielen. Vielmehr muß man die abgegebene Leistung jeweils um ein Vielfaches der vorausgehenden Stufe steigern, um einen konstanten Empfindungszuwachs zu erreichen. 8 Trompeten klingen nicht viermal so laut wie 2, sondern nur etwa dreimal so laut.

Eine weitere, sehr allgemeine Eigenschaft von Rezeptoren ist ihre Fähigkeit, sich an konstante Reize anzupassen (Adaptation). Wird ein Rezeptor längere Zeit mit gleichbleibender Intensität gereizt, so nimmt die Frequenz der ausgelösten Aktionspotentiale kontinuierlich ab. Die Schnelligkeit der Adaptation ist je nach Sinnesmodalität unterschiedlich. Durch die Adaptation werden Reizstärkeänderungen deutlicher wahrgenommen als bei gleichbleibender Stimulation. So nimmt man einen auffälligen Geruch schon nach kurzer Zeit nicht mehr wahr, wenn man ihm kontinuierlich ausgesetzt ist. Wenn man aus einem dunklen Zimmer ins helle Tageslicht kommt, so ist man zuerst geblendet, erst nach einiger Zeit sinkt die empfundene Helligkeit so weit ab, daß auch Einzelheiten der Umgebung wahrgenommen werden können. Auch normale Nervenzellen zeigen bei Dauerstimulation adaptive Reaktionen.

Durch die im vorhergehenden Abschnitt besprochene Stimulus-Erregungsstärke-Beziehung und das zeitabhängige Adaptationsverhalten ist ein Rezeptorsystem in der Lage, sich Reizen extrem unterschiedlicher Stärke anzupassen. Auf diese Art und Weise lassen sich z. B. im akustischen oder optischen Bereich bis zu 1 Billion Energieabstufungen (laut Legewie 1972) unterscheiden, eine erstaunliche Leistung des menschlichen Rezeptorsystems.

Effektoren

Als Effektoren werden die Skelettmuskeln, die „glatten“ Muskeln der Eingeweide und die Drüsen bezeichnet, die durch zentralnervöse Befehle gesteuert werden und mit deren Hilfe der Organismus auf sich und die Umwelt einwirkt. Muskeln versetzen den Organismus in die Lage, seinen Ort zu verändern und gezielte Einwirkungen auf seine Umwelt auszuüben; innerhalb des Organismus sorgen sie z. B. für eine angemessene Spannung der Gefäßwände (Gefäßtonus). Herz, Lungen, Magen und Darm können nur durch Verwendung von Muskeln ihre Aufgaben erfüllen.

Die Auslösung einer Skelettmuskelkontraktion geschieht über die motorische Endplatte, eine der Synapse ähnlichen Struktur, die direkt an der Muskelfaser angreift. Bei Depolarisation des zuführenden Axons wird eine Transmittersubstanz ausgeschüttet (Acetylcholin), die die Muskelzelle depolarisiert und damit innerhalb der Muskelzelle eine Ausschüttung von Calcium-Ionen hervorruft, die ihrerseits die Kontraktion der Muskelzelle in Gang setzt.

Drüsen sind Organe, die Stoffe bilden, die nach außen (äußere Sekretion) oder direkt in die Blutbahn bzw. Lymphbahn abgegeben werden (innere Sekretion). Drüsen mit äußerer Sekretion sind z. B. die über die ganze Hautoberfläche verteilten Schweißdrüsen, die bei erhöhter Körpertemperatur durch Schweißabsonderung dafür sorgen, daß durch Verdunstung die Oberflächentemperatur der Haut wieder absinkt. Drüsen mit innerer Sekretion (endokrine Drüsen), wie z. B. die Hirnanhangsdrüse, die sich unterhalb des Gehirns befindet, sondern Hormone ab, die über die Blutbahn auf andere Drüsen oder direkt auf molekulare Vorgänge in den Zellen von Organen einwirken.

3.2.3 Somatisches und vegetatives Nervensystem

Je nachdem, welche Effektoren sie steuern, werden efferente Nervenbahnen (und Anteile des Zentralnervensystems, von denen diese Efferenzen entspringen) dem *somatischen Nervensystem* oder dem *vegetativen Nervensystem* zugeordnet. Das somatische Nervensystem innerviert die Skelettmuskulatur und steuert darüber die Willkürmotorik.

Das vegetative Nervensystem innerviert die glatte Muskulatur der Eingeweideorgane, der Blutgefäße, des Herzens und die Drüsen. Hierbei sind zahlreiche, örtlich sehr begrenzte Regelaufgaben zu bewältigen, die für die Sicherstellung der biologischen Grundfunktionen, wie z. B. Erhaltung einer angemessenen Gefäßspannung (Gefäßtonus), Konstanthaltung der Körpertemperatur usw., sehr wichtig sind. Da die Vorgänge im vegetativen Nervensystem einer willkürlichen Kon-

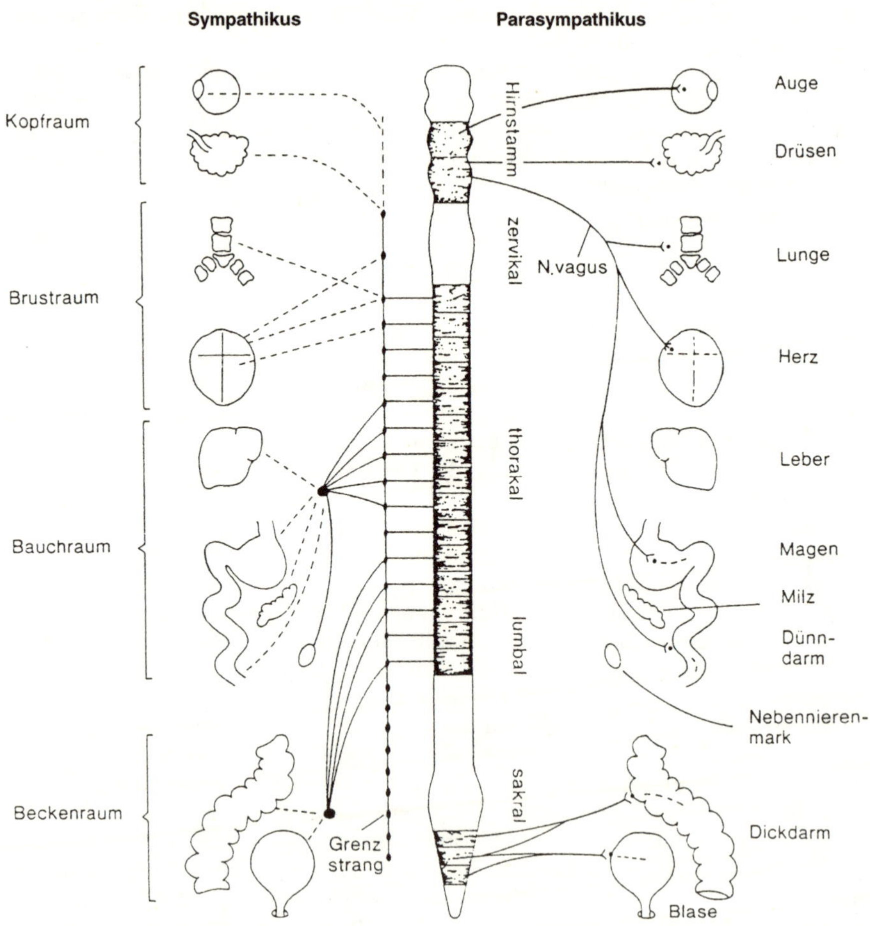

Abb. 3.9: Das vegetative Nervensystem (nach Jänig 1977)

trolle weitgehend entzogen sind, spricht man auch vom autonomen Nervensystem.

Man unterscheidet funktional und anatomisch verschiedene Teile des vegetativen Nervensystems, das sympathische und das parasympathische Nervensystem. Auf die anatomischen Einzelheiten soll hier nicht eingegangen werden, sie sind z. T. aus *Abb. 3.9* ersichtlich. Es sei jedoch erwähnt, daß sich die sympathischen Umschaltstellen für Reflexe größtenteils im Rückenmark bzw. in einem zum Rückenmark parallel verlaufenden Paar von Nervensträngen, dem Grenzstrang, befinden.

Sympathikus und Parasympathikus versorgen die meisten Organe gemeinsam, stehen jedoch in einem funktionalen Gegensatz zueinander. Ausnahmen sind z. B. die Muskulatur der Blutgefäße und die Schweißdrüsen, die nur sympathisch innerviert werden. Bei Aktivierung des Sympathikus werden alle diejenigen Vorgänge im Organismus verstärkt, die eine Leistungssteigerung (ergotrope Reaktionslage) ermöglichen; es kommt z. B. zu einer Erhöhung des Blutdruckes, Anstieg der Pulsfrequenz und der Atemfrequenz, Vergrößerung der Pupillen und erhöhter Schweißabsonderung. Der Parasympathikus hat einen entgegengesetzten Einfluß und dominiert in Ruhesituationen, in denen Aufbau- und Wiederherstellungsprozesse ablaufen (trophotrope Reaktionslage). So wird parasympathisch z. B. die

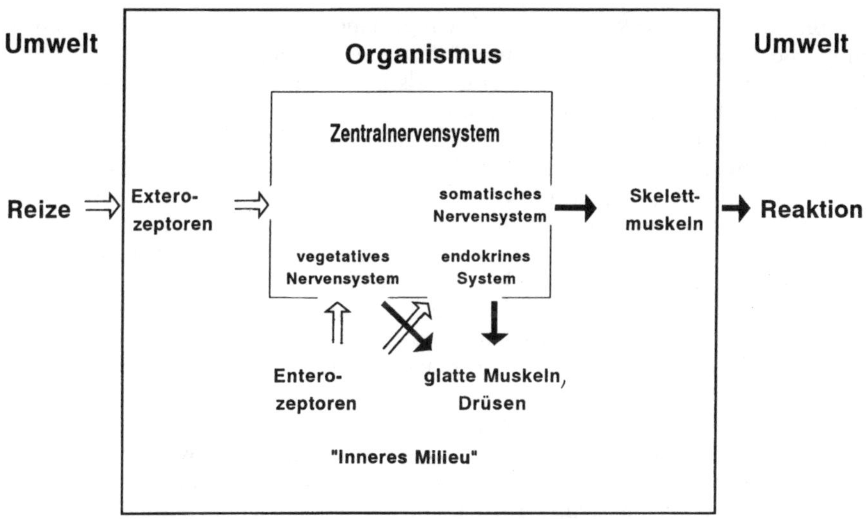

Abb. 3.10: Grundschema der organismischen Informationsverarbeitung. Das Zentralnervensystem erhält afferent (offene Pfeile) durch Exterozeptoren Informationen aus der Umwelt und durch Enterozeptoren Informationen über den innerorganischen Zustand („Inneres Milieu"). Äußere und innere Reize werden zentralnervös aufeinander bezogen verarbeitet. Bei Abweichungen von Sollzuständen wird efferent über die Aktivierung von Skelettmuskeln die Umwelt und über die Aktivierung glatter Muskeln und von Drüsen das innere Milieu gezielt beeinflußt. Die Skelettmuskeln werden über das somatische Nervensystem, die glatten Muskeln der Eingeweise und die Drüsen über das vegetative Nervensystem und das endokrine System gesteuert.

Verdauung angeregt und dazu – durch gleichzeitige Abschwächung des Sympathikotonus – die Blutversorgung der Verdauungsorgane intensiviert.

Rezeptoren und Effektoren sind in den meisten Fällen in eigenständigen Organen (z. B. Sinnesorganen, Drüsenorganen usw.) angesiedelt. Informationsaufnahme, -verarbeitung und -weitergabe vollziehen sich also innerhalb eines Organsystems, in dem bestimmte Organe Rezeptor- und andere Effektorfunktionen erfüllen. Die wesentliche Funktion des Nervensystems besteht in der zentralen Verarbeitung der durch Rezeptoren aufgenommenen Information, so daß effektorisch Verhalten und innerorganismische Zustände so reguliert werden, daß eine optimale Anpassung an die Umwelt gewährleistet ist. *Abb. 3.10* zeigt ein Schema der Informationswege, über die das Zentralnervensystem innerorganismische Zustände und die verhaltensmäßige Anpassung an die äußere Umwelt steuert. Dabei wurde auch das Hormonsystem (Endokrines System) einbezogen, welches – neben dem vegetativen Nervensystem – der zweite, wenn auch langsamere Weg ist, über den Informationen zwischen Zentralnervensystem und innerorganismischem Milieu in beide Richtungen ausgetauscht werden.

3.3 Physiologische Korrelate psychischer Prozesse

Im folgenden werden exemplarisch für einige Aspekte des Verhaltens und Erlebens mögliche physiologische Korrelate erörtert. (Die Frage, ob die physiologischen Prozesse dabei als Ursachen oder „nur" als Korrelate des jeweiligen psychologischen Geschehens zu betrachten sind, soll hier ausgeklammert bleiben.)

Wir haben in den vorangegangenen Abschnitten physiologische Prozesse auf ganz verschiedenen strukturell-morphologischen Integrationsniveaus (einzelne Zelle, Zellverbände, Organe und Organsysteme) besprochen. Nicht jede erfaßbare Integrationsebene physiologischer Funktionen scheint aber gleich geeignet, Korrelate für eine bestimmte psychologische Leistung zu liefern. So läßt sich der Einfluß der Vererbung auf Verhalten mit Bezug auf den in jeder einzelnen Zelle verankerten genetischen Code beschreiben. Basalere kognitive Prozesse, wie z. B. Mustererkennungsprozesse, lassen sich relativ umfassend über Erregungsprozesse innerhalb zellulärer Verbände, den neuronalen Netzwerken, beschreiben. Um aber komplexere motivational-emotionale Prozesse, wie z. B. die Reaktion auf Streß oder Angst, auf physiologischer Ebene in angemessener Weise zu erfassen, müssen – über rein zentralnervöse Erregungsmuster hinausgehend – Wechselwirkungen zwischen dem Zentralnervensystem, dem Hormonsystem, dem kardiovaskulären System und weiteren Systemen berücksichtigt werden. Einige Beispiele sollen im folgenden die Verwendung physiologischer Prozesse auf verschiedenen strukturellen Integrationsniveaus als Korrelat psychischer Prozesse illustrieren. Gleichzeitig soll damit in den eigentlichen Forschungsgegenstand der Physiologischen Psychologie eingeführt werden.

3.3.1 Gene und Verhalten

Unbestreitbar nehmen die Gene auf das Verhalten Einfluß. So haben Hunderassen unterschiedliche Temperamente, oder Menschen unterscheiden sich hinsichtlich ihrer Aktivität z. B. darin, daß sie angeborenerweise unterschiedliche Mengen von Schilddrüsenhormonen produzieren, die die psychische Erregung verstärken. Der genetische Einfluß auf psychische Prozesse läßt sich tierexperimentell relativ einfach mittels Zuchtversuchen nachweisen.

So ist z. B. verschiedentlich versucht worden „intelligente" Ratten zu züchten. Hierzu hat man Ratten durch ein Labyrinth laufen lassen und die dabei gemachten Fehler gezählt. Der Zuchtversuch beginnt mit einem Elternpaar, das sich nicht hinsichtlich der Fehlerzahl unterscheidet. Bei seinen Nachkommen findet man gewöhnlich ganz geringfügige Unterschiede. Nun kreuzt man systematisch - unter Mißachtung des Inzesttabus - jeweils die „intelligentesten" und die „unintelligentesten" Ratten untereinander. Von den Nachkommen der „Intelligenten" läßt man wiederum nur die „Intelligentesten" sich fortpflanzen. Ebenso verfährt man mit der Linie der „Unintelligentesten". Tatsächlich lassen sich so - oft innerhalb weniger (12–20) Generationen - deutliche Verhaltensunterschiede zwischen den beiden Linien erzielen. Alle Ratten eines „intelligenten" Wurfs durchlaufen schließlich das Labyrinth fehlerfreier als irgendeine Ratte eines „unintelligenten" Wurfs. Diese Verhaltensunterschiede sind genetisch bedingt.

Setzt man diese Ratten aber in ein anderes Labyrinth, so unterscheiden sie sich nicht. Wie ist dieser Befund zu erklären? Die Evolution arbeitet utilitaristisch, und vielleicht erfordert das erste Labyrinth einfach häufigere Rechts- als Linkswendun-

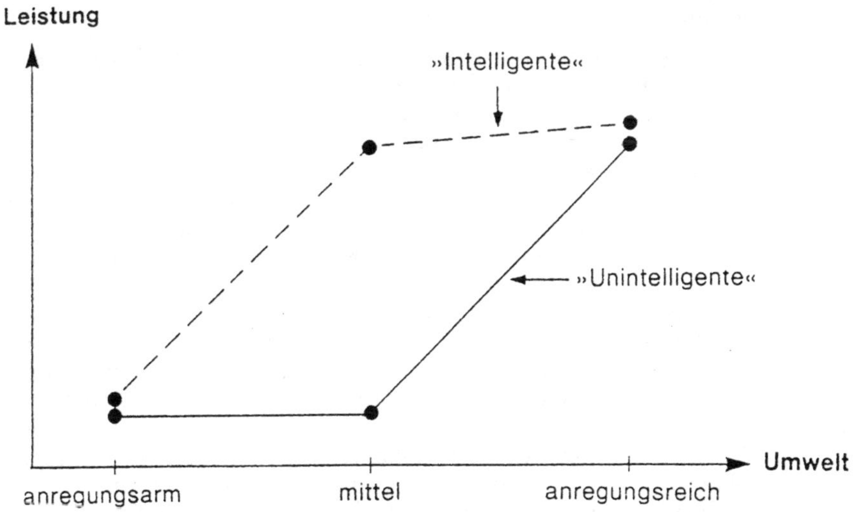

Abb. 3.11: Leistung genetisch verschiedener Rattenstämme in Abhängigkeit vom Anregungsgehalt der Umwelt

gen. Wenn nun solche Ratten selektiert werden, die eine Tendenz zur Rechtswendung haben, sind sie im ersten Labyrinth erfolgreich, im zweiten jedoch nicht.

Zu ganz ähnlichen Ergebnissen führt ein anderer Zuchtversuch mit Ratten. Auch hier wird anhand eines Kriteriums eine „intelligente" von einer „unintelligenten" Linie getrennt. Und auch hier zeigt sich dieser Unterschied nur, solange die Bedingungen über die Generationen hinweg, d. h. während des experimentellen Selektionsprozesses, nicht geändert werden. Setzt man am Ende des Versuches beide Linien besonders reizarmen oder besonders anregungsreichen Umgebungen aus, so unterscheiden sie sich hinsichtlich ihrer „Intelligenz" nicht (*Abb. 3.11*).

Die gegebenen Beispiele zeigen, daß eine bestimmte genetische Komponente nur in Abhängigkeit von der jeweiligen Umwelt wirksam wird. Eine genetische Anlage kann zwar vererbt werden, ob sie aber wirksam wird, hängt von vielen Einflußfaktoren der Umwelt ab, darunter auch von anderen Genen, die gewissermaßen einen Teil der Umwelt bilden. Gene können sich wechselseitig steuern. Ein Gen kann also andere Gene aktivieren oder inaktivieren. Äußere Einflüsse bestimmen häufig noch sehr viel stärker die Aktivität von Genen. Beispielsweise gibt es viele Hinweise auf ein genetisch determiniertes Risiko, an einer Schizophrenie zu erkranken. Doch auch bei eineiigen Zwillingen (mit identischem Erbgut), bei denen entweder Mutter oder Vater oder beide Eltern eine Schizophrenie hatten, erkranken nur in weniger als 50 % der Fälle beide Zwillinge an einer Schizophrenie. Dies ist ein deutlicher Hinweis dafür, daß trotz des genetischen Einflusses Umweltfaktoren ganz wesentlich mitentscheiden, ob sich die Erkrankung manifestiert oder nicht.

Vererbt werden also nicht Merkmale, die beim Vorhandensein eines bestimmten Gens zwingend auftreten, sondern Reaktionsnormen, die das Auftreten eines Merkmals in Abhängigkeit von bestimmten Umweltkonstellationen (einschließlich genetischer) steuern.

Welche Aspekte des Verhaltens werden vererbt?

Den großen Rahmen für die Beantwortung dieser Frage und der Frage, wie es überhaupt dazu kommt, daß bestimmte Verhaltensweisen vererbt werden, liefert die Darwinsche Evolutionstheorie, die hier kurz, in Anlehnung an eine Darstellung von Dawkins (1978), erörtert werden soll.

Eine grundlegende Voraussetzung für die Evolution, die Entwicklung der Arten, ist die Existenz von sich selbst reproduzierenden Systemen. Diese Systeme sind die Gene. Am Anfang der Evolution steht also das Gen. Das erste Gen war gewiß viel einfacher strukturiert als heute vorliegendes Erbmaterial, möglicherweise bestand es nicht einmal aus organischer Materie (also Kohlenstoffverbindungen). Eine Grundvoraussetzung allen Lebens aber erfüllte es: die Reproduktion seiner selbst. Es ist alles andere als selbstverständlich, daß eine Struktur sich selbst repliziert. Ordnungen tendieren nämlich aufgrund physikalischer Gesetzmäßigkeiten grundsätzlich dazu zu zerfallen, so etwa auch die Struktur eines Gens. Die Replikation eines Gens, die ja neue, geordnete Strukturen schafft, ist daher sehr unwahrscheinlich. Daß die Entstehung von sich selbst replizierenden Genen sehr unwahrscheinlich ist, schließt aber nicht aus, daß sie in seltenen Fällen doch auftritt.

Die ersten, ungeschützten Gene dürften allerdings sehr instabil und leicht durch äußere Einflüsse (wie etwa Wärme, Strahlung oder Chemikalien) zerstörbar gewesen sein. Eine grundlegende Voraussetzung für die Evolution ist daher die Stabilität der Gene und ihrer Replikationen, damit sie unter den lebensfeindlichen Einflüssen ihrer Umgebung bestehen können. Gefragt ist also einerseits Stabilität, allerdings keine perfekte, denn eine zweite, scheinbar paradoxe, grundlegende Voraussetzung für die Evolution ist die Variation. Jede Weiterentwicklung erfordert nämlich die Veränderung von vorhandenen Strukturen. So wirken destabilisierende Umwelteinflüsse ständig auf die Gene ein und schaffen neue Varianten, sogenannte Mutationen, die eine dauerhafte Veränderung des Erbguts darstellen. Mutationen erfolgen rein zufällig und sind daher in den meisten Fällen nicht überlebensfähig; in sehr seltenen Fällen repräsentieren sie jedoch eine bessere Form der Adaptation an die Umwelt. Trotz aller Risiken ist daher die durch Mutation geschaffene Variation eine notwendige Voraussetzung für den Fortgang der Evolution.

Eine weitere zentrale Voraussetzung der Evolution ist die Selektion. Der Selektionsprozeß kommt dadurch zustande, daß durch Mutationen verschiedene Typen von Genen entstehen, die um die begrenzten Ressourcen konkurrieren. Dabei werden die Gentypen Vorteile haben, die vermehrt (1) Fruchtbarkeit (als Anzahl von Nachkommen pro Zeit), (2) Langlebigkeit und (3) Fehlerfreiheit aufweisen. Auf die Dauer reichen minimale Fortpflanzungsvorteile aus, um weniger „erfolgreiche" Gene zu verdrängen und auszurotten.

Fassen wir zusammen: Die Gene konkurrieren um die Rohstoffe. Rein zufällige Mutationen schaffen neue Varianten. Merkmale, die (überprüfbar) zu einer Steigerung der Genfrequenz in der Folgegeneration führen, bezeichnen wir als besser angepaßt. Anpassungen erfolgen durch Mutationen, die dauerhafte Änderungen im Erbgut hervorrufen und vollkommen zufällig und ungerichtet ablaufen. Obwohl es für einen denkenden Menschen z. B. offensichtlich ist, daß eine Schutzhülle (z. B. die Membran und das Plasma eines Einzellers) das Überleben erleichtert, wird es auf diese Weise sicher viele Millionen Jahre gedauert haben, bis die erste Schutzhülle per Zufall „entwickelt" wurde. Genauso lange wird es gedauert haben, bis es zum ersten Zusammenschluß mehrerer Gene kam, um dadurch die Überlebenschance des einzelnen Gens zu verbessern. Im Rahmen dieses Evolutionsprozesses konstruierten sich die Gene so „Überlebensmaschinen", wie es Dawkins (1978) anschaulich nennt. Dabei stellen die Gene Baupläne bereit, nach denen (durch Ablesen des genetischen Codes) Eiweiße aufgebaut werden, die eine schützende Hülle und letzendlich auch den Körper eines jeden Lebewesens bilden.

Unter der Annahme, daß das Einprägen von bestimmten Inhalten auf neuronaler Ebene mit einer zellulären Umstrukturierung von Eiweißmolekülen verbunden ist, stellt sich in diesem Zusammenhang die Frage, ob nicht auch ein zelluläres Protein Einfluß auf den Aufbau des Gens nehmen kann, so wie das Gen auf den Aufbau zellulärer Proteine Einfluß nimmt. Bisher gibt es aber keinen Beleg dafür, daß ein verändertes zelluläres Protein den genetischen Code dieser Zelle beeinflussen kann. (Die Vererbung erworbener Eigenschaften wurde lange und bis vor kurzer Zeit in der ehemaligen UdSSR sogar als Staatsdoktrin behauptet. Ihr klassischer Vertreter ist Lamarck (1744–1829), weshalb man die Annahme, die Umwelt könne direkt gerichtete erbliche Veränderungen an Organismen hervorrufen, auch als „Lamarckismus" bezeichnet.)

Welche Verhaltensmerkmale werden durch Vererbung mitbestimmt? Aus der Evolutionstheorie leitet sich ab, daß nur solche Verhaltensweisen durch die Gene mitbestimmt werden können, die Überlebensvorteile bringen. Dies soll an zwei Beispielen, Aggressivität und Sexualität, verdeutlicht werden.

Generationen von „Sozialdarwinisten" haben vor allem die „Kampfbereitschaft" als wesentliche Form der Angepaßtheit gedeutet. Betrachtet man aber unsere „Überlebensmaschinen", so können tatsächlich, je nach Situation, alle nur denkbaren Verhaltensweisen im sogenannten „Überlebenskampf" von Vorteil sein: Flucht oder Angriff, Ducken oder Imponieren, Totstellen oder hektische Aktivität, Tarnen oder Auf-sich-aufmerksam-Machen, Denken oder Handeln.

Dies zeigt auch ein einfaches Rechenbeispiel von Maynard Smith, welches Dawkins (1978) anführt: Nehmen wir - ganz im Sinne der Sozialdarwinisten - einmal ein Umfeld an, in dem Aggression dem Individuum tatsächlich große Vorteile bringt. In diesem Umfeld können verschiedene Verhaltensweisen für die Fortpflanzung nützlich sein, wie etwa die Abwehr von Feinden, die Sicherung von Nahrungsquellen oder auch der Sieg über einen Rivalen beim Werben um die Gunst eines Weibchens. Diese Aktionen verursachen aber auch Kosten, die sich in einer Verminderung der „Fitness" ausdrücken. Kämpfe kosten Zeit und Energie und bergen das Risiko, verletzt oder getötet zu werden. Innerhalb einer Art kommen nun zwei Strategien vor, um mit Konflikten umzugehen. Je nach ererbter Strategie bezeichnen wir die Träger als „Falken" bzw. „Tauben". „Falken" kämpfen immer und heftig und hören erst auf, wenn sie ernsthaft verletzt sind. „Tauben" drohen lediglich, verletzen aber niemand und fliehen, wenn sie auf einen „Falken" treffen. Wir wollen nun weiterhin annehmen, daß „Falken" und „Tauben" gleich aussehen und über keine Erinnerung an frühere Kämpfe verfügen.

Zum Konflikt kommt es, wenn zwei dieser Individuen zusammentreffen. Wenn ein „Falke" auf einen „Falken" trifft, werden sie kämpfen, bis einer von ihnen ernstlich verletzt oder tot ist. Wenn zwei „Tauben" aufeinander treffen, werden sie einander eine Weile androhen, bis schließlich eine dessen müde wird und das Feld räumt. Je nach Verlauf eines Konfliktes kann dieser Fitness-Punkte bringen oder kosten. Ein Sieg bringt +50, eine Niederlage 0 Punkte. Für ernste Verletzungen gibt es -100 Punkte, für Zeitverschwendung bei Androhen -10 Punkte.

Beginnen wir in einer paradiesischen Welt, in der es nur „Tauben" gibt. Im Konfliktfall drohen sie sich, bis eine aufgibt. Das bringt dem Sieger +50 Punkte und kostet ihn -10 Punkte für Zeitverschwendung, bringt ihm also netto +40 Punkte ein. Der Verlierer gewinnt nichts, zahlt aber -10 Punkte ebenfalls für Zeitverschwendung. Da es zufällig ist, wer zuerst aufgibt, gewinnt jede „Taube" durchschnittlich die Hälfte aller Konflikte und verliert die andere Hälfte. Dies macht im Mittel, bei +40 Punkten für Gewinnen und -10 für Verlieren, + 15 Punkte je Konflikt aus. In der Taubenpopulation geht es der einzelnen „Taube" ganz gut. Mit dem Auftreten des ersten „Falken" (etwa durch eine Mutation entstanden), tritt der Fall ein, von dem die Sozialdarwinisten ausgehen: Der Aggressive hat deutliche Überlebensvorteile. Als einziger „Falke" trifft er nur auf „Tauben", die er stets besiegt. Seine Prämie beträgt 50 Punkte, liegt also erheblich über der durchschnittlichen Prämie von +15 Punkten der „Tauben" untereinander. Folglich werden sich die „Falkengene" schnell über die gesamte Population ausbreiten.

Gemäß der sozialdarwinistischen Annahme müßte nun bald die gesamte Population aus „Falken" bestehen. Aber tut sie das? Wenn „Falken" nur noch auf „Falken" treffen, gewinnen sie durchschnittlich die Hälfte der Kämpfe mit +50 Punkten, verlieren aber die andere Hälfte (verletzt oder tot) mit -100 Punkten, im

Mittel also mit -25 Punkten. Damit sind sie den „Tauben" unterlegen, zumal diese bei einem Zusammentreffen mit einem „Falken" stets schnell weglaufen, also unverletzt bleiben und keine Zeitverluste haben, also 0 Punkte erzielen. Die „Taubengene" werden also nicht ausgerottet; die sozialdarwinistische Annahme, nur der Aggressivere werde sich durchsetzen, ist somit widerlegt. Reine Tauben-, aber auch reine Falkenpopulationen sind instabil. Stabilität liegt dort vor, wo die durchschnittlichen Prämien für „Tauben" und „Falken gleich sind. Dies liegt in diesem Beispiel bei einer Zusammensetzung der Population aus 5/12 „Tauben" und 7/12 „Falken" vor. Jede andere Relation von „Tauben" zu „Falken" tendiert dazu, in diesen stabilen Zustand zurückzukehren.

Dieses Beispiel zeigt deutlich, daß eine genetisch „feste Verdrahtung" aggressiven Verhaltens die Überlebenschancen des Organismus unter Umständen verschlechtert und damit auch die Wahrscheinlichkeit dafür, daß ein entsprechendes Gen diese Verhaltensweisen weitervererbt. Tatsächlich haben auch 3 Milliarden Jahre Evolution nicht die Agressionsmonster hervorgebracht, die sozialdarwinistische Annahmen erwarten ließen.

Hinzuzufügen ist hier, daß Darwins „struggle of life" eben nicht auf die Ebene komplexer Organismen angewendet werden kann. Allein die Gene kämpfen egoistisch um ihre „Überlebensinteressen". Dies verdeutlicht übrigens auch die Art und Weise der Fortpflanzung, bei der sich nicht die Individuen, sondern lediglich die Gene replizieren.

Sexualität

Die geschlechtliche Fortpflanzung zeigt, daß die Gene eines erfolgreichen Individuums - neben ihrer Replikation - das Bestreben haben, möglichst viele neue Kombinationen mit anderen Genen einzugehen. Worin liegt aber der Vorteil für die Gene, sich so leicht aus einer, selbst erfolgreichen Kombination zu lösen, um andere, neue Kombinationen in einer so astronomischen Auswahl einzugehen, daß kein Mensch (eineiige Zwillinge ausgenommen) einem anderen - sei es einem vergangenen, gegenwärtigen oder zukünftigen (!) - Menschen jemals genetisch gleichen wird? Oder anders gefragt: Warum gibt es Sexualität?

Wir haben bereits ausgeführt, daß Evolution die Variation der Gene zur Fortentwicklung braucht. Wir haben auch gezeigt, daß Mutation eine Quelle der Variation ist. Mutationen aber tragen ein hohes Fehlerrisiko, und deshalb verlaufen Entwicklungen nur sehr langsam. Wesentlich effizienter wäre es, wenn sich eine Strategie finden ließe, die Variation bei einer niedrigeren Fehlerrate erzeugt. Die Gene haben diese Strategie gefunden: Es ist die Sexualität. Oder anders: Der Evolutionsvorteil, der aus der Sexualität entsteht, legt nahe, daß wesentliche Komponenten dieses Verhaltens genetisch determiniert sind.

Statt per Mutation die Gene zu verändern, werden die Gene neu kombiniert. Der Vorrat an Variationen, der auf diese Weise entsteht - ohne daß auch nur eine einzige neue Mutation dazu erforderlich wäre -, reicht etwa beim Menschen aus, um die Evolution völlig ungestört weitere Millionen Jahre laufen zu lassen. Diese Strategie führt Gene zusammen, die erfolgreichen Individuen entstammen. Diese Gene sind irgendwann einmal per Mutation entstanden und haben jetzt einen langen Selektionsprozeß bereits hinter sich, denn es erreichen ja längst nicht alle Individuen die Fortpflanzungsreife. Diese Gene haben sich bewährt, und ihre

Kombination ist mit einem viel geringeren Fehlerrisiko behaftet als neue Mutationen. Variation mit einer gesenkten Fehlerrate aber beschleunigt die Evolution.

Gene, die dieser Strategie folgen, haben in den meisten Umwelten Überlebensvorteile; deshalb ist diese Strategie stabil, und deshalb gibt es geschlechtliche Fortpflanzung und schließlich auch menschliche Sexualität. Dies erklärt vielleicht auch, warum Sexualität so wichtig ist und soviel Aufregung in der Welt verursacht, so daß einige psychologische Theorien (etwa Freuds Psychoanalyse) hierin die Haupttriebfeder menschlichen Handelns vermuten.

Ganz ähnlich kann gezeigt werden, daß im Rahmen der Evolution eine Fortpflanzung unter (genetisch) Verwandten keine Vorteile im Anpassungsprozeß bringt, eine Auffassung, die aus dem klassischen Sozialdarwinismus schwer begründbar ist. Nach sozialdarwinistischer Annahme sollten ja die Kampfstärksten bestrebt sein, sich mit einem anderen, möglichst ebenfalls kampfstarken Partner fortzupflanzen. Verwandtschaft ist ein guter Indikator für Ähnlichkeiten; daher sollte man annehmen, daß es für ein kampfstarkes Individuum eine erfolgversprechende Strategie ist, sich mit nahen Verwandten fortzupflanzen (mit Eltern und Geschwistern bevorzugt vor Großeltern, Tanten und Onkeln). Dies ist aber kaum der Fall, wofür die sozialdarwinistische Annahme keine Erklärung bietet. Wie bereits diskutiert, bietet aber allein die größere Variation, die bei Paarung unähnlicher Gene entsteht, in einer sich verändernden Umwelt deutliche Überlebensvorteile.

Es erscheint daher vorteilhaft, wenn menschliche Kulturen, aber auch viele Tierarten Inzesttabus aufweisen. Woran aber erkennen die Gene nahe Verwandtschaft? Bischof (1965) hat in einer Untersuchung gezeigt, daß bei verschiedenen Arten die Nähe und Vertrautheit miteinander in der Kindheit als Kriterium fungiert. Daß dabei Fehler auftreten können, belegen Studien an Kindern, die in enger Gemeinschaft wie Geschwister zusammen in Kibuzzim aufwuchsen. Zwischen den Kindern aus den gleichen Gemeinschaften kommen später praktisch keine Heiraten vor, obwohl sie weder verwandt sind noch entsprechende kulturelle Verbote existieren. Experimente an Ratten und Mäusen haben außerdem gezeigt, daß diese Tiere in der Lage sind, Grade der genetischen Verwandtschaft geruchlich zu differenzieren.

Evolution versus Antizipation

Bei Fruchtfliegen (Drosophila) kann man durch systematische Selektion aus jeweils gleichen Anfangsstämmen genetische Linien züchten, deren Nachkommen alle nach oben bzw. nach unten wandern, sich also unterschiedlich an der Gravitation orientieren. Oder man kann genetische Linien züchten, die Helligkeit meiden bzw. aufsuchen etc. Stammesgeschichtlich betrachtet genügen offenbar sehr kurze Zeiträume systematischer Selektion, um einzelne, genetisch verankerte Verhaltensweisen auszulesen. Wenn aber Gene so leicht Verhalten steuern können, stellt sich die Frage, wozu man dann eigentlich den Aufwand eines Zentralnervensystems, eines Verstandes oder einer kulturellen Tradition braucht, anstatt alle Verhaltenssteuerung den Genen zu überlassen? Mit der Zusammenschaltung zahlreicher Nervenzellen zu einem Zentralnervensystem verzichten die Gene auf viele direkte Einflußmöglichkeiten. Welche evolutionären Vorteile bringt also ein Gehirn?

Ein Gehirn arbeitet zunächst einmal schneller im Vergleich zu der Geschwindigkeit, mit der Gene – je nach Erfordernis – Proteine aufbauen können. Aber es gibt noch einen weiteren Vorteil. Evolutionäre Entwicklungen beruhen letztlich auf Zufallsprozessen und werden von einer momentan wirksamen Selektion gelenkt. Eine „Vorausschau" auf wirklich neue Bedingungen kann die Evolution nicht liefern. Mit seinem Gehirn kann der Mensch vor der Zündung der ersten Atombombe deren Folgen prinzipiell abschätzen. Die Evolution kann dies nicht, weshalb unsere Gene zwar wirksame Programme zum Schutz vor dem mutagenen Sonnenlicht enthalten (so die Bräunung), hingegen praktisch keine gegen radioaktive Strahlung.

Halten wir in dieser wichtigen Frage fest, daß in der Evolution die momentanen (und vergangenen) Bedingungen bestimmen, wer überlebt. Eine vorausschauende Anpassung ist nicht nur ein verbales Paradox, sie ist unter der direkten Regie der Gene nicht möglich. Möglich wird eine solche Vorausschau, wenn die Gene ein Zentralnervensystem konstruieren, dem sie - und das ist ein hoher Preis - die Entscheidung über ihr Fortbestehen übertragen. Diese Instanz darf nicht - wie die Gene - nur den momentanen, unmittelbaren Vorteil im Auge haben, sondern muß, zeitweilig auch unter Verzicht auf unmittelbare Vorteile, längerfristige und damit vorausschauende Planung betreiben.

Die risikoreiche Strategie der Gene, eine weitgehend autonome Entscheidungsinstanz einzuführen, ist bei einigen Arten, darunter auch dem Menschen, nicht ohne Erfolg gewesen. Wir können uns entscheiden, kinderlos zu bleiben, fremde Kinder zu adoptieren, Selbstmord zu begehen usw. Dies alles nützt unseren Genen recht wenig und weist die „Freiheit" auf, die der Menschen mit der Entwicklung des Zentralnervensystems gegenüber dem Diktat der Gene und ihrer Instinkte gewonnen hat. Im folgenden Abschnitt werden exemplarisch Funktionsprinzipien dieses Zentralnervensystems erörtert.

3.3.2 Neuronale Strukturen und das Erkennen von Mustern

Das Zentralnervensystem wird häufig als der eigentliche Träger des Bewußtseins bezeichnet. In einer Einführung in die Physiologische Psychologie dürfen daher Ausführungen darüber, wie auf der Grundlage neuronaler Verschaltungen im Zentralnervensystem höhere kognitive Leistungen erklärbar werden, keinesfalls fehlen.

Dem Zentralnervensystem obliegt die übergeordnete, integrative Verarbeitung der aus dem restlichen Organismus und aus der Umwelt einwirkenden Reize in der Weise, daß eine sinnvolle verhaltensmäßige Adaptation des Organismus an seine Umwelt ermöglicht wird. Aber trotz seiner zentralen Stellung weiß man noch erstaunlich wenig darüber, *wie* das Zentralnervensystem, d. h. durch welche neuronalen Verschaltungen es diese Funktionen erfüllt. So ist z. B. bekannt, *wo* in der Hirnrinde visuelle Muster extrahiert werden, nämlich im okzipitalen Kortex im Bereich der primären und sekundären visuellen Areale. Wenn aber gefragt wird, welche neuronalen Verschaltungen dazu führen, daß ein komplexeres Muster - wie z. B. ein geschriebenes Wort - erkannt wird, können aufgrund des gegenwärtigen Wissensstands keine gesicherten Antworten gegeben werden. Da die Funktionsweise ganzer neuronaler Netzwerke mit den heutigen Techniken nur unzulänglich erfaßt werden kann, versucht man vielfach, zunächst durch Computersimulationen theoretisch Aufschluß darüber zu gewinnen, wie das Gehirn bestimmte Arten von Informationen verarbeiten könnte. Auf solchen Computersimulationen aufbauend werden dann Experimente konstruiert, die Hinweise für die Validität dieser Modelle erbringen sollen.

Im folgenden wird versucht, einige Funktionsmerkmale des Nervensystems exemplarisch an der Frage der Mustererkennung darzustellen. Das „Erkennen von Mustern" ist ein Prozeß von zentraler Bedeutung für die Regulationseigenschaften des Nervensystems. Mustererkennung bedeutet die Kanalisierung von Erregungsströmen in bestimmte Bahnen. Aufgrund von Mustererkennungsprozessen kann z. B. eine Katze auf eine Maus anders reagieren als auf einen Hund; entsprechende Kanalisierung setzt jeweils verschiedene motorische Programme in Gang.

Das Modellneuron

Es soll bei den folgenden Betrachtungen von einem stark vereinfachten Modellneuron ausgegangen werden, welches jedoch die wichtigsten Eigenschaften des realen Neurons nachbildet.

An unserem Modellneuron können, wie bei realen Neuronen, hemmende und erregende Synapsen anderer Zellen anliegen. Seine Aktivität, die in der Einheit „Impulse pro Sekunde" angegeben wird (1 Impuls/Sekunde = 1 Hertz), ergibt sich aus der Summe der Aktivität der erregenden Synapsen abzüglich der Summe der hemmenden Synapsen. Bei dem in *Abb. 3.12* dargestellten Neuron mit drei erre-

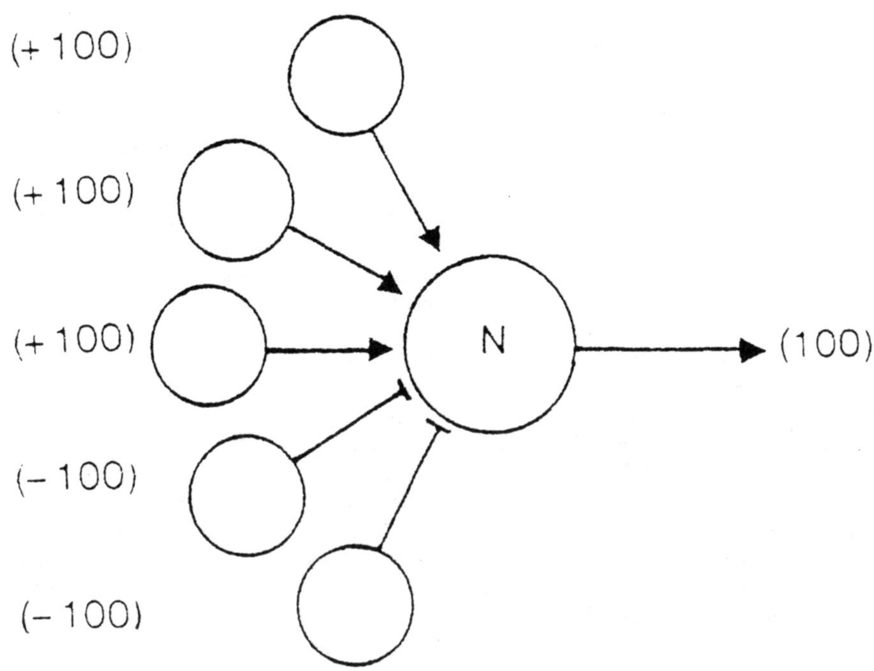

Abb. 3.12: Erregungssummation in einem Modellneuron

genden und zwei hemmenden Synapsen beträgt die Summe der Eingangsaktivitäten 100 + 100 + 100 - 100 - 100 = 100 Hertz. Diese Aktivierung wird über das Axon fortgeleitet.

Bisher wurde nur ein Spezialfall der neuronalen Verbindung behandelt, nämlich die ausschließlich positive oder negative Verbindung zwischen Neuronen. Mathematisch kann man dies auch mit Hilfe eines Kopplungsfaktors ausdrücken, der entweder den Wert +1.0 oder -1.0 hat und mit dem die Aktivität jeder erregenden oder hemmenden Synapse multipliziert wird. Erst danach wird die Summe der Erregungen gebildet. Die Notwendigkeit der Annahme eines Koppelfaktors wird in den nächsten Abschnitten klar werden, da hier auch Koppelfaktoren verwendet werden, die zwischen -1.0 und +1.0 liegen.

Einfache Formen neuronaler Verschaltung zeigt *Abb. 3.13*. In *Abb. 3.13a* ist eine Erregungskette dargestellt. Wird Zelle A aktiviert, so wird die Erregung über Neuron B zu Neuron C weitergeleitet. In *Abb. 3.13b* hat Neuron B eine selbsterregende Kollaterale. Wird diese Struktur über Neuron A erregt, so kreist die Erregung auch nach dem Ende der Stimulation weiter, bis durch Aktivierung von Neuron D ein hemmender Impuls auf Neuron B gegeben wird. Neuron C bleibt während dieses Zeitraumes dauernd aktiviert. Man vermutet, daß solche Kreisstrukturen im Gehirn die Aufgaben von Kurzzeitspeichern und Generatoren haben; letzteres sind Strukturen, die einen gleichmäßigen Impulsstrom abgeben, um z. B. ein bestimmtes Aktivitätsniveau aufrechtzuerhalten. Im Schaltbild *3.13c* wird nach Aktivierung von A die Erregung auf B und C weitergeleitet. Solche divergenten Strukturen sorgen für die Verteilung von Erregungen auf andere Neuronen, im Gegensatz zu Netzwerk *3.13d*, einer konvergenten Schaltung, bei der die Aktivität der Zellen A und B von Neuron C aufsummiert wird.

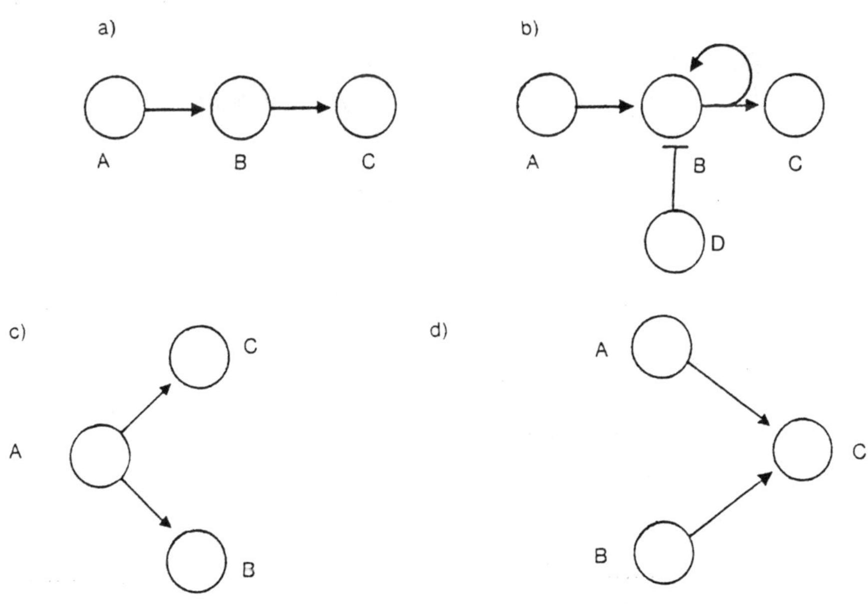

Abb. 3.13: Einfache Formen neuronaler Verschaltung

Die Kontrastbildung

Auf welche Weise werden nun durch neuronale Schaltungen komplizierte Leistungen vollbracht? Betrachten wir dazu einzelne, psychologisch interessante (aber

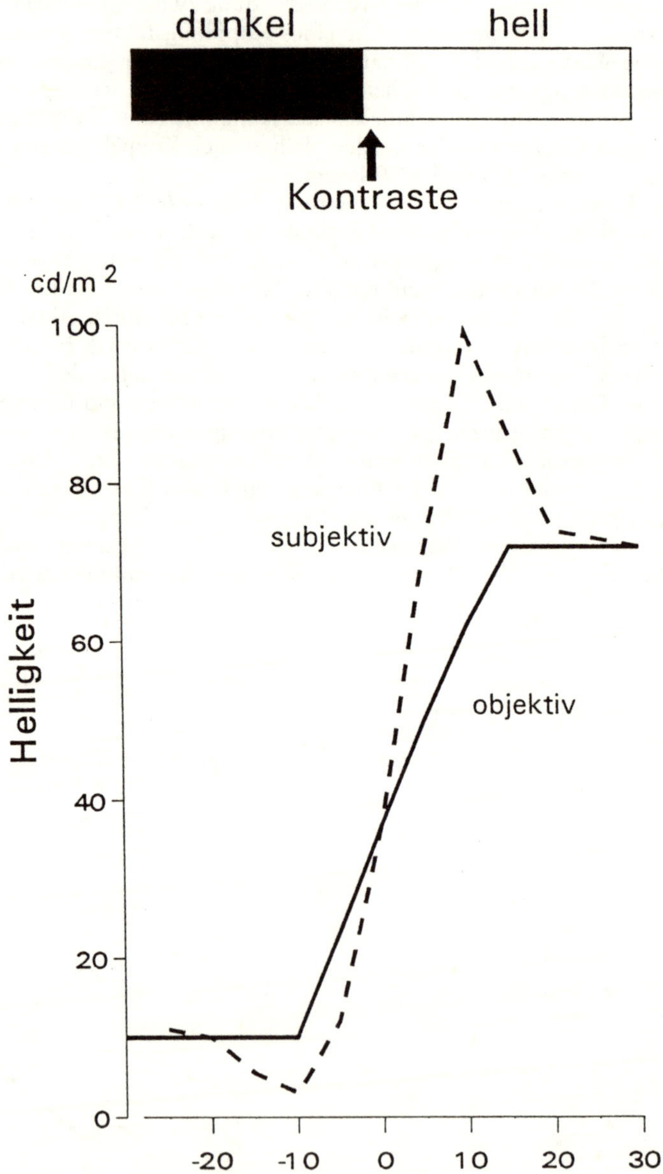

Abb. 3.14: Kontrastbildung. Mit einem Photometer, das langsam von links nach rechts an der oben abgebildeten Fläche vorbeigeführt wird, wird die objektive Helligkeits-

verteilung gemessen, die in der unteren Abbildung der durchgezogenen Linie entspricht. Die Ordinate der unteren Abbildung zeigt die Helligkeit der erfaßten Fläche, die Abszisse gibt die Position des Photometers wieder. Die gestrichelt eingezeichnete Linie gibt die subjektive Helligkeitsverteilung wieder, wenn das Auge eines Betrachters - wie das Photometer - über die Fläche gleitet. Weilt das Auge des Betrachters im hellen Teil der Fläche, nahe an der Grenze zum Dunkelbereich, so empfindet er diesen Teil als heller als den Rest der Hellfläche. Weilt das Auge des Betrachters im dunklen Teil der Fläche, nahe an der Grenze zum Hellbereich, empfindet er diesen Teil dunkler als den Rest der Dunkelfläche. Die Aktivierung eines an der Fläche vorbeigeführten Photorezeptors des Auges würde ungefähr dem Verlauf der objektiv gemessenen Helligkeitsverteilung folgen. Die Aktivierung von nachgeschalteten Neuronen in der Sehbahn würde aber den Verlauf der subjektiv gemessenen Helligkeitsverteilung wiederspiegeln (nach Birbaumer und Schmidt 1991).

ziemlich einfache) Leistungen von Nervennetzen. Wir wenden uns zunächst dem Phänomen der Kontrastbildung zu. Das Phänomen des Simultankontrastes ist in der Sinnesphysiologie gründlich erforscht worden und soll hier anhand der *Abb. 3.14* verdeutlicht werden.

Simultankontrast meint, daß bei zwei aneinandergrenzenden Flächen verschiedener Leuchtdichte an den Rändern der Übergangszone die dunkle Fläche besonders dunkel, die helle Fläche besonders hell erscheint. Das Phänomen wird als das Ergebnis der gegenseitigen Beeinflussung der Erregungsprozesse benachbarter Sinneszellen über kollaterale Nervenverbindungen gedeutet. Bei Ableitung der elektrischen Aktivität der Sehnerven ergibt sich ein der subjektiven Empfindung analoger Verlauf.

In *Abb. 3.15* wird die Kontrastbildung aufgrund der lateralen Inhibition erklärt. Es ist schematisch und stark vereinfacht ein Querschnitt durch die Netzhaut des Auges dargestellt. Zellschicht A sei die erste Schicht von lichtempfindlichen Rezeptorzellen (Nr. A1 bis A9). Der direkte Nachfolger jeder Sinneszelle wird mit einem Kopplungsgewicht von 1.0 erregt, während die seitlichen Nachbarzellen der zweiten Schicht (B1 bis B9) mit einem Kopplungsfaktor von 0.25 gehemmt werden. Wird dieser Rezeptorschicht ein Stimulusmuster dargeboten, welches zwischen Rezeptorzelle A4 und A5 einen Intensitätsabfall von 200 auf 100 hat, so werden die Rezeptoren A1 bis A4 mit einer Intensität von 200 und die Rezeptoren A5 bis A9 mit einer Intensität von 100 Einheiten gereizt. In der zweiten Zellschicht ergeben sich durch die laterale Hemmung folgende Aktivitäten:

Zelle B1 bis B3: 200-(200 x 0.25)-(200 x 0.25) = 100
Zelle B4: 200-(200 x 0.25)-(100 x 0.25) = 125
Zelle B5: 100-(200 x 0.25)-(100 x 0.25) = 25
Zelle B6 bis B9: 100-(100 x 0.25)-(100 x 0.25) = 50

Das Ergebnis ist eine Hervorhebung der Kontraste des Stimulusmusters, während Flächen gleichbleibender Intensität unterdrückt werden. Dadurch wird die Wahrnehmung von charakteristischen Eigenschaften eines Stimulus wesentlich vereinfacht.

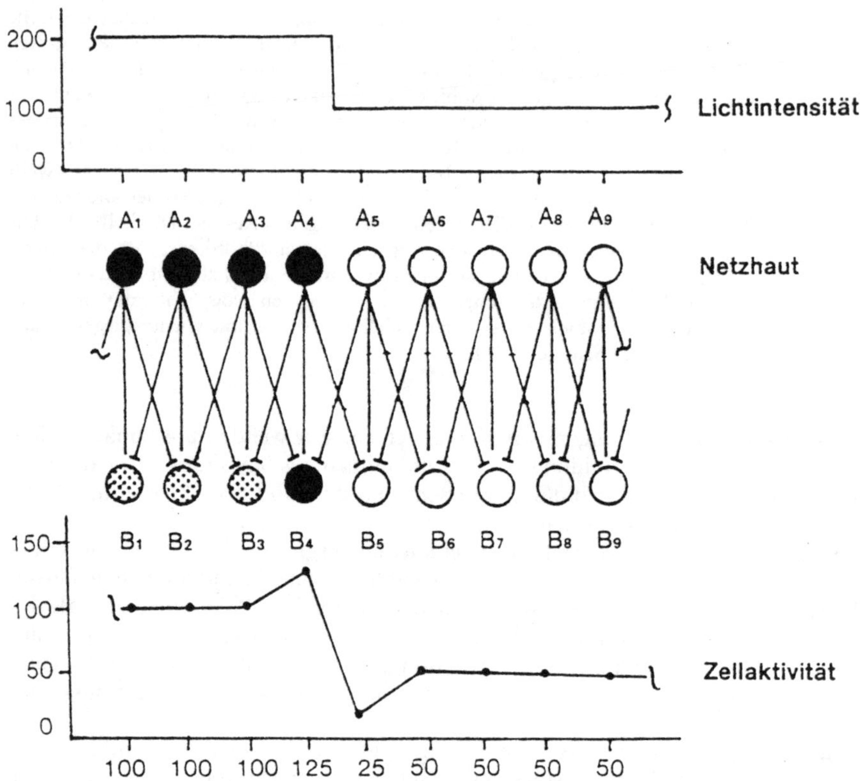

Abb. 3.15: Simultankontrast und laterale Inhibition; detaillierte Erklärung siehe Text

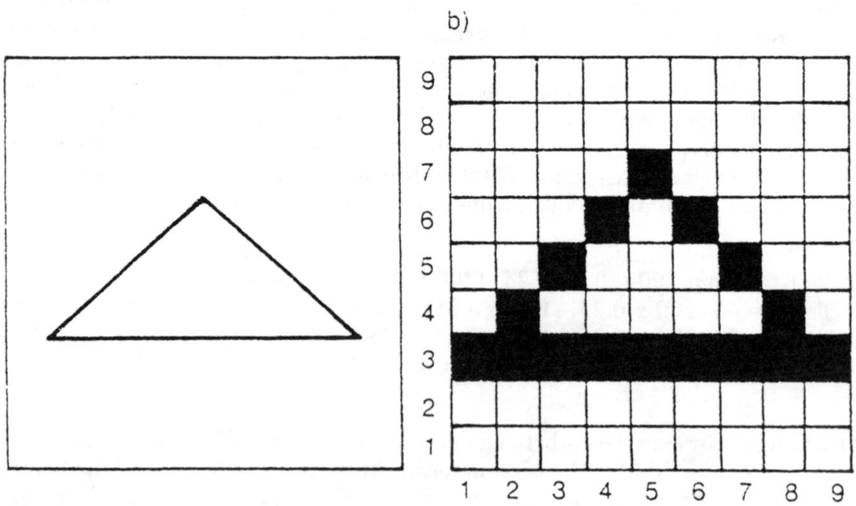

Abb. 3.16: Stimulus und neuronales Erregungsmuster

Bei einfacheren Tieren wurden solche Strukturen tatsächlich in der Netzhaut nachgewiesen. Es wird angenommen, daß solche kontrastverstärkenden Strukturen an vielen Stellen des Nervensystems vorhanden sind, nämlich immer dann, wenn es darum geht, eine „Figur" klar von einem „Grund" abzuheben und Konturen zu erkennen.

Mustererkennung

Das Erkennen von Konturen ist eine Voraussetzung für eine ganz zentrale Leistung, die das Nervensystem vollbringen muß, nämlich für die Mustererkennung. Der Identifizierung von (neuronalen) Mustern wollen wir uns nun zuwenden: Unter einem *neuronalen Muster* soll hier die Aktivität von mindestens zwei Nervenzellen verstanden werden. Wird z. B. einer lichtempfindlichen Sinneszellenoberfläche von 9 x 9 Zellen das Bild eines Dreiecks dargeboten (s. *Abb. 3.16a*), so entsteht in dieser ein Erregungsmuster (*Abb. 3.16b*), welches die Stimuluseigenschaften mehr oder weniger genau abbildet. Von einer Mustererkennung läßt sich erst dann sprechen, wenn dieses neuronale Muster eine spezielle innere oder äußere Reaktion auslöst, z. B. die Nennung der Bezeichnung „Dreieck". Ein neuronales System, welches Mustererkennungsleistungen vollbringen kann, muß folgenden Anforderungen genügen:

(1) Die Zustände jedes einzelnen Neurons eines Erregungsmusters müssen in eine Anzahl von binären Entscheidungen - „Neuron aktiv" oder „Neuron inaktiv" - zerlegbar sein.

(2) Die kodierten Muster müssen so verrechenbar sein, daß sich ein Kennwert ergibt, der die Unterscheidung von verschiedenen Mustern erlaubt. Dieser Kennwert muß der Aktivität eines bestimmten Musterdetektors entsprechen, welcher dann ein nur diesem Muster zugehörige Reaktion auslöst.

(3) Da ein Stimulusmuster viele gemeinsame Elemente mit anderen Mustern haben kann - nicht nur das Dreieck enthält z. B. Winkel und Linien - werden immer mehrere Musterdetektoren angeregt. Es muß daher einen Selektionsmechanismus geben, der den Musterdetektor mit dem höchsten Kennwert identifiziert.

On-Off-Zentren: Ein System, welches die Zustände eines Neurons prüft und an dessen Ausgang die Zustände „Neuron aktiv" oder „Neuron nicht aktiv" stehen, ist in *Abb. 3.17* dargestellt. Die Zelle R in *Abb. 3.17* ist ein lichtempfindlicher Rezeptor in der Netzhaut eines Organismus, der zur Zelle B eine aktivierende Verbindung hat. Zelle G ist eine Generatorzelle, die einen gleichbleibenden Impulsstrom von 100 Hertz erzeugt, der aktivierend auf Neuron B2 einwirkt. Wird der Rezeptor R nicht gereizt, so ist Neuron B2 aktiv, welches den Zustand „Rezeptor nicht aktiv" repräsentiert. Wird R jedoch belichtet (s. *Abb. 3.17b*), so werden die Neurone B und B1 aktiviert, während sich an B2 hemmende und erregende Prozesse aufheben. Die Aktivität des Neuron B1 repräsentiert nun den Zustand „Neuron aktiv". Von Hubel und Wiesel (1959) wurden in den Umschaltkernen der Sehbahn und im visuellen Kortex der Katze sehr ähnliche neuronale Strukturen gefunden.

Das Verrechnungssystem: Jedem Rezeptor der Modellnetzhaut, die aus Vereinfachungsgründen nur drei Rezeptoren umfaßt, ist nun so ein Ein-Aus-Detektor zugeordnet. Unterhalb dieser Ebene befindet sich eine Schicht von Musterdetektorzellen, die mit den On-Off-Komponenten der Netzhautschicht aktivierende

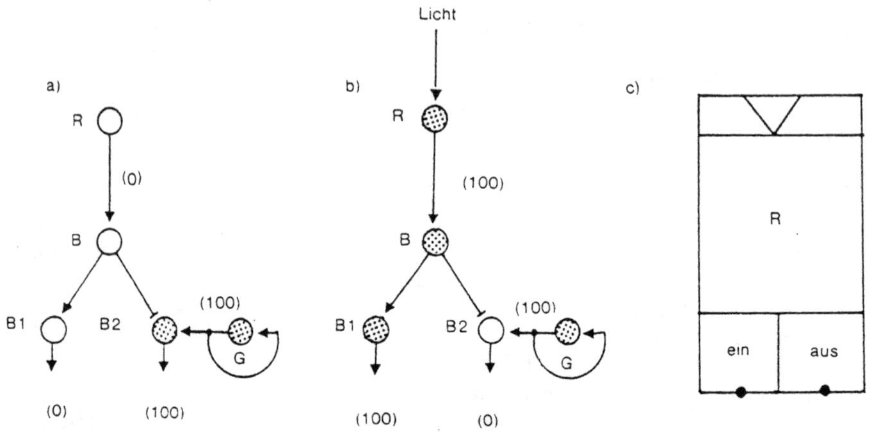

Abb. 3.17: Neuronaler Aktivitätsindikator (aktive Neurone sind als gefüllte Kreise dargestellt)
a) nicht gereizt b) gereizt c) schematische Darstellung

Verbindungen haben (s. *Abb. 3.18*). So hat die Zelle M2 eine Verbindung mit R1-ein, R2-aus und R3-ein. Sie reagiert mit maximaler Aktivierung nur auf das Stimulusmuster R1-beleuchtet, R2-unbeleuchtet, R3-beleuchtet. Die Zelle M1 reagiert maximal nur auf das Muster R1-beleuchtet, R2-unbeleuchtet und R3-unbeleuchtet, während Zelle M3 Detektor für Muster R1-unbeleuchtet, R2-beleuchtet und R3-unbeleuchtet ist.

Werden nun, wie in *Abb. 3.18* dargestellt, Rezeptor R1 und R3 beleuchtet, während Rezeptor R2 unbeleuchtet bleibt, so hat die Zelle R2 eine Aktivierung von 300, während M1 nur mit 200 und M3 gar nicht aktiviert ist.

Das Entscheidungssystem: Es fehlt jetzt noch ein System, welches die am höchsten aktivierte Detektorzelle - in unserem Beispiel die Zelle M2 - identifiziert. Da die maximal mögliche Aktivierung in unserer Netzhaut 300 Hertz ist, muß von jeder Musterzelle eine Aktivität von 200 Hertz abgezogen werden. Ein solches Hemmungssystem ist durch die Generatorzelle G und deren hemmende Verzweigung auf die Mustererkennungzellen M1 bis M3 realisiert. Nach Durchlaufen dieser Verarbeitungsstufe ist nur noch die Fortleitung von M2 aktiv. Solche Hemmungssysteme sind wahrscheinlich an vielen Stellen im Zentralnervensystem zu finden.

Hubel und Wiesel (1977) beschrieben im primären Sehfeld der Katze Zellen, die nur dann aktiv sind, wenn der Katze Balkenmuster in einem bestimmten Winkel zur Augenachse dargeboten werden. Sie deuteten dies als Hinweis auf die Existenz von Musterdetektorsystemen, die ähnlich aufgebaut sein könnten wie die in *Abb. 3.18* geschilderten.

Lernende Mustererkennungssysteme

Die menschliche Netzhaut umfaßt ca. 130 Millionen Sinneszellen, und es wären nach den Regeln der Kombinatorik 1.69 x 10^{16} Musterdetektoren nötig, um alle möglicherweise vorkommenden Muster erfassen zu können, ginge man von der

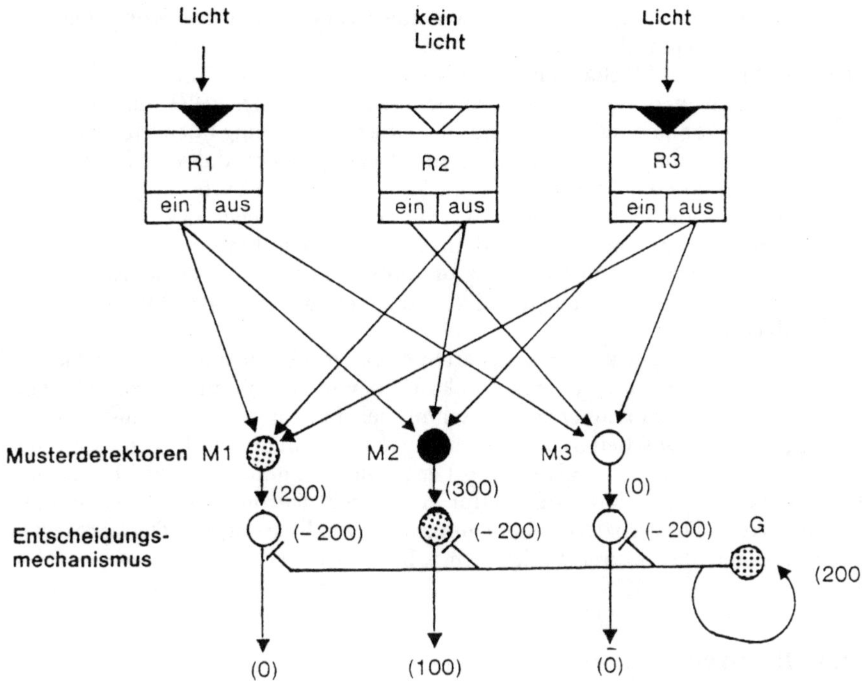

Abb. 3.18: Ein neuronales System zur Mustererkennung

Annahme aus, daß von Geburt an keine Änderung der neuronalen Struktur mehr möglich wäre. Dies ist eine Zahl, die die Gesamtzahl aller Neurone des menschlichen Nervensystems bei weitem übersteigt. Durch die Annahme von lernfähigen Mustererkennungssystemen ließe sich dieses Problem umgehen.

Selfridge (1958) konstruierte einen Automaten, bei dem alle Musterdetektorzellen von Anfang an mit allen Rezeptoren eine Verbindung hatten. Durch Verschiebung der Kopplungsfaktoren der Musterdetektorzellen war das System jedoch imstande, zwei Merkmale zu unterscheiden. Während des Lernprozesses benachrichtigte der Mensch den Automaten jedesmal, wenn er einen Fehler machte, d. h. einem Muster eine falsche Reaktion zuordnete. Ein spezieller Steuermechanismus stellte die Kopplungsfaktoren dann so ein, daß die Zahl der aktivierten Musterdetektorzellen einem Minimum zustrebte. Rosenblatt (1958) kam mit seinem „Perceptron" zu ähnlichen Ergebnissen. Beiden Ansätzen ist gemeinsam, daß sie von einer anatomisch von vornherein „fest verdrahteten" neuronalen Struktur ausgehen, in der sich Lernprozesse nur in einer Veränderung der Kopplungsfaktoren auswirken.

Es gibt bereits zahlreiche neurophysiologische Befunde, die auf einen Zusammenhang von Lernprozessen und biochemischen Veränderungen innerhalb von Synapsen hinweisen. Durch die längerdauernde Erregung von Neuron und anliegender Synapse kann es z. B. zu Veränderungen der Durchlässigkeit der synaptischen Membran kommen. Dies führt dazu, daß ein Nervenimpuls leichter von einer Nervenzelle weitergeleitet wird, was einer Veränderung von Kopplungsfaktoren im Neuronenmodell entspräche.

Die geschilderten Mechanismen der Mustererkennung sind natürlich nur der Kern eines bei weitem komplizierteren Geschehens. Beispielsweise muß man sich bei Lebewesen vor einem Mechanismus der Mustererkennung noch Mechanismen der „Konstanzbildung" geschaltet denken. Es genügt nicht, daß eine Katze einen bestimmten Hund von Normalgröße und -gestalt auf 3 m Entfernung identifizieren kann. Sie muß in der Lage sein, Hunde verschiedener Größe und Form („Größe- und Forminvarianz") und in verschiedenen Entfernungen („Entfernungsinvarianz") richtig identifizieren zu können. Entsprechende neuronale Prozeduren kann man sich vorstellen und konstruieren; uns fehlt aber hier der Raum, um das darzustellen.

Systeme der Mustererkennung gestatten es einem Organismus, auf ein Gefüge von äußeren Reizen und inneren Indikatoren von Mangelzuständen (Hunger, Durst) angemessen zu reagieren. Wie schon mehrfach angedeutet, muß man sich die Koppelungen zwischen Systemen der Mustererkennung und Reaktionsmechanismen variabel vorstellen, also durch Lern- und – zumindest beim Menschen – Denkprozesse veränderbar. Auch dafür lassen sich neuronale Modellvorstellungen entwickeln. Differenzierte Überlegungen zur Realisierung von Denkprozessen durch neuronale Strukturen finden sich z. B. bei Dörner (1974).

3.3.3 Die Streßreaktion

In den vorausgegangenen Abschnitten wurden Prozesse auf zellulärer Ebene und innerhalb neuronaler Zellverbände in Beziehung zu Verhalten und kognitiven Vorgängen gesetzt. Wenn in diesem Abschnitt auf die Streßreaktion eingegangen wird, soll damit exemplarisch gezeigt werden, daß in den meisten Fällen die Komplexität psychischer Prozesse aufgrund neuronaler Erregungsabläufe allein nur unzureichend beschrieben ist. Das wird vielleicht gerade in solchen Situationen besonders klar, in denen Anpassungsversuche aufgrund höherer kognitiver Leistungen, die hauptsächlich durch zentralnervöse Funktionen getragen werden, zunächst scheitern und dadurch „Streß" induzieren. Es gilt aber generell, daß auf Reize nicht das Gehirn allein, sondern der gesamte Organismus reagiert. Die physiologischen Begleitumstände psychischer Reaktionen betreffen den gesamten Organismus und drücken sich in interaktiven Prozessen zwischen verschiedenen Organsystemen aus.

Auf das Streßkonzept soll hier auch eingegangen werden, weil es eines der klassischen und typischen psychophysiologischen Konzepte ist, insofern es explizit die Auswirkungen bestimmter Situationen gleichzeitig auf Erlebensqualitäten und auf physiologisch organismische Prozesse untersucht. Unter Streß wird die *Reaktion* auf eine bestimmte Klasse von Umweltbedingungen verstanden, welche sich dadurch auszeichnen, daß eine Adaptation unmöglich bzw. sehr stark erschwert ist. Streß bezeichnet die dadurch ausgelöste Beeinträchtigung psychischer Befindlichkeit, die mit einer Reihe komplexerer physiologischer Reaktionen einhergeht. Streß auslösende Bedingungen werden als Stressoren bezeichnet. Als Stressoren können die verschiedensten Stimuli wirken, wie z. B. Lärm, sensorische

Deprivation, Gefahrensituationen, die Behinderung primärer Bedürfnisse wie Schlaf und Nahrungsaufnahme, überhöhte Leistungsanforderungen, soziale Konflikte usw.

Das allgemeine Adaptationssyndrom

Das Streßkonzept wurde von Hans Selye (1956) durch eine Reihe tierexperimenteller Untersuchungen begründet, die zeigten, daß extreme Ereignisse, wie z. B. Körperverletzungen größeren Ausmaßes oder sehr hohe Außentemperaturen, eine relativ stereotype hormonelle Reaktion auslösen, die als allgemeines Adaptationssyndrom bezeichnet wurde. *Abb. 3.19* gibt schematisch den zeitlichen Verlauf

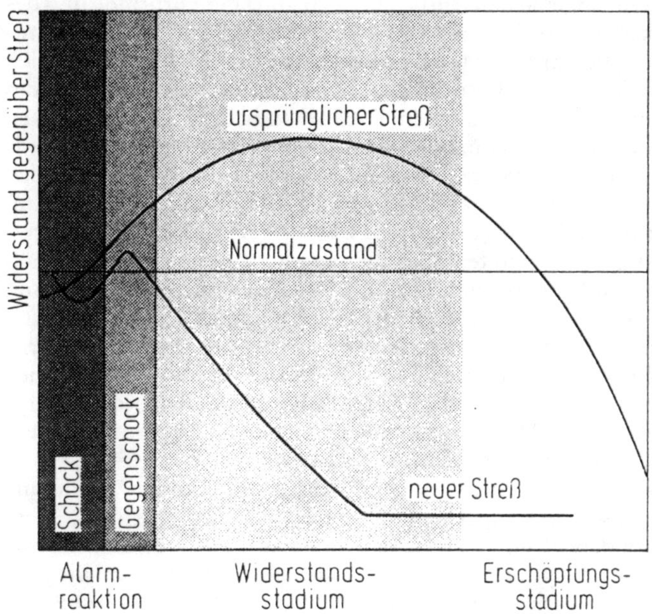

Abb. 3.19. Allgemeines Adaptationssyndrom nach Selye. Auf die erste „Alarmreaktion" folgt ein „Widerstandsstadium": Der Widerstand gegenüber dem ursprünglichen, weiter fortwirkenden Streß wird erhöht, der Widerstand gegenüber anderen Streßformen dagegen herabgesetzt. Wenn der Streß lange genug andauert, wird das Widerstandsstadium von einem „Erschöpfungszustand" abgelöst: Der Widerstand gegenüber jeglichem Streß nimmt stark ab (nach Birbaumer 1975).

dieses Syndroms wieder. Einer kurzfristigen „Alarmreaktion" auf den Stressor folgt dabei eine länger anhaltende „Widerstandsphase", die schließlich in ein „Erschöpfungsstadium" münden kann. Die Alarmreaktion wurde in psychophysiologischen Untersuchungen auch unter der Bezeichnung „defense reaction", die von Sokolov (1963) stammt, genauer analysiert. Ob der Alarmreaktion die Widerstands- und Erschöpfungsphasen folgen, hängt davon ab, wie lange die Stressorwirkung andauert. Kann sich der Organismus der Einwirkung des Stressors relativ schnell, z. B. durch Flucht, entziehen, wird die volle Ausprägung des allgemeinen Adaptationssyndroms verhindert. Entsprechend der Selyeschen Fassung stellt Streß eine unspezifische Reaktion dar, d. h., die unterschiedlichsten Formen von Stressoren lösen stereotyp dasselbe psycho-physiologische Reaktionsmuster aus.

Physiologische Komponenten der Streßreaktion

Zentralnervöse Korrelate der Streßreaktion wurden vor allem im Zusammenhang mit der kurzdauernden Alarmreaktion (defense reaction) untersucht. Stressoren induzieren einen starken, allgemeinen Anstieg der Erregung der Hirnrinde und des Hippocampus, der über eine Aktivierung von aufsteigenden Strukturen des Hirnstamms, der Formatio reticularis, vermittelt wird. Auch beim Menschen läßt sich die durch den Stressor verursachte Hirnrindenaktivierung durch die Ableitung des Elektroenzephalogramms (EEG) nachweisen. Dieses Abbild der Hirnstromkurven zeigt unter Ruhebedingungen gleichmäßige Wellen mit relativ hoher Amplitude und einer Frequenz von etwa 10 Hertz. Mit Auftreten des Stressors verschwinden diese Wellen zugunsten schneller, unregelmäßiger Wellen mit sehr niedrigen Amplituden. Diese Reaktion im EEG wird auch als „Desynchronisation“ bezeichnet.

Bei länger anhaltendem Streß treten aber die peripher physiologischen Reaktionskomponenten in den Vordergrund, wobei insbesondere die vegetativen und hormonellen Veränderungen untersucht wurden. Bereits mit der Alarmphase setzt eine starke Aktivierung des sympathischen Nervensystems ein. Die Herzfrequenz steigt, die die Muskeln versorgenden Gefäße erweitern sich, ebenso die Bronchien und die Pupillen. Der gesamte Stoffwechsel wird aktiviert. Die Reaktionen zielen darauf ab, die Sauerstoff-und Blutversorgung der Organe, die besonders wichtig für aktuelle Adaptationsleistungen sind, zu verbessern.

Die Reaktionen werden – wie bereits erwähnt – durch eine erhöhte Aktivierung sympathischer Nervenfasern hervorgerufen. Dabei spielt die Erregung des Nebennierenmarks eine besondere Rolle. Das Nebennierenmark hat – da es einerseits dem sympathischen Nervensystem zuzurechnen ist, andererseits aber wie eine Drüse des Hormonsystems wirkt – eine Zwitterstellung: Die Zellen des Nebennierenmarks werden durch das sympathische Nervensystem innerviert und schütten, ähnlich wie andere periphere Neurone des sympathischen Nervensystems, das Katecholamin Noradrenalin und zusätzlich Adrenalin aus. Diese Katecholamine werden aber – wie Hormone einer Drüse – in das Blut ausgeschüttet und erreichen ihre Zielorgane (Rezeptoren in den Wänden der Blutgefäße) über den Blutweg (s. *Abb. 3.20*). Z. B. können die in der Alarmphase beobachtbaren typischen Reaktionen des Gefäßsystems größtenteils auf die Katecholaminausschüttung des Nebennierenmarks zurückgeführt werden.

In der Widerstandsphase dominieren die „rein“ hormonellen Antworten, die zum großen Teil durch die sogenannte Hypothalamus-Hypophysen-Nebennierenrindenachse des endokrinen Systems vermittelt werden (s. *Abb. 3.21*). Durch die Freisetzung von „Releasing“-Hormonen stimuliert dabei der Hypothalamus die Freisetzung des Adrenocorticotropen Hormons (ACTH) und des körpereigenen Opioid, ß-Endorphin, aus der Hypophyse. ACTH wirkt über den Blutweg hauptsächlich auf die Nebennierenrinde, die vor allem das Corticosteroid Corti-

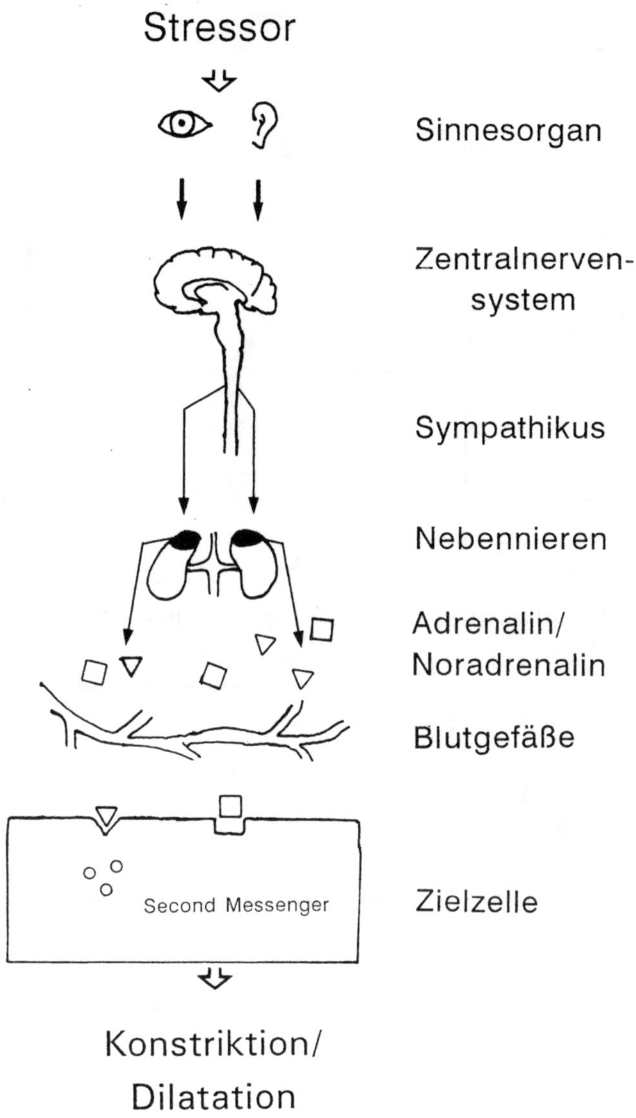

Abb. 3.20: Ablauf der Katecholaminausschüttung bei Streß. Die zentralnervöse Verarbeitung des Stressors aktiviert das sympathische Nervensystem. Sympathische Efferenzen stimulieren die Freisetzung von Noradrenalin und Adrenalin (im Verhältnis 1:4) aus dem Mark der Nebennieren in die Blutbahn. Beide Substanzen wirken auf die glatten Muskelzellen der Blutgefäßwände. Sie binden an Rezeptoren, die in den Membranen dieser Zellen eingebettet sind, und aktivieren dadurch einen „Second Messenger", der intrazellulär die Antwort der Zelle auf die Adrenalin- bzw. Noradrenalinstimulation einleitet. Noradrenalin führt zu einer Konstriktion der Blutgefäße, erhöhte Adrenalinspiegel sind mit einer relativen Erweiterung (Dilatation) der das Herz und die Skelettmuskeln versorgenden Gefäße assoziiert.

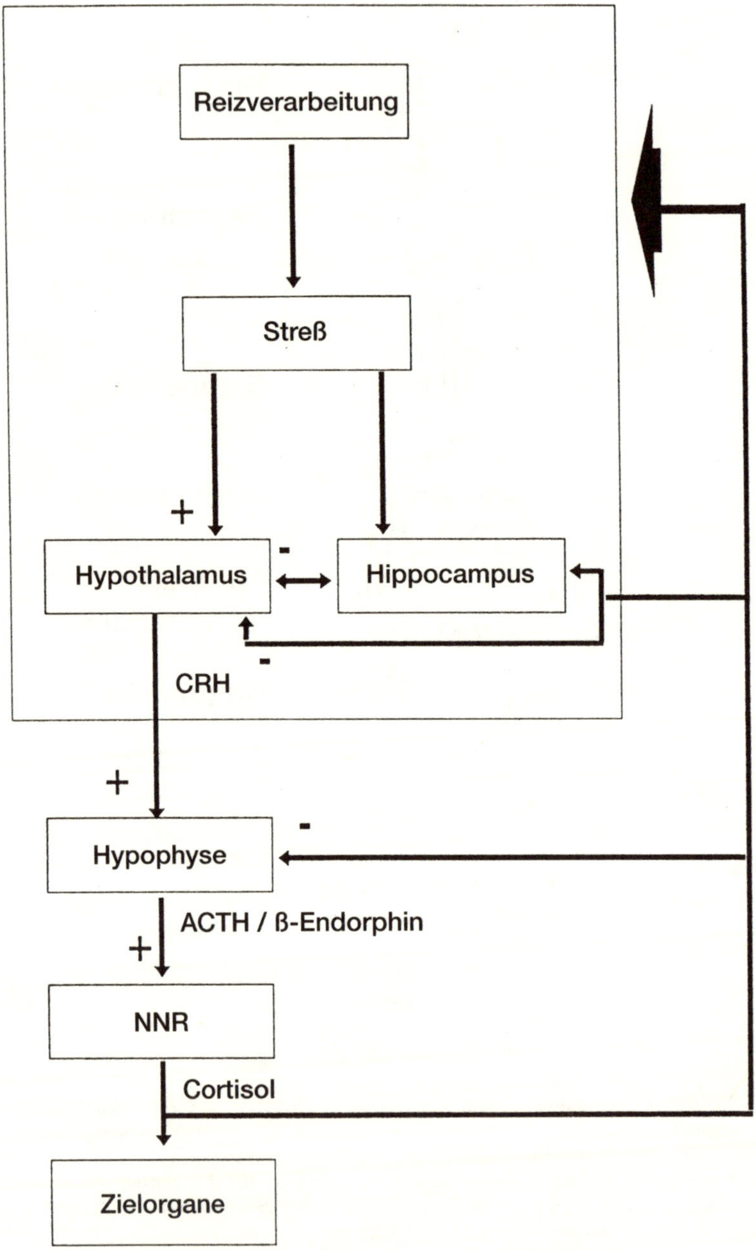

Immunsuppression/Glukoneogenese

sol freisetzt. Der dadurch erhöhte Blutcortisolspiegel hat eine glukoneogenetische Wirkung, d. h., er erhöht den Blutzuckerspiegel und stellt damit vermehrt Energien für den Stoffwechsel bereit.

Die Hormone des Hypothalamus-Hypophysen-Nebennierenrindensystems greifen aber auch in das Immunsystem ein. Dieser Einfluß wird besonders deutlich während der Erschöpfungsphase. Insbesondere das Cortisol der Nebennierenrinde hemmt die Immunabwehr. Aber auch von ß-Endorphin sind Wirkungen bekannt, die eine Schwächung der Immunabwehr zur Folge haben. Länger dauernder Streß könnte daher eine gesteigerte Anfälligkeit für Infekte hervorrufen.

Schließlich wirken die im Rahmen der Streßreaktion in das Blut ausgeschütteten Hormone zurück auf das Zentralnervensystem. Cortisol unterdrückt z. B. akut die Ausprägung von Traumschlaf.

Weitere Befunde deuten darauf hin, daß ACTH und auch ß-Endorphin in Streßsituationen einer zu starken Einengung der Aufmerksamkeit entgegenwirken. Die genaue Funktion, die diese zentralnervösen Rückwirkungen der streßbedingten Hormonausschüttung bei der akuten und langfristigen Bewältigung von Streß auslösenden Ereignissen haben, ist aber noch unklar.

Streß und psychosomatische Erkrankungen

Auf psychologischer Ebene dürften die verschiedenen Phasen der Streßreaktion zunächst mit typischen Befindlichkeitsveränderungen, dem Gefühl „gereizt", „überfordert" oder „entnervt" zu sein, einhergehen. Hinzu treten Anstrengungen, dem Stressor zu entgehen (Coping). So werden z. B. Vermeidungs- und Fluchtmöglichkeiten erwogen. Findet sich keine effiziente Bewältigungsstrategie, schlagen die anfänglichen Befindlichkeitsstörungen um in ein Gefühl der Hilflosigkeit und Depressivität.

Eine Vielzahl von Untersuchungen zeigt, daß andauernder Streß organische Erkrankungen bedingen kann. Dabei sind aber die physikalischen Reizmerkmale

◂ Abb. 3.21: Funktionsweise des Hypothalamus-Hypophysen-Nebennierenrindensystems bei Streß. Der Einleitung der Streßreaktion geht eine mehr oder weniger elaborierte (Reiz-) Verarbeitung des Stressors voraus. Die endokrinen Komponenten der Streßreaktion werden (genauso wie die vegetativen Komponenten) über die Aktivierung des Hypothalamus eingeleitet. Zusätzlich sind weitere zentralnervöse Strukturen, wie z. B. der Hippocampus, beteiligt. Bei Aktivierung schütten neurosekretorische Zellen des Hypothalamus das „Corticotropin Releasing Hormon" (CRH) aus, das über den Blutweg die Hypophyse (Hirnanhangsdrüse) erreicht und dort die Freisetzung des „Adrenocorticotropen Hormons" (ACTH) und von ß-Endorphin, einem körpereigenen Opioid, stimuliert. ACTH wirkt hauptsächlich auf die Nebennierenrinde (NNR) und stimuliert dort die Freisetzung des Corticosteroids „Cortisol". Cortisol wirkt über den Blutweg auf sehr viele Zellen. Seine wichtigsten Wirkungen sind die Unterdrückung von Immunreaktionen und die längerfristige Erhöhung des Blutzuckerspiegels durch Zuckerneubildung (Glukoneogenese). Ein Überschießen der streßbedingten Hormonausschüttung wird durch negative Feedbackwirkungen auf allen Ebenen dieses Systems verhindert. Die negative Feedbackwirkung des Cortisols auf die hypothalamische Freisetzung von CRH wird teilweise über den Hippocampus vermittelt. Cortisol und ACTH beeinflussen im Gehirn nicht nur die endokrinen Funktionen des Hypothalamus, sondern wirken auch zurück auf die zentralnervöse Verarbeitung des Stressors (dicker Pfeil).

des Stressors weniger bedeutsam als zunächst angenommen. Vielmehr scheint bei der der Vermittlung streßbedingter organischer Erkrankungen die *psychische Reaktion* auf den Stressor von entscheidender Bedeutung zu sein. Dies wird durch die mittlerweile klassischen tierexperimentellen Untersuchungen von Weiss (1971) an Ratten, die Elektroschocks erhielten, nahegelegt: Weiss verglich in seinen Untersuchungen Ratten, die elektrische Schocks durch Tastendruckreaktionen zumindest teilweise vermeiden konnten, mit „yoked control"-Ratten, die keine Möglichkeit der Vermeidung besaßen. Obwohl die Zahl der Elektroschocks vollkommen gleich war, entwickelten die „yoked control"-Ratten (ohne Vermeidungsmöglichkeiten) sehr viel häufiger und sehr viel schwerere Magengeschwüre als die Ratten mit Vermeidungsmöglichkeiten. Es gibt entsprechend einige humanexperimentelle Befunde, die zeigen, daß bei konstantem Stressor die psycho-physiologische Erregungsreaktion sehr viel stärker ausgeprägt ist, wenn der Mensch glaubt, keine Möglichkeiten zu haben, dem Stressor zu entrinnen. Umgekehrt verhilft allein die Überzeugung, dem Stressor entgehen zu können, zu einer abgeschwächten Streßreaktion. Das Gefühl der Hilflosigkeit und die damit einhergehenden hormonellen Reaktionen – wie die erhöhten Cortisolblutspiegel – müssen daher als die eigentlichen Vermittler mancher Formen psycho-somatischer Erkrankungen betrachtet werden. Tatsächlich finden sich auch bei vielen depressiven Patienten erhöhte Cortisolblutspiegel.

3.4 Schlußbemerkung

In der Auseinandersetzung mit der Umwelt kann der menschliche Organismus als offenes System begriffen werden, dem es durch verschiedene physiologisch fundierte Regulationsmechanismen ermöglicht wird, sich an wechselnde Umweltbedingungen anzupassen. Wir haben in den vorausgehenden Abschnitten zunächst gezeigt, daß die Gene Verhalten und Erleben in entscheidender Weise bestimmen können. Dieser Einfluß folgt streng utilitaristischen Kriterien, indem von den genetisch beeinflußten Aspekten des Verhaltens nur solche überdauern, die die Überlebenschance der entsprechenden Gene erhöhen. Auch die Entstehung des Organismus, inklusive des Zentralnervensystems, ist in diesem Sinne als ein phylogenetischer Entwicklungschritt zu verstehen, der letztlich die Überlebenschance bestimmter Gene vergrößerte. Mit der Entstehung des Zentralnervensystems wurde aber ein System geschaffen, das den Organismus vom Diktat der Gene befreit und ihm erlaubt, sein Verhalten in schneller, variabler und vor allem in vorausschauender Weise möglichen Veränderungen der Umwelt anzupassen.

Wenn – wie hier geschehen – Verhalten und Erleben als durch genetische, zentralnervöse und weitere innerorganismische Prozesse bestimmtes psychisches Geschehen dargelegt wird, stellt sich natürlich zwangsläufig die Frage, ob nicht alle Psychologie letzlich auf Physiologie zurückgeführt werden kann. Wenn das Zentralnervensystem als Träger des Bewußtseins gesehen wird, ist dann nicht alle Psychologie eine Art von Makroneurophysiologie? Vielleicht! Aber genauso wenig, wie die Tatsache, daß man chemische Prozesse auf physikalische Prozesse zurückführen kann, dazu geführt hat, daß aus der Chemie Physik geworden ist, wird der Nachweis der Realisierung psychischer Prozesse in neuronalen Netzwerken dazu führen, daß die Psychologie zur Neurophysiologie wird. Die Perspektiven bleiben verschieden. Während den Physiologen die Details der Funktion von Zellen, Zellverbänden, Organen und Organsystemen interessieren, interessiert sich der Psychologe für die Art und Weise, wie die Funktionen dieser Strukturen „Verhalten", „Erleben" und „Handeln" hervorbringen. Die Physiologische Psychologie versucht eine Reduktion dieser Prozesse auf physiologische Mechanismen. Mit diesem Unterfangen steht sie aber noch ganz am Anfang, so daß für die wissenschaftliche Klassifikation und Analyse von Verhaltens- und Erlebensprozessen - zumindest auf absehbare Zeit - der Gebrauch psychologischer Termini unumgänglich erscheint.

Literatur-Empfehlungen

Bierbaumer, N.: Physiologische Psychologie. Berlin 1975.

Birbaumer, N. & R.F. Schmidt: Biologische Psychologie, 2. Aufl., Berlin, Heidelberg, New York 1991.

Bischof, N.: Kybernetik in Biologie und Psychologie. In Moser S. & Schmidt, S. J. (Hrsg.): Information und Kommunikation. München 1968.

Dawkins, R.: Das egoistische Gen. Berlin 1978.

Legewie, H. & Ehlers, W.: Knaurs Moderne Psychologie. München 1972.

Schandry, R.: Lehrbuch Psychophysiologie, 2. Aufl., München, Weinheim 1989.

Schmidt, R.F. & G. Thews, (Hrsg.): Physiologie des Menschen, 26. Aufl., Berlin, Heidelberg, New York 1995.

Selfridge, O.: Pandemonium: A paradigm for learning. In Symposium on the mechanization of thought processes. London 1959.

Selye, H.: The Stress of Life. New York 1956.

Sokolov, E. N.: Perception and the Conditioned Reflex. New York 1963.

Weiss, J. M. (1971). Effects of copying behaviour in different warning signal conditions on stress pathology in rats. J. Comp. Physio. Psychol., 77, 1-30.

Dietrich Dörner

4. Verhalten und Handeln

4.1 Die Organisation psychischen Geschehens

In den nachfolgenden Kapiteln gehen wir auf Grundkomponenten psychischen Geschehens ein; ihre Einordnung soll die Darstellungen spezieller psychischer Prozesse erleichtern. Wir betrachten zuerst Motive und Emotionen, die im Rahmen des psychischen Geschehens die Rolle von „Energielieferanten" oder „Kräften" spielen. Sie setzen psychische Prozesse in Gang, halten sie aufrecht und geben ihnen eine Richtung. Wir betrachten Wahrnehmungs-, Denk- und Lernprozesse, die mehr einen funktionalen Charakter haben, also bestimmten - durch Motive gesetzten - Zwecken dienen.

Alles psychische Geschehen ist motiviert. Es dient der Erreichung bestimmter Zielzustände, der Befriedigung des Hungers, des Durstes, dem Auffinden eines Sexualpartners, der Befriedigung des Bedürfnisses nach Kontakt, nach neuer Information, nach Spannung, nach Ruhe usw.

Diese Zielzustände brauchen nicht bewußt zu sein. Sie brauchen auch nicht sehr klar zu sein; das, was man gewöhnlich „triebhaftes" Verhalten nennt, ist wohl ein Verhalten mit sehr unklaren und wenig bewußten Zielzuständen.

Ein Motiv setzt einen Zielzustand. Gewöhnlich hat ein Mensch zu einem bestimmten Zeitpunkt nicht nur ein Motiv, sondern mehrere. So kann es zu Motivmischungen, zu Konflikten oder aber einfach zu zeitlichen Rangierungen von Motiven kommen. Man geht mittags zum Essen in die Mensa, einmal weil man Hunger hat, zum anderen aber auch, weil man Gesellschaft sucht oder Informationen oder die Möglichkeit zum Gespräch mit einer bestimmten Person. Vier Motive mischen sich hier.

Kann man zwei Dinge nicht zugleich tun, so vielleicht hintereinander. Zuerst gehe ich einkaufen, dann schreibe ich den Brief. - Viele Motive aber schließen sich wechselseitig aus; ich gerate in einen Konflikt. Dieser kann harmlos sein; man kann nicht zugleich den Urlaub in den Alpen und an der Ostsee verbringen. Ein Konflikt kann aber auch sehr tiefgreifend, zermürbend, u. U. auch existenzgefährdend sein. Gewöhnlich lassen sich z. B. mehrere „tiefgehende" Partnerschaftsbeziehungen zugleich nicht aufrechterhalten.

Die Setzung eines Zieles durch eine Motivation bedeutet noch nicht, daß das Ziel erreicht wird. Oft kann das Ziel mit fest vorprogrammierten, im Gedächtnis niedergelegten, erlernten Verhaltensweisen problemlos erreicht werden. Man weiß, auf welche Weise man sich aus der Küche ein Stück Brot mit Wurst beschaffen kann, wenn man hungrig ist. Oftmals aber reichen solche „Automatismen" nicht aus. Dann muß man durch Denken und Problemlösen neue Verhaltensweisen aufbauen. Oder man lernt neue Verhaltensweisen, indem man probiert, die erfolgreichen Verhaltensteile beibehält und die erfolglosen vergißt.

Wichtig für die Organisation des Verhaltens ist eine ständig mitlaufende Information über die „Gesamtlage". Geht alles in kontrollierter Weise vor sich? Oder gibt es etwas Unvorhergesehenes? Ist die Sache, die mir gerade begegnet, bedeutsam für mich, oder ist sie irrelevant? Gefühle sind Modulationen aufgrund solcher integrierender „Gesamtlageberichte". Wenn man z. B. ärgerlich ist, so bedeutet dies als „Lagebericht", daß das Ziel, was man leicht zu erreichen hoffte, nicht leicht erreichen kann, da sich plötzlich ein Hindernis in den Weg stellt. Und das führt zu einer Modulation des Verhaltens. Der „Auflösungsgrad" der Betrachtung läßt nach; man sieht die Welt holzschnittartiger; die Aktivierung steigt, und man wird unablenkbarer.

Nachfolgend wollen wir über das Zusammenwirken all dieser Prozesse sprechen. Wir beginnen in *Kapitel 4.2* „Handlungstheorie" mit einem integrierenden Überblick über menschliches Verhalten und Handeln. Hier versuchen wir zu zeigen, in welcher Weise einzelne psychische „Kräfte" und „Funktionen" zusammenwirken, um „Handeln" zustande zu bringen. Sodann betrachten wir die einzelnen Komponenten des psychischen Geschehens genauer. Wir gehen ein auf die Art und Weise, wie Motive und Emotionen dem Handeln und Verhalten Richtungen vorgeben und es modulieren, in welcher Weise Gedächtnisinhalte die Voraussetzungen für Handeln und Verhalten bereitstellen, wie mit Hilfe der Wahrnehmung das Verhalten gelenkt wird, und wie Lernen und Denken das Verhalten ändern und an neue Umstände anpassen.

4.2 Der Gegenstand von Handlungstheorien

Manch einer, der der Psychologie fern oder ihr lediglich als naiver Beobachter gegenübersteht, wird sich wundern, daß es eine „Handlungstheorie" als eigenständige psychologische Disziplin überhaupt gibt. Er wird geneigt sein, sie einfach mit „Psychologie" zu identifizieren.

Handlungstheorien befassen sich mit den Gesetzmäßigkeiten zielgerichteten, zweckhaften und bewußten Verhaltens. Sie befassen sich also mit dem Verhalten, welches man bewußt als Instrument einsetzt, um ein bestimmtes Ziel zu erreichen.

Der Handelnde strebt ein bestimmtes Ziel an und weiß dies auch. Die Bewußtheit des Zieles scheint uns wesentlich, um vom „Handeln" zu reden. Denn ein Kühlschrank strebt auch ein bestimmtes Ziel an, nämlich das einer bestimmten Innentemperatur – er weiß es aber nicht (nach allem, was wir von Kühlschränken wissen!).

(In manchen Büchern über die Handlungstheorie findet man als Gegenstand der Handlungstheorie nur das „zielgerichtete Verhalten", so z. B. bei Heckhausen, bei Hacker et al. 1982, S. 9 oder bei v. Cranach, Kalbermatten & Indermühle 1980, S. 52. Die „Bewußtheit" ist aber hier wohl meist „mitgedacht", denn die Autoren müßten sonst ein selbständig zielsuchendes Flugabwehrgeschütz als „Handlungssystem" bezeichnen, was ihnen vermutlich doch fern liegt.)

Der Handelnde empfindet sein Verhalten als zweckhaft, d. h. er weiß, daß sein Handeln ein Mittel ist, um einem Ziel näher zu kommen. Das Verhalten, welches zum Zwecke der Zielerreichung eingesetzt wird, ist also gleichfalls bewußt. Diese

Bewußtheit wird allerdings nie das gesamte Verhalten betreffen: Ich setze mich ins Auto, um einen Freund zu besuchen. Das Ziel ist bewußt, desgleichen das Mittel (nämlich das Autofahren). Die einzelnen Komponenten des Verhaltens aber können völlig unbewußt sein. Bei einem geübten Autofahrer geht das Kuppeln, Schalten, Gas geben, Blinken usw. „automatisch“ und ganz unbewußt.

Mit der genannten Gegenstandsfestlegung geht die Handlungstheorie über eine Reiz-Reaktionstheorie hinaus. Besonders in behavioristischen Theorien wurden oft das Reiz-Reaktions-Schema oder ein Reiz-Organismus-Reaktions-Schema als Grundbausteine für die psychologische Theorienbildung gewählt. Gemäß diesen Konzeptionen läßt sich Psychologie als die Wissenschaft von den Gesetzmäßigkeiten der Reiz-Reaktions-Zusammenhänge beschreiben oder als Wissenschaft von den Wirkungen von Reizen auf innerorganismische Zustände und der Wirkung solcher Zustände auf Reaktionen.

Gegen eine reine Reiz-Reaktions-Psychologie, die die innerpsychischen Prozesse und Zustände vernachlässigt, ist viel eingewendet worden und läßt sich viel einwenden; wir wollen dies hier nicht im einzelnen wiederholen.
Eine Reiz-Organismus-Reaktions-Theorie ist so global, da sie mit so gut wie jeder psychologischen Theorie in Einklang ist. Gegen die Behauptung, daß die Wahrnehmung von Situationen in Verbindung mit innerpsychischen Zuständen und Prozessen ebensolche und auch sichtbare Reaktionen hervorbringt, ist schlechterdings nichts einzuwenden. Die Handlungstheorie führt hier wesentliche Differenzierungen ein. Einige dieser Differenzierungen der Handlungstheorien seien nun dargestellt:

(1) Handlungstheorien versuchen die Kluft zwischen „mentalistischen“ und „behavioristischen“ Ansätzen in der Psychologie zu schließen (s. Hacker 1982, S. 7). Handlungstheorien versuchen also, den Menschen nicht nur entweder als „geistiges Wesen“ zu verstehen, welches denkt und Erkenntnisse hat oder als Wesen, welches auf Außenreize und Motive reagiert. Vielmehr versuchen sie auch, den Menschen als „Ganzheit“ zu sehen; als Wesen, welches aus bestimmten Motiven heraus denkt, die mit seiner Lebenssituation zu tun haben und welches die Ergebnisse seines Denkens in Verhalten umsetzt.

(2) Handlungstheorien sind deshalb naturgemäß integrativ. Sie bringen kognitive (d. h. auf Erkenntnis gerichtete), motivationale (also die Triebkräfte psychischen Geschehens betreffende) und emotionale Theorien zusammen. Wenn man sich mit dem Handeln beschäftigt, ist man gezwungen, sich mit der Interaktion von Lern-, Gedächtnis-, Gefühls- und Motivationsprozessen zugleich zu beschäftigen.
Den integrativen Charakter der Handlungstheorien muß man vor dem Hintergrund einer Psychologie sehen, die in den letzten Jahrzehnten immer mehr „isolationistisch“ geworden ist. Die verschiedenen Teilaspekte psychischen Geschehens wurden fein säuberlich getrennt, in einzelne Kästchen sortiert, und die Inhalte dieser Kästchen jeweils für sich einer genauen Analyse unterzogen, d. h. das „Lernen“ isoliert vom „Denken“ und „Wahrnehmen“, die „Motivation“ isoliert vom „Gefühl“ usw. betrachtet.

(3) Die Handlungstheorie ist darüber hinaus an der Interaktion des Menschen mit seiner Umwelt interessiert. Dabei betrachtet sie die Umwelt nicht als eine Summe isoliert studierbarer „Reize“, sondern als zusammenhängende „Umfelder“, „Realitätsbereiche“, „Biotope“ (s. Boesch 1980, Dörner et al. 1983,

Kapitel 1). Umwelt und Handelnder werden als Einheit angesehen. „Im Prozeß des Handelns wirkt der Mensch auf seine Umwelt ein, zugleich aber erfüllt er darin ihre Forderungen" (Boesch 1980, S. 101).

(4) Die Handlungstheorie betont den Zukunftsaspekt menschlichen Verhaltens. „In entscheidendem Maße werden Handlungen durch Zukunft kontrolliert, nicht durch vergangene Erfahrungen oder angeborene Mechanismen" (Hacker 1982, S. 18). Im Hinblick auf eine Psychologie, die dazu neigte, den reaktiven Charakter menschlichen Verhaltens stark zu betonen, also die Vergangenheitsabhängigkeit, ist auch dies erwähnenswert. - Natürlich ist es nicht die Zukunft, die das Handeln bestimmt, sondern die Antizipation der Zukunft.

(5) Die Handlungstheorie betont die Bewußtheit (im Sinne von Selbstreflexivität) mancher Formen des Verhaltens beim Menschen und damit wiederum einen Aspekt psychischen Geschehens, der lange Zeit von der wissenschaftlichen Psychologie nicht beachtet wurde.
Dabei ist zu betonen, daß keineswegs angenommen wird, daß jeder Aspekt menschlichen Handelns bewußt sei. Der Entschluß, einen Freund zu besuchen und dafür das Auto zu verwenden, mag bewußt sein. Nicht bewußt sind die einzelnen sensumotorischen Koordinationen des Autofahrens selbst.

4.3 Die Fragestellungen der Handlungstheorie

Wir haben nun einzelne Merkmale betrachtet, die eine handlungstheoretische Sichtweise von anderen theoretischen Sichtweisen in der Psychologie unterscheidet. Wenden wir uns nun den Fragen zu, mit denen sich eine psychologische Handlungstheorie beschäftigt.

Grob kann man die Themenbereiche der Handlungstheorie folgendermaßen umreißen:

(1) Einmal geht es um die Entstehung und die Umarbeitung von Handlungszielen. Wie wird aus einem Bedürfnis ein Ziel? Wie stark sind bestimmte Ziele als verhaltensleitende Instanzen, welchen „Anreizwert" haben sie? Wie werden Ziele verändert, was beeinflußt z. B. eine Hebung oder Senkung des Anspruchniveaus? Wie wird mit Mehrfachzielen umgegangen? Was machen Menschen, wenn sich Ziele widersprechen?

(2) Ziele geben dem Handeln Richtung. Der zweite Fragenkomplex einer psychologischen Handlungstheorie bezieht sich auf die Regulation des zielgerichteten Verhaltens selbst.
Die Aufklärung der Fragen dieses Komplexes weist Heckhausen (1980, S. 9) der Kognitionspsychologie zu. Folgende Fragen sind in diesem Zusammenhang zu nennen: Wie steuern die Gedächtnisabbilder von Realitätsbereichen das Handeln? Wie entwirft man denkend Handlungspläne? Wie kommt man zu Entscheidungen? Welche Rolle spielt die Selbstreflexion? In welcher Weise wirken sich Merkmale der Umgebung (Informationskomplexität, Unklarheit und Unbestimmtheit der Situation, Zeitdruck, Gruppendruck, der Druck einzuhaltender Normen) auf die Regulation des Handelns aus? Welche Rolle spielen Emotionen (Ärger, Wut und Resignation bei Mißerfolg, Freude und

Stolz bei Erfolg) für die Handlungsregulation? Wann geht bewußtes Handeln in nicht mehr bewußtes Verhalten über und umgekehrt?

Dies sind zwei große Themenkomplexe der Handlungstheorie und einige Detailfragen. Bei weitem sind dies nicht alle Fragen einer über die Psychologie hinausreichenden allgemeinen Handlungstheorie. Letztere beschäftigt sich z. B. noch mit normativen Aspekten des Handelns, also mit der Frage, wie man unter bestimmten Umständen handeln sollte (s. von Wrights 1980) Handlungslogik oder Kutscheras Ansatz (s. Gäfgen 1980); mit der Frage der formalen Beschreibbarkeit von Handlungsstrukturen (s. Lenk 1980, Genrich 1980, Ropohl, 1980) oder mit dem Thema „Ethik und Handeln" (s. Riedel 1980), um einige Themenbereiche zu nennen.

4.4 Elemente des Handelns

4.4.1 Der Umgang mit Zielen

Aus welchen Komponenten besteht Handeln? Handeln setzt einmal voraus, daß ein Ziel vorhanden ist. Ziele stammen aus Bedürfnissen. Man könnte behaupten, daß solche Sachverhalte für Menschen Ziele werden, die einerseits das zugrundeliegende Bedürfnis maximal befriedigen, andererseits in der aktuellen Situation am besten erreichbar sind.

Was aber geschieht, wenn der Handelnde wählen muß zwischen einem leicht erreichbaren, aber wenig befriedigenden Ziel und einem, welches schwer erreichbar, aber sehr befriedigend ist? Mit diesem Dilemma hat sich innerhalb der Psychologie die Anspruchsniveau-Forschung befaßt (s. Heckhausen 1963, S. 647–658). Zugleich wird das Thema auch in den sogannten Erwartungs- und Wert-Modellen der Leistungsmotivation bzw. in den „Risikowahlmodellen" behandelt (s. Heckhausen 1980, S. 216–223 und S. 386–390). Grob dargestellt besagen diese Modelle, daß eine multiplikative Beziehung zwischen der Erreichbarkeit eines Sachverhaltes und seinem „Befriedigungswert" existiert. Je schwerer etwas erreichbar ist, je unwahrscheinlicher es also ist, daß man zum Ziel kommt, desto größer muß der Befriedigungswert sein, damit man das Ziel tatsächlich anstrebt. Es werden diejenigen Sachverhalte als Ziele ausgesucht, für die das Produkt

$$\boxed{e \times w}$$

ein Maximum ist. Dabei ist e die Erfolgswahrscheinlichkeit, also die Erreichbarkeit des Sachverhaltes und w der Befriedigungswert des Sachverhaltes. Wenn nun für einen Sachverhalt (i) zwar der Wert w_i sehr groß, die Erreichbarkeit e_i aber sehr gering ist, so kann man nach der Erwartungs x Wert-Theorie vermuten, daß ein Individuum einen Sachverhalt (j) mit mittlerem Befriedigungswert w_j und mittlerer Erreichbarkeit e_j vorzieht.

Statt ein Restaurant mit phantastischem Essen anzustreben, von dem ich fast sicher weiß, daß es heute geschlossen hat, begnüge ich mich damit, nach dem nächsten Bäckerladen Ausschau zu halten, um meinen Hunger zu stillen.

Atkinson (1975) betont, daß außer dem appetitiven (Attraktions-)Wert eines Zieles noch sein aversiver Charakter beachtet werden muß. Die Stärke der Tendenz, ein Ziel anzustreben, setzt sich zusammen aus der „Hoffnung auf Erfolg" und der „Furcht vor Mißerfolg". Ich melde mich zu einer schwierigen Prüfung. Einerseits reizen mich die Möglichkeiten, die ich hinterher habe. Ich habe eine Teilleistung eines akademischen Abschlusses vollbracht. Andererseits fürchte ich Blamage und die seelische Belastung beim möglichen Nichtbestehen. Als Stärke der Vermeidungstendenz definiert Atkinson (1975) das Produkt aus Mißerfolgswahrscheinlichkeit (= 1 - Erfolgswahrscheinlichkeit) und Bedeutsamkeit des Mißerfolges. Der „Nettoanreizwert", den ein bestimmtes Ziel hat, bestimmt sich als Differenz von „Anstrebungswert" und „Vermeidungswert". (Dies ist der Kern der Theorie; sie ist im einzelnen differenzierter!).

Von verschiedenen konkurrierenden Zielen „siegt" gemäß dieser Theorie dasjenige mit dem höchsten „Nettoanreizwert". Durch diesen wird naturgemäß auch die Höhe des Anspruchsniveaus festgelegt, also die Höhe des anzustrebenden Befriedigungswertes.

Neben der Wahl des Anspruchsniveaus liegt eine weitere Schwierigkeit beim Umgang mit Zielen oft in der Unklarheit der Ziele selbst. Man fühlt sich „irgendwie" unbehaglich, weiß gar nicht genau, warum, und kennt auch keinen Zustand, der besser wäre. In diesem Fall ist eine Präzisierung des Zieles notwendig. Empirische Untersuchungen zu diesem Thema sind uns nicht bekannt; es scheint aber so, als ob manche Menschen mit der in solchen Situationen eigentlich notwendigen Präzisierung von Zielen nicht viel im Sinne haben, sondern eher „loswursteln". Die individualspezifische Toleranz für Unbestimmtheit und Widersprüchlichkeiten könnte hier eine Rolle spielen. Personen mit geringer Unbestimmtheitstoleranz werden durch eine unklare Zielsituation so „unter Druck" gesetzt, daß unmittelbares Tun die Folge ist. Personen, die dagegen eine größere Selbstsicherheit im Umgang mit Unklarheit und Unbestimmtheit aufweisen, nehmen sich eher die Zeit für eine Zielpräzisierung.

Eine dritte Schwierigkeit im Umgang mit Zielen liegt darin, daß Ziele oftmals in sich widersprüchlich sind, d. h. manche Teilziele eines Gesamtziels sich wechselseitig ausschließen. Man kann nicht zugleich einen Hund halten und eine immer maximal gepflegte Wohnung haben. Man kann nicht zugleich in einem politischen System maximale Freiheit (im Sinne der Absenz von Normen für die Verhaltensregulation des Einzelnen) und maximale Gleichheit der Einzelnen in allen Lebensumständen haben. (Denn die Gleichbehandlung aller setzt ein ziemlich kompliziertes Normensystem voraus.) Man kann im Urlaub nicht zugleich die Abgeschiedenheit eines schwedischen Waldsees und die mondäne Atmosphäre eines internationalen Badeortes haben. Man kann nicht zugleich eine zentral gelegene und ruhige Wohnung haben usw.

In solchen Fällen stellt sich die Aufgabe der Gewichtung der Teilziele. Hierfür existieren normative Modelle (s. Zangemeister 1974), aber – soweit uns bekannt – keine empirischen Untersuchungen.

Man muß in einem solchen Falle überlegen, wie groß der Wert für „Abgeschiedenheit" ist und wie hoch man dagegen „mondäne Atmosphäre" einstufen möchte. Sodann muß man überlegen, wie man solche „Teilzielgewichte" verrechnen soll. Additiv, also der Art, daß ein hoher Wert für ein Teilziel einen niedrigeren Wert für ein anderes Teilziel ausgleichen kann? Oder multiplikativ? Also so, daß kein Teilziel einen allzu geringen Wert annehmen darf? – Die Bedingungen der intuitiven Wahl des jeweils angemessenen Verfahrens müssen noch erforscht werden.

4.4.2 Handlungsregulation

Hat man Ziele, so sollte man versuchen, sie zu erreichen. Wie geschieht das? Anhand eines Beispiels wollen wir die Vorgänge beim zielgerichteten Handeln nun zunächst einmal global, dann mehr im Einzelnen diskutieren:

Aktionsschemata und „automatisches" Verhalten

Der auf den ersten Blick am wenigsten interessante Fall der Handlungsregulation ist der, in welchem für die Erreichung des Ziels ein fest vorgeprägtes Verhaltensschema existiert.

Dies wird dann einfach abgerufen und mit situationsspezifischen Modifikationen realisiert: Man tritt an eine Imbißbude heran, sagt „Eine Bratwurst bitte – mit Senf!", zückt sein Portemonnaie, fragt „Was kostet es?", sucht das Geld zusammen, zahlt, empfängt das Wechselgeld, prüft es kurz, steckt das Portemonnaie wieder ein usw. Das alles kann fast unbewußt, automatisch ablaufen. Man kann sich darüber streiten, ob man den situationsspezifisch modifizierten Abruf eines Automatismus überhaupt als „Handeln" bezeichnen soll oder ob es sich nur um ein „Verhalten" handelt, welches so gut wie ausschließlich Reiz-Reaktions-Gesetzen unterliegt. Ein Grenzfall ist es zweifellos.

„Technisch" gesehen aber ist der Vorgang nicht unkompliziert. Die Kette der Verhaltensweisen läuft ja nicht einfach „ballistisch" ab, ungesteuert also wie der Flug einer abgeschossenen Kanonenkugel.

Die Kette der Verhaltensweisen enthält vielmehr an vielen Stellen Bedingungskontrollen, die das Verhalten, je nachdem, in die eine oder die andere Richtung steuern: „Habe ich genügend Kleingeld? Okay?: dann bezahlen und nicht auf Wechselgeld warten! Nein?: dann einen Schein geben und auf das Wechselgeld warten!"

Die Sache kann auch noch komplizierter werden, wenn andere Motivationen, die mit dem Ankauf der Bratwurst gar nichts zu tun haben, in das Verhalten hineinspielen: „Ich will meiner Tochter einen Zehnmarkschein geben, damit sie sich auf dem Jahrmarkt allein vergnügen kann. Außerdem brauche ich noch Kleingeld für den Zigarettenautomaten. Also benutze ich den Bratwurstkauf, um einen großen Schein zu wechseln, andernfalls benutze ich den kleinsten verfügbaren Betrag."

Die Bedingungskontrollen sind oft zugleich Ergebniskontrollen. Eine Verhaltensweise wird nicht einfach „nur" durchgeführt, sondern es wird zugleich mit der Durchführung ein Erwartungsbild erzeugt, ein Bild also von dem Ergebnis, welches das Verhalten erzeugen soll. Daß dies so ist, wird normalerweise wohl gar nicht bewußt – aber sofort offensichtlich, wenn ein Verhalten nicht die erwartete Folge hat: Ich gebe dem Mann in der Imbißstube einen Zehnmarkschein, um DM 2,50 zu bezahlen. Er nimmt das Geld und steckt es ein. Sonst nichts! – Ein solches Verhalten wird große Verwunderung und entsprechende Reaktionen bei mir auslösen. Ich habe eine andere Reaktion auf meine Aktion erwartet. Der Zusammenhang zwischen Aktion, Ergebnis der Aktion und erwartetem Ergebnis wird etwa so sein wie in *Abb. 4. 1* dargestellt.

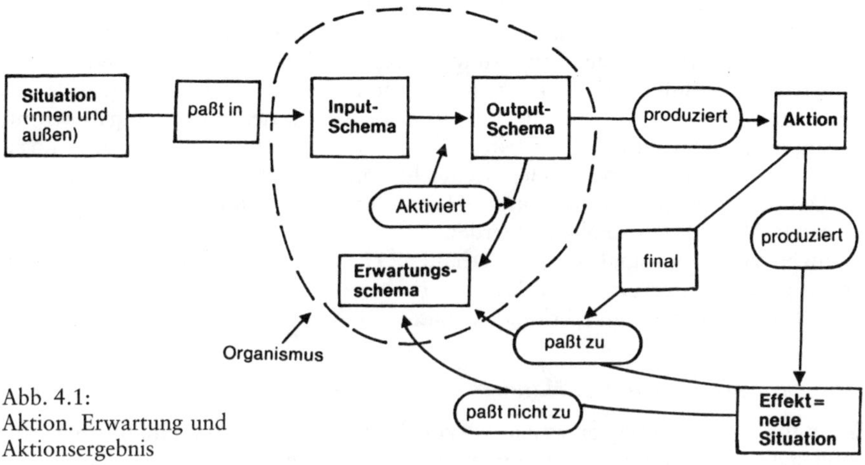

Abb. 4.1:
Aktion. Erwartung und Aktionsergebnis

Die Regulation des Verhaltens durch Automatismen setzt recht komplizierte Gedächtnisstrukturen voraus. nämlich das, was Tolman (1951) „cognitive map" nannte, ein Abbild der Umgebung und der Handlungsmöglichkeiten in ihr. Hacker (1973) spricht von dynamischen, d. h. modifizierbaren und ständig modifizierten „operativen Abbildungssystemen" (OAS) (Hacker 1982). Damit solche Gedächtnisrepräsentationen zur Lenkung des „automatischen" Verhaltens dienen können, müssen sie mindestens folgende Informationen enthalten:

- Informationen über die „Input-Bedingungen" einer Aktion, d. h. Informationen über die Merkmale derjenigen Sachverhalte, auf die eine bestimmte Handlung anwendbar ist (Input-Schema der *Abb. 4.1*).
- Informationen über die (Teil)operationen, die durchgeführt werden müssen, damit der „Input-Sachverhalt" in das gewünschte Resultat uberführt wird (Output-Schema der *Abb. 4.1*).
- Informationen über die zu erwartenden Ergebnisse der Aktion (Erwartungsschema der *Abb. 4.1*).

Gedächtnisgebilde, die aus einem sensorischen „Input-Schema" (d. h. einer Art von Hohlform für die Eingangssachverhalte), einem „Output-Schema" (d. h. einer Hohlform der durchzuführenden Operationen) und einem sensorischen „Erwartungsschema" (einer Hohlform, die auf die zu erwartenden Handlungsergebnisse paßt) bestehen, wollen wir Aktionsschema nennen. Ein Aktionsschema ist das kleinste Handlungsprogramm. Man kann sich vielfach geschachtelte Aktionsschemata vorstellen, die sehr komplizierte automatische Handlungen ermöglichen.

Automatisches Verhalten besteht nun darin, daß im Gedächtnis eine Suche nach einer zielführenden Kette von Aktionsschemata stattfindet. D. h., es wird geprüft, ob es ein Aktionsschema gibt, dessen Input-Schema auf die gegebene Situation paßt, und dessen Erwartungsschema zugleich Input-Schema eines dritten Aktionsschemas ist, . . . dessen Erwartungsschema dem angestrebten Ziel entspricht. Findet sich eine solche Kette (die im Extremfall auch nur aus einem Aktionsschema zu bestehen braucht), so wird diese Kette aktiviert. Alle diese Prozesse sind unbewußt oder allenfalls „mitbewußt". Sie laufen automatisch ab.

Die Aktivierung solcher Aktionsschemata ist begleitet von der ständigen Erzeugung und Umbildung eines Erwartungshorizontes. Dieser enthält wesentlich die antizipierten Resultate der Aktionen und ist bedeutsam für die Kontrolle des Geschehens. Entspricht die Umwelt nach einer Aktion dem Erwartungshorizont, so geht es „programmgemäß" weiter. Wenn nicht, so erfolgt eine Orientierungsreaktion; ein Aufmerken, welches vielleicht von einem kleinen Schreck begleitet ist. Darauf folgt dann eine bewußte Handlungsorganisation, wie wir sie in den nächsten Abschnitten schildern werden.

Soweit zum „automatischen" Verhalten. Hacker (1982) konnte zeigen, daß Unterschiede in der Güte des Arbeitsverhaltens ganz wesentlich in den unterschiedlich differenzierten Aktionsschemata von Arbeitern liegen.

Denken, Entscheiden und Handeln

Wenn für die Erreichung eines Zieles keine Kette von Aktionsschemata zur Verfügung steht, geht es darum, eine solche neu aufzubauen.

Die elementarste Form der Synthese einer neuen Verhaltensweise ist das Versuchs-Irrtums-Verhalten. Mehr oder minder wahllos werden die vorhandenen Aktionsschemata zu neuen Ketten zusammengestellt und erprobt. Versuchs-Irrtums-Verhalten findet sich schon sehr früh in der phylogenetischen Reihe, und mehr oder minder ungezieltes Probierverhalten ist auch für den Menschen oft die ultima ratio des Handelns.

Die Internalisierung des Versuchs-Irrtums-Verhaltens ist wohl die Wurzel, aus der heraus sich die menschliche Denkfähigkeit entwickelt hat. Statt das Versuchs-Irrtums-Verhalten in der gefahrbringenden Außenwelt stattfinden zu lassen, wurde es in die Gedächtnisrepräsentation derselben verlegt; Verhalten wurde „simuliert" in einem „internen Modell" der Welt. Verhalten wurde als „inneres Probehandeln" (Freud 1912) zum Denken. Für das entwickelte menschliche Denken ist diese Definition zu eng; sie trifft aber wohl den Kern; Denken ist aber mehr als die probeweise „Simulation" von Verhaltensweisen. Denken enthält z. B. darüber hinaus Analyseprozesse zur Ermittlung der Eigenschaften von Dingen, zur Ermittlung der Relationen, die innerhalb eines Gebildes existieren. Denken enthält Analogieübertragungen und induktive Schlußfolgerungen, und all dies sind nicht Prozesse des inneren Probehandelns im Sinne der internen Simulation auch extern durchführbarer Verhaltensweisen, sondern es handelt sich dabei um Informationsverarbeitungsprozesse, die als „externes" Verhalten nicht vorstellbar sind. Im Einzelnen werden wir im *Kapitel 8* auf die Elemente des Denkablaufs und die Regulation ihrer Abfolge eingehen.

Denken, um das Handeln zu organisieren („Denken: das Ordnen des Tuns" nach Aebli 1981) bedeutet den Versuch der Synthese neuer, bislang unbekannter Verhaltensweisen. Man kann den gesamten Denkprozeß, der zur Neuorganisation des Verhaltens notwendig ist, grob in die Komponenten „Erzeugung eines Bildes von der Situation", „Entwicklung von Handlungsalternativen", „Entscheiden" zerlegen. Auf diese Komponenten wollen wir nun eingehen:

Es muß zunächst ein hinreichend exaktes Bild der augenblicklichen Situation und ein Bild der jeweiligen Entwicklungs- und Veränderungsmöglichkeiten konstruiert werden. Man kann dies vielleicht am Beispiel des Schachspiels am einfachsten illustrieren: Ehe man hier handelt, muß man sich klarmachen, was eigentlich auf dem Schachbrett der Fall ist, welche Figuren welche decken, bedrohen usw.

Auf dem Schachbrett ist dies alles noch relativ leicht ermittelbar. In politischen Entscheidungssituationen aber z. B. ist eine solche Situationsanalyse allein dadurch schon schwierig, daß die Situation intransparent ist; man „sieht" manche der handelnden Figuren gar nicht. Außerdem entwickelt sich gewöhnlich die Situation ständig weiter, und diese Entwicklungstendenzen muß man natürlich bei seinen Handlungsentscheidungen auch im Auge behalten.

Derjenige Teil der Psychologie, der sich mit den Gesetzmäßigkeiten der Entstehung interner Abbilder der gerade gegebenen Situation befaßt, ist die Wahrnehmungspsychologie. Auf diese gehen wir im *Kapitel 6* ein.

Die kognitiven Prozesse für die Konstruktion eines Bildes sind Prozesse der Informationssammlung, also das Nachfragen, das Nachlesen oder einfach das genaue Hingucken. Ein wichtiges Mittel ist die Analogieübertragung, d. h. die Übernahme von Informationen aus anderen Bereichen als Modell des jeweiligen Realitätsbereichs. Eine erste Hypothese über die Kapitalbewegungen innerhalb eines Wirtschaftssystems kann man z. B. dadurch gewinnen, daß man diese mit den Wasserbewegungen im Fluß- und Staudammsystem analogisiert.

Hat man ein Bild von der Situation, so kommt es als nächstes darauf an, Handlungsalternativen zu entwickeln. Man muß Pläne machen zur Überführung der gegebenen in die gewünschte Situation. Für den Entwurf solcher Pläne gibt es viele, oft sehr spezifische Strategien, auf die wir hier nicht eingehen können (s. Kirsch 1977 oder Müller-Merbach 1973). Ein allgemeines Prinzip ist die grobe Vorstrukturierung eines Lösungsweges durch Zwischenziele. Das Anstreben von Zwischenzielen ist besonders dann zu empfehlen, wenn es nicht gelingt, unmittelbar einen Weg zu finden, der zum Endziel führt. Dies ist wohl sehr oft der Fall, entweder weil der gesamte Handlungsraum unüberschaubar ist oder weil Zeitdruck besteht. Man denke auch hier wieder zur Exemplifizierung an das Schachspiel. Es gibt hier kaum jemals eine Situation, die so beschaffen ist, daß man unmittelbar das Endziel (schachmatt des feindlichen Königs) anstreben kann. Zwischenziele, wie z. B. „Beherrschung des Mittelfeldes" oder „Entwicklung der Bauernstellung", sind in diesem Falle sehr wichtig.

Oesterreich (1981, 1982) betont als allgemeine Charakteristik guter Zwischenziele das Merkmal hoher „Effizienz-Divergenz". Punkte hoher Effizienz-Divergenz sind solche, die ein möglichst großes Ausmaß an Freiheitsgraden für zukünftiges Handeln bieten. Es handelt sich gewissermaßen um „allgemeine Zwischenziele"; man kann von ihnen aus viele verschiedene („divergente") Endziele mit großer Sicherheit („Effizienz") erreichen. Ein sinnfälliges Beispiel für einen Punkt hoher Effizienz-Divergenz in einem Handlungsraum ist die Beherrschung der mittleren vier Felder im Schachspiel.

Die Ausarbeitung von Handlungsalternativen kann, braucht aber nicht notwendigerweise, in verschiedenen, auf den ersten Blick gleichwertigen Plänen münden. Man hat u. U. die Wahl zwischen zwei oder mehr Möglichkeiten des Handelns: In der Schachspielsituation scheinen Zug a_1 oder a_2 gleichgut zu sein; man kann sich nicht entscheiden, ob man das Auto a_1 oder a_2 kaufen soll usw. In diesem Fall muß man eine Entscheidung treffen. (Man muß betonen, daß eine Entscheidung zwischen zwei oder mehr Alternativen nicht das notwendige Ende eines Planungsprozesses ist. Sehr oft ergibt sich aus der Planung genau ein Weg. Dann braucht man nur noch den Entschluß, den Plan auch zu realisieren, aber nicht mehr die Entscheidung zwischen Alternativen.)

In einer solchen Situation kann die mathematische Entscheidungstheorie eine gewisse Hilfe sein. Da diese nicht nur als normative Theorie („wie soll man sich entscheiden?“), sondern auch als deskriptive Theorie („wie entscheiden sich Menschen tatsächlich?“) eine gewisse Bedeutung gewonnen hat, wollen wir kurz darauf eingehen.

Die Entscheidungstheorie geht davon aus, daß eine Reihe von Handlungsalternativen $a_1, \ldots, a_n$ zur Erreichung des Zieles z vorliegt. Jede dieser Alternativen hat einen bestimmten Nutzwert $u_1, \ldots, u_n$. Der Nutzwert ist das Ausmaß, in dem das Ergebnis e_i der jeweiligen Handlung zur Erreichung des Zieles beiträgt.

Gewöhnlich hat eine Handlungsalternative nicht mit Sicherheit das Ergebnis e_i (mit dem Nutzwert u_i), sondern nur mit einer bestimmten Wahrscheinlichkeit p_i. In dem Fall, in welchem man die Nutzwerte und die Wahrscheinlichkeiten der jeweiligen Ergebnisse kennt, könnte eine „vernünftige“ Entscheidungsregel lauten: „wähle diejenige Handlungsalternative, für welche das Produkt $U_i \times p_i$ das Maximum ist!“

Tabelle 4.1: Entscheidungsmatrix, Erklärung im Text

	a_1	a_2	a_3	...
f_1	e^{11}	e^{12}	e^{13}	...
	u^{11}	u^{12}	...	...
f_2	e^{21}	e^{22}	e^{23}	...
	u^{21}	u^{22}	u^{23}	...
f_3	e^{31}	...	...	...
.	.			
.	.			
.	.			
.	.			

Nun kann ein und dieselbe Handlungsalternative unter verschiedenen Bedingungen auch verschiedene Ergebnisse (mit jeweils verschiedenen Nutzwerten) haben. In *Tab. 4.1* ist dieser allgemeine Fall dargestellt. Die Handlungsalternative a_1 hat im Falle f_1 das Ergebnis e_{11} mit dem Nutzwert u_{11}; im Falle f_2 das Ergebnis e_{21} mit dem Nutzwert u_{21} usw. Hat nun f_1 die Wahrscheinlichkeit p_1, f_2 die Wahrscheinlichkeit p_2 usw., so lautet die Verallgemeinerung der oben angegebenen Entscheidungsregel: „wähle diejenige Handlungsalternative a_i für welche

$$\sum_{j=1}^{n} (p_{ji} \times u_{ji})$$

ein Maximum ist!“

Dies sind einige Grundgedanken der Entscheidungstheorie, die vielfach ausgebaut und für Spezialfälle modifiziert ist. Über Einzelheiten und die psychologische Bedeutsamkeit der Entscheidungstheorie lese man beispielsweise bei Lee (1977) nach oder bei Jungermann (1976).

Die Kette der Prozesse „Erzeugung eines Abbildes - Konstruktion von Handlungsalternativen - Entscheidung" kann natürlich mehrfach durchlaufen werden. Auch können Rücksprünge vorkommen. Z. B. kann man bei der Konstruktion von Handlungsalternativen oder während des Entscheidungsprozesses bemerken, daß das Bild, welches man von der Situation hat, unvollständig, widersprüchlich oder falsch ist. Auch kann man z. B feststellen, daß eine Handlung nicht den Erfolg hat, den man eigentlich erwartete. In diesen Fällen muß man sein Bild von der Situation verändern, auf Grund des veränderten Bildes neue Handlungsalternativen konstruieren usw. Auch kann es sich beispielsweise bei der Entwicklung des Bildes einer Situation ergeben, daß bestimmte Ziele widersprüchlich sind, also sich nicht zur gleichen Zeit realisieren lassen. In diesem Fall muß ein Rücksprung zur Zielbildung erfolgen.

Maximen der Handlungsregulation

Nachdem wir nun die einzelnen Elemente der Handlungsorganisation besprochen haben, wollen wir einige allgemeine Maximen diskutieren, an die sich der Handelnde halten sollte. Danach wollen wir besprechen, warum sich in vielen Fällen die Handelnden an diese Maximen nicht halten.

- Der Denkende sollte klare Schwerpunkte bilden. Meist herrscht ja beim Handeln Zeitdruck. Dies bedeutet, daß man nicht alle Aspekte eines komplexen Problems zugleich beachten kann, sondern in der Lage sein muß, die wichtigsten auszuwählen, um die anderen nur am Rande zu behandeln. Die Schwerpunktbildung erfordert aber auch eine ständige „Hintergrundkontrolle" der vernachlässigten Aspekte, um vor Überraschungen sicher zu sein.
- Der Denkende sollte in der Lage sein, nicht nur die (angezielten) Hauptwirkungen seiner Aktionen zu antizipieren, sondern auch die Neben- und Fernwirkungen. Sonst kann es ihm gelingen, daß er zwar sein Ziel erreicht, jedoch auf dem Wege dahin oder als Fernwirkung seiner Aktionen so viel zerstört, daß das schließlich erreichte Ziel dadurch vollständig entwertet wird. („Operation gelungen! Patient tot!")
- Der Denkende sollte beachten, daß zwischen einer abstrakt ausgearbeiteten Lösung eines Problems und deren konkreter Durchführung ein wesentlicher Unterschied besteht, nämlich eben der, daß das Denken mehr oder minder abstrakt ist, das Handeln aber konkret. Beim konkreten Handeln hat man mit „Friktionen" zu rechnen (Clausewitz 1880, S. 78 ff.); dies gilt allgemein für das Handeln in komplexen Realitätsbereichen.
- Der Denkende sollte in der Lage sein, sein eigenes Denken zu kontrollieren. Er sollte merken, daß er sich „im Kreise dreht" und die gleichen Lösungsversuche immer wieder repetiert. Um das zu verhindern, sollte der Denkende mitunter das eigene Denken kontrollieren, um die vergangenen Lösungsansätze zu rekapitulieren und ihre Angemessenheit zu kontrollieren. Selbstreflexion ist erforderlich.

Kompetenz und Deformationen der Handlungsregulation

Maximen, wie sie im letzten Abschnitt genannt wurden, klingen vielleicht wie Selbstverständlichkeiten; sie sind aber keineswegs so trivial wie sie scheinen.

Vielmehr zeigt nicht nur die auf den Einzelfall beschränkte Alltagserfahrung, sondern auch die empirische Forschung, daß Menschen solchen „Vorschriften" in vielen Situationen aus vielerlei Gründen keineswegs nachkommen.

Mißerfolgserlebnisse, das Gefühl, daß einem die Dinge entgleiten, das Gefühl der Hilflosigkeit führen evtl. zunächst zu Ärger und Wut und schließlich zu Angst und Resignation. Damit verbunden sind Deformationen des Denkprozesses charakteristischer Art:

- Statt klarer Schwerpunktbildung stellt sich „thematisches Vagabundieren" (Dörner et al. 1994, Kap. 4) ein; der Denkende springt von Thema zu Thema, bringt nichts zu Ende oder kapselt sich in irrelevanten Detailbereichen ein.
- Statt zu abgewogenen, vielfach verankerten und bezüglich Neben- und Fernwirkungen überdachten Entscheidungen, kommt es zu überdosierten rabiaten „Notfallreaktionen", zum unkalkulierten Risiko; man setzt „alles auf eine Karte". Der Denkende betrachtet nicht die Langzeitfolgen seines Handelns, sondern blickt „ergebnis- statt folgeorientiert" (Heckhausen 1980, S. 508 f.) auf die unmittelbaren Effekte seines Tuns. Oder man entscheidet sich gar nicht mehr und läßt die Dinge treiben.
- Statt sich ein klares Bild der Situation zu machen und dieses nach neuen Erfahrungen wieder und wieder zu modifizieren, kommt es zu dogmatischen Reduktionen. Man macht sich einfache Bilder der Situation, erklärt alles aus einem Punkt heraus und schließt sich gegen neue Erfahrungen hermetisch ab, um das mühsam gewonnene einfache Bild der Realität nicht zu gefährden.
- Statt das eigene Denken vorauszuplanen und zu organisieren, statt das Denken mitunter selbstreflexiv zu kontrollieren, kommt es zur Stereotypisierung des Denkablaufs, zur gleichförmigen Wiederholung immer der gleichen Sequenz, ohne daß der Denkende dies bemerkt. Oder es kommt zu „selbstwertbezogenen Kognitionen" (d. h. zu Denkvorgängen, die sich nicht mehr auf das eigentliche Problem beziehen, sondern auf die Sicherung des durch die Mißerfolge gefährdeten Selbstwertgefühls; der Denkende versinkt in Tagträumen und im Wunschdenken).

U. E. hängen alle diese Deformationen des Denkens eng zusammen mit dem Kompetenzempfinden eines Individuums. Damit bezeichnen wir das subjektive Zutrauen, welches eine Person in ihre Fähigkeit hat, mit einer Situation fertig werden zu können.

Wir glauben (Dörner et al. 1994, Kap. 6), daß sich das aktuelle Kompetenzempfinden aus zwei Komponenten zusammensetzt, nämlich einmal aus dem Wissen über konkrete Verfahren, und zum anderen aus dem Wissen, wie man allgemein mit unbestimmten Situationen umgehen kann, aus dem Zutrauen in die eigene Problemlösefähigkeit, die aus der Erfahrung im Umgang mit Unbestimmtheit stammt.

Die Kompetenz, die aus dem Wissen um konkrete Verfahren zur Bewältigung der aktuellen Situation stammt, nennen wir epistemische Kompetenz (nach griech.: epistemé: Wissen); die Kompetenz, die das eigene Zutrauen in die Fähigkeit, neue Lösungswege finden zu können, betrifft, nennen wir heuristische Kompetenz (nach dem griechischen Wort für „finden").

Die aktuelle Kompetenz in einer Situation kann nun groß sein, weil die heuristische Kompetenz groß ist, weil die epistemische Kompetenz groß ist oder weil beide groß sind. Obwohl die Kompetenz in allen diesen Fällen groß ist, gibt es Unterschiede. Wenn nämlich die aktuelle Kompetenz eines Individuums hauptsächlich auf der epistemischen Kompetenz basiert, so ist sie ziemlich instabil. Sie ist leicht durch die Erfahrung zu erschüttern, daß das vorhandene Wissen für die Bewältigung der Situation eben nicht ausreicht. Man glaubt, das Auto springt nicht an, weil die Zündkerzen verrußt sind. Wie man Zündkerzen säubert, weiß man. Also macht man sich ans Werk. Nach getaner Arbeit springt das Auto immer noch nicht an. Wenn man nun nicht mehr über Automotoren weiß, so ist man zunächst einmal mit seinem Latein am Ende. Und nun kommt es darauf an! Wenn man ein hohes Zutrauen in seine Fähigkeit hat, neue Lösungsmöglichkeiten finden zu können, so wird man sich sagen: „Nun gut, wie funktioniert eigentlich ein solcher Automotor?“ – und wird mit exploratorischen Aktivitäten beginnen.

Hat man diesbezüglich kein großes Zutrauen zu sich selbst, so wird man in dieser Situation leicht aufgeben.

In einem Zustand geringer epistemischer Kompetenz bestimmt die heuristische Kompetenz, ob und in welcher Form Denken stattfindet. Je geringer die epistemische Kompetenz ist, desto eher wird ein Individuum in einen Zustand großer emotionaler Anspannung hineingeraten und desto eher wird es zu den oben dargestellten Deformationen des Denkablaufs kommen. (Zur Dynamik emotionaler Prozesse, s. *Kap. 5*).

Die Kompetenz eines Individuums determiniert also die emotionale Befindlichkeit und diese wiederum die spezifische Form der Handlungsregulation. Ein plötzlich auftretendes Hindernis, mit dem man nicht gerechnet hat, wird Ärger oder Wut erzeugen. Mit dem Gefühl des Ärgers oder der Wut jedoch denkt man natürlich anders als ohne dieses Gefühl (s. hierzu im einzelnen Dörner et al. 1994 oder Dörner 1982).

Nicht nur die Situation, in der einem plötzlich die Kontrolle entgleitet, kommt als Determinante der Handlungsregulation in Frage. Kuhl (1982) konnte zeigen, daß es „Handlungs-“ bzw. „Lageorientierung“ als relativ stabile Persönlichkeitsmerkmale gibt. Der Lageorientierte handelt ad hoc, aus seiner unmittelbaren Situation heraus, ohne die Spätfolgen oder Nebenwirkung seines Handelns zu bedenken. Oft handelt er auch gar nicht, sondern begnügt sich damit, sein schlimmes Schicksal zu beklagen. Der Handlungsorientierte dagegen bleibt problemorientiert.

4.5 Abschließende Bemerkungen

Wir hoffen, daß wir in den vorausgegangenen Ausführungen deutlich gemacht haben, daß die Handlungstheorie nicht eigentlich ein Zweig der Psychologie ist, der sich mit gänzlich neuen, von anderen Zweigen der Psychologie nicht behandelten Gebieten befaßt. Handlungstheorien betreffen Themen der Motivations- und Emotionspsychologie, der Wahrnehmungspsychologie, der Psychologie des Lernens und des Gedächtnisses und Themen der Sprach- und Denkpsychologie. Auf alle diese Teilthemen der Psychologie werden wir in den nachfolgenden Kapiteln differenzierter eingehen.

Handlungstheorien behandeln diese Themen unter dem Aspekt der Integration aller dieser Instanzen und Prozesse zum Zwecke des Handelns. Wissenschaftsgeschichtlich gesehen stellt die Handlungstheorie eine „neo-ganzheitliche" Richtung dar. Sie betont die Ganzheitlichkeit psychischen Geschehens und damit die Notwendigkeit, die isolierende Betrachtung einzelner psychischer Prozesse zu ergänzen durch die Betrachtung der Wechselwirkungen zwischen den psychischen Instanzen. Handlungstheorien verzichten dabei nicht auf die Mathematisierung und damit auf die exakte Formalisierung ihrer Theorien. Sie bedienen sich vielmehr z. B. der Mittel der Systemtheorie (s. Dörner et al. 1994) und dokumentieren damit die Auffassung, daß psychische Prozesse als Prozesse der Informationsverarbeitung eines sich selbst regulierenden Systems beschrieben werden können.

Die Systemtheorie (s. Klir 1969) ist eine mathematische Disziplin, deren Eigenart darin liegt, daß sie zur Beschreibung dynamischer, wechselwirkungsbehafteter Systeme verwendet werden kann. Man hat in den letzten Dekaden immer mehr die Notwendigkeit verspürt, eine allgemeine, fächerübergreifende Theorie für dynamische Systeme zu besitzen. Diese Theorie soll es erlauben, dynamische Systeme in der Ökologie, der Ökonomie, im Bereich der Politik, der Soziologie und der Psychologie, im Bereich der Biologie und der Medizin mit einheitlichen Konzepten zu beschreiben. Die (bislang noch unfertige) Systemtheorie stellt einen neuen Versuch zur Realisierung des alten Traumes einer „mathesis universalis" dar, als einer alle Wissenschaften umfassenden, einheitlichen, formalen theoretischen Konzeption. Die formalen Bestandteile der Systemtheorie scheinen für die Psychologie besonders geeignet, da es die Psychologie mit Prozessen der Informationsverarbeitung in dynamischen – d. h. sich in der Zeit entwickelnden – Systemen zu tun hat, in denen vielerlei Wechselwirkungen zwischen den betätigten Instanzen (Motivationen, Emotionen, Denk-, Lern- und Gedächtnisprozessen) der Fall sind.

Literatur-Empfehlungen

Aebli, H.: Denken: das Ordnen des Tuns. Bd. I u. II. Stuttgart 1981.
Boesch, E. E.: Kultur und Handlung. Bern 1980.
Hacker, W.: Allgemeine Arbeits- und Ingenieurpsychologie. Berlin 1973.
Heckhausen, H.: Motivation und Handeln. Berlin 1980.
Lee, W.: Psychologische Entscheidungstheorie. Weinheim 1977.
Lenk, H. (Hrsg.): Handlungstheorien interdisziplinär. Bd. I und II. München 1980.
Oesterreich, R.: Handlungsregulation und Kontrolle. München 1981.

Dieter Ulich, Veronika Brandstätter und Peter M. Gollwitzer

5. Emotion, Motivation und Volition

5.1 Emotion *(Dieter Ulich)*

5.1.1 Zur Kennzeichnung von Emotionen

In der auf Platon und Aristoteles zurückgehenden Lehre von den verschiedenen (meist drei) Seelenteilen oder Seelenvermögen hat sich erst im 18. Jahrhundert das Fühlen unabhängig vom „Begehrungsvermögen" als dritte Grundfunktion etabliert. Spätestens seit Descartes steht freilich die Zweckdienlichkeit bzw. Nützlichkeit von Emotionen für das Überleben und die Handlungsregulation und -effizienz im Vordergrund; eine enge Beziehung zu Motiv und Motivation blieb also stets gewahrt. Für Darwin und McDougall waren Emotionen instinktähnliche Anpassungsmechanismen, adaptive Reaktionsmuster. Motivationale Qualitäten werden Emotionen nicht nur in evolutionsbiologischen Ansätzen zugewiesen, sondern auch in modernen kognitiv-handlungstheoretischen Modellen. Für Frijda (1986) etwa sind Emotionen „intentionale Strukturen"; Emotionen sind stets auf Handlungsziele bezogen, sie signalisieren Veränderungen der Handlungsbereitschaft.

Gegenüber der heute vorherrschenden funktionalen Gleichsetzung von Emotionen und Motiven ist zu fragen, ob genuin emotionspsychologische Betrachtungsweisen etwa im Sinne von Wundt nicht die Chance bieten, über den Aspekt des Tätigseins und der Zielerreichung hinaus etwas Wesentliches über psychische Zustände und Prozesse zu erfahren, die *nicht* unmittelbar mit bestimmten Verhaltensweisen verknüpft sind und bestimmte Dienstleistungen erbringen. Phänomenologisch betrachtet kennzeichnen psychologische Begriffe wie Motiv, Emotion oder Kognition einander ergänzende Aspekte eines einheitlichen psychischen Geschehens. Fragen wir nach Gedanken und Wissen, so „erkennen" wir Kognitionen; fragen wir nach Beweggründen des Handelns, „erkennen" wir Motive; fragen wir nach subjektiver Befindlichkeit, nach „Zustandsbewußtsein" (Wundt), erkennen wir Gefühle und Stimmungen. Je nach der wechselnden bewußtseinsmäßigen Dominanz von Handlungsimpuls, „Zustandsbewußtsein", „Gegenstandsbewußtsein" (Wundt), Handlungsplanung oder -bewertung wird unsere Aufmerksamkeit auf unterschiedliche Aspekte des („eigentlich") einheitlichen psychischen Geschehens gelenkt.

Nur durch die Angabe einer idealtypologischen Konstellation von Merkmalen, welche insgesamt die „Familienähnlichkeit" von Emotionen kennzeichnet, kann man Emotionen von anderen psychischen Phänomenen unterscheiden (vgl. Ulich & Mayring 1992):

(1) Beim emotionalen Erleben steht nicht ein Handlungsimpuls, ein Gedanke, ein Gegenstand im Zentrum des Bewußtseins, sondern die eigene leib-seelische Zuständlichkeit.

(2) Konstitutiv für Gefühle sind individuumspezifische „Wertbindungen“, die bei Eintreten eines relevanten Ereignisses ein Involviertsein, ein Berührtsein, eine Ich-Beteiligung hervorrufen.
(3) Emotionen sind „Widerfahrnisse“; die Person erlebt sich beim Erleben von Gefühlen häufig als eher passiv. Gefühle erscheinen häufig als spontan, unwillkürlich, wie von selbst entstehend.
(4) Zu ihrer Entstehung und Existenz bedürfen Gefühle keinerlei Zwecke außerhalb ihrer selbst. Gefühle werden nicht erst in ihrer (möglichen) Rolle als Handlungsregulatoren interessant, sie sind nicht primär Garanten des Überlebens bzw. Indikatoren gelungener Anpassung, sondern Phänomene sui generis. Dennoch kann man natürlich Wirkungen von Emotionen untersuchen, die jedoch von behaupteter, a priori zugeschriebener Zweckdienlichkeit streng zu unterscheiden sind.
(5) Gefühle sind sowohl ereignisbezogen wie schemagebunden (vgl. Ulich 1991, Ulich/Mayring 1992). Ohne Ereignis erfolgt keine emotionale Reaktion, und ohne emotionale Schemata (s. u.) ergibt das Ereignis keinen Sinn. Eine Gefühlsregung ist das Innewerden der emotionalen Bedeutung eines Ereignisses. Somit ist sinnstiftende Einheit des emotionalen Erlebens die Person und nicht die „Evolution“, wie alte und neue evolutionsbiologische Theorien vorgeben.

5.1.2 Fragestellungen und Theorien in der Emotionspsychologie

Aus der Sicht wichtiger Teildisziplinen der Psychologie lassen sich Fragestellungen der Emotionspsychologie folgendermaßen gliedern (vgl. als Überblick zur Emotionspsychologie Euler/Mandl 1983, Scherer 1990 a, Scherer/Ekman 1984, Ulich 1989, Ulich/Mayring 1992).
(1) Die meisten Fragestellungen und Forschungsthemen sind *allgemeinpsychologischer* Art. In der Allgemeinen Psychologie gelten Emotionen als Grundfunktionen, die – neben anderen Grundfunktionen – Personen dazu befähigen, sich wirkungsvoll mit ihrer Umwelt und ihren Mitmenschen auseinanderzusetzen. In diesem Kontext des „Funktionierens“ interessiert vor allem die Wirkungsweise von Emotionen. Häufig thematisierte Fragen sind: Welche Faktoren und Prozesse wirken bei der Entstehung einer aktuellen Gefühlsregung zusammen (Aktualgenese, s. u.)? Wie lassen sich Emotionen klassifizieren und ordnen? Gibt es „grundlegende“ (angeborene) Emotionen, welche sind dies? Drücken sich Emotionen in universell gleichem Ausdrucksverhalten aus, werden Gefühlsausdrücke universell verstanden? Wie wirken sich gegebenenfalls kulturelle Unterschiede aus? Kann man Emotionen anhand bestimmter für sie typischer physiologischer Erregungsmuster unterscheiden? Gibt es emotionsspezifische typische Muster kognitiver Einschätzung und typische auslösende Situationen? Wie wirken Emotionen? Wie werden Emotionen kontrolliert? Welche „Zwecke“ erfüllen Emotionen für den Organismus (in der Allgemeinen Psychologie werden Emotionen fast stets in einem Organismus-Modell des Verhaltens und Erlebens analysiert)?
(2) Aus *differentialpsychologischer* Sicht interessieren intrapersonale Konsistenz und interindividuelle Unterschiede emotionaler Reaktionen und Reaktionsbe-

reitschaften, die mögliche Bereichsspezifität emotionaler Reaktionen und die Verankerung emotionaler Reaktionsbereitschaften in der Persönlichkeitsstruktur.

(3) Die *Entwicklungspsychologie* versucht Phasenmodelle der emotionalen Entwicklung aufzustellen, die sich an den Auftretenszeitpunkten von Emotionen in der kindlichen Entwicklung und den damit verbundenen - teilweise biologisch vorgeprägten - Aufgaben und Anforderungen an das kindliche Überlebens- und Anpassungsverhalten orientieren (z. B. Spannungsregulation, Bindung, Individuation). In diesem Zusammenhang sind wichtige Themen: das soziale Lächeln, der Protest gegen Trennungen, die Furcht vor „Fremden", Bindung und sozial-kognitive Entwicklung. Ferner interessieren: die Voraussetzungen für das Erleben (komplexer) Emotionen, die Bedingungen, unter denen sich im Lebenslauf Inhalte, Auslöser und Qualitäten von Emotionen verändern, und vor allem: wie und aufgrund welcher Einflüsse Reaktionsbereitschaften für das Erleben ganz bestimmter Emotionen entstehen.

(4) Aus *sozialpsychologischer* Perspektive interessiert, auf welche Weise Emotionen durch zwischenmenschliche Kontakte und Beziehungen geformt werden, welche Signal- und Mitteilungsfunktion Emotionsäußerungen haben und wie Emotionsäußerungen z. B. durch Ausdrucksregeln und soziale Rollen mitbeeinflußt werden.

(5) Die *Klinische* Psychologie achtet vor allem auf emotionale Auffälligkeiten und Abweichungen, die von längerer Dauer sind und Leidensdruck erzeugen, die von der Person allein nicht (mehr) bewältigt werden können und ihr Alltagsleben beeinträchtigen. Manche Menschen können beispielsweise Freude oder Vertrauen nicht (mehr) erleben; bestimmte Emotionen werden zu oft, zu intensiv oder zu lange erlebt, wie z. B. panische Angst oder endlose Trauer; abweichend, wenn auch nicht notwendig Leidensdruck erzeugend, ist auch mangelnde Einfühlungsfähigkeit („Gefühlskälte"), sind auch „falsche", weil kulturell geächtete Emotionen, wie z. B. Freude bei Tierquälerei.

Emotions*theorien* versuchen, im Zusammenhang mit oder neben empirischer Forschung, Antworten auf diese und andere Fragen zu geben. Diese Antworten hängen ab von allgemeinen theoretischen Konzeptualisierungen des „Wesens", des „Ursprungs" und der Wirkungsweise von Emotionen. So gab es im 19. Jahrhundert aus heutiger Sicht die folgenden vier wichtigen Auffassungen (Ulich/Mayring 1992):

(1) Gefühl als Wahrnehmung körperlicher Veränderungen
(2) Gefühle als subjektive Bewußtseinselemente
(3) Gefühl als menschliches Grundvermögen
(4) Gefühle als Hilfen im Kampf ums Dasein (Darwin 1884).

Obwohl gar nicht unmittelbar auf Emotionen selbst, sondern auf das Ausdrucksverhalten bezogen, wurde die *Theorie von Darwin* die einflußreichste Emotionstheorie, wenn man die heute vorherrschende Betonung der Zweckdienlichkeit, der „Funktionen" von Emotionen betrachtet. Nach Darwin (1884) sind Emotionen phylogenetisch entwickelte Anpassungsmechanismen, die der Lebensbewältigung („Anpassung") dienen. In der Evolution ursprünglich überlebensdienliche, mit Kommunikations- und Signalfunktion versehene Ausdrucksweisen haben sich als rudimentäre Spuren erhalten und zu Gewohnheiten verfestigt. Daraus entstanden deutlich voneinander unterscheidbare „grundlegende" Emotionen. Emotionsauslösung und -kontrolle unterliegen kulturellen Einflüssen.

Psychophysiologische Emotionstheorien verlegen das emotionale Erleben vom Bewußtsein in periphere und zentrale körperliche Prozesse, gehen also von Veränderungen im Nervensystem und in Organen wie Drüsen, Gefäßen, Haut, Muskeln u.ä. aus. Emotionen werden weitgehend mit Veränderungen von Erregungspotentialen gleichgesetzt. Unwahrscheinlich ist jedoch aus heutiger Sicht (vgl. auch Pekrun 1988), daß bestimmte Emotionen in bestimmten Hirnregionen „erzeugt" werden, daß Emotionen generell aufgrund der Rückmeldung (peripherer) körperlicher Veränderungen, etwa der Haut oder auch der Gesichtsmuskulatur, entstehen. Körperliche Vorgänge allein können Gefühlszustände nicht auslösen, auch wenn sie diese notwendigerweise immer begleiten.

Nach *psychoanalytischer* Auffassung (vgl. Ulich/Kapfhammer 1992, Teil II) sind Emotionen energetische, triebgesteuerte, zwischen Lust und Unlust variierende, manchmal auch ambivalente Erlebniszustände einer Person, in denen sich stets sowohl individuelle Bedürfnisse wie auch Kontrollversuche spiegeln. Im Vordergrund der emotionalen Entwicklung steht der Aufbau von sozialen Objektbeziehungen.

Behavioristisch-lerntheoretische Beiträge sahen in Emotionen zunächst eine bestimmte Art angeborener Reflexe. Nach Watson (vgl. Watson/Rayner 1920) gibt es nur drei angeborene emotionale Reaktionen mit entsprechenden angeborenen Auslösern: Furcht wird unkonditioniert ausgelöst durch laute Geräusche und den Verlust von Halt (bei kleinen Kindern); Wut/Zorn wird ausgelöst durch Einschränkungen der Bewegungsfreiheit; Liebe wird durch liebevolles Streicheln ausgelöst. Durch Lernvorgänge auf der Basis des Klassischen Konditionierens vergrößere sich im Laufe der weiteren Entwicklung diese sehr geringe Zahl von Reiz-Reaktions-Verbindungen. Bekannt wurde das Experiment mit dem kleinen Albert, dem Furcht vor einer (vorher geliebten) weißen Ratte ankonditioniert wurde.

Im Neobehaviorismus haben vor allem N. E. Miller und O. H. Mower durch eine Kombination der Modelle des Klassischen und des Instrumentellen Konditionierens versucht, die Entstehung emotionaler Reaktionen und Reaktionsbereitschaften im Sinne erworbener motivationaler Verhaltensdispositionen zu erklären. So entsteht etwa Furcht als sekundärer Trieb, wenn eine Ratte zunächst ein Warnsignal im Hinblick auf einen Schmerzreiz zu beachten lernt (Fluchtverhalten); Vermeidungsverhalten baut sich dann dadurch auf, daß die erworbene Furcht durch die Schmerzvermeidung „reduziert", das Verhalten also verstärkt wird. Trotz vieler offener Fragen und einer nicht hinreichend gesicherten empirischen Basis erklären behavioristisch-lerntheoretische Ansätze auch heute noch gut die Entstehung mancher kindlicher emotionaler Reaktionsbereitschaften durch Konditionierung und Gewohnheitsbildung.

Viele, auch neuere und einflußreiche Emotionstheorien widmen sich der Frage nach dem *Zusammenhang von „Kognition" und „Emotion"* bei der Gefühlsentstehung bzw. bei der „Handlungsregulation". James (1884) und auch Lange nahmen an, daß die bewußte Kenntnisnahme eines auslösenden Ereignisses der Wahrnehmung peripherer körperlicher Veränderungen folge: Wir sind traurig, weil wir weinen. Nach der Zwei-Faktoren Theorie von Schachter und Singer (1962) entstehen Gefühle dadurch, daß die Person, angeregt und gelenkt durch

Situationsmerkmale, eine eigene physiologische Erregung interpretiert. Heute ist die Theorie von Lazarus (vgl. z. B. Lazarus 1991) die bekannteste Bewertungstheorie der Emotionsentstehung.

Emotionen sehen Vertreter dieser Richtung als die Folge von Prozessen der Informationsverarbeitung unterschiedlicher Zeiterstreckung sowie unterschiedlichen Komplexitäts- und Bewußtseinsgrades. Emotionale Reaktionen enthalten stets wertende Stellungnahmen als Produkte (oft unwillkürlich-automatisierter) kognitiver Aktivitäten. Einige Theorien bemühen sich auch um eine Präzisierung der Dimensionen und Kriterien der kognitiven Einschätzung.

Auch neuere emotionsbezogene Mehrebenen- und Prozeß-Komponenten-Modelle kognitiver Verarbeitung sehen Emotionen, wie Lazarus, im Dienste der Handlungsregulation und als Folge kognitiver Prozesse. Leventhal (1984) postuliert drei ontogenetisch entstehende Ebenen der Informationsverarbeitung: eine wahrnehmungsgebundene, eine schematische und eine begrifflich-abstrakte Ebene. Scherer (1990b) postuliert bestimmte Komponenten von Emotionen als Zustandsformen von fünf organismischen Subsystemen: Informationsverarbeitung, Versorgung, Steuerung, Aktion, Monitor. Emotionen sind dann „Abfolgen von aufeinander bezogenen, synchronisierten Veränderungen in den Zuständen aller fünf organismischen Subsysteme“ (1990b, S. 6). Ausgelöst werden diese Veränderungen (nach Scherer) durch die Bewertung eines Ereignisses anhand bestimmter (organismischer, also unwillkürlich-unbewußter) Prüfschritte im Hinblick auf dessen Neuheit, Angenehmheit, dessen Relevanz für Ziele und Bedürfnisse der Person, die Bewältigbarkeit und schließlich die Übereinstimmung mit sozialen Normen und selbst-relevanten Zielen. Diese Prüfkriterien sind biologisch begründet, unterliegen in ihren konkreten Ausformungen aber Veränderungseinflüssen durch Kultur und Lebensalter. Ebenen und Prozesse lassen sich auch aufeinander beziehen und integrieren. Auch moderne Theorien lassen allerdings Fragen nach dem *Zusammenhang* der Aktualgenese und Ontogenese von Emotionen und nach der Entstehung intra- und interindividueller *Unterschiede* emotionaler Reaktionen weitgehend offen.

5.1.3 Zur Entstehung emotionaler Reaktionen (Aktualgenese)

Wenn in einer gegebenen Situation eine aktuelle Gefühlsregung entsteht:
Welche Faktoren und Prozesse sind daran beteiligt?
Wie wirken diese zusammen?
Wie ist der Verlauf?

In der Aktualgenese einer Gefühlsregung kommt es zu einer Verknüpfung situativer und personaler und hierbei dispositioneller und aktueller Einflußfaktoren (vgl. zum Folgenden Ulich/Mayring 1992, Kap. 5). Aktuelle Gefühlsregungen gehen hervor aus der jeweils individuumspezifischen Interaktion zwischen den folgenden vier Faktoren: auslösendes Ereignis, emotionale Schemata, Momentanverfassung der Person, Situation/Kontext.

Emotionale Schemata (s. u.) sind soziokulturell präformierte, relativ überdauernde persönlichkeitsspezifische Konstanten des Erlebens; sie repräsentieren also die dispositionellen Einflüsse. Unter der Aktualgenese einer Gefühlsregung verstehe ich die Generierung der emotionalen Bedeutung eines Ereignisses. Makroanalytisch gesehen ergibt sich diese, wie angedeutet, aus der Interaktion der angesprochenen vier Einflußfaktoren. Mikroanalytisch gesehen ergibt sich die Bedeutung eines Ereignisses durch die Belegung von bestimmten „Leerstellen" in bestimmten emotionalen Schemata (vgl. Ulich 1991).

Bevor ich den angedeuteten schema-theoretischen Ansatz skizziere, möchte ich kursorisch auf den Erklärungswert vorliegender Theorien zur Aktualgenese von emotionalen Reaktionen eingehen (vgl. Ulich/ Mayring 1992, S. 76-82; Pekrun 1988, S. 101-150.) Die meisten Theorien leiden sowohl unter einer einseitigen Verabsolutierung bestimmter Einflußfaktoren wie auch unter bisher mangelhafter empirischer Bestätigung. So konnte bisher nicht hinreichend plausibel gemacht werden,

- daß für das Erleben eines Gefühls physiologische Erregung unbedingt nötig ist, oder daß Personen ihre Erregung „erklären", um zu einem Gefühlserlebnis kommen zu können;
- daß Emotionen aufgrund einer propriozeptiven Rückmeldung von Gesichtsmuskelbewegungen entstehen;
- daß Emotionen durch Nervenimpulse hervorgerufen werden, die zentral zur Ausführung einer bestimmten Ausdrucksmotorik ausgesandt werden;
- daß eine Gefühlsregung identisch ist mit Änderungen von Potentialen in bestimmten Hirnregionen;
- daß Gefühlsregungen vor allem aufgrund des Durchlaufens universeller, formaler Prüfschritte auf verschiedenen Verarbeitungsebenen entstehen.

Wahrscheinlich ist dagegen, daß sowohl Wahrnehmungen wie Kognitionen, insbesondere in der Form von Strukturen, gelegentlich auch wahrgenommene Erregung, in jedem Falle aber zusätzlich die Momentanverfassung der Person und der jeweilige Kontext neben dem auslösenden Ereignis die Entstehung einer Gefühlsregung beeinflussen. Vielleicht muß man für unterschiedliche Arten von Emotionen auch unterschiedliche Konstellationen von Einflußfaktoren annehmen.

Um Aktual- und Ontogenese besser aufeinander beziehen zu können, habe ich im Anschluß an Piaget und Leventhal (1984) das Konzept der „emotionalen Schemata" entwickelt bzw. weiterentwickelt (vgl. Ulich 1991). Emotionale Schemata sind „Mustervorlagen für die Vervielfältigung von Gefühlsregungen". Die ersten Hinweise auf Schematisierungen im Gefühlsbereich verdanken wir Piaget, der mit seinem Konzept der „affektiven Schemata" eine Art von „Gußformen" wiederkehrender Gefühle meinte, im Sinne von Organisationsformen des Fühlens. Leventhal (1984) sagte über die hypothetische Wirkungsweise emotionaler Schemata, daß diese unwillkürlich-automatische Ereignisbewertungen erlaubten, daß sie Erwartungen schaffen, daß sie durch Selektion und Bedeutungsstiftung der Akkumulierung und Organisation von Erfahrung dienen. Offen bleibt hier jedoch, welche Elemente episodischer emotionaler Erinnerung tatsächlich dispositionale Funktionen erwerben, und auf welche Weise diese Elemente zu Organisationsformen des aktuellen Erlebens werden.

Auf die erste Frage finden wir eine hypothetische Antwort, wenn wir emotionale Schemata in die sie ausmachenden Substrukturen zerlegen. Emotionale Schemata sind aus ineinander verschachtelten Substrukturen aufgebaut, die bestimmte Einflüsse und Lernerfahrungen in unterschiedlicher, jedoch ergänzender Weise repräsentieren. Die folgende Tabelle 5.1 faßt die postulierten Substrukturen zusammen (nach Ulich/Mayring 1992):

Tab. 5.1: Substrukturen emotionaler Schemata

Gefühlstypen	=	Begrifflich-strukturelle Komponente; Kontextinvariant; Kompetenz-Aspekt (Fähigkeit)
Gefühlsschablonen	=	Konventionelle Komponente, Kontext-sensibel; kulturell-normativer Aspekt
Wertbindungen	=	Evaluative Komponente; Präferenz-Aspekt
Gewohnheitsstärken	=	Dispositionelle Komponente; Eigenschafts-Aspekt (Bereitschaft)

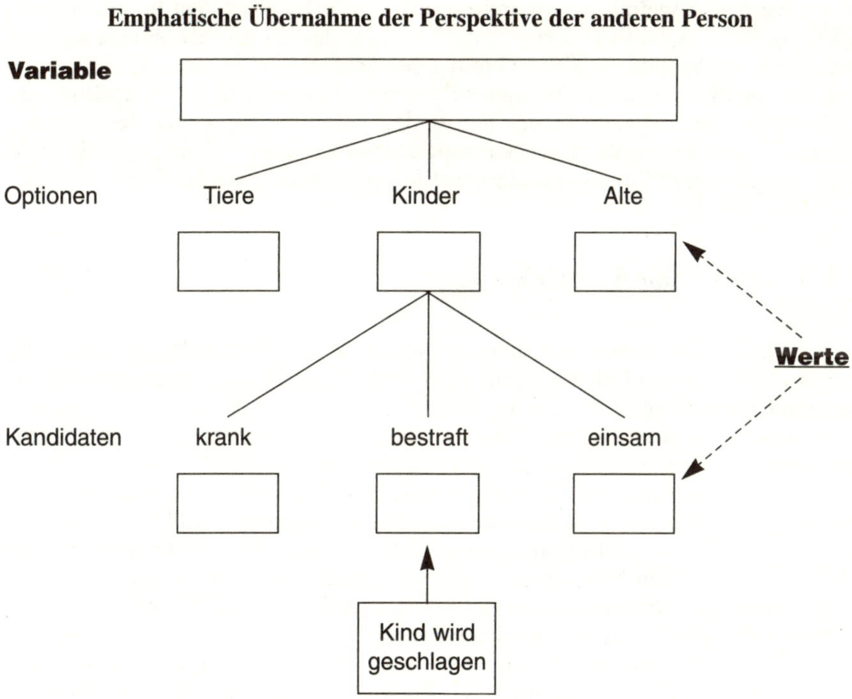

Abb. 5.1: Leerstellenausfüllung „Mitgefühl“

„Gefühlstypen“ machen die Person zu einem „kompetenten Erleber“, sie ist grundsätzlich zum Erleben eines bestimmten Gefühls wie z. B. Eifersucht fähig. Gefühlstypen entstehen u. a. durch Gefühlsetikettierung. „Wertbindungen“, in welche kulturelle Werte wesentlich miteingehen, entscheiden mit, ob aus der

„Kompetenz“ eine „Performanz“ wird, dann nämlich, wenn das Ereignis wertbezogen erlebt wird. In kulturelle „Gefühlsschablonen“, welche die Auslösewahrscheinlichkeit mitbestimmen, gehen sozialisatorische „Mitgliedschaftsentwürfe“ mit ein. In „Gewohnheitsstärken“ gehen individuelle Erfahrungen ein (zu den Substrukturen vgl. Ulich/Mayring 1992, S. 95–102).

Unter dem Einfluß eines auslösenden Ereignisses *aktualisieren* sich nun diese allgemeinen Repräsentationsformen *ingestalt* bestimmter Leerstellen-Gefüge, die teilweise im Gedächtnis vorgefertigt sind, teilweise ad hoc und ereignisbezogen entstehen. Die konkrete Ausfüllung bestimmter Leerstellen in bestimmten Schemata macht dann das eigentliche Gefühlserlebnis aus; darin besteht, mikroanalytisch betrachtet, die Aktualgenese. In den Leerstellengefügen gibt es „Variablen“ und „Werte“. Variablen sind die für eine spezifische Gefühlsqualität wie z. B. Angst obligatorischen Leerstellen, also die Erlebniskomponenten Bedrohung, Hilflosigkeit, Ungewißheit. Werte sind Platzhalter bzw. Stellvertreter real vorkommender Ereignismerkmale, also bei Angst z. B. Vorgesetzte, Unfälle, hoch gelegene Plätze u.ä.m. Je nach „Passung“ zwischen realen Ereignismerkmalen und Werten im Schema kann ein Ereignis ein emotionales Schema aktivieren: Die Werte werden ausgefüllt bzw. konkretisiert. Zur Erläuterung ein Beispiel (Ulich/Mayring 1992, S. 93 f): Das emotionale Schema des Mitgefühls bestehe aus den folgenden vier Variablen: Wahrnehmung von Schmerz bei anderen, Einschätzung des Schmerzes als unangenehm/ungerechtfertigt, Übernahme der Perspektive der anderen Person, stellvertretendes Empfinden von Schmerz. Unter Berücksichtigung nur einer dieser Variablen – Perspektivenübernahme – kann man sich nun die Leerstellenausfüllung (Aktualgenese) folgendermaßen vorstellen *(Abb. 5.1)*.

5.1.4 Emotionale Entwicklung

In der Ontogenese entwickeln sich persönlichkeitsspezifische „Neigungen“ oder Bereitschaften (Gewohnheiten), auf bestimmte Klassen von Ereignissen mit bestimmten Gefühlsregungen zu reagieren. Wie angedeutet sehe ich diese Reaktionsbereitschaften in emotionalen Schemata verankert bzw. repräsentiert. Diese Schemata entstehen aufgrund einer internen Organisation von Erlebnissen und Erfahrungen zu Strukturen bzw. Gewohnheiten. Die Strukturbildung geschieht auch unter dem Einfluß von Sozialisation, d. h. der Vermittlung von „Mitgliedschaftsentwürfen“ oder -erwartungen, der Einführung und Einübung von Kindern und Heranwachsenden in Mitgliedschaften. Emotionale Gefühlsschablonen (s. o.) repräsentieren den emotionalen Aspekt von kulturellen Mitgliedschaftsentwürfen.

Neben der skizzierten schema-theoretischen Auffassung kann man mindestens sieben weitere Konzeptionen von emotionaler Entwicklung unterscheiden (vgl. Ulich 1994, S. 229–257): Emotionale Entwicklung als Entfaltung evolutionär entstandener, genetisch vorprogrammierter, universeller Reaktionsformen; als fortschreitende Ausdifferenzierung einzelner Emotionen aus ursprünglich ganzheitlichen Erregungs- oder Lust-Unlust-Zuständen; als Aufbau von Objektbeziehungen, emotionaler Objektpermanenz und Beziehungsrepräsentanzen (Ulich/Kampfhammer 1991, Teil II); als Entwicklung von Bindungssicherheit und „inner working models“ (z. B. Ainsworth/Bell/Stayton 1971; Großmann u. a. 1988); als

Erwerb kognitiver Kompetenzen zur richtigen Zuordnung von Situationen, Zustand, Ausdruck und Emotionsbenennungen; als Differenzierung und Hierarchisierung von Ebenen, Schritten und Kriterien der Informationsverarbeitung; als

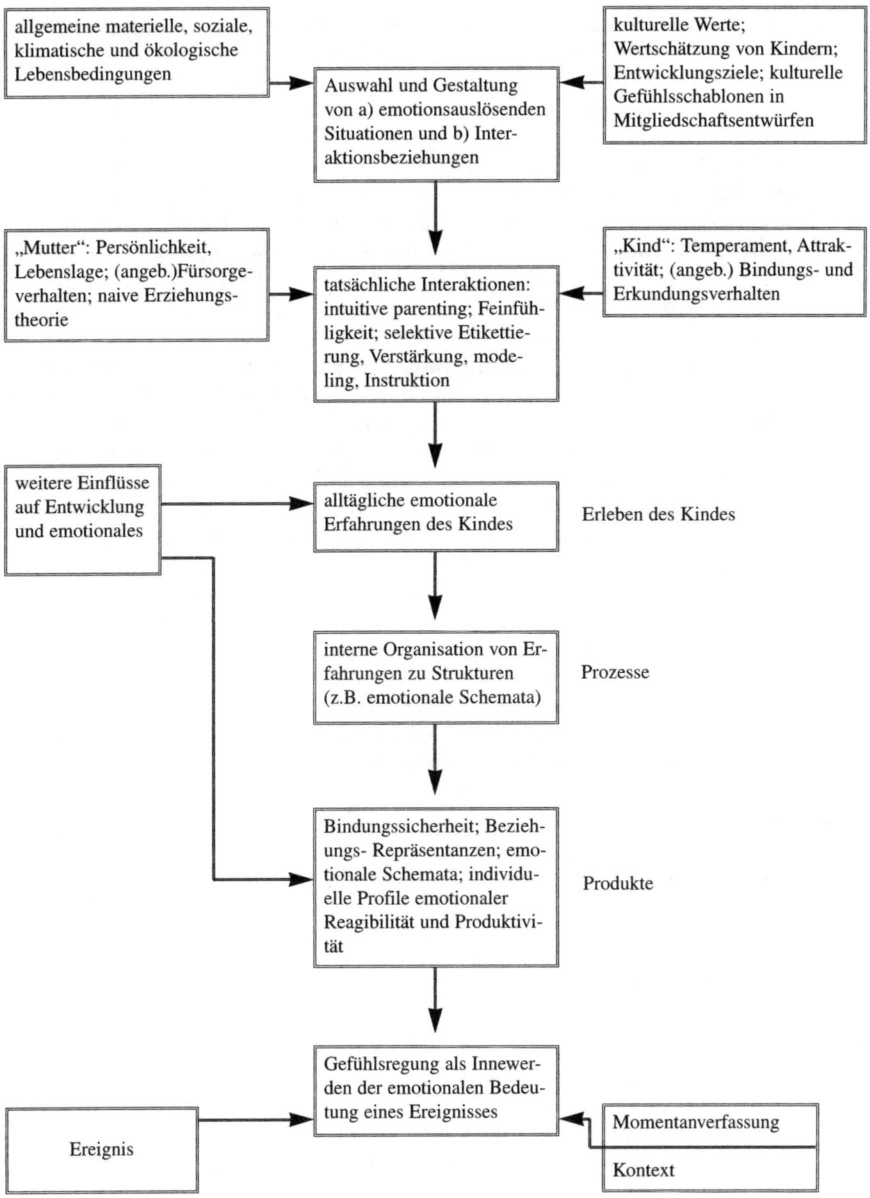

Abb. 5.2: Ein Modell emotionaler Sozialisation und Entwicklung (nach Ulich 1994)

Entwicklung von Regel- und Rollenverständnis und -kompetenz für das kulturspezifisch angemessene Erleben von Gefühlen.

Wichtige Forschungsbefunde wurden vor allem im Rahmen von Mutter-Kind-Interaktionen erhoben (vgl. zum Folgenden Ulich 1994). Die Bindungsforschung konnte zeigen, daß ein enger Zusammenhang besteht zwischen der Feinfühligkeit der Mutter und der Bindungssicherheit des Kindes. Kindliche Signale müssen wahrgenommen, richtig interpretiert, prompt und angemessen beantwortet werden. Eine vertrauensvolle Bindung an die Mutter ermöglicht erst Explorationsverhalten. Kinder von feinfühligen Müttern weinen weniger und gehen auf elterliche Forderungen bereitwilliger ein. Wie Längsschnittstudien zeigen, ist die Bindungssicherheit (bzw. -unsicherheit) recht stabil; bindungssichere ältere Kinder explorieren überdies ihre Umwelt vergleichsweise intensiver, sie haben ein höheres Kontrollbewußtsein, lösen kognitive Aufgaben besser und zeigen eine höhere soziale Reife. Kinder lernen durch diskriminative Verstärkung, welche Gefühle in welchen Situationen angemessen sind. Mutter und Kind imitieren schon in den ersten Lebenswochen wechselseitig ihren mimischen Gesichtsausdruck. Eltern suchen und unterstützen den Blickkontakt mit ihren Kindern, sie scheinen über ein Repertoire an intuitiven interaktiv-didaktischen Fähigkeiten zu verfügen. Durch verbale Etikettierung kindlicher Zustände durch die Versorgungspersonen lernen Kinder allmählich, ihren eigenen Zustand, ein auslösendes Ereignis, einen begleitenden Gesichtsausdruck und das „richtige“ Emotionswort immer besser zu synchronisieren. Neben Konditionierung spielen auch direkte Instruktionen und Modell-Lernen eine wichtige Rolle in der emotionalen Sozialisation. Auf vielfältige Weise tragen Kinder allerdings immer auch selbst aktiv zu diesen Lern- und Verarbeitungsprozessen bei. In ungewohnten Situationen versuchen sie z. B. von Mimik und Gestik einer gleichzeitig anwesenden vertrauten Person deren Emotion abzulesen, um eine Orientierungshilfe zu bekommen („social referencing“).

In Abbildung 5.2 fassen wir wichtige Hypothesen und Befunde zur Sozialisation und Entwicklung von Emotionen zusammen. Als Ausgangsvariablen sind die Kultur einer Gesellschaft, die Lebensbedingungen einer Gruppe oder Familie, Interaktionsbeziehungen und konkrete emotionsauslösende Situationen anzusehen. Versorgungsperson und Kind bringen Persönlichkeitsmerkmale in die tatsächlichen Interaktionen mit ein. Aufgrund einer internen Organisation von Erfahrungen entstehen dann unterschiedliche „Produkte“ emotionaler Entwicklung, wie z. B. auch emotionale Schemata.

5.2 Motivation und Volition *(Veronika Brandstätter, Peter M. Gollwitzer)*

Wenn im Alltag von Motivation gesprochen wird, dann meist in Form von Aussagen, wie etwa den folgenden: „Schüler X ist nicht motiviert zu lernen!“ Oder „Mitarbeiter Y ist hoch motiviert!“ Was ist damit gemeint? Man will mit diesen Aussagen andeuten, daß der Schüler X eine geringe Bereitschaft zeigt, sich in den aufgetragenen Lernstoff zu vertiefen, während der Mitarbeiter Y mit großer Bereitwilligkeit alles unternimmt, die anstehenden Aufgaben anzupacken und diese zügig zu beenden.

In der wissenschaftlichen Psychologie wird der Begriff Motivation folgendermaßen präzisiert. Es wird davon ausgegangen, daß das Ausführen einer Handlung oder die Erledigung eines Projektes zunächst vom vorhandenen Können abhängt. Dies ist gewissermaßen die notwendige Voraussetzung für eine erfolgreiche Handlung. Doch selbst wenn man eine bestimmte Tätigkeit ausführen kann, ist dennoch nicht sichergestellt, daß man es auch tut. Zum Beispiel: Nur weil Schüler X im Prinzip eine bestimmte Aufgabe lösen kann, garantiert dies noch nicht, daß er sie in Angriff nimmt. Motivation bezieht sich nun auf die Bedingungen und Prozesse, die der Bereitschaft zugrundeliegen, ein vorhandenes Können auch einzusetzen.

Motivationstheorien spezifizieren diese Bedingungen und Prozesse unterschiedlich, je nachdem welches Menschenbild sie favorisieren. Weiner (1992) versucht Ordnung in die Vielzahl motivationstheoretischer Ansätze zu bringen, indem er sie danach gruppiert, welche Menschenbild-Metapher ihrer Erklärung menschlichen Verhaltens zugrundeliegt. Als der Maschinenmetapher (wonach der Mensch wie ein Automat auf bestimmte innere oder äußere Reize reagiert) zugehörig betrachtet er:

(1) die biologischen Theorien von Freud (1915/1952, 1926/1952; Psychoanalyse), Tinbergen (1951) oder Lorenz (1937, 1966; ethologische Instinkttheorien), und Wilson (1975; soziobiologischer Ansatz);
(2) Lerntheorien, die dem Triebkonzept eine tragende Rolle zuweisen (Hull 1943);
(3) den feldtheoretischen Ansatz Lewins (1963).

Die zweite Gruppe von Motivationstheorien verschreibt sich nach Bernard Weiner der sog. „Godlike"-Metapher. Hier wird der Mensch als mit „göttlichen" Eigenschaften ausgestattet konzipiert, wie z. B. allwissend und rational. Solche Theorien sind:

(1) Die Erwartung-Wert-Theorien (z. B. Atkinson 1957, 1964), in denen davon ausgegangen wird, daß der Mensch aufgrund einer umfassenden Wissensbasis rationale Handlungsentscheidungen trifft;
(2) die Attributionstheorien (z. B. Heider 1958; Kelley 1967; Weiner 1974, 1985), die in den Ursachenzuschreibungen (Attributionen) für Handlungsergebnisse die Determinanten für zukünftiges Verhalten sehen. Die Alltagsperson wird als wissenschaftlich denkender Mensch konzipiert, der die Ursachen seines Verhaltens systematisch erforscht.

Neuerdings hat man auch auf andere Weise versucht, Ordnung in die Vielzahl motivationspsychologischer Fragestellungen zu bringen, indem man die Phänomene, die bei der Verwirklichung der Wünsche einer Person durchlaufen werden müssen, chronologisch auflistet (Gollwitzer 1990, 1991; Heckhausen 1987 a, 1987 b, 1989; Heckhausen & Kuhl 1985; Heckhausen et al. 1986). Also z. B. das Abwägen konkurrierender Wünsche, die Wahl von Handlungszielen, die vorausschauende Handlungsplanung, der Konflikt zwischen konkurrierenden Absichten, Anstrengung und Ausdauer bei der Zielverwirklichung, die Wiederaufnahme unterbrochener Handlungen, und schließlich die rückblickende Bewertung erreichter Handlungsergebnisse. Dabei werden Phänomene, die sich auf die Realisierung von Zielen beziehen, dem Bereich der *Volition* zugehörig definiert, während das Abwägen und die Wahl von Handlungszielen sowie die Bewertung erzielter Handlungsergebnisse als klassische *Motivations*phänomene betrachtet werden. Damit wurden Fragen nach der Verwirklichung von Zielen wieder zu einem eigenständigen Forschungsgegenstand. Nach der Blütezeit der deutschen Willenspsychologie (Ach 1910, 1935; Lewin 1926) hatte die wissenschaftliche Motivationspsychologie die Probleme der Zielrealisierung aus den Augen verloren (Heckhausen 1987 a, 1987 b, 1989; Gollwitzer 1990, 1991).

Im vorliegenden Beitrag werden einige wenige zentrale Phänomene und Konzepte der Motivations- und Volitionspsychologie ausgewählt, um dem Leser ein Gefühl dafür zu vermitteln, welche Fragen in diesem Inhaltsbereich der Psychologie formuliert werden, und wie die auf diesem Gebiet tätigen Forscher versuchen, darauf Antworten zu finden. Die Gliederung folgt vier thematischen Schwerpunkten:
(1) der Motivbegriff,
(2) Erwartung-Wert-Modelle,
(3) Attributionstheorien und
(4) Zielstreben (Volition).

5.2.1 Der Motivbegriff

Im biologisch ausgerichteten Motivationsmodell von McClelland (1985, 1990; McClelland, Atkinson, Clark & Lowell 1953) wird die affektive Grundlage motivationaler Prozesse besonders betont. Grundlage motivierten Handelns ist das Streben nach positiven Affekten, die sich einstellen, sobald man Zugang zu „natürlichen Anreizen“ (natural incentives) hat, die als antizipierte Zielzustände konzeptualisiert werden. Die Verknüpfung zwischen einem natürlichen Anreiz und der durch ihn ausgelösten spezifischen Emotion wird dabei als angeboren betrachtet. Was einen derartigen natürlichen Anreiz darstellt, läßt sich nur evolutionsgeschichtlich ausmachen. Es sind letztlich jene Situationen und Handlungen, die für das Überleben der Art funktional waren (z. B. sich gegen andere durchsetzen, für den eigenen Nachwuchs sorgen). Entsprechend wird angenommen, daß es nur eine begrenzte Zahl an natürlichen Anreizen gibt. Die individuelle Präferenz bestimmter Zielzustände bezeichnet McClelland als Motiv (vgl. dazu die Motivdefinitionen bei Murray 1938 oder Heckhausen 1989).

Durch Erfahrung lernt das Individuum zum einen, aufgrund bestimmter Hinweisreize jene Situationen zu erkennen, in denen natürliche Anreize samt der mit ihnen verbundenen positiven Affekte erreichbar sind; zum anderen wird ein Verhaltensrepertoire aufgebaut, mit Hilfe dessen die positiv getönten Ereignisse herbeigeführt werden können. An dieser Stelle sollte erwähnt werden, daß Verhalten zur Vermeidung oder Beendigung unangenehmer Zustände ausgespart bleibt. McClelland (1990) räumt allerdings ein, daß der Vermeidungscharakter mancher Handlungen nicht geleugnet werden dürfe. Sein Modell habe sich jedoch vor allem bei der Erklärung und Vorhersage von Annäherungsverhalten bewährt.

Unterschieden werden bei McClelland (1985) das Leistungs-, Macht-, Aggressions-, Hilfeleistungs- und Anschlußmotiv, denen jeweils ein spezifischer Affekt zugeordnet ist. Das Leistungsmotiv wird beispielsweise gespeist aus der Erwartung des positiven Gefühlszustandes, der sich einstellt, wenn man sich erfolgreich mit einem Güte- oder Tüchtigkeitsmaßstab auseinandergesetzt hat (McClelland et al. 1953). Das Machtmotiv bezieht sich auf Gefühle, die sich dann einstellen, wenn man auf jemand anderen Einfluß auszuüben vermochte. Die Einflußnahme kann dabei je nach der Lerngeschichte des Individuums die verschiedensten Formen annehmen, vom Handgreiflichwerden gegenüber Andersdenkenden bis hin zum Einführen des Novizen in die Freuden der Musik. Vor allem das letztgenannte Beispiel macht deutlich, daß bestimmte Berufe oder auch Rollen besonders reichlich Gelegenheit geben, auf andere Einfluß zu nehmen (z. B. Lehrer, Politiker, Eltern).

Grundsätzlich wird angenommen, daß jeder Mensch die o. g. Motive besitzt, jedoch in unterschiedlicher Ausprägung, was sich u. a. am Spektrum der für ein bestimmtes Motiv relevanten Handlungssituationen oder an der Stärke des antizipierten Zielaffektes festmachen läßt. Eine Möglichkeit, die individuelle Motivausprägung zu erheben, ist der ursprünglich von Murray (1943) entwickelte TAT (Thematische Auffassungstest), der von McClelland et al. (1953) und Heckhausen (1963) für die Messung des Leistungsmotivs elaboriert wurde. Weitere TAT-Verfahren liegen vor zur Messung des Aggressionsmotivs (Kornadt 1982; Olweus 1972), des Anschlußmotivs (Shipley & Veroff 1952) und des Machtmotivs (Uleman 1972; Veroff 1957; Winter 1973).

Im Leistungs-TAT werden den Probanden verschiedene, relativ unstrukturierte Bildkarten mit leistungsthematischen Situationen vorgelegt (z. B. Meister und Lehrling in einer Werkstatt). Die Testperson wird instruiert, ihrer Phantasie freien Lauf zu lassen und zu beschreiben, wie es ihrer Meinung nach zur dargestellten Begebenheit gekommen ist, wie es wohl weitergehen, und wie die ganze Geschichte enden wird. Dabei soll darauf eingegangen werden, was die beteiligten Personen fühlen, denken und tun. Der Grundgedanke dieses operanten Verfahrens ist, daß sich in den freien Phantasieproduktionen motivbedingte Abläufe niederschlagen, die durch das Bildmaterial angeregt werden und die der Selbstbeobachtung nicht zugänglich sind. Deshalb werden Fragebögen, die den Probanden relativ reflektierte Selbstbeschreibungen abverlangen (sog. respondente Verfahren), als Motivmeßverfahren von manchen Wissenschaftlern strikt abgelehnt (zur Unterscheidung zwischen respondenten und operanten Motivmeßverfahren, siehe Halisch 1986). Die TAT-Geschichten der Probanden werden anhand eines Inhaltsschlüssels auf motivthematische Inhalte hin analysiert. Da alle Vpn unter konstanten Bedingungen die gleichen Bilder sehen, werden Unterschiede bzgl. der motivthematischen Inhaltskategorien auf personspezifische Unterschiede der Motivausprägung zurückgeführt.

Das Forschungsinteresse war zunächst darauf ausgerichtet, Zusammenhänge zwischen Motivausprägung und relevanten Verhaltenskriterien aufzudecken. Am besten untersucht ist das Leistungsmotiv, das man zu verschiedenen Aspekten leistungsthematischen Verhaltens in Beziehung setzte, wie z. B. Anspruchsniveausetzung, Ausdauer, Leistungsergebnisse in experimentellen oder alltäglichen Leistungssituationen (zusammenfassend Atkinson 1964; Heckhausen 1967, 1989; Heckhausen, Schmalt & Schneider 1985). Die in erster Linie korrelativ angelegten Studien erbrachten jedoch häufig widersprüchliche Ergebnisse. So ließ sich etwa der Berufserfolg eines Managers nicht verläßlich aus dem Leistungsmotiv vorhersagen. Berücksichtigt man jedoch Motivkonstellationen, so ändert sich das Bild. Es gibt eine Reihe von Studien, die die individuelle Konstellation von drei Motiven berücksichtigten. Dabei stellte sich heraus, daß die Konstellation aus hohem Leistungsmotiv, hohem Machtmotiv und niedrigem Affiliationsmotiv recht eng mit dem Erfolg als Manager verknüpft ist (Wainer & Rubin 1971; Kock 1974; McClelland 1975).

Aber auch die einfache Vorhersage, daß ein hohes Leistungsmotiv mit erhöhter Persistenz und besserer Leistung beim Lösen von Leistungsaufgaben einhergeht, ließ sich nicht ohne Probleme bestätigen. Man geht bei derartigen Erklärungsansätzen nämlich fälschlicherweise von einer monokausalen Determination des Verhaltens durch die Motivdisposition der Person aus und versäumt, Situationsfaktoren in die Analyse miteinzubeziehen. Anders ausgedrückt: man unterscheidet nicht zwischen „Motiv" als Personmerkmal und „Motivation" als situativ angeregter Handlungstendenz. Dieser Mangel wurde in sog. Erwartung-Wert-Modellen behoben, welche die Merkmale der Situation berücksichtigen und erstmals auch kognitive Variablen (z. B. in Form von zielbezogenen Erwartungen) als Verhaltensdeterminanten in den Vordergrund rückten (Sorrentino & Higgins 1986; Higgins & Sorrentino 1990).

5.2.2 Erwartung-Wert-Modelle

Ausgangspunkt von Erwartung-Wert-Theorien ist die Überlegung, daß das Individuum bei der Wahl von Handlungszielen rational vorgeht und neben dem subjektiven Wert eines Handlungsziels die wahrgenommene Realisierungswahrscheinlichkeit berücksichtigt, die wesentlich von den situationalen Umständen abhängt. Der prominenteste Vertreter dieser Forschungsrichtung ist Atkinson (1957, 1964), der das sog. Risiko-Wahl-Modell leistungsmotivierten Verhaltens entwickelte. Die subjektive Erfolgswahrscheinlichkeit wird hier durch die Aufgabenschwierigkeit bestimmt, während der Wert des Leistungsziels vermittelt ist über den antizipierten Stolz bei Erfolg und durch die vorweggenommene Betroffenheit oder Scham bei Mißerfolg. Es wird angenommen, daß die Höhe der leistungsbezogenen Affekte sich invers linear zur subjektiven Erfolgswahrscheinlichkeit verhält. Dies bedeutet: Je geringer die Erfolgswahrscheinlichkeit (d. h. je schwieriger eine Aufgabe), desto stolzer ist man im Erfolgsfall bzw. desto weniger betroffen wird man bei Mißerfolg sein. Die Motivationstendenz (oder Handlungsbereitschaft) wird schließlich als eine multiplikative Verknüpfung von Anreiz und Erwartung berechnet. Die oben angesprochene Wechselwirkung zwischen Person- und Situationsfaktoren findet im Atkinson-Modell Berücksichtigung, indem das Produkt aus Erwartung und Anreiz noch mit der individuellen Ausprägung des Leistungsmotivs gewichtet (wiederum multiplikativ) wird. Dabei wird sowohl eine Annäherungs- (Hoffnung auf Erfolg) als auch eine Vermeidungstendenz (Furcht vor Mißerfolg) berücksichtigt. Dies führt zur Vorhersage, daß Erfolgsmotivierte bei Aufgaben mittlerer Schwierigkeit stärker motiviert sind als bei leichten und sehr schwierigen Aufgaben; für Mißerfolgsmotivierte werden die höchsten Motivationswerte dagegen für leichte und sehr schwierige Aufgaben erwartet, die niedrigsten dagegen für Aufgaben im mittleren Schwierigkeitsbereich.

Während der Ansatz Atkinsons ausschließlich auf leistungsorientiertes Handeln abzielt, bezieht sich das Erweiterte Kognitive Motivationsmodell von Heckhausen

(1977, 1981) auf jegliche Art zielgerichteten Handelns. Das Risiko-Wahl-Modell hat zwei Beschränkungen, die im Erweiterten Motivationsmodell behoben werden. Das Atkinson-Modell berücksichtigt zum einen nur die subjektive Erfolgswahrscheinlichkeit, obwohl auch noch andere Erwartungstypen motivationswirksam sein können; zum anderen gelten ausschließlich antizipierte Emotionen der Selbstbewertung als motivierende Anreize.

Orientiert an der Abfolge einer Handlungssequenz (Situation, Handlung, Ergebnis, Folgen) lassen sich nach Heckhausen drei Arten von Erwartungen unterscheiden (vgl. die aussagenlogische Formulierung von Heckhausen und Rheinberg 1980). Es wird davon ausgegangen, daß der Handelnde zunächst klärt, inwieweit die Situation von sich aus, also ohne eigenes Zutun der Person, zum erwünschten Zielzustand führen wird (Situations-Ergebnis-Erwartung). Ist eigenes Handeln vonnöten, gilt es, die Handlungs-Ergebnis-Erwartung zu bestimmen, die der Erfolgswahrscheinlichkeit bei Atkinson entspricht. Entscheidend ist jedoch, ob ein erzieltes Handlungsergebnis auch positiv bewertete Folgen nach sich zieht und wie eng die Kontingenz zwischen Ergebnis und Folge ist (Ergebnis-Folge-Erwartung bzw. Instrumentalität; vgl. Vroom 1964). Über die Differenzierung des Erwartungskonzeptes hinaus wird bei Heckhausen deutlich, daß der Handlungsanreiz außer in der bei Atkinson konzeptualisierten Selbstbewertung auch in Fremdbewertung, Annäherung an ein Oberziel und extrinsischen Nebenwirkungen bestehen kann. Eine Besonderheit des Erweiterten Modells ist, daß es auf Motivvariablen zugunsten von aktuell wirksamen Motivationsvariablen verzichtet. Es wird jedoch davon ausgegangen, daß an verschiedenen Parametern des Modells individuelle Unterschiede (auch individuelle Motivkonstellationen im Sinne McClellands) wirksam werden können, so z. B. bei der Gewichtung von Oberzielen, der Einschätzung von Handlungs-Ergebnis-Erwartungen oder bei den Prozessen der Selbstbewertung (Heckhausen 1977).

Aber selbst das Erweiterte Modell, das die in einem Erwartung-Wert-Modell zu berücksichtigenden verschiedenen Anreize spezifiziert, übersieht einen bestimmten Anreiz, den sog. Tätigkeitsanreiz. Darauf hat Rheinberg (1982) hingewiesen. Ist nämlich die Ausführung einer Handlung im höchstem Maße aversiv, so verblaßt selbst die Anziehung eines auch noch so begehrten Ziels. Die Berücksichtigung von Tätigkeitsanreizen erlaubt ferner die Erklärung von scheinbar „ziel- oder zwecklos" ablaufenden Handlungen, die nur schwerlich in den erwartungwert-theoretischen Rahmen einzuordnen sind. Derartig intrinsisch motivierte Handlungen werden um ihrer selbst willen und nicht unter dem Nutzenmaximierungs-Kalkül unternommen (vgl. die verschiedenen Definitionen intrinsischer Motivation, Heckhausen 1989, S. 455ff), vielmehr geht man in der Tätigkeit selbst auf (Csikszentmihalyi 1975).

Neuerdings sind in der Motivationspsychologie auch reine Erwartungstheorien populär geworden, die den Anreiz des Verhaltens weitgehend ausklammern. Am Anfang dieser Entwicklung stand Seligmans (1975) Entdeckung des Phämomens der erlernten Hilflosigkeit. Maier und Seligman (1976) hatten in Laborexperimenten mit Hunden beobachtet, daß die Handlungsbereitschaft erlahmt, wenn Hunde einer Situation ausgesetzt werden, in der ein negatives Ereignis (z. B. ein elektrischer Schock) durch eigenes Verhalten nicht kontrolliert werden kann. Diese Lernerfahrung generalisiert auf nachfolgende Situationen, in denen das negative Ereignis kontrollierbar (d. h. vermeidbar) ist, weil – so die Theorie der gelernten

Hilflosigkeit - die Hunde die Erwartung erworben haben, daß sie keine Kontrolle über das negative Ereignis haben.

Interessanterweise gilt dieses Phänomen auch für Menschen. In solchen Hilflosigkeitsexperimenten (z. B. Hiroto 1974) kommt beispielsweise eine unangenehme Lärmquelle zum Einsatz, die sich nicht kontrollieren läßt. Auch hier finden sich generalisierte Hilflosigkeitseffekte. Es wurde allerdings bald deutlich, daß dieses Phänomen davon abhängt, welche Ursache man für die Unkontrollierbarkeit des negativen Ereignisses verantwortlich macht. Nur wenn man sie auf stabile und globale Gründe zurückführt (z. B. wiederholter Mißerfolg im Beruf wird darauf zurückgeführt, daß in unserer Gesellschaft ältere Menschen nichts mehr wert sind), stellt man jegliche Versuche ein, negative Ereignisse unter die eigene Kontrolle zu bringen (siehe die attributionstheoretische Reformulierung der Theorie der erlernten Hilflosigkeit; Abramson, Seligman & Teasdale 1978).

Diese Überlegungen reizten natürlich zum Umkehrschluß: Die Erwartung, durch eigenes Handeln erwünschte Ereignisse herbeiführen zu können, sollte die zugehörige Handlungsbereitschaft erhöhen. So spricht Seligman (1990) neuerdings auch vom erlernten Optimismus. Er versteht darunter eine generelle Neigung, positive Ereignisse als stabil (lange andauernd) und global (viele verschiedene Inhaltsbereiche betreffend) zu interpretieren, negative Ereignisse dagegen als instabil und spezifisch. In einer Vielzahl von Studien wurde beobachtet, daß Personen mit hohem erlernten Optimismus aktiver sind, wenn es darum geht, erwünschte Ereignisse herbeizuführen und unerwünschte zu vermeiden. Analoges gilt für Personen mit erlerntem Pessimismus, die habituell positive Ereignisse als instabil und spezifisch, negative Ereignisse dagegen als stabil und global begreifen.

Banduras (1986) Theorie der Selbstwirksamkeit (self-efficacy) ist ebenfalls eine reine Erwartungstheorie. Hier wird Erwartung und die damit verknüpfte erhöhte Handlungsbereitschaft allerdings auf ein spezifisches Verhalten bezogen. Für Bandura ist entscheidend, ob man es sich zutraut, eine konkrete Handlung ausführen zu können. Bei Verhaltensweisen mit geringer Selbstwirksamkeitserwartung (z. B. das Zurückweisen eines vollen Weinglases bei Alkoholikern oder das Stehenlassen eines Nachtisches bei Übergewichtigen) zeigt sich tatsächlich, daß eine Erhöhung der Selbstwirksamkeitserwartung (also z. B. der Erwartung, ein angebotenes volles Glas zurückweisen zu können) mit einer erhöhten Bereitschaft einhergeht, das kritische Verhalten auch auszuführen bzw. zu unterlassen.

5.2.3 Attributionstheorien

Wie bereits ausgeführt, werden sowohl Erwartungen als auch Anreize für den Motivationsprozeß als zentrale Variablen betrachtet. Sie stehen auch im Mittelpunkt der Motivationstheorie von Weiner, die auf attributionstheoretischen Überlegungen basiert (zusammenfassend 1986). Weiner formulierte seine Theorie wiederum zunächst für leistungsorientiertes Verhalten. Dabei werden Erwartungen, Erwartungsänderungen und die über antizipierte Affekte vermittelten Anreize in Abhängigkeit von Ursachenzuschreibungen für erzielte Handlungsergebnisse untersucht. Die zentrale Annahme von Attributionstheorien (Heider 1958; Kelley 1967) ist, daß Menschen bestrebt sind, Ereignisse in ihrer Umwelt auf bestimmte

Ursachen zurückzuführen, was ihnen letztlich erlaubt, eine Vorhersage über zukünftige Ereignisse zu machen und ihr Verhalten darauf einzustellen. Die Vielzahl von möglichen konkreten Ursachen läßt sich nach einem Vorschlag Heiders (1958) anhand von zwei Dimensionen ordnen. Die eine betrifft die Frage der Personabhängigkeit, also ob die Ursache in der Person selbst (internal) oder außerhalb dieser (external) liegt. Die zweite Unterscheidung trennt zwischen zeitlich stabilen und zeitlich variablen Ursachen.

Die vier Hauptursachen für die leistungsthematischen Handlungsergebnisse Erfolg und Mißerfolg lassen sich gut in dieses Klassifikationsschema einordnen. Begabung und Anstrengung sind Merkmale der Person, wobei erstere einen stabilen, letztere einen variablen Ursachenfaktor darstellt. Aufgabenschwierigkeit (stabil) und Zufallseinflüsse wie Glück oder Pech (variabel) sind externale Ursachenfaktoren. Nach den Formulierungen Weiners beeinflußt die Stabilitätsdimension das Bilden und Verändern von Erwartungen, während die Frage der Personabhängigkeit (internal vs. external) für die affektiven Prozesse verantwortlich sein soll. Führt man Erfolg auf die eigene Begabung oder Anstrengung zurück, wird man wesentlich stolzer und zufriedener mit sich sein, als wenn man die fehlende Aufgabenschwierigkeit oder glückliche Umstände dafür verantwortlich macht. Ähnlich wird man Mißerfolg, der auf mangelnde Begabung zurückgeführt werden muß, schmerzlicher erleben, als wenn man auf unglückliche Umstände verweisen kann. Weiner, Frieze, Kukla, Reed, Rest und Rosenbaum (1971) gehen davon aus, daß es personspezifische Attributionstendenzen gibt. Sie setzen diese in Beziehung zu den Motivkomponenten „Hoffnung auf Erfolg" und „Furcht vor Mißerfolg". Mißerfolgsmotivierte (ausgeprägte Furcht vor Mißerfolg) sollen demnach die Tendenz haben, Mißerfolg vor allem auf mangelnde Begabung, Erfolg auf glückliche Umstände zurückzuführen. Im Gegensatz dazu sollen Erfolgsmotivierte (große Hoffnung auf Erfolg) Mißerfolg auf mangelnde Anstrengung und Erfolg auf die eigene Begabung attribuieren.

Attributionstheoretische Überlegungen fanden neben der Leistungsthematik auch Eingang in andere Inhaltsbereiche motivierten Handelns. Im Kontext aggressiven Verhaltens spielen insbesondere Intentionsattributionen eine wichtige Rolle (Dyck & Rule 1978; Kornadt 1982, 1992). Feindselige Aggressionen werden insbesondere durch Frustrationen oder Schädigung durch andere ausgelöst. Das Ausmaß des Ärgers des Geschädigten und die von ihm gefaßte Vergeltungsabsicht hängen nun interessanterweise weniger von der Schadenshöhe ab als vielmehr davon, inwieweit die Schädigung als beabsichtigt interpretiert wird. Gleichermaßen spielen beim Hilfehandeln Ursachenzuschreibungen eine wichtige Rolle. Hält man die Notlage einer Person für selbstverschuldet, wird die ihr gegenüber gezeigte Hilfsbereitschaft wesentlich geringer sein, als wenn diese Notlage von externen, unkontrollierbaren Faktoren verursacht interpretiert wird (Ickes & Kidd 1976).

5.2.4 Volition: Das Verwirklichen von Zielen

Erwartung-Wert-Theorien sagen voraus, daß eine attraktive Handlungsalternative mit guten Erfolgsaussichten gegenüber anderen weniger anziehenden Handlungszielen nicht nur bevorzugt wird, sondern auch ausdauernd und insgesamt erfolgreich verfolgt wird. Diese Vorhersage konnte in zahlreichen Untersuchungen recht gut bestätigt werden (zusf. Atkinson & Raynor 1974; Heckhausen 1981; Heckhausen, Schmalt & Schneider 1985; Kornadt 1982).

Damit im Widerspruch stehen jedoch Erfahrungen aus dem Alltag. Ein persönlich wichtiges Vorhaben wird häufig auf die lange Bank geschoben und zielrealisierendes Handeln unterbleibt, obwohl die Aussichten insgesamt sehr günstig stehen. Ein weiteres erwartung-wert-theoretisch nur schwer erklärbares Phänomen ist, daß bei auftretenden Schwierigkeiten (also abnehmender Erfolgswahrscheinlichkeit) die Handlungstendenz nicht etwa schwächer wird, sondern die handelnde Person im Gegenteil mit verstärkter Anstrengung und Konzentration darauf reagiert.

Neuerdings unterscheidet man zwischen motivationalen und volitionalen Phänomenen (Gollwitzer 1991; Heckhausen 1989; Heckhausen et al. 1986; Kuhl 1983; Kuhl & Beckmann 1985, 1994). Der Geltungsbereich von Erwartung-Wert-Modellen wird dabei auf motivationale Phänomene, wie z. B. die Wahl von Handlungszielen begrenzt. Für den Bereich volitionaler Phänomene, die sich auf Fragen der Durchführung und Verwirklichung gewählter Ziele beziehen, werden andere theoretische Modelle herangezogen (Kuhl 1983; Gollwitzer 1991). Volitionstheoretische Überlegungen basieren auf Ideen der deutschen Willenspsychologie, die sich zu Beginn dieses Jahrhunderts mit Fragen der Handlungsausführung und Zielrealisierung befaßte. Namhaftester Vertreter dieser Forschungsrichtung war Narziß Ach (1910, 1935). Sein Interesse richtete sich in erster Linie auf jene Mechanismen, die bei auftretenden Schwierigkeiten (z. B. zwei inkompatible Handlungstendenzen geraten miteinander in Konflikt) einer Handlung den Vorrang geben und sie auf Zielkurs halten. Die zentrale Annahme war, daß ein Willensakt, also der feste Entschluß, bei einer bestimmten Gelegenheit eine vorgenommene Handlung auszuführen, eine Nachwirkung hat, die sog. determinierende Tendenz oder Determination. Diese beeinflußt die Wahrnehmung, Aufmerksamkeit und das Handeln einer Person, so daß das Erreichen des gewollten Ziels erleichtert wird. Ach vermutete, daß ein energischer Willensakt die determinierende Tendenz erhöht. Ein energischer Willensakt zeichnet sich durch hohe Spezifizität und durch das Hervortreten des sog. „aktuellen Moments" („Ich will wirklich!") aus. Schließlich soll die Verwirklichung einer Absicht oder eines Entschlusses umso mehr erleichtert werden, je intensiver die von ihm ausgehende Determination ist.

Gerade die letztgenannte Vermutung blieb nicht unwidersprochen. Lewin (1926) hielt dem entgegen, daß die Verwirklichung eines Vorhabens ganz und gar nicht an das Auftreten der im Willensakt spezifizierten Gelegenheit gebunden sei. Vielmehr erhielten durch eine Absicht (bei Lewin als Vornahme bezeichnet) eine Reihe verschiedener Handlungsgelegenheiten einen mehr oder weniger starken Aufforderungscharakter zum Handeln. Ob eine Handlung schließlich ausgeführt wird, hängt nach Lewin nicht von der Stärke des Vornahmeaktes, sondern in erster Linie von der subjektiven Wichtigkeit des übergeordneten Zieles ab – also von Erwartung-Wert- (motivationalen) Variablen. So würde nach Lewin die Bedeutsamkeit eines Briefes darüber entscheiden, ob man diesen auch einwirft, und nicht, wie sehr man sich vornimmt, einen ganz bestimmten Briefkasten dafür zu nutzen. Die unter dem Namen Ach-Lewin-Kontroverse in die Literatur eingegangene Debatte ist bis heute unentschieden.

Lage- und Handlungsorientierung

Kuhl (1983) greift in seiner Handlungskontrolltheorie Überlegungen Achs auf und stellt jene Prozesse in den Mittelpunkt seines Modells, die dafür sorgen, daß die Realisierung einer Handlungsabsicht auch bei auftretenden Schwierigkeiten durchgesetzt wird. Zu einem bestimmten Zeitpunkt bestehen in der Regel viele Handlungstendenzen gleichzeitig, die um Zugang zum Handeln konkurrieren und deren Stärke sich über die Zeit hinweg ständig verändert (Atkinson & Birch 1970). Um dabei einen geordneten Handlungsablauf zu ermöglichen, sind Handlungskontrollprozesse nötig, die eine augenblicklich dominante Handlungstendenz gegenüber anderen abschirmen. Kuhl (1984) unterscheidet sieben Handlungskontrollstrategien, die über Wahrnehmungs-, Aufmerksamkeits-, Gedächtnis- und emotionale Prozesse vermittelt sind (selektive Aufmerksamkeit, Enkodier-, Emotions-, Motivations-, Umweltkontrolle, sparsame Informationsverarbeitung, Kontextpassung). So bewirkt beispielsweise *selektive Aufmerksamkeit*, daß vorrangig solche Inhalte im Fokus der Aufmerksamkeit stehen, die die Realisierung der augenblicklich relevanten Intention begünstigen, während alle irrelevanten Informationen ausgeblendet werden. Die verschiedenen Strategien können aktiv, also bewußt herangezogen werden oder aber passiv, quasi automatisch einsetzen.

Inwieweit diese Kontrollstrategien nun tatsächlich angewendet werden, ist nach Kuhl (zusammenfassend Kuhl & Beckmann, 1994) weiterhin eine Frage der Kontrollorientierung der Person. Während man im Zustand der sog. Handlungsorientierung mittels der o. g. Kontrollstrategien flexibel auf die konkreten Handlungsanforderungen reagiert, verfängt man sich bei Lageorientierung in dysfunktionalen Gedankenabläufen, die sich perseverierend auf zurückliegende, gegenwärtige oder zukünftige Ereignisse richten. Lageorientierung kann zum einen durch situationale Bedingungen ausgelöst werden (z. B. ein überraschendes Ereignis, andauernder Mißerfolg), liegt aber zu einem gewissen Teil auch in einer personspezifischen Disposition dazu begründet. Die Ausprägung der Kontrollorientierung kann mit einem von Kuhl (1985, 1994) entwickelten Fragebogen erhoben werden.

Empirische Untersuchungen konnten die zentrale Annahme bestätigen, daß die Verwirklichung von Absichten in handlungsorientiertem Zustand wahrscheinlicher ist als bei Lageorientierung (Brunstein & Olbrich 1985; Kuhl 1982; Kuhl & Geiger 1986). Ebenso finden sich Belege für Unterschiede zwischen Handlungs- und Lageorientierten hinsichtlich der die Handlungskontrolle vermittelnden Prozesse (zusammenfassend Kuhl & Beckmann 1994; Kuhl & Helle 1986; Kuhl & Kazén-Saad 1988).

Absichten vs. Vorsätze

Gollwitzer (1993) hat die Ach-Lewin-Kontroverse aufgegriffen und versucht, diese in einer Neufassung des Konzepts der Intention aufzulösen. Es wird davon ausgegangen, daß bei der Verwirklichung von Wünschen zwei verschiedene Intentionstypen von Bedeutung sind. Zunächst die Absicht (oder Zielintention), die dem Lewinschen Intentionskonzept entspricht. Beim Fassen von Absichten legt man sich auf die Verwirklichung bestimmter Projekte fest und stellt andere hinten an. Wünsche sind von Natur aus unverbindlich, weswegen man auch mehr unterhält, als sich eigentlich verwirklichen lassen (Heckhausen 1987 a). Erst durch das

Fassen von Absichten, bestimmte Wünsche auch verwirklichen zu wollen, entstehen Verbindlichkeiten (commitment).

Solche Verbindlichkeiten erhöhen die Realisierungschance der implizierten Zielzustände. Sie führen zunächst dazu, daß man sich gedanklich verstärkt mit der Zielrealiserung beschäftigt (Klinger 1975; Martin & Tesser 1989). Verbindliche Zielsetzungen haben obendrein zur Folge, daß negative Rückmeldungen bzgl. des Leistungsstandes als Diskrepanz erlebt werden, die es zu reduzieren gilt (Bandura 1991). Hochgesteckte Ziele führen damit eher zur Leistungssteigerung als niedrig gesteckte (Locke & Latham 1990). Wicklund und Gollwitzer (1982) beschreiben in ihrer Theorie der Selbstergänzung, wie Personen mit verbindlichen Identitätszielen (z. B. eine gute Mutter sein, ein erfolgreicher Manager sein) versuchen, Hindernisse und Rückschläge auf dem Weg zum verbindlichen Ziel zu überwinden. Anstatt aufzugeben, wird durch eine Vielzahl von Maßnahmen (z. B. Anstrengungssteigerung, Erwerb alternativer Indikatoren des Erfolgs) das Mangelerlebnis kompensiert (Gollwitzer & Liu im Druck). Dabei kommt der sozialen Realität der Kompensation große Bedeutung zu (Gollwitzer 1986); sobald andere Personen die kompensatorischen Anstrengungen zur Kenntnis nehmen, verstärkt sich das Gefühl, dem erstrebten Zielzustand nähergekommen zu sein.

Nun gibt es neben den Absichten noch eine zweite Art von Intention, die die Zielverwirklichung begünstigt. Vorsätze (oder Durchführungsintentionen) legen fest, wann, wo und wie man mit zielrealisierendem Handeln beginnen will. Diese Art von Intention entspricht dem Intentionskonzept der Achschen Theorie der Determination. Vorsätze werden im Dienste von Zielintentionen (Absichten) gebildet. Ihre Aufgabe besteht darin, die Initiierung zielrealisierenden Handelns voranzutreiben. Daß die Verwirklichung von Absichten (Zielen) durch Vorsätze profitiert, läßt sich überzeugend nachweisen (Gollwitzer & Brandstätter 1990). Während es bei bloßen Absichten nur in etwa jedem vierten Fall zu einer Verwirklichung kommt, steigt die Realisierungsrate für Absichten, die mit Vorsätzen ausgestattet werden, auf 2 von 3 Fällen.

Der Vorsatzeffekt basiert auf folgenden psychologischen Mechanismen: Die mentale Repräsentation der im Vorsatz spezifizierten günstigen Handlungsgelegenheit erfährt eine Aktivierung, die bis zur Ausführung der Vorsatzhandlung anhält. Als Folge ist diese Gelegenheit im Gedächtnis leichter zugänglich und sie wird schneller entdeckt, wenn sie tatsächlich vorliegt (Steller 1992). Weiterhin wird die Auslösung der Vorsatzhandlung automatisiert. Angesichts der vorgenommenen Gelegenheit kommt es zu einer raschen Auslösung der Vorsatzhandlung, die auch dann noch auftritt, wenn man mit anderen Dingen beschäftigt ist (Brandstätter 1992). Schließlich verlangt die Auslösung der Vorsatzhandlung keinen bewußten Willensakt (Malzacher 1992), und der vorgenommenen Gelegenheit gelingt es, eine bewußt auf andere Dinge gerichtete Aufmerksamkeit zu durchbrechen. Der bewußte Akt der Vorsatzbildung führt damit zu Nacheffekten, die ohne ein zusätzliches Wollen die Auslösung der Vorsatzhandlung begünstigen. Es empfiehlt sich deshalb die eigenen Absichten mit Vorsätzen auszustatten, denn dies erhöht durch eine Vielzahl verschiedener Prozesse die Wahrscheinlichkeit der Absichtsverwirklichung.

Handlungsbezogene Bewußtseinslagen

Zu Beginn des Abschnitts über Motivation und Volition haben wir bereits darauf hingewiesen, daß man den Verlauf der Wunschverwirklichung in verschiedene Abschnitte einteilen kann (siehe Heckhausens Rubikonmodell der Handlungsphasen; Heckhausen, Gollwitzer & Weinert 1987). Diese Phasen umfassen das *Abwägen* zwischen potentiell zu realisierenden Wünschen, das *Planen* der Verwirklichung eines verbindlich gewählten Wunsches, einer Absicht (Ziel), das *Handeln* im Sinne der Ausführung zielrealisierender Aktivitäten und schließlich die *Bewertung* des Erreichten. Beim Versuch, die Unterschiedlichkeit dieser Phasen zu belegen, stellte sich heraus, daß dem Abwägen und Planen eine jeweils andere kognitive Orientierung zukommt (Bewußtseinslagen des Abwägens und Planens; Gollwitzer 1991; Heckhausen 1989). Diese Bewußtseinslagen entstehen, indem man entweder intensiv ein noch offenes Wunschproblem abwägt (z. B. Soll ich von zuhause ausziehen oder nicht?) oder die Realisierung einer bereits gefaßten Absicht plant (z. B. für den Entschluß, von zuhause auszuziehen, den Umzugstag festlegt, einen Mietwagen bestellt usw.). Beim Abwägen zeigt sich dann eine kognitive Orientierung, die folgende Merkmale aufweist: (1) Ein bevorzugtes Verarbeiten von Informationen, die sich auf Anreize (Wünschbarkeit) und Erwartungen (Realisierbarkeit) beziehen, (2) eine ausgewogene Gewichtung positiver und negativer Anreize und eine akkurate Einschätzung von Erwartungen und (3) eine große Offenheit bzgl. der Aufnahme verfügbarer Informationen.

Anders beim Planen:

Hier findet sich eine (1) Fokussierung auf durchführungsbezogene Informationen, (2) eine parteiische Anaylse anreizbezogener Information und eine optimistische Analyse von Erwartungsinformation und (3) eine reduzierte Offenheit für verfügbare Informationen.

Natürlich sind diese unterschiedlichen kognitiven Orientierungen für die jeweils anstehende Aufgabe funktional. Beim Abwägen geht es darum, diejenigen Wünsche zu wählen, die sehr attraktiv und trotzdem verwirklichbar sind. Die beschriebene kognitive Orientierung beim Abwägen sollte das Lösen dieser Aufgabe erleichtern. Beim Planen dagegen soll die Initiierung zielrealisierender Handlungen vorangetrieben werden. Auch hier dürfte die kognitive Orientierung des Planens hilfreich sein. Zur Verbesserung der Verwirklichung der eigenen Wünsche scheint es deshalb empfehlenswert, sich der jeweils anstehenden Handlungsphase voll und ganz zu verschreiben, also sowohl das Abwägen von Wünschen als auch das Planen bereits gewählter Wünsche intensiv und involviert zu betreiben. Die sich dadurch entwickelnde kognitive Orientierung (oder Bewußtseinslage) begünstigt das Lösen der jeweils phasentypischen Aufgabe und damit das Vorankommen auf dem Weg zur Wunschverwirklichung.

Insgesamt betrachtet hat die in den letzten Jahren wieder aktivere Volitionsforschung bereits wichtige Erkenntnisse anzubieten. Sie hat den Gegenstandsbereich motivationstheoretischer Überlegungen spezifiziert und auf eine Vielzahl von volitionspsychologischen Fragen interessante Antworten gefunden, so z. B. auf die Wirkungsweise von Intentionen und die Frage nach den Kontrollprozessen bei der Ausführung zielrealisierender Handlungen.

Heinz W. Kreuzig

6. Wahrnehmungspsychologie

6.1 Wahrnehmung und Evolution

Im Anfang war die Tat. Diese Bibelinterpretation, zu der Goethe seinen Faust gelangen läßt, mag am Beginn eines Wahrnehmungskapitels verwundern, zeigen doch Mensch wie Tier - gerade in Situationen gespannter Aufmerksamkeit - oft eine völlige Aktivitätsunterdrückung. Wäre es daher nicht richtiger zu vermuten, daß der Tat stets eine Wahrnehmung vorausgeht?

Beginnen wir noch einmal beim Gen (vgl. *Kap. 3.1*). Je aktiver es sich reproduziert, desto besser sind seine Überlebenschancen. Hier steht im Anfang tatsächlich blinde Geschäftigkeit. Hat es sich aber erst einmal eine schützende Hülle zugelegt, so stellt sich das Problem, bestimmte Stoffe (etwa zum Zwecke der Replikation) die Hülle passieren zu lassen. Gewiß sind nicht alle Partikel, die vorübertreiben, als Bausteine verwertbar, manche vielleicht sogar schädlich. Und spätestens mit dem Auftreten eines Stoffwechsels werden sich energiearme und damit wertlose Partikel in der Umgebung häufen. Ein Organismus, der selektiv nur bestimmte Substanzen die Hülle passieren läßt, also zwischen verschiedenen Partikeln zu unterscheiden vermag, verfügt über einen beachtlichen Selektionsvorteil. Dabei ist zu beachten, daß es bereits einen Vorteil bringt, auch wenn der Unterscheidungsmechanismus nicht perfekt arbeitet, also gelegentlich Fehler auftreten.

Der Vorteil, den eine Auswahl geeigneter Substanzen zur Ernährung mit sich bringt, kann als eine Wurzel der Wahrnehmung angesehen werden; es gibt aber noch weitere. Statt passiv auf einen zufälligen Kontakt mit einer geeigneten Substanz zu warten, kann ein Organismus auch die Möglichkeit zur aktiven Fortbewegung entwickeln. Gegenüber einem passiv mitschwimmenden Konkurrenten erhöht eine aktive Fortbewegung die Wahrscheinlichkeit, auf nutzbare Stoffe zu treffen, selbst wenn die Fortbewegung in zufälliger Richtung erfolgt. Auch hier steht am Anfang die blinde Aktivität.

Wir werden in diesem Kapitel aufzeigen, daß die Entwicklung der meisten Sinnesleistungen im Zusammenhang mit der aktiven Fortbewegung zu sehen ist. (Entsprechend zeigen ortsfeste Lebewesen nur sehr beschränkte Wahrnehmungsleistungen, Pflanzen beispielsweise, indem sie ihre Blätter zum einfallenden Sonnenlicht hin ausrichten.) Die aktive Fortbewegung ihrerseits ist in Abhängigkeit der Verfügbarkeit von Ressourcen zu sehen. Das allgemein verfügbare Sonnenlicht zur Photosynthese der Pflanzen oder die Zuführung von Nahrung durch Strömungen bei sessilen Meerestieren macht denn auch eine aktive Fortbewegung überflüssig.

Im folgenden wollen wir einige grundlegende Überlegungen zur phylogenetischen Entwicklung der Wahrnehmung anstellen. Obwohl dabei einiges spekulativ bleiben wird, versprechen wir uns von dieser Darstellungsform einen größeren Sinnzusammenhang, als von einer bloßen Aneinanderreihung von zahllosen „Wahrnehmungsphänomenen" (wobei „Phänomen" ohnehin meist für mangelnde Erklärungsmöglichkeiten, d. h. fehlende Rückführung und Einordnung in einfachere Gesetzmäßigkeiten steht).

Unsere Überlegungen sollen von folgendem Leitgedanken ausgehen: Wie müßte man einen Organismus konstruieren, damit er Überlebensvorteile hat?

Damit ein Lebewesen angepaßt reagieren kann, sei es etwa auf Nahrungsmangel oder auf schädliche Sonneneinstrahlung, ist es unbedingt notwendig, über den momentanen Zustand (etwa des inneren Mangels oder der äußeren Bedrohung) informiert zu sein; dies aber erfordert Sensoren oder Sinnesorgane. In der einfachsten Form würde ein derartig angepaßtes Verhaltensprogramm etwa so aussehen: Wenn der Sensor für (schädliches) Sonnenlicht anspricht, dann sei es für einige Zeit bewegungsaktiv, gleichgültig, was der Sensor währenddessen meldet! In der Sprache der Kybernetik bezeichnet man einen solchen Prozeß als Steuerung, weil er unabhängig vom Ergebnis abläuft.

Ist der Verlauf des Prozesses vom Ergebnis abhängig (wird die Bewegung beispielsweise immer dann sofort abgebrochen, wenn der Sensor keine Sonneneinstrahlung mehr meldet), so spricht man von einem Regelkreis. Eine Regelung setzt stets den Vergleich von Ist- und Sollzuständen voraus. Dies erfordert Sensoren zur Erfassung der Ist-Zustände, die Vorgabe von Sollwerten, die Verrechnung beider zur Ermittlung der Abweichung von den Sollwerten und schließlich eine Möglichkeit, den Istwert zu verändern.

Es ist offensichtlich, daß der Einsatz von Regelkreisen zu einer feineren und vor allem flexibleren Abstimmung führen kann als eine Steuerung, die, einmal ausgelöst, nur einen starren Ablauf produziert. Daß eine Verhaltensweise einer Steuerung unterliegt, ist oft schwer erkennbar, weil sie zunächst als sehr angepaßt erscheinen kann. So zeigt sich die Starrheit der Verhaltenssteuerung bei Instinkthandlungen erst, wenn sie in einer inadäquaten Umgebung ausgelöst werden und nun völlig „sinnlos" ablaufen.

Man kann sich fragen, warum etwa rollt ein bodenbrütender Vogel ein Gipsei auch bei zwanzigmaligem Herausnehmen noch in sein Nest zurück, oder warum reicht bei einem Frosch in der Paarungszeit jede Berührung aus, um ein Anklammern auszulösen. Wie kann es nach 3 Milliarden Jahren Evolution zu solch eklatanten Fehlleistungen kommen, daß ein Vogel sein eigenes Ei nicht von einem Gipsei unterscheiden kann, oder daß ein Frosch keinen Unterschied zwischen einem Stöckchen und einem Weibchen zu treffen vermag? Oder anders gefragt, warum verfügen die Lebewesen nicht über mehr Wahrnehmungs- (und Denk-)möglichkeiten?

Es könnte doch, so sollte man meinen, nur von Nutzen sein, über möglichst viele und möglichst sensible Sinne zu verfügen. Dabei bleibt allerdings unberücksichtigt, daß Sinnesorgane nicht nur Nutzen bringen, sondern auch Kosten verursachen. Sie erfordern zusätzliches Erbmaterial zu ihrer Speicherung und dessen fehlerfreie Kopie bei der Fortpflanzung. Ihr Aufbau und ihre Unterhaltung erfordern zusätzlichen Aufwand. Und schließlich besteht die Gefahr, daß die empfindlichen Sinnesorgane ausfallen oder verletzt werden, und somit bessere Sinnesleistungen auf Kosten der Robustheit (und damit der Fitness) erkauft werden.

Außer der Kosten-Nutzen-Relation gibt es noch andere, grundlegendere Grenzen für die Entwicklung von Sinnesleistungen. Als Galilei die Geschwindigkeit des Lichtes zu messen versuchte, ließ er auf einem gegenüberliegenden Berg eine Flagge heben, sobald ein von ihm gegebenes Leuchtsignal dort ankam. Galilei schloß fälschlicherweise aus diesem Experiment, daß Licht unendlich schnell sei. Tatsächlich aber bewegte er sich nahe einer der physikalischen Grenzen, denen auch Sinnesorgane unterliegen (hier etwa der Lichtgeschwindigkeit, hinter der aber die Muskelkontraktionszeit des Armes und das zeitliche Auflösungsvermögen des Auges ohnehin weit zurückbleiben).

So begrenzen physikalische Gesetze die maximal mögliche Leistungsfähigkeit von Sinnesorganen. Aus physikalischen Gesetzen folgt, daß Wahrnehmungsprozesse stets Energie verbrauchen, Sinnesorgane also versorgt werden müssen, und daß Wahrnehmungsprozesse sich stets in der Zeit abspielen, Erregung, Weiterleitung und Verarbeitung von Sinneseindrücken also Zeit benötigt. Insbesondere die Bindung allen Lebens an Eiweißstrukturen (deren Ursache uns hier nicht weiter beschäftigen soll), hat weitreichende Auswirkungen auf die Grenzen möglicher Sinnesleistungen.

Halten wir fest, daß (im Gegensatz zu den Fabelwesen einiger fantasiebeflügelter Science-Fiction-Autoren) Organismen nicht mit möglichst vielen Sinnen ausgestattet sein müssen, um eine Überlebenschance zu haben, statt dessen läßt die Kosten-Nutzen-Relation offenbar an vielen Stellen für Organismen Nischen unterschiedlichster Sinnesausstattung offen. Die Grenzen maximaler Empfindlichkeit von Sinnesleistungen werden von physikalischen Gesetzen vorgegeben.

6.2 Wahrnehmung und Signale

Unser Leitgedanke ist, einen möglichst überlebenstüchtigen Organismus zu konstruieren. Wir haben bereits gezeigt, daß es einem Lebewesen Vorteile bringen kann, über Sinnesorgane zu verfügen, und wir haben gezeigt, daß flexibles Verhalten Sinnesorgane zwingend voraussetzt. Damit stellt sich die Frage: Welche Signale bietet die Umwelt?

Was aber ist Umwelt? Umwelt ist für eine jagende Horde die Savanne, für ein Kind die Familie, für ein Herz der Körper, für eine Muskelzelle das Organ, für ein Mitochondrium die Zelle, für ein Gen die anderen Gene. Wenn sich „Umwelt" aber so umfassend darstellt, was ist dann „innen" und was „außen"? Für die Konstruktion eines Lebewesens und aus kybernetischer Sicht macht es keinen prinzipiellen Unterschied, ob ein Rezeptor durch einen „äußeren" Lichtreiz oder einen „inneren" Druckreiz aktiviert wird. Auf der Ebene der Rezeptoren ist eine Unterscheidung von „innen" und „außen", so gravierend und evident sie auf den ersten Blick erscheinen mag, für die Wahrnehmung irrelevant. Auf das bedeutsame Verhältnis von „innen" und „außen" als Frage nach dem Abbild und der Wirklichkeit werden wir später noch eingehen; verwiesen sei auf eine ausführliche Diskussion der damit verbundenen philosophischen Fragen bei Bischoff 1966a.

Die Frage nach den Signalen, welche die Umwelt bietet, läßt sich präzisieren: Welche physikalischen Signale kommen überhaupt vor? Prinzipiell könnte ein Organismus für alle nur denkbaren physikalischen Signale Sinnesorgane entwickeln. Betrachten wir nun im folgenden, für welche physikalischen Signale Sinnesorgane entwickelt wurden, und diskutieren deren potentiellen Nutzen.

6.2.1 Zur Definition von Wahrnehmung

Über die Definition von Wahrnehmung besteht innerhalb der Psychologie kein allgemein akzeptierter Konsens. Wenn etwa ein Baum in unser Blickfeld gerät, so treffen physikalische Signale (Licht) auf Rezeptoren (Netzhaut des Auges), erregen diese und werden unter Hinzunahme von Erfahrungen (so sieht eine „Eiche" aus), Stimmungen und Bedürfnissen (Schutz vor Regen) beachtet, verändert und bewertet, bis uns schließlich bewußt wird, daß wir eine „Eiche" sehen. In gleicher Weise können wir etwa auch Bauchschmerzen wahrnehmen. Wahrnehmung erfaßt also auch Signale, die innerhalb des Organismus liegen können. Wahrnehmung ist ein Prozeß, bei dem ein einlaufendes Signal auf vielfältige Weise transformiert wird. Dabei können Transformationen bereits im Rezeptor beginnen, etwa in Form von Ermüdungs- oder Adaptationsprozessen.

Funktional gesehen dient die Wahrnehmung der Informationssammlung und schafft so die Voraussetzung für ein situationsangemessenes, überlebenstüchtiges Verhalten. Wahrnehmung dient im wesentlichen der unmittelbaren Situationsbewältigung, während der – der noch vorteilhaftere – Aufbau von längerfristigen „Weltbildern" zusätzlich Lern- und Denkprozesse erfordert.

Trotzdem bleibt einiges an obiger Definition unbefriedigend: Kann man wirklich erst von Wahrnehmung sprechen, wenn ein Signal bewußt wird? Beim sog. Cocktailparty-Phänomen versteht man solange nichts vom allgemeinen Hintergrundgemurmel, bis der eigene Name fällt. Nimmt man also erst in diesem Augenblick wahr, oder hört man unbewußt ständig mit? Wie verhält es sich mit Signalen, die wir – ohne aufzuwachen – im Schlaf in unsere Träume einbauen? Und als was sind Sinnesleistungen von Tieren zu bezeichnen?

Eine an der Evolutionstheorie orientierte Definition müßte unter Wahrnehmung die Erregung eines Rezeptors durch ein physikalisches Signal verstehen sowie die anschließende Transformation dieser Erregung mit dem Ziel, unter arttypischen Umgebungsbedingungen ein situationsangemessenes Verhalten zu ermöglichen. Diese Definition kommt ohne den Begriff „Bewußtsein" aus und umfaßt auch die Sinnesleistungen von Tieren.

Eine Konsequenz dieser Definition verdient besondere Beachtung: Von dem Augenblick an, wo das Rezeptorsignal durch eine Transformation verändert wird, ist eine eindeutige Abbildung zwischen „Außenwelt" und „innerer Repräsentation" nicht mehr unbedingt gewährleistet. Hier wird nun eine Unterscheidung zwischen „außen" und „innen" sinnvoll. Und ab hier existiert ein eigenständiges Abbild, das von der physikalischen Realität ganz erheblich abweichen kann.

Wegen seiner Wichtigkeit soll dieser Punkt noch einmal verdeutlicht werden: Es geht uns bei der Unterscheidung von „innen" und „außen" nicht um die Lokalisation von Signalquellen (also eine Unterscheidung in sogenannte Nah- und Fernsinne), sondern ausschließlich um den Unterschied zwischen physikalischem Signal und „innerer Repräsentation". Ein physikalisches Signal kann eine außerhalb des Körpers liegende Lichtquelle oder ein innerhalb liegender Blutzuckerspiegel sein. Die Wahrnehmungsprozesse, also die Erregung, Weiterleitung und Verarbeitung, aber auch die Fehlermöglichkeiten sind in beiden Fällen prinzipiell gleich; eine Unterscheidung aus kybernetischer Sicht ist daher nicht möglich. Daß eine Unterscheidung in sog. Nah- und Fernsinne aus evolutionärer Sicht eine große Bedeutung haben kann, soll keinesfalls bestritten werden, nur ist diese Unterscheidung nicht physikalisch vorgegeben, sondern eine Frage der Semantik, also der Bedeutungszuweisung, auf die wir später noch zu sprechen kommen.

Eine weitere Konsequenz, die sich aus unserer Wahrnehmungsdefinition bzw. aus der Tatsache ergibt, daß es sich bei der Wahrnehmung um aktive Prozesse handelt, ist, daß eine Verrechnung mit anderen Größen, die zu einer „inneren Repräsentation" führt, bereits im Rezeptor selbst stattfinden kann; dann nämlich, wenn der Rezeptor beispielsweise nicht über genügend Energievorräte verfügt, und seine Erregbarkeit bei einer Dauerreizung nach einer Weile nachläßt. In diesem Fall wird die Dauer der Reizung zu der Verrechnungsgröße, die darüber bestimmt, ob das eingehende Signal zur weiteren Verarbeitung zur Verfügung steht oder nicht.

Es ist also durchaus nicht so, daß nur Größen, die aus so komplexen Prozessen wie Erfahrung, Motivation etc. resultieren, auf das Rezeptorsignal bei der Bildung einer inneren Repräsentation Einfluß nehmen. Das Abbild ist also mindestens ebenso beeinflußbar durch Adaptationsprozesse im Rezeptor selbst, die - weil sie bereits das einlaufende Signal verändern - zudem viel schwerer korrigierbar sind als etwa Erfahrungs- oder Motivationseffekte.

6.2.2 Wahrnehmung und chemische Sinne

Wenden wir uns nun wieder der Konstruktion unseres möglichst überlebenstüchtigen Lebewesens zu, das wir ab jetzt „Homunculus" nennen wollen, und beginnen wir mit dem Wichtigsten: Unterstellen wir ihm, daß es „Hunger" habe. (Wir wählen diese anthropomorphisierende Sprache nur der Anschaulichkeit halber; korrekt müßte es natürlich heißen: Organismen, die die erforderlichen Bausteine effektiver, d. h. mehr und schneller an sich binden, haben Selektionsvorteile.) Wenn man nun nicht jedes vorübertreibende Partikel ins Innere gelangen lassen will, wo es sich möglicherweise als unverwertbar oder schlimmstenfalls sogar als schädlich erweist, ist eine effektive Strategie, die Partikel zu klassifizieren.

Gesucht sind also physikalische Signale, die über die Beschaffenheit eines Partikels Aufschluß geben können, ohne daß dieses Partikel bereits in seiner eigentlichen Funktion, nämlich als Baustein bzw. Nahrung, verwendet werden muß. Als erstes sollte man erwarten, daß die Prüfung auf der Größenebene von Molekülen erfolgt, da Moleküle leicht ablösbar sind und - als nicht weiter mechanisch teilbar - einen vollständigen Überblick über alle am Partikel beteiligten Substanzen gestatten. Außerdem liegen Partikel in gasförmigem Zustand nur als einzelne Moleküle vor. Effektiv wäre es für unseren Homunculus, wenn von allen am Partikel beteiligten Substanzen nur eine möglichst kleine Probe analysiert zu werden brauchte. Besonders vorteilhaft wäre eine Möglichkeit zur Analyse, obwohl das Partikel sich noch in einiger Entfernung befindet. Homunculus sollte also über Geruchs- und Geschmackssinn, oder allgemeiner gesagt über chemische Sinne verfügen.

Tatsächlich arbeiten die chemischen Sinne auf molekularer Basis. Die Funktionsweise ihrer Rezeptoren war bis vor kurzem noch nicht genau bekannt. Bei den meisten Organismen werden nach neuesten Erkenntnissen zwei Prüfstrategien kombiniert verwendet: Zum einen erfolgt eine Passungsprüfung auf die dreidimensionale Oberflächenbeschaffenheit nach dem Schlüssel-Schloß-Prinzip, zum anderen eine Prüfung auf elektrische Ladungsverteilungen am Molekül. Experimentell war es möglich, aufgrund dieser beiden Parameter für synthetische Moleküle den Geschmacks- und Geruchseindruck bei Menschen vorherzusagen.

Angeborenerweise kann der Mensch zwischen den Geschmacksrichtungen süß, sauer, salzig und bitter unterscheiden. Die Geruchssinne des Menschen hat man mit folgenden Attributen zu beschreiben versucht: blumig, faulig, fruchtig, würzig, brenzlig und harzig. Daraus ergeben sich für den Menschen bei nur vier Geschmacksqualitäten schätzungsweise 10^4 Geruchsqualitäten. Am differenzierten Geschmackseindruck ist maßgeblich auch der Geruchssinn beteiligt, was deutlich wird, wenn man Schnupfen hat oder - bei zugehaltener Nase - zwischen kleinen Apfel- und Zwiebelstückchen geschmacklich nicht mehr zu unterscheiden vermag.

Die Geschmacksschwellen liegen beim Menschen erheblich über den Geruchsschwellen, die ihrerseits von anderen Lebewesen (bei Hunden etwa bis um den Faktor 10^8) beträchtlich unterboten werden können.

Die Reaktionszeit auf die Darbietung eines Duftstoffes (Reaktionsschwelle) ist, sofern die Rezeptoren überhaupt ansprechen, bei Mensch, Hund und Seidenspinner etwa gleich. Beim Menschen liegt die Empfindungsschwelle („ich rieche etwas“) niedriger als die spezifische Schwelle („Buttersäure“), und es zeigt sich eine schnelle Adaptation an Gerüche, d. h. Gerüche werden nach kurzer Zeit schwächer oder gar nicht mehr wahrgenommen.

Die Empfindlichkeit von Geschmacks- und Geruchssinn läßt sich auch anschaulicher darstellen: So genügt 1 mg Skatol, um eine Halle mit 250 000 m^3 für den Menschen mit unerträglichem Gestank zu verpesten. Aale können im Dressurexperiment 1 ml Phenylethylalkohol, verdünnt auf die 58fache Menge Wasser des Bodensees noch unterscheiden. Und beim männlichen Seidenspinner reicht vermutlich ein einziges Molekül aus, um ein Rezeptorsignal auszulösen (Bässler 1979).

Abschließend sei angemerkt, daß Chemorezeptoren - wie obiges Beispiel eines Lockduftes zeigt - selbstverständlich in beliebiger Funktion verwendbar sind (und nicht etwa nur zur Nahrungsidentifikation), aber auch an beliebigen Orten lokalisiert sein können, etwa zur Ermittlung des Säurewertes vom Mageninhalt oder zur Feststellung des Blutzuckerspiegels.

Theoretische Aspekte - am Beispiel der chemischen Sinne

An dieser Stelle wollen wir auf einige grundlegende Fragen der Wahrnehmung eingehen, die wir auch später im Zusammenhang mit anderen Sinnesmodalitäten wieder aufgreifen werden.

Es existiert ein riesiges Spektrum physikalischer Signale. Warum erfassen die Sinnesorgane nur ganz bestimmte und zudem winzige Ausschnitte dieses Spektrums? Eine direkte physikalische Erklärung hierfür gibt es nicht. Aus physikalischen Gesetzen ist die Bevorzugung bestimmter physikalischer Signale für bestimmte Wahrnehmungszwecke nicht direkt ableitbar. Eine Erklärung bietet hingegen die Evolutionstheorie mit dem Kriterium der besseren Anpassung *(vgl. Kap. 3.1).*

Beginnen wir mit der Differenziertheit von Sinnesleistungen. In der einfachsten Ausstattung reicht für Homunculus die angeborene Unterscheidung aus, daß dies eine schmeckt und alles andere nicht. (So etwa sieht der Seidenspinner das Maulbeerblatt und die restliche Welt.)

Nun kann es aber von Vorteil sein, nicht nur auf eine Nahrungsquelle spezialisiert zu sein, beispielsweise auch, um bestimmte Mangelzustände gezielt ausgleichen zu können. Wenn also Homunculus Abwechslung auf seiner Speisekarte wünscht, dann ist es für ihn wichtig, verschiedene Substanzen als Nahrung zu identifizieren. Und wenn er Ungenießbares oder gar Giftiges meiden will, so ist es für ihn nützlich, dies geschmacklich von Genießbarem unterscheiden zu können.

Dabei stellt sich das Problem, daß zu dieser Unterscheidung eine sehr große Zahl spezifischer Geschmacksrezeptoren vererbt werden müßte. Läßt sich dieses Problem ökonomischer lösen? Um eine große Anzahl verschiedener Geschmacksqualitäten unterscheiden zu können, bedarf es nicht ebensovieler spezifischer Geschmacksrezeptoren. Es genügt, über einige wenige relativ spezifische Rezeptortypen zu verfügen und die Erregungsmuster, die eine Substanz bei den verschiedenen Rezeptortypen gleichzeitig auslöst, per Verrechnung als eigenständige Geschmacksqualitäten zu bewerten *(s. Abb. 6.1)*.

Dies bedeutet, daß die Erregung eines Rezeptortyps allein nichts auszusagen vermag, sondern nur zusammen mit den jeweiligen Potentialen der übrigen Rezeptortypen über neuronale Verschaltungen zu einer spezifischen Wahrnehmungsqualität führt. Man kann dies als ein allgemeines Prinzip ansehen, um mit wenigen Rezeptortypen viele Qualitäten unterscheidbar zu machen.

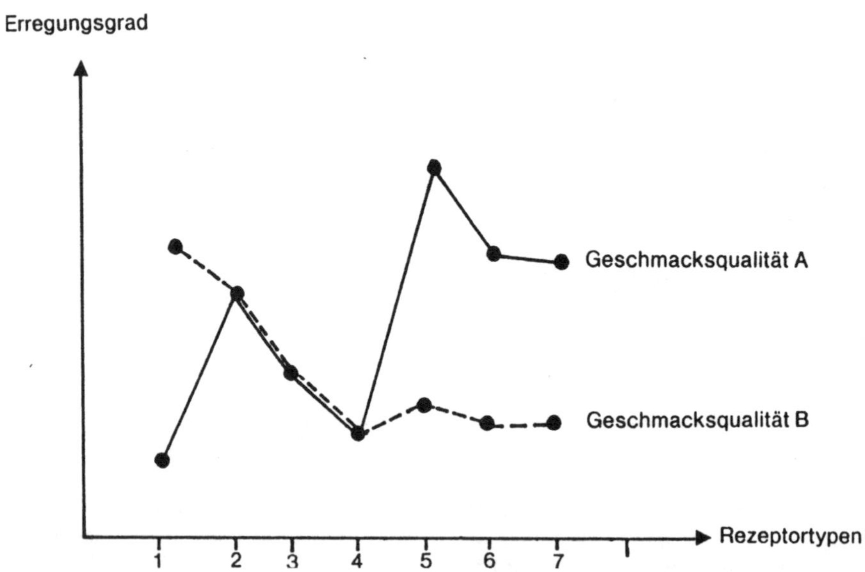

Abb. 6.1: Erregungsmuster verschiedener Rezeptortypen (schematisch)

Allem Anschein nach sind die meisten Lebewesen diesem Weg gefolgt, wobei sich für ihre wichtigsten Nährstoffe oft zusätzlich auch rein spezifische Rezeptoren nachweisen lassen. So läßt sich nahe der Empfindungsschwelle die Geschmacksqualität „salzig“ rein, d. h. ohne Nebengeschmack, nur durch Kochsalz (NaCl) erzeugen. (Interessanterweise gibt es auch Rezeptoren, die immer leicht aktiv sind und erst durch bestimmte Substanzen gehemmt werden.)

Wie kann nun Homunculus eine neue ihm unbekannte Substanz als nahrhaft erkennen? Es ist dies die außerordentlich wichtige Frage nach dem physikalischen Signal und seiner Deutung als Anzeichen für etwas. Und auch hier läßt sich aus physikalischen Gesetzen nicht direkt ableiten, warum bestimmte physikalische Signale zu einer bestimmten (Geschmacks-)Qualität verrechnet werden. Eine Erklärung für die Bedeutung, die einem Signal gegeben wird, liefert die Evolutionstheorie (vgl. Bischof 1981).

Ein Neugeborenes wendet sich angeborenerweise Süßem zu, von Saurem, Salzigem und Bitterem jedoch ab. „Süß" muß in der Evolution ein sehr brauchbarer Indikator für wertvolle Nahrung gewesen sein. Ballaststoffe mußte man - obwohl sie physiologisch wichtig sind - nicht suchen, sie waren in jeder Nahrung enthalten. Und reinen Zucker und weiße Auszugmehle konsumiert man noch keine 100 Jahre. Deshalb ziehen wir den Zucker der Weizenkleie vor, und das, obwohl wir wissen, daß wir damit Fettleibigkeit, Karies und wahrscheinlich sogar Darmkrebs begünstigen.

Wie aber steht es mit Saccharin, das - ohne jeden Nährwert - 400mal süßer schmeckt als Zucker? Alles, was in der Evolution keine Rolle gespielt hat, kann geeignet sein, Täuschungen hervorzurufen. Wir kommen darauf noch zurück.

Schließen wir diese theoretischen Betrachtungen mit der Frage ab, wie Homunculus noch weiteren Nutzen aus seinen Sinnen ziehen kann. Homunculus kann am Geschmack abschätzen, ob ihm etwas zusagt, und er kann derartiges in seiner Nähe riechen. Gibt es nun Möglichkeiten, die Signale so auszuwerten, daß sie ihm das Finden erleichtern? Nehmen wir an, Homunculus sei ein Spermium, das von einer einzigen Frage beherrscht wird: Quo vadis?

Sein Problem ist, in einer - gemessen an seiner Winzigkeit - unvorstellbar großen, dreidimensional gefalteten Fläche ein punktförmiges Ziel so schnell wie möglich zu erreichen, und dies auf Leben und Tod und gegen Millionen von Mitkonkurrenten. Was könnte ihm das Finden des Ziels erleichtern? Nehmen wir an, das Ziel produziere einen Stoff, der sich nach allen Seiten gleichmäßig verteilt, wobei die Konzentration des Stoffes mit der Entfernung abnimmt.

Abb. 6.2: Quo-Vadis-Problem eines Spermiums

Wie läßt sich aus diesem Gradienten die Richtung des Zieles lokalisieren? Homunculus muß Vergleiche anstellen. Verfügt er über nur einen Rezeptor, so kann der Vergleich über die Zeit oder die Entfernung erfolgen, indem nach dem Prinzip von (zufälligem) Versuch und Irrtum diejenige Richtung bevorzugt wird, in der der zeitliche oder räumliche Abstand zwischen zwei Rezeptorsignalen möglichst kurz ist (Dichtegradient). Dies setzt ein „Gedächtnis" voraus, damit er sich mindestens

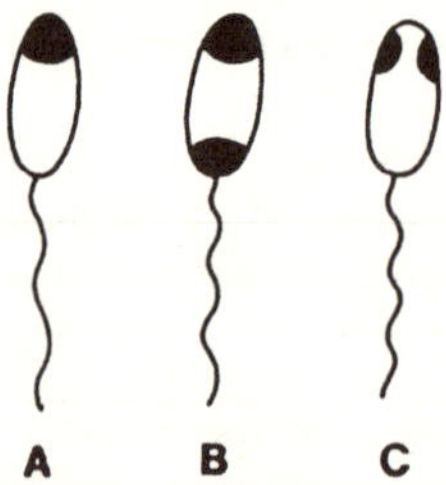

Abb. 6.3:
Typen der Gradientenmessung:
(dunkle Zonen symbolisieren hypothetische Meßapparate)
A: ein Meßapparat; B: zwei hintereinander liegende Meßapparate; C: zwei nebeneinander liegende Meßapparate

den jeweils letzten Zeitabstand „merken" kann. Er kann auch mit dem Kopf pendeln und die Signaldichte an den Extrempunkten miteinander vergleichen; auch dies erfordert ein „Gedächtnis". Hier findet er die Richtung ohne zufällige Bewegungen ziemlich direkt, indem er sich solange nach der Seite mit der größeren Signaldichte dreht, bis beide Signaldichten sich stark annähern; dann liegt das Ziel ungefähr geradeaus.

Verfügt Homunculus über zwei räumlich getrennte Rezeptoren, so kann er die beiden Dichtegradienten simultan erheben. Die Rezeptoren können (bezogen auf die Bewegungsrichtung) hintereinander oder nebeneinander liegen. Liegen die Rezeptoren hintereinander, so ist das Ziel in Richtung der maximalen Differenz zwischen den beiden Dichtegradienten zu suchen. Liegen die Rezeptoren nebeneinander, so liegt das Ziel in Richtung der minimalen Differenz *(s. Abb. 6.3).*

Welches ist nun die beste Meßmethode? Stereomessungen ersparen Versuch und Irrtum und damit Energie, erfordern aber mehr Verarbeitung als die einfache zeitliche oder räumliche Dichtebestimmung. Simultane Messungen mit zwei Rezeptoren sind schneller als die Pendelmessung und sparen Bewegung und damit Energie. Da sich Homunculus fortbewegen soll, können sich die Meßwerte ständig ändern. Bei hintereinanderliegenden Rezeptoren ist es aufwendig, die Richtung exakt zu berechnen, da zwischen Vorn und Hinten eine Differenz besteht, der sich eine weitere Differenz aufgrund der Bewegung überlagert. Bei nebeneinanderliegenden Rezeptoren hat man dieses Problem nicht: Unabhängig von den Dichteänderungen aufgrund der Bewegung muß stets nur die Differenz zwischen den Rezeptoren bestimmt werden. Das Vorzeichen entscheidet, in welcher Richtung das Ziel zu suchen ist. Ist die Differenz 0, so erfolgt die Bewegung geradewegs auf das Ziel hin (oder geradewegs von ihm weg; aber darüber können die steigenden oder fallenden Dichtegradienten Auskunft geben). Tatsächlich gibt es übrigens noch eine ganz andere Möglichkeit, ins Ziel zu finden, nämlich durch Furchen – wie auf Gleisen – geführt zu werden.

Wer sich jetzt mit der Problemwelt eines Spermiums vertraut gemacht hat, konnte gleichzeitig die Möglichkeiten der Gradientenmessung und der Stereomessung kennenlernen, die auch für andere Sinne, etwa den optischen und den akustischen von Bedeutung sind. Welche der diskutierten Möglichkeiten zur Richtungsbestimmung im Einzelfall von Vorteil ist, hängt nicht nur von der vorteilhaften Meßgenauigkeit, sondern auch vom Aufwand ab, der damit verbunden ist. So bringen zusätzliche Rezeptoren nicht nur Vorteile, denn sie steigern auch das Gewicht des Spermiums. Die häufigere Empfängnis von männlichen Nachkommen beim Menschen (die allerdings durch eine höhere Sterblichkeit weitgehend ausgeglichen wird) belegt, daß die leichteren Spermien mit dem kleineren Y-Chromosom schneller und deshalb im Vorteil sind.

Unsere Überlegungen besagen auch etwas über die Anordnung von diesen Sinnesorganen und damit über das Aussehen von Homunculus. Wenn er sich mehr als ein Sinnesorgan gleichen Typs „leisten“ kann, dann werden die richtungsweisenden Sinnesorgane höchstwahrscheinlich paarig auftreten, nebeneinander liegen (bezogen auf die Zielrichtung) und einen ausreichenden Abstand (zur Stereomessung) haben. (Auf ähnliche Weise versucht die sog. Exobiologie das Aussehen extraterrestrischer Lebewesen vorherzusagen; allerdings funktioniert bereits unsere Nase erwartungswidrig, nämlich eher durch Pendel- und Drehbewegungen des Kopfes.) Eine weitere, die Lage von Sinnesorganen bestimmende Größe ist die Minimierung des Weges, zwischen Rezeptor und Verarbeitungszentrum, deshalb tragen wir unsere wichtigsten Sinnesorgane im Kopf; die Fliege allerdings schmeckt mit den Füßen.

6.2.3 Optische Sinne

Homunculus stehen als weitere physikalische Signale elektromagnetische Wellen zur Verfügung, deren Spektrum vom niederenergetischen Langwellenbereich über Infrarot und Ultraviolett bis hin zur hochenergetischen Röntgen- und kosmischen Strahlung reicht *(s. Abb. 6.4)*.

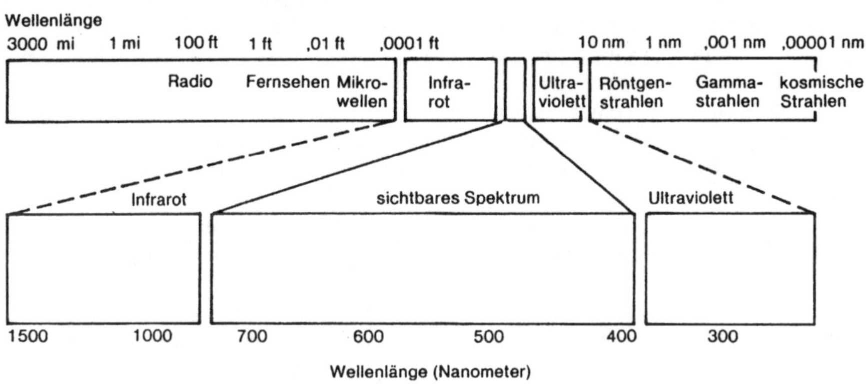

Abb. 6.4: Das elektromagnetische Spektrum

Daß aus diesem riesigen Spektrum elektromagnetischer Wellen wiederum nur ein bestimmter, schmaler Ausschnitt als sichtbares Licht wahrgenommen wird, ist ebenfalls nicht direkt physikalisch begründbar. Homunculus aber soll sich in der Welt orientieren, und dazu ist es vorteilhaft, auch etwas über seine fernere Umgebung in Erfahrung zu bringen, beispielsweise, ob ein Objekt nahrhaft oder gefährlich ist, groß oder klein, nah oder fern ist, ob es verharrt oder sich (gar auf ihn zu) bewegt.

Schon als Einzeller, z. B. vom Typ Euglena, kann Homunculus hell und dunkel unterscheiden und – über ein schattenwerfendes Plättchen in seinem Inneren – sogar grob die Richtung des Lichteinfalls bestimmen. Mit diesen Leistungen be-

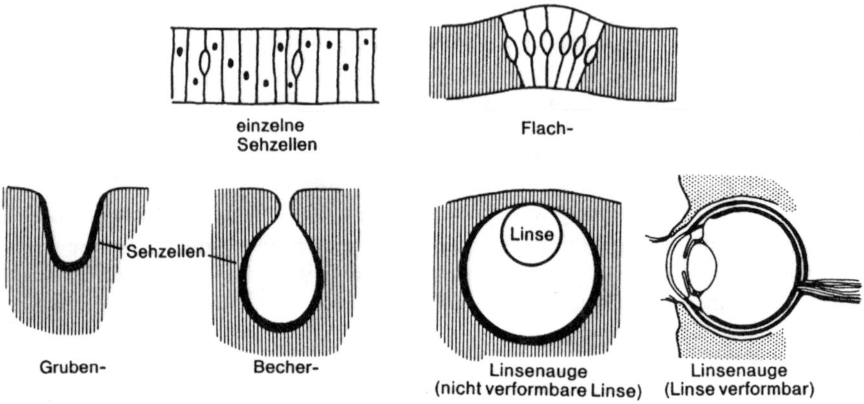

Abb. 6.5: Augentypen (schematisch)

gnügt sich auch der Regenwurm. Schwieriger wird es, wenn Homunculus Aufschluß über ein Objekt erhalten will. Obiekte reflektieren einen bestimmten Teil des einfallenden Lichtes.

Das Problem besteht darin, unter der Vielzahl von reflektierten Lichtstrahlen die eines bestimmten Objektes herauszufiltern. Dies gelingt mit einer flächigen Rezeptoranordnung in der Außenhaut (etwa dem Flachauge des Regenwurms) gar nicht, mit dem Becherauge (etwa der Schnecke) etwas besser und dem Grubenauge (etwa der Seeohrschnecke) schon ziemlich gut.

Scharfe Abbildungen einer Entfernungsebene erhält man erst bei dem als Lochkamera funktionierenden Grubenauge und nur, wenn die Blendenöffnung sehr klein ist; dann aber ist das Abbild sehr lichtschwach. Hier schafft eine Linse Abhilfe, die mehr Licht hereinläßt und trotzdem eine scharfe Abbildung gewährleistet *(s. Abb. 6.5)*. Allerdings muß sie zur Erzielung scharfer Abbilder eingestellt werden, entweder durch Verschieben (wie beim Tintenfisch und beim Fotoapparat) oder durch Veränderung der Krümmung, wie beim Menschen *(s. Abb. 6.6)*.

Damit hat Homunculus eine erste Möglichkeit, aus der Linseneinstellung (Akkomodation) bei scharfem Abbild die Entfernung im Nahbereich bis ca. 3 m exakt zu berechnen. Es gibt noch weitere, weniger präzise Möglichkeiten der monookularen Tiefenwahrnehmung. So werden etwa Verdeckungen, Texturgradienten und perspektivische Linien als Entfernungssignale bewertet, sind aber, wie der einäugige Tiefeneindruck der zweidimensionalen Bilder in *Abb. 6.7* zeigt, für Täuschungen anfällig.

Als unsere Vorfahren den automatisch sich festhakenden Krallen (etwa des Eichhörnchens) die gezielt geführte Greifhand als vorteilhafter vorzogen, war eine exakte Entfernungsbestimmung unerläßlich. Gewähren wir also Homunculus zwei Augen (Spinnen haben immerhin acht davon, wenn auch unterschiedlichen Typs). Die Augen sollen, im Gegensatz zu der seitlichen Lage beim Eichhörnchen, vorn liegen und weit überlappende Gesichtsfelder aufweisen.

Wenn Homunculus beide Augen auf denselben Punkt konvergieren läßt, bilden die Augenachsen einen Winkel zueinander, aus dem sich bis ca. 25 m die Entfernung berechnen läßt *(s. Abb. 6.8a)*. Dieser Punkt wird in beiden Augen an den

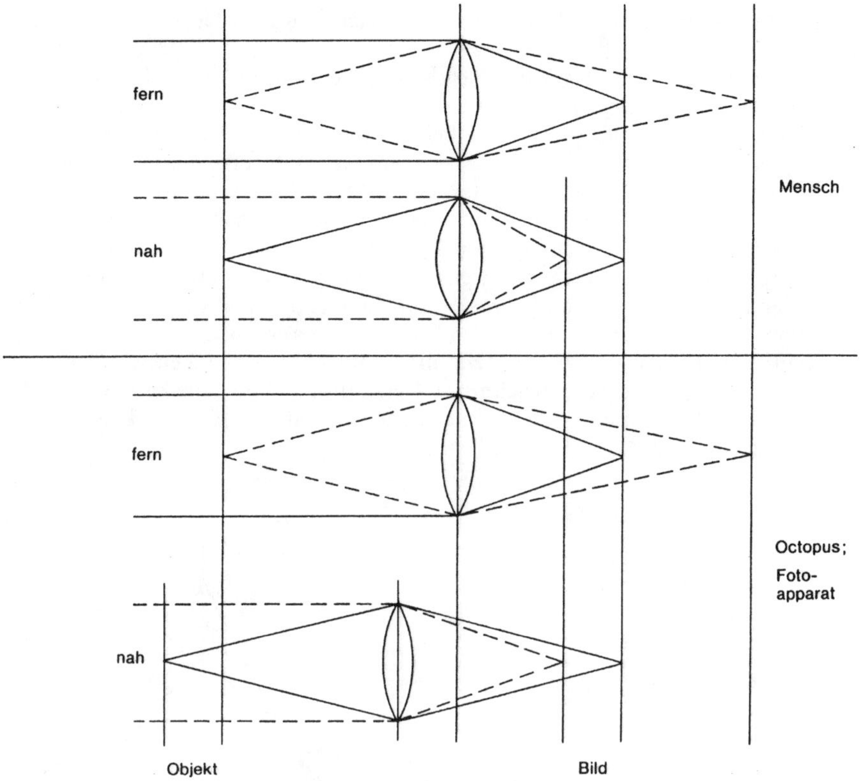

Abb. 6.6: Entfernungseinstellung (schematisch)

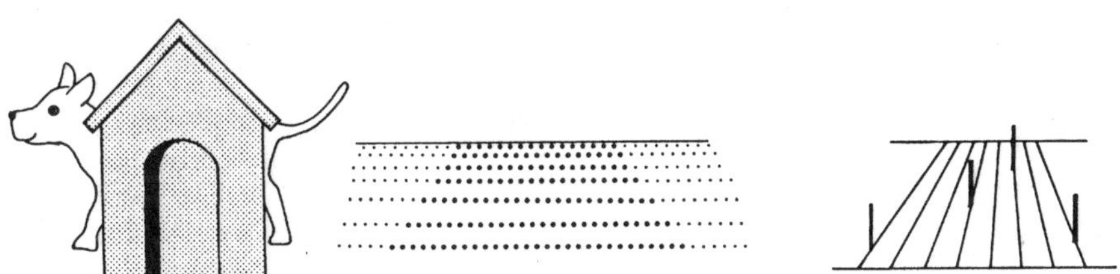

Abb. 6.7: Monokulare Tiefensignale

gleichen Netzhautstellen abgebildet. Was aber geschieht mit gleichzeitig vorhandenen Punkten, deren Entfernung kleiner oder größer ist? Ein weiter entfernter Punkt *(s. Abb. 6.8 b, Punkt A)* fällt im linken Auge rechts (a), im rechten Auge aber links (a') neben den eingestellten Punkt (b, b'). Diese, Querdisparation genannte Abweichung gestattet theoretisch Entfernungsunterschiede bis zu ca. 600 m exakt zu berechnen. Und eine ganz neue Sinnesqualität wird damit erzeugt: Der Eindruck von räumlicher Tiefe. Objekte erscheinen uns als dreidimensionale

Körper, obwohl sie nur als zweidimensionale Flächen auf der Netzhaut abgebildet werden.

Bleiben wir beim Abbild auf der Netzhaut. Wie kann Homunculus ermitteln, welche Größe ein Objekt hat?

Das Netzhautabbild ist gleichgroß bei einem großen, fernen wie bei einem kleinen, nahen Objekt *(s. Abb. 6.9)*. Erst wenn ein Maß für die Entfernung vorliegt, kann Homunculus die Größe des realen Obiekts berechnen. Daß dies tatsächlich so geschieht, demonstriert ein kleines Experiment: Blickt man starr für etwa 2 min. auf einen hellen, kleinen Pfeil vor dunklem Hintergrund, in der Entfernung B, so ermüden die erregten Rezeptoren, und es entstehen bei Wegnahme der Reizvorlage (durch Prozesse, auf die wir hier nicht eingehen wollen) Nachbilder, d. h. auf der Netzhaut wird das vorher gereizte Gebiet aktiv, obwohl jetzt kein Signal mehr einwirkt. Stellt man nun eine weiße Leinwand in der Entfernung A auf, so wird das gleichgroße Netzhautnachbild ganz anders verrechnet: Jetzt ist die Entfernung groß und das bedeutet, daß das Nachbild als riesiger Pfeil auf der Leinwand gesehen wird.

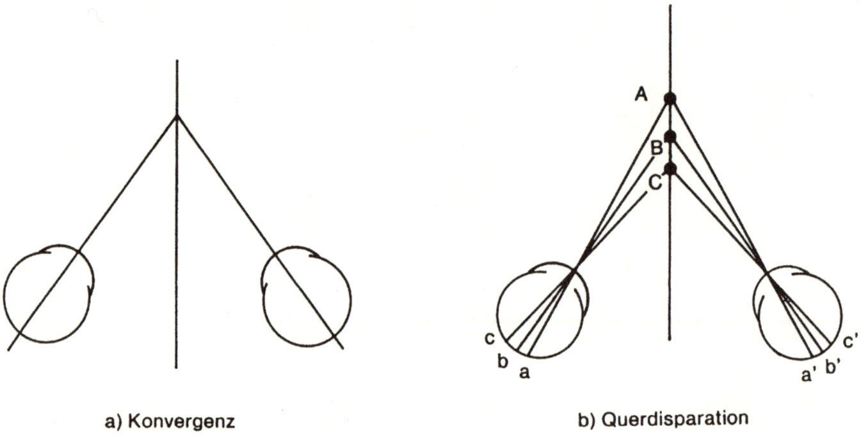

Abb. 6.8: Konvergenz und Querdisparation (schematisch)

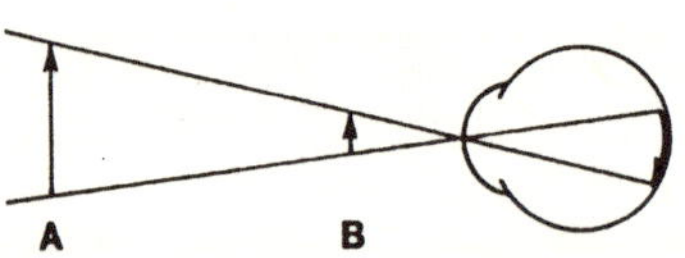

Abb. 6.9: Gleichgroßes Abbild unterschiedlich großer Objekte

Man hat in der Wahrnehmungspsychologie „Konstanzgesetze" angenommen. Dieses Experiment aber zeigt, daß Größenkonstanz kein Gesetz, sondern ein Ziel ist, dessen Berechnung für einen Organismus von Vorteil ist; gibt man verfälschte Parameter ein, so folgt die Berechnung - wie gezeigt - durchaus nicht dem „Gesetz" (vgl. Bischof 1981).

Homunculus soll sich orientieren können, folglich ist die realistische Abbildung chaotischer physikalischer Signale für ihn nutzlos. Vorteilhaft hingegen ist eine

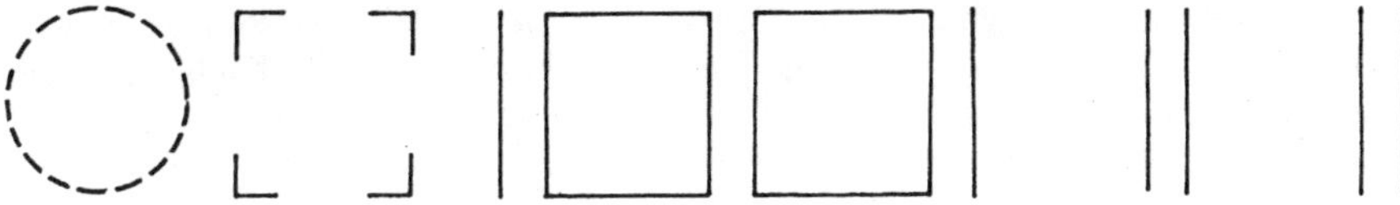

Abb. 6.10: Gestaltgesetze

Strukturierung der physikalischen Signale nach seinen Bedürfnissen. Vorteilhaft ist es weiterhin, nach Anzeichen für derartige relevante Strukturen zu suchen. Wenn also Homunculus einen Löwenschweif hinter einem Busch hervorragen sieht, sollte er den Rest für sich ergänzen, ohne die Vollständigkeit der entsprechenden physikalischen Signale abzuwarten. Einen evolutionären Hintergrund haben vermutlich die sogenannten Gestaltgesetze. Unzureichende physikalische Signale werden durch die Wahrnehmung strukturiert: Aus Punkten wird ein Kreis, aus Winkeln ein Quadrat, Linien werden als Seiten von Quadraten („Gesetz der Geschlossenheit") oder paarweise („Gesetz der Nähe") gesehen *(s. Abb. 6.10)*. Die neuronalen Verschaltungen für diese Wahrnehmungsleistungen sind teilweise aufgeklärt. Danach gibt es beispielsweise „rezeptive Felder" im Gehirn, die als Winkeldetektoren fungieren, d. h. sie zeigen ihre höchste Aktivität bei senkrechten und waagrechten Linien als Signalreizen. Aus einer kleinen Anzahl solcher Detektortypen lassen sich leicht Schaltungen konstruieren, die komplexe Muster erkennen bzw. ergänzen können. Die neuronale Verarbeitung, die beispielsweise darüber entscheidet, was wird als „Figur" und was als „Grund" gesehen *(s. Abb. 6.11)*, beginnt direkt an der Netzhaut, erfolgt also nicht nur - wie man vermuten könnte - in den entsprechenden Zentren des Gehirns.

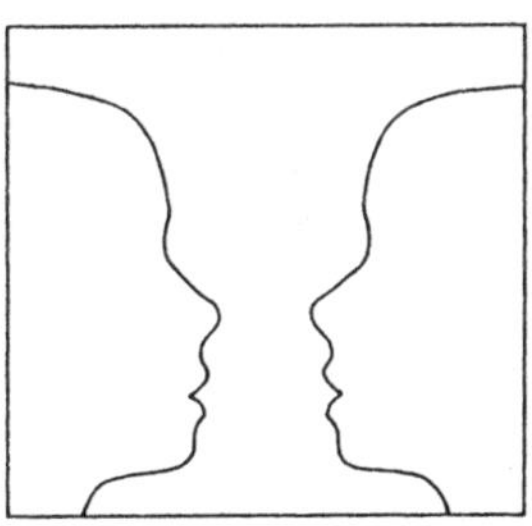

Abb. 6.11: Figur-Grund: Gesichter oder Vase

Die Rezeptoren eines Frosches sind z. B. so verschaltet, daß vom Auge nur dann Signale an das Gehirn weitergeleitet werden, wenn kleine insektenförmige Muster im Blickfeld bewegt werden. Bewegt man hingegen den gesamten gleichmäßig gepunkteten Hintergrund, so erfolgt kein Signal. In der Wahrnehmungswelt eines Frosches wird eine Fliege erst zur Fliege, wenn sie sich bewegt, sonst ist sie für ihn nicht existent.

Ein Ziel von Homunculus sollte es sein, ein Objekt nach Kriterien, die für ihn relevant sind, klassifizieren, vielleicht sogar individuell wiedererkennen zu können (z. B. eine Homuncula). Dazu muß er nach Signalen suchen, die möglichst wenig verfälschbar, also invariant sind. Wie er Formen unterscheiden kann, haben wir bereits gezeigt. Gibt es noch andere physikalische Signale, die von der Oberfläche eines Objektes ausgehen? Jedes Objekt reflektiert einen Teil des einfallenden Lichtes und absorbiert den anderen. Wenn eine bestimmte Oberflächenbeschaffenheit aber nur einen bestimmten Bereich des Spektrums reflektiert, dann lassen sich damit Objekte unterscheiden; wir verrechnen sie als farbig. Dabei tritt etwas Merkwürdiges auf: Wenn wir einem Menschen die Wellenlängen aufsteigend präsentieren, dann wird er zunächst im Infrarotbereich nur von Wärmeeindrükken berichten, dann aber von sichtbaren Farben. Das Merkwürdige ist nun, daß wir jede Wellenlänge vorgeben und jeder auch ein bestimmter Farbeindruck ent-

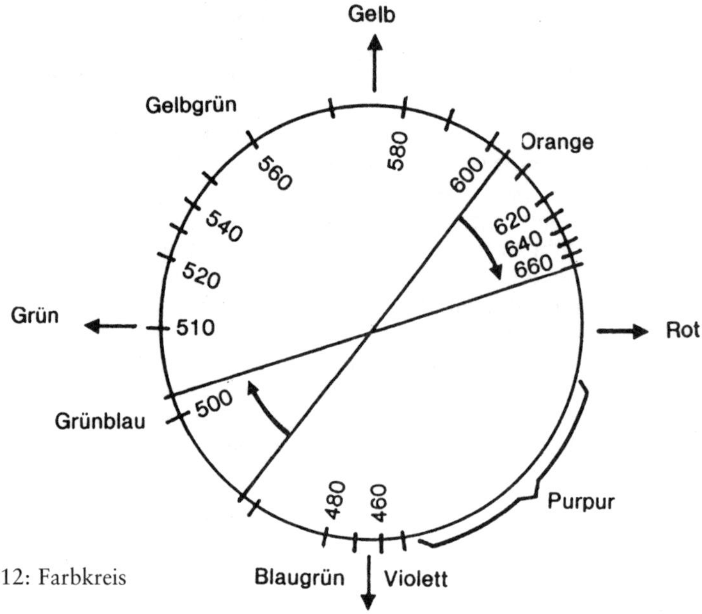

Abb. 6.12: Farbkreis

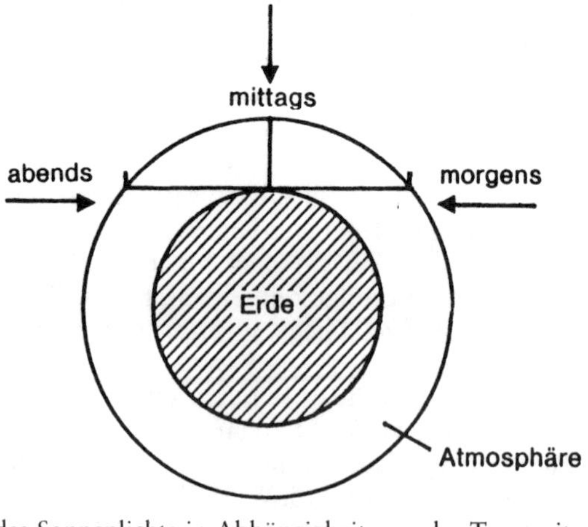

Abb. 6.13: Filterung des Sonnenlichts in Abhängigkeit von der Tageszeit

spricht, nur „Weiß" taucht nicht auf: Das weiße Tageslicht und das „weißeste Weiß" der Waschmittelhersteller gibt es nicht als Spektralfarbe.

Damit wird ein Bündel von Fragen aufgeworfen: Warum reicht es nicht, daß Homunculus Spektralfarben (also bestimmte Wellenlängen) sieht? Warum lassen sich beim Menschen drei verschiedene Farbrezeptoren (blau, grün, rot) nachweisen, die im weiteren zu drei verschiedenen Farbsystemen (rot-grün, blau-gelb, hell-dunkel) neuronal verschaltet sind? Warum haben Bienen völlig unabhängig einen ganz ähnlichen Farbwahrnehmungsapparat entwickelt? Und warum entsteht nur bei ganz bestimmten Mischungen aus zwei bzw. drei verschiedenen Wellenlängen der Eindruck „weiß" *(s. Abb. 6.12)*?

Warum werden die Wellen so aufwendig zu „weiß" verrechnet?

Wir haben invariante Signale gefordert. Sind Spektralfarben invariant? Spektralfarben entstehen aus dem Sonnenlicht. Wenn sich nun dieses im Laufe des Tages ändert, etwa, weil es mittags einen kürzeren Weg durch die filternde Atmosphäre zurückzulegen hat als morgens und abends, dann ändert sich auch die Intensität der Spektralfarben *(s. Abb. 6.13)*. Und damit erscheint Homunculus ein- und dasselbe Obiekt je nach Tageszeit oder Witterung in einer anderen Farbe. (Fotographen kennen das Problem.) Wenn nun eine neue Farbe „Weiß" so berechnet wird, daß deren Komponenten die Störungen kompensieren (etwa eine Verschiebung der Spektralfarben von orange nach rot von einer Verschiebung von blau nach blau-grün begleitet wird *(s. Abb. 6.12)*, dann errechnet sich – trotz der veränderten Komplementärfarben – wieder der gleiche Farbeindruck „Weiß". Daß die „subjektiven" Farbeindrücke sich zur Mischung von „Weiß" auf einem Kreis anordnen lassen, obwohl die physikalischen Signale auf einer aufsteigenden Skala von Wellenlängen liegen, hat seine Ursache darin, daß es in unserer Welt so viele sonnenbeschienene Wege, Bäume und Tiere gibt und so wenig Glühwürmchen (Bischof 1981).

6.2.4 Akustische Sinne

Wenn sich ein Objekt bewegt, versetzt es aufgrund physikalischer Gesetze die umgebenden Moleküle stets in Schwingungen, die sich als Wellen ausbreiten. Lassen wir also Homunculus an einem derart nützlichen physikalischen Signal teilhaben, und gewähren wir ihm einen Gehörsinn *(s. Abb. 6.14)*.

Um verschiedene Schallwellen unterscheiden zu können, werden sie beim Menschen über einige Zwischenglieder im Mittelohr auf eine Membran geleitet, die sie hinaufwandern (daher Wanderwellentheorie). Dabei wird das einlaufende Gemisch von überlagerten Wellen in die einzelnen Grundschwingungen auseinandersortiert, indem – je nach Schwingungsdichte (Frequenz) – an einem bestimmten Ort der Membran ein „Wellenberg" entsteht, der als Tonhöhe verrechnet wird; die Höhe des Wellenberges (Amplitude) wird als Lautheit verrechnet.

Die Schallausbreitung unterliegt vielen Einflüssen aufgrund physikalischer Gesetze. Wenn aber das Signal auf dem Weg von der Quelle zum Rezeptor verändert wird, sollte man annehmen, daß Homunculus – wie bei der Farbwahrnehmung –

alles unternimmt, um diese Fehler zu kompensieren. Das Gegenteil ist der Fall: Wenn aus einem Frequenzgemisch bei der Ausbreitung in der Luft selektiv die hohen Frequenzen herausgefiltert werden, dann hört Homunculus auch tatsächlich ein tieferes Geräusch. Und wenn sich ein Objekt schnell und dicht an ihm vorbeibewegt, hört er erst ein hohes, dann ein tiefes Geräusch (von „miii" zu „mooo", wie Kinder einen vorbeirasenden Rennwagen nachahmen), obwohl vom Objekt selbst stets das gleiche Signal ausgeht: Von einer Fehlerkompensation kann nicht die Rede sein.

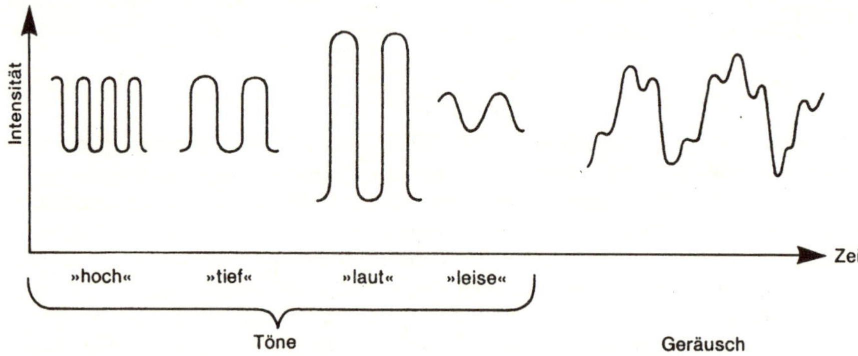

Abb. 6.14: Akustische Signale

Hohe Frequenzen werden bei der Ausbreitung des Schalls stärker herausgefiltert als tiefe; fehlen sie, so hört Homunculus ein fernes Geräusch. Bewegt sich ein Objekt (schnell) auf Homunculus zu, so verkürzt sich der Abstand zwischen zwei ankommenden Schallwellen und das Geräusch erscheint ihm höher. Entfernt sich das Objekt, so verlängern sich die Abstände zwischen zwei Signalen und das Geräusch klingt tiefer (Dopplereffekt). Diskutieren wir abschließend, welche Vorteile es Homunculus bringt, über zwei Gehörorgane zu verfügen. Wenn ein Signal von der Seite kommt, so erreicht es erst das eine, dann das andere Ohr. Aus diesem Laufzeitunterschied läßt sich die Richtung der Schallquelle bestimmen. Für ein Ohr, das auf der abgewandten Seite im „Schallschatten" liegt, ist das ankommende Signal zudem leiser; auch dies wird als Richtungssignal verrechnet.

Zeigt ein Obiekt eine veränderte Zusammensetzung des von ihm reflektierten Lichtes, so kann dies für Homunculus bedeuten, daß es sich entweder um dasselbe Objekt bei anderer Beleuchtung oder um ein anderes Obiekt handelt; ein Fehlerausgleich wird lebenswichtig. Sendet ein Objekt aber immer die gleichen physikalischen Signale, so läßt es sich daran leicht identifizieren, und Veränderungen des Signals können zuverlässig als Hinweise auf anderes (etwa Entfernung) ausgewertet werden. Bewegung erzeugt gesetzmäßig Schall; bewegte Objekte - Schallquellen also - sind daher so etwas wie eine Art „akustisches Glühwürmchen".

6.2.5 Stellungs- und Lagesinne

Homunculus ist für Dunkelheit nicht besonders gut ausgestattet. Trotzdem sollte er wissen können, ob er sitzt oder liegt und auch einen Fuß noch vor den anderen setzen können. Daß Homunculus bei geschlossenen Augen die beiden Zeigefingerspitzen einander treffen lassen kann, erfordert Sinne, die ihm Aufschluß über die Stellung der Gelenke, der Sehnen und Muskeln und deren Spannungsänderungen geben. Um zu wissen, wo oben und unten ist, bedarf es im Dunkeln eines zusätzlichen physikalischen Signals. Es bietet sich dafür die Schwerkraft an. Als Krebs verfügt Homunculus über eine kugelförmige Kammer mit Sinneszellen, die durch ein Sandkorn gereizt werden, das aufgrund seiner Masse, so lange keine Zentrifugal- oder andere Beschleunigungskräfte einwirken, immer unten liegt.

Das Problem des Bewegungssehens hängt eng mit den Stellungs- und Lagesinnen zusammen: Wenn Homunculus seine Augen bewegt, dann wandert das Abbild auf der Netzhaut. Wenn er auf einem Drehstuhl sitzt und – bei starr geradeaus gerichtetem Blick – gedreht wird, wandert das Netzhautabbild gleichfalls. Wenn in seinem Blickfeld alles unverändert bleibt, bis auf einen kreisförmigen Gegenstand, der sich auf und ab bewegt, dann soll Homunculus einen Ball in Bewegung sehen. Wenn sich aber alle Eindrücke auf der Netzhaut nach oben verschieben, dann sollte er merken, daß er nach vorn umfällt (Bischof 1981). Wie kann Homunculus entscheiden, ob er sich bewegt oder die Umgebung? Er könnte etwa die Augenbewegung messen und mit der Verschiebung des Netzhautbildes sogar so verrechnen, daß der Eindruck entsteht, die Welt stehe still, obwohl das Netzhautbild doch wandert. Für die Messung der Drehbewegung hat er als Mensch Bogengänge im Innenohr, die mit Flüssigkeit gefüllt sind. Dreht er sich, so verharrt die Flüssigkeit aufgrund ihrer Trägheit; und dies läßt sich messen und mit der Verschiebung des Netzhautbildes verrechnen. (Daß dies alles ein bißchen komplizierter ist, als hier skizziert, sei am Rande angemerkt.)

6.2.6 Wahrnehmung und andere Sinne

Daß es nicht nur die klassischen fünf Sinne sind, und nicht einmal der sprichwörtlich sechste Sinn reicht, um Homunculus ein erfolgreiches Dasein zu garantieren, ist inzwischen wohl deutlich geworden. Homunculus soll Wärmeverluste meiden, sich aber auch an zu heißen Sachen nicht verbrennen, also braucht er Temperatursinne. Er soll Berührungen registrieren und Verletzungen erkennen, folglich braucht er Druck- und Schmerzrezeptoren. Wenn er, wie Eulen und besonders Fledermäuse, in völliger Dunkelheit sich orientieren soll, dann kann er den Gehörsinn zur Raumwahrnehmung nutzen (auch Blinde tun das) bzw. als Echolot aktiv einsetzen. Als Biene oder Zugvogel nutzt er die für meteorologische Störungen weniger anfälligen Polarisationsmuster am Himmel, wie auch den Erdmagnetismus zur besseren Orientierung. Als Fisch kann er von einem Seitenlinienorgan über Strömungen und durch elektrische Felder, die er etwa als Zitteraal aktiv erzeugt, über seine Umgebung – selbst in trübem Wasser – Aufschluß erzielen. Als Biene sind ihm Blüten noch im UV-Bereich als farbig unterscheidbar, als Klapperschlange ortet er seine Beute an der Infrarot-Wärmestrahlung, wobei ihm eine Temperaturdifferenz von 0,003 °C für die Dauer von nur 0,06 sec genügt. Als Wal kommuniziert er durch langwellige Töne mit Artgenossen über Hunderte von Kilometern.

Es ist durchaus möglich, unter evolutionären Gesichtspunkten sogar sehr wahrschcinlich, daß es Organismen gibt, die für bestimmte physikalische Signale, wie z. B. Radioaktivität, für die bislang keine spezifischen Sinnesorgane bekannt sind, solche entwickelt haben. (Zur Klärung derartiger Probleme müßte man gezielt Biotope erforschen, in denen diese Sinnesleistungen einen selektiven Vorteil bieten könnten, beispielsweise Gebiete, in denen eine hohe natürliche Radioaktivität vorliegt.) Wir wissen nicht, ob es nicht noch weitere physikalische Signale gibt, die uns bislang einfach nicht bekannt sind, so wie bis vor kurzem noch Ultraschall, Polarisation oder elektrische Felder. Es ist allerdings durchaus möglich, daß es Lebewesen gibt, die auch diese hypothetischen physikalischen Signale - vielleicht schon seit Jahrmillionen - zur Orientierung in der Welt nutzen. (An Parapsychologie muß man deshalb nicht glauben; ohnehin fehlt dafür jeder ernstzunehmende Beweis.)

6.3 Wahrnehmung und Lernen

Was sollte Homunculus lernen können? Lernen macht flexibel gegenüber Veränderungen und dient dem Aufbau eines überdauernden Abbildes der Realität, „kostet" aber mehr Verarbeitungsaufwand und erfordert vor allem Erfahrung. Was immer in gleicher Weise gebraucht wird, sollte Homunculus angeboren sein. Entfernt man einer Katze das Großhirn, so kann sie nichts mehr lernen; sie ist zutiefst blöde. Setzt man sie in einen Gang, so läuft sie diesen entlang. Stößt sie auf eine dunkle Linie auf dem Boden, die quer zur Laufrichtung gezogen wurde, so zögert sie kurz vor der Linie, dann steigt sie mit hoch erhobenen Vorderpfoten über das (flache!) „Hindernis", wobei die Hinterpfoten - entsprechend später! - die gleichen Bewegungen ausführen. Da sie nichts lernen kann, zeigt sie dieses Verhalten unverändert auch beim zwanzigsten Durchlaufen des Ganges. Dieses Verhalten ist angeboren. (Daß sie auf Kraulen mit Anschmiegen reagiert, mag Katzenfreunde irritieren.)

Was so gefährlich ist, daß Homunculus Erfahrungssammlung mit dem sicheren Tode bezahlen würde, sollte angeborenerweise gemieden werden. Deckt man eine deutlich erkennbare Treppe mit einer waagrechten Glasplatte ab, so überqueren neugeborene Ziegen den „Abgrund" nicht und neugeborene Ratten nur dann, wenn ihre Barthaare Bodenkontakt zur Glasplatte halten können. Von 27 Kindern im Alter von 6-14 Monaten ließen sich nur 3 über den „Abgrund" locken, allerdings ist in diesem Alter eine Erfahrungssammlung mit „Abgründen" nicht mehr auszuschließen, während es sich bei den neugeborenen Tieren mit ziemlicher Sicherheit um eine angeborene Tiefenwahrnehmung handeln muß.

Daß auch Lernen in der Wahrnehmung eine wichtige Rolle spielt, zeigen etwa Berichte über Buschmänner, die, als sie erstmals in ihrem Leben in die offene Savanne kamen, weit entfernte Büffel für Ratten hielten. Es finden sich Lernprozesse sogar dort, wo man sie zunächst gar nicht erwarten würde: Befestigt man eine Fliege so an einem Draht, daß sie ihre Flügel noch frei bewegen kann (ohne allerdings von der Stelle zu kommen), so können Richtungsänderungen der Fliege als Drehimpulse am Draht registriert werden. Fliegt sie nach rechts, so wandert normalerweise das Abbild der Umgebung nach links. Läßt man nun die Fliege in der Mitte einer waagrechten Trommel auf einem Draht „fliegen" und dreht die Trommel bei jeder Rechtsdrehung der Fliege nach rechts, und bei jeder Linksdrehung nach links, so wandern die Abbilder jeweils in die entgegengesetzte Richtung, als sie es normalerweise tun. Das Erstaunliche ist nun, daß Fliegen nach kurzer Zeit lernen, sich in dieser „verkehrten Welt“ korrekt zu orientieren. (Dabei zeigt sich, daß jedes Auge einzeln für sich umlernen muß.)

Läßt man Menschen eine Umkehrbrille tragen, so steht für sie zunächst „die Welt auf dem Kopf“; nach einigen Wochen jedoch wird sie wieder aufrecht wahrgenommen und scheint nun bei Wegnahme der Brille kopfzustehen. Der evolutionäre Nutzen solcher Lernprozesse ist in einer weitreichenden Korrekturmöglichkeit von Fehlern zu sehen, die sich leicht in einem komplizierten Wahrnehmungsapparat finden können. (Schon Helmholtz meinte im vorigen Jahrhundert, daß man unseren optischen Apparat, hätte man ihn im Geschäft gekauft, reklamieren müsse.) Daß eine, im allgemeinen wohl sehr vorteilhafte ständige Justierung der Sinnesorgane stattfindet, belegen Experimente, bei denen Personen tagelang visuellen, akustischen und taktilen Reizen weitgehend entzogen werden. Während der „sensorischen Deprivation“ kommt es zu Halluzinationen, danach immerhin noch zu schweren Orientierungsstörungen (so scheinen Objekte zu driften oder zu taumeln oder mit der Blickbewegung mitzugehen).

Wahrnehmung, so wird deutlich, ist ein aktiver Prozeß; entfallen die – in der Phylogenese stets vorhandenen – Außenreize zur Justierung, so folgen aufgrund interner Aktivitäten schwere Wahrnehmungsstörungen. Im Extremfall, etwa bei nicht frühzeitig behobener angeborener Linsentrübung, werden die entsprechenden Gehirnzentren nicht adäquat ausgebildet, so daß ein operierter Erwachsener nicht mehr lernen kann, Gesichter zu unterscheiden.

Trotz der angeführten Beispiele für die Flexibilität von Organismen beim Umlernen aufgrund von Wahrnehmungsprozessen, gibt es arttypische Grenzen für das Erlernbare: Für Tauben ist es fast unmöglich zu lernen, vor etwas wegzufliegen, um daraufhin Futter zu erlangen. Und Katzen können kaum lernen, daß sie sich lecken müssen, um einem Käfig zu entkommen. Wieder sind es nicht physikalische Gesetze, die direkte Vorhersagen zulassen, sondern semantische Aspekte, nämlich die Unvereinbarkeit von Flucht- und Gefahrenanzeichen mit Futteraufnahme oder entspanntem Verhalten (Bischof 1981). Ein frisch geschlüpftes Entenküken folgt fortan dem erstbesten, beliebigen Objekt, das sich innerhalb der ersten 30 Lebensstunden für einige Zeit in seiner Nähe bewegt (Prägungslernen), wie Konrad Lorenz in seinen Versuchen zeigen konnte. Babies, die kurz nach der Geburt gestillt werden, trinken in der folgenden Zeit besser als Kinder, denen diese Erfahrung fehlt. Eine Möglichkeit zur Übernahme ganzer Erfahrungskomplexe bildet die Nachahmung. Hier verfährt Homunculus nach der Maxime: ‚Auch wenn ich nicht genau weiß, wozu dieses oder jenes gut ist, kann es nichts schaden, eine erfolgreiche Person nachzuahmen‘.

6.4 Wahrnehmung und Motivation

Für Homunculus gibt es viel zu seinem Nutzen zu tun, was aber soll er als erstes anpacken? Wichtig ist zunächst einmal, über alle bedeutsamen Abweichungen von seinen lebensnotwendigen Sollwerten Kenntnis zu erhalten. Wichtig ist weiterhin, daß er daraufhin etwas unternimmt, das den Abweichungen entgegenwirkt. (Dies kann in der primitivsten Form einfach ungerichtete Aktivität sein oder bei komplexeren Organismen eine Versuchs- und Irrtumsstrategie.) Wenn er aber viele Signale gleichzeitig erhält, die er alle als Aufforderungen zur Gegensteuerung interpretieren muß, was ist ihm dann momentan am zuträglichsten? Da Homunculus nicht beliebig viele Handlungen gleichzeitig ausführen kann, ist es für ihn sehr wichtig, zu einer Rangfolge seiner Bedürfnisse zu gelangen. Für seine lebenswichtigen physiologischen Bedürfnisse sollte er eine ungefähre Hierarchie besitzen: Im Extrembereich sollte die Befriedigung von Durst vor der des Hungers rangieren und diese wiederum vor sexuellen Bedürfnissen. Es gibt zwei Möglichkeiten, wie die Wahrnehmung an diesem Auswahlprozeß beteiligt sein kann: Sie kann Bedürfnisse hervorheben oder unterdrücken. Überschreitet ein Bedürfnis erst einmal eine gewisse Schwelle, dann kann es nützlich sein, intensiv und gezielt nach Befriedigungsmöglichkeiten Ausschau zu halten (im Fall von Hunger etwa nach gefüllten Kühlschränken). Es kann also zur selektiven Beachtung etwa von Eßbarem kommen. Daß der Teufel in der Not auch Fliegen frißt, verdeutlicht die geradezu sprichwörtlichen Veränderungen von Wahrnehmungen (hier der Geschmackspräferenz) unter hohem Bedürfnisdruck. Für Homunculus kann es auch nützlich sein, bestimmte Bedürfnisse in Abhängigkeit von der Gelegenheit hervorzuheben, sexuelle Bedürfnisse beispielsweise, wenn sich dazu gerade die Möglichkeit bietet, oder (hormonell gesteuert) wenn die Jahreszeit einen besonders günstigen Reproduktionserfolg verspricht. (Mit diesem Trank im Leibe sieht er dann gewissermaßen Helenen in (fast) jedem Weibe.) Auch der häufig auftretende Fall, daß verschiedene Sinnesmodalitäten Unterschiedliches signalisieren, läßt sich dann lösen: Ein Fisch beispielsweise, der seine Lage am senkrecht einfallenden Licht und der Schwerkraft orientiert, und der bei (experimentell erzeugtem) Schrägeinfall des Lichtes einen Mittelwert zwischen Licht- und Schwerkraftrichtung einnimmt, wird in der Brunft „ganz Auge“ und orientiert sich nur noch am Licht.

Wahrnehmungen können durch Bedürfnisse auch unterdrückt werden. Einen besonderen Fall bildet die Adaptation (von Adaptation spricht man, wenn ein Rezeptor bei konstantem physikalischem Signalfluß seine Antwort in der Zeit ändert): Viele Rezeptoren adaptieren: Farben erscheinen nach einer Weile intensiven Anstarrens blasser und verschwinden sogar. Gerüche, aber auch hohe Töne verlieren schnell an Intensität und sind nach kurzer Zeit nicht mehr wahrnehmbar. Die Ursache hierfür könnte in physikalischen Notwendigkeiten liegen, so ist es beispielsweise schwierig, Rezeptoren mit der für die Dauererregung notwendigen Energie zu versorgen; sie könnte aber auch im Dienste der Fitness stehen. Homunculus sollte nämlich bestrebt sein, sich nicht mit Wahrnehmungseindrükken zu überfluten. Hierzu könnte es nützlich sein, Signale, die sich in der Stammesgeschichte als nicht sehr wichtig erwiesen haben, nur für eine kurze Zeitspanne wahrzunehmen. Es bleibt Homunculus also Zeit, auf diese Signale zu reagieren, bevor sie automatisch ausgeblendet werden. Eine Veränderung des physikalischen Signals hebt in der Regel die Adaptation wieder auf, so daß diese Veränderung wahrgenommen wird.

Je nach Bedürfnislage können dieselben physikalischen Reize unterschiedlich wahrgenommen werden: Ein Kühlschrank wird von einem Schwitzenden unter dem Aspekt der Kühlung gesehen, von einem Hungrigen unter dem der Sättigung. Hierauf gründet sich die Logik der „projektiven Verfahren“, die eine Interpretation mehrdeutiger Bilder (etwa bunter Tintenkleckse) verlangt. Eines der zahlreichen Probleme, die mit projektiven Verfahren verbunden sind, besteht darin, daß Homunculus - wie schon bei der Adaptation - anhaltende und momentan nicht behebbare Störungen ausblenden können sollte. Tatsächlich zeigen etwa Personen nach vielstündigem Hungern weniger Assoziationen, die mit Essen zu tun haben, als eine nichthungrige Vergleichsgruppe. Wahrnehmungen können also durch Bedürfnisse auch aktiv unterdrückt werden.

Die Korrektur von Sollwertabweichungen darf nicht als ein „Gesetz der Homöostase" mißverstanden werden. Derartige „Gesetze" gibt es - entgegen dem ersten Anschein - nicht, wie unser hemmungsloser Zucker- (und teilweise auch Salz-)Konsum eindrucksvoll belegt. Auch das folgende Beispiel paßt nicht in ein homöostatisches Motivationskonzept: Affen lernen eindeutig schneller, wenn ihnen nach der Lösung einer Aufgabe ein Blick aus dem abgetrennten Käfig in das Labor gewährt wird. Die Wahrnehmung von Neuem, Unbekanntem fungiert dabei offensichtlich als Belohnung.

6.5 Wahrnehmung und Emotion

Homunculus nimmt Signale wahr, er kann aus Erfahrungen lernen, und er wird über (lebenswichtige) Bedürfnisse informiert. Dies reicht vielen Organismen zum Überleben. Aber gibt es vielleicht noch eine weitere Möglichkeit, die Fitness zu steigern? Was Homunculus fehlt, sind Möglichkeiten zur ganz groben Klassifikation von Situationen. Wenn die kleinsten Anzeichen für einen Löwen in der Nähe vorliegen, sollte er sich nicht nur möglichst schnell entfernen, er sollte dies auch mit einem Unwohlsein verbinden, das um so stärker wird, je mehr die Anzeichen sich häufen. Diese Emotion gestattet ihm zweierlei: Zum einen eine Generalisierung dieses Unwohlseins auf die gesamte Situation, die er deshalb in Zukunft möglichst meiden wird; zum anderen einen Vergleich mit völlig andersartigen Situationen, die sich nun, etwa anhand des Unwohlseins, leicht in eine Rangfolge bringen lassen.

„Feindschablonen" lassen sich bei vielen Tieren nachweisen, so meiden manche neugeborenen Primaten bewegte, schlangenförmige Objekte, und Menschen bilden unbegründete Ängste (Phobien) leichter vor Objekten aus, die in der Stammesgeschichte gefährlich für sie waren. Konzipiert man Homunculus als „Nesthokker" mit großen Lernmöglichkeiten, und will man ihn deshalb nicht zu sehr mit Instinkten festlegen, so sollte er zumindest alle plötzlichen Signalzunahmen (Lautstärke, Bewegung, Druck etc.) und sehr hohe Intensitäten als unangenehme Alarmsignale werten. (Auf die viel weitreichenderen Funktionen auch anderer Emotionen können wir hier nicht eingehen; vgl. Zimmer 1981.)

6.6 Wahrnehmung und Denken

Im Anfang war die Tat. Dies gilt für die blinde Aktivität sehr einfacher Organismen, wie auch für Versuchs- und Irrtumsstrategien komplexer Lebewesen. Und eine alte militärtaktische Anweisung lautet: ‚Auch wenn völlig unklar ist, was zu tun ist, tue etwas; das ist allemal besser als nichts zu tun'. In dem Maße, in dem Homunculus aus dem Zwang der Instinkte befreit wird, wird ihm eine zunehmende Beliebigkeit für Lösungen von Problemen zugestanden. (Der Unterschied zwischen einem praktischen und einem theoretischen Physiker soll angeblich darin bestehen, daß - eingeschlossen in einer Höhle mit Büchsennahrung, aber ohne Büchsenöffner - der praktische Physiker die Büchsen so lange gegen die Wände wirft, bis eine aufplatzt, während der theoretische Physiker nach tagelangem Nachdenken und Berechnung von Wurfbahnen eine Büchse mit einem einzigen gezielten Wurf zu öffnen vermag.) Es erweist sich dabei als vorteilhaft, nicht alles „tat-sächlich" auszuführen, sondern eine interne Folgenabschätzung vorzuziehen. Wahrnehmung braucht dabei während des Denkprozesses nicht stattzufinden, oft kapselt sich der Denkende geradezu vor allen äußeren Signalen ab. Andererseits gibt es Belege dafür, daß analoge Strukturen in der Umwelt die Lösung eines Denkproblems erleichtern können (etwa, wenn für ein geometrisches Problem die Lösung in Form von entsprechend geformten Objekten im Umfeld sichtbar ist).

Der Verzicht auf die externe Erprobung setzt interne Strukturen (Erfahrungen und Findestrategien) voraus, die ein hinlänglich brauchbares Abbild der Realität gestatten. Steht diese Forderung aber nicht im Widerspruch zu den vielen Wahrnehmungstäuschungen, denen Menschen ausgesetzt sind? Am Horizont erscheint der Mond riesengroß, hoch am Himmel stehend dagegen sehr klein; dabei zeigen Photographien ihn in beiden Fällen etwa gleichgroß. Linien, die von bestimmten Winkeln eingeschlossen werden, erscheinen unterschiedlich lang *(s. Abb. 6.15)*. Taucht man eine Hand in kaltes, gleichzeitig die andere in warmes Wasser, so erscheint ein lauwarmes Wasserbad, in das beide Hände anschließend getaucht werden, der kalten Hand warm und der warmen Hand kalt. Nimmt man Menthol ein, so scheint die eingeatmete Luft kalt, nimmt man Alkohol ein, so scheint sie warm zu sein, obwohl sich tatsächlich ihre Temperatur nicht verändert hat. Diese Liste von Wahrnehmungstäuschungen ließe sich beliebig fortsetzen.

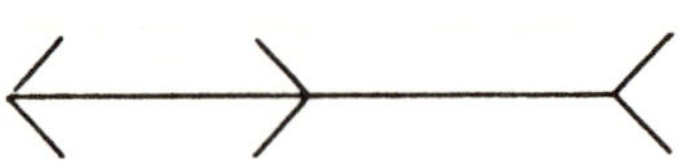

Abb. 6.15: Müller-Lyer-Täuschung

Wie lassen sich diese Täuschungen erklären? Teilweise dürfte es sich um Systemartefakte handeln, dann nämlich, wenn es sich um Ereignisse (oder Substanzen) handelt, die in der Evolution keine (bedeutsame) Rolle spielten (etwa vermutlich Menthol). Oder wenn es sich um evolutionär gesehen irrelevante Spezialfälle eines ansonsten recht nützlichen Prinzips handelt. Wenn der Horizont (zutreffend) als weit entfernt, der Himmel aber (fälschlicherweise) als nah eingeschätzt wird, und daraus die Größe des Mondbildes falsch berechnet wird, dann ist dies fürs Überleben irrelevant und mindert nicht den allgemeinen Nutzen einer derartigen Größenberechnung *(s. Abb. 6.9)*. Und wenn zusammenlaufende Linien als perspektivische Signale interpretiert werden, dann ist dies vermutlich auch von größerem Nutzen als eine (korrekte) Wahrnehmung von gleichen Streckenlängen, wie sie auf der Netzhaut erscheint. Tatsächlich sind derartige Korrekturmechanismen ständig an den Wahrnehmungen beteiligt, so kann dasselbe Objekt ganz verschiedene Netzhautbilder erzeugen: Ein kreisrunder Tisch führt unter schrägem Blickwinkel zu einem elliptischen Abbild. Trotzdem wird der Tisch stets als ein- und derselbe kreisrunde Tisch erkannt.

Solche „Erklärungen im nachhinein“ sind mit Vorsicht zu genießen. So ist beispielsweise denkbar, daß viele Täuschungen doch nützlich sind, etwa ein großer Mond etwas über den Zeitpunkt der Beobachtung auszusagen vermag, oder das Wärmeempfinden beim Alkoholgenuß als Indikator für Kalorienzufuhr fungiert, oder daß Temperaturänderungen wichtiger sind als Absolutwerte etc. Aber das bleibt spekulativ.

Ganz allgemein läßt sich zu Wahrnehmungstäuschungen als wesentlich anmerken: Erkenntnisse, die per Wahrnehmung gewonnen werden, müssen nicht superkorrekt sein; sie müssen lediglich nützlicher als alle anderen für das Individuum verfügbaren Informationsquellen sein.

Denken erfordert wahrgenommene oder angeborene Inhalte, um sie zu verknüpfen. Dabei ist uns nicht alles gleichermaßen leicht zugänglich. Der starke Weckreiz eines leise knackenden Ästchens in Kopfnähe ist nur ein Beispiel. Bewußt werden uns ohnehin nur die Sollwertabweichungen, die der Organismus nicht mehr automatisch regeln kann. Außerhalb des zentralen Netzhautbereiches sind viele Sinneszellen auf ein Neuron zusammengeschaltet. Wir können daher in den äußeren Bereichen nicht scharf sehen. Diese Bereiche sind aber erheblich empfindlicher, ganz besonders auf bewegte Objekte in der Peripherie unseres Gesichtsfeldes. Es gibt andere Ereignisse, die unsere Wahrnehmung zwar erfassen könnte, tatsächlich aber kaum beachtet. So fehlen uns offensichtlich Zeitreihendetektoren, die auf langsame, zeitliche Ereignisse, wie sie etwa im ökologischen Bereich häufig sind, ansprechen.

Denken ist nur bedingt auf die verfügbaren Wahrnehmungen (und ihre „Fehler“) angewiesen. Denken ist die Möglichkeit zur Abkopplung von der Wahrnehmung. Und Denken beinhaltet die Gefahr, aus der Abkopplung nicht mehr zur Tat zurückzufinden (wie angeblich der Mathematiker, der angesichts des eingangs erwähnten Büchsenproblems nach einwöchigem Nachdenken zu dem Schluß kommt: ‚Es existiert!‘). Daß Menschen damit tatsächlich Schwierigkeiten haben, belegt die „Lohhausen-Studie“ (Dörner, Kreuzig, Reither & Stäudel 1983).

6.7 Wahrnehmung und Wahrheit

Wenn wir davon ausgehen, daß es eine objektive physikalische Welt gibt (daß dies gelegentlich nicht akzeptiert wird, soll uns hier nicht weiter beschäftigen), so lassen sich für unsere Wahrnehmung einige Feststellungen treffen:

(1) Wir nehmen nur einen kleinen Ausschnitt der physikalischen Signale wahr. Wir leben also in einer von vielen möglichen Wahrnehmungswelten.

(2) Unsere Wahrnehmung bildet selbst diesen wahrgenommenen Ausschnitt der physikalischen Welt nicht isomorph ab.

(2.1) Innerhalb unserer Wahrnehmungswelt entspricht die Empfindungsstärke nicht der physikalischen Reizstärke.

(2.2) Es entstehen neue Wahrnehmungsqualitäten, die sich nicht aus physikalischen Bedingungen ableiten lassen (etwa „weißes“ Licht).

(3) Die verhaltenssteuernde Bedeutung (Semantik), die einer Wahrnehmung zukommt, ist aus physikalischen Bedingungen nicht ableitbar.

Was für uns wahrnehmbar ist, wird nur von einem Prinzip bestimmt: Dem adaptiven Nutzen in der Evolution. Akzeptiert man diese Annahme, so folgt daraus ein weitreichender Schluß: Wahrnehmung dient nicht primär der Wahrheitsfindung. Oder anders formuliert: Korrekte Wahrnehmungen sind nur dort und nur solange zu erwarten, wie dies in der Stammesgeschichte der Fitness dienlich war; überall dort aber, wo Wahrnehmungsfehler (Auslassungen, Verzerrungen oder Hinzufügungen) - aus welchen Gründen auch immer - Überlebensvorteile boten, werden diese fehlerhaften Abbilder mit zwingender Evidenz unser wahrgenommenes Bild von der Welt bestimmen.

Dietrich Dörner und Herbert Selg

7. Gedächtnis und Lernen

7.1 Gedächtnis *(Dietrich Dörner)*

7.1.1 Vorbemerkungen

Gedächtnisprozesse und Gedächtnisstrukturen sind für alle psychischen Prozesse von grundlegender Bedeutung. Man kann sagen, daß fast alle psychischen Prozesse im Grunde auch Gedächtnisprozesse sind. *Wahrnehmen* (als Erkennen von etwas als etwas) ist die In-Beziehung-Setzung von Reizeingängen (geliefert durch die Sinnesorgane) zu Gedächtnisinhalten. Das Erkennen eines Stuhls als Stuhl kann man sich kaum anders vorstellen als das Ergebnis einer Prüfung, daß ein bestimmtes, aus der Außenwelt stammendes Erregungsmuster mit einem „Gedächtnisschema" übereinstimmt.

Lernen ist als Veränderung von Gedächtnisstrukturen, *Denken* weitgehend als Operation mit Gedächtnisinhalten beschreibbar. Im *Motivationsprozeß* wird das angestrebte Ziel und der Weg, der zu ihm führt, über das Gedächtnis vermittelt; das *Gedächtnis* liefert Informationen darüber, wie ein Ziel konkret aussehen kann, und welche Handlungen möglicherweise brauchbar sind, um das Ziel zu erreichen.

Das *menschliche Gedächtnis* ist die an das Gehirn gebundene Fähigkeit des psychischen Systems, äußere und innere Informationen reproduzierbar und mit aktuellen psychischen Prozessen integrierbar aufzubewahren. Das Verhältnis des Gedächtnisses zu den psychischen Prozessen und Zuständen kann am ehesten verglichen werden mit dem Verhältnis des Wassers zu den Wellen: Letztere spielen sich im Medium des erstgenannten ab.

Das Gedächtnis ist - informationstheoretisch gesehen - ein „Zeitkanal", d. h. ein System zum Transport von Informationen über eine Zeitstrecke. Man hat das Gedächtnis auch als *Informationsspeicher* bezeichnet. Die metaphorische Umschreibung des Gedächtnisses als Speicher ist aber gefährlich. Das Gedächtnis bei Mensch und Tier hat eine andere Struktur und funktioniert anders als das Speichersystem eines Computers, und man tut gut daran, sich zu erinnern, daß man die Computergedächtnisse „Speicher" genannt hat, weil die „Gedächtnisse" von Rechenautomaten eben *keine* Gedächtnissysteme im biologischen Sinne sind. Der Unterschied liegt im wesentlichen in zwei Merkmalen: Einmal sind Gedächtnisse *aktive* Speicher, sie sind untrennbar mit Prozessen verbunden; die heutigen Computerspeicher dagegen sind *passiv*. Zum anderen sind Gedächtnisse *assoziative* Speicher, die heutigen Computerspeicher dagegen sind (ohne Betrachtung des zugehörigen Programmsystems) Speicher mit isolierten Einheiten. Dies bedeutet, daß im Gedächtnis zwischen gespeichertem Inhalt und Speicherprozeß nicht scharf getrennt werden kann, sondern daß hier der „Speicher“ gewissermaßen über eigene Prozesse verfügt. Das Gedächtnis ist ein assoziativer Speicher, weil die Speicherinhalte nicht unverbunden (oder verbunden nur über eine Programmstruktur) nebeneinander stehen, sondern weil sie *verknüpft* sind und der Speicher insgesamt eben nicht nur eine pure Anhäufung von Informationseinheiten ist, sondern eher den Charakter eines Netzwerkes hat.

Man kann das Gedächtnis von verschiedenen Blickpunkten aus betrachten:

(1) Unter *strukturellem* Aspekt kann man verschiedene Teilinstanzen des Gedächtnisses untersuchen. Das menschliche Gedächtnis ist kein homogenes System, sondern nach heutiger Auffassung in mindestens drei Subsysteme aufzugliedern, von denen jedes noch einmal seine eigene interne Struktur hat.

(2) Unter *kapazitärem* Aspekt kann man die *Informationsmengen* betrachten, die von dem Zeitkanal „Gedächtnis“ transportiert werden; wieviel Information kann pro Zeiteinheit hineinkommen (Lernen), wie hoch ist die „Verfallsrate“ (= Vergessen), wie hoch sind die maximalen Speicherkapazitäten?

(3) Unter *funktionalem* Aspekt lassen sich Betrachtungen über den *Gedächtnisgebrauch* anstellen, über die Rolle also, die das Gedächtnis bei den verschiedenen psychischen Prozessen und allgemein bei der menschlichen Handlungsorganisation spielt.

Es werden im folgenden zunächst die Gedächtniskomponenten und -strukturen betrachtet, sodann wird auf Kapazitätenschätzungen eingegangen und schließlich folgt eine Behandlung der Gedächtnisfunktionen.

7.1.2 Gedächtniskomponenten und -strukturen

Komponenten des Gedächtnisses

Nach der klassischen Auffassung (s. Klix 1977) besteht das Gedächtnis aus drei unterscheidbaren Einheiten, nämlich dem *sensorischen Register* (SR) – oft auch *Ultrakurzzeitgedächtnis* genannt –, dem *Kurzzeitgedächtnis* (KZG) und dem *Langzeitgedächtnis* (LZG). Wir werden später zeigen, daß diese Aufteilung unbefriedigend ist (vgl. S. 163 f.), besonders im Hinblick auf das Kurzzeitgedächtnis. Betrachten wir aber zunächst die unstrittigen Komponenten, nämlich das sensorische Register und das Langzeitgedächtnis. Das *sensorische* Register bewahrt für ganz kurze Zeit die von außen stammende, perzipierte Information auf. Es enthält also ein Bild der Reizumgebung. Es hält seine Information nicht lange. Für das optische sensorische Register hat man eine „Halbwertzeit“ von ca. 0,5 Sekunden festgestellt (s. Sperling 1960), d. h. daß in einer halben Sekunde die Hälfte der Information verlorengegangen ist. Die Funktion des sensorischen Registers ist wohl die einer kurzen Fixierung der von außen kommenden Reizung, um auf diese Weise das perzipierte Abbild der Außenwelt für den eigentlichen Wahrnehmungsprozeß *bereitzustellen,* da dieser für Abtast- und Auswahlvorgänge eine gewisse Zeit braucht. (Es gibt aber auch die Auffassung, daß das SR gar keine Funktion hat, sondern lediglich ein „Nachglimmen“ der Sinnesorgane darstellt.)

Das Langzeitgedächtnis ist die Gesamtmenge der überdauernden, d. h. über Tage, Monate und Jahre hinweg wirksam bleibenden (allerdings nicht unbedingt abrufbaren – s. unten –) Information. Alle psychischen Prozesse beziehen sich in irgendeiner Weise auf das LZG. Daher ist seine Struktur für die Psychologie von zentraler Bedeutung. Wir werden unten auf die Struktur des LZG noch genauer eingehen.

Unklarer als beim LZG und SR liegen die Dinge hinsichtlich des *Kurzzeitgedächtnisses*. Mit dem KZG werden bei verschiedenen Autoren zwei verschiedene Sachverhalte bezeichnet. Bei Dorsch (1970) findet man die Gleichsetzung des KZG mit dem *„unmittelbaren Behalten"*. Als *„unmittelbares Behalten"* wird das kurzfristige (und leicht störbare) Merken von Sachverhalten bezeichnet, welches als „Arbeitsgedächtnis", z. B. beim Wählen von Telefonnummern und sonst bei allen höheren kognitiven Prozessen, eine große Rolle spielt. Das unmittelbare Behalten muß vom SR scharf abgegrenzt werden; die Sperlingschen Untersuchungen zeigen, daß viele Inhalte des SR beim „unmittelbaren Behalten" gar nicht mehr ankommen. Auch Klix (1977) bringt das KZG in Verbindung mit dem unmittelbaren Behalten, wenn auch nicht explizit. Anders z. B. Sinz (1977): Er bringt das KZG einerseits in die Nähe des sensorischen Registers, andererseits in Verbindung mit einem mittelfristig speichernden System, welches eine Art von Protokoll der unmittelbaren Vergangenheit über die letzten Minuten und Sekunden enthält und – im Gegensatz zum LZG – durch traumatische Ereignisse (Elektroschock, kurzfristige Hypoxie u. ä.) störbar ist. Das unmittelbare Behalten trennt er als „Immediatgedächtnis" vom KZG ab. Hofstätter (1966) unterscheidet zwischen dem *unmittelbaren Behalten* (also dem Immediatgedächtnis) und dem *mittelfristigen Behalten* (bei ihm: Perseveration und Konsolidierung).

Da die mit den Begriffen beschriebenen Phänomene klar zu sein scheinen, die Begriffe aber unklar, wollen wir festlegen, daß wir im weiteren den Ausdruck *Kurzzeitgedächtnis* (KZG) für das *unmittelbar im Bewußtsein Befindliche* verwenden, wohingegen wir jenes störbare Protokoll der jüngsten Vergangenheit *Protokollgedächtnis* (PG) nennen wollen.

Als Kurzzeitgedächtnis bezeichnen wir diejenige Gedächtniskomponente, auf welcher das unmittelbare Behalten beruht. Das Kurzzeitgedächtnis hat nur eine geringe Kapazität von etwa 7 Einheiten (s. Miller 1956). D. h., daß bei kurzfristiger Darbietung einer Menge heterogener Informationen (Zahlen, Gebrauchsgegenstände auf einem Tisch) Versuchspersonen sich gewöhnlich etwa 7 Einheiten merken können; es sei denn, sie sind in der Lage, die dargebotenen Dinge zu Klassen oder „Gestalten" zusammenzufassen, also eine Art von Informationsklumpung („chunking", s. Miller 1956) durchzuführen. So könnte man statt der etwa 7 Buchstaben auch 7 Wörter speichern. Die Inhalte des Kurzzeitgedächtnisses gehen sehr schnell verloren, wenn sie nicht ständig wiederholt, also gewissermaßen neu eingespeichert werden. (Dabei ist bislang noch unklar, ob der Verlust der Information aus dem Kurzzeitgedächtnis auf einen Verfall der Gedächtniseinheiten zurückzuführen ist oder ob neue Inhalte die alten verdrängen.)

Eine andere Merkwürdigkeit des Kurzzeitgedächtnisses ist die Tatsache, daß es offensichtlich die gemerkten Sachverhalte akustisch kodiert (s. dazu Lindsay und Norman 1972). Wenn man versucht, sich wirr auf einem Tisch dargebotene Gegenstände des täglichen Gebrauchs zu merken, kodiert man sie sprachlich (es sei denn, man verfüge über eine große „eidetische" Begabung). Man memoriert: „Also, da war eine Schere, ein Messer, ein Korken ..." und hat kaum und nur unklar ein optisches Erinnerungsbild. Wegen der sprachlich-akustischen Kodierung hat man das KZG auch „aktives verbales Gedächtnis" genannt (s. Neisser 1974).

Die Rolle des KZG besteht im wesentlichen in der Bereitstellung von Informationen für die höheren kognitiven Prozesse (s. hierzu Dörner 1979, Lindsay-Norman 1972).

Das Protokollgedächtnis (PG) enthält eine mehr oder minder lückenhafte, zeitlich geordnete Aufzeichnung der kognitiven Aktivitäten der unmittelbaren Vergangenheit, d. h. etwa der letzten Minuten und Stunden. Das Protokollgedächtnis ist ein episodisches Gedächtnis, stellt also eine Art „Logbuch" der unmittelbar vorausgehenden Ereignisse dar. Mit zunehmender Entfernung von der Gegenwart verblassen die Inhalte allerdings immer mehr; den heutigen Tag habe ich noch gut in Erinnerung, den gestrigen schon weniger. Die Inhalte des Protokollgedächtnisses gehen z. T. ins Langzeitgedächtnis über, welches damit auch Protokollfunktionen hat. Die Notwendigkeit, das Protokollgedächtnis vom LZG zu trennen, liegt darin begründet, daß die Inhalte in beiden Gedächtnisformen verschieden gespeichert sein müssen. Darauf deuten einen Vielzahl von Befunden hin, insbesondere die Tatsache, daß Hirnverletzungen in starkem Maße mit retrograder Amnesie verbunden zu sein scheinen, d. h. damit, daß sich die Verletzten gewöhnlich an eine Zeitspanne bis zu etwa 30 Minuten vor der Verletzung nicht mehr erinnern können (s. hierzu im einzelnen Sinz 1977, der auch auf kritische Befunde hierzu eingeht). Anscheinend findet in dieser Zeit ein Konsolidierungsprozeß statt.

Das Protokollgedächtnis ermöglicht die Orientierung in der Zeit, die für ein geordnetes Handeln, welches z. B. sinnlose Wiederholungen vermeidet, unverzichtbar ist. Auch für höhere kognitive Prozesse (Denken und Problemlösen) stellt der Rückgriff auf das Protokoll der vorausgegangenen Aktivitäten ein wichtiges Steuerungsmoment dar, welches insbesondere die Selbstreflexion ermöglicht (s. Dörner 1978).

Die Struktur des Langzeitgedächtnisses (LZG)

Das LZG ist die zentrale und zugleich die umfangreichste Gedächtniskomponente. Man kann das LZG in verschiedener Weise aufteilen. Zwei dieser Aufteilungen werden wir nun besprechen und sodann auf die Verknüpfung der im LZG niedergelegten Inhalte eingehen:

Zum einen kann man das LZG betrachten als zusammengesetzt aus einem sensorischen und einem motorischen Teil. Der sensorische Teil enthält sensorische Schemata, gewissermaßen Schablonen für die Identifizierung des sensorischen Eingangs. Der motorische Teil enthält Aktionsschemata, d. h. Programme für die räumlich-zeitliche Koordination von Muskelbewegungen. Die beiden Teilsysteme sind natürlich nicht unabhängig voneinander. Sensorische und motorische Schemata sind vielmehr mehr oder minder eng miteinander verknüpft. Am engsten ist die Verknüpfung in den Reflexen und Kettenreflexen von Instinkten. Bei Instinkten können wir ein aktiviertes Motiv (z. B. Hunger), ein Appetenzverhalten (Suche nach Futter), einen Auslöser (gefundenes Futter) und eine konsumatorische Endhandlung (Beißen, Kauen, Speicheln, Schlucken . . .) unterscheiden. Hier wird die Identifizierung eines bestimmten (Auslöse-)Reizes unmittelbar umgesetzt in eine motorische Aktion. Solche unmittelbaren Reiz-Reaktionskopplungen sind beim Menschen relativ selten. Beim Menschen sind sensorisches und motorisches Gedächtnis weitgehend entkoppelt bzw. variabel, je nach Situation verknüpfbar, wobei höhere kognitive Prozesse eingesetzt werden müssen. Daher spielt beim Menschen, vermutlich im Gegensatz zum Tier, auch das KZG als Nahtstelle zwischen PG, LZG und höheren kognitiven Prozessen eine so bedeutsame Rolle bei der Handlungsorganisation.

Den sensorischen Teil des LZG kann man sich vorstellen als eine Konvergenzhierarchie, d. h. eine Hierarchie, die von der Vielfalt zur Einheit führt. Die Richtung der Konvergenz ist von außen nach innen. In dieser Hierarchie werden sensorische Schemata durch zwei Ordnungsrelationen miteinander verknüpft, nämlich durch Teil-Ganzes- und durch Konkret-Abstrakt-Relationen. So ist das sensorische Schema für „Rad“ Teil des sensorischen Schemas für „Fahrrad“; „Fahrrad“ ist wiederum als konkretes Schema dem abstrakten Schema „Verkehrsmittel“ untergeordnet. In Teil-Ganzes-Hierarchien konvergieren viele Teile auf ein Ganzes; in Konkret-Abstrakt-Hierarchien konvergieren viele Konkreta auf ein Abstraktum. *Abb. 7.1* zeigt solche Relationsgefüge schematisch.

Man kann sich den motorischen Teil des LZG vorstellen als Divergenzhierarchie (von innen nach außen). Das Aktionsschema „radfahren“ hat als Teile bestimmte Bein- und Balancebewegungen und es ist eine Fortbewegungsart. „Rad-

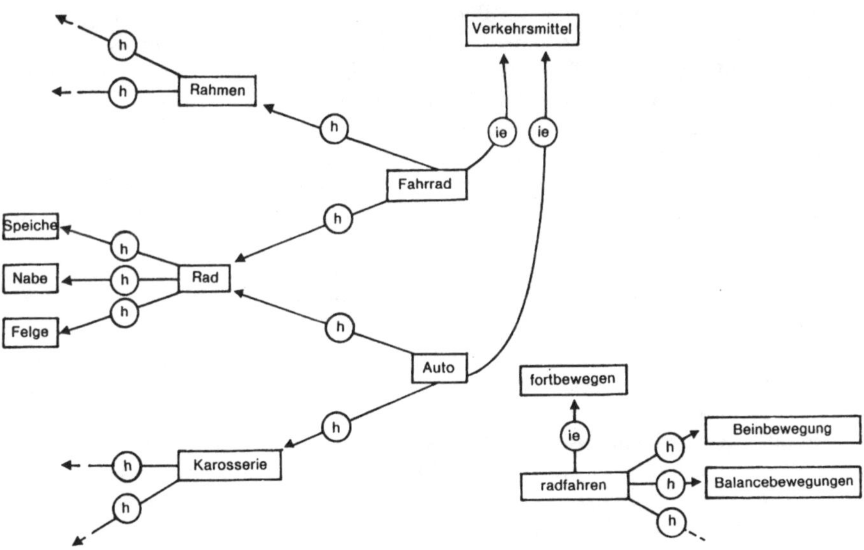

Abb. 7.1 (links):
Ausschnitt aus einer sensorischen Konvergenzhierarchie, gebildet aus Teil-Ganzes-Relationen (h = „hat“) und Konkret-Abstrakt-Relationen (ie = „ist ein“). Neben „hat“ und „ist ein“-Relationen müßte man noch „kann haben“- und „kann sein“-Relationen zu einer angemessenen Beschreibung einführen. Darauf verzichten wir hier.

Abb. 7.2 (rechts unten):
Ausschnitt aus einer motorischen Divergenzhierarchie, gebildet aus Teil-Ganzes- und Konkret-Abstrakt-Relationen.

fahren" divergiert auf die „Teile" der spezifischen Arm- und Beinbewegungen und „fortbewegen" divergiert auf„gehen", „laufen", „radfahren", usw. *(Abb. 7.2).*

Die Organisation des sensorischen und des motorischen LZG als Konvergenz-Divergenzhierarchie macht den oft beschriebenen Prozeß der Informationskomprimierung und Informationsdilatation im Gedächtnis verständlich. Aus einem komplizierten Muster von Konturen und Linien wird im Verlauf des Wahrnehmungsprozesses durch Konvergenz in der Teil-Ganzes-Hierarchie und der Abstraktheitshierarchie die dürre Kategorisierung „Fahrrad". Aus der einfachen Absicht „radfahren" wird im Durchlauf durch die Ganzes-Teil-Divergenzhierarchie ein kompliziertes sensumotorisches Muster in Raum und Zeit.

Eine andere wichtige Aufteilung des Langzeitgedächtnisses ist die Aufteilung in einen sprachlichen, einen nichtsprachlich-ikonischen (Paivio 1975) und einen enaktiven Bereich. Wichtig ist die Aufteilung durch die damit implizierte Koppelung zwischen z. B. sensorischen Schablonen für die Identifizierung des Wortes „Uhr" und solchen für die Identifizierung des Dinges „Uhr". Diese Verknüpfung ist die *Bedeutungsrelation,* die es ermöglicht, das, was mit einem Namen gemeint ist, auch aufzurufen. Neben sensorischen Bestandteilen enthalten viele Begriffe auch noch enaktive Bestandteile, also mehr oder minder genau festgelegte motorische Programme. Für einen Autofahrer impliziert der Begriff „Auto" das „Autofahren", also ein kompliziertes System sensumotorischer Regulationen. Hat man das Wort, so hat man durch die Bedeutungsrelation auch die damit gemeinte Sache, indem das sensorische Schema für die Identifizierung des Wortes die sensorischen und motorischen Schemata für die Identifizierung des Dinges gewissermaßen „von innen" (statt von außen, durch Reizeinwirkung) aufruft.

Die Unterteilung in ein sprachliches und ein ikonisches Gedächtnis hängt mit der Unterteilung des Cortex in die linke und rechte Hemisphäre zusammen. So scheint (beim Rechtshänder) die rechte Cortexhälfte hauptsächlicher Träger des ikonischen Gedächtnisses zu sein, die linke Cortexhälfte dagegen Träger des sprachlichen Gedächtnisses (s. Lindsay und Norman 1972).

Die Inhalte des Langzeitgedächtnisses sind nicht einfach im Gedächtnis angehäuft, sondern – das wissen wir bereits aus der Alltagsbeobachtung – miteinander verkoppelt, miteinander „assoziiert". Neben der Bedeutungsrelation, den sensorisch-motorischen, den Teil-Ganzes- und den Konkret-Abstrakt-Koppelungen gibt es eine Vielzahl anderer Verknüpfungen. Die älteste Systematik solcher Verknüpfungen liegt in den schon von Aristoteles formulierten Assoziationsgesetzen vor: Die Inhalte des Gedächtnisses tendieren dazu, sich nach Maßgabe ihrer Ähnlichkeit (Maus-Ratte), ihres Kontrastes (heiß-kalt) und ihrer räumlichen (Tisch-Stuhl) oder zeitlichen (Kartoffelfeuer-Drachensteigen) Kontiguität aufzurufen. (Die Ähnlichkeitsbeziehungen haben dabei wohl gewisse Beziehungen zu den Konkret-Abstrakt-Hierarchien, während die raumzeitlichen Assoziierungen Beziehungen zu den Teil-Ganzes-Relationen haben. Im einzelnen wollen wir darauf aber hier nicht eingehen.) Man kann sich das gesamte LZG als ein Netzwerk vorstellen, in welchem die Inhalte nach bestimmten Relationsformen miteinander verknüpft sind. Diese – an sich alte – Netzwerktheorie findet man heute in Konzeptionen wieder, in denen das Gedächtnis als semantisches Netzwerk bzw. als propositionales Gedächtnis (Lindsay und Norman 1972, bzw. Kintsch 1974) betrachtet wird. Gemäß der Theorie der semantischen Netzwerke ist das Langzeitgedächtnis eine Struktur, die mathematisch einem „gerichteten Graphen" entspricht. Es besteht aus „Knoten“ und „Relationen“. Die Knoten präsentieren die einzelnen Informationen, die Relationen die Verknüpfungen zwischen den Informationen. *Abb. 7.3* zeigt ein solches semantisches Netzwerk modifiziert nach einem Beispiel von Lindsay und Norman (1972). Man findet hier eine Reihe der schon genannten Relationen, darüber hinaus aber noch einige andere. Die Theorie der semantischen Netzwerke ist ein neuer Versuch, Gedächtnisstrukturen qualitativ (nicht nur quantitativ nach der Menge des gespeicherten Materials) und zugleich formal zu beschreiben, um daraus Ableitungen über Gedächtnisprozesse machen zu können.

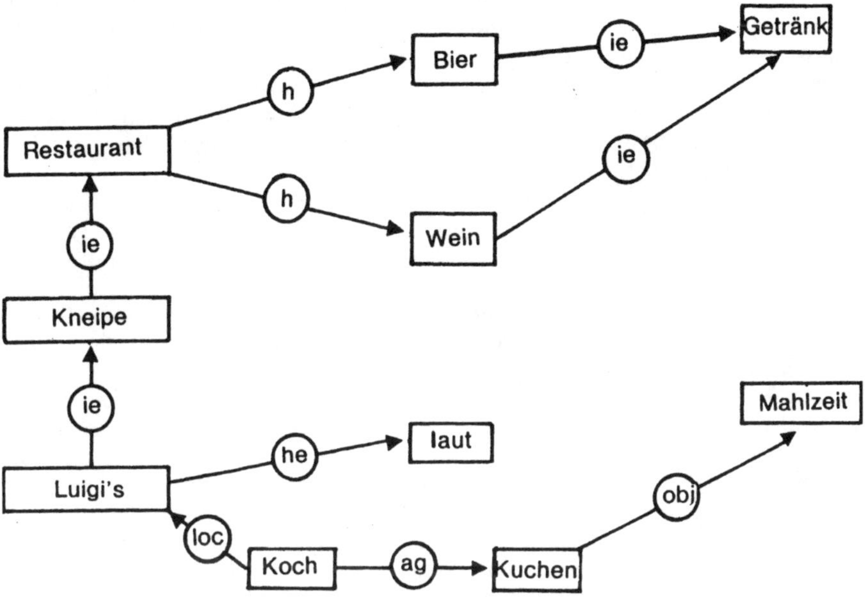

Abb. 7.3: Beispiel für ein semantisches Netzwerk ie = ist ein, h = hat, he = hat Eigenschaft, loc = ist lokalisiert in oder bei, ag = macht, führt aus, obj = Objekt einer Tätigkeit. Weitere Erklärungen im Text.

In „propositionalen“ Theorien betrachtet man das Gedächtnis als ein System, welches beschrieben werden kann durch eine Menge von logischen Aussagen in der Sprache der Prädikatenlogik. Die Prädikatenlogik ist eine Logik der Relationen. Ein einfacher prädikatenlogischer Ausdruck wäre:

Vater-von (Otto, Fritz)

Das bedeutet ganz einfach, daß Otto der Vater von Fritz ist. Wenn nun gilt:

Vater-von (Hans, Otto)

und

Großvater-von (x,z) = Vater-von (x,y) & Vater-von (y,z),

dann kann gefolgert werden

Großvater-von (Hans, Fritz).

Dies wäre ein Beispiel für eine einfache logische Operation mit prädikatenlogischen Ausdrücken. Die Prädikatenlogik formalisiert den Umgang mit zwei- oder mehrstelligen Relationen. Nun ist ja das, was in einem semantischen Netzwerk graphisch niedergelegt ist, nichts anderes, als ein Gefüge von Relationen. Man kann also ein semantisches Netzwerk auch prädikatenlogisch darstellen. (Für viele Forscher scheint die Tatsache, daß man bestimmte Aspekte der Gedächtnisstruktur prädikatenlogisch beschreiben kann, dazu geführt zu haben, daß sie annehmen, daß die Prädikatenlogik „die Sprache des Geistes" ist. (s. Fodor, 1983). Geistige Operationen, Denken, Erinnern, Schlußfolgern können als Operationen in einem System von prädikatenlogischen Ausdrücken beschrieben werden. U. E. muß man dabei bedenken, daß die Prädikatenlogik eine, für bestimmte Zwecke entwickelte Kunstsprache ist. Es ist eigentlich nicht einzusehen, wieso das Gehirn eine Sprache sprechen soll, die die Logiker in den 20er Jahren d. Jh. erfunden haben, um damit bestimmten Unzulänglichkeiten der Alltagssprache aus dem Wege gehen zu können.)

Zum gegenwärtigen Zeitpunkt ist die Theorie aber noch unfertig. So besteht Unklarheit über die Art und Anzahl notwendiger Grundrelationen; auch ist die Beziehung zwischen sprachlichem, enaktivem und ikonischem Gedächtnis nicht vollkommen klar.

Zum Thema „Gedächtnis als propositionales System" gibt es eine umfangreiche Literatur. Gegenwärtig herrscht die Auffassung vor, daß es ein „amodales", konzeptuelles Gedächtnis gibt, in dem die Gedächtnisinhalte verbunden durch bestimmte Relationen gespeichert sind. Die Beispiele für Gedächtnisstrukturen, die wir in den *Abbildungen 7.1 - 7.3* gezeigt haben, würden ein solches amodales, konzeptuelles Gedächtnis darstellen. Bild und Sprache haben für dieses amodale Gedächtnis „Zulieferfunktion". Die eigentlichen kognitiven Prozesse, also Denken und Lernen, finden im amodalen Gedächtnis statt, indem Relationen entfernt werden oder neue Relationen hinzukommen und aus den gespeicherten Relationen Schlüsse gezogen werden („wenn Luigis eine Kneipe ist und wenn eine Kneipe Bier hat, so gibt es bei Luigis Bier!"). Einer solchen „Tricode-Theorie" (Bild, Sprache, amodaler Code) steht die Theorie des dualen Codes von Paivio entgegen, die darauf beharrt, daß nur die Unterteilung von Sprachgedächtnis auf der einen Seite und ikonisch-enaktiven Gedächtnis auf der anderen Seite sinnvoll ist. Eine genauere Darstellung der Annahmen über die Relation von Bild, Sprache und Tun können wir hier nicht geben; wir möchten in diesem Zusammenhang auf Engelkamp verweisen (vgl. z. B. Kapitel 3.3: Die multimodale Theorie: Strukturannahmen).

Die Theorie bezieht sich bislang hauptsächlich auf sprachliche Kategorisierungen. Dennoch leistet sie einen wichtigen Beitrag zum Verständnis von Erinnerungs- und Rekonstruktionsprozessen und gibt neue Impulse für die Betrachtung von Lernprozessen (Lernen als Umbau bzw. Erweiterung semantischer Netzwerke).

7.1.3 Gedächtniskapazität

Wenn man die Kapazität von Informationsverarbeitungssystemen messen will, braucht man zunächst eine Maßeinheit. In neuerer Zeit hat es in der Gedächtnispsychologie den Versuch gegeben, als Maßeinheit das bit bzw. das bit/sec. anzuwenden. Diese Maßeinheit stammt aus der mathematischen Informationstheorie. Das bit bzw. bit/sec sagt etwas über die Menge der Zustände bzw. der Zustandsänderungen pro Zeiteinheit in einem System aus. Das Maß bezieht sich auf die Anzahl möglicher Zustände und deren relative Häufigkeiten. Im einfachsten Fall, dem Falle der Gleichwahrscheinlichkeit aller Zustände, ist die Informationsmenge eines Systems definiert als dualer Logarithmus (ld) der Anzahl möglicher Zustände. Ein Lichtschalter z. B. ist ein „Informationsspeicher" mit der Kapazität 1 bit. Er hat jeweils einen von zwei möglichen Zuständen, ld 2 = 1. Ein Doppelschalter hat eine Kapazität von 2 bit. Er befindet sich jeweils in einem von 4 möglichen Zuständen, ld 4 = 2.

Wir geben im folgenden einige Abschätzungen der Kapazitäten des menschlichen Gedächtnisses an, wobei wir im wesentlichen Sinz (1977) folgen. Wir schließen mit einer Kritik dieses Ansatzes.

Die Gesamtaufnahmekapazität des menschlichen Sensoriums liegt grob überschlagen im Bereich von 10^{10} bit/sec. (s. Sinz 1977). Wenn man annimmt, daß das sensorische Register (SR) alle Information aus dem Sensorium übernimmt, so hat dieses die gleiche Aufnahmekapazität. Die Speicherkapazität, also das, was SR tatsächlich enthalten kann, kann etwa im gleichen Bereich liegen, verliert aber, wie schon beschrieben, innerhalb einer Sekunde fast alle seine Inhalte wieder.
Als Kapazitäten des Protokollgedächtnisses nennt Sinz (1977):
Aufnahmekapazität: 0.03–0. 2 bit/sec,
Speicherkapazität: 10^8–10^{16} bit.
Als Kapazität des Kurzzeitgedächtnisses gibt der gleiche Autor an:
Aufnahmekapazität: 16–25 bit/sec,
Speicherkapazität: 100–250 bit.

Gerade am Beispiel des KZG zeigt sich allerdings auch die Problematik der Berechnung von Gedächtniskapazitäten in bit. Wenn das KZG etwa 7 „Einheiten" enthalten kann, wie oben beschrieben, so können sich die Einheiten ja auf ganz verschiedene Dinge beziehen. Es macht einen Unterschied, ob man sich die sinnarmen Silben „rek - pif - taf - ras - kir - but - lof" merkt oder die Worte „Löffel - Streichholz - Bleistift - Flasche - Buch - Leder - Zange". Würde man hier Kapazitätsmaße in bit errechnen, so würde man für den zweiten Fall eine bei weitem größere Kapazität herausbekommen als im ersten, da es erheblich mehr Substantive gibt als sinnarme Silben mit zwei randständigen Konsonanten und einem mittelständigen Vokal. Das KZG ist ein *Adressenspeicher,* der nicht Inhalte als vielmehr eine Anzahl von Beziehungen zu Inhalten speichert. Dieser Tatsache wird die Berechnung der Kapazität des KZG mit dem bit-Maß nicht gerecht.

Aus ähnlichen Gründen ist die Messung der Aufnahmekapazität ins Protokollgedächtnis und ins Langzeitgedächtnis in bit sehr problematisch; die Speicherung der Verknüpfung „ein pef ist ein kif" hat sicherlich einen anderen Informationswert als die Speicherung der Verknüpfung „Freddie ist ein Lügner". Eine befriedigende Theorie der Gedächtniskapazität müßte sich an dem Netzwerkcharakter des LZG orientieren und statt mit dem bit-Maß eher mit einem Maß „Verknüpfungen pro Zeiteinheit" und „Gesamtmenge möglicher Verknüpfungen" arbeiten. Eine solche Theorie steht aber noch aus.

Wenn man annimmt, daß das menschliche Gehirn etwa 20 Milliarden Nervenzellen umfaßt, also 2×10^{10}, und wenn annimmt, daß im Durchschnitt jede

Nervenzelle mit 1 000 anderen Verbindungen hat, dann enthält das menschliche Gehirn 1 000 x 2 Milliarden oder 2 x 10^{13} mögliche Verknüpfungen. Wenn wir annehmen, daß die Verknüpfungen zwischen den Neuronen jeweils entweder aktiv „leitend" sein können oder nicht, daß also die Verknüpfungen nur zwei Zustände haben können, so kann das menschliche Gehirn $2^{2\times10^{13}}$ verschiedene Verknüpfungskonstellationen aufweisen. Anders ausgedrückt: Man kann das Gehirn als ein „Speicherwort" mit 20 000 Milliarden 0–1 Stellen betrachten. Wenn man nun bedenkt, daß man für die Abspeicherung eines Buchstabens oder eines Satzzeichens des normalen Alphabets ein Speicherwort der Länge 8 bit braucht (nämlich ein „byte"), so passen in das Gehirn, wenn man es nur zum Speichern von Buchstaben benutzt, 2.5^{12} Buchstaben. Wenn man nun annimmt, daß ein Buch 300 Seiten umfaßt und auf jeder Buchseite 1 800 Buchstaben stehen, so enthält ein Buch 540 000 byte. Teilt man nun 2.5^{12} durch 540 000, so erhält man den Betrag von ca. 4 629 629. So viele Bücher könnten wir also in unserem Gehirn unterbringen, wenn die Voraussetzungen, die wir oben gemacht haben, stimmen.

Nun sind solche Berechnungen durchaus fragwürdig. Einmal ist unklar, wieviel Nervenzellen unser Gehirn tatsächlich enthält. Dann stehen eine ganze Menge von Nervenzellen für die Speicherung von Information gar nicht zur Verfügung, da sie benutzt werden müssen, um alle möglichen Lebensfunktionen zu steuern. Zum dritten ist es unwahrscheinlich, daß die einzelne Nervenzelle mit ihren Verbindungen eine autonome Einheit für die Informationsspeicherung darstellt; die Unzuverlässigkeit dieser biologischen Speichermodule bringt es mit sich, daß diese in redundanten Verbänden verwendet werden müssen, damit eine zuverlässige Speicherung möglich ist. (Redundant heißt in diesem Zusammenhang, daß mehrere Speicherzellen die gleiche Information aufweisen müssen.) Die Redundanz der Schaltung verringert die Speicherkapazität des Gehirns. Auf der anderen Seite ist die Schätzung von nur zwei möglichen Zuständen für die Verknüpfungen zweifellos zu gering; höchstwahrscheinlich können Verknüpfungen alle möglichen Zwischenstellungen zwischen „total verknüpft" und „nicht verknüpft" einnehmen. Dadurch steigt die Anzahl der in einem Neuronennetzwerk unterbringbaren Informationen.

7.1.4 Gedächtnisfunktionen

Wie interagieren nun die verschiedenen Gedächtniskomponenten miteinander? Wir werden diese Frage im folgenden zu beantworten versuchen, indem wir zunächst auf die Rolle des Gedächtnisses bei der „normalen" Handlungsorganisation eingehen, dann das Erinnern, also den aktiven Wiederaufruf von Information aus dem Gedächtnis, behandeln, um schließlich die Merkmale des Behaltens und Vergessens zu schildern. Einen wichtigen Gedächtnisprozeß, vielleicht den wichtigsten, nämlich das Lernen, behandeln wir in *Kap. 7.2.*

Nehmen wir an, eine Reizkonfiguration wird als „Haustür" identifiziert.

Danach ist zweierlei möglich: Einmal kann die identifizierte Reizkonfiguration unmittelbar zur Reaktion führen (bei hochgeübten, automatisierten Handlungen); man faßt auf die Klinke und öffnet die Tür. In diesem Fall findet im motorischen Teil des LZG ein Divergenzprozeß statt, in welchem etwa durch das Anstoßen eines allgemeinen Handlungsprogramms „Hineingehen ins Haus" als „Kopf" einer motorischen Hierarchie eine differenzierte, räumlich-zeitlich gegliederte Reaktion erfolgt.

Im anderen Fall kann das Ergebnis des Konvergenzprozesses im KZG abgeliefert werden. Dies dürfte dann der Fall sein, wenn das Ergebnis der Identifikation mehrdeutig ist, wenn also keine feste Reiz-Reaktionskopplung im LZG existiert, oder wenn die teilweise identifizierte Konfiguration neuartig ist, also mit Gedächtnisschemata nicht übereinstimmt.

Abb. 7.4 zeigt den gesamten Vorgang im Schema. Eine Reizdarbietung ABCD würde zu einer Konvergenz in I_1 und zu einer Aktivierung des motorischen Programms M_1 führen. Eine Aktivierung der Primäridentifikation ABDEFD dagegen würde in dem gegebenen Netz keine Konvergenz aufweisen, sondern in den durch die Ausgangspunkte der gestrichelten Linien gekennzeichneten Punkten aufhören. Die Konfiguration würde dem KZG zur weiteren Behandlung durch höhere kognitive Prozesse übergeben werden.

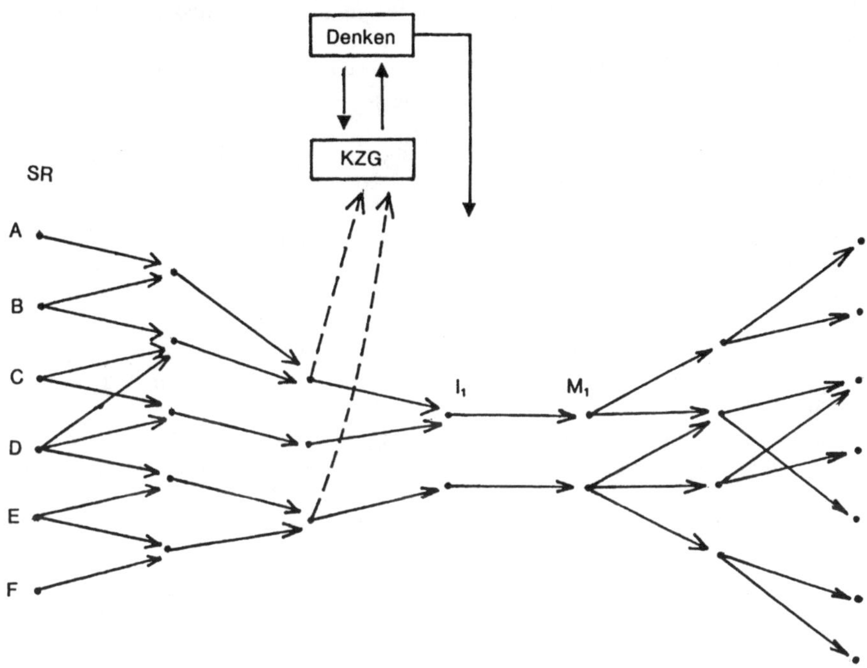

Abb. 7.4: Zusammenspiel von LZG und KZG. Im LZG ist dargestellt die Komplexionshierarchie eines ikonischen Gedächtnisses mitsamt einer motorischen Divergenzhierarchie. Die Primäridentifikation A, B, C, D, F stellen das SR dar. Weitere Erklärungen im Text.

Gedächtnis und Handlungsorganisation

Über die Rolle des Gedächtnisses beim „normalen" Verhalten gibt es eine Reihe verschiedenartiger Theorien. Wir schildern im folgenden den Prozeß so, wie es uns im Augenblick dem Stand der Forschung am meisten zu entsprechen scheint.

Die Reizung der Sinnesorgane durch die physikalischen Einwirkungen aus der Außenwelt führt zunächst zu einem Abbild der Außenwelt im sensorischen Register. Hiernach werden die Inhalte des SR einem Analyseprozeß zugeführt, der die einzelnen Komponenten der Reizkonfiguration (wenn es geht) identifiziert. Eine Komponentenanalyse mit nachfolgender Identifikation ist eine (meist konvergierende) Folge von Teilidentifikationen, die etwa bei der Wahrnehmung der Frontalansicht eines Hauses folgendermaßen aussehen könnte:

1. Stufe: – Waagerechte, senkrechte und schrägliegende Konturen
2. Stufe: – Waagerechte und Senkrechte ordnen sich zu einem Rechteck
   – Waagerechte und Schrägen ordnen sich zu einem gleichseitigen Dreieck
3. Stufe: – Rechteck relativ zum Dreieck unten und Dreieck unmittelbar auf Rechteck, also Vorderansicht eines Hauses.

(Eine solche Aufeinanderfolge von immer komplexer werdenden Teilidentifikationen ist durch die Arbeiten von Hubel und Wiesel (1962) als neurophysiologisch nachweisbarer Prozeß belegt.)

Bei diesen Teilidentifikationen werden die sensorischen Schemata des LZG verwendet; der Prozeß stellt sich also dar als Konvergenzprozeß in der Teil-Ganzes-Hierarchie des optisch-ikonischen LZG.

Das KZG hat also nach dieser Darstellung eine Art von Registerfunktion zur Bereitstellung von Inhalten für die „höhere“ kognitive Verarbeitung, deren Aufgabe es ist, die aufgefundene Dissonanz zu beseitigen oder zu vermindern. Das Kurzzeitgedächtnis ist die Nahtstelle zwischen niederen und höheren kognitiven Prozessen.

Klix (1977) meint, daß es zu den Funktionen des Kurzzeitgedächtnisses gehöre, „nach sukzessiver Aufnahme von Reizwirkungen einen simultanen Überblick über zusammenhängend angenommene Merkmale zu sichern sowie deren Verknüpfung bzw. Struktur zu fixieren und mit Langzeitstrukturen in Vergleich zu setzen.“

Das Langzeitgedächtnis spielt einerseits eine ganz autonome Rolle bei der automatischen Handlungsregulation, andererseits spielt es eine Rolle als Materiallieferant für die höheren kognitiven Prozesse (Denken und Problemlösen), die wiederum im Hinblick auf das Langzeitgedächtnis eine „trouble-shooter“-Rolle spielen: Sie setzen dann ein, wenn das Langzeitgedächtnis seine Aufgabe der automatischen Handlungsregulation nicht mehr erfüllen kann. In diesem Fall dienen die höheren kognitiven Prozesse zur Ausarbeitung neuer Handlungsprogramme. Als Nahtstelle zwischen Langzeitgedächtnis und höheren kognitiven Funktionen dient das Kurzzeitgedächtnis, welches denjenigen Ausschnitt des aktiven Langzeitgedächtnisses repräsentiert, der im Augenblick von Bedeutung für die höheren kognitiven Prozesse ist.

Man kann aber das Kurzzeitgedächtnis nicht einfach mit dem aktiven Teil des Langzeitgedächtnisses gleichsetzen, wie Klix (1977) es tut. Fährt man Auto und denkt dabei an etwas ganz anderes, z. B. an die Gliederung eines Vortrages, den man halten muß, so geschehen die automatisierten sensumotorischen Koordinationen, aufgrund derer man Geschwindigkeit und Lenkradstellung den jeweiligen Straßenverhältnissen anpaßt, sicherlich auch aufgrund der Aktivierung von Handlungsprogrammen, die im Langzeitgedächtnis niedergelegt sind. Diese aber sind in ihrem aktiven Zustand nicht Teile des KZG.

Außer der automatischen Handlungsregulation kann man vielleicht noch bestimmte Operationen zur Wiederherstellung „kognitiver Konsonanz" zu den autonomen Funktionen des LZG rechnen. Es ist bekannt, daß Menschen die Tendenz haben, ihr im Gedächtnis niedergelegtes Abbild der Welt möglichst widerspruchsfrei (kognitiv konsonant) zu halten (s. Festinger 1957). Mit der Zeit verwandelt sich eine unklare und widerspruchsvolle Szene in der Erinnerung in ein klares, kohärentes Bild. Die Gestaltpsychologie führt dieses Phänomen auf eine „Tendenz zur guten Gestalt" zurück (was natürlich wenig erklärt). Man könnte sich vorstellen, daß der Prozeß der Herstellung der Konsonanz aus dem Ausfüllen inkonsistenter („Vergessen") und der Hinzufügung konsistenter Inhalte zum Gedächtnisbild besteht.

Vielleicht liegt in der Wiederherstellung kognitiver Konsonanz auch eine Funktion des Träumens. Zumindest würde diese Funktion von Träumen erklären, warum die systematische Störung der Traumtätigkeit schwerwiegende Folgen für das psychische Gleichgewicht hat. Kognitive Dissonanz ist subjektiv ein Gefühl der Unkontrollierbarkeit, ein Gefühl der Angst. Hindert man Versuchspersonen systematisch am Träumen, so stellen sich bei Versuchspersonen Angst und das Gefühl der Unkontrollierbarkeit ein (s. Dement 1960).

Man kann annehmen, daß nur die Prozesse im Gedächtnis, die mit dem Kurzzeitgedächtnis in Zusammenhang stehen, ins Protokollgedächtnis (PG) überwandern. Die hochautomatisierten Verhaltensregulationen, die das Langzeitgedächtnis autonom vornimmt, werden nicht gemerkt. So erklären sich viele Handlungsfehler dadurch, daß die einzelnen Bestandteile aktivierter Automatismen nicht „protokolliert" werden. Ich gehe, beladen mit einem Karton gerade eingekaufter Lebensmittel in den Keller. Den Haustürschlüssel habe ich auch noch in der Hand. Dabei fällt mir eine Milchflasche ins Auge, die auf dem Treppenabsatz steht. Ich lege den Haustürschlüssel auf eine Treppenstufe, klemme die Milchflasche zwischen Karton und Hand und nehme sie auch noch mit in den Keller, wo sie hingehört. Und dann suche ich zwei Tage lang nach dem Haustürschlüssel, der in rätselhafter Weise unauffindbar verschwunden ist (s. hierzu Reason, 1990).

Die Beziehung des gesamten Prozesses der Handlungsregulation zum PG könnte so sein, daß wesentlich die Aktivitäten des KZG dem PG übergeben werden. Unproblematisch verlaufende, hoch automatisierte Verhaltensregulationen werden in ihren Einzelheiten nicht registriert.

Erinnern

Die einfachste Form des Erinnerns ist der Wiederaufruf oder die Reproduktion einer Konstellation dadurch, daß z. B. eine verbale „Adresse" für die Konstellation vorgegeben wird („Wie sieht dein Arbeitszimmer [= verbale Adresse] aus?"). Der Wiederaufruf ist aber nicht die einzige und wohl noch nicht einmal die typische Form des Erinnerns. Wichtiger ist wohl die *Rekonstruktion.* Diese wird notwendig, wenn die zu einer Adresse gehörende Konstellation nicht reproduziert werden kann.

„Was hast Du heute vor einem Jahr um 17:15 getan?" – Heute vor einem Jahr war Montag, der 9. April 1989. Der fiel in die Woche vor Ostern. In dieser Woche findet immer die experimental-psychologische Tagung statt. Die war in dem Jahr – Moment – in Heidelberg. Ich war aber nur einen Tag da, weil ich Prüfungen hatte.

Das waren die Prüfungen in Allgemeiner Psychologie. Von der Tagung habe ich die Schlußsitzung am Mittwoch miterlebt, also war ich Mittwoch auf der Tagung, also war am Montag Prüfung. Die Prüfungen dauerten jeweils eine Stunde, und sie begannen nachmittags um 14:00 Uhr. In einer Prüfung war ein Mädchen, welches fürchterliche Angst hatte. Die war am Dienstagmorgen dran, das erinnere ich, weil sie sagte, sie hätte schon zwei Nächte, seit Sonntag, nicht mehr geschlafen. Sie hatte zusammen mit C. gelernt, der sehr gut war, und der war vorher dran. Ja, der war Montagnachmittag in der Prüfung, aber als letzter, da ich zusammen mit ihm das Haus verließ. Da war es schon dunkel. Wer war denn vor ihm dran? Ah ja . . ."

Dieser Rekonstruktionsprozeß läuft so ab, daß sukzessiv immer mehr Merkmale gesucht werden, die Hinweise auf die gesuchte Konstellation geben könnten, bis dann schließlich die gesuchte Konstellation gefunden ist - oder auch nicht.

Es ist klar, daß ein solcher Rekonstruktionsprozeß außerordentlich fehleranfällig ist und Anlaß zu massiven Erinnerungstäuschungen geben kann. Ein Erinnerungsprozeß als Vorgang der Rekonstruktion ist auch kein autonomer Prozeß des Langzeitgedächtnisses, sondern ein kognitiver Prozeß, der außerordentlich vielgestaltig ablaufen kann und als Denk- und Problemlöseprozeß anzusehen ist.

Behalten und Vergessen

Behalten und Vergessen sind komplementäre Prozesse. Was nicht behalten wird, wird vergessen. Die Faktoren, die das Behalten positiv beeinflussen, beeinflussen das Vergessen negativ.

Voraussetzung für das Behalten ist das Lernen, also das Hineinbringen von Inhalten in das Gedächtnis. Zwischen Behalten (= „Transport" von Inhalten über die Zeit) und Lernen (= Hineinbringen von Inhalten in das Gedächtnis) besteht kein enger Zusammenhang. Es kommt durchaus vor, daß Dinge schnell gelernt, aber auch schnell wieder vergessen werden.

Welche Faktoren beeinflussen das Behalten? Hierzu ist zunächst daran zu erinnern, daß jeder gelernte Inhalt (der also nach dem Lernprozeß fehlerfrei reproduziert werden kann) eine gewisse Konsolidierungsphase, also eine Verweildauer im PG, zu brauchen scheint, um überhaupt behalten zu werden. Zunächst einmal hängt das Behalten von Charakteristika des Lernprozesses ab. Je öfter etwas während des Lernens wiederholt wird, desto besser wird es behalten. Dabei wirkt „verteiltes Lernen", d. h. Wiederholung des Lernvorganges nach zwischengeschobenen Phasen mit anderen Aktivitäten, besser als „massiertes Lernen". Außer von dem Lernprozeß und einer notwendigen Konsolidierungsphase ist das Behalten abhängig von emotionalen Faktoren. Emotional positiv getönte Inhalte werden meist wohl länger behalten als emotional negative, die wiederum länger behalten werden als emotional neutrale (Peters-Prinzip); dies dürfte für die in der Rückerinnerung „goldenen" Jugendzeiten und für das aus der Erinnerung bezogene Urteil, „daß die Welt immer schlechter wird", verantwortlich sein.

Ein in vielfacher Weise mit anderen Gedächtnisinhalten verknüpfter Inhalt wird nicht so leicht vergessen wie ein isolierter Inhalt. Dies Konzept der sinnvollen Einbettung ist Basis aller Memotechniken, die darauf abzielen, ein möglichst langes Behalten zu erzielen.

Schließlich ist anzumerken, daß unerledigte Aufgaben oftmals länger im Gedächtnis bleiben als erledigte (Zeitgarnik-Effekt). Dies scheint aber nur für kürzere Zeiträume zu gelten; betrachtet man längere Zeiträume, so scheinen unerledigte Aufgaben eher mehr vergessen (verdrängt?) zu werden als erledigte.

Das Vergessen folgt für isolierte Inhalte einer relativ einfachen mathematischen Funktion, die als Ebbinghaus-Kurve bekannt geworden ist. Diesen Kurventyp zeigt *Abb. 7.5.* Nach dem Erlernen eines Sachverhalts wird zunächst sehr viel vergessen; was nach einer gewissen Zeitspanne noch erhalten ist, hat große Chancen, auch auf Dauer erhalten zu bleiben.

Vergessen bedeutet zunächst einmal nur, daß Inhalte nicht wieder aufgerufen werden können. Dies braucht nicht zu bedeuten, daß die Inhalte tatsächlich ganz aus dem Gedächtnis verschwunden sind.

Worauf ist das Vergessen zurückzuführen? Es gibt eine Reihe von Theorien für die Erklärung dieses Prozesses.

Die einfachste ist die Theorie des Spurenzerfalls. Gemäß dieser Theorie zerfallen Verknüpfungen im Gedächtnis (= Gedächtnisspuren) mit der Zeit und dadurch gehen Inhalte verloren.

Eine weitere Theorie ist die des Adressenverlustes. Nach dieser Theorie gehen zwar nicht die Inhalte, wohl aber die Zugangsmöglichkeiten zu ihnen verloren. (Man betrachte unter diesem Aspekt den Prozeß des Erinnerns als Rekonstruktion, wie oben dargestellt wurde.)

Recht gute Belege für diese Adressenverlusttheorie brachten Untersuchungen von Penfield (1958), der durch Reizungen von Teilen des freigelegten Gehirns während Gehirnoperationen unter Lokalanästhesie bei Patienten „Erinnerungen" längst vergessen geglaubter Inhalte erzeugen konnte. (Dabei war die „Erinnerung" so, daß der Patient das Empfinden hatte, die entsprechende Szene noch einmal zu erleben.)

Eine dritte Theorie des Vergessens ist die der Verdrängung, die u. a. in der Psychoanalyse eine bedeutsame Rolle spielt. Nach dieser Theorie werden Teile von Konstellationen, die konfliktträchtig sind, besonders solche, die das eigene Selbstgefühl in Frage stellen (z. B. peinliche Inhalte) zwar nicht aus dem Gedächtnis entfernt, aber gewissermaßen unzugänglich gemacht.

Schließlich können Prozesse der *Inferferenz* eine Rolle spielen: Später ankommende Inhalte schieben bereits Vorhandenes gleichsam aus dem Gedächtnis; ähnliche Erlebnisse können die Erinnerung an frühere erschweren (retroaktive Hemmung). Es kann aber auch ein früher gelernter Inhalt das Behalten eines neuen Inhaltes erschweren (proaktive Hemmung).

Es ist zu vermuten, daß alle diese Theorien sich nicht wechselweise ausschließen, sondern daß man sich ihrer ergänzend bedienen muß, um die verschiedenen Vergessensphänomene zu erklären.

Meist wird die Tatsache des Vergessens beklagt, man sollte sich aber darüber im klaren sein, daß das Vergessen auch positive Funktionen hat. Das Verdrängen von konfliktträchtigen Inhalten dient der (zumindest vorübergehenden) Sicherung des Gefühls, mit sich selbst und der Welt im Einklang zu sein, und ist damit von großer Bedeutung für die Handlungsfähigkeit des Individuums. Ein ständig von Selbstzweifeln und Konflikten geplagter Mensch gerät fast notwendigerweise immer tiefer in eine schwer bewältigbare Situation.

Das Herausfallen einzelner Merkmale aus Gedächtniskonstellationen durch

Vergessen führt außerdem zur Überführung konkreter, merkmalsreicher Gedächtniskonstellationen in abstrakte, merkmalsärmere Konstellationen. Die Abstraktheit einer Konstellation ist wiederum die Voraussetzung für die allgemeine Anwendbarkeit der Konstellation, z. B. als Mittel zur Kategorisierung. Wenn jemand z. B. erklärt bekommt, wie ein Verbrennungsmotor funktioniert, so ist es günstig, wenn er die konkreten Merkmale des spezifischen Motors, anhand dessen die Erklärung erfolgte, schnell wieder vergißt. Nur dann bekommt er einen allgemeinen Begriff „Verbrennungsmotor".

Literatur-Empfehlungen

Engelkamp, J.: Das menschliche Gedächtnis. Göttingen 1990.
Fodor, A.: The Modularity of Mind. Cambridge (Mass.) 1983.
Kintsch, W.: The Representation of Meaning in Memory. New York 1974.
Lindsay, P.H. & D.A. Norman: Human Information Processing. New York, London 1972.
Neisser, U.: Kognitive Psychologie. Stuttgart 1974.
Norman, D.A.: Memory and Attention, New York 1976.
Davies, G.M. & Logie, R.H. (Eds): Memory in Everyday Life. Amsterdam 1983.

7.2 Lernen *(Herbert Selg)*

7.2.1 Gedächtnis und Lernen

Man kann das Gedächtnis *(s. Kap. 7.1)* als eine Struktur ansehen, ohne die Lernen nicht stattfinden kann.

Man kann sich aber auch – und das haben insbesondere namhafte amerikanische Psychologen lange getan – zurückhalten bei der Bildung von Strukturbegriffen und die detaillierte Konstruktion von Gedächtnissystemen vielleicht gar als „Modell-Schreinerei" abtun. Behavioristisch orientierte Forscher bleiben lieber so direkt wie möglich am beobachtbaren Verhalten und an unstrittig aufweisbaren Wenn-Dann-Beziehungen, als daß sie gewagte Strukturmodelle erstellen.

In jedem Fall – ob mit starkem Bezug zu Gedächtnistheorien oder nicht – ist „Lernen" ein zentraler Begriff der Psychologie.

7.2.2 Definitionen und Funktionen des Lernens

Umgangssprachlich meinen wir mit *Lernen* vorwiegend einen Gewinn oder eine Verbesserung von Kenntnissen und Fertigkeiten. In der *Psychologie* wird der Begriff aus gutem Grund weiter gefaßt; so werden ausdrücklich auch bestimmte Verluste bzw. Verschlechterungen von Fertigkeiten und Änderungen im emotionalen Bereich auf Lernprozesse zurückgeführt.

Dazu je ein Beispiel:

(1) Ein Verlust bzw. eine Verschlechterung von Fertigkeiten liegt vor, wenn jemand durch einen Unfall extreme Furcht vor dem Autofahren entwickelt hat. Hier spricht die Psychologie davon, daß eine *Phobie* (durch einen Lernprozeß) entstanden ist.

(2) Die Kwakiutl-Indianer (Westkanada) reagierten auf den Tod naher Angehöriger ganz anders als wir; sie schienen ihn als eine große Beleidigung zu erleben und neigten deshalb früher dazu, ihn durch eine Kopfjagd zu „sühnen", auch wenn die Verstorbenen im Bett entschlafen waren. Man fühlte sich gleichsam vom Schicksal geschändet und wollte sich rächen. So wurden also nicht die bei uns selbstverständlichen Trauerreaktionen mit depressiven Zügen gezeigt, sondern aggressive Aktionen gegen andere Menschen (R. Benedikt 1955).

Lernen kann nicht direkt beobachtet werden, es muß jeweils aus dem Verhalten *erschlossen* werden. Dies geschieht, wenn eine *Verhaltensänderung* angetroffen wird, wenn diese Verhaltensänderung relativ *überdauernd* ist und auf *Erfahrungen* zurückgeführt werden kann. Notwendig sind negative Ergänzungen dieser kargen Umschreibung: Von Lernen sprechen wir nicht, wenn eine Verhaltensänderung auf Reifung (z. B. erstes Strampeln des Fötus im Mutterleib), Verletzung, Zwangseinwirkung, Intoxikation (d. h. Vergiftung) oder Ermüdung zurückzuführen ist.

Diese mehr *verhaltensorientierte* Umschreibung muß ergänzt werden: Lernen kann als ein *Aufbau oder ein Verändern von kognitiven Strukturen* umschrieben werden *(s. Kap. 7.1)* bzw. als Aufbau interner Abbilder von externen Sachverhalten. In einem solchen strukturpsychologischen Ansatz werden also Mutmaßungen darüber angestellt, was im lernenden Organimus vor sich geht (s. Reulecke 1977).

In der Sprache der *Informationstheorie* ist Lernen ein Abbau dargebotener Informationen. Wer Informationen aufnimmt, verarbeitet, speichert und für einen Abruf bereithält, gewinnt Sicherheit und Ordnung über die ihn umgebenden Sachverhalte (von Cube 1967).

In den *biologischen* Wissenschaften, die sich mit dem körperlichen Substrat des Lernens befassen, ist die Annahme verbreitet und gestützt, daß dem Lernen *organische* Strukturveränderungen in den Hirnzellen zugrundeliegen. Vester (1975) geht z. B. davon aus, daß langfristiges Lernen auf der Bildung von Proteinen (Riesen-Eiweiß-Moleküle) in den Neuronen (Nervenzellen) beruht. Dies ist aber nicht mehr die Ebene der Psychologie; jedoch dürfen psychologische Aussagen über das Erleben und Verhalten nicht im Widerspruch zu den fundierenden physiologischen Gesetzen stehen.

Wir werden sehen, daß Lernprozesse außerordentlich verschiedenartig sind; es gibt nicht *das* Lernen, es gibt sehr unterschiedliche Phänomene, die sich aber offensichtlich immer noch zweckmäßig unter einen weiten Oberbegriff „Lernen" fassen lassen.

Welche Bedeutung haben Lernprozesse?

Lernvorgänge stehen im Dienst des ganzen Organismus. Lernen hat die Funktion, dem Organismus aus Erfahrungen Brauchbares und Notwendiges für sein künftiges Verhalten bereitzustellen. Ohne Lernen ist menschliches Verhalten nicht vorstellbar. Mit angeborenen Fertigkeiten, d. h. mit Reflexen oder Instinkten, könnte der Mensch nicht überleben. Bei niederen Tieren ist das Verhalten weitgehend reflexhaft-instinktiv, d. h. angeborenermaßen geregelt; bei höheren Tieren und dem Menschen ist das Verhalten stärker erfahrungsorientiert. Beim menschlichen Handeln ist allerdings neben der reiz- und erfahrungsorientierten Regulation zunehmend die aufgabenorientierte Regulation bedeutsam, die bewußt auf Gelerntes zurückgreift.

Wir haben aber oben auch schon angedeutet, daß Lernprozesse nicht immer zum Vorteil des Organismus sind (s. das Erlernen einer Phobie).

Es muß deutlich sein, daß Lernen keinen isolierten Prozeß beschreibt, sondern daß vielmehr der ganze Organismus beteiligt ist; beim Menschen drängt sich insbesondere die Durchdringung mit Emotionen und Denkprozessen auf.

7.2.3 Anfänge empirischer Lernforschung

Ein kurzer historischer Ausflug zu den Anfängen wissenschaftlicher Erforschung der Lernprozesse muß wohl zu Ebbinghaus führen, der 1885 ein Buch „Über das Gedächtnis" veröffentlicht hat. Bei der Frage, wie man systematisch die komplexen Lernphänomene in den Griff bekommen kann, ist Ebbinghaus die Idee gekommen, mit *sinnarmen Silben* zu arbeiten, um Vorkenntnisse irgendwelcher Art auszuschalten. Er nahm sich selber als Versuchsperson und hat eine Vielzahl von Ketten sinnarmer Silben gelernt. Aus diesen Anfängen der Lernpsychologie bei Ebbinghaus (sowie G.E. Müller und Pilzecker) seien einige *Forschungsmethoden* geschildert:

Bei der *„Methode der behaltenen Glieder"* („Reproduktionsmethode") wird eine Kette von solchen Silben einmal dargeboten. Wieviele von ihnen werden behalten? Es sind gewöhnlich die ersten und die letzten in der Reihe.

Bei der *„Erlernungsmethode"* wird gefragt, wieviele Wiederholungen nötig sind, um eine Reihe von Silben fehlerfrei zu beherrschen.

Bei der *„Ersparnismethode"* („Methode des Wiedererlernens") muß zunächst eine Reihe von Silben im Zeitpunkt t1 fehlerfrei beherrscht werden; wieviele Durchgänge benötigt man im Zeitpunkt t2 wieder? Im allgemeinen werden in t2 weniger Wiederholungen benötigt, es tritt also eine „Ersparnis" auf. Mit Hilfe entsprechender Untersuchungen hat uns Ebbinghaus eine sog. *Vergessenskurve* überliefert *(Abb. 7.5)*.

Die Vergessenskurve spiegelt den uns allen bekannten Sachverhalt wider, daß wir anfangs rasch, später langsam vergessen. Für sinnvolles Material liegt die Kurve natürlich höher als für sinnloses Material.

Bei der *„Treffermethode"* schließlich bietet man Paare von Silben an, nennt dann den ersten Paarling und zählt, wie oft der zweite richtig „getroffen" wird. Hier werden also Assoziationen von Silbenpaaren verlangt.

Assoziationen sind Bindungen zweier oder mehrerer Gedächtniselemente aneinander. Bereits Aristoteles (384–322 v. Chr.) hat das Phänomen der Assoziationsbildung beschrieben und einige Gesetze aufgestellt: die Gesetze der Ähnlichkeit, des Gegensatzes und der raum/zeitlichen Nähe.

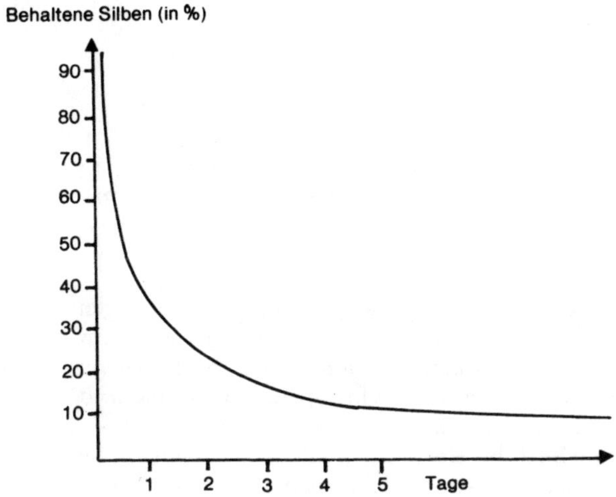

Abb. 7.5: Vergessenskurve

Beispiele für solche Assoziationen: Wer als Versuchsperson eine bestimmte Automarke zugerufen bekommt, assoziiert häufig eine andere; auf das Wort „hoch" reagieren viele mit dem Gegensatz „tief" und auf „Hänsel" mit „Gretel", weil beide Namen im Märchen in einem engen zeitlichen Zusammenhang auftreten.

Die Komplexität menschlichen Lernens hat nach den ersten Untersuchungen bald dazu geführt, daß die experimentelle lernpsychologische Forschung ins *Tierlabor* gewandert ist. Dort gibt es weniger Probleme mit sinnvollem oder sinnlosem Material; dort kann die Lerngeschichte eines Tieres genau kontrolliert werden; dort steht nicht die Freiheit des Menschen manchem Experiment entgegen, und die ethischen Bedenken sind im allgemeinen etwas reduziert. So kommt es, daß die nächsten wichtigen Namen aus der Geschichte der Lernpsychologie alle mit Tierexperimenten verknüpft sind: Pawlow, Thorndike, Köhler und Skinner.

7.2.4 Verschiedene Lernarten

7.2.4.1 Assoziationsbildung

Assoziationen sind – wie oben angedeutet – Verknüpfungen von Sachverhalten; und diese Verknüpfungen nach Assoziationsgesetzen kann man als elementare Lernart ansehen. Sie lassen sich schon bei Neugeborenen nachweisen: Werden z. B. akustische und optische Stimuli mehrmals gemeinsam dargeboten, so zeigt sich schließlich bei Wegfall von einem der beiden Reize eine meßbare Veränderung (z. B. der Pulsfrequenz) beim Säugling; diese Veränderung bleibt aus, solange die Reize zusammen erscheinen (Tuber et al. 1980).

7.2.4.2 Das klassische Konditionieren oder Signallernen

Der 1936 verstorbene russische Physiologe Pawlow (1904 mit dem Nobelpreis für Medizin ausgezeichnet) hat mit einem Hund das Grundexperiment dieser Lernart durchgeführt *(Abb. 7.6)*.

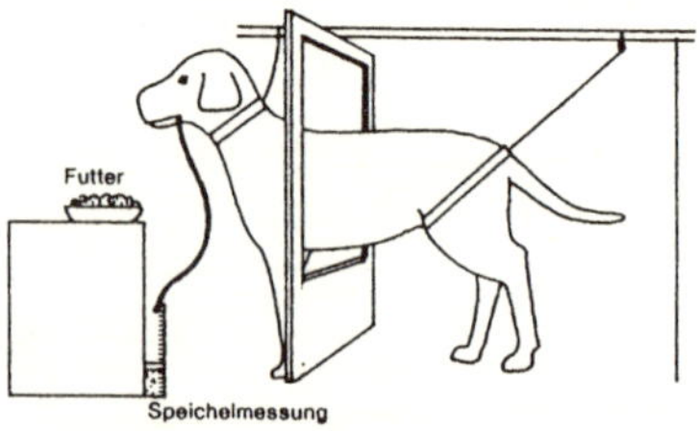

Abb. 7.6:
Klassische Konditionierung (Futter = UCS = unconditioned stimulus = unbedingter Reiz; Speicheln = UCR = unconditioned reaction = unbedingte Reaktion)

Das Versuchstier wird durch eine Vorrichtung an großen Bewegungen gehindert; durch operativ angebrachte Röhrchen wird der Speichel aus dem Mund abgefangen und exakt registriert. Gibt man dem hungrigen Tier Futter (Futter ist ein *unbedingter Reiz*-UCS), so wird es speicheln (Speicheln ist eine *unbedingte Reaktion*-UCR). Wenn man mehrfach kurz vor der Futtergabe einen Glockenton anschlägt, so wird man allmählich bereits auf den Glockenton hin ein Speicheln feststellen können. Nun ist aus dem ursprünglichen neutralen Reiz „Glockenton" ein *konditionierter* Reiz (CS) geworden, der eine *konditionierte Reaktion* (CR) hervorruft. Es hat m. a. W. eine *„klassische Konditionierung"* stattgefunden: Im Versuchstier ist offensichtlich eine Assoziation zwischen Glocke und Futter hergestellt worden.

Das *Schema des Versuches* sieht also so aus:
Glockenton → (keine Speichelabsonderung)
Futter (UCS) → Speichelabsonderung (UCR)
Glockenton + Futter → Speichelabsonderung
nach mehreren Wiederholungen:
Glockenton (CS) → Speichelabsonderung (CR)

Für ein gutes Gelingen des Konditionierens ist es notwendig, daß der Glockenton kurz vor dem UCS dargeboten wird (im erwähnten Beispiel eine halbe Sekunde vor der Futtergabe). Dann lernt das Tier rasch, den Glockenton als Signal für das Futter zu begreifen.

Die *Bedeutung dieser Lernart* für den Menschen soll in mehreren Schritten aufgezeigt werden. Zunächst einmal kann bereits der Fötus im Mutterleib klassisch konditioniert werden (Spelt 1948). Als UCS kann ein lautes Geräusch dienen, auf das der Fötus im 7. Monat mit einer deutlichen Bewegung reagiert, die nach entsprechender Konditionierung auch durch eine taktile Vibration am Unterleib der Schwangeren auslösbar wird. Nach der Geburt sind Prozesse klassischen Konditionierens leichter zu verdeutlichen. Jede Person, die ein Kind regelmäßig füttert, sieht, wie allmählich schon allein der Anblick z. B. des Fläschchens beim Säugling zu Saugbewegungen führt, die ursprünglich nur durch die Brustwarze oder den Schnuller im Mund ausgelöst werden.

Klassisches Konditionieren setzt Reflexe oder reflexartige emotionale Reaktionen voraus. Doch nicht jeder Reflex ist konditionierbar, z. B. der Patellar-Sehnenreflex nicht (der vom Arzt mit einem Schlag unter die Kniescheibe geprüft wird); wohl aber sind unsere Schmerz- und Schreckreaktionen leicht konditionierbar. Sollten wir einmal oder gar mehrmals von einem bestimmten Hund heftig gebissen werden, so werden wir anschließend bald bereits beim Anblick dieses Tieres erschrecken.

Es scheint gar nicht selten zu sein, daß eine solche Schreckreaktion sich auch auf ganz harmlose Hunde überträgt.

Reizgeneralisation: Die erwähnte Übertragung hat in der Psychologie die Bezeichnung *„Reizgeneralisation"* bekommen: Ein Hund, der auf einen ganz bestimmten Ton (z. B. 440 Hertz) dressiert worden ist, wird auch auf einen Ton von 400 oder 480 Hertz speicheln. Wenn die Töne vom konditionierten Ton aber noch deutlicher verschieden sind, wird er allerdings weniger reagieren, man spricht von einem sog. *Generalisationsgradienten (Abb. 7.7).*

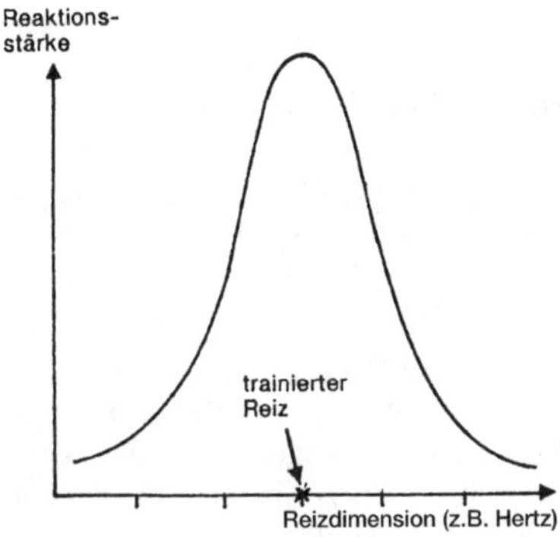

Abb. 7.7: Reizgeneralisation

Es ist nun tatsächlich bekannt, daß Menschen, die unangenehme Erfahrungen mit einem Hund gemacht haben, diese auf *alle* Hunde übertragen bzw. daß eine Fahrzeugphobie, die mit einem Autounfall ihren Anfang nimmt, auf andere Fahrzeuge wie U-Bahnen und Flugzeuge generalisieren kann.

Kann ein solcher Prozeß wieder rückgängig gemacht, kann eine solche Reaktion „vergessen" werden? Ein Vergessen als eine bloße Rückbildung des Gelernten in der Zeit gibt es beim Klassischen Konditionieren offensichtlich nicht, wohl aber ein Verlernen. Wenn man dem Pawlowschen Hund den CS immer wieder ohne den UCS darbietet, so unterbleibt allmählich die bedingte Reaktion CR; ähnlich unterbleibt sie auch, wenn man den Ton ununterbrochen erklingen läßt, ohne daß Futter geboten wird.

Beim Hundephobiker beobachten wir merkwürdigerweise eine solche Rückbildung der Reaktion kaum einmal, denn ein weiterer Lernprozeß scheint die Extinktion zu verhindern: Der Phobiker vermeidet das Objekt seiner Furcht und nimmt sich damit die Chance, eine Extinktion zu erfahren. Diese ungute Situation wird durch die Erleichterung, die der Phobiker immer erlebt, wenn er dem Objekt ausgewichen ist, begünstigt. Soll hier dennoch verlernt werden, so gibt es inzwischen mehrere *Möglichkeiten einer Therapie:*

(1) Der Phobiker muß überzeugt werden, daß eine Extinktion möglich ist, wenn er sich dem Objekt bewußt stellt. Menschen mit einer extremen Angst vor Brücken z. B. setzen sich für einige Stunden (unter dem Schutz des Therapeuten) ihrer hohen Angst aus; sie lassen sich „überfluten", und die Angst läßt ganz allmählich nach *(Reizüberflutung),* so daß wir von einer künstlich herbeigeführten Extinktion sprechen können (Bartling et al. 1980).

(2) Eine 2. Möglichkeit besteht in einer *Gegenkonditionierung:* Peter, zwei Jahre alt (M.C. Jones 1924), der cine nennenswerte Angst vor Kaninchen hatte, wurde u. a. damit behandelt, daß er in einen Kinderstuhl gesetzt wurde und

etwas zu essen bekam, was er sehr mochte. Das Kaninchen wurde herangebracht, aber nur so nahe, daß bei Peter noch keine Störung des Essens beobachtet werden konnte. So wurde das Tier allmählich mit der positiven Reaktion der Nahrungsaufnahme verknüpft. Das Tier konnte immer näher an Peter herangerückt werden, bis er endlich sogar in der Lage war, das Kaninchen an seinen Fingern knabbern zu lassen. Befürchtet wird hier von einigen Pessimisten der umgekehrte Prozeß: daß vom gefürchteten Kaninchen her die Furcht auch auf das Essen übergreift; bei richtiger Handhabung aber wird aus dem Furchtobjekt ein Signal für angenehme Eßsituationen. Zentral ist die sehr vorsichtige, aber systematische Annäherung an das Furchtobjekt.

Bei erwachsenen Phobikern wird man ungern eine Behandlung über die Nahrungsaufnahme beginnen. Hier hat die Verhaltenstherapie mit der *Technik des systematischen Desensibilisierens* einen weiteren gangbaren Weg (neben der oben geschilderten Extinktion durch Überfluten) gewiesen *(s. Kap. 16.10)*.

Es gibt einen zur Reizgeneralisation gegenläufigen Prozeß: die sog. *Diskrimination*. Was wird Pawlows Hund wohl tun, wenn man ihm immer wieder bei 440 Hertz Futter gibt, bei 220 oder 880 Hertz aber nie? Er wird allmählich zu unterscheiden lernen und auf die unbekräftigten Reize nicht mehr generalisierend reagieren; diese Unterscheidung von Reizen wird Diskrimination genannt. Wir können uns nun aber leicht vorstellen, daß ein Hund bei Diskriminationsaufgaben überfordert werden kann: Gibt man zwei so eng benachbarte Reize vor, daß er sie nicht unterscheiden kann, wird er auffällig affektiv reagieren. Pawlow hat mit einem Kreis, der von einer Ellipse zu unterscheiden war, gearbeitet. Wenn die Ellipse sich allzusehr der Kreisform genähert hatte, kam es bei den Tieren zu „experimentellen Neurosen"; sie zeigten ungewohnte emotionale Verhaltensweisen und wurden z. B. bissig. Auffällige Reaktionen sind auch bei überforderten Menschen zu erwarten.

Bedingte Reflexe höherer Ordnung: Wenn ein neutraler Reiz mit einem bereits konditionierten (CS) verbunden wird, kann wiederum eine *Konditionierung* beobachtet werden. Beim Hund würde man einen Lichtreiz kurz vor dem Glockenton geben und feststellen, daß nach mehrfachen Kopplungen das Licht allein einen Speichelfluß auslösen kann. Wenn dem Hungrigen das Wasser im Munde zusammenläuft, sobald er das Wort „Steak" hört, so wird das vermutlich auch auf einen bedingten Reflex zweiter Ordnung zurückgehen: UCS wäre Steak im Mund, CS 1. Ordnung der Anblick oder Geruch eines Steaks, das Wort „Steak" dann ein CS 2. Ordnung.

Mit dem klassischen Konditionieren sind einige zentrale Begriffe (Generalisation, Diskrimination etc.) vorgestellt worden, die allgemein in der Lernpsychologie bedeutsam sind. Zugleich haben wir die Bedeutung der Tierversuche für die Humanpsychologie einerseits, ihre Grenzen andererseits aufgezeigt. Rein praktische, vornehmlich aber ethische Überlegungen verhindern vielfach Experimente mit Menschen; was vom Tierversuch auf den Menschen übertragen werden kann, ist stets gesondert zu überprüfen.

7.2.4.3 Operantes Konditionieren (Lernen am Erfolg)

Beim *klassischen* Konditionieren ist der gesamte Organismus recht passiv; es geschieht etwas mit ihm; *unwillkürlich* findet ein Lernen statt.

Beim *operanten* Konditionieren steht am Anfang ein aktiver, sich verhaltender Organismus. Das Verhalten (R) führt zu bestimmten Konsequenzen (C), von denen es abhängt, ob das Verhalten in gleichen Situationen wahrscheinlicher wird oder nicht. Erste einschlägige Experimente hat Thorndike (ab 1898) durchgeführt. Er sperrte Katzen in komplizierte Käfige, aus denen sie sich nur zufällig durch Betätigung eines bestimmten Hebels befreien konnten. Erst nach vielen Wiederholungen gelang den Tieren ein rasches Entkommen. Solches *Trial-and-error-Lernen* („Versuch und Irrtum") ist sehr zeitaufwendig.

Das Grundexperiment von Skinner ist bewußt einfacher angelegt. Die Versuchstiere (Ratten) sollen in der sog. Skinnerbox nicht lange herumprobieren, sondern recht bald das erwünschte Verhalten zeigen.

Die Box enthält im einfachsten Falle einen Hebel und eine Öffnung für hereinfallende Futterklümpchen. Wird eine längere Zeit nicht gefütterte Ratte in den Käfig gebracht, so wird sie in ihrer explorierenden Aktivität schnell auch einmal auf den Hebel drücken, worauf sie ein Futterklümpchen erhält. Bald danach kann man feststellen, daß die Ratte häufiger auf den Hebel drückt. Das Futter hat die Reaktion „Hebeldrücken" verstärkt (oder bekräftigt). Wenn so ein Verhalten deutlich von den Konsequenzen „kontrolliert" wird, erschließt man einen Lernprozeß, der „operantes Konditionieren" genannt wird. Als synonyme Bezeichnungen sind „instrumentelle Konditionierung" und „Lernen am Erfolg" gebräuchlich.

Skinner hat vier mögliche Konsequenzen operanten Verhaltens im sog. *Kontingenzschema* dargestellt (Holland und Skinner 1971, S. 245):

	Darbietung	Beseitigung
positiver Verstärker	A = positive Verstärkung	B = Bestrafung durch Verlust
negativer Verstärker	C = Bestrafung	D = negative Verstärkung

„Kontingent" (abhängig, bedingt) verweist auf einen *funktionalen* Zusammenhang zwischen Verhalten und Konsequenz: Nur wenn ein Verhalten X, dann eine Konsequenz Y . . . Der lernende Organismus muß diesen Zusammenhang erfassen. Tiere schaffen es in der Regel nur bei engem raumzeitlichem Zusammenhang von Verhalten und Konsequenz; Menschen können dank vermittelnder kognitiver Prozesse (zumal dank der Sprache) auch bei größeren zeitlichen Abständen zwischen Verhalten und Konsequenz die funktionale Abhängigkeit erkennen.

Eine erfolgte Verstärkung oder Bekräftigung bedeutet stets, daß ein Verhalten wahrscheinlicher geworden ist; *positive Verstärker* sind Reizereignisse, deren *Darbietung* ein Verhalten verstärkt; *negative Verstärker* sind solche, deren *Entzug* ein Verhalten verstärkt. In Anlehnung an das Kontingenzschema je ein *Beispiel:*

Wenn ein Kind für eine Hilfestellung gelobt wird und es daraufhin vergleichbare Hilfsangebote vermehrt macht, wird man von einer positiven Verstärkung sprechen können *(Fall A).*
Eine negative Verstärkung *(Fall D)* tritt z. B. dann ein, wenn man ein Lärm produzierendes Radio mit einem Tastendruck leise stellen kann.
Eine Bestrafung durch Verlust hat stattgefunden, wenn einem lernenden Organismus etwas Angenehmes entzogen wird, und der Lernende daraufhin das vorher gezeigte Verhalten seltener zeigt *(Fall B).*

Die andere Form der Bestrafung *(Fall C)* wird dann erschlossen, wenn ein unangenehmes Ereignis (z B. eine Ohrfeige) ausgeteilt wird, und das vorherige Verhalten danach seltener wird.

Bestrafungen sind nur in Ausnahmefällen pädagogisch vertretbar; sie sind nicht so wirksam, wie man im Alltag glaubt (doch auch nicht so unwirksam, wie Skinner lehrte). Wirksame Strafen müssen möglichst prompt auf ein Verhalten folgen und relativ hart sein; in aller Regel belasten sie die Beziehungen zwischen Bestrafenden und Bestraften.

Wir verstehen das Kontingenzschema besser, wenn wir von Skinners Sprache etwas abweichen und sagen, daß die Verstärker uns darüber *informieren,* ob ein Verhalten richtig bzw. erwünscht war oder nicht; oder: Einen Verstärker erlangen bzw. einen negativen Verstärker beseitigen bedeutet Erfolg haben; die Fälle B und C dagegen bedeuten Mißerfolge.

Auch beim operanten Konditionieren gibt es *Generalisation* und *Diskrimination* etc. Die Diskrimination wird sogar fast allgegenwärtig: Wir zeigen ein bestimmtes Verhalten oft nur unter dem Einfluß bestimmter Hinweisreize (S); so verhalten wir uns an der Ampel relativ streng nach vorgegebenen Lichtsignalen. Doch anders als beim Klassischen Konditionieren *müssen* wir nicht reagieren, sondern wir *können* es, wenn wir *wollen.* Aus dem ursprünglichen R-C des operanten Ansatzes wurde also durch Hinzufügung von Hinweisreizen eine erweiterte Kette S-R-C.

Extinktion findet ähnlich wie beim Klassischen Konditionieren statt, wenn Verstärker ausbleiben.

Falls man annehmen kann, daß z. B. ein Störverhalten (etwa aggressives Verhalten im Kindergarten) durch Lernen am Erfolg entstanden ist, ist die Koppelung von Extinktion (Nichtbeachtung) des unerwünschten Verhaltens mit positiver Verstärkung von anderem, erwünschtem Verhalten eine gute Veränderungsstrategie, die *„differentielle Verstärkung"* genannt wird. Man vermeidet durch die positive Verstärkung alternativen Verhaltens einen sog. „Liebesentzug".

Komplexes Verhalten kann mit operantem Lernen in einem langwierigen Formungsprozeß (shaping) aufgebaut werden. Anfangs müssen bereits bescheidene Schritte auf das Endziel hin verstärkt werden. Gelingen sie, können die Anforderungen allmählich erhöht, also immer mehr dem Endziel angenähert werden.

In der Schulpraxis läuft ein solcher Prozeß beiläufig z. B. beim Lesen- oder Schreibenlernen ab. Anfangs wird das Kind schon für das richtige Halten des Stiftes, sehr viel später nur noch für sauberes Schreiben eines längeren Textes verstärkt.

Bei Erziehern stellt sich oft die bange Frage, ob man denn Kinder stets verstärken kann. Ist das im Alltag möglich und überhaupt richtig? Skinner hat herausgearbeitet, daß die stetige Bekräftigung weder nötig noch wünschenswert ist. Zwar lernt man ein bestimmtes Verhalten relativ schnell, wenn man stets verstärkt wird; aber nachhaltiger (gegen Extinktion resistenter) ist ein Lernen mit *intermittierender Bekräftigung* d. h. daß ein Verhalten nur hin und wieder verstärkt wird. Es folgt aus diesem Befund der direkte Ratschlag, bei einer Verhaltensform anfangs häufig, dann zunehmend seltener zu verstärken. Am Ende wird vielfach keine Verstärkung mehr nötig sein, weil z. B. ein Kind beim Lesenlernen zumeist Spaß daran bekommt, Texte lesen zu können (sog. *intrinsische Motivation* tritt an die Stelle der extrinsischen).

Bedeutet „positive Verstärkung“, daß man dem lernenden Organismus stets etwas *Materielles* (Geld, Bonbons) zukommen läßt? So lautet eine andere bange Frage. Neben materiellen Verstärkern, die im Tierversuch immer erwähnt werden, treten in der Humanpsychologie *soziale Verstärker* wie Lob, Zustimmung, Anlächeln, Streicheln, Blickkontakt stärker in den Vordergrund. Sie sind zu ergänzen um sog. *Aktivitätsverstärker:* Jemand, der gerne Fußball spielt, gerne eine bestimmte Musik hört, kann verstärkt werden, indem man ihm Gelegenheit zum Fußballspielen, zum Musikhören gibt. Wenn Kinder gerne toben, kann man sie für eine bestimmte Zeit ruhigen Arbeitens mit „Tobendürfen“ verstärken (also den Teufel mit Beelzebub austreiben). Was die vorwiegend amerikanische Lernpsychologie meist übersieht, ist eine *vierte Verstärkerart:* Vielfach ist keine äußerlich erkennbare Verstärkergabe nötig, wenn eine Handlung in sich lustvoll ist oder zu einem *Erfolgserlebnis* führt (man könnte in diesen Fällen von *„verdeckten Verstärkern“* sprechen). Das trifft für das oben erwähnte Kind zu, das schon gelernt hat zu lesen; das trifft wohl für jedes Hobby zu, für jede Arbeit, die Spaß macht. Ein Kind, das eine erwünschte Leistung gerne erbringt, braucht nicht extern verstärkt zu werden (wenngleich ein freundlicher Blick nicht schaden dürfte). Ein (zusätzlicher) externer Verstärker ist auch kaum nötig, wenn bei einer schwierigen Aufgabe nach einigem Nachdenken oder Probieren eine Lösung gelingt, eine *Einsicht* glückt.

In einigen schwierigen Fällen aber wird man nicht umhin können, materiell zu verstärken. Wenn ein Kind z. B. auf soziale Verstärker (noch) nicht anspricht, wird man materielle Verstärker vorübergehend einsetzen müssen, immer gepaart mit sozialen Verstärkern, auf daß diese (über einen Prozeß klassischen Konditionierens) alleine ausreichend wirksam werden.

Ein Problem entsteht bei eingetretener *Sättigung* mit einem Verstärker. Auch der größte Tischtennisfan wird nach einer gewissen Zeit die Lust am Spiel verlieren. Bei gezielten Lehr-/Lernprozessen - etwa in der *Verhaltenstherapie* (s. Kap. 17) - sollte daher für Verstärkerabwechslung gesorgt werden. Gelegentlich empfehlen sich in der Verhaltensmodifikation sog. Tokens (Wertmarken). Statt direkt die erwünschten Verstärker auszuteilen, gibt man eine Art „Gutschein“ oder „Privatgeld“, das nach Belieben gegen vorher vereinbarte Verstärker eingetauscht werden kann: z. B. 20 Tokens gegen das Abspielen einer Schallplatte, 50 Tokens gegen einen Kinobesuch ...

Mit der Sättigung haben wir die allgemeine *Relativität der Verstärker* angesprochen: Was der Lernende heute begehrt, wird er vielleicht morgen unbeachtet lassen. Beim Menschen haben wir in jedem Fall nur vorsichtige Verstärkerhypothesen. Oft irren wir: Wir halten einen Tadel beim Kind X für einen negativen Verstärker, doch das Verhalten des Kindes geht nicht zurück; wir halten ein Lob für einen positiven Verstärker, doch dem Gelobten ist es evtl. nur peinlich (z. B. bei zu stark aufgetragenem Lob). Nur im Tierlabor haben wir über Verstärker ein genügend sicheres Wissen. Beim Menschen haben wir allerdings andererseits den kleinen Vorteil, daß unendlich vieles als Verstärker in Frage kommen kann und daß wir - von einem bestimmten Alter an - nach den Wünschen, d. h. nach den Verstärkern fragen können.

Dem operanten Konditionieren werden gelegentlich zwei Vorwürfe gemacht: es handle sich um *Bestechung* bzw. *Dressur.* „Bestechung“ meint, daß für eine unerlaubte Handlung Vorteile angeboten werden; so etwas liegt gewiß nicht vor, wenn wir einem Kind beim Spracherwerb mit Rückmeldung und Lob behilflich sind. Wenn Dressur lediglich bedeutet, daß ein Verhalten durch Wiederholung mit Verstärkung geübt wird, handelt operantes Konditionieren ausschließlich von Dressur; wenn Dressur aber primär ein Abrichten zum Vorteil des Dresseurs meint, ist operantes Konditionieren nicht mit Dressur identisch, kann aber dazu gebraucht (im Tierversuch) oder mißbraucht werden. Das operante Konditionieren liefert tatsächlich ein Instrumentarium, das, wie andere Werkzeuge auch, vielfach mißbraucht werden könnte; die Kontrolle der (Verstärker-)Macht ist daher eine stets sich neu stellende Aufgabe.

7.2.4.4 Lernen am Modell

Assoziationsbildung, klassisches und operantes Konditionieren können die Entwicklung komplexen menschlichen Verhaltens nicht befriedigend erklären. Dies gelingt weitgehend erst mit Hilfe des Lernens am Modell.

Wir lernen den Umgang mit dem Messer nicht allein durch Konditionieren; das wäre zu langwierig und zu gefährlich. Wir lernen unsere Muttersprache auch weniger dadurch, daß wir für zufällig gebildete Laute verstärkt und einem Shaping-Prozeß unterworfen werden. Wir lernen vielmehr solche komplexen Fertigkeiten, weil man sie uns zeigt, uns vormacht und vorspricht (und weil wir denkend in der Lage sind, Regeln - z. B. grammatikalische - zu erkennen und sinnvoll anzuwenden).

Vom *Lernen am Modell* oder *Lernen durch Beobachtung* sprechen wir, wenn sich beim Beobachter eine relativ überdauernde Änderung seines Verhaltens bzw. der kognitiven Struktur als Folge der Beobachtung von etwas (des Modells) erschließen läßt. Das durch Lernen am Modell erreichte Verhalten ist *nicht einfach mit Imitation gleichzusetzen,* wenngleich sich in der Imitation der Modelleinfluß oft am deutlichsten zeigt. Wer eine Sprache - weitgehend durch Modelle - gelernt hat, ist auch in der Lage, über Imitation hinausgehende sinnvolle Sätze richtig zu konstruieren. Das Modell ist häufig ein real vorhandener anderer Mensch; es kann aber auch ein Mensch im Film, eine Figur in einem Buch oder in einem Zeitungsartikel, ein Mensch auf einem Bild sein; oder es können auch Tiere sein: Den Ulmern soll ein Spatz mit einem Strohhalm beim Münsterbau gezeigt haben, wie man einen Balken durch ein enges Tor transportiert. Im weiteren Sinne ist auch eine genaue Verfahrensvorschrift (z. B. die Bedienungsanleitung bei einer Waschmaschine) als Modell einzustufen.

Dem Lernen am Modell wird erst seit 1963 eine führende Rolle zuerkannt. Bandura und Walters haben es erfolgreich in einen Brennpunkt lernpsychologischer Forschung rücken können. Besonders viele Untersuchungen zum Lernen am Modell sind im Bereich der *Aggressionsforschung* durchgeführt worden, weil sich Bandura „zufällig" in den sechziger Jahren vermehrt dieser Verhaltensklasse zugewandt hat. Wir können inzwischen davon ausgehen, daß aggressive Modelle (z. B. im Fernsehen) nicht, wie eine verschwommene und zu Unrecht auf Aristoteles und Freud zurückgeführte „Katharsis-Hypothese" behauptet hat, zu einer Reduzierung eigener aggressiver Impulse beim Beobachter führt; in aller Regel *steigern aggressive Modelle die Aggressivität* beim Beobachter.

Hicks (1965) führte Kindern, die im Durchschnitt 5 Jahre alt waren, einen acht Minuten dauernden Film mit aggressivem Inhalt vor. Die Filmhelden (Modelle) zeigten vier körperliche und vier verbale Aggressionen, von denen man annehmen dürfte, daß sie den Kindern unbekannt waren. Zum Beispiel schlug das Modell mit einem Plastikhammer auf eine große Puppe ein. Als Modell agierte entweder 1. ein männlicher oder 2. ein weiblicher Erwachsener bzw. 3. ein männliches oder 4. ein weibliches Kind. Eine 5. Gruppe von Versuchskindern als Kontrollgruppe sah keinen der Filme mit aggressivem Inhalt (s. Versuchsskizze).

	1. Experimentalgruppe (6 Jungen, 6 Mädchen)	**2. Experimentalgruppe** (6 Jungen, 6 Mädchen)	**3. Experimentalgruppe** (6 Jungen, 6 Mädchen)	**4. Experimentalgruppe** (6 Jungen, 6 Mädchen)	**5. Experimentalgruppe** (6 Jungen, 6 Mädchen)
Filmmodell:	männl. Erwachsener	weibl. Erwachsener	männl. Kind	weibl. Kind	(kein Film)
im freien Spiel gezeigte imitierende Aggressionen	ca. 10	ca. 16	ca. 23	ca. 13	0

In einer anschließenden Beobachtungszeit von 20 Minuten Dauer konnten die Kinder mit verschiedenen Dingen, u. a. auch mit einer großen Puppe und mit einem Plastikhammer, wie sie im Film zu sehen waren, spielen. Was geschah?

Bei den Kindern, die den Aggressionen zugesehen hatten, kam es zu imitativen Aggressionen in großer Zahl (durchschnittlich 15 bis 16). In der Kontrollgruppe gab es keine Aggression, die imitativ wirkte. Die Jungen übertrafen die Mädchen sehr beträchtlich in der Zahl imitierender Aggressionen, vor allem das männliche Kind regte als Modell zu starken Imitationen an.

Wahrscheinlich ist niemand von dem Ergebnis sonderlich beeindruckt, obwohl es hellhörig machen könnte. Aber man kennt den Suggestionseffekt von Filmbesuchen. Kommt man aus einem guten Western, so steckt man vielleicht unmittelbar nach Kinoschluß die Hände in den Gürtel, als habe man rechts und links einen Colt sitzen. Am nächsten Tag ist das meist vergessen; man hat zu sich selbst zurückgefunden.

Um den Einwand, imitatives Verhalten gäbe es nur in unmittelbar zeitlichem Zusammenhang mit der Beobachtung des Modells, zu überprüfen, ließ Hicks nach einem halben Jahr die Kinder erneut beobachten. Sie bekamen nicht noch einmal den Film zu sehen, sondern wurden lediglich noch einmal mit den gleichen Spielsachen konfrontiert, mit denen sie nach der Filmvorführung so aggressiv gespielt hatten. Und was geschah nun? Die Zahl der als imitativ eingestuften Aggressionen sank beträchtlich ab: Im Durchschnitt waren es annähernd sechs pro Kind. Aber immerhin: Noch nach einem halben Jahr gab es in 20 Minuten pro Kind der Experimentalgruppen etwa 6 imitative Aggressionen.

Bei dieser zweiten Beobachtung waren die Jungen den Mädchen in der Anzahl der Aggressionen wieder überlegen, wenn auch weniger deutlich. Bemerkenswerterweise gab es die meisten Aggressionen nicht mehr bei den Kindern, welche im Film einen Jungen als aggressives Modell gehabt hatten, sondern der erwachsene Mann erwies sich nun als das „stärkste" Modell. Die weiblichen Modelle fanden insgesamt weniger Nachahmung; vor allem die Mädchen imitierten weibliche Modelle wenig.

Unwillkürlich drängt sich der Gedanke auf, daß in unserer Gesellschaft Aggression als männliches Verhalten gilt. Man erwartet Aggressionen z. B. vom „richtigen" Jungen. Unsere Filme liefern dementsprechend eine Fülle aggressiver männlicher Modelle.

Die Mädchen unter den Versuchspersonen scheinen durch die ungewohnten Aggressionen auf seiten der weiblichen Modelle irritiert worden zu sein. Der kleine Film reichte nicht aus, die bereits anerzogene Haltung „Mädchen tun das nicht" ganz zu durchbrechen.

Hicks tat gegen mögliche Einwände ein übriges. Er *befragte* die Kinder, ob sie sich noch an den Film, den sie vor einem halben Jahr gesehen hatten, erinnerten und ob sie den Inhalt näher schildern könnten. Nun zeigte sich, daß auch *die* Kinder, welche im freien Spielverhalten gar keine der vorgemachten Aggressionen imitiert hatten, noch die ungewöhnlichen Aggressionen beschreiben konnten. Sie hätten sie also jederzeit nachvollziehen können, m. a. W. diese Aggressionen waren dauerhaft gelernt; nur fehlte den Kindern die Motivation, sie offen zu zeigen.

Viele Merkmale bestimmen den Einfluß von Modellen mit. Auf seiten der *Modelle* sind Macht und Prestige förderlich; auf seiten der *Beobachter* führt z. B. Unsicherheit zu vermehrter Beeinflußbarkeit; „unfertige" Kinder und Jugendliche übernehmen eher Modellverhalten, als „gestandene" Erwachsene es tun.

Manche *Phobie* denken wir uns heute durch Lernen am Modell entstanden: Das Kind einer Frau mit ausgeprägter Hundephobie wird sehr wahrscheinlich auch eine starke Angst vor Hunden entwickeln, ohne je selbst von einem Hund angefallen zu werden. Andererseits wird Lernen am Modell heute von Psychologen gezielt bei der *therapeutischen* Arbeit eingesetzt (Bauer 1979). Als besonders effektiv erwies sich in einem Experiment von Bandura, Blanchard und Ritter (1969) zur Behandlung von Schlangenphobien ein sog. *partizipierendes Modellernen:* Der Therapeut demonstriert in kleinen Schritten den Umgang mit (ungiftigen) Schlangen und leitet die Klienten behutsam an, es ihm nachzumachen, indem er z. B. nach einer Schlange greift und die Klienten bittet, nun seine Hand anzufassen und ihre Hand allmählich auf den Schlangenkörper übergleiten zu lassen etc. Dieses Beispiel möge uns zugleich vor übertriebenem Purismus bewahren: Im geschilderten Experiment sind untrennbar Bestandteile des Lernens am Modell mit Lernen am Erfolg verwoben, denn der Therapeut (als Modell) wird seine Klienten für ihre erfolgreichen Schritte loben; die Klienten werden ohnehin Erfolgserlebnisse haben, wenn sie dem Therapeuten zu folgen vermögen etc.

Wer am Modell lernt, braucht nicht unbedingt Verstärkungen während des Lernprozesses, und schon eine einzige Demonstration genügt gelegentlich (was z. B. bei der Demonstration geglückter Geiselnahmen im Fernsehen dann katastrophale Folgen haben kann, wenn ein bislang ideenloser Gangster genau darin ein erfolgreiches Instrument zur Erpressung erkennt).

7.2.4.5 Lernen durch Einsicht oder Lernerleichterung nach Einsicht?

Deutsche Lehrbücher behaupten gern ein besonderes Lernprinzip „Lernen durch Einsicht" - warum?

Köhler hat 1917 Experimente mit Schimpansen beschrieben, in denen diese Tiere z. B. Stöcke als Instrumente benutzten, um sich weit vom Käfig entfernt liegende Bananen heranzuholen; oder sie schoben sich Kisten zurecht, um hoch angebrachte Ziele zu erreichen. Köhler beschreibt die Tiere in einigen Episoden so, als gelänge ihnen plötzlich die Lösung eines Problems, als fiele ihnen eine Einsicht zu. Besonders berühmt wurde der Schimpanse Sultan, der in der Lage war, zwei Bambusstöcke so ineinanderzustecken, daß er sich eine sonst unerreichbare Banane heranziehen konnte. Bei erneuter Aufgabenstellung wiederholten die Tiere die Leistung sehr rasch, so daß Lernprozesse erschlossen wurden, die als „Lernen durch Einsicht" bekannt geworden sind.

Abgesehen davon, daß die Tiere von Köhler wenig kontrolliert wurden und wahrscheinlich erfolgreiche Vorerfahrungen mit Stöcken hatten (s. auch Birch 1945), sollte man hei den Schimpansenexperimenten ohnehin weniger von einem

Lernen durch Einsicht als vielmehr von einem jeweils *neuen Verhalten* der Tiere sprechen, das nur dann auch gelernt wurde, wenn es sich als *erfolgreich* erwies.

Anders gefragt: *Wie kommt man zu neuem Verhalten?* Zum Teil *spontan-unreflektiert* (ein Kind macht Lärm mittels eines zufällig entdeckten Resonanzkastens), z. T. in *Abhängigkeit von Organreifungen* (ein Kind vermag sich erstmals kriechend fortzubewegen), z. T. durch *Beobachten anderer* (sog. Modelle), z. T. durch *Ausdenken bestimmter Handlungen* (im besten Fall mit „Einsicht" identisch).

Aus dem einmaligen neuen Verhalten wird eine dauerhafte Verhaltensänderung (also ein Lernen) aber wohl nur, wenn es zum *Erfolg* führt. Das Erleben von Einsicht ist ein *Erfolgserlebnis;* dieses *begründet das Lernen* (s. Selg 1972).

Einsicht ist ein guter Begriff für erfolgreiche Wahrnehmungs- und Denkprozesse, z. B. für das Erkennen von Beziehungen bei schwierigen Mathematikaufgaben. *Einsicht* bezeichnet den Moment der Erkenntnis der zum Ziel führenden Schritte (von Karl Bühler plastisch „Aha-Erlebnis" genannt). Doch ein eigenes *Lernprinzip* scheint nicht vorzuliegen.

Als Kriterium für ein Lernen durch Einsicht wird gelegentlich die Dauerhaftigkeit der Speicherung angeführt. Wer aber z. B. bestimmte mathematische Formeln auswendig weiß und richtig anwenden kann (z. B. Kreisinhalt = $r^2\Pi$), leistet dies kaum deshalb, weil ihm einmal ein Lehrer Einsicht in ihre Ableitung vermittelt hat, sondern weil er die Formeln anschließend oft genug gebraucht hat. Wer sie täglich im Beruf verwendet, vergißt sie nie mehr, wohl aber ihre Ableitung, d. h. die Einsicht im engeren Sinn des Wortes.

Wer eine schwierige Lernaufgabe vor sich hat, tut gut daran, im Aufgabenfeld möglichst viele Beziehungen herzustellen, Einsichten zu finden, das Lernmaterial also zu ordnen. Eine solche Vorbereitung *erleichtert* das Lernen, zur Beherrschung aber sind *Übungsprozesse mit Erfolgserlebnissen* notwendig.

Einsicht ist oft als ein Fall von *Transfer,* von Übungsübertragung anzusehen (so wahrscheinlich auch bei Köhlers Schimpansen). Um einem Mißverständnis vorzubeugen, sei wiederholt: Einsicht ist ein guter deskriptiver Begriff für das Erfassen von Beziehungen bei Wahrnehmungs- und Denkprozessen; als Lernprinzip ist er wahrscheinlich überflüssig. Die Betonung des Lernens durch Einsicht in der deutschen Psychologie seit Köhler wird nur verständlich, wenn man sie als Antithese zu der Position von Thorndike (1911, S. 140) sieht. Thorndikes Experimente waren allzusehr auf Zufallsverhalten ausgerichtet. Doch schon Skinner führte weit darüber hinaus. Wenn ein Tier Hinweisreize sinnvoll beachtet, demonstriert es so etwas wie Einsicht in die Situation. Der amerikanische Psychologe Tolman hat Ratten in komplexen Experimenten solche Wahrnehmungs- und Lernleistungen abverlangt, daß es schwerfällt, ihnen eine Einsicht abzusprechen.

Es erscheint somit möglich, den betonten Gegensatz zwischen Einsicht bei Menschen (und Menschenaffen) einerseits und dem als mechanistisch interpretierten Verhalten bei Konditionierungsprozessen andererseits zu relativieren. Man könnte sagen: Es gibt nicht den schroffen (kategorialen) Gegensatz „hier Einsicht, dort Dressur"; vielmehr gibt es fließende Übergänge. In der einen Leistung drängt sich uns mehr das Einsichthafte, in der anderen mehr das Dressurhafte auf. Die meisten Lernleistungen enthalten aber beide Aspekte.

Abweichend von den meisten anderen deutschen Veröffentlichungen vertrete ich auch den Standpunkt, daß „Begriffslernen", „Regellernen" etc. nicht mit den hier geschilderten Lernprinzipien vermengt werden sollten. Klassisches Konditionieren, operantes Konditionieren und Lernen am Modell verweisen auf verschiedene *Arten, wie* etwas gelernt wird; Begriffslernen, Regellernen etc. verweisen jedoch auf bestimmte *Inhalte (was* gelernt wird).

7.2.5 Übung

Bei „Lernen" denken Laien häufig an Übungsphänomene. Wenn wir in der Schule bewußt etwas gelernt haben, hat es sich meist um ein Gedicht, um eine Formel oder um etwas ähnliches gehandelt, das „einzupauken" war. Nun hat aber die Lernpsychologie einen sehr viel weiteren Begriff vom Lernen.

Üben ist mehr ein *Teilprozeß des Lernens* als eine eigene Lernart. Üben verweist auf *Wiederholungen,* die nötig werden, wenn das Lernziel und der Weg zum Ziel bereits bekannt sind und dieser Weg in einem mehrfachen Wiederholen besteht.

Wie können wir uns aber den *Effekt der Übung* erklären? Lernen wir ein Gedicht z. B. einfach deshalb, weil uns seine Elemente, die Wörter, beim Üben mehrfach nacheinander begegnen? Vielleicht ist bloße Assoziationsbildung bedeutsam; wahrscheinlich ist Üben aber effektiver, wenn kleine Erfolgserlebnisse auftreten, wenn man merkt, daß man „weiterkommt". Solche Erfolgserlebnisse können als *Bekräftiger* interpretiert werden. Eine zunehmende Einsicht in einen schwierigen Text, das Gefühl eines besseren Verständnisses bei Wiederholungen kann ebenso bekräftigend wirken. Damit haben wir das Lernen am Erfolg zur Erklärung für Übungseffekte herangezogen.

Falls wir recht haben, gibt es auch Wiederholungen ohne Übungseffekte. Wenn wir sehr unkonzentriert sind, wenn wir etwas gar nicht verstehen, bleiben Erfolgserlebnisse aus; vielmehr kommt es zu Mißerfolgserlebnissen und am Ende widert uns ein Lernstoff geradezu an.

Viele unaufmerksame Begegnungen mit möglichen Lernstoffen hinterlassen keine nachhaltigen Spuren. Nur wenige von uns können die Türklinken genau beschreiben, die sie jeden Tag benutzen. Man wird nämlich nur für die richtige *Handhabung* durch den Erfolg bekräftigt; ein genaues visuelles Erkennen des Feinaufbaues der Türklinke hingegen ist nicht nötig und wird deshalb nicht bekräftigt.

7.2.6 Lerntheorien

Daß Pawlows Hund auf einen Glockenton hin speichelt, daß Skinners Ratten in ihrer Box Hebel drücken, daß Kinder in bestimmten Experimenten nach der Beobachtung aggressiver Szenen ihr Verhalten ändern, ist so oft belegt worden, daß niemand die Befunde leugnen kann; wohl aber können verschiedene Wissenschaftler die Phänomene verschieden interpretieren.

Man kann z. B. mit den Anhängern Skinners – ohne nur eines der vielen experimentellen Ergebnisse anzuzweifeln – ganz entschieden auf dem Standpunkt stehen, daß das Lernen am Modell gar keine eigene Lernart sei, vielmehr im Rahmen des operanten Konditionierens erklärt werden könne; in diesem Fall wird man betonen, das Lernen am Modell sei selbst nur eine zu erlernende Verhaltensklasse; so wie man eben den Umgang mit Messer und Gabel lerne, so könne man auch das Beobachten und Imitieren lernen.

Lerntheorien sind unterschiedliche, zumeist außerordentlich komplexe Interpretationen von Lernvorgängen. Sie bedienen sich besonderer theoretischer Begriffe (wie z. B. der Verstärkung) und bilden Systeme von Gesetzesaussagen.

Es gibt eine Fülle von Lerntheorien; wir wollen sie hier nicht aufzählen. Vielmehr wollen wir eine gegenwärtig viel diskutierte Lerntheorie, die *sozial-kognitive Lerntheorie* von Bandura *exemplarisch* skizzieren. Vorwiegend handelt sie vom Lernen am Modell. Bandura nimmt *drei Modelleffekte* an; der erste ist hier hauptsächlich von Interesse: Modelle verhelfen zu *neuem* Verhalten; der zweite mögliche Effekt meint: Modelle *hemmen* oder *enthemmen* bestimmte Verhaltensweisen bei den Beobachtern (sieht man Aggressionen unbestraft ablaufen, kommt es wahrscheinlich eher zu Enthemmungen, bei Bestrafungen eher zu Hemmungen im offenen Verhalten; das bedeutet aber nicht, daß bei Bestrafungen die Aggressionen nicht dennoch als Möglichkeit gelernt, gespeichert werden). Der dritte Effekt ist ein bloß *„auslösender":* Jemand, der gähnt, steckt andere an. Im konkreten Fall sind die drei Modelleffekte manchmal nur sehr schwer voneinander zu trennen.

Bandura und Walters (1963) unterscheiden eine Phase des Neuerwerbs *(Akquisition),* die mit Lernprozeß im engeren Sinn identisch ist, von einer *Performanzphase,* in der das Gelernte gezeigt, also als erlernt erst ausgewiesen wird.

Bandura hebt in neueren Veröffentlichungen für das Lernen am Modell *vier Subprozesse* heraus: (1) Aufmerksamkeitsprozesse, (2) Speicherungsprozesse, (3) Reproduktionsprozesse, (4) Motivationsprozesse.

Die *Aufmerksamkeit* kann vom Modell her begünstigt sein: Die hellen Fernsehschirme in dunklen Wohnzimmern faszinieren Kinder so stark, daß es manchmal gleichgültig zu sein scheint, was ausgestrahlt wird. Es kann aber auch eine willentliche Ausrichtung (Konzentration) hinzutreten.

Für die *Speicherung* betont Bandura einmal ein mehr bildliches, einmal ein mehr verbales System: Wir können uns die Schrecken des Zweiten Weltkrieges mehr in konkreten Vorstellungen und/oder mehr in abstrakten Zahlen getöteter und gefallener Menschen einprägen. Hier knüpft Bandura an die Gedächtnispsychologie an *(s. Kap. 7.1).*

Motorische Reproduktionsfertigkeiten müssen gegeben sein, damit ein Modell überhaupt beim Beobachter Effekte bewirken kann. Notfalls sind vom Lernenden vorbereitende motorische Lernprozesse vonnöten: Nur Leistungssportler von einem bestimmten Niveau an profitieren davon, daß man ihnen Olympiasieger in Zeitlupe vorführt; dem Nichtschwimmer bringt die Demonstration perfekten Turmspringens wahrscheinlich wenig.

Damit es zur *Performanz* (zur Ausführung des Gelernten) kommt, muß die entsprechende *Motivation* gegeben sein. Man muß interessiert sein, z. B. einen im Fernsehen demonstrierten Halstuchmord zu imitieren; das ist bei den meisten Menschen sicher nicht gegeben – bei einigen aber in besonderen Spannungszuständen, in denen sie keinen alternativen Ausweg mehr sehen.

Hier ist der logische Platz, die *Verstärkung* beim Lernen am Modell zu erwähnen. Das Lernen wird begünstigt, wenn das Modell und/oder der Beobachter verstärkt werden; besonders wichtig wird es aber, daß bei der Ausführung ein Erfolg erwartet wird. Bandura führt also als zentralen Begriff den der *Erwartung* - wie früher schon Tolman - an; er differenziert den Begriff aus: Zum einen muß man sich selbst das in Frage stehende Verhalten zutrauen (efficacy-expectations). Davon zu trennen ist die Erwartung, daß ein bestimmtes Verhalten überhaupt zum erhofften Erfolg führt (outcome-expectations). Viele Menschen, die sich nicht durchsetzen können, wissen sehr wohl, daß ein entschiedenes Auftreten ihnen zu ihrem Recht verhelfen könnte, aber sie trauen sich nicht oder wissen nicht, wie sie sich im einzelnen verhalten müssen. Hier setzt notfalls die Verhaltenstherapie mit ihrer Arbeit an.

Es sei noch angeführt, daß Bandura - im Gegensatz zu älteren Lerntheoretikern - auch die *selbststeuernden Prozesse* des Menschen betont. Skinners Tiere werden abgerichtet, sie agieren relativ „blind"; auch bei den Ethologen handeln Tiere (und Menschen) ähnlich zwanghaft unter dem Kommando ihrer Instinkte. Bandura ist gleich weit von instinkt- oder triebtheoretischen Positionen wie von betonten Umweltabhängigkeiten des Menschen entfernt. Menschen reagieren im allgemeinen nicht gut berechenbar auf Stimuli, vielmehr interpretieren sie diese, und je nach ihrer Interpretation handeln sie. Ein Verhaltensergebnis wird von den handelnden Menschen selbst (nicht nur von anderen) beurteilt und kann auch von ihnen selbst verstärkt werden.

Menschen handeln nach Plänen unter der Erwartung bestimmter Konsequenzen. Darüber haben sie oft klare Vorstellungen. Erwartete Konsequenzen steuern unser Verhalten mehr als die de facto eintretenden Konsequenzen (entgegen Skinner).

7.2.7 Anwendungsfelder

Die lernpsychologischen Befunde und ihre theoretischen Interpretationen sind außerordentlich relevant für den Alltag vieler Psychologen. Beiläufig ist das schon mehrfach angeklungen.

Skinners Arbeiten haben den schulischen *Unterricht* stark beeinflussen wollen; es kam - vor allem in den 60er Jahren - zu einem Boom im programmierten Unterricht: Von kleinen programmierten Büchern bis zu kostspieligen komplexen Lehrmaschinen reichte das Arsenal. Es hat sich bei uns weniger durchgesetzt als z. B. in den USA oder in der früheren DDR (s. Löwe 1976), in Grund-/Hauptschulen weniger als z. B. in Gymnasien (siehe Sprachlabors) oder in Schulen für Verhaltensauffällige.

Skinner und andere Lerntheoretiker haben v. a. die *Verhaltenstherapie* angeregt *(s. Kap. 16.10)*. Man wird nicht i. e. S. sagen dürfen, Verhaltenstherapie sei angewandte Lernpsychologie (darauf machte insbesondere Westmeyer 1976 aufmerksam), aber man darf formulieren, daß lernpsychologische Erkenntnisse den klinisch arbeitenden Psychologen zu Hypothesen verhelfen, die sie dann in ihren Behandlungen überprüfen können.

So ist aus der differentiellen Verstärkung im Labor - also aus der Kombination von positiver Verstärkung erwünschten Verhaltens und Extinktion unerwünschten Verhaltens - unmittelbar eine verhaltensmodifikatorische Strategie geworden: Kindliches Störverhalten möge man nach Möglichkeit nicht beachten, auf erwünschtes Verhalten aber Konsequenzen eintreten lassen, die wahrscheinlich als positive Verstärker wirken. Eine solche Strategie ist auch im Alltag empfehlenswert.

Diese Beispiele mögen genügen, die Existenz von Brücken zwischen lerntheoretischer Grundlagenforschung und z. B. pädagogischer bzw. klinischer Praxis zu belegen.

Literatur-Empfehlungen

Bandura, A.: Sozial-kognitive Lerntheorie. Stuttgart 1979.
Hildegard, E.R. & Bower, G.H.: Theorien des Lernens I/II. Stuttgart 1971.
Holland, J.C. & Skinner, F.: Analyse des Verhaltens. München 1971.
Schermer, F.J.: Lernen und Gedächtnis. Stuttgart 1991.

Franz Reither

8. Denken und Sprache

8.1 Einführung

Es soll in diesem Kapitel versucht werden, die beiden großen Komplexe Denken und Sprache in knapper Form durch schlaglichtartige Beleuchtung einiger relevanter Aspekte darzustellen. Wir betonen dabei die *Prozeßeigenschaften* des Denkens. Ausgehend von den Formen des Denkens bei bestimmten Prozessen des Problemlösens diskutieren wir dann die *Komponenten des Denkablaufs* in der Form kognitiver Elementaroperationen sowie das *deduktive* und das *induktive Schließen.*

Als *Ordnungsgesichtspunkt* dienen dabei die verschiedenen kognitiven Anforderungsstrukturen bestimmter Problemklassen sowie Eigenschaften der Realitätsbereiche in denen Probleme auftauchen können. Ergänzend dazu beleuchten wir die Wechselbeziehung von Denken und Emotion.

Für die *Darstellung der Sprache* gehen wir zunächst von deren Kennzeichen und Funktionen aus, um dann auf den Prozeß des Spracherwerbs einzugehen und neuere Ansätze der Sprachpsychologie anzuführen. Den Abschluß bilden dann die beiden Themen dieses Kapitels übergreifende Theorien, die sich mit dem Verhältnis von Sprache und Denken auseinandersetzen.

8.2 Denken

Die Vielfalt dessen, was mit dem Begriff Denken allein in der Literatur verbunden wird, ist nahezu unüberschaubar. Seit Jahrhunderten ist das Denken Gegenstand und vor allem Methode des abendländischen Philosophierens und es ist allein aus dieser Tradition heraus zu einem vielschichtigen und facettenreichen Inventar an Bestimmungsstücken gekommen, das erst zu Beginn dieses Jahrhunderts zum Gegenstand empirischer Forschung gemacht wurde. Hinzu kommt das vorwissenschaftliche Verständnis, das sich mit dem gewöhnlichen Gebrauch des Wortes „Denken" verbindet und dabei z. B. so unterschiedliches wie Urteilen, Meinen, Vergegenwärtigen, Schlußfolgern und Antizipieren meint.

Zusätzlich zu dieser Begriffsunsicherheit ergeben sich bei der empirischen Untersuchung des Gesamtkomplexes Denken große methodische Schwierigkeiten. Die Denkprozesse sind einem Beobachter *nicht unmittelbar* zugänglich, sondern müssen auf Umwegen an die „Oberfläche" geholt werden, z. B. durch Selbstbeobachtungsberichte oder Versuche, ablaufende Gedanken sofort zu verbalisieren, das sogenannte „laute Denken“. Nicht nur, daß dabei u. U. viele Informationen verlorengehen, auch die Interpretation der so erhaltenen Daten ist problematisch. All dieses hat dazu geführt, daß man sich von seiten der Psychologen bislang vornehmlich ausgewählten Teilaspekten wissenschaftlich genähert hat.

Auch wenn eine solche Aufgliederung dem Gesamtprozeß des Denkens letztlich nicht gerecht wird, kann sie doch zur Klärung und Veranschaulichung nützlich sein.

Wir werden daher zunächst einige wichtige *Komponenten des Denkablaufs* schildern und dann auf *spezifische Formen des Denkens* eingehen, wie sie sich als Antwort auf unterschiedliche situative Anforderungen ergeben. Im Anschluß daran werden wir als Beispiel für die Wechselbeziehung des Denkens mit anderen psychischen Prozessen auf das *Verhältnis von Emotion und Denken* eingehen.

8.2.1 Formen des Denkens

Die moderne Denkpsychologie beschäftigt sich generell mit Prozessen, bei denen eine vorgefundene Situation durch Anwendung angemessener Operationen in eine andere überführt wird. In diesem Zusammenhang sind dabei in erster Linie Denkoperationen im Sinne der unten genauer beschriebenen Komponenten gemeint, wobei deren Organisation beim Problemlösen von besonderem psychologischen Interesse ist.

Man hat ein *Problem,* wenn man in einer bestimmten Situation eine mehr oder weniger klare Zielvorstellung hat, jedoch nicht weiß, wie sie zu verwirklichen ist. Der *Lösungsprozeß* besteht dann in schrittweisen Anwendungsversuchen von Regeln, die die gewünschte Transformation der Ausgangslage herbeiführen. Je nach Art der Situation können die Widerstände, die Barrieren (nach Süllwold), die sich einer unmittelbaren Lösung in den Weg stellen, variieren. Das Problem der Lösung einer Gleichung mit einer Unbekannten unterscheidet sich bereits auf den ersten Blick von dem, das man bei einer Denksportaufgabe hat. Die Schwierigkeiten, die man bei der Anfertigung eines Landschaftsgemäldes hat, sind dagegen wiederum anderer Art.

Entsprechend einer Klassifikation Dörners (1979) werden im folgenden die für die jeweiligen Problemtypen charakteristischen *Denkformen* erläutert, wobei dann auch auf die Anforderungen eingegangen wird, die sich durch die verschiedenen Realitätsbereiche ergeben, in denen Probleme auftauchen können.

Analytisches Problemlösen

Das eben genannte Problem der Lösung einer Bestimmungsgleichung zeichnet sich als allgemeiner Typ von Problemen dadurch aus, daß Anfangs- und Endpunkt des Lösungsweges eindeutig vorgegeben sind. Man weiß, mit welcher Ausgangsgleichung man beginnen muß, und die spätere Lösung hat die Gleichung zu erfüllen, was sich ebenfalls unzweideutig prüfen läßt. Auch über die Umformungsregeln für mathematische Gleichungen dieser Art gibt es prinzipiell keine Meinungsverschiedenheiten, wenn man sie in der Schule gelernt hat. Das Problem liegt hier in der richtigen *Auswahl* und *Kombination* der bekannten Regeln, so daß eine sinnvolle Überführung der Start- in die Zielsituation möglich wird. Probleme dieser Art, bei denen die Analyse eines eindeutigen Sachverhalts und bereits vorhandener Operationen der lösungsrelevante Prozeß ist, werden *Interpolationsprobleme* genannt (s. Dörner 1979).

Der hier zugrundeliegende Ablauf von Denkschritten, mit denen das Lösungsverfahren gefunden wird, der *analytische Heurismus,* trägt eine Reihe für die zugehörige Problemkategorie typische Merkmale. So wird man zunächst die spezifischen Unterschiede zwischen Start und Ziel analysieren und versuchen, ihnen aus dem Katalog der Regeln solche zuzuordnen, die diese Differenzen beseitigen. Eine wesentliche Rolle bei der anschließenden schrittweisen Anwendung spielt dann die Reihenfolge, die Kombination der Regeln, wobei es unter Umständen nötig sein kann, Anwendungsbedingungen für einzelne Regeln auf dem Umweg über Zwischenziele erst herstellen zu müssen (s. dazu Dörner 1974, Lüer 1973, Newell & Simon 1972).

Synthetisches Problemlösen

Die Schwierigkeiten beim Lösen einer Denksportaufgabe liegen weniger in der Kombination bekannter Operatoren, sondern vielmehr im *Mangel am „richtigen Einfall"*. Zwar sind auch hier analog zu den analytischen Problemen Start- und Zielsituation klar, doch es fehlen die lösungsrelevanten Maßnahmen, man muß sich neue Operationen einfallen lassen. Diese Synthese neuartiger Operationen oder zumindest die neuartige Anwendung von Operationen ist für Probleme dieser Art kennzeichnend; daher der Name *Syntheseproblem.*

Die Notwendigkeit der Synthese kann sich nun daraus ergeben, daß die gesuchten Lösungsschritte entweder unbekannt sind, oder aber zwar bekannt sind, doch mit dem aktuellen Problem nicht in Verbindung gebracht werden. Gerade letzteres ist aus der alltäglichen Erfahrung leicht nachvollziehbar. Maßnahmen und Lösungsschritte sind einem in einem bestimmten Zusammenhang vertraut, aus dem sie dann nur noch schwer herausgelöst werden können. Diese Art der „heterogenen funktionalen Gebundenheit" ist oftmals untersucht worden (z. B. Duncker 1963) und wird ergänzt durch entsprechende Befunde zur „Einstellungsbildung" (z. B. Luchins 1946), bei der es um die Neigung geht, auf bestimmte Situationen mit einer festgefügten Kette von Reaktionen zu antworten. Die Wirkungen solcher Einstellungen auf einzelne Komponenten des Denkablaufs werden weiter unten noch beschrieben.

Welche Möglichkeiten gibt es nun, sich gezielt aus den existierenden Bindungen zu lösen und neue Lösungsschritte zu synthetisieren? Eine Antwort darauf versuchen die verschiedenen *Kreativitätstechniken* zu geben, bei denen eine systematische Lösung einzelner Operatoren aus ihren bisherigen Zusammenhängen angestrebt und anschließend Methoden zu ihrer Neuverknüpfung angeboten werden (z. B. Gordon 1961, Osborn 1962, Rogers 1959). In vergleichbarer Absicht nennt Duncker (1935) einige Methoden, von denen nur die Anregung zum *„Ausfällen des Gemeinsamen"* und zur *„willkürlichen Änderung der Gestaltauffassung"* genannt seien. Ersteres bezieht sich auf die systematische Analyse von bisher erfolglosen Lösungsversuchen hinsichtlich ihrer gemeinsamen Merkmale, die man dann tunlichst vermeiden sollte. Der zweite Vorschlag zielt auch auf eine Umstrukturierung des bisherigen Problemlöseverhaltens, jedoch diesmal eher unsystematisch. Darüberhinaus ist die Wirksamkeit von Analogiebildungen vielfach beschrieben und auch experimentell aufgewiesen worden (z. B. Dreistadt 1969).

Dialektisches Problemlösen

Für Probleme wie die Anfertigung eines Landschaftsgemäldes ist vor allem die *Unschärfe der Zielkriterien* charakteristisch. Alle Probleme, deren Zielzustand offen ist, erfordern bei ihrer Lösung eine schrittweise Einengung der Handlungsmöglichkeiten. Dadurch, daß der Maler jenes Landschaftsbildes sich dafür entscheidet, in die linke obere Ecke der Leinwand eine sommerlich scheinende Sonne zu malen, setzt er sich gewisse Zwänge, etwa für die Ausgestaltung des Schattenwurfs im restlichen Bildfeld. Die Berücksichtigung der Schatten zieht wieder neue Konsequenzen nach sich, so daß der gesamte Prozeß durch die abwechselnde Erzeugung und Beseitigung von Widersprüchen (Dörner 1979), eine in diesem Sinne *dialektische Bewegung* gekennzeichnet ist.

Empirisch sind diese dialektischen Problemlöseprozesse bislang nur selten analysiert worden. Kennzeichnend ist in jedem Fall der Wechselschritt zwischen der Herstellung bestimmter Zustände und der anschließenden Kontrolle auf ihre Einpassung in das Bestehende. Dabei besteht die Gefahr, daß ein auf diese Weise wachsendes System den Problemlöser derart in Zugzwang bringt, daß sich der Gesamtkomplex verselbständigt und nur noch durch totale Anpassung oder Zerstörung manipulierbar ist (s. Reitman 1965).

Problemlösen in komplexen Realitätsbereichen

Neben den spezifischen kognitiven Anforderungen, die die drei genannten Problemtypen an das menschliche Denken stellen, sind zusätzlich bestimmte Merkmale der verschiedenen Realitätsbereiche, in denen Probleme auftauchen können, für den Problemlöseprozeß von Bedeutung. Die wesentlichen Komponenten in diesem Zusammenhang sollen hier kurz dargestellt werden (vgl. dazu auch Dörner et al. 1994, S. 19 ff., Dörner 1989).

Realitätsbereiche lassen sich nach dem Grad ihrer *Komplexität,* also nach der Zahl vorhandener, relevanter Variablen und dem Grad der *Überschaubarkeit* derselben klassifizieren. Ebenso ist das Ausmaß an *„Vernetztheit"* eines Realitätsbereichs, also der Grad der gegenseitigen Abhängigkeit der Variablen, von verhaltensbeeinflussender Bedeutung. Hinzu kommt das Vorhandensein von *Eigendynamik* in einer Situation, also der Tendenz, auch ohne Aktionen des Problemlösers selbständig zu reagieren und sich weiterzuentwickeln. So wartet beispielsweise ein Schachproblem auf den Zug des Spielers und bleibt während der Phase des Nachdenkens unverändert: ganz anders dagegen die wirtschaftliche Situation eines Unternehmens, das auf eine Entscheidung seines Vorstands wartet. Hier treten sehr wahrscheinlich bereits im Laufe der Entscheidungsfindung Situationsveränderungen auf, die bei der Problemlösung mitberücksichtigt werden sollten.

Ein weiteres Kennzeichen von Realitätsbereichen ist der Grad der *Intransparenz* bezüglich der Variablen und ihrer Verknüpfungen untereinander. Ist beim Schachspiel das Brett mit seinen Figuren und ihrer Stellung zueinander für einen Spieler vollständig einsehbar, so trifft dies auf die Absichten, Pläne und Überlegungen seines Gegenspielers keineswegs zu. Schließlich ist der Grad an *Reversibilität,*

Anwendungsbreite und *Wirkungssicherheit* von Maßnahmen und Operationen zur Beschreibung wichtiger Situationseigenschaften geeignet.

Der Ausprägung dieser Merkmale von Realitätsbereichen entsprechen bestimmte Anforderungen an den Problemlöser. So erzeugt ein hoher Grad an Komplexität so etwas wie eine *Informationsflut,* der man sich in geeigneter Weise erwehren muß, um nicht darin zu versinken. Als problemlösetechnische, kognitive Antwort bietet sich die verstärkte Anwendung von *Abstraktions- und Reduktionsprozessen* an. Umkehrt erzeugt ein hohes Maß an Intransparenz eher einen *Informationsmangel,* dem mit der intensiven Suche nach *Symptomen* als Indikatoren für verborgene Zusammenhänge begegnet werden kann.

Ist ein Sachverhalt durch einen hohen Vernetztheitsgrad gekennzeichnet, so besteht die Gefahr, daß unerwünschte *Nebenwirkungen* und Randeffekte den angestrebten Lösungsprozeß empfindlich stören können. In diesem Fall sind vom Problemlöser sowohl *Abstraktion* als auch *Konkretisierung* gefordert, die zum Entwurf eines möglichst informativen *Schemabildes* des Sachverhalts eingesetzt werden können. Mit Hilfe eines solchen Bildes lassen sich dann eventuelle Nebenwirkungen leichter in Richtung und Ausmaß abschätzen. Ähnliches gilt für die Bewältigung von Eigendynamik. Auch hier sind Vorausberechnungen und Schätzungen, etwa im Sinne von *Trendanalysen,* als Reaktion auf den dabei entstehenden *Zeitdruck* notwendig.

Wenn damit auch die Anforderungsstruktur komplexer Situationen an das Problemlösen einigermaßen deutlich charakterisiert ist, so zeigt sich doch in entsprechenden Untersuchungen zu diesen Themen (Dörner & Reither 1978, Dörner et al. 1994), daß die kognitiven Leistungen häufig weit hinter diesen Forderungen zurückbleiben.

Es kommt dabei zu durchaus spezifischen Ausfällen (s. z. B. Dörner 1981 a) in den Problemlöseprozessen, deren gezielte Beseitigung mit Hilfe entsprechend angelegter Trainingsverfahren bislang große Schwierigkeiten bereitet.

8.2.2 Komponenten des Denkablaufs

Bei all den vorstehend geschilderten Denkformen treten nun bestimmte, gleichartige Komponenten des Denkablaufs immer wieder auf. Sie lassen sich je nach dem Auflösungsgrad der Betrachtung entweder als relativ *molekulare „Elementaroperationen"* beschreiben oder als *molare Formen,* wie sie sich in den Denkfiguren des deduktiven und induktiven Schlußfolgerns widerspiegeln.

Zunächst jedoch hatte man die Hoffnung, das Denken als Ausdruck einer nach Gesetzmäßigkeiten ablaufenden Kette von Assoziationen erklären zu können (z. B. Wundt 1918). Als zentrales Problem galt dabei, eben jenen Gesetzen auf die Spur zu kommen, die die Aufeinanderfolge von Vorstellungen, als die man den Denkprozeß ansah, von Fall zu Fall erklärte. War nach Wundt's Meinung der *„Wille"* hier der ordnungsstiftende Faktor, so wurden in konkurrierenden Ansätzen bald die *bedingten Reflexe* (Pawlow 1953, Bechterew 1913) als Regulatoren hervorgehoben oder aber in behavioristischer Sicht die *Schemata für die Auslösung von Muskelbewegungen,* die man beim Sprechenlernen erwirbt (Watson 1930). Nach Watson ist Denken nichts anderes als „inneres Sprechen" (genau wie für Platon im Dialog Sophistus), für das primär jene Konditionierungen der Sprechmuskeln verantwortlich sind.

Kritiker dieser Erklärungsansätze, insbesondere zunächst die Vertreter der „Würzburger Schule“ um Külpe und K. Bühler hoben dagegen die Unanschaulichkeitkeit des Denkens hervor und betonten seinen *Prozeßcharakter,* dessen Systematisierung dann vor allem auf die umfangreichen empirischen Arbeiten von Selz (1913, 1924) zurückgeht. Selz nennt erstmals als besondere Kennzeichen des Denkprozesses intellektuelle Operationen, die sich in systematischer Weise zur Durchführung „spezifischer Aktionen“ organisieren.

Die Idee spezifischer Komponenten des Denkablaufs wurde im weiteren vor allem unter dem Aspekt der Bewältigung von Aufgaben und Problemen vertieft. So betont Wertheimer (1922) die Notwendigkeit schrittweiser Umstrukturierungen einer Aufgabe, um vom „Sehen des Problems“ auf dem Wege einer „Einsicht“ zur Lösung zu kommen. Das Gegebene, die Ausgangssituation wird daraufhin angesehen, ob etwas für die Lösung Brauchbares zu finden ist, mit dem dann, nach einer Reihe auf das Ziel gerichteter Umwandlungen und Ergänzungen, der gewünschte Endzustand herbeigeführt wird. Die Stationen des Weges vom Problem zur Lösung, insbesondere die Hindernisse auf diesem Weg, ihre kognitive Bedingtheit und die Möglichkeiten ihrer Überwindung finden bei Duncker (1935) ihre exemplarische Darstellung.

Kognitive Elementaroperationen

Die Weiterentwicklung dieser Ideen zu einem System mehr oder weniger „elementarer“ geistiger Operationen, in die sich jeder Denkprozeß zergliedern läßt, wurde dann vor allem durch die sich parallel entwickelnde *Intelligenzforschung* beeinflußt. Auf der Suche nach den die Intelligenz konstituierenden Größen, nach verschiedenen „Denkfähigkeiten“ zu diagnostischen Zwecken, war man dank der methodischen Auswertungsmöglichkeiten der Faktorenanalyse fündig geworden. Zwar schwankt die Zahl der für intelligente Prozesse verantwortlichen Faktoren beträchtlich je nach Forschungsansatz, doch sind sich die meisten Autoren darin einig, die wechselseitige Unabhängigkeit dieser Faktoren anzunehmen. So geht z. B. Thurstone (1938) von *sieben Primärfähigkeiten* aus. Zu ihnen gehören Gedächtnis, Wahrnehmungsgeschwindigkeit, Raumvorstellungen, Wortproduktionsfähigkeit, schlußfolgerndes Denken, Rechen- und Sprachfähigkeit. Die beiden letztgenannten beziehen sich dabei auf die Beherrschung der vier Grundrechenarten zum einen und auf die Fähigkeit, Sprachvorstellungen zu verstehen und zu gebrauchen, zum anderen.

Obwohl niemand abstreiten kann, daß die genannten Komponenten sicherlich ganz wesentlich etwas mit menschlichem Denken zu tun haben, muß andererseits doch betont werden, daß die dahinterstehenden theoretischen Konzepte die Einbettung dieser „Elemente“ in einen kognitiven Gesamtprozeß sowie die höheren Organisationsformen des Denkens nahezu unberücksichtigt lassen. Auch ist ihre funktionale Unabhängigkeit eher fragwürdig, ja man weiß gar nicht, welche Prozesse sich eigentlich hinter diesem Faktor verbergen.

Der Gedanke, bei der Analyse einzelner Denkschritte den *Gesamtprozeß* wieder in den Vordergrund zu stellen, erhielt mit den neueren Entwicklungen der Denkpsychologie, die sich in der Betonung des Problemlöseaspekts beim Denken weitgehend einig sind, verstärkt Bedeutung. Der zugrundeliegende Problemlöseablauf wird weitgehend übereinstimmend (s. z. B. Newell & Simon 1972, Dörner 1974, 1979) so gesehen, daß eine vorgefundene Problemsituation hinsichtlich ihrer Anforderungen analysiert wird und man dann versucht, diese Anforderungen mittels geeigneter kognitiver Operationen zu erfüllen. Die Steuerung dieser Operationen richtet sich dabei zum einen nach der aktuellen Situation, zum anderen nach den individuell vorhandenen speziellen Kenntnissen und allgemeinen Lösungsstrategien für ganze Klassen von Problemen, den *Heurismen,* wobei beide Bereiche veränderbar sind, das ganze System also lernfähig ist. Dabei herrschen allerdings über die Art dieser elementaren kognitiven Operationen unterschiedliche Ansichten.

Obwohl aus theoretischer Sicht nicht ganz befriedigend, da die Konfundierung seiner Elemente nicht geklärt ist, sollen hier die Ideen von Lompscher (1972) zu diesen Operationen wegen ihrer pädagogischen Relevanz und nicht zuletzt aufgrund ihrer Anschaulichkeit exemplarisch dargestellt werden. Zu den „analytisch-synthetischen Operationen in der geistigen Tätigkeit" (Lompscher 1971, 1972) zählen das Erfassen der *Eigenschaften* eines Objektes (Zergliedern) und der *Teil-Ganzes-Beziehungen* in einem Sachverhalt, das *Differenzieren* (Vergleichen), das *Klassifizieren,* das *Ordnen,* das *Abstrahieren,* das *Verallgemeinern* und schließlich das *Konkretisieren.* Diese Operationen stehen in enger Verbindung zueinander, so daß etwa eine Konkretisierung aus einer Verallgemeinerung oder einem vorangegangenen Abstraktionsprozeß folgen kann, wie auch umgekehrt Konkretisierungen die Basis für neue Verallgemeinerungen sein können. Diese Prozesse spielen sich nach Lompscher auf unterschiedlichen Ebenen, die vor allem durch ihre Abhängigkeit von der Sprache gekennzeichnet sind, ab. So wird, mit zunehmender Bedeutsamkeit der Sprache, zwischen praktischen Handlungen, unmittelbarer und mittelbarer Anschauung und schließlich sprachlich-begrifflicher Verarbeitung unterschieden.

Wenn auch eine klare Trennung dieser Operation schwierig erscheint und damit ihre „Elementarität" in Zweifel zu ziehen ist - wie soll man sich beispielsweise einen Abstraktionsprozeß vorstellen, der keine Differenzierung und Generalisierung enthält - die gezielten Veränderungsversuche ganzer Problemlöseprozesse über die Beeinflussung dieser Elementaroperationen sind Lompscher in zahlreichen Fällen gelungen.

Deduktives Schließen

Neben den geschilderten Elementaroperationen gelten seit jeher die durchaus aus Teiloperationen zusammengesetzten Denkfiguren des logischen Schließens als *Prototypen eines Denkprozesses,* wenn nicht gar als der Denkprozeß schlechthin. Gemeint ist damit im strengen Sinne das *syllogistische Schließen,* das aus zwei gegebenen Voraussetzungen nach festgelegten Regeln, denen der klassischen Logik, einen Schluß zieht. So wäre aus den Prämissen „Alle Säugetiere sind Warmblüter" und „Alle Wale sind Säugetiere" zu schließen: „Alle Wale sind Warmblüter". Steckt in diesem Beispiel nun die Beschreibung eines aktuellen Denkprozesses oder handelt es sich nur um eine allgemeine Vorschrift, deren Einhaltung dann „richtige" Denkergebnisse hervorbringt?

Im Gegensatz zu älteren Autoren, die dazu neigten, die *Logik* als die Wissenschaft von den Gesetzen des Denkens aufzufassen, wie z. B. Kant oder Boole, hat sich in der Psychologie die gegenteilige Meinung durchgesetzt. Schon die Vielzahl der zu beobachtenden Fehlschlüsse legt die Vermutung nahe, daß die grundlegenden Regeln menschlichen Denkens nicht die der Logik sein können. Eine ausführliche Darstellung dieser Zusammenhänge geben Cohen (1944) und Nagel (1956). Nichtsdestoweniger ist der normative Anspruch, den die Logik auf das menschliche Denken erhebt, groß, insbesondere dann, wenn es fehlerhaft zu sein scheint.

So beschäftigt sich dann auch ein großer Teil der Untersuchungen auf diesem Gebiet mit den Abweichungen des Denkens vom Pfad der klassischen Logik und den dazugehörigen Auslösebedingungen. So konnten Chapman & Chapman (1959) zeigen, daß syllogistische Schlußfolgerungen in starkem Maße von der Art der Formulierung der Voraussetzungen abhängen. Dieser sogenannte „Atmosphäreneffekt" führt dazu, daß Schlußfolgerungen weniger nach dem logischen Gehalt als nach der äußeren Form der Prämissen gezogen werden. So wird etwa in der überwiegenden Zahl der Fälle von „Alle Künstler sind nervös" und „Alle Raucher sind nervös" auf „Alle Künstler sind Raucher" geschlossen, obwohl dies logisch nicht zwingend ist.

Als Erklärung für diese Phänomene wird nicht nur die verbale Ähnlichkeit zwischen Prämissen und Schlußfolgerungen angeführt, sondern es spielen hier stillschweigend gemachte Zusatzannahmen häufig eine wichtige, fehlerträchtige Rolle. So z. B. die Tatsache, daß bei vielen Urteilen auch die Umkehrung unwillkürlich mitgedacht wird, also nicht nur „Alle Raucher sind nervös" sondern auch „Alle Nervösen rauchen"; unter diesen Bedingungen wäre die Folgerung oben dann durchaus korrekt. Umkehrungen dieser Art sind etwa bei bejahenden Partikulärurteilen - einige A sind B - durchaus erlaubt und decken sich häufig auch mit Erfahrungstatsachen, so daß hier nicht unbedingt auf unlogisches Denken geschlossen werden kann, sondern vielmehr die vorgeschaltete Analyse der Bedingungen fehlerhaft ist.

Vielfach sind für logische Fehler auch die jeweiligen Repräsentationsmedien des Problems verantwortlich, wobei diese sowohl als individuelle Hilfsvorstellungen zusätzlich herangezogen werden oder sich direkt aus der Art der Darstellung ergeben. Typische Beispiele für den ersten Fall liefern Huttenlocher (1968) und DeSoto, London & Handel (1965), die anhand unterschiedlicher Beispiele zeigen können, daß bei unanschaulichen Begriffen häufig räumliche Ordnungskategorien verwendet werden, während Clark (1969) die Sprachabhängigkeit logischen Schließens eindrucksvoll demonstrieren kann.

Begriffsbildung und induktives Schließen

Unter einem Begriff versteht man zunächst einmal eine mehr oder weniger komplizierte Vorschrift, mit deren Hilfe Reize, Eindrücke, Situationen, Erlebnisse, also Ereignisse aller Art eingeordnet werden können. Für das Denken bedeutet das die Anwendung einer *Zuordnungs-* oder *Klassifikationsregel.* Dabei werden bestimmte Merkmalsdimensionen von Objekten hervorgehoben, andere vernachlässigt, es wird also abstrahiert. Dieser *Abstraktionsprozeß* muß sich keineswegs ausschließlich auf die Verwendung von Symbolen beschränken. So beschreiben etwa Piaget & Inhelder (1977), wie Kleinkinder ganze Handlungssequenzen zu ersten Begriffen, den „Aktionsschemata" zusammenfassen. Doch handelt es sich dabei um Übergangsformen, die schließlich einer weitgehend sprachlich-symbolisch orientierten Begriffsbildung weichen. Der für das Denken wichtige Einfluß dieser Repräsentationsform, auf die noch eingegangen wird, läßt sich an dieser Schlüsselstellung bereits ablesen.

Die Verwendung nur einzelner Merkmale zur Klassifikation führt sehr schnell zu einer unüberschaubaren Vielzahl von Begriffen. Es ist daher notwendig, verschiedene Merkmale zu kombinieren, zu logischen Begriffen zusammenzufassen, von denen vor allem konjunktive und disjunktive Klassifikationsregeln bedeutsam sind.

Bei *konjunktiven Begriffen* ist das Zusammentreffen einer Reihe von Attributen die notwendige Bedingung für eine Zuordnung, bei *disjunktiven Begriffen* reicht dafür bereits eine Teilmenge der möglichen Attribute aus. So ist der Begriff „Ärztin“ konjunktiv, da Berufsangabe und Geschlecht zu seiner Definition nötig sind. „Vereinsmitglied“ dagegen ist ein disjunktiver Begriff, da er z. B. durch das Merkmal „Mitglied in einem Sportverein“ oder „Schrebergartenvereinsmitglied“ gekennzeichnet ist. Die Zugehörigkeit zu einem oder auch mehreren Vereinen bestimmt hier bereits den Begriff.

Der Weg, den das Denken bei der Bildung von Begriffen nimmt, ist nach Bruner et al. (1956) vor allem durch zwei Strategien gekennzeichnet: die *Fokus-Strategie* und das *schrittweise Hypothesenprüfen,* das „successive scanning“. Im ersten Fall wird dabei ein positiver Vertreter des gesuchten konjunktiven Begriffs festgehalten und jeweils mit anderen Beispielen verglichen, die sich nur in einem einzigen Merkmal von dem Ausgangsreiz, dem Fokus, unterscheiden. Bei der schrittweisen Hypothesenprüfung wird dagegen bei jedem Schritt eine bereits bestehende Hypothese als ganzes überprüft. Fällt die Prüfung negativ aus, wird zu einer neuen Hypothese übergegangen. Es leuchtet ein, daß dieses Verfahren hohe Ansprüche an die Gedächtniskapazität stellt, was sich bei Bruner et al. (1977) dann auch in sinkenden Leistungen bei wachsendem Zeitdruck äußert. Hat man es dagegen mit disjunktiven Begriffen zu tun, so ist eine Variante der Fokus-Strategie zu beobachten, die sehr wirksam ist. Es werden, wieder ausgehend von einem positiven Beispiel, gezielt solche Alternativen ausgewählt, die in einzelnen Attributen den bestehenden Annahmen über den Begriff widersprechen. Man muß bei der Suche nach Prüfungsmöglichkeiten außerdem bereits ermittelte Merkmale gezielt außer acht lassen, was normalerweise sehr schwer fällt.

Die genannten Zusammenhänge gelten insbesondere für das *induktive Schließen.* Es tritt hier allerdings die zusätzliche Schwierigkeit hinzu, daß die Definitionsmerkmale der zu erschließenden Begriffe nur einen bestimmten Wahrscheinlichkeitsgrad besitzen und man auf induktivem Wege auch über Wahrscheinlichkeitsaussagen nicht hinauskommt, da man nie weiß, ob die bislang ermittelten begriffsbildenden Merkmale wirklich für jeden möglichen Fall ausreichen. So wird beispielsweise dcr Rückschluß auf das Charaktermerkmal „Geiz“ aus den physiognomischen Merkmalen „lange, gebogene Nase“ und „spitze Ohrmuscheln“ immer ein gewisses Irrtumsrisiko behalten, auch wenn alle bislang angetroffenen Geizhälse spitzohrig und langnäsig ausgesehen haben. Gerade hierin liegt eine der wesentlichen Quellen, warum dieser Weg, auf dem dem Denken vor allem neue Möglichkeiten und Erweiterungen seiner Anwendungsbereiche eröffnet werden, so beschwerlich ist.

Diese Schwierigkeiten konnte beispielsweise Wason (1960) in einem Experiment zur Eliminierung von Hypothesen beim induktiven Erschließen eines einfachen Konzepts zeigen. Die Probanden hatten bei dieser Untersuchung die Aufgabe, die einfache Regel, nach der die vorgegebene Zahlenreihe 2, 4, 6 gebildet sei, herauszufinden. Dazu konnten sie selbst Reihen bilden und erhielten nach jedem Versuch Rückmeldung darüber, ob die gebildete Reihe der gesuchten Regel entsprach. Immer dann, wenn die Probanden glaubten, die Regel gefunden zu haben, konnten sie sie nennen. War die vermutete Regel falsch, wurde dies mitgeteilt und das Experiment fortgeführt. Die Regel lautete: beliebige, aufsteigende Reihe von Zahlen. Zu dieser Regel lassen sich leicht viele zutreffende Beispiele konstruieren, ohne damit zugleich unmittelbar auf die richtige Hypothese gestoßen zu werden. Es zeigte sich, daß trotz offensichtlich fehlerhafter Hypothesen die Probanden hartnäckig Prüfbeispiele konstruierten, die genau jenen unzutreffenden Hypothesen entsprachen, anstatt sie durch Falsifikationsbeispiele einer mutmaßlichen Gefährdung auszusetzen.

Der zögernde Gebrauch negativer Informationen, auch unter entwicklungspsychologischen Gesichtspunkten, wird von verschiedenen Autoren in ähnlicher Weise bei anderen Beispielen zum induktiven Schließen berichtet (z. B. Hovland & Weiss 1953, Johnson 1972). Hinzu kommt der starke Einfluß von *Vorwissen, Annahmen* und *Einstellungen,* auf die beim induktiven Schließen wegen seiner Unsicherheitskomponente immer wieder zurückgegriffen wird. So berichten Gilson & Abelson (1965) von einer Untersuchung, in der sie zeigen konnten, daß die Qualität induktiver Generalisationen davon abhängt, ob über Objekte oder Personen geschlossen wird. Verallgemeinerungen über erstere werden beispielsweise schneller und leichter getroffen als über letztere.

Analoges Schließen

Eine für das menschliche Denken bedeutsame Variante des induktiven Schließens stellt der *Analogieschluß* dar, dem wir uns als letzte wichtige Komponente des Denkablaufs zuwenden wollen.

Dem Denken mit Analogien wird in der Geschichte großer Entdeckungen und Erfindungen schon immer eine wichtige Rolle zugeschrieben. Auch beim *kreativen Denken* ist es von zentraler Bedeutung. So besitzt beispielsweise in der von Gordon (1961) als „Synektik" bezeichneten Methode „kreativen Denkens" der Analogieschluß eine Schlüsselfunktion. Analogie bezieht sich dabei zunächst einmal auf eine Art von Ähnlichkeit, wobei allerdings versucht wird, diejenigen Beziehungen, in denen ähnliche Dinge miteinander übereinstimmen, auf eindeutige Begriffe zu bringen. Ein Analogieschluß läßt sich also als Versuch beschreiben, Relationen, die zwischen den Teilen eines bestimmten Systems bestehen, als in irgendeiner Weise gültig für Teile eines anderen Systems zu betrachten und anzuwenden. So enthält der poetische Vergleich einer jungen Dame mit einer Rose unter Umständen einiges an Ähnlichkeit, kann jedoch kaum als Analogie bezeichnet werden, da sich hier nur schwerlich gemeinsame Relationen zwischen sich entsprechenden Teilen finden lassen. Man kann zwei Sachverhalte nur dann als analog betrachten, wenn sich eben diese gemeinsamen Bedingungen angeben lassen. Je genauer dies geschieht, desto klarer und weniger vieldeutig ist eine Analogie.

Betrachten wir ein *Beispiel:* Ein Ingenieur hat das Problem, die Konstruktion von Flugzeugen so zu verbessern, daß die Gefahr von Schädelbrüchen anläßlich irgendwelcher Unfälle möglichst gering wird. Dabei lassen sich die Effekte äußerer Einwirkungen auf die Schädeldecke noch recht gut vorhersehen, schwierig wird es erst bei der Einbeziehung des relativ flüssigen Kopfinhalts in die Vorausberechnung von Unfallfolgen. Um zunächst wenigstens Anhaltspunkte für die zu erwartenden Auswirkungen zu erhalten, experimentiert der Ingenieur mit rohen Eiern, die er unter verschiedenen Bedingungen zerschmettert.

Als erstes wird also die eigentliche Problemstellung abgewandelt: statt der Schädelzertrümmerungen wird das Zerschlagen von Eiern untersucht. Das Bindeglied zwischen beiden Problemen besteht in der Überlegung des Ingenieurs, daß bei entsprechend grobem Auflösungsgrad ein Menschenkopf einem Hühnerei analog ist. Beide bestehen aus einer relativ zerbrechlichen, unelastischen Schale mit gallertartigem Inhalt. Demzufolge müßten Experimente, in denen es hauptsächlich auf diese beiden Bestandteile ankomme, mit Eiern in ähnlicher Weise ablaufen wie mit Köpfen.

Analogieschlüsse dieser Art sind natürlich nicht im strengen Sinne logisch und müssen schon gar nicht immer richtig sein. Wie beim induktiven Schließen werden hierbei in erster Linie *Hypothesen* generiert, deren Gültigkeit auf mehr oder weniger plausible Weise abgeleitet wird. Daraus ergibt sich insbesondere die Notwendigkeit, bei analogen Übertragungen stets zu kontrollieren, für welche Teilbereiche sie zutreffend sind und, was häufig übersehen wird, für welche sie *nicht* geeignet sind oder gar zu schwerwiegenden Fehleinschätzungen führen.

Über den gezielten Einsatz des Gebrauchs von Analogien und daraus resultierende Effekte ist bislang wenig bekannt. Es existiert lediglich eine umfangreiche Sammlung von berichteten Einzelfällen aus der Geschichte der Wissenschaften (s. z. B. Ortony 1988) Ein Versuch, das Denken mit Analogien zu systematisieren, findet sich in Gordons (1961) *Synektik*, die er als eine „Technik kreativen Denkens" beschreibt. Eine zentrale Phase dieser Technik sieht vor, daß sich die Teilnehmer einer synektischen Gruppe gezielt bemühen müssen, für das gegebene Problem Analogien aus möglichst unterschiedlichen Bereichen und Blickwinkeln zu bilden, die dann anschließend ausgewertet werden. Dabei scheint die Wirksamkeit dieser Methode an eine Reihe äußerer Bedingungen geknüpft zu sein. Gordon selbst erwähnt dabei vor allen Dingen eine möglichst entspannte Arbeitsatmosphäre.

8.2.3 Denken und Emotion

Daß es sich beim Denken nicht um einen vom übrigen psychischen Geschehen abgekoppelten, isolierten Prozeß handelt, ist eingangs bereits gesagt worden. Als ein Beispiel für das Zusammenwirken zweier im vorwissenschaftlichen Verständnis sogar eher als konträr angesehener Bereiche sollen hier einige *Wechselwirkungen zwischen Denken und Emotion* dargestellt werden.

Der Einfluß von *Einstellungen* und *Werthaltungen* auf das menschliche Denken wurde bereits erwähnt. Heider (1958) und in der Weiterführung dieses Ansatzes Rosenberg (1960) untersuchten Situationen, in denen Probanden vor der Schwierigkeit standen, zwei einander widersprechende Werthaltungen miteinander in Einklang zu bringen, wobei die Werthaltungen selber als Repräsentanten sowohl kognitiver als auch emotionaler Prozesse aufgefaßt wurden. Welche Reaktionen sind zu erwarten, wenn beispielsweise die von einem Jüngling Angebetete ihm eine Krawatte schenkt, deren Farben er unausstehlich findet? Die Notwendigkeit, aus dieser Lage einen Ausweg zu finden, führt dann bei dem jungen Mann entweder zu einer Korrektur seiner ästhetischen Ansichten oder zu einer kritischen Überprüfung seines Verhältnisses zu der Schenkerin. In jedem Fall, glauben die Autoren, findet ein Ausgleichsprozeß statt, der die bestehenden Widersprüche zu beseitigen versucht. Dieser Prozeß läuft in der Regel nicht einseitig kognitiv oder rein emotional ab, sondern es werden etwa kognitiv erste Veränderungen der gefühlsmäßigen Einstellung versucht, die dann ihrerseits zu neuen Denkanstößen führt.

Die Bemühungen des Denkens um Problemlösungen, die nicht ausschließlich rationaler Natur sind, sondern auch die gefühlsmäßigen Bindungen innerhalb der jeweiligen Situation berücksichtigen müssen, sind im Bereich des *Entscheidungsverhaltens* insbesondere von Festinger (1957) untersucht worden. Hat ein Individuum eine für sich bedeutsame Entscheidung getroffen, deren Kriterien jedoch nicht vollständig sicher sind, so neigt es dazu, diese Entscheidung gegen spätere Widersprüche z. B. dadurch abzusichern, daß es die Möglichkeit widersprechender Informationen gezielt meidet. Festinger spricht hier, in Anlehnung an das Gleichgewichtsprinzip von Heider, vom Wunsch, „kognitive Dissonanzen" so gering wie möglich zu halten. Viele Autokäufer vermeiden z. B. unmittelbar nach dem Kauf eines Neuwagens gezielt, sich über andere Autotypen Informationen zu beschaffen (Ehrlich et al. 1957). Die Gefahr, über andere Typen Positives zu erfahren und damit die Qualität der eigenen Entscheidung in Frage zu stellen, wurde durch die selektive Auswahl der Informationen gebannt: Es wurden gehäuft Berichte über den eigenen Wagen gelesen.

Einen über diese Regulationstheorie hinausgehenden Erklärungsansatz bietet Dörner (1982) an. Hier wird versucht, die Rolle von Emotionen in einem *übergeordneten Verhaltensablauf zu* erklären. So werden Emotionen als Indikatoren für den Gesamtzustand des Systems Mensch betrachtet. In dieser Funktion signalisieren sie einem Individuum, ob eine bedeutsame Veränderung seiner inneren und äußeren Situation vorliegt, und geben damit gewissermaßen das Startzeichen für die entsprechenden Denkvorgänge. Ein plötzlich einsetzender starker Pfeifton während der Autofahrt wird beispielsweise beim Fahrer eine Schreckreaktion auslösen, welcher dann sofort die Überlegung folgt, welche Ursachen hinter diesem Ereignis stecken könnten und wie man jeweils zu reagieren hätte (s. auch Dörner & Stäudl 1989).

Führen dagegen Denkprozesse selbst zu einem erhöhten Unsicherheitsgefühl, etwa weil sie erfolglos verlaufen, so steuert die emotionale Lage ebenfalls den Denkprozeß. Es kommt dann entweder zu *Vermeidungsreaktionen,* die durch Ausweichmanöver dem Problem aus dem Wege gehen, oder aber zu einer *Auseinandersetzung* mit dem Problem „auf höherer Ebene", wobei dann die Denkprozesse selbst einer Kritik im Sinne einer Selbstreflexion unterzogen werden. Welche der beiden Möglichkeiten im Einzelfall gewählt wird, hängt nicht zuletzt vom Selbstvertrauen ab. Ist das Vertrauen in die eigene Kompetenz niedrig, sind also starke Unzulänglichkeitsgefühle vorherrschend, werde ich es mir nur selten erlauben können, meine bescheidenen Fähigkeiten auch noch zu kritisieren. Denn dadurch sinkt die sowieso schon gefährdete Kompetenz noch weiter ab. Viel einfacher ist es dann, sich entweder einen Bereich zu suchen, für den man sich zuständig und kompetent fühlt, oder aber, bei Unabweisbarkeit des Problems, die weitere Bearbeitung für irrelevant zu erklären oder sich aggressiv dagegen zu wehren. Die stabilisierende Funktion einer emotionalen Steuerung der Denkprozesse wird daher auch in diesem Ansatz deutlich.

Auf der anderen Seite wird jedoch der Einfluß kognitiver Prozesse auf Emotionen ebenfalls betont. Ein häufig zu beobachtender Vorgang ist dabei das Ausdünnen und Abschwächen von Emotionen durch den Versuch, sich ihnen auf dem Wege des Denkens zu nähern. Die Ergebnisse von Cupchik & Leventhal (1974) zur Wirkung der Selbstdiagnose von Emotionen sind ein empirischer Beleg dafür. Aber auch das Gegenteil ist bekannt. Durch ständige, konzentrierte kognitive Anstöße können Emotionen aufrechterhalten und verstärkt werden, so etwa auf dem Wege der Autosuggestion oder bei Meditationstechniken, aber auch bei dem bekannten Phänomen des „Sich-in-Wut-redens". Starke Emotionen sind darüberhinaus häufig Anstoß und auch motivationaler Motor bei komplizierten, anstrengenden Denkprozessen. Die Verbissenheit, die man gerade bei der Bearbeitung kognitiver Probleme oft finden kann, wird aus emotionalen Quellen gespeist.

8.3 Sprache

Die Ansichten zum Ablauf und zur Struktur sprachlicher Prozesse sind vielfältig und widerspruchsvoll. Dieser Zustand ist nicht zuletzt durch die methodischen Schwierigkeiten bedingt, die sich bei der Untersuchung sprachlicher Phänomene ergeben. So ist beispielsweise den frühen Entwicklungsformen nur schwer auf die Spur zu kommen, da die Sprache zugleich als Informationsträger und Untersuchungsgegenstand fungiert und in ihren Frühformen nicht sehr differenziert ist. Hinzu kommen die Probleme des schwankenden Bedeutungsgehalts verbalen Materials, die eine eindeutige Zuordnung häufig erschweren.
Ausgehend von den *Kennzeichen* und *Funktionen der Sprache* soll der *Prozeß des Spracherwerbs* von verschiedenen Standpunkten aus skizziert werden. Dabei soll die in der Sprachtheorie vereinbarte Trennung von Sprachkompetenz und -performanz auch hier vorgenommen werden. Unter *Kompetenz* wird in diesem Zusammenhang die Fähigkeit verstanden, Laut und Bedeutung nach einem Regelsystem so in Beziehung zu setzen, daß eine Äußerung in einer bestimmten Situation gebraucht oder verstanden werden kann. Bezieht sich somit die Kompetenz mehr auf das Sprachwissen, so ist die *Performanz* dagegen der aktuelle Gebrauch desselben.
Daran schließt sich an eine Darstellung neuerer sprachpsychologischer Ansätze, die jeweils kennzeichnend für eine ganze Richtung theoretischer Überlegungen sind. Den Abschluß bilden einige Ideen zum *Verhältnis von Sprache und Denken* in ihrer gegenseitigen Bedingtheit.

8.3.1 Sprache und ihre Funktionen

Daß die Sprache zunächst ein *Kommunikationssystem* und dazu noch ein hochkomplexes darstellt, darüber besteht weitgehende Übereinstimmung. Darüberhinaus läßt sich jedoch eine Reihe bestimmender Merkmale angeben, die sie von anderen Kommunikationssystemen abzugrenzen gestattet. So schlägt Hockett (1960) in diesem Zusammenhang *fünf wesentliche Kriterien vor.*

Als erstes kennzeichnen eine Sprache Einheiten, bei denen die Verknüpfung von lautlicher Gestalt und Bedeutung willkürlich ist. Es gibt keinen Grund jenseits der willkürlichen Festlegung, warum man einen Hasen gerade mit dem Wort „Hase" benennen sollte. Zum zweiten enthalten Sprachen diskrete Einheiten, beispielsweise die Wörter. Ein drittes Merkmal von Sprachen ist die Möglichkeit, trotz der Abwesenheit unmittelbarer Bezugsreize, diese sprachlich auszudrücken. Ein viertes Kriterium der Sprache ist die Unbegrenztheit der möglichen Formulierungen in einer Sprache. Die Menge der mit dem Wortschatz einer Sprache und mit ihren grammatikalischen Regeln bildbaren Sätze ist unendlich groß.

Die Unbegrenztheit der Formulierungsmöglichkeiten einer Sprache liegt ganz wesentlich im fünften Merkmal von Sprachen begründet, welches Hockett nennt: Sätze sind in einer Sprache beliebig durch Anfügung neuer Teile und durch Einschachtelung von Teilstrukturen erweiterbar (was nicht unbedingt der Erhöhung der Verständlichkeit zu dienen braucht).

In gewisser Weise knüpft der Ansatz von Chomsky (1957) mit seinen Regelsystemen für die Erzeugung einer unbegrenzten Menge von Sätzen hier an. Seine Grammatiktheorie der Sprache ist von grundlegender Bedeutung gewesen. Danach ist innerhalb der Sprache zwischen einer *Tiefenstruktur,* die nur die formalen Aspekte von möglichen Sätzen und ihren Bedeutungen betrifft, und einer *Oberflächestruktur,* die sich auf konkrete Sätze bezieht, zu unterscheiden. Die Überführung der einen Struktur in die andere geschieht mit Hilfe der *Transformationsregeln,* die bei korrektem Gebrauch immer grammatisch richtige Sätze produzieren.

Die Form dieser Sätze bestimmt schließlich die unterschiedlichen Funktionen der Sprache. So beziehen sich affirmative und negierende Sätze gleichermaßen auf die Darstellungsfunktion der Sprache, wenn auch bei Negationen die Schwierigkeit hinzukommt, daß der im Satz genannte Sachverhalt, auch wenn er konkreten Inhalts ist, gerade nicht darstellbar und wahrnehmbar ist. In der Form des Passivsatzes drückt sich nach Halliday (nach Engelkamp 1974) die sogenannte *Textfunktion der Sprache* aus, was durch die Umzentrierung vom Subjekt auf das Objekt als Kennzeichen der Passivkonstruktion bewirkt werden soll. Es ergibt sich hier also im Unterschied zum Aktivsatz die Notwendigkeit, eine Akzentverschiebung bei der Betrachtung der Ereignisse vorzunehmen. Im Fragesatz schließlich drückt sich die *„interpersonale Funktion"*, ebenfalls ein Begriff von Halliday, aus, die die Beziehung zwischen Sprecher und Hörer regelt.

8.3.2 Spracherwerb

Über die äußeren Merkmale des Spracherwerbs herrscht im Gegensatz zu den dahinterstehenden Mechanismen vergleichsweise Einigkeit. So geben Kinder *vor dem Alter von 18 Monaten* in der Regel *nur einzelne Wörter* von sich, obwohl in den früher sogenannten Lallmonologen schon mehrsilbige Lautfolgen gebildet werden können. Im *Stadium der Zwei-Wort-Sätze,* die von Brown & Fraser (1963) als „telegraphisch" bezeichnet werden, da sie nur das enthalten, was für die Bedeutung des Gesagten unbedingt wichtig ist, wird bereits eine *einfache Grammatik realisiert,* wie McNeill (1966) betont. Es handelt sich demnach dabei keineswegs lediglich um eine verkürzte oder ausgedünnte Erwachsenensprache, sondern um eine eigenständige Leistung. – Im Anschluß an diese Phase folgen *kurze Sätze,* zunächst ohne Konjugation und Deklination, die dann allmählich mit dem *Erwerb der vollständigen grammatischen Strukturen* ausgebaut werden können.

Nach Skinner (1957) besteht das Erlernen einer Sprache, auch der Muttersprache, aus der Stiftung von Reiz-Reaktions-Ketten durch *Übung* und *Imitation.* Auch komplexe Kommunikationsformen entstehen prinzipiell nach diesem Muster. Ein bekanntes Rechenbeispiel von G. A. Miller (1968) verdeutlicht die Schwierigkeiten, zu denen dieser Ansatz führt.

Miller errechnete, daß es mindestens 10^{20} Sätze gibt, die 20 Wörter enthalten. Zum Erlernen nur dieser Sätze auf der Grundlage von Übung und Imitation benötigte ein Kind allein zum Anhören der Sätze ein Vielfaches des geschätzten Erdalters. Doch nicht nur durch Kritik dieser Art ist Skinners Erklärung des Sprachverhaltens in Frage gestellt worden.

Der entscheidende Einwand kam von Chomsky (1959, 1965), der zeigen konnte, daß die sprachlichen Strukturen sich nicht in den sprachlichen Äußerungen unmittelbar zeigen und somit die von Skinner geforderte Lerngrundlage entzogen war. Chomsky zufolge vollzieht sich der *Erwerb einer Grammatik* in Abhängigkeit von sowohl *allgemeinen kognitiven Prozessen,* wie sie oben dargestellt wurden, als auch von *angeborenen Prinzipien* spezifisch linguistischer Form. Demnach verfügen Kinder über einen angeborenen Schematismus, um eine Grammatik zu konstruieren und sprachliche Erfahrungen verarbeiten zu können.

Obwohl Chomskys Ansatz in der Folge die in ihn gesetzten Erwartungen nicht erfüllen konnte und sich vor allem die geforderte Autonomie und Priorität der Sprachkompetenz vor der Sprachperformanz nicht halten ließ, gaben seine Arbeiten den Anstoß für eine Reihe kognitiv orientierter Erklärungsversuche.

8.3.3 Neuere Ansätze der Sprachpsychologie

Die neueren Ansätze der Sprachpsychologie und der Psycholinguistik gewinnen ihre Konturen vielfach, indem sie sich kritisch mit der Theorie Chomskys auseinandersetzen und sich mehr oder weniger deutlich von ihr absetzen (s. z. B. KLIX 1992, 340 ff.) Diese Distanzierungen haben im Einzelfall durchaus ihre inhaltliche Berechtigung.

So werden, um an den letzten Abschnitt direkt anzuknüpfen, bereits beim Spracherwerb von verschiedenen Autoren die *kognitiven Grundlagen* stärker in den Vordergrund gestellt. Slobin (in Ferguson & Slobin 1973) geht z. B. davon aus, daß prinzipiell in jeder Phase des Spracherwerbs bereits entwickelte kognitive Strukturen vorhanden sein müssen und beobachtbare Gesetzmäßigkeiten bei den Spracherwerbsprozessen auf allgemeinere Informationsverarbeitungsprozesse zurückführbar sind. In ähnlicher Weise argumentieren auch die Vertreter Piaget'schen Gedankenguts (z. B. Sinclair de Zwart 1969), indem sie darauf verweisen, daß gerade in der Frühphase die Sprache nur ein Teil der schon vorhandenen Symbolfunktionen des Kindes ist und an bereits aus Handlungen gewonnene Schemata anknüpft.

Der *Interaktionsaspekt* psychologischer und linguistischer Teilsysteme wird in dem Ansatz von Bever (1970) betont. Er versucht zu belegen, daß die sprachlich verwendeten syntaktischen Strukturen mit den psychologischen Gebrauchsbedingungen variieren. Das bedeutet jedoch, daß die bislang als einheitlich postulierte syntaktische Struktur, von der lediglich unterschiedlich Gebrauch gemacht wurde, jetzt einer Reihe von Zuordnungen zwischen aktuellen Gebrauchsbedingungen und syntaktischen Strukturen gewichen ist.

Auf die Bedeutung des jeweiligen *Kontextes für Form und Inhalt* sprachlicher Äußerungen heben Osgood (1971) und Olson (1970) besonders ab. Aus diesem Grunde wird der Versuch, Erklärungen für das Sprachverhalten allein aus einer formalen Transformationsgrammatik ableiten zu wollen, für prinzipiell ungeeignet gehalten. Die semantische Struktur erklärt sich nach diesen Autoren vor allem aus dem Wahrnehmungszusammenhang während des Sprechens auf der Grundlage kognitiver Klassifikationen immer neu in Abhängigkeit von den jeweiligen Situationen. Hierzu bietet Klix (1992, S. 351 ff.) ein formales System an.

Abschließend sei noch auf erste Ansätze hingewiesen, die sich um den Zusammemhang zwischen *sozialen Komponenten* und *Spracherwerb* bemühen. Untersuchungen aus diesem Bereich versuchen, den Einfluß sozialer Gruppen auf das Sprachverhalten auf dem Hintergrund von sprachlichen Kompetenz- und Performanzmodellen zu erklären (z. B. Ervin-Tripp in Huxley & Ingram 1971). Eine Kompetenzeinschätzung enthält unter diesem Gesichtspunkt nicht nur eine sprachliche Leistungskomponente, sondern vor allem auch eine aus dem sozialen Umfeld stammende Bewertung, deren Bedeutung gegenüber der objektiven Qualität der Äußerung dominierend werden kann.

So demonstrieren die Ergebnisse von Bernstein (1964) und Oevermann (1969), die Abhängigkeit der beim Sprechen verwendeten Satzbildungsgrammatik von der *sozioökonomischen Schicht,* welcher der jeweilige Sprecher angehört. Danach stehen den Angehörigen der Unterschicht weniger und undifferenziertere sprachliche Darstellungsmittel zur Verfügung als dies in der Mittelschicht der Fall ist. Sie verfügen nur über einen sogenannten *„restringierten Code“*, um sich auszudrücken, woraus sich dann z. B. Schwierigkeiten bei der sprachabhängigen Begriffsbildung und damit bei der Entwicklung des Denkens ableiten lassen.

Trotz methodischer Schwierigkeiten in diesem Bereich wird somit zu Recht auf die hieraus zu erwartenden bedeutsamen pädagogischen Implikationen verwiesen.

8.3.4 Das Verhältnis von Sprache und Denken

Die Meinungen darüber, in welchem Verhältnis Sprache und Denken letztlich stehen, gehen weit auseinander. Von der These, daß Denken im Grunde genommen Sprechen sei (schon bei Platon, wie erwähnt), bis hin zur Annahme, beide Bereiche seien völlig unabhängig voneinander, lassen sich alle Standpunkte finden.

Von der behavioristischen Forderung, im Denken lediglich ein inneres Sprechen zu sehen (Watson 1959), war bereits die Rede. In ähnlicher Richtung liegt die Whorf'sche Hypothese (1963) der *linguistischen Relativität,* die der Sprache eine das Denken determinierende Rolle zuschreibt. So glaubt er nachweisen zu können, daß die in unterschiedlichen Sprachräumen geläufigen Begriffe für Wahrnehmungsreize ihrerseits die Wahrnehmungen determinieren. Auch allgemeine Erklärungsbegriffe wie beispielsweise Zeit und Geschwindigkeit werden als sprachabhängig betrachtet.

Wenn sich auch in letzter Zeit Untersuchungsergebnisse mehren (vor allem von Heider und Rosch 1972, 1975), die der linguistischen Relativitätshypothese widersprechen, so ist doch aus zahlreichen Versuchen etwa der Einfluß des Verbalisierens und des lauten Denkens auf kognitive Leistungen bekannt (z. B. Stern 1967, Gagnè & Smith 1962), wobei in der Regel die sprachliche Unterstützung bei der Codierung von Informationen hervorgehoben wird (Bourne, Ekstrand & Dominowski 1971, Paivio & Csapo 1969).

Auf der anderen Seite zeigen insbesondere *informationstheoretisch* geprägte Ansätze eine große Zurückhaltung, wenn es um den Zusammenhang von Sprache und Denken geht, wie Dörner (1981 c) in seinem illustrativen Artikel aufweist. So finden sich weder bei Newell & Simon (1972) noch bei Klix (1971) in ihren Darstellungen einer allgemeinen Theorie der kognitiven Prozesse irgendwelche Annahmen über das gegenseitige Verhältnis von Sprache und Denken. Dieser Befund ist insofern nicht überraschend, als die aus den Informationsverarbeitungsansätzen abgeleiteten Problemlöseprozesse mit ihrem Konzept des inneren Probehandelns auf die zusätzliche Annahme sprachlicher Einflüsse vollständig verzichten können.

Es soll abschließend ein Gedanke aus dem schon genannten Artikel von Dörner (1981 c) dargestellt werden, der eine interessante Ergänzung zum bekannten Konzept der sprachlichen Codierung von Vorstellungsbildern ist. Danach sind sprachliche Marken häufig der Ausgangspunkt für Vorstellungsbilder, die, überläßt man sie sich selbst, die Tendenz haben, wieder zu zerfallen. Diese *Instabilität* kann bei längeren Problemlöseprozessen, in denen Vorstellungsbilder benötigt werden, sehr störend sein. Die sprachliche Codierung erlaubt nun, so Dörner, ein problemloses und schnelles Wiederaufrufen der Bilder. Sie stabilisiert damit nicht nur die schwankenden Vorstellungen, sondern beeinflußt damit den mit den Vorstellungen arbeitenden Denkprozeß in entscheidender Weise. Unter diesem Gesichtspunkt wird man der Rolle der Sprache für das Denken in Zukunft mehr Beachtung zumessen müssen.

Das Wechselspiel „bildhafter" und „sprachlicher" Codierungen von Gedanken ist selbst ein Denkprozeß, der für die Ausarbeitung von Gedanken eine große Rolle spielen kann. Die Umsetzung von Bildern in Sprache abstrahiert notwendigerweise von konkreten Details der Vorstellungen und bietet damit Raum für Neukonzeptionen, der bei rein bildhaftem Denken nicht zur Verfügung stünde.

Andererseits macht der Versuch, sprachlich gefaßte Gedanken in Vorstellungsbilder umzusetzen, auf Fehler und Inkonsistenzen der sprachlichen Fassung von Gedanken aufmerksam.

Literatur-Empfehlungen

Aebli, H.: Denken: das Ordnen des Tuns. Stuttgart 1981.
Dörner, D.: Problemlösen als Informationsverarbeitung. 3. Aufl. Stuttgart 1987.
Duncker, K: Zur Psychologie des produktiven Denkens. Berlin 1935, 1963.
Graumann, C. F. (Hrsg.): Denken. 3. Aufl. Köln 1966.
Hoc, J. M.: Cognitive Psychology of Planning. London 1988.
Hussy, W.: Denken und Probleme lösen. Stuttgart 1992.
Oerter, R.: Psychologie des Denkens. 2. Aufl. Donauworth 1971.

Hans Mogel

9. Persönlichkeitspsychologie (Differentielle Psychologie)

9.1 Gegenstand der Persönlichkeitspsychologie

„Wer sind wir?" – Ließe sich diese Kernfrage der Persönlichkeitspsychologie einfach und generell beantworten, wäre Persönlichkeitsforschung weitgehend überflüssig Dennoch gibt es eine Antwort, die zumindest der Allgemeinheit der gestellten Frage entspricht: Wir sind, wer wir geworden sind. Allport (1955) hat dieses Werden der Persönlichkeit in den Mittelpunkt seiner wissenschaftlichen Arbeit gestellt. Gehen wir davon aus, daß Menschen sich als Gesamtorganisation zu individuellen Persönlichkeiten entwickeln. Persönlichkeitsentwicklung läßt sich dann als *Veränderung des Individuums in der Zeit* beschreiben, und wir können die Frage „Wer sind wir?" präzisieren, indem wir sie ausdifferenzieren: (1) *Was* verändert sich, (2) *wie*, (3) unter welchen *Bedingungen*, (4) mit welchen *Auswirkungen* und (5) *was bleibt gleich?*

(1) Meint den Gegenstand der Veränderung, d. h. Vorgänge am bzw. im Menschen, wie z. B. in seiner motorischen, emotionalen, motivationalen, intellektuellen Organisation.

(2) Betrifft den Versuch, Qualität und Quantität des Veränderungsvorganges möglichst genau (nach seiner Dynamik, Richtung, Intensität usw.) zu bestimmen. Der konkrete Ablauf, in welchem die Veränderung stattfindet und die exakte Beschreibung der Beschaffenheit des Vorganges sind von Interesse: Lassen die Veränderungsformen z. B. eine stetige und kontinuierliche oder eine sprunghafte, mit Phasen und Stufen zu beschreibende Entwicklung erkennen?

(3) Betrifft das Problem, welche Einflußgrößen die Veränderung bewirken und aufrechterhalten. Es geht um die Bestimmung der Ursachen und Determinanten der Veränderung: z. B. müßten die veränderungswirksamen Umwelteinflüsse (s. *Kap. 12*) erkannt und genau bestimmt werden.

(4) Meint zwei Problembereiche: (a) die in einer Situation festzustellenden und zu beschreibenden Wirkungen, (b) die potentiellen Auswirkungen, d. h. inwieweit die (situativen) Wirkungen zu Bedingungen weiterer Veränderungsprozesse werden.

(5) Berührt einen Gesichtspunkt, den wir angesichts der Prozeßhaftigkeit psychischen Geschehens leicht vergessen: Treffen wir nach zwanzig Jahren einen alten Schulfreund, stellen wir womöglich fest, daß zwar sein Kopfhaar sich arg gelichtet hat. Dennoch ist er an seinem wippenden Gang, seinem schmalen Gesicht und daran, daß er sich bei Erregung am Kopf kratzt – wenn auch in der nicht mehr ganz so dichten Haartracht – sofort erkennbar.

Diese allgemeinen Fragen zum Werden der Persönlichkeit betreffen einen Schwerpunkt der Persönlichkeitspsychologie: die intraindividuellen Differenzen, d. h. die Unterschiede in der psychischen Organisation zu verschiedenen Zeitpunkten der Persönlichkeitsentwicklung *(vgl. Kap. 11)*. Sie müssen ergänzt werden um die *differentielle Fragestellung der Persönlichkeitspsychologie* nach *interindividuellen* Differenzen: Inwieweit unterscheiden sich Individuen in den unter (1)-(5) genannten Aspekten? Sterns „Ideen zu einer differentiellen Psychologie" begründen die Persönlichkeitspsychologie als Wissenschaft vom Individuum:

„Individualität, Problem des XX. Jahrhunderts! Es wird nicht die Hauptprobleme bisheriger Wissenschaft - Gesetze und Allgemeingültigkeiten - zurückdrängen, wohl aber sich einen ganz anderen Platz als bisher erobern und mit ihnen in fruchtbarste Wechselwirkung treten. Wie nun aber ... ein erster Schritt zur Individualitätsforschung hin zu machen sei, dies zu untersuchen möchte ich der „differentiellen Psychologie" als Aufgabe zuweisen" (Stern 1900).

9.2 Abgrenzung und Ziele der Persönlichkeitspsychologie

Die Frage nach interindividuellen Differenzen im Erleben und Verhalten von Menschen beinhaltet ein klassisches Problem differentieller Persönlichkeitsforschung. Nicht weniger klassisch ist die Frage nach den unterscheidenden Merkmalen, durch welche Differentielle von Allgemeiner Psychologie abzugrenzen ist. - Grob formuliert, geht es der Allgemeinen Psychologie um die Klärung *grundlegender Funktionsweisen*, wie sie allen Menschen eigen sind, z. B. um Grundlagen des Wahrnehmens und Denkens, der Motivation und des Gefühlslebens. Ziel dabei ist, durch theoretische und empirische Forschung allgemeine Gesetze, zumindest aber Gesetzmäßigkeiten aufzufinden, welche psychische Funktionen „im Prinzip" erklären.

Der Persönlichkeitspsychologie geht es vorrangig um die Klärung *spezifischer und genereller Bedingungen,* die diese Prozesse beeinflussen, um die Feststellung ihrer Qualität und Ausprägung im individuellen Fall und um die generelle Erklärung von Unterschieden im Erleben und Verhalten von Individuen. Zu beantworten sind Fragen wie: (A) Warum ist dieses Individuum in der Situation X sehr ängstlich? (B) Warum ist jenes Individuum in der Situation Y hochaggressiv? (C) Welche allgemeinen Entwicklungsbedingungen begünstigen die Entstehung der Persönlichkeitsmerkmale Ängstlichkeit, Aggressivität usw.? (D) Wie unterscheiden sich sehr ängstliche von gering ängstlichen Menschen usw.? - Bei der Beantwortung der Fragen A und B sind zunächst spezifische Bedingungen des Erlebens und Verhaltens bestimmter Individuen in einer abgrenzbaren Situation zu beschreiben. Das solcher Spezifität entsprechende Vorgehen heißt *„idiographisch"*. Die anzuwendenden Methoden sind v. a. die der Psychologischen Diagnostik *(s. Kap. 10)* bzw. der Klinischen Psychologie *(s. Kap. 14)*. In einem zweiten Schritt wären die Fragen A und B durch eine gültige allgemeine Theorie der Angst bzw. Aggression zu beantworten. Die Fragen G und D sind von vorneherein auf generelle Zusammenhänge und Unterschiede gerichtet. Es interessieren generalisierbare Differenzen in der allgemeinen Disposition, welche für bestimmte Personen charakteristisch ist, für andere aber nicht. Das solcher Allgemeinheit gemäße

Vorgehen heißt *„nomothetisch"* (= an der Erstellung allgemeiner Gesetze orientiert). Die zur Überprüfung dieser Persönlichkeitstheorien anzuwendenden Methoden sind u. a. die der Korrelationsstatistik und der Experimentellen Psychologie (s. Selg ²1969; Selg et al. 1992). Bevor wir beide Vorgehensweisen näher erläutern, wollen wir kurz zeigen, daß noch keineswegs Einigkeit über den Begriff der Persönlichkeit besteht. Dies zeigt sich in einer bunten Vielfalt von Persönlichkeitsdefinitionen. Nur wenige wollen wir aufgreifen.

9.3 Definitionsversuche zum Begriff Persönlichkeit

Während Allport (²1959) „nur" 50 Definitionsversuche zählte, dürfte heute ein Mehrfaches hiervon vorliegen. Für Allport ist Persönlichkeit innerpsychische Organisation, Struktur bzw. Ordnung, welche das individuelle Dasein, die Tätigkeit, das Handeln determiniert: „Persönlichkeit *ist* etwas und *tut* etwas. Sie ist nicht synonym mit Verhalten oder Tätigkeit", sondern „sie ist, was *hinter* besonderen Handlungen und *in* dem Menschen liegt". Er faßt zusammen: „Persönlichkeit ist die dynamische Ordnung derjenigen psychophysischen Systeme im Individuum, die seine einzigartigen Anpassungen an seine Umwelt bestimmen" (1959, S. 49f.).Eine tragfähige Theorie darüber, unter welchen Bedingungen, in welcher Weise und mit welchen spezifischen Ergebnissen die „psychophysischen Systeme" im einzelnen funktionieren, hat Allport nicht entwickelt. Die Aspekte der *internen Organisiertheit* und der *Anpassung an die Umwelt* wurden von anderen Autoren ebenfalls gesehen, so z. B. von Eysenck (1953) und Guilford (1971) oder von Thomae, der Persönlichkeit bündig als den „individuellen Aspekt der menschlichen Natur" faßt (²1955, S. VIII). Bezüglich dieser und vergleichbarer Definitionen faßt Herrmann zusammen: „Keine identifiziert die Persönlichkeit mit dem konkreten Verhalten (und Erleben) in einer konkreten Situation ... Einigkeit besteht darüber, daß Persönlichkeit ein bei jedem Menschen einzigartiges, relativ überdauerndes Verhaltenskorrelat" (1972, S. 25) und als solches im Menschen verankert ist. Einzigartigkeit und Stabilität, Organisiertheit und Anpassung als gemeinsame Merkmale klassischer Persönlichkeitsdefinitionen reichen zur Persönlichkeitserklärung nicht aus. Zum Beispiel bleibt in ihnen der *Einfluß von Situationen* ebenso unberücksichtigt wie die eingangs angesprochene *Veränderung in der Zeit*. Beiden Gesichtspunkten wird Pervins Definition eher gerecht. Er sieht Persönlichkeit als „Muster von Stabilität und Veränderung in Abhängigkeit von definierten situativen Charakteristika" (1976, S. 471). Das klingt kompliziert, ist aber einfach: Nicht ob das Verhalten allgemein mehr von Eigenschaften der Person oder mehr von Bedingungen der Situation abhängt, sondern welche Einflüsse der Person *und* Situation ... das *Muster* von Stabilität und Veränderung im Verhalten begründen, ist von Interesse (s. Pervin 1981, S. 35). – Größere Einheitlichkeit der Begriffsbildung kann erreicht werden, wenn (1) die eingangs angeführte Veränderung der Persönlichkeit in der Zeit berücksichtigt wird (intraindividuelle Differenzen), (2) Person- *und* Situationseinflüsse auf das Verhalten beachtet werden und (3) idiographische und nomothetische Persönlichkeitsforschung sich wechselseitig ergänzen.

9.4 Idiographische und nomothetische Persönlichkeitsforschung

Ist Persönlichkeitspsychologie an dem Ziel orientiert, möglichst detaillierten Aufschluß über die Einzigartigkeit der jeweiligen Persönlichkeit zu gewinnen, wird sie idiographisch vorgehen, d. h. das Gesamtverhalten dieser Persönlichkeit möglichst exakt beobachten, beschreiben, analysieren und in einen sinnvollen Zusammenhang bringen mit ihrer Lebensgeschichte und ihren Zielen. Forschungsgegenstand ist die *individuelle Persönlichkeit*. Erkannt werden soll die Struktur der Prozesse, welche ihr Erleben und Verhalten bedingen. Solche Bedingungen liegen in der Vergangenheit, Gegenwart und Zukunft eines Individuums begründet. Sind die Verhalten bedingenden psychischen Prozesse erst einmal transparent, werden Vorhersagen über künftig zu erwartendes Verhalten möglich. Wie exakt diese Vorhersagen dem tatsächlich gezeigten Verhalten entsprechen, hängt mit davon ab, welche Einheiten, Inhalte und Merkmale in die wissenschaftliche Analyse einbezogen und welche Analysemethoden angewandt werden. Ferner dürften Genauigkeit und Gültigkeit von Analyseergebnissen davon abhängen, inwieweit Persönlichkeit unter dem Gesichtspunkt ihrer Veränderung in der Zeit (= Entwicklung) begriffen wird. Die Frage lautet: Soll die idiographische Analyse eher in der Vergangenheit, der Gegenwart oder der Zukunft oder in allen drei (zeitlichen) Bereichen des individuellen Lebensvollzugs gleichzeitig ansetzen? – Abgesehen davon, daß die Antwort hierauf von der jeweiligen Problemstellung abhängt, wollen wir einige Analyseeinheiten aufzeigen:

(1) *Einheiten* für die idiographische Analyse der *Vergangenheit eines Individuums* liegen in der Biographie, dem Lebenslauf, der Lerngeschichte, kurz: der individuellen Entwicklung vor, wie sie bis zum Hier und Jetzt stattfand. Mögliche Analyse*inhalte* sind persönlich bedeutsame Ereignisse, Handlungen, Entscheidungen und sog. kritische Lebensereignisse. Als Analysemethoden kommen z. B. Inhaltsanalyse von Assoziationen zu beschriebenen Erinnerungen, Befragung, Interview, Tagebuchanalyse u. a. in Frage. Ergänzt werden könnten sie durch die Analyse von Persönlichkeitsmerkmalen, die in der Vergangenheit dieses Individuums entstanden und für es besonders charakteristisch sind, z. B. Verhaltensgewohnheiten, Eigenschaften, Einstellungen usw.

(2) Analyse*einheiten* zur *Gegenwart eines Individuums* können in seinem Tagesablauf, bestimmten Situationen, Verhaltensweisen, Daseinsthemen und -techniken gesehen werden. Analyseinhalte könnten das individuelle Verhalten, bestimmte Handlungen, das emotionale Empfinden und Erleben sein. Auch Ereignisse, deren Zustandekommen nicht vom Individuum ausgehen, sondern ihm zustoßen, von denen es also betroffen ist, gehören hierher (Umweltprogressionen, vgl. Mogel 1984; 1990 b). Als Analyse*methoden* können u. a. Beobachtung, Beschreibung, Test, Befragung, Interview, Verhaltensanalyse, Inhaltsanalyse verwendet werden. Analyse*merkmale* wären – je nach genauer Fragestellung – Emotionen, Bewertungsverhalten und Bewältigungsstrategien, mittels derer das Individuum seine Umwelt zu meistern versucht.

(3) Der durch die *Zukunft eines Individuums* bedingte Einfluß auf sein Verhalten resultiert u. a. aus seinen Orientierungen, Vornahmen, Absichten und Zielen.

Diesen Analyseeinheiten entsprechen als Analyseinhalte persönliche Bedürfnisse, Motive, Handlungspläne, Erwartungen und Entscheidungen. Um sie zu erkennen, sind als Analyse*methoden* Beobachtung, Beschreibung, Test, Befragung, Interview, Inhaltsanalyse - kurz: die Methoden der Psychologischen Diagnostik - geeignet. Je nach Fragestellung wären ganz bestimmte Persönlichkeitsmerkmale in die idiographische Analyse einzubeziehen, wie z. B. Normorientiertheit, Selbstsicherheit soziale Kompetenz. Zusammenfassend lassen sich unsere Vorstellungen zur idiographischen Persönlichkeitsforschung mit folgender Übersicht *(Abb. 9.1)* darstellen.

Idiographisches Vorgehen in der Persönlichkeitspsychologie

Forschungsgegenstand	Analyseeinheiten	Analyseinhalte	Analysemethoden	Analysemerkmale
Vergangenheit	- Biographie - Lebenslauf - Lerngeschichte - individuelle Entwicklung	- persönliche bedeutsame vergangene Ereignisse, Handlungen, Entscheidungen - kritische Lebensereignisse und	- z. B.: Inhaltsanalyse von Assoziationen und beschriebenen Erinnerungen - Befragung - Interview - Tagebuchanalyse	- Verhaltensgewohnheiten - Eigenschaften - soziale Rollen - Interaktionsverhalten - Einstellungen - Selbstsicht - Weltsicht - Emotionen - Bewertungsverhalten - Bewältigungsstrategien - Normorientiertheit - Eigenständigkeit - Selbstsicherheit - soziale Kompetenz - usw.
Gegenwart	- Tageslauf - Situationen - Verhaltensweisen - Daseinsthemen - Daseinstechniken	- Verhalten - Handlungen - emotionales Empfinden und Erleben - Ereignisse	- Beobachtung - Beschreibung - psychologische Tests - Klinische Befragung - Interviews - Verhaltensanalyse	
Zukunft	- Orientierungen - Vornahmen - Absichten - Ziele	- Bedürfnisse - Motive - Handlungspläne - Entscheidungsverhaltn - Erwartungen	- Beobachtung - Beschreibung - projektive u. psychometrische Tests - Klinische Befragung - Interviews - usw	

Persönlichkeit

Psychologische Diagnostik — Ziele — Verhaltensvorhersage u. a.

Persönlichkeitsveränderungen in der Zeit (Entwicklung)

Abb. 9.1: Idiographisches Vorgehen in der Persönlichkeitspsychologie

Die angeführten Analyseeinheiten werden hier nicht voneinander abgegrenzt, da sie sich z. T. offensichtlich in ihrer Bedeutung weitgehend überschneiden (wie z. B. Biographie, Lerngeschichte). Damit entsprechen wir der Verwendung dieser Begriffe in der psychologischen Fachliteratur, in der sie zumeist gleichrangig nebeneinander benutzt werden. Die genannten Analyseinhalte, -methoden und -merkmale sind unvollständig, z. B. umfaßt die psychologische Diagnostik mehr als die genannten Analysemethoden *(s. Kap. 10)*. Außerdem kann es - besonders bei längerfristigen idiographischen Forschungen - sinnvoll sein, zur Abklärung bestimmter Aspekte in den Analysemerkmalen (z. B. die Frage „Wie hängen Selbstsicherheit, soziale Kompetenz, Bewertungsverhalten und eingesetzte Bewältigungsstrategien zusammen?") zusätzlich das psychologische Experiment einzusetzen.

Trotz der vereinfachten Darstellung sollte deutlich werden, wie groß der Aufwand ist, Individuen in ihrem Lebensvollzug auch nur annähernd vollständig zu erfassen. Dem Forschungsgegenstand, der intraindividuellen Differenzierung in der Zeit, wird man am ehesten gerecht, wenn man die Analyseinhalte, -einheiten, -methoden und -merkmale in einer *Längsschnittuntersuchung (s. Kap. 11)* koordiniert.

Vorteile des idiographischen Vorgehens bestehen in der Detailliertheit und Vollständigkeit der Erfassung eines breiten Spektrums, in welchem die Einzigartigkeit der Persönlichkeit deutlich wird. Ein *Nachteil* kann in dem großen Aufwand gesehen werden, der hierfür betrieben werden muß, und darin, daß die erzielten Ergebnisse nur für die einzelne Persönlichkeit gelten, jedoch nicht ohne weiteres verallgemeinert werden dürfen.

Als Persönlichkeitspsychologen bleiben wir natürlich nicht beim Einzelfall stehen. Vielmehr orientieren wir unser Interesse an Gesetzmäßigkeiten, die in den Unterschieden zwischen Individuen bestehen *(nomothetisches Vorgehen der Differentiellen Psychologie).* Ziel dabei ist es, einige wenige entscheidende Dimensionen (= übergeordnete Beschreibungsgesichtspunkte) aufzufinden, auf welche sich (a) alle Merkmale (mehr oder weniger gut) reduzieren lassen, mittels derer (b) möglichst jede Persönlichkeit erfaßbar wird und (c) gesetzmäßige Unterschiede zwischen Individuen zuverlässig und gültig empirisch aufzuzeigen sind. In der an allgemeingültigen Gesetzen orientierten Differentiellen Psychologie werden Individuen also in nomothetische Kategorien oder Dimensionen eingeordnet. – Beispiele sehr allgemeiner Persönlichkeitsmerkmale, in denen sich Persönlichkeiten unterscheiden, sind folgender *Tab. 9.1* zu entnehmen:

Tab. 9.1:

Beispiele genereller P-Merkmale			**Autoren bzw. Wortschöpfer**
extravertiert	-	introvertiert	Jung (1921)
zyklothym	-	schizothym	Kretschmer (1921)
stabil	-	labil	Eysenck (1972)
ichstark	-	ichschwach	Freud (1923)
optimistisch	-	pessimistisch	Cattell (1973)
normal	-	neurotisch	Eysenck (1960)
		usw.	

Die genannten Begriffe sind in der Persönlichkeitspsychologie benutzt worden, um Individuen zu *klassifizieren.* Daß solch allgemeine Klassifikationen wenig Aufschluß über individuelle Persönlichkeitsstrukturen geben, ist offensichtlich. Dennoch kann Merkmalsbildung sinnvoll sein, um die Gültigkeit genereller differentieller Merkmale empirisch zu prüfen.

Tab. 9.2 faßt hauptsächliche Unterscheidungsmerkmale von idiographischer gegenüber nomothetischer Persönlichkeitsforschung schematisch zusammen.

Bis hierhin haben wir – einer klassischen Kontroverse folgend – das idiographische und nomothetische Vorgehen *alternativ* dargestellt. Daß dies nicht so sein muß, zeigt Thomae (1968), der „innerhalb einer ‚psychologischen Biographik' .. idiographische Zielsetzung und nomothetische Denkweise . . . zu vereinen trachtet" (S. 20). Ein solcher Zugang würde vom natürlichen Lebenslauf einzelner Individuen ausgehend durch Klassifikation darin enthaltener Gesetzmäßigkeiten allmählich zu *allgemeinen Gesetzen* gelangen. Welche u. a. methodischen Pro-

Tab. 9.2: Idiographische und nomothetische Persönlichkeitsforschung nach klassischer Auffassung

Persönlichkeits-forschung	**idiographisch**	**nomothetisch**
Erkenntnisinteresse:	einzelner (individueller) Fall	allgemeine Gesetze
Erkenntnisrichtung:	individuumorientiert	normorientiert
Methode:	umfassende Einzelfallanalyse	reduktionistische Merkmalserfassung
Erkenntnisziel:	gültige Vorhersage der Einzelpersönlichkeit	gültige Vorhersage von Gruppen (Verhaltensklassen)
Allgemeingültigkeit:	gering	hoch
Klinische Gültigkeit:	hoch	gering

bleme dabei zu lösen sind, legt Thomae (S. 103f.) im einzelnen dar. - Entscheidend dafür, ob der Persönlichkeitsforscher ein idiographisches *oder* ein nomothetisches Vorgehen wählt oder aber beide Paradigmen kombiniert, sind seine Erkenntnisinteressen, -richtungen, -methoden und -ziele. Sie tragen wesentlich dazu bei, welche Fragestellungen er als relevant erachtet und wie er sie erfahrungswissenschaftlich umsetzt. Letzteres ist überhaupt nur sachgerecht möglich, wenn er die vorhandenen Persönlichkeitstheorien sorgfältig studiert und prüft, inwieweit sie zur Klärung seiner Problemstellung beitragen.

9.5 Persönlichkeitstheorien - zwei Beispiele

Während die Gültigkeit von Theorien der Physik an objektiven Kriterien geprüft werden kann, ist dies bei psychologischen Theorien nur zum Teil möglich. Theorien über beobachtbares Verhalten können zwar am Kriterium des Verhaltens überprüft werden. Schwierigkeiten entstehen für Theorien, deren Gegenstand die innere psychische Organisation ist. Sie verändert sich aufgrund mannigfaltiger Einflüsse (wie z. B. durch Entwicklung, Lernen, Umwelt, Lebensverhältnisse), und sie ist nicht direkt beobachtbar. Diese Plastizität und schwierige Zugänglichkeit des Forschungsgegenstandes begünstigt ein weites Spektrum an Theorien. Denn: Man kann es *so*, aber eben auch *ganz anders* sehen. - Theorien über die Persönlichkeit hängen stark ab von Menschenbild, Weltanschauung, persönlichen Überzeugungen des Forschers und natürlich vom Zeitgeist. Schwierig dürfte es sein, eine *integrative Persönlichkeitstheorie* zu entwickeln. Denn das Bild bestehender theoretischer Sichtweisen von Persönlichkeit ist bunt, wie folgende Unterscheidungsmerkmale zeigen, aufgrund derer Persönlichkeitstheorien bislang klassifiziert worden sind *(Tab. 9.3)*.

Tab. 9.3: Klassifikationsmerkmale für Persönlichkeitstheorien

statisch	versus	dynamisch
strukturell	versus	prozeßhaft
spezifisch	versus	generell
idiographisch	versus	nomothetisch
deskriptiv	versus	explikativ
empirisch prüfbar	versus	empirisch nicht prüfbar
eher persönlichkeits-psychologisch orientiert	versus	eher sozialpsychologisch orientiert
usw.		usw.

Wie gut eine Persönlichkeitstheorie im Hinblick auf die genannten und weitere Kennzeichnungen ist, hängt mit vom *Ziel* ab, welches der Theoretiker verfolgt. Will er Erleben und Verhalten nur beschreiben, oder will er es auch erklären, vorhersagen oder verändern? Arbeitet er theoretisch mit deskriptiven Konstrukten (Beschreibung) oder mit explikativen Konstrukten (Erklärung)? Macht er Prognosen, strebt er Interventionen an? Bezieht er Körpermerkmale, Umwelteinflüsse, Situationen ein? Wie ordnet er Persönlichkeitsunterschiede theoretisch an: nach Typen, Schichten, Eigenschaften, Kategorien, Dimensionen, Strukturen, Prozessen?

Beginnen wir mit der Darstellung einer Typologie, welche die körperliche Erscheinung mit der psychischen Besonderheit - oder wie man damals (1921) zu sagen pflegte - „Konstitution“ und „Charakter“ in Zusammenhang brachte.

9.5.1 Kretschmers Körperbau- und Temperamententypologie (1921)

Typologien haben seit jeher den „Vorteil“, Komplexität zu reduzieren. Ein gutes Beispiel hierfür ist die älteste Typologie, die *Temperamentenlehre* des Hippokrates: Menschen sind entweder sanguinisch, melancholisch, cholerisch oder phlegmatisch. Neben der groben Vereinfachung besteht ein weiterer Nachteil dieser Auffassung darin, daß die vier Temperamente als Kategorien gedacht sind, d. h.: Man gehört entweder in die eine oder in die andere Kategorie. Mischtypen gibt es nicht. - Weniger rigoros geht es in Kretschmers *Lehre von den „Körperbautypen“* (1921) zu: Er unterschied Leptosome, Pykniker und Athletiker *(Abb. 9.2)*.

Leptosome charakterisierte er als schmale, große Menschen mit langem und flachem Brustkorb; *Pykniker* als dicke, zur Fettbildung neigende Menschen mit relativ kurzen Gliedmaßen und kurzem massivem Hals; *Athletiker* als muskulös, groß mit kräftigem Skelett, breiten Schultern und überdimensionierten Händen und Füßen. Kretschmer beobachtete, daß *schizophrene Patienten* häufiger einen leptosomen und manisch *depressive Patienten* häufiger einen pyknischen Körperbau hatten. Zwischen den beiden extremen Polen dieser beiden psychiatrischen Krankheitsbilder nahm er einen kontinuierlichen „Normalbereich“ an. Er folgerte, daß „schizothyme“ wie „zyklothyme“ Formen des Erlebens auch bei Gesunden vorkämen - in allerdings abgemilderter Form. Den *schizothymen Leptosomen* beschrieb er als gemütsarm und in sich gekehrt; Schizothymen sei ein Zwiespalt zwischen Gefühlsleben und Verhalten gemeinsam. Selbst bei hoher emotionaler Erregung könnten sie nach außen kühl, gelassen oder starr wirken. Der *zyklothy-*

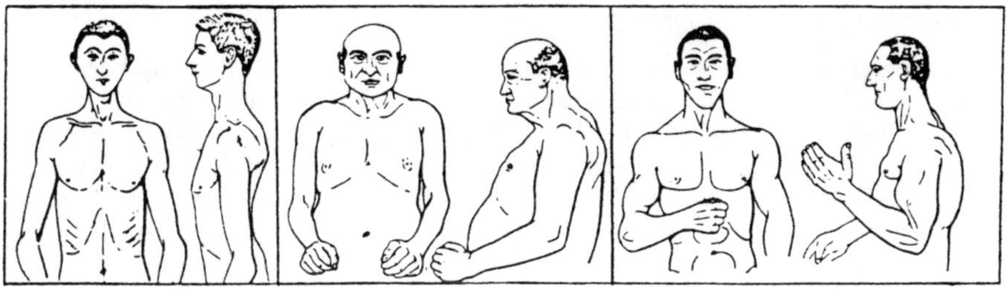

Abb. 9.2: Schematische Darstellung der „Körperbautypen" nach *Kretschmer* (1921)

me Pykniker hingegen sei warmherzig, leicht ansprechbar, aufgeschlossen und gesellig, allerdings in seiner Stimmungslage schwankend und rasch veränderlich. Den *Athletiker* beschrieb Kretschmer zu einem späteren Zeitpunkt als schwunglos, schwerfällig, treuherzig und anhänglich. Kretschmers Beschreibung der Temperamente beruht auf Serien von Kasuistiken (Einzelfällen), die er dann in kategorisierende Beschreibungen zusammenfaßt. Mit folgenden Temperamentsmerkmalen kennzeichnet er z. B. *Cycloide:*

„Cycloide Menschen sind schlichte, unkomplizierte Naturen, deren Fühlweise direkt, natürlich und unverstellt an die Oberfläche steigt, so daß sie im allgemeinen bald von jedermann richtig beurteilt werden" (S. 189). Ansonsten ist der „Hypomanische humoristisch, lebhaft, hitzig ... der Mann des erfrischenden Zorns ... er ist nie nervös ... In widrigen Situationen wird der cycloide Mensch traurig, oder er wird hitzig ... Dieses Verhältnis, in dem in der cycloiden Einzelpersönlichkeit hypomanische und schwerblütige Bestandteile zusammenkommen, bezeichnen wir als ihre ... Stimmungsproportion" (S. 177). Beispiel für einen „schwerblütigen Typus" ist *„Justizrat Gütle"*. „Er hat einen breiten Bauernkopf, ein schönes Exemplar von einer roten Nase und ist ein Mann, dem die lautere Treue und Herzensgüte aus seinen kleinen Augen und aus jeder Falte seines runden, zutraulichen Gesichtes sieht ... Es plagt ihn nur gern innerlich das Gefühl, er sei versehentlich und zu Unrecht ins Ministerium gekommen. Er sei nämlich eigentlich etwas beschränkt, und man hätte es nur nicht gemerkt" (S. 189).

Ganz anders beschreibt Kretschmer die *Schizoiden:*
Im Unterschied zum „sanguinischen Quecksilbertemperament der Hypomanischen (S. 177) ... haben ... schizoide Menschen ... eine Oberfläche und eine Tiefe. Schneidend brutal oder mürrisch dumpf, oder stachelig ironisch oder moluskenhaft scheu, schallos sich zurückziehend – das ist die Oberfläche. Oder die Oberfläche ist gar nichts; wir sehen einen Menschen, der wie ein Fragezeichen uns im Wege steht, wir fühlen etwas Fades, Langweiliges und doch unbestimmt Problematisches. Was ist die Tiefe hinter all diesen Masken? Viele schizoide Menschen sind wie kahle römische Häuser, Villen, die ihre Läden vor der grellen Sonne geschlossen haben; in ihrem gedämpften Innenlicht aber werden Feste gefeiert. Die Blüten schizophrenen Innenlebens kann man nicht an Bauern studieren; Könige und Dichter sind gerade gut genug dazu" (S. 189).

Bewertung der Typologien

Typologien erlauben es, die Vielgestaltigkeit physischer und psychischer Erscheinungen zu ordnen und überschaubar zu machen. Zu diesem Vorteil der Vereinfachung und Reduktion tritt bei Konstitutionstypologien ein weiterer: Sie stiften einen mehr oder minder plausibel wirkenden Zusammenhang zwischen Physis und psychischem Funktionieren. Für diejenigen, die sich typologisches Denken zu eigen machen, bestehen aber folgende Gefahren: (1) grundsätzlich von der physischen Erscheinung auf die psychische Struktur und psychisches Funktionieren zu schließen; (2) Mischformen der typologischen Beschreibung zu verkennen und nur „reine Typenzuordnungen" zu treffen; (3) sozialisations- und situationsbedingte Verhaltensweisen auf konstitutionelle anstatt auf entwicklungsbedingte und aktuelle situative Einflüsse zurückzuführen; (4) in einen viel zu einfachen Rahmen (die Typologie) ein hochkompliziertes Bild (die individuelle Persönlichkeit) zu pressen. – Typologien können allenfalls *grobe Orientierungsrichtlinien* sein. Sie reichen keineswegs für eine differentielle individuelle Persönlichkeitsdiagnose aus, da ihre Analyseeinheiten grob sind und nur wenige Aspekte (Körperbau usw.) der gesamten Erlebens- und Verhaltensbedingungen berücksichtigen. Hinzu kommt, daß Typologien selten empirisch gesichert wurden (Sheldon 1949) oder wenigstens von systematischen Verhaltensbeobachtungen ausgingen (Kretschmer). Oft sind sie Kinder der Intuition, sog. Schreibtischgeburten (z. B. bei Jung 1921, Spranger 1921) und damit stark abhängig von den Weltanschauungen ihrer Erfinder. – Letzteres gilt auch für die sog. *Schichttheorien,* die den „Aufbau der Person" (Lersch 1938) nach der geologischen Vorstellung übereinander liegender Schichten (Rothacker 1938) entwerfen. Zu kurz kommt in diesen Ansätzen die Idee von der „Person als Prozeß" (Heiss 1948), von der Struktur und Dynamik (Lewin 1936) der Persönlichkeit, von den entwicklungsbedingten Veränderungen und den Umwelteinflüssen, welche diese mitbestimmen (Mogel 1984; 1990 b).

Wenn wir uns Persönlichkeit als den „Inbegriff aller Ereignisse, die sich zu einer individuellen Biographie zusammenschließen" (Thomae 1955, S. 189) vorstellen, müssen wir zu zeigen versuchen, wie dies geschieht. Struktur und Dynamik der in der Person stattfindenden Prozesse sowie die auf sie einwirkenden Umwelteinflüsse müssen über die Zeit hinweg berücksichtigt werden. Eine Integration dieser Aspekte versucht S. Freud.

9.5.2 Freuds psychoanalytische Persönlichkeitstheorie

Während Typologien durch Reduktion von Komplexität auffallen, besticht Freuds Psychoanalyse u. a. dadurch, daß sie die komplizierten Zusammenhänge psychologischer Prozesse und Funktionsweisen erst aufzeigt. Eine detaillierte Darstellung und Kritik ist nicht möglich, nur einige der wichtigsten Begriffe können – ohne auf ihre historische Entstehung einzugehen – dargestellt werden. – Freuds theoretische Überlegungen zu Entwicklung und Funktionsweise der Persönlichkeit schlagen sich nieder in der (1) topographischen Theorie, (2) Strukturtheorie, (3) Beschreibung von Abwehrprozessen, (4) Phasenlehre der Persönlichkeitsentwicklung, (5) grundsätzlichen Berücksichtigung der Dynamik aller beteiligten Prozesse.

Topographische Theorie (1900)

Psychische Inhalte werden nach dem *Grad ihrer Bewußtheit* geordnet, entsprechend die *Systeme „Unbewußt", „Vorbewußt", „Bewußt"* unterschieden, die gemeinsam den *„seelischen Apparat"* (Freud 1900, Kap. VII) ausmachen. Kriterium für die Beschreibung der darin stattfindenden Prozesse ist der Grad, in dem sie dem Bewußtsein zugänglich sind. *Triebe* sind Quellen seelischer Energie, und der seelische Apparat steuert den Aufwand (quantitativer bzw. ökonomischer Aspekt), welcher mittels dieser Energie bezüglich bestimmter Vorstellungen oder Ziele betrieben wird (Besetzung). Triebe drängen zum Ziel, der Befriedigung von Wünschen. Während das Befriedigungserlebnis frühkindlich an die *Reaktion von Bedürfnisspannung* (Hunger, Durst) durch ein *verfügbares Objekt* (Mutter) gebunden ist, wobei der psychische Apparat noch nicht funktioniert, muß die Wunschbefriedigung später bestimmte *Barrieren* überwinden. Denn die lustvolle Befriedigung von Wünschen widerspricht moralischen Normen. *Wünsche* müssen deshalb aus dem Bewußtsein ins Unbewußte abgewehrt, verdrängt werden. Der zwischen den Systemen des seelischen Apparates funktionierende Filter, auf dem Verdrängung beruht, heißt *Zensur*. Erreichen verdrängte Vorstellungen dennoch eine gewisse Intensität, tauchen sie als *Fehlleistungen, neurotisches Symptom* oder aber in *Träumen* auf. Denn im Zustand des Schlafes ist die Zensur eingeschränkt.

In der topographischen Theorie ist die *Zugänglichkeit verdrängter sexueller Wünsche* für das Bewußtsein das Hauptkriterium zur Lösung seelischer Konflikte. Doch werden gerade letztere in ihrer Funktionsweise nicht geklärt. Zum Beispiel besagt eine ihrer wichtigsten Annahmen, daß es sich bei sämtlichen dem Bewußtsein nicht zugänglichen Vorstellungen um verdrängte sexuelle Wünsche des Systems „Unbewußtes" handelt. *Verdrängung* wird als Voraussetzung für die Entstehung neurotischer Angst angesehen. Es wird nicht berücksichtigt, daß auch andere als sexuelle Wünsche verdrängt werden können, und, was problematischer ist: Es bleibt unberücksichtigt, daß der Verdrängungsprozeß (Abwehr) selbst unbewußt sein kann. Weil die topographische Theorie u. a. nicht hinreichend Dynamik und Struktur der Abwehrprozesse berücksichtigt, kann sie innerseelische Konflikte nicht ausreichend erklären. Da die Erklärung seelischer Konflikte das hauptsächliche Erkenntnisinteresse Freuds war, die topographische Theorie aber nicht mit seinen Einsichten in ihre Struktur und Dynamik übereinstimmte, entwickelte er die *Strukturtheorie.*

Strukturtheorie (1923)

Nach der Strukturtheorie ist jegliches seelisches Geschehen *mehrfach determiniert* (vgl. Waelder 1930). Wie Menschen auf ihre Umwelt reagieren, wie sie erleben und handeln, kann danach als Ergebnis des dynamischen Zusammenwirkens von Es, Ich und Über-Ich (einschl. Ich-Ideal) verstanden werden. Diese Abkürzungen stehen für folgende seelische Funktionen und Prozesse: Das *Es* gilt als Quelle der Energie für den seelischen Apparat, als Reservoir menschlicher Bedürfnisse, das nach dem Prinzip maximalen Lustgewinns funktioniert. Das *Ich* vermittelt zwischen Innen und Außen und steht für viele Funktionen, wie z. B. Sinneswahrnehmung, Wahrnehmung und Steuerung seelischer Erregung, Denken, Sprechen, Erinnern, Realitätsprüfung, Problemlösen usw. Fundamental ist die Vermittlung des

Ichs zwischen der Befriedigung grundlegender Bedürfnisse (Lustprinzip) und den Anforderungen der Realität (Realitätsprinzip) einerseits, den Anforderungen des *Über-Ichs* (einschl. Ich-Ideal) andererseits: Letzteres beinhaltet die verbindlichen moralischen Normen und Verbote (Über-Ich) und Gebote bzw. Idealziele (Ich-Ideal). Wichtig ist, daß Freud diese Begriffe zur Beschreibung *inner*seelischer Funktionen und Konflikte einführte, daß diese sich nach und nach entwickeln und daß einzelne von ihnen unbewußt sind, z. B. die Triebimpulse des Es, die Abwehrprozesse des Ich und die Schuldgefühle des Über-Ich. Darin liegt theoretisch begründet, daß nach psychoanalytischer Auffassung *psychotherapeutische Maßnahmen* (Interventionen) nicht allein an bewußten seelischen Prozessen ansetzen dürfen, im Gegenteil: „Zentrum des Verfahrens ist die Arbeit am unbewußten Konflikt, den der Psychoanalytiker durch Interpretation (Deutung) zur Auflösung bringt" (Hoffmann und Hochapfel 1979, S. 184).

Während die topographische Theorie psychische Vorgänge nach ihrer Zugänglichkeit für das Bewußtsein ordnet, unterscheidet die Strukturtheorie psychische Funktionen nach ihrer Beteiligung am seelischen Konflikt. Er wird besser verständlich, wenn man als „den Kern unseres Wesens ... das dunkle Es", dessen „Triebe ... aus Mischungen von zwei Urkräften (Eros und Destruktion) ... zusammengesetzt" sind, einbezieht (Freud 1988, S. 53), wenn man das Ich mit seinen Hauptfunktionen (Selbsterhaltung, Realitätsbezug, Denkprozesse) berücksichtigt und im Auge hat, wie das Über-Ich „die Einschränkung der Befriedigungen" (ebd. S. 11) mitbestimmt. – Der wichtigste Fortschritt der Strukturtheorie besteht darin, daß eine systematische Sichtweise der am seelischen Konflikt beteiligten Prozesse gewonnen wird, welche die Erkenntnisse der topographischen Theorie integriert: „Das Unbewußte ist die allein herrschende Qualität im Es ... das Ich ist durch den fortgesetzten Einfluß der Außenwelt aus dem Es entwickelt worden" (ebd. S. 23) und „hat die Qualität des Vorbewußten" (ebd. S. 22). Letzteres gilt auch für das Über-Ich (ebd.). – Im Schlafzustand träumen wir „vom Es her oder vom Ich her" (ebd. S. 25), je nachdem, ob sich „ein unbewußter Wunsch ... oder ... eine vom Wachleben erübrigte Strebung" (ebd.) regt. Die im Traum „unbewußten Mechanismen ... verhelfen ... uns auch zum Verständnis der rätselhaften Symptombildungen, durch die Neurosen und Psychosen unser Interesse herausfordern" (S. 30). Therapieziel ist demnach nicht mehr nur, Unbewußtes bewußt zu machen (topographische Theorie), sondern die *Abwehrprozesse des Ichs* zu analysieren, dabei die Über-Ich-Funktionen zu beachten und die damit einhergehende Angst. Die Anwendung der Strukturtheorie bringt einen hohen therapeutischen Anspruch mit sich: „Wo Es war, soll Ich werden" (1933, S. 516). Eine Voraussetzung, diesen Anspruch einzulösen, besteht in der Analyse von Abwehrprozessen.

Abwehrmechanismen

Abwehrprozesse dienen dazu, inneren und äußeren Gefahrensituationen zu begegnen und das Ich zu schützen. Da das Ich sowohl zwischen Individuum und Realität (= innen und außen) als auch zwischen Es und Über-Ich vermittelt, ist seine Schutzbedürftigkeit besonders hoch. Abwehrformen sind vielfältig. Es formieren sich nach psychoanalytischer Auffassung Gruppen von Abwehrmechanismen, welche für bestimmte Persönlichkeitsstrukturen überwiegen.

Folgende Abwehrformen herrschen nach psychoanalytischer Auffassung bei bestimmten Persönlichkeitsstrukturen und Neurosen vor. Einschränkend weisen wir aber darauf hin, daß unsere Übersicht unvollständig ist und daß abhängig von der individuellen Lebensgeschichte verschiedene Kombinationen von Abwehrmechanismen möglich und mit unterschiedlicher Intensität wirksam werden *(Tab. 9.4)*.

Tab. 9.4: Dominanz von Abwehrmechanismen und Persönlichkeitsstruktur

Abwehrmechanismus	**Bedeutung und Funktionsweise**	**Beispiel**	**Zweck**
	Bei eher hysterischer Persönlichkeitsstruktur		
Verdrängung	Innere Impulse, z. B. Angst, Aggression, die mit Unlust verbunden sind, werden unbewußt gemacht und gehalten.	Die Erinnerung an ein unangenehmes Ereignis wird „vergessen“.	Vemeidung von Unlust
Verleugnung	Von außen kommende Einflüsse, die mit Unlust (Unbehagen) verbunden sind, werden nicht anerkannt, sondern ignoriert.	Erleben und verhalten nach dem Motto des Vogel-Strauß: „den Kopf in den Sand stekken“.	Das Individuum begegnet einer äußeren Gefahr
Verschiebung	Angstmachende Impulse, z. B. aggressiver Art, werden auf ein weniger gefahrvolles Objekt bzw. eine andere Vorstellung gewendet.	Der beängstigende Lehrer wird von einem Schüler in der Phantasie oder im Traum durch einen wohlgesonnenen Freund ersetzt.	Linderung eines inneren Angst-Aggressions-Konflikts durch Austausch von Unbehagen mit Wohlbehagen.
Projektion	Mit Unlust verbundener – z. B. aggressiver – Impuls wird in andere hinein verlagert und als deren Aggressionen gegen einen selbst erlebt, u. U. bis hin zum Verfolgungswahn.	Ein Taschendieb, der sich von den ihm umgebenden Menschen bedroht fühlt.	Es entfällt, sich mit bei sich selbst abgelehnten oder verleugneten Eigenheiten auseinanderzusetzen.
	Bei eher depressiver Persönlichkeitsstruktur		
Identifikation mit dem Aggressor	Die von einem Aggressor erzeugte Angst kann reduziert werden, indem der Betroffene sich mit diesem identifiziert.	Ein durch seinen Lehrer geängstigter Schüler identifiziert sich mit dem bedrohlich erlebten Lehrer.	Reduktion von Angst vor einer bedrohlich erlebten Bezugsperson.

Wendung gegen das Selbst (Verkehrung ins Gegenteil)	Die gegen eine persönlich wichtige Bezugsperson vorhandene Aggression wird innerlich gegen die eigene Person gewendet.	Nicht mein(e) Vater (Mutter) ist schlecht zu mir, sondern ich bin schlecht zu ihm (ihr) und muß deshalb bestraft werden.	Regulation des Schuldgefühls: Schutz vor der eigenen Aggression und befürchteten Folgen.
Internalisierung	Unlustvoll und unangenehm erlebte Einflüsse aus der Außenwelt werden nach innen genommen, d. h. verinnerlicht.	Ein zunächst äußerer Konflikt z. B. mit dem Vater (oder Lehrer) wird verinnerlicht und so als innerer Autoritätskonflikt weitergeführt.	Angstreduktion durch die Verwandlung eines äußeren Konflikts zwischen Personen in einen eigenen inneren Beziehungskonflikt.
Introjektion	Gegenstück zur Projektion und Ergänzung zur Internalisierung: Das Bild des (geliebten/gehaßten) anderen wird in das eigene Selbst aufgenommen.	Das Bild oder die Vorstellung des (guten/bösen) Vaters bzw. Lehrers wird angeeignet.	Durch die Aufnahme der Bilder der (geliebten/gehaßten) Person wird die Auseinandersetzung mit ihr erleichtert.
	Bei eher zwanghafter Persönlichkeitsstruktur		
Rationalisierung	Handlungen werden im nachhinein mit einem anderen Motiv begründet, weil das tatsächliche Motiv, das die Handlung bewirkte, nicht akzeptiert werden kann.	Ein sadistischer Lehrer plagt einige wenige Schüler und begründet dies mit „pädagogischen Maßnahmen, um die mangelnde Erziehung im Elternhaus auszugleichen".	Emotional widersprüchliche und sozial auffallende Handlungen werden logisch so begründet, daß sie akzeptabel werden.
Intellektualisierung	Emotionale Schwierigkeiten werden durch rationale Begründungen zu meistern versucht.	Ein von Ängsten geplagter Studienanfänger der Psychologie begründet die Wahl dieses Faches damit, er wolle die Ängste der Menschen besser verstehen und bei der Angstbewältigung helfen.	Reduktion von emotionalem Unbehagen, das z. B. innere Angst- und Aggressionsgefühle begleitet.
Isolierung	Zusammengehörende Inhalte werden getrennt, indem der Affekt vom Inhalt abgelöst und beide Komponenten des gleichen Geschehens einander entfremdet werden.	Negativ erlebte Gefühle aus einer vergangenen Auseinandersetzung werden vom erinnerten Ereignis abgetrennt, so daß das Ereignis ohne störende Gefühle in der Erinnerung erhalten bleibt.	Das zunächst ängstigende und unbehagliche Ereignis kann nunmehr angstfrei erinnert werden, und es kann unbefangen darüber gesprochen werden.

9.6 Hypothetische Konstrukte der Persönlichkeitserfassung

Unsere bisherigen Überlegungen zeigen, daß Persönlichkeitspsychologie unter ganz verschiedenen begrifflichen Voraussetzungen betrieben werden kann, die wir an den beiden Theoriebeispielen kurz aufzeigen wollen. Die klassischen Typologien sind *eigenschaftsorientiert:* Z. B. wird bei Kretschmer durch die jeweilige Konstitution kategorisch festgelegt, welche dementsprechenden Eigenschaften das individuelle Erleben und Verhalten bestimmen. Andere eigenschaftsorientierte Ansätze entstanden durch die Methode ihrer Gewinnung: z. B. werden bei Guilford, Cattell und Eysenck faktorenanalytisch *(s. 9.6.3)* gewonnene Dimensionen zu Grundeigenschaften des Verhaltens. Hingegen kann Freuds Persönlichkeitsmodell als *dynamisch* (z. B. topographische Theorie), *strukturell* (z. B. Strukturtheorie) und *prozeßhaft* (z. B. Abwehrprozesse) gekennzeichnet werden. Die von Freud verwendeten Begriffe erschweren allerdings eine empirische Prüfung seiner Persönlichkeitstheorie außerordentlich; sie erlauben zwar Aussagen über die intrapsychische Dynamik des Systems Persönlichkeit, vernachlässigen aber demgegenüber den Aspekt des konkreten Verhaltens in spezifischen Situationen. – Alle aus dem Verhalten erschlossenen Begriffe, welche Persönlichkeit näher kennzeichnen sollen, sind sog. *hypothetische Konstrukte.* Das sind begriffliche Annahmen über die psychologische Struktur von Erlebens- und Verhaltensbedingungen. Zum Beispiel sind die Bestandteile von Freuds seelischem Apparat (Es, Ich, Über-Ich) hypothetische Konstrukte. Ferner bilden Eigenschaften, Habits, Faktoren, Einstellungen u. a. hypothetische Konstrukte der Persönlichkeitserfassung; auf letztere soll nunmehr kurz eingegangen werden.

9.6.1 Eigenschaftsorientierte Persönlichkeitsauffassung

„Wer sind wir?" – Wir sind, was uns eigen ist, d. h. was uns im wesentlichen ausmacht. Daß wir uns Verhalten von Menschen gerne erklären, indem wir ihnen diese oder jene *Eigenschaft* zuschreiben, ist jedem bekannt. Erleichtert wird dies dadurch, daß unsere Sprache voller Eigenschaftswörter ist. Demzufolge sehen auch Persönlichkeitsforscher in Eigenschaften wichtige Merkmale der Persönlichkeitsbeschreibung und -erklärung. – Die eigenschaftstheoretische Auffassung durchdringt die unterschiedlichsten Theorieansätze. So können bei Lersch „Dispositionen ... als habituelle Eigenschaften der Erlebnisse ... gedacht werden" (1956, S. 41). Bei Guilford (1971) kennzeichnen Eigenschaften bzw. Dispositionen unterschiedliche Persönlichkeitsbereiche: Physiologie, Morphologie, Fähigkeiten, Bedürfnisse, Interessen, Einstellungen und Temperamente der Persönlichkeit.

Eigenschaftstheoretischen Ansätzen ist gemeinsam, daß sie Erleben, Verhalten und Handeln als Funktionen von Eigenschaften *(Dispositionen)* beschreiben. Damit entsteht aber ein Zirkelschluß: Was aus dem beobachtbaren Verhalten erschlossen wurde (= die Eigenschaft), wird auch gleich zu seiner Erklärung herangezogen. Wären Eigenschaften generelle Verhaltensmerkmale der Persönlichkeit, müßte das ihnen entsprechende Verhalten über die verschiedensten Situationen hinweg das gleiche sein. Dies aber ist nicht der Fall. Vielmehr üben Situationen einen Verhalten modifizierenden Einfluß aus. Wir schlagen deshalb vor, nur jene Verhaltensweisen auf Eigenschaften zurückzuführen, welche über die unterschiedlichsten Situationen hinweg *unverändert* beibehalten werden. Dann bleiben nur noch wenige Eigenschaftsbegriffe übrig; diese könnten zur groben Klassifikation und globalen Beschreibung von Individuen benutzt werden.

9.6.2 Behavioristische Persönlichkeitsauffassung

Während Eigenschaftsauffassungen individuelle Persönlichkeitszüge (Dispositionen) festlegen, wodurch Persönlichkeitsveränderung schwer erklärbar wird, geht der folgende Ansatz den umgekehrten Weg. – „Wer sind wir?" – Wir sind ein Umweltprodukt: Reiz-Reaktions-Verbindungen und ihre Verknüpfungen führen zu *Habits* (Verhaltensgewohnheiten). Gemäß der „These, daß die Persönlichkeit nichts anderes ist als das Ergebnis der Gewohnheiten, die wir ausbilden" (Watson 1968, S. 266), kann Persönlichkeit als Inbegriff von *Gewohnheitssystemen* gesehen werden. Diese sind ein Produkt umweltbedingter Lernprozesse, die verantwortlich dafür sind, „wie diese ... menschliche Maschine sich entwickelt" (ebd. S. 271). Ziel einer „Psychologie, wie sie der Behaviorist sieht, ... ist die Vorhersage und Kontrolle von Verhalten" (ebd., S. 13).

Diese *klassische behavioristische Sichtweise* bricht mit traditionellen Begriffen, Methoden und Weltanschauungen. Das *Verhalten* wird gegenüber dem Erleben zentral. Grundlage hierfür ist die Auffassung, daß Umweltreize individuelles Verhalten bedingen, das durch Kenntnis der Habits und der Verhaltenssituationen erklärbar und vorhersagbar wird.

Zwar hat dieser Ansatz über Jahrzehnte hinweg einen nachhaltigen Einfluß auf die empirische Persönlichkeitsforschung gehabt. Doch wurde den weitsichtigeren Anhängern des Behaviorismus bald deutlich, daß der Habit-Begriff allein nicht genügt, menschliches Verhalten in seiner Komplexität zu erklären. Zentrale Gesichtspunkte der intrapsychischen Persönlichkeitsorganisation, erbbedingte Einflüsse, vor allem aber die spezifisch menschliche Fähigkeit, kreativ und produktiv, selbstreflexiv und zielbezogen zu denken und zu handeln, blieben im klassischen Behaviorismus weitgehend außer Betracht. *Neuere lerntheoretische Ansätz* öffnen sich wieder Aspekten der internen Persönlichkeitsorganisation, ohne dabei Umwelteinflüsse zu vernachlässigen (z. B. Bandura 1979). Sie beziehen *kognitive Personvariablen* und *Situationsvariablen* ein, indem sie die Art der Interaktion beider zum Erkenntnisgegenstand machen (z. B. Mischel 1976).

9.6.3 Faktorenanalytische Persönlichkeitsauffassung

Die *Faktorenanalyse* ist ein statistisches Verfahren zur Reduktion von Datenmengen auf Dimensionen (Faktoren). Einige Persönlichkeitsforscher nutzten es, um die komplexen Einflußgrößen, welche Persönlichkeit bedingen, auf einige wenige generelle Dimensionen hin zu ordnen, aufgrund derer Persönlichkeit möglichst exakt beschrieben werden kann. – Beschränkt sich Guilford (1971) noch darauf, mittels Faktorenanalyse Persönlichkeits-Dimensionen zu *entdecken,* werden sie bei Cattell gleich zur *Persönlichkeits-Erklärung* herangezogen: „Der Vorteil der Faktoren ist, daß sie als Grundeigenschaften versprechen, die wirklichen strukturellen Einflüsse zu sein, die der Persönlichkeit zugrunde liegen" (1973, S. 26). Damit entsteht der Eindruck, als seien Faktoren verbindliche Kategorien der Erklärung des Verhaltens, dabei sind sie in Wirklichkeit nur *empirisch gewonnene Beschreibungsdimensionen.* Auch Eysencks hierarchisches Persönlichkeitsmodell (1958), das auf der untersten Ebene von individuellen Reaktionen ausgeht und auf der obersten Ebene einige wenige Typen zusammenfaßt, aufgrund derer Persönlichkeit allgemein beschrieben werden kann, macht keine Ausnahme: Seine Typen (z. B. Extraversion, Introversion) sind nur faktorenanalytisch gewonnene allgemeine Dimensionen für die *Beschreibung* von Verhalten. Darin unterscheiden sie sich auch von Kretschmers Körperbautypen, der diese als Kategorien der Verhaltenserklärung verstand: Körperbaumerkmale dienten der verbindlichen (!) Zuordnung psychischer Eigenschaften. Hingegen dienten Eysenck Verhaltensweisen als Ausgangspunkt faktorenanalytischer Reduktion.

Auch wenn das Ausgangsmaterial an Daten noch so umfangreich ist (z. B. bei Cattell), bleiben Faktoren beschreibende Größen, d. h. Eigenschaften, die durch exakte Erfassung und mathematische Datenanalyse gewonnen worden sind. Sie beinhalten alle Nachteile, welche in den methodischen Voraussetzungen des Faktorenmodells liegen. Zu ihnen gehört die Annahme, die wirksamen Verhaltensbedingungen seien voneinander unabhängig. Gerade dies dürfte jedoch für psychische Prozesse, in denen Erleben und Verhalten organisiert sind, nicht zutreffen. Weitere Probleme bestehen in der Auswahl des zur Datengewinnung relevanten Verhaltens und der Benennung der Faktoren u. a.

9.6.4 An Einstellungen orientierte Persönlichkeitsauffassung

Einstellungen werden in bezug zu Erfahrungsgegenständen erworben, d. h.: „Jede Einstellung ist Einstellung zu etwas" (Roth 1972, S. 105). *Erwerb* und *Gegenstandsbezug* sagen aber noch nichts über die psychologische Struktur von Einstellungen aus. Wie kann man sich ihre Zusammensetzung, wie ihre Wirkung vorstellen? Einstellungen bilden komplexe Einheiten, deren Struktur *kognitive* (erkenntnismäßige), *affektive* (gefühlsmäßige) und *konative* (handlungsmäßige) Komponenten aufweist. Die Art ihres Zusammenwirkens untereinander und mit der individuellen Umwelt macht den *„Systemcharakter von Einstellungen"* aus. Global können (das Verhalten bedingende) Systeme durch die Vernetzung ihrer Komponenten beschrieben werden. Bezogen auf das Einstellungssystem bedeutet dies: Die Veränderung eines Teiles bewirkt eine Veränderung in der Struktur des Systems. Und ein weiterer Aspekt ist wichtig: Einstellungen sind erworben, also „gelernt" und aufgrund dessen durch weitere Erfahrung *veränderbar.* Dieser Umstand zeigt, daß Einstellungen *offene Systeme* sind; sie werden durch Erfahrung verändert und beeinflussen, wie Menschen Erfahrungen machen: „Einerseits selbst erfahrungsabhängig, gehen sie andererseits als Bedingung in alle Erfahrung mit ein" (Roth 1972, S. 107). – Gegenüber den bislang skizzierten Konstrukten (Typ, seelischer Apparat, Eigenschaft, Habit, Faktor) bezieht der Einstellungsbegriff am ehesten die zur begrifflichen Erfassung von Persönlichkeit relevanten Aspekte ein: Menschen erleben, verhalten und verändern sich als Individuen in

Bezug zu ihrer Umwelt. Den Erfahrungsgegenständen begegnen sie mit Einstellungen, die sie aufgrund ihrer Lebensgeschichte und in bezug zur aktuellen Umwelt entwickeln. Die so *gewordenen* Einstellungen repräsentieren als (innere) Systeme die individuellen Bedingungen des Erlebens und Verhaltens. Da Einstellungen über ihren Gegenstandsbezug hinaus gefühls- und erkenntnismäßige Komponenten beinhalten, somit in ihnen gleichzeitig reflexive und zielbezogene Aktivitäten organisiert sind, können sie als regulative Größen des persönlichen Bezugssystems beschrieben werden, das beim individuellen Handeln und bei der gesamten Erfahrungsbildung der Persönlichkeit wirksam wird. – *Vorteile* des Einstellungsbegriffs bestehen darin, daß in ihm alle wirksamen Bedingungen des Erlebens und Verhaltens integriert werden können. In dieser begrifflichen Komplexität werden aber auch *Nachteile* deutlich: Wie kann man die einzelnen Systembedingungen, welche im Konstrukt Einstellung zusammengefaßt werden, ihrem tatsächlichen Einfluß nach isolieren? Wie steht es mit dem Zusammenhang von empirisch erfaßter Einstellung und tatsächlich gezeigtem Verhalten? Der Einstellungsbegriff muß vermutlich zur verläßlichen Beantwortung dieser Fragen um zwei Erlebens- und Verhaltensbedingungen ergänzt werden: (1) den nachhaltigen Einfluß der Erwartungen, welche die soziale Umwelt an das Individuum von Anfang an hat, (2) die Art und Weise, in der es seine persönlichen Erfahrungen organisiert und in der diese in sein weiteres Erleben und Verhalten hineinwirken. Der erste Gesichtspunkt ist unter dem Oberbegriff *„Rolle“*, der zweite unter dem Begriff des *„Selbst“* in die Persönlichkeitspsychologie eingeführt worden. Eine Integration beider Begriffe würde eine sozialpsychologische Sicht der Persönlichkeit mit einer individuumsorientierten persönlichkeitspsychologischen zusammenbringen.

9.7 Persönlichkeit als Bezugssystem

Nur in Umrissen habe ich zu zeigen versucht, mit welchen Annahmen und Begriffen Persönlichkeitsforscher unsere Eingangsfrage bisher „wissenschaftlich“ zu beantworten versucht haben. Daß alle aufgezeigten und einige weitere ungenannten Zugänge zu keiner befriedigenden integrierten Persönlichkeitstheorie geführt haben, zeigen einige ständig wiederkehrende Diskussionen in der Persönlichkeitspsychologie. Wenn auch einzelne Argumente hin und wieder „neu“ erscheinen, bleiben dennoch die alten Probleme: Ist das Individuum eher ein Produkt überdauernder Eigenschaften *(Personalismus, Trait-Ansatz)*, oder werden sein Erleben und Verhalten weitgehend durch Situationen bestimmt *(Situationismus)*? Bestimmen wir selbst, wer wir in unterschiedlichen Situationen sind, oder bestimmen die jeweiligen Situationen, wer wir sind, kurz: Hängen Erleben und Verhalten mehr von inneren *(Person-)*Bedingungen oder mehr von äußeren *(Umwelt-)*Bedingungen ab? – Sehen wir einmal davon ab, daß keine der beiden Auffassungen allein unsere Frage klären kann, sondern allenfalls die Interaktion beider Größen weiteren Aufschluß gibt (vgl. Mischel 1976), stehen weitere Probleme zur Lösung an: Worauf führen wir in einer spezifischen Situation gezeigtes Verhalten zurück, auf eine Eigenschaft der Person oder eine Besonderheit der Situation:

Peter fällt seinem Mathematiklehrer als aggressiv auf. Zum Beispiel beantwortet er dessen Frage, was „eins und eins“ sei, mit frechem Grinsen und der Bemerkung: „elf“. Belustigtes

Raunen geht durch die Klasse. Die Reaktion des verärgerten Lehrers lautet: „Sitzen! Sechs!", worauf Peter einwendet: „Das ist doch nur eine Frage der Axiomatik! Mein Bruder, der gestern 5 Jahre alt wurde, hat unserem Onkel Philipp – Mathematiklehrer am Goethe-Gymnasium – die gleiche Frage gleich beantwortet. ‚Dafür würde ich dir eine glatte Eins geben, wenn du in meiner Klasse wärest, das ist ja eine ganz neue tolle Axiomatik!' hat der Onkel gemeint." – „Das hier ist keine Geburtstagsfeier, sondern Mathematikunterricht. Ein 5jähriger braucht unsere Regeln noch nicht, ein 15jähriger hat sie zu beherrschen", antwortet der Mathematiklehrer.

Jedem Leser ist klar, daß es hier um das Austragen eines emotionalen Konflikts zweier Personen in einer Gruppensituation geht. Deutlich ist auch, daß beide Interaktionspartner sich diese Art der Auseinandersetzung leisten können. Peter ist ohnehin bester seiner Klasse in Mathematik, und der als humorlos geltende Mathematiklehrer hat sich an solche Spielchen schon gewöhnt. – Die Schüler kennzeichnen ihren Lehrer als humorlos und trocken, dieser seine Schüler als ungezogen und frech. In jedem Falle werden Verhaltensweisen einer Situation auf Persönlichkeitseigenschaften der Beteiligten zurückgeführt (attribuiert). – Eine interaktionistische Betrachtungsweise hingegen würde den Kontext des Geschehens einbeziehen (Wie kommt es z. B. zur von Peter als provokativ empfundenen Frage des Lehrers?) und die Art und Weise der jeweiligen Äußerungen in ihrer Wechselwirkung berücksichtigen (Transaktion, d. h. reziproke Interaktion). Zwar haben wir uns seit Mitte der 60er Jahre daran gewöhnt, statt vorschneller Konstruktion globaler Eigenschaften das Verhalten selbst stärker zum Analysegegenstand zu machen (vgl. Mischel 1968), doch ist bis heute nicht geklärt, unter welchen Bedingungen welches Verhalten welcher Person stabil und konstistent oder instabil und variabel ist. Auch wissen wir noch nicht, wie Anlage und Umwelt in der Persönlichkeitsentwicklung strukturbildend zusammenwirken.

Wie wir gesehen haben, sind die meisten Persönlichkeitstheorien Eigenschaftstheorien. Dies liegt natürlich u. a. am Gegenstand selbst. Schließlich wollen wir ja wissen, was der Persönlichkeit eigen ist. Doch gerade dies wird offensichtlich von Situationsumständen mitbestimmt. Andererseits kann ein und dieselbe Situation von verschiedenen Personen völlig unterschiedlich beurteilt und mit unterschiedlichsten Erwartungen verbunden werden. Entsprechend verschiedenartig fallen Versuche aus, die Situation zu beeinflussen. Inwieweit Situationen überhaupt individuell kontrollierbar sind, hängt nicht immer nur von den Persönlichkeiten ab. Oft sind es die ökologischen Lebensverhältnisse *(s. Kap. 1.3)*, die dem Verhalten objektive Grenzen setzen:

Ein kleiner Junge sieht den roten abendlichen Vollmond ganz in seiner Nähe. Seiner Mutter teilt er mit, er wolle noch rasch zum Mond gehen und gucken, wie er genau aussieht *(Eigenschaft: Neugier)*. Die Mutter versucht ihm zu erklären, der Mond sei viel zu weit weg *(unterschiedliche Beurteilung)*, außerdem solle er zum Nachtessen kommen *(unterschiedliche Erwartung)*. Der Junge zieht seine Mutter in Richtung Mond, diese schimpft *(verschiedenartige Situationsbeeinflussung)*. Die Mutter packt schließlich den Jungen und trägt ihn nach Hause *(ökologische Lebensverhältnisse:* die Mutter setzt sich durch; *und objektive Grenzen:* (a) die Mutter ist stärker, (b) der Mond ist tatsächlich zu weit weg).

Eine Voraussetzung für alle weiteren theoretischen Konstruktionen zur Persönlichkeitserklärung besteht darin, daß wir
(1) klären, welche Größen in die psychologische Analyse des Erlebens und Verhaltens eingehen sollen,

(2) festlegen, welche Bereiche des individuellen Lebensvollzugs überhaupt beobachtet und beschrieben werden sollen,
(3) uns darüber einigen, welche Informationen für unsere Fragestellungen besondere Relevanz haben. Erst dann können tragfähige Grundlagen gewonnen werden, um Persönlichkeit als Bezugssystem individuellen Erlebens und Verhaltens aber auch als Bezugssystem der Persönlichkeitsforschung zu beschreiben und - vielleicht - eines Tages zu erklären.

Literatur-Empfehlungen

Amelang, M. & Barussek, D.: Differentielle Psychologie und Persönlichkeitsforschung. 3. Aufl. Stuttgart 1990.

Mischel, W.: Introduction to Personality. New York 1976.

Mogel, H.: Persönlichkeitspsychologie. Ein Grundriß. Stuttgart 1985.

Mogel, H.: Bezugssystem und Erfahrungsorganisation. Göttingen 1990 a.

Mogel, H.: Umwelt und Persönlichkeit. Bausteine einer psychologischen Umwelttheorie. Göttingen 1990 b.

Thomae, H.: Das Individuum und seine Welt. Göttingen 1968.

Jürgen Merz und Astrid Schütz[1]

10. Psychodiagnostik

10.1 Was ist Psychodiagnostik?

Wenn ein Student wegen persönlicher Schwierigkeiten in eine Beratungsstelle kommt, wird man dort in der Regel zunächst eine *Diagnose* erstellen, d. h. versuchen, sich ein möglichst umfassendes Urteil über seine Probleme zu bilden, um evtl. geeignete Behandlungsmaßnahmen ergreifen zu können. Man will ergründen, *worin* sich diese bestimmte Person von anderen Personen *(interindividuelle Differenzen)* und von früheren Entwicklungszuständen *(intraindividuelle Differenzen)* unterscheidet, *warum* es zu diesen Unterschieden gekommen ist und welche Konsequenzen sich daraus für ihr gegenwärtiges und zukünftiges Handeln ergeben. Eine Diagnose hat nämlich neben einer beschreibenden und erklärenden immer auch eine vorhersagende Funktion. Aufgestellt wird sie letztlich mit dem Ziel, die Orientierung des einzelnen in der Welt zu fördern, Unsicherheiten zu reduzieren und Entscheidungshilfen zu leisten. Dementsprechend definiert Brikkenkamp (1977, S. 488)*Psychodiagnostik* als „die Lehre von der wissenschaftlichen Ermittlung spezifischer Persönlichkeitsmerkmale bzw. Verhaltensaspekte, die im Rahmen eines psychodiagnostischen Prozesses mit Hilfe psychodiagnostischer Methoden (Anamnese, Exploration, Ausdrucks- und Verhaltensbeobachtung und Tests) durchgeführt wird und dem Ziel dient, diverse persönliche Probleme zu klären und Entscheidungshilfen anzubieten."

10.1.1 „Naive" vs. wissenschaftliche Psychodiagnostik

Im Grund genommen ist Psychodiagnostik etwas Alltägliches. Um in unserer sozialen Umwelt zurechtzukommen, müssen wir uns ständig auf andere Menschen einstellen, sie beurteilen und ihr Verhalten antizipieren. Es gibt keine zwischenmenschliche Begegnung, ohne daß sich jeder Beteiligte eine Meinung über den anderen bildet. All dies geschieht allerdings mehr oder weniger intuitiv, unsystematisch und unreflektiert, beeinflußt von zufälligen Beobachtungen und überkommenen Meinungen – oft aber mit dem Gefühl der subjektiven Gewißheit.

Wissenschaftliche Diagnostik zeichnet sich demgegenüber durch systematisches und kontrolliertes Vorgehen aus. Sie geht von relativ präzisen Fragestellungen aus, wie etwa der Frage nach den Ursachen eines psychischen Problems. Zur Erstellung einer Diagnose werden Vermutungen (Hypothesen) formuliert, die dann mittels

[1] Die ursprüngliche Version des Artikels wurde von Jürgen Merz erstellt. Für die Neuauflage wurde er von Astrid Schütz aktualisiert und ergänzt.

bewährter Methoden überprüft werden. Aufgrund der Diagnose können Prognosen abgegeben werden, an die sich Entscheidungen anschließen. Der wichtigste Unterschied zur „Alltagsdiagnostik“ aber ist, daß wissenschaftliche Diagnostik sich nicht auf Evidenzgefühl stützt, sondern die Richtigkeit der gemachten Aussagen kritisch hinterfragt. „Wissenschaftliche Diagnostik beginnt dort, wo sie das Verifikationsproblem erkennt, sich ihm stellt und mit den Mitteln zu bewältigen sucht, die der Kanon einer auf verbindliche Aussagen gerichteten Wissenschaft vorschreibt“ (Hörmann 1964, S. 9).

10.1.2 Anwendungsbereiche der Psychodiagnostik

Die (wissenschaftliche) Psychodiagnostik spielt vor allem in folgenden vier Bereichen eine zentrale Rolle:

In der *Psychologischen Beratung* (Erziehungs-Konfliktberatung, Schulpsychologischer Dienst etc.) besteht die Hauptaufgabe darin zu erklären, warum sich jemand auf bestimmte Art und Weise verhält, warum er/sie Schwierigkeiten in der Schule oder in der Ehe hat etc., um dann bestimmte erzieherische oder therapeutische Maßnahmen zur Konfliktlösung einzuleiten oder vorzuschlagen.

In *Eignungsuntersuchungen* sollen insbesondere die Fähigkeiten und Fertigkeiten einer Person untersucht werden, um besser beurteilen zu können, ob sie für eine bestimmte Berufs- oder Bildungslaufbahn geeignet ist (z. B. Schulreifeuntersuchungen).

Im *Klinischen Bereich* geht es in erster Linie darum festzustellen, an welchen psychischen Störungen jemand leidet und welche Ursachen diese haben, um damit Entscheidungen über evtl. anzuwendende Therapien zu ermöglichen.

In der *Psychologischen Forschung* spielt die Psychodiagnostik vor allem in Untersuchungen über die Effektivität von erzieherischen und psychotherapeutischen Maßnahmen (Evaluation) eine entscheidende Rolle.

Je nach Fragestellung treten dabei verschiedene Aspekte der Persönlichkeit in den Vordergrund: Einstellungen, Fähigkeiten und Fertigkeiten, Motive, Affekte, Beziehungen zu anderen Personen etc. Dementsprechend müssen auch spezielle Verhaltensbereiche und die jeweiligen situativen Rahmenbedingungen mit analysiert werden.

10.2 Persönlichkeitstheoretischer Bezugsrahmen

Um interindividuelle (bzw. intraindividuelle) Differenzen präzise beschreiben, erklären und vorhersagen zu können, braucht man fundiertes Wissen über die Bedingungen menschlichen Verhaltens und Erlebens. Dieses Wissen liefern u. a. die Persönlichkeitstheorien *(s. Kap. 9)*. In der Psychologie gibt es eine relativ große Anzahl von derartigen Theorien, die sich hinsichtlich bestimmter Annahmen über die Natur des Menschen, über Konstanz und Realität von Eigenschaften, über den „gesetzesmäßigen Zusammenhang“ zwischen Verhaltensäußerungen etc. mehr oder weniger stark unterscheiden. In unserem Zusammenhang sind folgende drei (globale) Ansätze von Bedeutung (vgl. Leichner 1979):

Die *klassischen Persönlichkeitstheorien* (trait-Theorien) gehen von der Annahme aus, daß individuelles Verhalten in erster Linie durch innere relativ stabile situationsunabhängige Eigenschaften bzw. Dispositionen (traits) gesteuert wird. *Psychodiagnostik* bedeutet vor diesem theoretischen Hintergrund, aus dem Verhalten derartige traits zu erschließen und mit den für diese Eigenschaften (z. B. Intelligenz, Aggressivität) geltenden Test-Normen zu vergleichen. Dazu bedient man sich in der Regel *psychologischer Tests.* Da klassische Tests von stabilen Eigenschaften ausgehen und das Individuum mit einer Normpopulation vergleichen, sind sie für klinische Fragestellungen, wie z. B. Veränderungsmessung im Therapieverlauf, oft nicht geeignet. Sie sind jedoch dort von großer Bedeutung, wo es um die Ermittlung relativ stabiler psychologischer Eigenschaften geht, aufgrund derer diagnostische Entscheidungen zu treffen sind, wie dies in der Eignungsdiagnostik der Fall ist.

Den zweiten, diagnostisch relevanten theoretischen Hintergrund stellen die *psychodynamischen Theorien,* insbesondere die Psychoanalyse dar. Ähnlich wie beim trait-Ansatz geht man aber hier davon aus, daß das menschliche Verhalten weitgehend durch (innere) Personfaktoren und weniger durch die (äußere) Situation bedingt ist. Dabei steht allerdings die dynamische Seite der Persönlichkeit mit ihren Motiven und Bedürfnissen stärker im Vordergrund. Die Motive werden als weitgehend unbewußt angesehen, die sich nur sehr indirekt (z. B. in neurotischen Symptomen) im Verhalten äußern. Dies erschwert natürlich die Diagnostizierbarkeit. Aufgabe des (psychoanalytisch orientierten) Diagnostikers ist es, die unbewußten Bedeutungen und Triebkräfte des (neurotischen) Verhaltens zu untersuchen und damit Aufschluß über die Dynamik der Persönlichkeit zu erhalten. Diese Diagnostik geht häufig in psychoanalytische Therapie über. Als diagnostische Methode werden vor allem *Exploration* (Tiefeninterview) und *projektive Verfahren* (s. u.) verwendet.

Den dritten theoretischen Bezugsrahmen bilden die *Sozialen Verhaltenstheorien.* Die Grundannahme lautet hier, daß menschliches Verhalten weitgehend *situationsabhängig* ist. Der Schluß auf hinter dem Verhalten liegende Ursachen (traits, unbewußte Motive etc.) wird daher nicht vollzogen. Es handelt sich hier also um ein „*direktes* Diagnosemodell" im Gegensatz zu den oben erwähnten „*indirekten* Diagnosemodellen". So wird in der *Verhaltensdiagnostik* der Frage nachgegangen, welche beobachtbaren Variablen ein bestimmtes Verhalten bzw. eine Verhaltensauffälligkeit hervorrufen und aufrecht erhalten. Die Kenntnis dieser Variablen führt häufig unmittelbar in eine *Verhaltenstherapie.* Diagnostik und praktische Anwendung sind somit eng miteinander verbunden. Da Tests in der Regel über Verhaltensänderungen kaum relevante Informationen liefern, spielen sie hier als diagnostische Methode keine große Rolle. Vorherrschende Methoden sind die *Verhaltensbeobachtung* und das *anamnestische Gespräch.*

Neuere *interaktionistische Ansätze* überbrücken die Kluft zwischen alternativer Orientierung an stabilen traits oder an situativen Bedingungen und gehen von der gemeinsamen Wirkung dieser beiden Größen und ihrer wechselseitigen Beeinflussung aus. Im Rahmen dieses theoretischen Konzeptes ist sowohl die Diagnostik stabiler Eigenschaften als auch die Erforschung situativer Bedingungsfaktoren von Bedeutung.

Psychologische Diagnostik vollzieht sich also keineswegs im luftleeren Raum, sondern immer vor dem Hintergrund eines theoretisch-inhaltlichen Bezugsrahmens, der das diagnostische Vorgehen von der Hypothesenbildung über die Methodenauswahl bis hin zur diagnostischen Urteilsbildung entscheidend beeinflußt.

Dies gilt übrigens auch für „die Frau und den Mann auf der Straße", die sich an ihren eigenen „hausgemachten" Theorien („naive" bzw. „implizite Persönlichkeitstheorien") orientieren.

10.2.1 Kontroversen hinsichtlich diagnostischer Ziele und Strategien

Im Spannungsfeld dieser z. T. widersprüchlichen theoretischen Vorannahmen sind Kontroversen über Sinn und Zweck der Psychodiagnostik und über die Frage des Vorgehens entstanden. Historische Wurzeln hat die Kontroverse um *idiographisches versus nomothetisches Vorgehen.* Während sich die idiographische Vorgehensweise eher der geisteswissenschaftlichen Tradition verpflichtet sieht und sich bemüht, die Einzigartigkeit des Individuums abzubilden, zielt die nomothetische Strategie, die an naturwissenschaftlichem Denken orientiert ist, auf das Auffinden von allgemeingültigen Gesetzmäßigkeiten. Diese Kontroverse geht auf eine 1904 von Windelband getroffene Unterscheidung zurück, entzündete sich in den vergangenen Jahrzehnten aber von neuem, wobei oft irrtümlich einzelfallorientiertes Vorgehen als idiographisch kritisiert wurde. Wie aber etwa Petermann (1982) aufzeigt, kann die Analyse von Einzelfällen sowohl unter idiographischer als auch unter nomothetischer Perspektive erfolgen. In der Praxis ist eine Verschränkung von idiographischem und nomothetischem Vorgehen sogar sehr häufig. So schließt sich an die idiographisch orientierte Untersuchung des Individuums oft der Vergleich dieser Person mit anderen an.

Eine Zusammenstellung weiterer kontroverser Zielsetzungen in der Diagnostik stammt von Pawlik (1976).

Danach können Eigenschafts- und Verhaltensdiagnostik, Status- und Prozeßdiagnostik sowie Selektions- und Modifikationsstrategien jeweils unterschieden werden (vgl. auch Schwarzer 1979).

Mit *Eigenschaftsdiagnostik* bezeichnet man die Erfassung von relativ stabilen, d. h. im Laufe der Zeit sich nur wenig ändernden Persönlichkeitsmerkmalen wie Intelligenz, Aggressivität, Neurotizismus etc. Mit Hilfe derartiger Konstrukte soll aktuelles Verhalten erklärt und zukünftiges Verhalten vorhergesagt werden. *Verhaltensdiagnostik* hingegen zielt direkt auf das beobachtbare Verhalten ab. Situative Merkmale werden im Vergleich zu Persönlichkeitsmerkmalen als verhaltensrelevanter angesehen.

Statusdiagnostik meint die Erhebung eines bzw. mehrerer Merkmale zu einem bestimmten Zeitpunkt (Querschnittsanalyse). Aus den Ergebnissen wird meist auf zukünftiges Verhalten geschlossen, wie dies bei Aufnahmeprüfungen der Fall ist. Statusdiagnostik läßt sich dann rechtfertigen, wenn nicht mit zeitlichen Merkmalsveränderungen zu rechnen ist. Demgegenüber zielt die *Prozeßdiagnostik* auf die Messung von Veränderungen ab, wie dies etwa zur Kontrolle von Therapieerfolgen erforderlich ist. Dazu werden über mehrere Zeitpunkte hinweg Erhebungen gemacht (Längsschnittanalyse). Ein Hauptproblem ist hier allerdings, daß es bisher kaum praktikable Möglichkeiten gibt, Veränderungen zuverlässig zu erfassen.

Selektionsstrategie liegt dann vor, wenn entweder für eine bestimmte Bedingung aus mehreren Personen die geeignete herausgesucht wird (z. B. bei Aufnahmeprüfungen, Eignungsuntersuchungen) oder aber, wenn für eine bestimmte Person die geeignetste Bedingung (z. B. Berufs- und Schullaufbahnberatung) gesucht werden soll. Gemeinsam ist beiden Vorgehensweisen die Annahme von stabilen Merkmalsausprägungen bei der Person. Diese Annahme ist aber nicht unproblematisch, da die Stabilität von globalen Eigenschaften schon vor Jahren in Frage gestellt wurde (vgl. Mischel 1968).

Modifikationsstrategie bedeutet Diagnostik zum Zwecke der Veränderung der Person oder der Bedingungen. Man sucht nach Informationen, wie eine Person etwa gefördert werden kann (Therapie, Ausbildung etc.), um bestimmten Anforderungen zu genügen, oder danach, wie bestehende Bedingungen modifiziert werden können (Arbeitsplatzgestaltung), um einer bestimmten Person zu entsprechen. Der Modifikationsansatz ist vor allem für die Planung und Durchführung von Psychotherapie und Beratung wichtig. Er setzt allerdings voraus, daß die angestrebten Ziele (Lernziele der Schule, Therapieziele etc.) genau definiert werden, damit die Effizienz von Änderungsmaßnahmen geprüft werden kann.

Es ist deutlich geworden, daß Eigenschafts- und Statusdiagnostik mit der Selektionsstrategie korrespondieren.

Den gemeinsamen theoretischen Bezugsrahmen dieser drei Vorgehensweisen stellen die klassischen Persönlichkeitstheorien (Eigenschaftstheorien) dar. Demgegenüber sind Verhaltens- und Prozeßdiagnostik eher auf Modifikationsstrategien ausgerichtet. Ihr gemeinsames theoretisches Bezugssystem bilden die sozialen Verhaltenstheorien. Es wäre unvernünftig zu fordern, daß Psychodiagnostik nur eine der genannten Zielrichtungen verfolgen soll. Sinnvoller ist eher die Wahl der geeigneten diagnostischen Strategie für eine bestimmte Fragestellung und deren Integration in einem übergeordneten interaktionistischen Bezugsrahmen. Festzuhalten bleibt, daß man sich bei der konkreten Anwendung der einen oder anderen Strategie stets der jeweiligen persönlichkeitstheoretischen Grundannahmen bewußt sein sollte.

10.3 Psychodiagnostische Methoden

Zur Beantwortung einer diagnostischen Fragestellung steht eine Vielzahl von Methoden bzw. diagnostischen Instrumenten zur Verfügung: Verhaltensbeobachtung, Gespräch, Tests etc. Welche Methoden man verwendet, wird aber - wie bereits angedeutet - in erster Linie durch das eigene theoretische Bezugssystem bestimmt: Ein Psychoanalytiker bevorzugt das Gespräch, ein Verhaltenstherapeut Beobachtungsverfahren etc. Aber auch die Fragestellung ist wichtig. So spielen beispielsweise Tests im Selektionsansatz eine besondere Rolle, weniger aber bei Modifikationsstrategien.

10.3.1 Qualitative vs. quantitative Verfahren

Man unterscheidet quantitative und qualitative Methoden. Während qualitative Verfahren eine Person anhand verschiedener Charakteristika beschreiben, ohne

Angaben über deren Ausprägung zu machen, stellt die quantitative Diagnose stets Angaben in Maßzahlen zur Verfügung. Psychometrischen Tests als typischer quantitativer Methode stehen die „klassischen" qualitativen Methoden wie das Gespräch (Anamnese, Exploration, Interview), projektive Testverfahren, Graphologie und Ausdrucksanalyse gegenüber.

In der Kontroverse zwischen qualitativem und quantitativem Vorgehen haben die Befürworter des mehr qualitativen (intuitiven, klinischen) Ansatzes darauf hingewiesen, daß die Einmaligkeit und Komplexität eines Individuums nur mit qualitativen Methoden erfaßt werden können. Die Anwendung von Tests führe zu einer unzulässigen Simplifizierung („quantitative Reduktion"). Die Befürworter des quantitativen (psychometrischen, statistischen) Ansatzes der Psychodiagnostik haben dagegen der anderen Seite unwissenschaftliche Spekulation vorgeworfen und auf die Gütekriterien der quantitativen Methoden hingewiesen. Nach ihrer Meinung würden die „Kliniker" zu sehr auf ihre Erfahrung und ihre Intuition vertrauen und die Gültigkeit ihrer diagnostischen Urteile und Vorhersagen einfach unkritisch voraussetzen. Die Kontroverse um qualitative vs. quantitative Methoden ist eng mit der Auseinandersetzung zwischen nomothetischem und idiographischem Vorgehen (s. o.) und mit der Frage von klinischer oder statistischer Urteilsbildung verbunden (s. u.).

Cronbach (1970) hat die Vor- und Nachteile beider Denkrichtungen aufgezeigt und für die Beachtung *sowohl* des „klinischen" *als auch* des „statistischen" Untersuchungsansatzes plädiert: Qualitative Daten müßten durch quantitative überprüft und abgesichert werden. Aber auch quantitative Daten bedürften der Ergänzung durch qualitative; dies auch, weil es für viele diagnostisch relevante Merkmale überhaupt keine Tests gebe.

In jedem Fall sei eine empirische Kontrolle der diagnostischen Methoden zu fordern.

Die kombinierte Verwendung unterschiedlicher Methoden wird auch im Ansatz der multimethodalen bzw. *multimodalen Diagnostik* vertreten. Die beiden Begriffe werden manchmal gleichbedeutend verwendet, entstammen aber verschiedenen Traditionen. Multimethodale Diagnostik meint oft nur die Verwendung unterschiedlicher diagnostischer Instrumente, wohingegen der multimodale Ansatz die kategoriale Verschiedenheit dieser Datenquellen (Erleben, Verhalten und physiologische Ebene) und die Messung über verschiedene Termine, Prozeßphasen und Situationen fordert (Fahrenberg, 1987).

In den letzten Jahrzehnten konnte eine Art Renaissance des qualitativen Ansatzes erlebt werden. Durch Vorgabe genauer Richtlinien für Durchführung und Auswertung sowie durch qualitative Gütekriterien soll das qualitative Vorgehen dabei aber methodisch präziser faßbar werden (vgl. Mayring, 1990). Bevor auf diese Verfahren genauer eingegangen wird, soll zunächst das klassische Verfahren des Tests beleuchtet werden.

10.3.2 Psychologische Tests

In der Öffentlichkeit werden Psychodiagnostik und Testpsychologie häufig gleichgesetzt, obwohl besonders im therapeutisch-beraterischen Bereich (Modifikationsstrategie) andere Methoden durchaus verbreitet sind. In vornehmlich eignungs- und fähigkeitsdiagnostischen Praxisfeldern (Selektionsdiagnostik) sind Tests allerdings oft tatsächlich das einzige Handwerkszeug.

Was ist ein Test?

Als *Test* bezeichnen wir ein wissenschaftliches Prüfverfahren, das unter standardisierten Bedingungen relativ objektive, zuverlässige (reliable) und gültige (valide) Informationen über den individuellen Ausprägungsgrad eines oder mehrerer Persönlichkeitsmerkmale liefert. *Testen* bedeutet demnach die Herstellung standardisierter (d. h. in gleicher Weise wieder reproduzierbarer) Beobachtungssituationen, in denen alle Probanden (Testpersonen) unter gleichen Bedingungen gleiche Aufgaben (Items) zu lösen versuchen. Die Lösungen werden in festgelegter Weise protokolliert, ausgewertet und interpretiert. Das Testergebnis wird oft in Form von Meßzahlen (Testscores) ausgedrückt.

Die meisten Tests bestehen aus einer Vielzahl von zu lösenden Aufgaben oder zu beantwortenden Fragen, den sog. *Items*. Im Sinne des zu messenden Merkmals richtig gelöste Items werden zum sog. *Testscore* zusammengefaßt. Komplexere Tests, die mehrere Merkmale gleichzeitig erfassen, bestehen aus verschiedenen *Subtests* (mehrdimensionale Tests). In solchen Fällen erhält man mehrere Meßwerte.

Klassifikation von Tests

Tests lassen sich nach verschiedenen Gesichtspunkten ordnen, von denen einige im folgenden erwähnt werden sollen.

1. Testinhalte
Eine am Testinhalt orientierte, sehr gebräuchliche Einteilung und Übersicht bietet das folgende Klassifikationsmodell psychologischer und pädagogischer Tests nach Brickenkamp (1975, S. 13):

Leistungstests (Entwicklungstests, Intelligenztests, Allgemeine Leistungstests, Schultests, spezielle Funktions- und Eignungstests) geben Aufschluß über Fähigkeiten und Fertigkeiten eines Individuums. Sie bestehen in der Regel aus einer Vielzahl von Problemlöseaufgaben, deren Beantwortung als richtig oder als falsch eingestuft wird.

Psychometrische Persönlichkeitstests (Persönlichkeitsstrukturtests, Einstellungs- und Interessentests, Klinische Tests) sind meistens Fragebogen. Ein Fragebogen besteht in der Regel aus einer Liste von Fragen, die sich auf Gefühle, Vorlieben, Abneigungen, Interessen und Meinungen der Probanden beziehen. Die Beantwortung der Fragen erfolgt in der Mehrzahl der Fälle anhand zwei- oder mehrstufiger Antwortkategorien (stimmt - stimmt nicht; trifft gar nicht zu - teils/teils - trifft vollständig zu). Der Proband hat dabei eine subjektive Selbstbeurteilung oder Selbstbeschreibung vorzunehmen; daher gibt es keine richtigen oder falschen Lösungen.

Fragebögen sind ein- oder mehrdimensional konzipiert, d. h., sie können sich auf eine oder mehrere Persönlichkeitsdimensionen (z. B. Neurotizismus, Depressivität, Aggressivität, Ängstlichkeit) beschränken. Problematisch bei dieser Methode ist, daß Fragebögen leicht verfälschbar sind und oft ein hohes Maß an

Selbstreflexion voraussetzen. Auch weiß man nie so recht, ob eine Person so geantwortet hat, wie sie sich selbst sieht oder aber wie sie sein möchte. Neuere Ansätze sehen dieses Phänomen allerdings nicht als Verfälschung, sondern gehen ganz bewußt davon aus, daß die im Fragebogen gegebenen Antworten für den Probanden eine Art der Selbstdarstellung sind (vgl. z. B. Baumeister et al. 1989).

Persönlichkeits-Entfaltungs-Verfahren (Formdeuteverfahren, verbal-thematische Verfahren, zeichnerische und Gestaltungsverfahren) sind sog. projektive Tests. Sie bestehen aus weitgehend unstrukturiertem Material (z. B. Klecksbilder, angefangene Geschichten, Spielmaterial) oder mehrdeutigen Bildern, die vom Probanden vollendet bzw. gedeutet werden müssen. Dabei wird davon ausgegangen, daß die Testpersonen bei der Strukturierung des Materials ihre unbewußten Ängste, Einstellungen und Vorurteile in die Geschichte oder das Bild projizieren. Diese Verfahren erfüllen allerdings in der Regel nicht die strengen Testgütekriterien (s. u.) und werden daher häufig den qualitativen Methoden zugerechnet.

2. Testungsstrategien
Die meisten Tests sind sog. *Konstrukttests* (Kleber 1979). Sie erlauben einen wissenschaftlich begründbaren Rückschluß vom Testverhalten auf dahinterliegende Eigenschaften und Fähigkeiten (Konstrukte). Diese Tests sind normorientiert, da das Testergebnis einer Person relativ zur durchschnittlichen Leistung (= Norm) einer Bezugsgruppe gesehen wird.

Bei den aus dem pädagogischen Bereich stammenden *kriterienorientierten Tests* (lehrzielorientierte Leistungsmessung) wird dagegen die individuelle Testleistung nicht mit einer Bezugsgruppe verglichen, sondern mit einer Idealnorm, dem Lehrziel (vgl. Klauer 1978). Diese Tests gestatten keine Aussagen über die Fähigkeiten und Eigenschaften eines Schülers, sondern informieren darüber, ob ein vom Lehrer gesetztes Unterrichtsziel erreicht wurde. Der Rückschluß auf „dahinterliegende“ Konstrukte entfällt (Fricke 1974).

3. Formale Unterscheidungen
Neben der Einteilung nach Inhalt und Testungsstrategie lassen sich Tests auch formal ordnen (vgl. Lienert 1969). Nach der Durchführungszeit kann man zeitgebundene *Schnelligkeitstests* (speed-tests) von Tests ohne Zeitbeschränkung, sog. *Niveautests* (power-tests), unterscheiden. Die Durchführung eines Tests kann des weiteren entweder in einer Gruppe oder nur mit Einzelpersonen erfolgen *(Gruppen- bzw. Individualtests).*

Schließlich läßt sich zwischen *verbalen* und *nicht-verbalen* Tests unterscheiden oder aber nach der Anzahl der zu erfassenden Persönlichkeitmerkmale zwischen *ein- und mehrdimensionalen* Tests. Jeder Test ist natürlich mehreren dieser Kategorien zuordbar.

10.3.3 Testgütekriterien

Damit ein Test als wissenschaftliches Prüfverfahren anerkannt werden kann, muß er die sog. Testgütekriterien erfüllen. Diese lassen sich nach Lienert (1969) in Haupt- und Nebengütekriterien unterteilen. Die *Hauptgütekriterien* heißen Objektivität, Reliabilität und Validität. Sie gelten nicht nur für Tests, sondern auch für andere psychologische Methoden. Ihr Ausprägungsgrad ist unter Verwendung korrelativer Untersuchungsansätze berechenbar. Zu den *Nebengütekriterien* zählen Normierung, Vergleichbarkeit, Ökonomie und Nützlichkeit (vgl. Fissen 1991).

Objektivität (interpersonelle Übereinstimmung)

Objektivität wird in der Testpsychologie als Grad der Unabhängigkeit einer Messung von situativen Umständen und von der Person des Messenden definiert. Der Terminus bezieht sich auf die Testdurchführung, die Auswertung und die Interpretation.

Hohe *Durchführungsobjektivität* kann man durch eine genaue Standardisierung der Testsituation erreichen. Hierzu gehört in erster Linie die präzise Festlegung der Testanweisungen (Instruktionen). Die *Auswerteobjektivität* läßt sich z. B. durch eine mechanische Auswertung mit Schablonen oder gar durch elektronische Datenverarbeitung erhöhen. Ein Maß für diese Objektivität erhält man durch Interkorrelation der Testergebnisse, die verschiedene Testauswerter an derselben Stichprobe erzielen. Die *Interpretationsobjektivität* bezieht sich auf die Schlüsse, die sich aus einem Testergebnis ziehen lassen. Um sie abzusichern. sind u. a. präzise Interpretationsrichtlinien, Normen und Vergleichsdaten notwendig.

Reliabilität (Zuverlässigkeit)

Die Reliabilität ist ein *formales* Gütemerkmal und bezieht sich auf die Meßgenauigkeit eines Instruments. In der Testpsychologie werden mehrere Reliabilitätsarten unterschieden, die mittels verschiedener Methoden erhoben werden. Zwei Beispiele: Die *Retest-Reliabilität* wird bestimmt, indem man einen Test an ein und derselben Stichprobe nach einer gewissen Zeit wiederholt und die Ergebnisse miteinander vergleicht (korreliert). Die Retest-Reliabilität gestattet somit Aussagen über die Stabilität des Tests. Dabei geht aber gleichzeitig die Stabilität (zeitliche Konstanz) des gemessenen Merkmals mit ein, so daß eine hohe Retest-Reliabilität auch für den prognostischen Wert des Tests spricht. Ist das gemessene Merkmal aber selbst unstabil (Merkmalsfluktuation), der Test jedoch gut, so wird auch der berechnete Reliabilitätskoeffizient niedrig sein müssen.

Die *Paralleltest-Reliabilität* eines Verfahrens errechnet man, indem man zwei Parallelformen eines Tests an der gleichen Stichprobe durchführt und die Ergebnisse miteinander korreliert. Paralleltests sind Tests, die ein und dasselbe Merkmal erfassen und insbesondere hinsichtlich ihrer testtheoretischen Kennwerte als äquivalent anzusehen sind. Durch die Verwendung derartiger Paralleltests lassen sich Verfälschungen durch Erinnerungseffekte bei der Testwiederholung reduzieren.

In der Regel werden mehrere Reliabilitätsarten bestimmt, weil diese unterschiedliche Informationen liefern. Erwartet wird ein jeweils „hoher“ bis „sehr hoher“ Reliabilitätskoeffizient ($r =$ ca. .75 bis annähernd 1.00).

Kein Test erreicht jedoch die Präzision eines Metermaßes oder einer Stoppuhr, was auch an der Natur der zu messenden Materie liegt. Verhaltens- und Erlebensweisen von Menschen sind schwerer zu messen als etwa Größe und Gewicht von Gegenständen. Testergebnisse stellen wegen des Einflusses zahlreicher Fehlergrößen lediglich grobe Anhaltspunkte dar. Darüber darf man sich auch durch die oft fein differenzierten Skalen (z. B. „Hans hat einen IQ von 115“) nicht hinwegtäuschen lassen. Kennt man die Reliabilität eines Tests, so läßt sich der sog. *Standardmeßfehler* berechnen. Mit seiner Hilfe kann der Bereich abgeschätzt werden, innerhalb dessen man im Rahmen der klassischen Testtheorie den „wahren“ Testwert vermuten darf („Hans hat mit einer Irrtumswahrscheinlichkeit von 5 % einen IQ zwischen 100 und 130“).

Validität (Gültigkeit)

Bei der Validität handelt es sich um ein *inhaltliches* Gütekriterium. Sie ist der Grad der Genauigkeit, mit dem ein Meßinstrument das mißt, was es zu messen vorgibt. So ist beispielsweise ein Intelligenztest nur dann valide, wenn er tatsächlich die entsprechenden kognitiven Fähigkeiten mißt und nicht etwa kulturelle Anpassung oder schichtspezifische Kenntnisse, wie dies oft an Intelligenztests kritisiert wird. Den Nachweis der Validität zu erbringen, ist eine sehr schwierige Aufgabe.

Der Begriff Validität ist ebenfalls ein Oberbegriff für verschiedene spezifische Validitätsformen, die sich in der jeweiligen methodischen Vorgehensweise unterscheiden.

Die *Inhaltsvalidität* stellt die einfachste Form dar. Sie liegt vor, wenn den Testaufgaben per Augenschein (Expertenurteil) zu entnehmen ist, was der Test mißt. So bedürfen Rechentests nicht erst des empirischen Nachweises, daß sie etwas mit Rechnen zu tun haben. Kriterienorientierte Tests, die ja messen sollen, ob ein Lehrziel erreicht wurde, lassen sich meist hinsichtlich ihrer inhaltlichen Validität leicht begründen. Voraussetzung ist lediglich, daß die Testaufgaben das zu messende Kriterium repräsentieren. Psychologische Tests (Konstrukttests) bedürfen dagegen meist einer empirischen Überprüfung ihrer Validität an einem Außenkriterium (auch empirische bzw. kriterienbezogene Validität). Mögliche Außenkriterien für die Validierung eines Intelligenztests z. B. sind Schulnoten, Examenserfolg, Berufserfolg, Vorgesetztenurteile und andere Intelligenztests. Die Auswahl eines geeigneten Außenkriteriums ist aber oft schwierig, da dieses ja selbst reliabel und valide sein muß. Werden die Testergebnisse mit bereits vorliegenden Kriterien verglichen, spricht man von *Übereinstimmungsvalidität* (z. B. die Übereinstimmung zwischen den Werten, die Schüler in einem Intelligenztest erzielen, und ihren Mathematiknoten im letzten Zeugnis). Wird das Kriterium zu einem späteren Zeitpunkt erhoben, handelt es sich um die *prognostische Validität* eines Tests. Dies ist etwa der Fall, wenn die Ergebnisse eines Schuleingangstests den späteren Schulerfolg (Kriterium) vorhersagen sollen.

Bei der *Konstruktvalidität* hingegen geht es um eine umfassende Analyse der psychologischen Bedeutung der gemessenen Merkmale. Dabei wird der Test an einer zugehörigen psychologischen Theorie validiert (und umgekehrt). Besagt z. B. eine Aggressionstheorie, daß Männer aggressiver sind als Frauen oder daß autoritär erzogene Kinder häufiger zu Aggressionen neigen als demokratisch erzogene, so wird mit Hilfe der Konstruktvalidierung überprüft, ob die aus der Theorie abgeleiteten Aussagen durch die Testergebnisse bestätigt werden. Validitätskoeffizienten ab r=. 35 werden meist als befriedigend gewertet. Werte über .80 sind in der Praxis kaum vorfindbar.

Die genannten Gütekriterien sind nicht unabhängig voneinander, sondern stehen in *hierarchischer Beziehung zueinander*. Ein valider Test ist auch reliabel und objektiv. Ein Test, der reliabel ist, muß dagegen nicht valide sein (wenn er sehr präzise mißt, aber ein anderes als das gewünschte Merkmal erfaßt), wohl aber ist er objektiv. Zweifelsohne ist die Gültigkeit eines Tests das bedeutsamste Gütekriterium; denn ein Test, der nicht gültig ist, ist wertlos, mögen seine Reliabilität und Objektivität noch so hoch sein.

Normierung (Testeichung)

Ein brauchbarer Test muß Normen aufweisen; *Testnormen* sind empirisch erhobene Vergleichsdaten, die ein Bezugssystem für die Testinterpretation liefern. Sie werden dadurch gewonnen, daß man den Test mit einer möglichst großen Anzahl von Personen durchführt, welche die Personengruppen möglichst genau widerspiegeln (repräsentieren), auf die der Test anwendbar ist. Nur wenn die *Repräsentativität der Eichstichprobe* gewährleistet ist, können die Leistungen eines Individuums mit den so erhaltenen Normen sinnvoll verglichen werden. In vielen Fällen genügt allerdings eine einheitliche Normierung nicht; spezielle Gruppennormen müssen berechnet werden, z. B. Altersnormen, Geschlechtsnormen, Schulartennormen.

Nicht notwendig sind empirische Normen für lernzielorientierte Tests, wie sie in der Schule häufig verwendet werden. Hier stellt das präzise formulierte Lernziel die verbindliche Idealnorm dar, an der die Leistung eines Schülers gemessen wird.

Neben der Normierung nennt Lienert noch die *Ökonomie* eines Tests als wichtiges Nebengütekriterium. Als *ökonomisch* wird ein Test angesehen, wenn er u. a. in relativ kurzer Zeit viele Informationen liefert, möglichst einfach durchzuführen und auszuwerten ist, als Gruppentest durchgeführt werden kann und möglichst wenig Material verbraucht.

10.3.4 Neuere qualitative Ansätze

Philipp Mayring spricht 1989 von einer qualitativen Wende, die sich aus der Unzufriedenheit an den verbreiteten standardisierten Instrumenten speise. Kritisiert wird an den herkömmlichen Instrumenten, daß die Versuchsperson nicht eigentlich zu Wort komme, sondern nur auf vorgegebene Kategorien reagieren, Kreuzchen machen könne. Typisch für qualitative Ansätze sei dagegen die Orientierung am Subjekt und an dessen Sichtweisen. Als Erhebungsverfahren werden von Mayring (1990) das Interview (problemzentriert oder narrativ), die Gruppendiskussion und die teilnehmende Beobachtung genannt. Bei der Auswertung werden etwa nach einer wörtlichen Transkription eine schrittweise Zusammenfassung und Reduktion vorgenommen. Schließlich werden eigene qualitative Gütekriterien propagiert, da die klassischen Gütekriterien für diese Art der Forschung nicht sinnvoll anwendbar seien. Die Zuverlässigkeit (Reliablität) der Verfahren soll etwa dadurch gesichert werden, daß Auswertung und Interpretation nach expliziten Regeln geschieht und nachvollziehbar ist. Die Gültigkeit (Validität) soll unter anderem durch das Besprechen der Ergebnisse mit den untersuchten Personen (kommunikative Validierung) gewährleistet werden.

10.4 Der psychodiagnostische Prozeß

Grob gesprochen läßt sich der *Verlauf einer psychologischen Diagnose* in *5 Phasen* gliedern: (1) Die Fragestellung, (2) Planung der Untersuchung, (3) Durchführung der Untersuchung, (4) Auswertung und Interpretation, (5) Beantwortung der Fragestellung. Diese Phasen sollen im folgenden kurz besprochen werden (vgl. Hartmann 1973).

10.4.1 Die Fragestellung

Ausgangspunkt des diagnostischen Prozesses ist in der Regel das Anliegen eines Auftraggebers (der Betroffene, Eltern, Lehrer etc.). Gehen wir im folgenden davon aus, daß sich Auftraggeber X mit einem bestimmten Problem (Lernschwierigkeiten, neurotische Verhaltensstörung, Eignungsfragen etc.) an die Diagnostikerin Y wendet. Der dann ablaufende diagnostische Prozeß soll hier kurz erläutert werden. Bei der Kommunikation mit dem Auftraggeber muß die Diagnostikerin zunächst beachten, daß der Auftraggeber in der Regel Laie ist und keine fachpsychologische Sprache spricht. Sie muß also einen Übersetzungsprozeß von der Alltagssprache in Fachsprache und zurück leisten.

Wichtig ist in diesem Zusammenhang auch, ob Auftraggeber und Proband identisch sind oder nicht, da dies weitgehende Konsequenzen auf die Bereitschaft des Probanden zur Mitarbeit und auf die Einstellung der Diagnostikerin gegenüber dem Auftrag und gegenüber dem Probanden haben kann. So sind die Voraussetzungen bei einer Person, die sich freiwillig einer psychologischen Untersuchung unterzieht, im allgemeinen günstiger als bei einem Jugendlichen, der gegen seinen Willen von seinen Eltern geschickt wird.

10.4.2 Die Planung der Untersuchung

Um eine gegebene Frage zu beantworten, müssen zunächst Daten von Personen erhoben werden. Dazu wird die Diagnostikerin nicht ziellos beliebige Methoden anwenden, sie wird - ausgehend vom Ziel der Diagnose (Selektionsdiagnostik, Modifikationsstrategie etc.) und aufgrund ihrer bisherigen Informationen über den Probanden sowie aufgrund ihrer Fachkenntnisse (persönlichkeitstheoretischer Bezugsrahmen) - Hypothesen formulieren, die zu einer *Begrenzung* und *Auswahl relevanter Methoden* führen. Letztes Auslesekriterium sollte aber immer die *Validität einer Methode* bezüglich der Überprüfung der antizipierten Diagnose sein. Dies setzt natürlich gute Kenntnisse der einschlägigen Forschungsergebnisse sowie der in Frage kommenden diagnostischen Methoden voraus.

Da für die Planung einer diagnostischen Untersuchung bislang keine gesicherten empirischen Ergebnisse vorliegen, ist es der Diagnostikerin weitgehend anheimgestellt, wie sie vorgeht. Wichtig ist, daß sie die Planung flexibel gestaltet, so daß sie den individuellen Besonderheiten gerecht werden kann und auch noch im Fortgang der Untersuchung evtl. neuaufkommende Hypothesen aufzugreifen vermag.

10.4.3 Die Durchführung der Untersuchung

In dieser Phase des diagnostischen Prozesses spielen Kommunikation und Interaktion zwischen Diagnostikerin und Proband eine entscheidende Rolle. Das Verhalten des Probanden hängt nämlich nicht nur von seinen individuellen Eigenarten und Fähigkeiten ab, sondern auch von der diagnostischen Situation, in welcher die Diagnostikerin ein sehr wichtiger Bestandteil ist. Die Neuartigkeit und Fremdheit der Testsituation, Testängste, Erwartungen und Einstellungen der Diagnostikerin gegenüber etc. können zu schwerwiegenden *Verzerrungen* führen. So haben empirische Untersuchungen gezeigt, daß schon geringfügige Änderungen der Situation das Verhalten des Probanden stark beeinflussen können. Daher ist es wichtig, bei einer Testabnahme die standardisierten Instruktionen genauestens einzuhalten. Umgekehrt wird aber auch das Verhalten der Versuchsleiterin durch den Probanden beeinflußt. Alter, Geschlecht, soziale Herkunft, Aussehen usw. können bei der Diagnostikerin bestimmte Einstellungen und Erwartungen hervorrufen, die sich auf ihre Wahrnehmung und ihr Verhalten auswirken. Besondere Probleme treten auf, wenn der Proband nicht offen und ehrlich mitarbeitet, wenn er versucht, die Untersuchung zu unterlaufen, relevante Informationen verschweigt oder verfälscht. Der Diagnostikerin kommt in dieser Phase die schwierige Aufgabe zu, die Situation zu entspannen, situativ bedingte Ängste abzubauen und den Probanden zur Mitarbeit zu motivieren oder die Untersuchung abzubrechen. Insgesamt muß sie für einen reibungslosen Ablauf der Untersuchung sorgen und Störungen möglichst ausschalten.

10.4.4 Die diagnostische Urteilsbildung

Ziel dieser Phase ist, die Bewertung der verschiedenen Informationen vorzunehmen, und zwar so, daß ein zusammenfassendes Urteil möglich wird. Es umfaßt sowohl die Auswertung der erhobenen Befunde als auch deren Interpretation in bezug auf die Fragestellung.

Schwieriger als die Auswertung, die meist regelgeleitet vor sich geht, ist im allgemeinen die *Interpretation* der Befunde. Welchen Stellenwert haben die einzelnen Befunde? Was bedeuten sie im Hinblick auf die Fragestellung? Wie lassen sie sich ordnen und zu einem Urteil zusammenfassen etc.? Die Beantwortung derartiger Fragen hängt in hohem Maße vom persönlichkeitstheoretischen Bezugssystem der Diagnostikerin ab. So wird etwa die Information, daß der Proband als Säugling nicht gestillt wurde, von einer psychoanalytisch geschulten Diagnostikerin anders bewertet werden als von einem Verhaltensdiagnostiker. Aber auch andere Faktoren wie Sensibilität, Einfühlungsvermögen und kognitive Fähigkeiten der Diagnostikerin können sich hier stark bemerkbar machen.

Die vorliegenden Daten und Interpretationen werden schließlich zu einem komplexen Urteil verdichtet. An der Frage, wie man nun zu einer Stellungnahme kommen sollte, scheiden sich die Geister. Die Kontroverse um verschiedene Wege der diagnostischen Urteilsbildung hatte ihren Höhepunkt in den 50er und 60er Jahren. Während die Vertreter klinischer Urteilsbildung die Daten auf der Basis von Intuition und Erfahrung integrieren, werden die Daten bei der statistischen

Urteilsbildung mechanistisch und nach expliziten Regeln gewichtet. Klinische Urteilsbildung, die Mehl (1970) als kasuisitische Urteilsbildung charakterisierte, orientiert sich am Einzelfall, wohingegen statistische Urteilsbildung unabhängig vom untersuchten Individuum nach immer gleichen Regeln verläuft. Meehl (1954) verglich die Gültigkeit „statistischer" und „klinischer" Vorhersagen und belegte die Überlegenheit des statistischen Vorgehens. Seine These blieb allerdings nicht unwidersprochen (vgl. Holt 1958, 1970).

10.4.5 Die Beantwortung der Fragestellung

In dieser Phase muß die Diagnostikerin das Urteil, das sie sich gebildet hat, in die Sprache des Auftraggebers zurückübersetzen und diesem mitteilen. Dies kann mündlich geschehen (Beratungsgespräch) oder schriftlich in Form eines Gutachtens. Um Mißverständnisse zu vermeiden, empfiehlt sich meist die Kombination beider Möglichkeiten.

10.5 Neue Ansätze in der Diagnostik

Aus der Kritik am traditionellen diagnostischen Vorgehen haben sich in den letzten Jahren verschiedene neuere Ansätze entwickelt (vgl. auch Pawlik 1976). Folgende neue Strömungen lassen sich unterscheiden:

Interaktions-, Beziehungs- und Familiendiagnostik

Der klassischen Diagnostik wurde unter anderem die ausschließliche Orientierung am Individuum vorgeworfen, welche die Interaktion zwischen Personen und deren Beziehungen untereinander unberücksichtigt läßt.

Da es unzureichend sei, eine Gruppe nur als Summe ihrer einzelnen Mitglieder zu verstehen, wurde gefordert, auch die Art und Weise, wie die einzelnen miteinander umgehen, und das gesamte Beziehungsgefüge innerhalb der Gruppe zu berücksichtigen. Als besonders prägnante Subdisziplin im Bereich der Interaktions- und Beziehungsdiagnostik hat sich in den letzten Jahren die Familiendiagnostik etabliert (vgl. Cierpka 1988; Schneewind 1991). Neben Fragebogen nehmen hier auch Beobachtungsverfahren eine wichtiger Rolle ein.

Die Familie wird etwa bei der Bearbeitung einer gemeinsamen Aufgabe wie der Planung einer Urlaubsreise beobachtet. Bei der sogenannten Familienskulptur wird ein Mitglied der Familie gebeten, Beziehungen und Hierarchien durch die Anordnung der Familienmitglieder im Raum plastisch sichtbar zu machen.

Systemische Diagnostik

Als Alternative zur klassischen Verhaltensanalyse hat sich im Bereich der Klinischen Psychologie die systemische Diagnostik entwickelt. Systemiker bemängeln, daß die klassische Problemanalyse lineal denke, d. h. von einfachen, unidirektionalen Ursache-Wirkungszusammmenhängen ausgehe. Demgegenüber fordern sie, daß Vernetzungen, Regelkreise und Rückkoppelungsprozesse, wie zum Beispiel Eskalationen, berücksichtigt werden (vgl. Schiepek 1986). Systemische Diagnostik strebt an, unter Einbeziehung verschiedener theoretischer Erklärungsmodelle ein idiographisches Systemmodell für das Funktionieren eines Individuums (eines Paares/ einer Familie) zu erstellen. Die einzelnen Variablen dieses Systemmodelles sind dabei vor allem in ihrer Relation zueinander von Bedeutung.

Situative Verfahren

Ausgehend von der Kritik am Modell stabiler Eigenschaften (Mischel 1968) wurden in den letzten Jahren verschiedene situationsspezifische Fragebogen konstruiert. Die Vorhersagemöglichkeiten eines Fragebogens, der das globale Konstrukt „Ängstlichkeit“ mißt, lassen sich nämlich dann steigern, wenn das Konstrukt situativ spezifiziert wird, wenn man etwa speziell Prüfungsängstlichkeit mißt, um das Verhalten in einer Prüfungssituation vorherzusagen. Während traditionelle Fragebogen nach typischem Verhalten fragen und vom Probanden quasi eine Durchschnittsbildung über verschiedene Situationen fordern, konkretisieren situative Verfahren den jeweils relevanten Erlebnisbereich.

Noch weiter als diese Verfahren, die (situativ spezifizierte) Eigenschaften erfassen, gehen die sogenannten Situations-Reaktions-Inventare, die feststellen sollen, wie sich verschiedene Situationstypen auf das Verhalten auswirken (vgl. Petermann & Petermann 1980). Eine dritte Gruppe von Verfahren sind situative Übungen, bei denen diagnostisch relevante Verhaltensweisen in möglichst realitätsnahen Situationen beobachtet werden.

Dabei werden etwa Rollenspiele, Gruppendiskussionen und jobsimulierende Aufgaben eingesetzt. Im sogenannten Assessment-Center, das vor allem zur Auswahl leitender Angestellter und Manager eingesetzt wird, ist eine Vielzahl solcher Aufgaben kombiniert (vgl. Sarges 1990).

Zustandsdiagnostik

Anliegen der Zustandsdiagnostik, die sich ebenfalls vom Modell stabiler Eigenschaften abgrenzt, ist es, das aktuelle Empfinden einer Person in einer gegebenen Situation zu erfassen. Die theoretische Trennung und methodische Erfassung von Eigenschafts- und Zustandsangst wurde erstmals von der Forschungsgruppe um R. B. Cattel vorgenommen (Cattel & Scheier 1961). Charles Spielberger und Mitarbeiter haben sich in den letzten Jahrzehnten ebenfalls damit beschäftigt, primäre Emotionen wie Angst, Ärger und Neugier sowohl als Eigenschaften wie als Zustände diagnostisch zu erfassen (vgl. z. B. Spielberger 1988). Für die Bereiche Angsterleben und Ärgerausdruck liegen mittlerweile auch deutschsprachige Verfahren zur Zustandsdiagnostik vor (Laux et al. 1981; Schwenkmezger et al. 1992). Die Bedeutung der Erfassung von emotionalen Zuständen kann an einem Beispiel illustriert werden: Ein Schüler kommt wegen Schulschwierigkeiten in psychologische Beratung. Wenn nun über die stabile Eigenschaft „Ängstlichkeit“ hinaus festgestellt werden kann, wie sich das Ausmaß seiner Angst im Verlauf verschiedener Situationen ändert, finden sich hierdurch bereits konkrete Ansatzpunkte für die therapeutische Intervention.

Idiographische Verfahren

Im Zuge der Kontroverse um nomothetisches vs. idiographisches Vorgehen (s. o.) wurde an traditionellen Tests auch bemängelt, daß sie der Einzigartigkeit des Individuums nicht gerecht werden und jeden Probanden in das gleiche Schema pressen. Eine Alternative hierzu bieten idiographische Verfahren, die flexibel dem zu diagnostizierenden Individuum angepaßt werden. So werden etwa beim Rollen-Konstrukt-Repertoire-Test (REP-Test) nach Kelly (1955) Rollen vorgegeben (z. B. „erfolgreiche Person", „Lieblingslehrer", „bemitleidete Person"), zu denen sich die untersuchte Person konkrete Menschen aus ihrer eigenen Biographie vorstellt. Diese Menschen soll sie dann auf verschiedenen Dimensionen miteinander vergleichen. Die Testinhalte unterscheiden sich insofern von Proband zu Proband. Mittlerweile ist der REP-Test auch als deutschsprachige und per Computer auswertbare Version erhältlich (Riemann 1991).

Adaptives Testen

Aus der idiographisch orientierten Argumentation, daß Tests oft viel zu wenig auf das Individuum zugeschnitten sind, das dann über- oder unterfordert wird, entwickelte sich im Bereich der Intelligenzdiagnostik das sogenannte antwortabhängige (adaptive) Testen, bei dem die Vorgabe weiterer Items von der jeweiligen Beantwortung abhängt: Wenn etwa leichte Items beantwortet werden, wird das Schwierigkeitsniveau gesteigert; werden Items eines höheren Schwierigkeitsgrades nicht korrekt beantwortet, folgen weniger schwierige Aufgaben. In der praktischen Umsetzung dieses Konzeptes der individuumsspezifischen Itemvorgabe gibt es schon erste Ansätze. Der klassische Intelligenztest für das Kindesalter, HAWIK (Hamburg-Wechsler-Intelligenztest für Kinder), wurde z. B. von Kubinger und Wurst (1985) als „Adaptives Intelligenz Diagnostikum" (AID) umgestaltet. Als hilfreich erweist sich beim adaptiven Testen der Einsatz eines Computers. Bei der computerunterstützten Testung kann die Aufgabenvorgabe antwortabhängig vom PC gesteuert und der aufwendige Auswertungsprozeß ebenfalls maschinell übernommen werden. Die trotz ihrer konzeptuellen Vorzüge noch immer geringe Verbreitung solcher Verfahren ist wahrscheinlich durch ihren methodisch relativ komplizierteren Hintergrund bedingt.

Prozeß- und Fehleranalyse

Die Orientierung weg von reiner Statusdiagnostik hin zu mehr Prozeßdiagnostik (Pawlik 1976) führte im Bereich der Intelligenzdiagnostik zur Entwicklung von Verfahren, die auch den Prozeß der Aufgabenbearbeitung berücksichtigen. Den klassischen, statusorientierten Leistungstests wird in diesem Zusammenhang vorgeworfen, daß sie nur resultatorientiert sind und unberücksichtigt lassen, *wie* ein Proband zu einem richtigen oder falschen Ergebnis kommt (Ueckert 1980). Es wird darauf hingewiesen, daß auch andere als die von den Testautoren vorgesehenen Lösungsstrategien erfolgreich sein können und daß eine reine Ergebnisorientierung komplett falsche Lösungswege nicht von richtigen Ansätzen unterscheiden kann, die durch Flüchtigkeitsfehler zu einem falschen Ergebnis führen. Gefordert wird in diesem Zusammenhang, den genauen Prozeß beim Bearbeiten einer Aufgabe auszuwerten. Mögliche Methoden hierfür sind etwa 1) die Analyse von Handlungsschritten in sogenannten Handlungstests, 2) das laute Denken beim Lösen einer Aufgabe, 3) die Analyse von Blickbewegungen (vgl. Guthke 1988).

Lerntests

Im Sinne einer Prozeßdiagnostik (Pawlik 1976) wird im Bereich der Intelligenzdiagnostik seit einiger Zeit auch die Erfassung von Lernpotentialen und die Verbesserung kognitiver Leistungen angestrebt. Während herkömmliche Intelligenztests nur den aktuellen Intelligenzstatus eines Individuums erfassen, der aber durch bisherige Lerngelegenheiten stark beeinflußt ist, wollen Lerntests die Lernfähigkeit eines Individuums unter standardisierten Bedingungen erfassen (z. B. Mengenfolgetest, Guthke 1983; Kombinierter Lern- und Intelligenztest, Schröder 1968). Kritisiert wird an der herkömmlichen, statusorientierten Intelligenzmessung nämlich, daß diese beanspruche, das Lernpotential einer Person aus deren aktuellem Intelligenzstatus vorherzusagen. Benachteiligt würden dabei Probanden, die aufgrund ungünstigen Milieus bisher nur ungenügende Lerngelegenheiten hatten. In den Lerntests wird Probanden dagegen durch Rückmeldungen und Denkhilfen, die vom Testleiter angeboten werden (Kurzzeitlerntest), oder durch das Üben von Lösungsstrategien (Langzeitlerntests) eine kontrollierte Lerngelegenheit gegeben (vgl. Guthke 1988). Gemessen wird dann die Fähigkeit, diese Lernmöglichkeit effektiv zu nutzen. Lerntests scheinen besonders bei Probanden, die in ihrer bisherigen Lerngeschichte geringe Förderung erfahren haben, bessere Prognosen auf Leistungen in zukünftigen Situationen abzugeben als herkömmliche, statusorientierte Tests.

10.6 Fazit

Die Psychodiagnostik befindet sich noch immer in der Phase des „Umbruchs", die Brickenkamp bereits 1977 diagnostizierte. Sie stößt nicht nur in weiten Kreisen der Öffentlichkeit auf Skepsis, auch unter Fachleuten herrscht Unzufriedenheit mit ihrer Effektivität (vgl. Pawlik 1976, Pulver 1978).

Wie teilweise bereits erwähnt, sind viele Probleme - insbesondere auch aus pragmatischer Perspektive - noch ungelöst: Die Validität vieler Erhebungsmethoden ist nicht oder nur unzureichend belegt. Die bisherigen Testkonzeptionen werden zwar immer wieder kritisiert; es gibt aber bislang kaum praktikable Testangebote, die den formalen Anforderungen besser genügen. Im Zusammenhang mit der Therapieforschung sind wichtige Probleme der Veränderungsmessung noch nicht befriedigend gelöst. Ähnliches gilt für wichtige Teilaspekte des diagnostischen Handelns wie beispielsweise für die Kommunikation zwischen Testleiter, Proband und Auftraggeber und für Fragen der diagnostischen Urteilsbildung. Auch wurden bislang die Ergebnisse der Allgemeinen Psychologie und der Sozialpsychologie noch zu wenig in der Psychodiagnostik berücksichtigt.

Verschärft wird die Problematik durch den Umstand, daß es unterschiedliche persönlichkeitstheoretische Ansätze gibt, die zu inhaltlich differierenden Urteilen führen können. Diesen Ansätzen wiederum sind unterschiedliche Erhebungsmethoden zugeordnet, die selbst jeweils spezifische Probleme beinhalten. Hinzu kommt noch eine prinzipielle Problematik: Alle Psychodiagnostik (auch die Verhaltensdiagnostik) konzentriert sich nämlich auf die „Diagnose von individuellem Verhalten, nicht auf eine möglichst umfassende Erkenntis von Handeln und Bewußtsein in gesellschaftlichen Verhältnissen" (Nestmann 1981). Gerade durch das Ausklammern der gesellschaftlichen Bedingtheit menschlichen Verhaltens und Erlebens ist aber eine starke Einengung des Gesichtsfeldes gegeben.

Die genannten und andere Unzulänglichkeiten haben in der Vergangenheit oft zur Frage geführt, ob Psychodiagnostik überhaupt zu verantworten sei (Pulver et al. 1978). Diese Frage läßt sich bejahen, wenn man zunächst mit einer Gegenfrage antwortet: „Verglichen womit?" Es gibt nämlich genug empirische Belege (vgl. Meehl 1954), daß eine wissenschaftlich orientierte Diagnostik letztlich doch „bessere" Diagnosen und Prognosen gestattet als beispielsweise der „gesunde Menschenverstand" einer Personalchefin, die „Intuition" eines Lehrers oder der „erste Eindruck", den wir von einem Mitmenschen haben. Würden beispielsweise alle Tests aus den Schulen, den Arbeitsämtern, den Beratungsstellen verbannt werden, gäbe es sicherlich noch weniger Chancengleichheit und noch mehr Fehlentscheidungen - mit allen oft schwerwiegenden Konsequenzen. Entscheidungen aber müssen notwendigerweise im zwischenmenschlichen Leben getroffen werden, denn jeder Umgang mit Menschen impliziert auch Diagnostizieren.

Freilich, angesichts der Komplexität des Bedingungsgefüges menschlichen Erlebens und Verhaltens wird es auch bei einem noch so hoch entwickelten Erkenntnisstand der psychologischen Diagnostik keine absolut sicheren Ergebnisse geben - und das hat ja auch etwas Beruhigendes.

Literatur-Empfehlungen

Amelang, M. & Zielinski, W.: Psychologische Diagnostik und Intervention. Heidelberg 1994.

Baumeister, R. F., Tice, D. M. & Hutton, D. G. (1989). Self-presentational motivations and personality differences in selfesteem. Journal of Personality, 57, 547-579.

Cattell, R. B. & Scheier, I. H.: The meanining and measurement of neuroticism and anxiety. New York 1961.

Cierpka, M. (Hrsg.): Familiendiagnostik. Berlin 1987.

Dieterich, R.: Psychodiagnostik. München 1973.

Fahrenberg, J. (1987). Multimethodale Diagnostik - eine Einführung. Diagnostica, 33, 185-187.

Fisseni, H. J.: Lehrbuch der psychologischen Diagnostik. Bern 1990.

Grubitzsch, S. & Rexilius, G.: Testtheorie und Testpraxis. Reinbek 1978.

Hörmann, H.: Aussagemöglichkeiten psychologischer Diagnostik. 1964

Jäger, R. (Hrsg.): Psychologische Diagnostik. Ein Lehrbuch. München 1988.

Kelly, G. A.: The psychology of personal constructs. New York 1955.

Kubinger, K. D. & Wurst, E.: Adaptives Intelligenz- Diagnostikum. Weinheim 1985.

Laux, L., Glanzmann, P., Schaffner, P. & Spielberger, C. D.: Das State-Trait-Angst-Inventar (STAI). Theoretische Grundlagen und Handanweisung. Weinheim 1981.

Lienert, G. A.: Testaufbau und Testanalyse (erg. Auflage). Weinheim 1969.

Mayring, P.: Qualitative Inhaltsanalyse 2. Aufl. Weinheim 1990.

Meehl, P. E.: Clinical versus statistical prediction. A theoretical analysis and a review of the evidence. Minneapolis 1954.

Mehl, J.: Über den gegenwärtigen Stand des Problemes klinischer und statistischer Vorhersagen. In H. D. Rössler, H.D. Schmidt & H. Szewcyk (Hrsg.), Persönlichkeitsdiagnostik, 24–37. Berlin 1970.
Petermann, F.: Einzelfalldiagnose und klinische Praxis. Stuttgart 1982.
Petermann, F. & Petermann, U.: Erfassung aggressiven Verhaltens in konkreten Situationen bei Kindern (EAS). Braunschweig 1980.
Pulver, U., Lang, A. & Schmid, F. W.: Ist Psychodiagnostik verantwortbar? Bern 1978.
Riemann, R.: Repertory Grid Technik. Göttingen 1991.
Sarges, W. (Hrsg.): Management Diagnostik. Göttingen 1990.
Schiepek, G.: Systemische Diagnostik in der klinischen Psychologie. München 1986.
Schneewind, K. A.: Familienpsychologie. Stuttgart 1991.
Schwarzer, C.: Einführung in die pädagogische Diagnostik. München 1979.
Schwenkmezger, P. Hodapp, V. & Spielberger, Ch.: Das State-Trait-Ärgerausdrucksinventar STAXI. Bern 1992.
Spielberger, C. D.: Stress and anxiety. New York 1988.
Ueckert, H.: Das Lösen von Intelligenztestaufgaben: Eine test- und meßkritische Untersuchung. Göttingen 1980.

Herbert Selg

11. Entwicklungspsychologie

11.1 Gegenstandsbereich und Aufgaben

Die psychische Entwicklung des Menschen, die Entwicklung seines Erlebens und Verhaltens also, ist sicher für viele Leser von vornherein ein faszinierendes Thema. Um so wahrscheinlicher ist es, daß ich sie mit einer kurzen theoretischen Einführung enttäuschen muß. Vom vergnügt-lebendigen Kind mit all den Sorgen und Freuden, die es im Normalfall bereitet, bleibt - wenn sich die psychologischen Theorien seiner bemächtigt haben - zunächst nur ein statisch anmutendes Schema übrig; aus seinem Weinen und Lachen sind Dispositionen, Variablen, kumulative und disjunktive Modelle, Querschnitt- und Längsschnittdaten, aus der Mutter-Kind-Beziehung sind ökologische Kontexte mit molekularen oder molaren Aktivitäten, Meso-, Exo- und Makrosystemen geworden; ich will mich bemühen, den Leser mit diesen eindrucksvollen Wortschöpfungen der Fachwelt nicht unnötig zu verprellen.

Entwicklungspsychologie handelt in erster Linie vom sich entwickelnden Menschen; die Entwicklung der Tiere ist ausgegliedert, wird aber gelegentlich zu Vergleichszwecken und für Anregungen herangezogen.

Entwicklung meint *Veränderung,* genauer: eine Reihe miteinander zusammenhängender Veränderungen, die bestimmten Punkten („Orten“) des zeitlichen Kontinuums eines individuellen Lebenslaufs zuzuordnen sind (nach Thomae 1959).

Ich möchte diese abstrakte Formulierung an einem Beispiel verdeutlichen: Die Grobmotorik des Kindes entwickelt sich im ersten Jahr u. a. vom Strampeln zum Kriechen und Gehen. Diese Bewegungsmöglichkeiten treten in der Regel nacheinander auf; sie gehen auseinander hervor; die eine setzt (mehr oder weniger deutlich) die andere voraus; sie hängen „miteinander zusammen“ (*Abb. 11.1*).

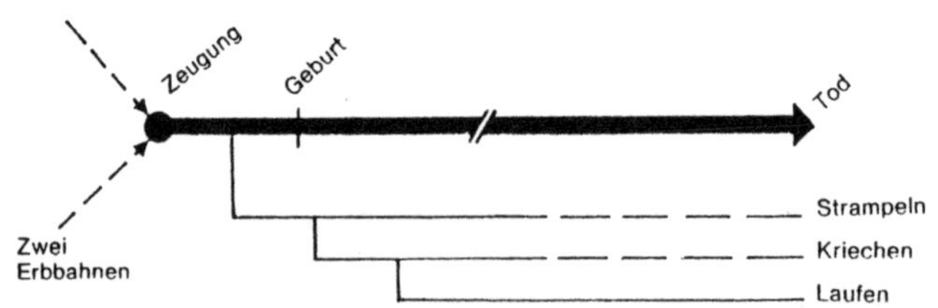

Abb. 11.1: Entwicklung als Reihe miteinander zusammenhängender Veränderungen

Neben den *Veränderungen* interessieren aber auch relative *Konstanzen.* Mit Watzlawick et al. (1974) könnte man formulieren: „Bestand und Wandel müssen zusammen als eine Gestalt gesehen werden“, als zusammengehörige dialektische

Einheit. Der menschliche Lebenslauf ist in seiner Gesamtheit mit seinen Änderungen *und* relativen Konstanzen Gegenstand der Entwicklungspsychologie.

Über *Ursachen der Entwicklung* sagen diese nüchternen Umschreibungen noch nichts aus; Ursachen werden zentraler Streitpunkt der großen Entwicklungstheorien (s. u.).

Entwicklungspsychologie, so verstanden, ist mehr als nur Kindheits- und Jugendpsychologie; sie umspannt die ganze individuelle *Lebensgeschichte von der Zeugung bis zum Tod* (durch die Berücksichtigung der Vererbung setzt sie eigentlich noch vor dem Zeitpunkt der Zeugung an).

Mit Bedacht wird hier Entwicklung nicht einfach als Funktion des Alters dargestellt. Kein Entwicklungsphänomen ist schlicht vom Alter als einer Angabe verronnener Zeit abhängig. Vielmehr hängt jede Entwicklung von Ereignissen *in* dieser Zeit ab. Die Leseleistungen unserer Kinder steigen zwischen dem fünften und siebten Jahr nicht sprunghaft an, weil sie zwei Jahre älter, sondern weil sie eingeschult worden sind und mit sieben Jahren in der Regel zumeist schon ein oder zwei Jahre Unterricht gehabt haben.

Das Wort *„Sozialisation"* (auch *„Sozialisierung"*) ist vielfach in Soziologie und Pädagogik, aber auch in der Psychologie an die Stelle von „Entwicklung" getreten. Gemeint ist (so Oerter 1969, S. 64) „das Hineinwachsen des Individuums in die umgebende Kultur". Thomae wollte (1969, S. 43) die Bezeichnung „Sozialisation" durch „soziale Prägung" ersetzen. Tatsächlich ist im deutschen Sprachgebrauch „Sozialisation" so mehrdeutig, daß aus dem politischen Alltag her Mißverständnisse naheliegen (und Sozialisation dann als Überführung der Gesellschaft in Sozialismus mißverstanden wird). Thomaes Vorschlag konnte sich nicht durchsetzen. „Sozialisation" wurde gegen den Begriff „Entwicklung" gerichtet, weil - angeblich - Entwicklung die sozialen Einflüsse zu wenig berücksichtigt. Als ob die Entwicklungspsychologie sich nicht selbst entwickelt hätte, von tatsächlich anfangs eher anlageorientierten theoretischen Positionen hin zu umweltorientierten bzw. interaktionistischen! Fend (1972) sieht bei der Sozialisation zwei Teilaspekte: Sozialmachung und Sozialwerdung. Man hätte schlicht auch weiterhin Erziehung und Entwicklung sagen können.

Daß der Mensch von der umgebenden Kultur geformt wird, ist ein Grundtatbestand seines Lebens. Diese Formung entwickelt aus den Möglichkeiten, die ihm in die Wiege gelegt sind, einige zu hohen Vollendungen, andere verkümmern dafür gänzlich. So wird ein zentraleuropäisches Stadtkind vielleicht gut Violine spielen lernen und später den Bau von Flugzeugen; es wird aber kaum lernen, sein Überleben durch die Jagd auf wilde Tiere zu sichern.

Wie kein anderes Lebewesen ist der Mensch bei der Geburt unfertig, auf Hilfe - über viele Jahre hinweg - angewiesen. Unter anderem Herder und Gehlen betonen, der Mensch sei ein *Mängelwesen.* In einer relativ langen Entwicklung macht er die Mängel mehr als wett; denn in der Funktionstüchtigkeit des Gehirns ist der Mensch kaum ein Mängelwesen (relativ zu Tieren). Instinkte, die niederes tierisches Leben regulieren, fehlen dem Menschen fast völlig; nur der Sauginstinkt läßt sich eindeutig nachweisen. Zum Ausgleich kann der Mensch große Lernleistungen zeigen; er lernt es im breiten Rahmen angeborener Möglichkeiten, sich der komplexen Umwelt anzupassen. Irrwege, die zu einer ihn schädigenden Umweltzerstörung führen, sind allerdings möglich, wie wir gegenwärtig besonders deutlich sehen.

Die Interaktion zwischen spezifischen menschlichen Anlagen und ihrer Ausreifung einerseits und dem umweltabhängigen Lernen andererseits wird uns bei den „Theorien der Entwicklung“ noch beschäftigen.

Ein Blick auf die *Aufgaben der Entwicklungspsychologie* soll hier sehr kurz ausfallen. Es geht um Beschreibung, Erklärung, Kontrolle und Vorhersage der Entwicklungsphänomene. Vordringliche Aufgabe der Entwicklungspsychologie ist nach ihrem Selbstverständnis nicht eine Dienstleistung – etwa für die Pädagogik. Das mag für Nichtpsychologen enttäuschend sein; immerhin deuten jedoch neue Trends in der Entwicklungspsychologie ein Entgegenkommen an: Es ist zunehmend von einer umfangreicher werdenden *Angewandten Entwicklungspsychologie* die Rede. An sie wird sich der ratsuchende Pädagoge, Kliniker etc. wenden können.

11.2 Methoden

In der Entwicklungspsychologie trifft man im Grunde alle in der Psychologie üblichen Methoden wieder an: von der Beobachtung im Feld bis hin zum Laborexperiment, von der Analyse der spontanen Werkgestaltung (wie z. B. freie Kinderzeichnungen) bis hin zum hochentwickelten Test (z B. Zeichentests für Kinder).

Eine vereinzelte Erhebung, etwa zum Wortschatz der vierjährigen Kinder, liefert keine Entwicklungsdaten (keine Veränderungsreihe). Das Besondere der Entwicklungspsychologie ist aber die *Erfasssung von Veränderungen in der Zeit.* Grundansätze, diese Veränderungen zu erfassen, sind Querschnitt- und Längsschnittuntersuchungen sowie Sequenzanalysen.

In *Querschnittuntersuchungen (Abb. 11.2)* werden mehrere Stichproben (mit verschiedenen Verfahren hinsichtlich der interessierenden Merkmale) zu *einem* Zeitpunkt untersucht. Die Veränderung wird angezielt, indem man z. B. Stichproben verschiedenen Alters miteinander vergleicht. Die gefundenen Mittelwertunterschiede zwischen den Gruppen werden als Entwicklungsunterschiede interpretiert.

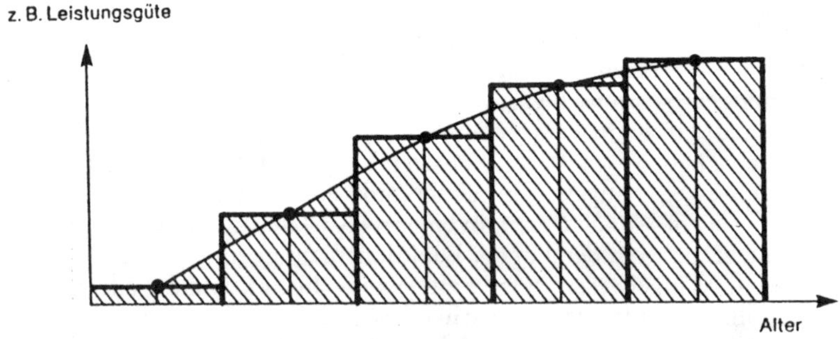

Abb. 11.2: Fiktive Querschnitt-Befunde Alter

Die graphischen Darstellungen von Querschnittuntersuchungen lassen oft den Eindruck leidlich regelmäßiger Zu- und Abnahmen entstehen, der zu falschen

Erwartungen von individuellen Entwicklungen führen kann. Wenn die Altersabstände zwischen den Gruppen groß sind, werden Entwicklungs„stufen“ von Alter zu Alter suggeriert (sie lassen sich aber besser als Artefakt der Erhebung und Darstellung verstehen).

Querschnittuntersuchungen informieren nicht über die tatsächliche Entwicklung eines Individuums; dies wollen *Längsschnittuntersuchungen* leisten. Zu diesem Zweck wird ein und dieselbe Gruppe (oder zumindest ein Individuum) *wiederholt* untersucht. Jede Entwicklung kann so in ihrem Auf und Ab verfolgt werden; es zeigt sich, daß kaum ein Individuum sich „gradlinig“ weiterentwickelt. Längsschnittuntersuchungen sensibilisieren uns für die Variabilität der Entwicklung. (Wenn allerdings von Längsschnittuntersuchungen auch nur die Mittelwerte berichtet werden, suggerieren diese Darstellungen wiederum einen regelmäßigen Entwicklungsverlauf; das Individuum in seiner Besonderheit geht im Durchschnitt verloren. Genau das aber kann ein Längsschnitt eigentlich vermeiden.)

Ein fiktives, bewußt extremes *Beispiel* möge die unterschiedliche Bedeutung von Quer- und Längsschnittuntersuchungen darzustellen helfen. Wenn wir z. B. sieben Kinder über einen Zeitraum (etwa von 2 Jahren) längsschnittlich beobachten, könnten sich folgende Daten ergeben *(Abb. 11.3 a):* Die ursprünglich schwächeren vier Kinder (A–D) verbessern sich, je schwächer, desto mehr. Ein Kind (E) bleibt auf seinem Niveau; die zwei besten (F und G) verschlechtern sich, der Mittelwert deutet einen Gesamtanstieg an, doch nur das Indivuum D entspricht ihm genau.

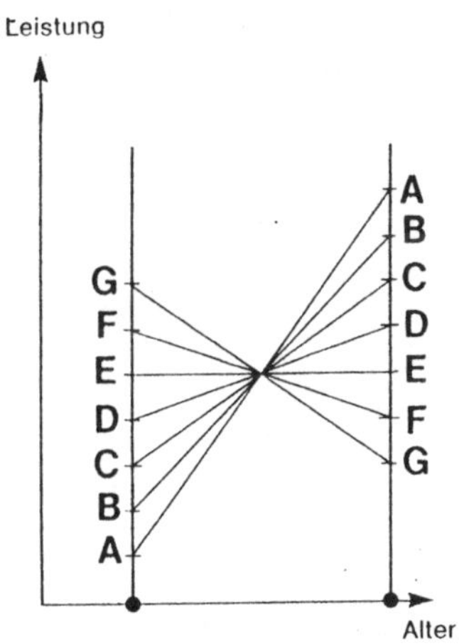

Abb. 11.3 a: Fiktive Längsschnittbefunde (informationsreich)

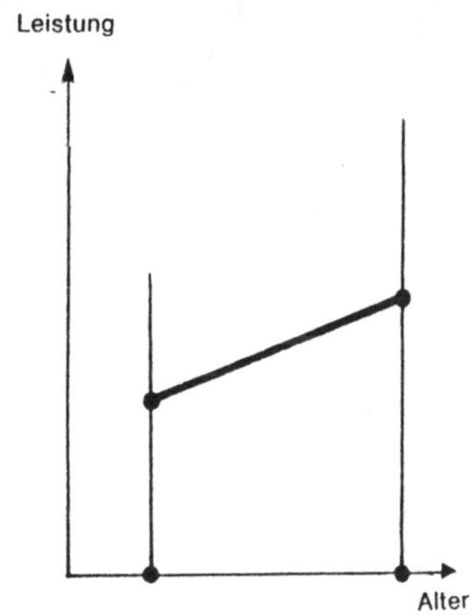

Abb. 11.3 b: Fiktive Querschnittbefunde (informationsarm)

Wenn wir lediglich Querschnittdaten hätten, erführen wir nichts über die merkwürdig unterschiedlichen Veränderungen der einzelnen Kinder. Unsere Vorstellungen von der individuellen Entwicklung wären völlig falsch, denn wir würden der Suggestion der *Abbildung 11.3 b*, die einen allgemeinen Anstieg nahelegt, wohl nicht entgehen.

Aber auch Längsschnittuntersuchungen haben ihre Schwächen; hier seien nur einige davon skizziert. Zunächst einmal sind sie recht unökonomisch. Sodann gibt es in Längsschnittuntersuchungen, die viele Jahre umfassen, einen großen Probandenschwund (durch Tod, Umzug, Verlust der Motivation zur Mitarbeit). Es gibt ferner das Problem, daß gleiche Tests nicht immer wieder bei gleichen Probanden angewendet werden können. Die Probanden erinnern sich an ihre letzte Bearbeitung; einige werden testängstlich, die meisten aber werden allmählich angstfreier. Angständerung aber beeinflußt die Leistung; diese Änderung, die also auf einen sog. Testungseffekt zurückgeht, wird evtl. als Alterseffekt interpretiert. Ferner sind besonders sensible Merkmale (z. B. so etwas wie allgemeine Lebensangst) zeitgeistabhängig. Wenn im Testzeitpunkt t2 gegenüber t1 mehr von einem drohenden Krieg die Rede ist, wird eine Datenänderung, welche eigentlich auf diesen Testzeitpunkteffekt zurückgeht, als Alterseffekt interpretiert.

Auch bei einem sorgfältig durchgeführten Längsschnitt darf man nicht über die Gesamtheit, für die unsere Stichprobe repräsentativ ist, hinaus generalisieren. Wer z. B. in Deutschland die Entwicklung der in den Notzeiten um 1945 geborenen Kinder längsschnittlich verfolgt hat, darf nicht annehmen, daß auch die etwa 1970 geborenen Kinder sich so entwickeln werden. Die besondere Notsituation der gegen Kriegsende geborenen Generation führt zu sog. generationsspezifischen Entwicklungen.

Eine Verbesserung des methodischen Zugriffs können langfristige Untersuchungen nach dem *Sequenzmodell* (Schaie 1965, Baltes 1967) bringen, in denen Querschnitt- und Längsschnittuntersuchungen gleichsam kombiniert werden können. Im Idealfall werden in festgelegten Abständen immer neue Längsschnittuntersuchungen begonnen, so daß zu jedem bestimmten Erhebungs(Test)zeitpunkt über mehrere Stichproben hinweg auch Querschnittdaten entnommen werden können *(Tab. 11.1)*.

Tab. 11.1: Sequenzmodell (jede Spalte steht für einen Querschnitt, jede Zeile für einen Längsschnitt.)

Geburtszeitraum					
2000				0	5
1995			0	5	10
1990		0	5	10	15
1985	0	5	10	15	20
Testzeitpunkt	1985	1990	1995	2000	2005

Altersangaben

In geringer Zahl liegen erste Erfahrungen mit (allerdings reduzierten) Sequenzmodellen vor (z. B. Nesselroade et al. 1973 über Intelligenzentwicklung).

Schließlich kann Entwicklungspsychologie auch weniger aufwendig von schlichten *Wiederholungsuntersuchungen* profitieren. Es bietet sich an, Querschnittuntersuchungen früherer Zeit unter gegenwärtigen Bedingungen zu wiederholen und die Konstanzen und Veränderungen sorgfältig zu interpretieren.

Ähnliches liegt eigentlich auch bei *kulturvergleichenden Untersuchungen* vor: In der Regel werden querschnittartige Erhebungen verschiedener Kulturen zueinander in Beziehung gesetzt. Besonders ergiebig war z. B. der Vergleich der Geschlechtsrollen in sog. Primitivkulturen der Südsee mit der abendländischen Kultur (M. Mead 1949 bzw. 1958), der uns die Augen für unsere „Selbstverständlichkeiten" geöffnet hat. Ohne vergleichende Untersuchungen neigten wir dazu, unsere Kultur zu verabsolutieren; kulturell Bestimmtes erschiene uns als „Natürliches". Die Rollen von Mann und Frau schienen uns unabänderlich vorgegeben, aber z. B. bei den Tschambuli von Neuguinea schmücken sich mehr die Männer als die Frauen; bei den Maori von Neuseeland „besteht die Ansicht, daß Frauen stärker nach Liebe verlangen als die Männer" (Ford & Beach 1968, S. 110).

Eine Fülle anregender Details bieten Margaret Mead sowie Ford und Beach in den zitierten Büchern (trotz der Kritik, die gegen M. Mead angebracht ist).

11.3 Entwicklungstheorien

Natürlich gibt es inzwischen viele Entwicklungstheorien teils kleineren, teils größeren Umfangs. Versuche, sie zu systematisieren, sind noch nicht voll überzeugend gelungen. Drei Ansätze sollen hier herausgehoben werden: die von Crain, Schmidt und Trautner. Ihnen gemeinsam ist eine zentrale Beachtung der Anlage-Umwelt-Problematik.

11.3.1 Anlage und Umwelt, Reifung und Lernen

Das Anlage-Umwelt-Problem ist aus der Frage nach den Determinanten der Entwicklung entstanden. Was bestimmt Entwicklungsverläufe, welches sind die Motoren der Entwicklung? Die Hauptantworten lauteten lange: Anlage- *oder* Umweltfaktoren. *Anlagen* werden in Reifungsprozessen manifest; die *Umwelt* drückt uns ihre Stempel in Lernprozessen auf.

Gegenwärtig treffen wir kaum noch jemand an, der die Entwicklung einseitig auf Reifungs- oder auf Lernprozesse zurückführen will. Im allgemeinen werden *Interaktionen zwischen Anlage und Umwelt* gesehen. Doch noch im 20. Jahrhundert hat das Anlage-Umwelt-Denken (z. T. verschleiert) selbst große politische Bewegungen bestimmt: Im Nationalsozialismus gab es eine starke Anlagebetonung; daraus resultierte ein Rassismus mit besonderen Vernichtungsmaßnahmen gegen die Juden als Rasse. Die nationalsozialistische Umwelt wurde offensichtlich als ohnmächtig angesehen gegenüber dem „minderwertigen" Erbgut der Juden. Willfährige, noch heute hochgeehrte Wissenschaftler unterstützten den Rassenwahn.

Andererseits gab es gleichzeitig die Lehre, daß in der individuellen Lebensgeschichte Erworbenes ins Erbgut eingehen könne (so z. B. Lyssenko, der als Günstling Stalins die sowjetische Biologie maßgeblich beeinflussen konnte, bis nach Stalins Tod die Mißerfolge offensichtlich wurden).

Als spezielle Methoden der Erforschung der Anlage-Umwelt-Einflüsse sind die *selektive Zucht* bei Tieren sowie die *Zwillingsforschung* und Verfahren der Familienforschung zu nennen (sog *genealogisch-statistische Verfahren)*. Letzteren verdanken wir recht bekannt gewordene Hinweise auf die hohe Musikalität der verschiedenen Mitglieder in der Familie Johann Sebastian Bachs. Nur: In welchem Ausmaß hier Vererbung, in welchem Ausmaß eine Art intensiver musikalischer Früherziehung, Nachahmung und Protektion eine Rolle gespielt haben, bleibt für immer unentscheidbar.

Mit der Zwillingsforschung verbanden sich noch vor wenigen Jahrzehnten große Hoffnungen: Eineiige Zwillinge haben gleiche genetische Ausstattungen; Unterschiede zwischen ihnen müssen also umweltbedingt sein (nicht erlaubt ist der gelegentlich anzutreffende Schluß, daß eine Übereinstimmung zwischen eineiigen Zwillingen in einem Merkmal dieses als erblich ausweise!). Größere Ähnlichkeiten bei eineiigen Zwillingen im Vergleich zu zweieiigen (je in gleicher Umwelt) galten als Hinweis auf genetische Bestimmung des Merkmals. Aber man bedenke, daß gleich aussehende Zwillinge (eineiige) von der Umwelt wohl auch „gleicher" behandelt werden als zweieiige, die oft von Fremden nicht einmal als Geschwister erkannt werden. Wir wollen die Zwillingsforschung hier nicht ausführlicher darstellen, der Humangenetiker Penrose hat sie schon lange als eine der unsichersten Methoden der humangenetischen Forschung angesehen (1965).

Aus der selektiven Zucht gibt es ein *Experiment, das programmatisch die Position des* gegenwärtig vorherrschenden *Interaktionismus verdeutlichen* kann. Zuerst wurde eindeutig nachgewiesen, daß bei Ratten die Intelligenz, die zum schnellen Erlernen von Versuchslabyrinthen gebraucht wird, vererbt wird (und somit „labyrinthkluge" und „labyrinthdumme" Tiere gezüchtet werden können); sodann wurde ebenso deutlich nachgewiesen, daß in einengenden Umwelten aufgewachsene Tiere anderen, die in reichhaltigen, anregenden Umwelten groß geworden waren, bei Labyrinthversuchen unterlegen waren. Schließlich haben Cooper und Zubek (1958) beide Variablen zusammen in einem sog. bivariaten Experiment überprüft. Es wurden also kluge und dumme Tiere gezüchtet und jeweils auf drei Umwelten verteilt: auf eine sehr einengende, eine „normale" und eine besonders anregende. Es zeigte sich, daß nach einer Aufzucht in der einengenden Umgebung sowohl klug wie dumm geborene Tiere sehr viele Fehler machten: Die eingeschränkte Umwelt machte alle Tiere dumm. Umgekehrt ergab sich, daß die Tiere aus dem „Rattenparadies", ob sie nun dem klugen oder dummen Zweig entstammten, relativ wenig Fehler machten: Optimale Umweltanregungen machten alle Tiere klug. In der „normalen" Umwelt kam die Anlage voll zur Wirkung: Die als klug gezüchteten erwiesen sich als klug, die als dumm gezüchteten als dumm *(s. Abb. 3.11, S. 77)*.

Hätte man nur die extrem anregende und die extrem einengende Umwelt untersucht, läge der Trugschluß nahe, Umwelt allein bestimme die Rattenintelligenz; anhand der normalen Umwelt läge der Glaube an die Dominanz der Anlagen nahe. So aber haben wir in einem Experiment sehr deutlich die Wechselwirkung (Interaktion) von Anlage und Umwelt demonstriert bekommen. Was sagt das Experiment über den Menschen aus? So direkt nichts! Das Experiment kann nur Denkanstöße geben; es kann zur Hypothesenbildung und damit zur gezielten Beobachtung beim Menschen anregen. Bei näherem Hinsehen drängt sich dann mancher Hinweis auf, daß einengende Umwelten auch menschlicher Intelligenz schaden, wie z. B. die Forschung für völlig unzureichend betreute Heimkinder aufgezeigt hat (sog. *Hospitalismus)*. Den Gegenpol, ein Paradies für Menschen, kennen wir noch nicht. In dem was wir üblicherweise als „normale" Umwelt antreffen, scheinen genetische Größen von Einfluß zu sein. Verschiedene Experten schätzen die genetische Bestimmung der Intelligenz z. Z. sehr unterschiedlich ein; doch keiner nimmt eine völlige genetische Bestimmung an. So bleibt in jedem Fall eine pädagogische Einwirkung sinnvoll; und tatsächlich steht fest, daß durch intensive Förderung die Intelligenzleistung von Kindern positiv beeinflußt werden kann.

11.3.2. Das Theoriesystem nach Crain

Die einfachste Systematik der Entwicklungstheorien anhand der Anlage-Umwelt-Positionen legte Crain (1980) vor. Crain, der selbst eher zu einer Betonung der Anlagefaktoren neigt, unterscheidet im Sinne der alten Anlage-Umwelt-Kontroverse nur zwischen *Developmentalisten* (das sind Anhänger der Anlage- bzw. Reifungstheorie) und *Environmentalisten* (das sind Anhänger der Milieu- bzw. Lerntheorie).

Developmentalisten scheinen mehr von der Frage auszugehen, was allen individuellen Entwicklungen *gemeinsam* ist und warum das so ist; Environmentalisten lassen sich eher von der Frage leiten, was zwischen den Menschen *verschieden* ist und warum das so ist. Das allen Menschen Gemeinsame führt eher zu Anlage-, das Verschiedene zu Umweltfaktoren.

Developmentalisten haben in der Vorgeschichte der Psychologie dominiert, das belegt u. a. die sog. *Präformationstheorie*, nach der Entwicklung nur ein Ausfalten, ein Aus- oder Entwickeln von etwas meint, das bereits im Keim voll angelegt ist. Kinder sind hiernach kleine Erwachsene.

Als „Vater" der Environmentalisten gilt Locke († 1704), der das Neugeborene als tabula rasa, als unbeschriebenes Blatt, angesehen hat. Das Kind wird zum erwachsenen Menschen durch Lernen und durch Erfahrung. Wenn alle Neugeborenen einer tabula rasa vergleichbar sind, ist auch die - politisch bedeutsame - anfängliche Gleichheit aller Kinder postuliert.

Developmentalisten sind in der Regel Anhänger von Stufentheorien, die deutlich reifungsbedingte Entwicklungsschübe an bestimmten „Orten" der Entwicklung sehen. Environmentalisten lehren eher eine mehr kontinuierliche Entwicklung; wenn Schübe auftreten, so sind sie von Individuum zu Individuum sehr verschieden und vielfach auf Erfahrungen zurückführbar.

Wir können Crain hier nicht durch ein ausführliches Referat gerecht werden; aber eine Übersicht *(Tab. 11.2)* sei erlaubt.

Die Zuordnung der Theoretiker zu nur zwei Kategorien fällt um so schwerer, je genauer man ihre Werke studiert. Dann zeigt sich, daß der eine oder andere Developmentalist nicht blind ist für Umwelteinflüsse, daß er die Vorprogrammierung durch Gene zumindest durch eine betonte Eigenaktivität des Menschen ergänzt sieht; und Environmentalisten akzeptieren sehr wohl die Vorprogrammierung bestimmter Verhaltensweisen, sofern sie gut belegt ist.

Tab 11.2: Developmentalisten und Environmentalisten

Developmentalisten	Environmentalisten
- Rousseau (Schweiz/Frankreich, 1778+), bei dem vieles anklingt, was Piaget im 20. Jh. gelehrt hat (s. später) - Montessori (Italien, 1952 +) - Freud (Österreich/Engl., 1939 +) - Gesell (USA, 1961 +) - Lorenz (Deutschl./Österr. 1989 +) als Vertreter der Ethologie - Piaget (Schweiz, 1980 +)	- Locke (1704 +) - Watson (USA 1958 +) - Skinner (USA 1990 +) - Bandura (USA)

11.3.3 Das Theoriesystem nach Schmidt

Bei H. D. Schmidt (1973) finden wir *drei* Kategorien zur Einordnung der verschiedenen Positionen. Der Autor meint, die gegenwärtig vorfindbaren Entwicklungstheorien ließen sich so leicht klassifizieren (S. 423).

Nach ihm gibt es *endogenistische, exogenistische* und *dialektische Theorien;* endogenistische Theorien schreiben inneren Bedingungen (z. B. Anlagen) eine starke Dominanz zu, exogenistische betonen die Umwelt. Die Endogenisten entsprechen leidlich gut den Developmentalisten, die Exogenisten den Environmentalisten. Als dialektische Theorien erhalten die Interaktionstheorien eine eigene Gruppierung zuerkannt. Sie erfährt eine Untergliederung in spontan-dialektische und marxistisch-dialektische Theorien. Zur ersten Gruppe gehören die meisten Entwicklungspsychologen der Gegenwart, sofern sie sich nicht zum Marxismus, wohl aber zu einer Interaktion zwischen Anlage und Umwelt bekennen. Marxistische Theorien übernehmen - wie der Name deutlich sagt - die marxistische Lehre mit der Betonung der gesellschaftlichen Abhängigkeit von Entwicklung, die ihrerseits wesentlich die gesellschaftlichen Produktionsverhältnisse in den Vordergrund rückt. Schmidt unterstreicht für die Marxisten die Bedeutung der *Eigentätigkeit,* somit die Auffassung, ontogenetische Entwicklung als aktiven Erwerbungsprozeß anzusehen. Soweit ich sehen kann, wird dieser Aspekt zunehmend bei allen Entwicklungspsychologen relevant, nicht nur bei marxistischen. Er impliziert die Sicht, der Mensch gestalte seine Umwelt und sei zugleich ihr Produkt.

Piaget und Freud werden von Schmidt - kommentarlos - nicht eingeordnet. Dies ist m. E. kein Zufall; beide erweisen das griffige Schema als unzulänglich.

11.3.4 Das Theoriesystem nach Trautner und einige Anmerkungen

Trautner schlägt vier Kategorien vor, bei denen die Ausrichtung an Anlage-Umwelt-Theorien zwar noch vorhanden, aber weniger ausgeprägt ist (1978, S. 231): (1) biogenetische, (2) psychoanalytische, (3) S-R-Theorien, (4) kognitive Entwicklungstheorien.

(1) Die *biogenetischen Theorien* entsprechen den endogenistischen bei Schmidt, z. T. auch den developmentalistischen bei Crain. Entwicklung wird als „im wesentlichen biologisch vorprogrammiert, d. h. endogen gesteuerter Prozeß aufgefaßt" (S. 235). Reife und Wachstum werden betont; die Entwicklung wird zumeist als Abfolge bestimmter Stufen/Phasen verstanden. Aufgeführt werden der in pädagogischen Kreisen sehr bekannte Kroh (1955+) und Heinz Werner (1964+), welcher der Gestaltpsychologie nahestand. Die Ethologen bleiben ungenannt - wahrscheinlich, weil sie keine ausdiffenzierte Entwicklungspsychologie im engen Sinne vorgelegt haben. Piaget und Freud aber werden trotz ihrer Stufenlehren, trotz ihrer gelegentlichen Betonungen von Reifungsprozessen hier ausgeklammert, da ihre Zuordnung zu biogenetischen Theorien ihrem Standpunkt doch nicht genügend gerecht würde.

(2) *Psychoanalytische Entwicklungstheorien* sehen Entwicklung als Triebwandlungen, speziell als Wandlungen des - recht breit - verstandenen Sexualtriebs. Triebwandlungen aber geschehen in Abhängigkeit von Triebschicksalen, also von Umwelteinflüssen.

Auf Freud geht eine *Phasen-* oder *Stufenlehre der Entwicklung* zurück (orale, anale Phase etc.). Sie ist auf Kindheit und Jugend beschränkt. Es wird unterstellt, daß *jeder* Mensch die Phasen durchläuft; somit ist implizit ein *Akzent* auf Anlage/Reifung gelegt - zum Nachteil von Umwelt/Lernen. Es sind mehr die Störungen der Entwicklung, die dennoch auf eine Interaktion von Anlage und Umwelt verweisen.

Die starke *Betonung der frühen Kindheit* förderte die Untersuchung der frühkindlichen Beziehungen, insbesondere der Mutter-Kind-Beziehungen.

Bei Eriksons (u. a. 1963) theoretischer Position ist zwar eine Beachtung der gesamten sozialen Dimension anzutreffen und auch eine Ausweitung des Interesses von der Kindheit/Jugend auf den gesamten Lebenslauf; die biologische Vorprogrammierung bleibt jedoch relativ betont.

Die Kritik von Trautner an den psychoanalytischen Theorien sei in Auszügen angedeutet: Gelegentlich wird die Trieblehre physikalisch-mechanistisch. Kognitive Größen werden vernachlässigt. Empirische Stützungen der kühnen theoretischen Konstruktionen sind allzu selten. Durch die Vielfalt vorhandener Konstruktionen werden die Theorien praktisch unangreifbar, nicht falsifizierbar, d. h. aber auch: Die Psychoanalyse gilt zunehmend in der Psychologie nicht als eine gute Theorie.

(3) Den *S-R-Theorien (Stimulus-Response-Theorien)* entsprechen die exogenistischen bei Schmidt, z. T. die environmentalistischen bei Crain. Verhalten (R) wird als abhängig von Reizen (S) gesehen *(s. Kap. 7.2)*. Anlagen und Reifungen werden nicht geleugnet; die Interaktion von Anlage und Umwelt wird anerkannt. Über die Interaktionsprozesse hinaus treten aber die *Lernprozesse* in den Vordergrund. Lerntheorien haben gegenüber Reifungstheorien den Vorteil, daß sich Lernprozesse z. B. in Experimenten sehr leicht, Anlageauswirkungen hingegen nur sehr schwer nachweisen lassen.

Trautner hebt als Vertreter Sears sowie Bijou und Baer (alle USA) heraus.

Die Lerntheorie Banduras *(s. Kap. 7.2)*, welche allerdings eine Einordnung in ein S-R Schema auch nicht zuläßt, wird kaum genannt (anders in Band 2, 1991). Banduras Anregungen nicht aufzunehmen, ist u. E. jedoch ein großer Mangel, denn gerade mit Banduras Hilfe läßt sich eine lernpsychologisch orientierte Entwicklungstheorie konstruieren (s. Selg 1978), die im Kern interaktionistisch bzw. spontan-dialektisch ist, wenngleich sie wegen der Schwierigkeiten, Anlage und Reifungsprozesse bzw. deren Wechselwirkung mit Umwelt/Lernprozessen nachzuweisen, an der Oberfläche exogenistisch anmuten kann. Sie sieht die Persönlichkeitsentwicklung als überwiegend kontinuierlich verlaufenden Prozeß an; aber z. B. die hormonal mit-gesteuerte Zeit der Pubertät mag auch reifungsbedingte Entwicklungsschübe mit sich bringen. An die Stelle der Anlage-Umwelt-Diskussion ist bei Bandura (1979) eine Beachtung der *Selbststeuerung* getreten; ein reziproker Determinismus von Person, Umwelt und Verhalten wird angenommen *(s. auch Kap. 12).*

Allerdings liegt hiermit - dies sei klar zugegeben - allenfalls ein Rahmen, keineswegs eine durchkonstruierte Entwicklungstheorie vor. Als S-R-Theorie wird sie gewiß nicht eingestuft werden können, wohl aber als eine Theorie mit *lernpsychologischen Grundlagen.* Sie hat Überschneidungen mit den kognitiven Theorien, die wir nun noch umreißen müssen.

(4) Den letzten, bevorzugten Platz räumt Trautner den sog. *kognitiven Entwicklungstheorien* ein (andere Autoren sprechen von konstruktivistischen bzw. organismischen Theorien). Piaget (1980+) ist als führender Kopf zu nennen. Die *Entwicklung der Intelligenz* war sein zentraler Forschungsgegenstand. Diese Entwicklung ist abhängig vom handelnden Subjekt selber, das sich mit der Umwelt auseinandersetzt und sich in dieser Auseinandersetzung ausdifferenziert. Hier ist Umwelt mehr als gegenständlicher Widerpart zu verstehen, weniger als Einfluß nehmende, erzieherisch eingreifende Umwelt, die Piaget relativ gering achtete. Seine Position ist *interaktionistisch;* Piaget betont die Eigenaktivität des sich entwickelnden Organismus, aber viele Passagen in seinen Veröffentlichungen haben den Irrtum nahegelegt, Piaget den biologisch orientierten Endogenisten zuzurechnen. Zumal seine relativ starre Stufenlehre stützt solche Überlegungen. Sie sieht vier bzw. fünf *Stufen kognitiver Entwicklung* vor.

Intelligenz meint bei Piaget eine Form der Anpassung an die Umwelt, letztlich eine Umweltbewältigung durch Denken als verinnerlichter Handlung.

Am Anfang steht das *Stadium der sensomotorischen Intelligenz* (von der Geburt bis zum 18./24. Monat). Es dominieren Sinneswahrnehmungen und Körperaktivitäten und deren Koordination - wie z. B. im Handlungsschema „Greifen". Mit dem Greifen sammelt das Kind Erfahrung (es „assimiliert" Gegenstände der Welt an „seine kognitive Struktur"), und es paßt sein Greifschema (z. B. bei sehr kleinen Objekten) allmählich den Erfordernissen der Objektwelt an (es „akkommodiert" sein Schema).

Die *eigentliche Denkentwicklung* vollzieht sich in den *Stadien 2 bis 5.* Das abschließende *Stadium 5,* das Stadium der *formalen Operationen* (ab 11/12 Jahren) führt zum abstrakt-logischen Denken, zur Reflexion über das Denken etc.

Piaget macht es den Studierenden schwer, ihn zu begreifen. Soll man das freundlicherweise als einen Ausdruck seiner hohen Differenziertheit oder kritisch als Schwäche seiner Darstellung interpretieren? Unseres Erachtens ist beides richtig. Daß Trautner einen wichtigen Begriff Piagets - nämlich die Äquilibration - kurz nacheinander (S. 330 f.) als Kraft hinter den Veränderungen, als Aufhebung einander entgegengesetzter Kräfte, als Resultat der kindlichen Aktivität, als Zustand, als Prozeß und als Ziel der Entwicklung beschreibt, verdeutlicht die schwierige Lage dessen, der engagiert Piaget verstehen will.

Ein anderes Beispiel für diese Schwierigkeiten zeigt die Tatsache auf, daß Trautner für Piaget *drei* Phasen der kognitiven Entwicklung nennt, Wetzel *vier*, Oerter *fünf*. Mein erster Versuch, Piaget selbst nach der Zahl der Phasen zu fragen, ließ mich auf seinen 1940 formulierten Satz treffen: „Wir werden der Klarheit halber *sechs* Entwicklungsstadien oder Perioden unterscheiden ... ". Bei Piaget 1958 (S. 174) würde ich relativ sicher entnehmen, daß Piaget schließlich insgesamt *fünf* Stufen unterscheidet, wenn nicht 1970 bzw. 1983 (S. 41) wieder 3 Stufen (allerdings mit Unterteilungen) beschrieben würden.

Zur Zeit ist Piaget „in"; er scheint die USA erobert zu haben wie einige Jahrzehnte zuvor schon Freud; von dort aus geschieht nun die (Rück-)Eroberung West- und Mitteleuropas. Sein Theoriesystem erweist sich als anregend; im Detail wird sich vieles zurechtbiegen lassen müssen, denn die empirischen Beiträge Piagets sind - bei guten experimentellen Ideen - relativ gering. Was Piaget „klinische" Methode im Umgang mit Kindern nannte (und mit Klinik gar nichts zu tun hat), wird der kritische Psychologie als zwar souveränes, aber nicht standardisiertes, im engen Sinne auch nicht replizierbares Vorgehen einstufen müssen. Die Stadien, die Piaget lehrt, setzen m. E. richtige Akzente; doch lassen sich alle Phasen oder Stufen allenfalls so scharf voneinander trennen, wie sich die Jahreszeiten im Wetter voneinander unterscheiden - hingegen nicht so deutlich wie Treppen-Stufen.

Zunehmend beruft man sich auf Piaget als Autorität; ob man sich mit der Absicht trägt, die Kinder mit der elternmordenden Mengenlehre oder mit Cello- und Geigespielen in der Grundschule zu konfrontieren (z. B. Furth 1973, S. 168). Die Methode der Autorität, die als Argument den Satz bemüht: „Wie X schon sagte" ... hat nach Aristoteles, nach Freud und einigen anderen nun in Piaget einen neuen „Helden" gefunden - jedenfalls in der Entwicklungspsychologie. Dies ist nicht gegen die von Piaget angeregten Forscher, wie z. B. Aebli (u. a. 1963), Donaldson (1982), Seiler (s. Hoppe et al. 1977) und Winkelmann (1975), gerichtet, in deren Arbeiten sich früh Piaget-Kritik im besten Sinne fand: als Weiterentwicklung und Modifikation seiner Ansätze.

Die in diesem Kapitel angedeuteten oder geschilderten Inhalte einer allgemeinen Entwicklungspsychologie werden sehr viel umfassender, z. T. auch mit anderen Bewertungszusammenhängen u. a. von Bäumler (1974), Edelmann (1980), Kleber (1974), Rauh (1978), Schmidt (1973) und Trautner (1978, 1991) dargestellt.

11.4 Angewandte Entwicklungspsychologie

Wie oben formuliert, wird die Angewandte Entwicklungspsychologie dem Ratsuchenden Antworten auf entwicklungspsychologische Fragen zu geben versuchen. Immer schon sind solche Fragen - mehr oder weniger gut - beantwortet worden. Genau betrachtet, wird es kaum ein relevantes psychologisches Problem geben, zu dessen Lösung nicht entwicklungspsychologisches Denken erforderlich ist.

Wenn die Angewandte Entwicklungspsychologie ihre Bewährungsprobe bestehen soll, wird ihre Grundwissenschaft, die Entwicklungspsychologie, wenigstens annäherungsweise den hohen ökopsychologischen Anforderungen gerecht werden müssen, die gegenwärtig gestellt werden *(s. Kap. 12)*. Gute Forschungsarbeit im Labor kann nicht unbedingt nutzbringend auf den Alltag übertragen werden.

Die Komplexität realer Lebenssituation muß – so weit es geht – in systematischen Beobachtungen berücksichtigt werden. So leicht diese Forderung auszusprechen ist, so schwer ist sie umzusetzen. Wir sind gerade erst dabei, das Problem zu erkennen und zu akzeptieren, eine besondere Bedeutung als Vorkämpfer kann m. E. dem Amerikaner U. Bronfenbrenner zuerkannt werden, der sich über die Entwicklungspsychologie sarkastisch etwa so ausläßt: Sie sei eine Wissenschaft vom seltsamen Verhalten von Kindern in fremden Situationen mit fremden Erwachsenen in kürzestmöglichen Zeitabschnitten ... (nach Oerter 1978, S. 33). Gegenwärtig ist es schwer, Entwicklungspsychologie zu betreiben, ohne weiterhin von dieser Umschreibung getroffen zu sein.

Als ein deutscher Forschungsansatz, der die Herausforderung ernst nimmt, ist z. B. die *Analyse „kritischer Lebensereignisse"* von S. H. Filipp zu nennen. Gemeint sind Ereignisse, welche zu mehr oder minder abrupten Veränderungen im Erleben und Verhalten führen; sie stehen in „historischen Kontexten". Filipp will nicht der Gefahr erliegen (1982, S. 770), hier wieder die Umwelt besonders zu betonen, vielmehr wird programmatisch herausgehoben, daß der aktive menschliche Organismus die kritischen Ereignisse z. T. selbst produziert. Als kritische Lebensereignisse gelten keineswegs nur negative Erfahrungen; auch sehr positiv erlebte – wie die sprichwörtliche große Liebe – erfordern eine Rekonstruktion individueller Person-Umwelt-Bezüge. Die Erforschung kritischer Ereignisse besitzt eine „Vielzahl von Anwendungsimplikationen" (Filipp 1981, S. 44), etwa im Sinne von „Krisen-Prävention" oder „Krisen-Intervention". So könnte den alten Menschen künftig aus dem Wissen um kritische Ereignisse bei der evtl. notwendigen Einweisung ins Pflegeheim hilfreich beigestanden werden. Es wird u. a. auf eine Studie verwiesen, nach der gut vorbereitete alte Menschen im ersten Jahr nach der Heimunterbringung eine wesentlich geringere Sterblichkeit zeigten als schlecht vorbereitete.

11.5 Die Entwicklung nach Lebensabschnitten

Der Leser hat von diesem kurzen Überblick über die Entwicklungspsychologie keine Schilderung der menschlichen Entwicklung von der Zeugung und Geburt bis zum hohen Alter und Tod erwarten dürfen.

Umfangreiche Werke der Entwicklungspsychologie haben solche Darstellungen zum Inhalt. Für die Psychologie der *Kindheit und Jugend* seien beispielhaft aus der deutschsprachigen Literatur genannt: Mussen, Conger und Kagan (1976), Nickel (1972, 1975); für das *Erwachsenenalter* Lehr (1972), Whitbourne und Weinstock (1982), Faltermaier et al. (1995); schließlich Oerter und Montada (1987) für die *Entwicklung als lebenslangen Prozeß*.

Alle diese Bücher unterteilen relativ willkürlich den Lebenslauf in bestimmte Altersabschnitte. Entgegen früheren Lehren, die aber z. B. bei Piaget noch fortbestehen, werden bestimmte Entwicklungsphasen nicht mehr als feste Untergliederungen der Entwicklung angenommen, die man bei der Beobachtung der sich entwickelnden menschlichen Organismen „entdecken" könnte. Man kann der Entwicklung sog. Phasen nicht an- oder absehen, sondern man kann sie allenfalls in sie hineinsehen. Wer unbedingt von Phasen oder Stufen der Entwicklung sprechen will, kann dies nur im Bewußtsein um die willkürliche Ordnung tun, die er damit schafft. Weil Phasen in die Entwicklung hineingesehen, ihr aber nicht abgesehen werden können, finden wir annähernd so viele Phasenlehren, wie wir Phasen-Lehrer haben: Kaum zwei gibt es, die sich völlig einig sind. Scharfe Einschnitte (z. B. sog. Trotzalter) zwischen Phasen oder Stufen, die gar noch einem bestimmten Lebensalter zugeordnet werden, können nicht als allgemein gesicherte Entwicklungsphänomene betrachtet werden. Gelegentlich schaffen wir solche „Stufen" künstlich, z. B. durch die Einschulung. Aber auch Kinder im Vorschulalter können - allen anderslautenden Aussagen zum Trotz - schon Lesen und Schreiben lernen (was nicht als entsprechende Empfehlung mißverstanden werden soll).

11.6 Die Entwicklung nach Bereichen psychischer Kräfte und Funktionen

Ergänzend ist neben die Beschreibung der Entwicklung entlang der Zeitachse (also nach Altersabschnitten) die Beschreibung von Bereichen psychischer Kräfte und Funktionen getreten. So werden etwa die geistige Entwicklung, die Entwicklung des Gedächtnisses, der Sprache, der Motivation, der Gefühle etc. nacheinander abgehandelt. Diese Ordnung findet man z. B. in dem verbreiteten Buch „Moderne Entwicklungspsychologie" von Oerter (seit 1967 in verschiedenen Auflagen), bei Wieczerkowski und Zur Oeveste (1982) und u. a. auch bei Oerter und Montada (1982), die zuerst eine Buchgliederung nach Lebensabschnitten, dann eine nach Bereichen bringen.

Literatur-Empfehlung

Oerter, R. & Montada, L. (Hrsg.): Entwicklungspsychologie. Weinheim 1995, 3. Aufl.

Hans Mogel

12. Ökopsychologie

12.1 Einleitung

Frau K. steht morgens 6.15 Uhr auf, macht das Frühstück, weckt ihre beiden Kinder, Susanne und Sebastian. Susanne, 9 Jahre alt, besucht die 3. Grundschulklasse, muß um 8.00 Uhr in der Schule sein. Sebastian, 5 Jahre alt, besucht den Kindergarten. 7.30 Uhr muß Frau K. mit ihren Kindern die im 6. Stock eines Hochhauses gelegene Wohnung verlassen, damit Susanne rechtzeitig den Schulbus erreicht und Sebastian gegen 8.00 Uhr im Kindergarten ist. Denn von 8.00 Uhr bis 12.00 Uhr arbeitet Frau K. als Putzfrau in einer Arztpraxis. Sie ist froh darüber, diese Halbtagsstelle gefunden zu haben. Sie vergewissert sich immer wieder, ob sie auch alles recht mache, da sie die Stelle behalten möchte. - Herr K. arbeitet derzeit in der Frühschicht eines Elektrokonzerns. Von zuhause bis zu seinem Arbeitsplatz im Industriegebiet benötigt er mit dem 5-Uhr-Bus 35 Minuten. Um 15.00 Uhr ist Herr K. wieder zuhause. Seiner Frau hat er noch nicht gesagt, was ihm der Abteilungsleiter vor wenigen Tagen mitgeteilt hatte: daß seine Abteilung als erste „aufgelöst" würde. Herr K. kann sich noch nicht so recht vorstellen, wie alles sein wird, wenn er arbeitslos ist. Was wird er den ganzen Tag über tun? Nur fernsehen wird auf die Dauer zu langweilig. - Nach ihrer Arbeit holt Frau K. Sebastian vom Kindergarten ab. Daheim angekommen, bereitet sie das Mittagessen zu. Sie hat am Vorabend alles vorbereitet, damit es schnell geht. 13.00 Uhr kommt Susanne von der Schule, 15.00 Uhr Herr K. von der Arbeit. Heute gibt es Gemüseeintopf mit Wurst, das Leibgericht von Herrn K. Frau K möchte ihren Mann etwas aufmuntern. Er war während der letzten Tage so wortkarg gewesen. Ob es im Betrieb Ärger gegeben hat? - 13.45 Uhr bringt Frau K. Sebastian zum Kindergarten. Danach füllt sie eine Waschmaschine und bügelt die Hemden vom letzten Mal. Kurz nach 15.00 Uhr kommt Herr K. von der Arbeit. Er zeigt sich erfreut über das Lieblingsgericht. Er sieht abgespannt und müde aus. Frau K. schlägt ihm vor, sich ein wenig hinzulegen und dann mit Susanne zusammen eine kleine Radtour zu machen. Susanne habe die Schulaufgaben schon gemacht, und Radfahren sei gut für den Kreislauf. Herr K. findet den Vorschlag gut. Er werde mit Susanne auf dem Rückweg Sebastian vom Kindergarten abholen. Der werde staunen, heute vom Herrn Papa abgeholt zu werden. In der Zwischenzeit erledigt Frau K. einige Einkäufe. - Nach dem Nachtessen dürfen die Kinder noch spielen. 19.30 Uhr müssen sie im Bett sein. Denn am Morgen heißt es früh aufstehen. - Frau K. bereitet das Geschirr zum Frühstück. Später möchte sie noch eine Folge von „Dallas" sehen. Herr K. überlegt, ob er nach der Tagesschau gleich ins Bett geht oder ob er noch einen aktuellen Bericht zur Arbeitslosigkeit ansehen soll.

Familie K. ist ein verkürzt geschildertes Beispiel alltäglicher Lebensverhältnisse. Es veranschaulicht holzschnittartig, wie Menschen ihre Lebensverhätnisse beeinflussen und wie diese von der tatsächlichen Umwelt abhängen.

In der *allgemeinen Ökologie* gilt die wechselseitige Beeinflussung von Lebewesen (Pflanzen, Tieren, Menschen) untereinander und die Wechselwirkung mit ihrer materiellen Umwelt als vorrangiger Forschungsgegenstand. Die Bereiche, in denen diese Wechselwirkungsprozesse organisiert sind, werden als *Ökosysteme* bezeichnet. Seen, Wälder, Wiesen, Felder, Ameisenhaufen, Korallenriffe usw. sind

Beispiele biologischer Ökosysteme. Kulturen, Staaten, Städte, Stadtviertel, Dörfer, Wohngemeinschaften, Familien, Zweierbeziehungen können als materielle, soziale und psychologische Ökosysteme beschrieben werden. Allen Ökosystemen ist gemeinsam, daß die Art der wechselseitigen Beziehungen durch Anpassung der Lebewesen an die natürlichen bzw. vorgegebenen Umweltbedingungen oder durch Veränderung dieser Bedingungen bestimmt ist (Friedrichs 1957, Eckensberger 1978).

Eine Gegenstandsbestimmung der *Ökopsychologie* setzt voraus, die Arten von Umwelten zu beschreiben, welche auf Menschen einwirken. Darüber hinaus ist es notwendig, das Funktionieren spezifischer Mensch-Umwelt-Verknüpfungen nach den für eine Fragestellung wichtigen Merkmalen zu analysieren. Eine allgemeine ökopsychologische Fragestellung könnte lauten: Welchen Einfluß haben die umweltbezogenen Tätigkeiten der 4 Mitglieder von Familie K. auf die zwischenmenschlichen Beziehungen in der Familie? Eine spezielle ökopsychologische Fragestellung wäre z. B.: Welche Veränderungen bewirkt die zunächst drohende, später evtl. tatsächliche Arbeitslosigkeit von Herrn K. im Erleben und Verhalten der vier Familienmitglieder?

Von allen anderen Ökologien (biologischen: z. B. Ökologie der Seidenraupe, physikalischen: z. B. Ökologie der Gestirne) unterscheidet sich psychologische Ökologie dadurch, daß sie das Gesamt der Personen, Dinge und Ereignisse einzubeziehen hat, die menschliches Erleben und Verhalten beeinflussen. Als Kernproblem der Ökopsychologie bezeichnen wir die *wissenschaftliche Analyse des Wechselwirkungsgefüges Mensch-Umwelt.* Was damit gemeint ist, soll nun näher bestimmt werden.

12.2 Gegenstand der Ökopsychologie

Das griechische Wort „oikos“, von dem der Begriff Ökologie herrührt, bedeutet ursprünglich Heim, Haus oder Haushalt und bezeichnet die Lebensumwelt des Menschen. Ökopsychologie befaßt sich mit den Beziehungen des Menschen zu seiner natürlichen und selbstgestalteten Lebensumwelt. Natürlichkeit meint eine auf Menschen einwirkende, jedoch durch sie unbeeinflußte Umwelt, ferner eine Abgrenzung gegenüber Künstlichkeit, wie sie Menschen etwa in experimentell erzeugten Laborsituationen begegnet. Selbstgestaltetheit bezieht sich auf von Menschen selbst geschaffene Umwelten und auf durch Menschen veränderte ehemals natürliche Umwelten. Hierzu gehören Kultur, Zivilisation und Gesellschaftsstruktur sowie materielle Bezugsgegenstände (z. B. Werkzeuge, Autos, Abgase, Lärm, Umweltverschmutzung).

Forschungsgegenstand der Ökopsychologie ist „die Psyche, sofern sie von ihrer tatsächlichen Umwelt abhängig ist“ (Hellpach 1924, S. 119). Dazu gehören alle im Mensch-Umwelt-Verhältnis wirksamen Einflußgrößen. *Tatsächliche Umwelt ist also wirkliche Umwelt, insofern sie auf Menschen einwirkt oder zurückwirkt.* Sie umfaßt materielle wie psychosozial wirksame Umweltbestandteile. Ein Beispiel für materielle Bestandteile, die durch den Menschen entstanden und auf ihn zurückwirken, sind Autos. Als objektive materielle Umweltgegenstände erweitern sie den menschlichen Handlungsspielraum: Fortbewegung, Transport, Erkundung weiterer Umwelten sind möglich. Zugleich engen Menschen durch die Benutzung von Autos ihren Lebensraum ein: Abgase, Lärmbelästigung, Verkehrstote. Ein Beispiel für psychosoziale Umweltbestandteile, die Menschen zur Erhaltung ihrer Kultur und Gesellschaft entwickeln, sind Normen. Als gesellschaftlich idealisierte und psychosozial verbindliche Umwelteinflüsse sichern und begrenzen sie den menschlichen Handlungsspielraum.

Hellpach schlägt vor, drei Ebenen von Umwelt in die wissenschaftliche Analyse einzubeziehen:

(1) *Die natürliche Umwelt,* d. h. die wirksamen Agrar- und klimatischen Bedingungen. Es besteht ein Wechselwirkungsverhältnis zwischen Mensch und natürlicher Umwelt.
(2) *Die soziale Umwelt,* d. h. die Beziehungsverhältnisse zwischen Menschen und Gruppen von Menschen.
(3) *Die kulturelle Umwelt.* Sie ist durch Menschen historisch geschaffen. Sie reicht von Staaten, Städten, Gebäuden, Kunstwerken usw. bis hin zu Normen und Gesetzen, welche Menschen schaffen, um ihren Lebensvollzug zu regulieren.

Gegenstand der Ökopsychologie ist der Mensch als handelndes Individuum und Mitgestalter seiner eigenen Umwelt. Er ist von vornherein eingebunden in seine räumliche Umgebung, in soziale Strukturen, wie sie durch Normen, Regeln, Produktions- und Interaktionsverhältnisse vorgegeben sind, und in die gesellschaftliche Entwicklung: Er ist Betroffener seiner eigenen Lebensverhältnisse. Wenn wir als den Gegenstand der Ökopsychologie die wissenschaftliche Analyse von Ökosystemen, d. h. wechselseitigen Mensch-Umwelt-Regulierungen bezeichnen, bedeutet dies: *Erfassung der Prozesse wechselseitiger Beeinflussung von Individuum und Umwelt sowie ihrer Bedingungen und Auswirkungen.*

Die Beschreibung und Erklärung von Ökosystemen hat alle wirksamen Einflußgrößen zu berücksichtigen. Zu ihnen gehören Lebenslage, Lebenssituation und Lebensbereiche. *Lebenslage* bedeutet die allgemeine Beziehungsstruktur eines Individuums, also seine Beziehungen zu sich selbst, zu anderen, zur natürlichen und kulturellen Umwelt. *Lebenssituation* umfaßt die persönliche Befindlichkeit, welche sich aus der Lebenslage und den gegenwärtig möglichen Handlungen ergibt. *Lebensbereich* meint den individuellen Handlungsspielraum in persönlich bedeutsamen Umwelten, wie z. B. Elternhaus, Kindergarten, Schule, Arbeitsplatz, Freizeit. Lebenslage, -situation und -bereiche machen die *Lebensverhältnisse des Menschen* aus.

12.2.1 Einige Dimensionen der Mensch-Umwelt-Beziehung

Menschen beeinflussen ihre Lebensverhältnisse durch Anpassung an ihre Umwelt und durch Veränderung ihrer Umweltbedingungen. Letztere beeinflussen ihrerseits die menschlichen Lebensbedingungen. Ein solcher Prozeß wechselseitiger Beeinflussung ist das wichtigste Kennzeichen eines Ökosystems. Wie er in seiner Grundform funktioniert, zeigt *Abb. 12.1.*

Das Kernproblem der Ökopsychologie besteht in der Aufgabe, das *Wechselwirkungsgefüge Mensch/Umwelt in seiner ganzen Komplexität (ganzheitlich)* nach bestimmten Dimensionen zu analysieren: nach seinen Inhalten und Formen, nach einen Bedingungen und Auswirkungen und damit nach seiner Beeinflußbarkeit

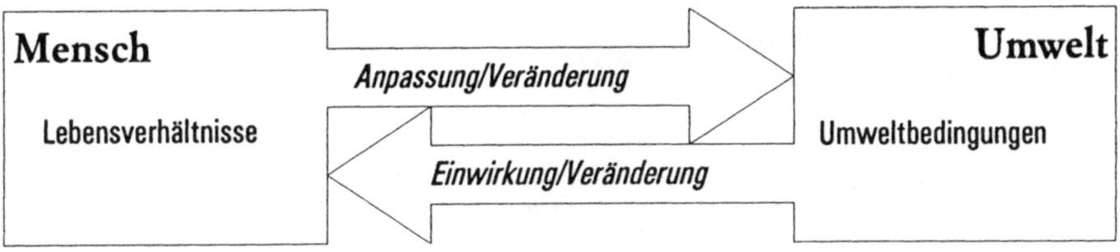

Abb. 12.1: Schema eines Ökosystems, das die Wechselwirkung zwischen Mensch und Umwelt ihrer Grundform nach zeigen soll. Menschen passen sich ihrer Umwelt an und verändern sie. Die Umwelt wirkt auf die menschlichen Lebensverhältnisse ein bzw. zurück und verändert sie.

bzw. Nichtbeeinflußbarkeit durch die Systembestandteile. Dies wollen wir am Eingangsbeipiel erläutern:

Herr K. erwartet Arbeitslosigkeit (= *Inhalt*) damit verbunden ist ein Gefühl der Bedrohung (= *Form des Erlebens*). Auf die Äußerung des Abteilungsleiters, daß seine Abteilung als erste „aufgelöst" würde (= *Bedingung*), reagiert Herr K. – so unterstellen wir – mit Abgespanntheit (= *Auswirkung*). Durch Befolgen des Ratschlages seiner Frau (Hinlegen, Radfahren) bewältigt Herr K. seine momentane Situation (*Beeinflußbarkeit*). Seine *existentielle Gesamtsituation* hängt aber von Bedingungen ab, die Herr K. nicht beeinflussen kann: von den Produktionsverhältnissen der Firma, von deren Organisation und wirtschaftlichen Abhängigkeiten (*Nichtbeeinflußbarkeit*). In bezug auf seine *momentane Situation*, die sich durch den aktuellen Zustand von Herrn K. und die von den übrigen Familienmitgliedern ausgehenden Einflüsse beschreiben läßt, erscheint Herr K. noch als *„Gestalter"*: Durch sein Handeln versucht er den Zustand der Abgespanntheit zu verändern. Bezüglich seiner *existentiellen Gesamtsituation* erscheint Herr K. als *„Betroffener"*: Ob die drohende Arbeitslosigkeit eintritt oder nicht, entzieht sich den Einflußmöglichkeiten von Herrn K.

Inwieweit Individuen ihre Umwelten beeinflussen können, läßt sich als Grad der *Kontrolle* beschreiben, die sie über die jeweilige Umwelt haben. Hinsichtlich objektiver existentieller Umweltbedingungen (voraussichtlicher Verlust des Arbeitsplatzes) kann Herrn K. s Lebenssituation als wachsender *Kontrollverlust* gekennzeichnet werden. Die entstehende Ungewißheit geht einher mit einer Reihe von Veränderungen: Abgespanntheit, hinlegen, radfahren; Überlegung, ob er einen Bericht zur Arbeitslosigkeit ansehen soll. – Die nähere Betrachtung des Beispiels sollte deutlich machen, daß die Komponenten eines Ökosystems (1) zusammenhängen, (2) sich wechselseitig beeinflussen und (3) sich in Abhängigkeit voneinander verändern. Ändert sich z. B. die Lebenssituation, geht damit eine Veränderung der Lebensverhältnisse einher (vgl. *Kap. 12.4.1*). Wie lassen sich unter diesen Voraussetzungen Ziele ökopsychologischer Forschung formulieren?

12.3 Ziele der ökopsychologischen Forschung

Zur Verwirklichung des Zieles psychologischer Theorienbildung und empirischer Forschung, Erleben und Verhalten zu erklären, vorherzusagen und zu kontrollieren, müssen alle wirksamen Erlebens- und Verhaltens*bedingungen* einbezogen werden. Daß solche Bedingungen auf der Person- wie der Umweltseite wirksam sind, hat Lewin (1935, S. 73) durch seine klassische Formel $V = f\ (P,U)$ ausgedrückt: *Verhalten* ist als eine Funktion von Person und Umwelt aufzufassen: Bandura (1977) hat in Anlehnung an Lewin diese Formel in einen *„reziproken Determinismus"* umformuliert *(Abb. 12.2)*.

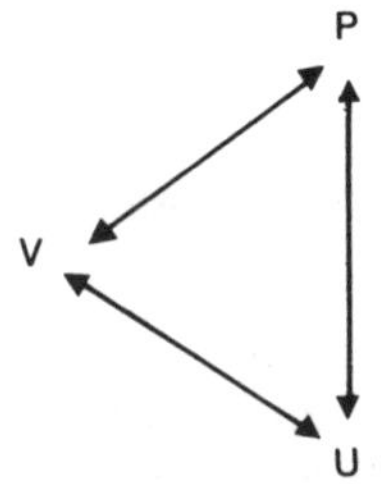

Abb. 12.2:
Reziproker Determinismus von Person (P), Umwelt (U) und Verhalten (V); die drei Größen (P, U, V) bedingen sich gegenseitig. Sie stehen nach Bandura (1977) in einem Verhältnis wechselseitiger Determination.

Das allgemeine Ziel ökopsychologischer Forschung ist, die wechselseitige Bedingtheit dieser drei Größen zu erklären und vorherzusagen, wie sich bestimmte Bestandteile des Systems verändern, wenn andere Systembestandteile verändert werden. Zur notwendigen Exaktheit eines solchen Vorgehens gehört es, daß jene Ereignisse, welche das System zusätzlich, z. B. von der Umweltseite her beeinflussen, in ihrer Auswirkung auf das System kontrolliert werden. Denn sonst ist der Nachweis, daß Veränderungen bestimmter Bestandteile tatsächlich auf die vermuteten Einflüsse zurückgehen, schwer zu führen. Veranschaulichen wir dies an einem ganz einfachen *Beispiel* aus der Entwicklungspsychologie des Säuglings. Untersucht man das Miniaturökosystem „Baby im Umgang mit Rassel“, um Fragen nach der Entwicklung des kindlichen Neugierverhaltens im Zusammenhang mit der Entwicklung der visuo-motorischen Koordinationsfähigkeit zu beantworten, kann die Dauer der Auseinandersetzung des Kindes mit der Rassel ein wichtiger Indikator sein. Läßt man dann unberücksichtigt, daß das Kind sich nur deshalb zuweilen nicht mit der Rassel beschäftigt, weil ihm eine Fliege öfter über die Nase krabbelt, wodurch es in seiner zielbezogenen Aktivität (Rassel) gestört wird, macht man einen Fehler. Die Ergebnisse sind unexakt, weil man einen Umweltbestandteil des Miniaturökosystems nicht berücksichtigt hat. Nach dem Muster der klassischen Experimentalpsychologie wäre der umweltbedingte Störeinfluß zu kontrollieren, z. B. durch Elimination (Beseitigung) d. h. Vertreiben der Fliege. Nach den Zielsetzungen der Ökopsychologie wäre der Umwelteinfluß als Bestandteil des Ökosystems zu integrieren, z. B. dadurch, daß der in unserem Beispiel durch eine Fliege entstehende Einfluß auf das Verhalten des Säuglings in seinen Auswirkungen genauestens miterfaßt wird.

Die Schwierigkeit, Störeinflüsse zu kontrollieren, wird bei komplexen Ökosystemen um ein Vielfaches erhöht. Begegnen kann man dem partiell durch gute Theorien und Beobachtungen, aus denen sich Vorhersagen über die Funktionsweise von Ökosystemen ableiten lassen. Inwieweit sie gültig sind, wäre empirisch so zu überprüfen, daß man das Ökosystem in seiner Funktionsweise durch die Art der Überprüfung nicht verändert. Ein Oberziel ökopsychologischer Forschung sollte daher sein, daß Theorienbildung und empirische Überprüfung theoretischer Aussagen Hand in Hand gehen. Ansonsten bestünde die Gefahr eines endlosen Puzzlespieles. Auf diese (methodologischen) Fragen nach dem geschicktesten Forschungsvorgehen kommen wir später noch zurück (s. *Kap. 12.7*).

Ein bedeutsames Ziel ökopsychologischer Forschungsarbeit entsteht durch die Notwendigkeit, wissenschaftlich gesicherte Erklärungen des Mensch-Umwelt-Verhältnisses zu liefern. Ökopsychologie soll zur Klärung brennender Fragen menschlichen Zusammenlebens in immer enger werdendem Lebensraum und teilweise existentiell bedrohlichen Umwelten beitragen. Daß dabei gigantische Ökosysteme Untersuchungsgegenstand werden müssen (z. B. Wirtschaftssysteme), macht ökopsychologische Forschung u. U. teuer und stellt sie zudem vor methodische Probleme: Wie können individuelle Systeme (Menschen) und objektive Systeme (materielle Umwelten), die strukturell auf ganz unterschiedlichen Ebenen organisiert sind, funktionell aber aufeinander einwirken, wissenschaftlich so beschrieben werden, daß sinnvolle Erklärungsmöglichkeiten entstehen? – Dieses Problem der Isomorphie in der Abbildung objektiver und subjektiver Strukturen hat Oerter (1979) behandelt. Ein weiteres Problem stellt die „Verschachtelung von Ökosystemen" dar: Ökologische Makrosysteme (z. B. Staaten) funktionieren auf der Grundlage von Ökosystemen unterschiedlicher Größenordnung (z. B. Bundesländern, Städten, Gemeinden) und Qualität (Familien, Erwachsene, Kinder; allgemein: Individuen) bis hin zu sog. Mikrosystemen:

„Ein *Mikrosystem* ist ein Muster von Tätigkeiten und Aktivitäten, Rollen und zwischenmenschlichen Beziehungen, die die Person in einem gegebenen Lebensbereich mit den ihm eigentümlichen physischen und materiellen Merkmalen erlebt. Ein *Lebensbereich* ist ein Ort, an dem Menschen ... Interaktion mit anderen aufnehmen können. *Tätigkeit, Rolle* und *zwischenmenschliche Beziehung* sind Bausteine des Mikrosystems" (Bronfenbrenner 1981, S. 38).

Verbinden wir diese Begriffe mit dem ökopsychologischen Ziel, die gesamten Lebensverhältnisse einer Person in die Beschreibung und Erklärung ihres Erlebens und Verhaltens einzubeziehen, ergeben sich z. B. für Herrn K. folgende Fragestellungen: Wie erlebt er seine Tätigkeiten am Arbeitsplatz, wie seine Aktivitäten in der Familie? Wodurch sieht er seine Rolle im Beruf und als Familienvater bestimmt? Wie schätzt er seine zwischenmenschlichen Beziehungen ein zu seinen Arbeitskollegen, zu seiner Frau, zu Susanne und Sebastian? Inwieweit bestimmen die berufsbedingten psychischen Verhältnisse bei Herrn K. die Beziehungen zu den Familienmitgliedern mit? Welchen Einfluß hat Herrn K. s Familienleben aus seiner Sicht auf sein Erleben und Verhalten am Arbeitsplatz? – Solche Fragen wären z. B. mit den Hilfsmitteln der Psychologischen Diagnostik *(s. Kap. 10)* zu beantworten.

Daß ökologische Mikrosysteme durch Makrosysteme (und umgekehrt) beeinflußt sind, ist unmittelbar einsichtig; daß menschliches Erleben auf z. T. komplex verschachtelte Systemeinflüsse zurückgeht, ebenfalls. Schwieriger ist es, die *Art der Verschachtelung zu* erfassen und die *tatsächlich wirksamen Einflüsse zu* isolieren. Nehmen wir z. B. an, Herrn K. s Abgespanntheit sei nicht nur auf die erwartete Arbeitslosigkeit, also auf das Erleben existentieller Unsicherheit zurückzuführen, sondern auf besonderen Streß am Arbeitsplatz. Dieser sei bedingt durch erhöhte Produktionsraten während der vergangenen zwei Monate, um (nach Aussage der Firmenleitung) noch „einen Großauftrag termingerecht abzuschließen." – Nun besteht das Problem der Verschachtelung objektiver Umwelteinflüsse mit individuellen Systemen, wie Herr K. eines darstellt. Die Feststellung von Frau K., er sehe müde und blaß aus, beantwortet Herr K. bündig: „Zuviel Streß am Arbeitsplatz". – Inwieweit dies zutrifft, wäre durch eine Analyse der Arbeitsplatzsituation von Herrn K. zu überprüfen: Wie erlebt er sie? Fühlen sich die Kollegen ebenfalls unter Streß gesetzt? Wenn ja, welches sind die Streß auslösenden Bedingungen (Stressoren)? Wie kommen sie gegebenenfalls zustande usw.? – Solche Fragen zu untersuchen ist Aufgabe der Organisationspsychologie *(s. Kap. 16)*. Sie zeigen, daß nicht nur individuelle Größen (wie z. B. das Erleben von Herrn K.), sondern auch objektive Umwelteinflüsse (z. B. Produktionsverhältnisse, Arbeitsplatzsituation) in die wissenschaftliche Analyse einbezogen werden müssen, sollen die Ergebnisse in ökopsychologischer Hinsicht stichhaltig sein.

12.4 Problemstellungen und Analysemöglichkeiten für psychologische Ökosysteme

Für den Menschen ist Umwelt nie nur objektiv-materielle Reizumwelt, bestehend aus Natur- und Sachgegenständen, „sondern er schafft, interpretiert und gestaltet sie um, abhängig von seinen kognitiven Strukturierungsfähigkeiten" (Eckensberger 1976, S. 79), seinen Bedürfnissen, Motivationen und Zielen. Durch seine umweltbezogenen Handlungen erzeugt er Bestandteile von Ökosystemen mit, die er teils nutzt (z. B. Autos, Straßen, Fortbewegung), denen er teils ausgesetzt ist (z. B. Zerstörung von Landschaften, Lärm- und Abgasbelästigung, Verkehrstod).

Generelle ökopsychologische Problemstellungen könnten sich auf die *Struktur* der Organisation von Ökosystemen beziehen, auf die *Funktionsweise* der in ihnen ablaufenden Prozesse und auf die *Dynamik* der wechselwirkenden Einflüsse, welche Menschen und ihre Lebensumwelten aufeinander ausüben. Welche Begriffe sind hierfür geeignet?

Verhaltensbegriffe sind für die empirische Erforschung solcher Wechselwirkungen sehr praktisch, da Verhalten beobachtbar ist. Doch ist Verhalten mit abhängig vom individuellen Erleben der Umweltgegenstände. Dieses wird mitgesteuert durch innere Bewertungsprozesse (Mogel 1982, S. 157f.). Sie hängen ab von individuellen Einstellungen, sind verbunden mit Emotionen und der Auswahl von Zielgegenständen. Als Verhalten in bezug auf Umweltgegenstände resultiert motivierte und reflexive Aktivität des Individuums. *Zielbezug* und *Reflexivität* sind die vielleicht wichtigsten Kennzeichen des Handelns. Die menschliche *Handlung* ist somit als Analyseeinheit für die Funktionsweise psychologischer Ökosysteme günstig. Denn Handlungen finden im Individuum-Umwelt-Bezug, also in psychosozialen Ökosystemen statt, deren Struktur sie mehr oder weniger direkt mitbestimmen (z. B. Lebenslage und Lebenssituation von Familie K. oder Umweltbeschaffenheit durch Arbeitsverhältnisse, Kultur, Städtebau). Wie Ökosysteme weisen Handlungen eine komplexe und dynamische Struktur in ihrer psychologischen Organisation auf. Wie jene lassen sich Handlungen in der Alltagsrealität als offene Systeme beschreiben.

Handeln Menschen in bezug aufeinander, findet *Interaktion* statt. Wechselseitige Handlungsabfolgen bzw. -muster (Interaktionen bzw. Interaktionsstrukturen) bilden weitere Analyseeinheiten für psychologische Ökosysteme. Sie wären z. B. bei einer Analyse der Beziehungsverhältnisse in Familie K. einzubeziehen. Solche wechselseitigen (reziproken) Beziehungen sollten nach Bronfenbrenner (1981, S. 21) möglichst *gleichzeitig* erfaßt werden, weil damit Veränderungen der am Ökosystem beteiligten Komponenten eher sichtbar werden. Untersucht man z. B. die Mutter-Kind-Dyade, erscheint es wenig fruchtbringend, zuerst das Verhalten der Mutter, dann das des Kindes zu beschreiben. Vielmehr läßt eine simultane Beschreibung des Verhaltens beider Bestandteile des Systems die wechselseitigen Abhängigkeiten und Beeinflussungen besser erkennen.

Die individuelle Bedeutung bestimmter Umwelten hängt ab von den Erfahrungen, die Individuen in bezug auf sie gemacht haben, und davon, welche Ziele sie verfolgen. Individuelle *Wahrnehmung* dient als eine Form der Orientierung des Individuums in seiner Umwelt; da sie erfahrungsabhängig ist, kann man davon ausgehen, daß jede Begegnung mit wie auch immer gearteten Umwelten an Erwartungen gebunden ist, die teils aus früheren Erfahrungen, teils aus Zielbezügen entstehen. Das Individuum benutzt seine Umwelten nicht nur als objektive Orientierungsmarken. Vielmehr ist zumeist schon die Vorstellung von bestimmten Umwelten mit ganz spezifischen Erlebnissen verbunden: Denkt Herr K. an seinen Arbeitsplatz, wird er mißmutig, faßt den Entschluß, schon morgen mit der Suche nach einer neuen Arbeitstelle zu beginnen. Weitere Analyseeinheiten für psychologische Ökosysteme könnten daher z. B. individuelle Stimmungen, Bedürfnisse, Emotionen, Motivationen in ihrer Beziehung zu persönlich bedeutsamen Umwelten sein.

Eine andere Analyseeinheit schlagen Russell und Ward (1982) vor. Ausgehend von der starken Situationsabhängigkeit menschlichen Verhaltens formulieren sie: „Sobald Menschen sich von einem Ort zu einem anderen bewegen, ändert sich sogleich ihr Verhalten. Verhaltensweisen, die an einem Ort stattfinden, sind anderswo nicht zu finden" (S. 652): Herr K. wird sich auf dem Weg zum 5-Uhr-Bus anders verhalten als auf der Fahrt zur Arbeitsstelle und an dieser anders als nach Feierabend in seiner Familie. Sein Verhalten ist in diesem Sinne orts- und zeitabhängig. – Diese einfache Sichtweise mag für eine Beschreibung orts- und zeitabhängiger Verhaltensänderungen hinreichen: Die Verflechtung menschlicher Lebensverhältnisse kann sie nicht erklären. Denn diese bilden ein komplexes System wechselseitiger Einflüsse und Abhängigkeiten. Sie bestimmen in ihrer Gesamtheit, inwieweit Individuen ihre Umwelt kontrollieren können. Unter diesem Gesichtspunkt wollen wir ein vorläufiges Résumee ziehen.

12.4.1 Die Verflechtung individueller Lebensverhältnisse mit Umweltverhältnissen

Bisher haben wir dargestellt, daß Individuum und Umwelt sich wechselseitig beeinflussen. Wir haben gefragt, welche Größen diesen Beeinflussungsprozeß *bedingen* und welches die *Auswirkungen* sind. Nun wollen wir veranschaulichen, wie man sich die ökopsychologischen Wechselwirkungen vereinfacht vorstellen kann. Wir fassen die bisherigen Überlegungen deshalb zusammen und stellen Bedingungen und Auswirkungen der Einflüsse dar.

Übertragen wir diese Übersicht auf wirkliche Lebensverhältnisse, indem wir das Eingangsbeispiel weiterführen:

Herr K. ist seit 2 Jahren arbeitslos. Familie K. hat vor 7 Monaten Zwillinge bekommen: Oliver und Sven. Frau K hat seit 2 Monaten eine Ganztagsstelle. Dienstag- und Freitagabend putzt sie zusätzlich bei ihrer früheren Stelle. Denn der Zuschuß vom Sozialamt ist extrem gekürzt worden. – Herr K. versorgt die Zwillinge. Seitdem er diese Aufgabe erfüllt, ist es ihm nicht mehr gar so langweilig. Dennoch bleibt seine Unzufriedenheit, die er hin und wieder äußert: „Heutzutage eine Großfamilie! So ein Blödsinn!" Herr K. möchte umschulen und Facharbeiter werden. Doch ist er ungewiß darüber, was ihn dabei erwartet und wie es dann mit der Familie weitergehen soll. Aber eines weiß er sicher: Die Zeit drängt! Denn er wird nächstes Jahr 39. – Sebastian geht in die erste Grundschulklasse. Susanne besucht das erste

Tab. 12.1: Bedingungen und Auswirkungen wechselseitiger Individuum – Umwelt-Beeinflussungen

INDIVIDUUMSEITE	**UMWELTSEITE**
– Lebensverhältnisse –	**– Umweltverhältnisse –**
– *Lebenslage:* Beziehungen zu sich selbst, zu anderen, zur natürlichen und kulturellen Umwelt	– *Räumliche Umgebung:* physische und materielle Umweltgegenstände natürlicher und künstlicher Art
– *Lebenssituation:* persönliche Befindlichkeit durch momentane Lebenslage und gegenwärtig mögliche Handlungen	– *Soziale Strukturen:* Normen, Werte, Regeln, Produktions- und Interaktionsverhältnisse
– *Lebensbereich:* Handlungsspielraum in persönlich bedeutsamen Umwelten	– *Gesellschaftliche Entwicklung:* z. B. ‚Normenverfall', Veränderung von Werten und Regeln, Nullwachstum, Rückgang der Kleinfamilie

Jahr die Realschule. Ihr ist es längst zu eng geworden daheim. Durch das, wie sie es nennt, „Stereogeschrei der Zwillinge" fühlt sie sich bei den Hausaufgaben gestört. Sie zieht es neuerdings vor, die Hausaufgaben bei der Freundin zu machen.

Das Beispiel zeigt, wie *Umweltverhältnisse* einwirken in die individuellen *Lebensverhältnisse:* Durch die zu enge Wohnung *(räumliche Umgebung)* und das Geschrei der Zwillinge (Bestandteil der Interaktionsverhältnisse in Familie K.) fühlt Susanne sich eingeengt und gestört *(persönliche Befindlichkeit durch momentane Lebenslage).* Diese *Lebenssituation* bewältigt sie durch kurzfristige Veränderungen des *Lebensbereichs* (Hausaufgaben bei der Freundin machen). Das Beispiel zeigt weiter, wie eigenaktiv *nicht beeinflußbare Umweltverhältnisse* (Herrn K.s Arbeitslosigkeit) zu ganz bestimmten Handlungen zwingen (Versorgen der Zwillinge), die *spezifische Motivation weiteren Handelns* beeinflussen (Herrn K.s Vornahme, umzuschulen und Facharbeiter zu werden) und die Äußerung von *Emotionen* („. . . Großfamilie! So ein Blödsinn!") bewirken, wenn der *Verwirklichung des Handlungsziels* (Facharbeiter werden) *Barrieren* (Ungewißheit, wie es dann mit der Familie weitergehen soll) entgegenstehen. Man mag sich selbst ausmalen, welche weiteren Auswirkungen *soziale Strukturen und gesellschaftliche Entwicklung* auf die Lebenssituation von Herrn K. und die *Lebensverhältnisse* von Familie K. haben. – Klar dürfte sein, daß Möglichkeiten und Grenzen des Handelns nicht ausschließlich von Größen auf der Individuumsseite abhängen, sondern auch von der objektiven Struktur bestehender Umweltverhältnisse (s. Mogel 1990 b). Bevor wir einige Kriterien für die Erfassung ökopsychologischer Einflußgrößen darstellen, sollen einige ökopsychologische Fragestellungen angeführt werden, die bereits untersucht worden sind.

Neuere ökopsychologische Untersuchungen betreffen die Psychologie des kindlichen Spiels (Mogel 1994²), und eine neue ökopsychologische Forschungsrichtung befaßt sich mit der Funktionsweise sog. fundamentaler Lebenssysteme, von denen wir annehmen, daß sie an der „Schnittstelle" von Individuum und Umwelt das Leben selbst fördern. Erste Untersuchungen zum Lebenssystem Geborgenheit (Mogel 1995) liegen schon vor, und der Begriff „fundamentales Lebenssystem" soll zur Vervollständigung der ökopsychologischen Begrifflichkeit in der Psychologie beitragen.

12.5 Einige ökopsychologische Fragestellungen und Diskussionspunkte

Wie wir gesehen haben, sind die Funktionsweise von Ökosystemen mit unterschiedlichen Systemkomponenten und ihre Wechselwirkung mit über- oder untergeordneten Systemen allgemeiner Erkenntnisgegenstand der Ökopsychologie. Für die psychologische Erforschung der Lebensverhältnisse in einem Lebensbereich bedeutet dies, daß auch die ihn von außen beeinflussenden Verhältnisse zu berücksichtigen sind, d. h.: nicht nur die in Frage stehenden Interaktionen der Komponenten eines Ökosystems miteinander, sondern seine *Interdependenzen* (wechselseitigen Abhängigkeiten) mit den sonstigen Umweltverhältnissen sind mitzuerfassen. Während Miniaturökosysteme in ihrer Funktionsweise noch überschaubar erscheinen, könnte den Ökopsychologen beim Versuch, das Funktionieren von Makroökosystemen (z. B. Staaten, Wirtschaftssysteme u. a.) zu erklären, ein Gefühl methodologischer Hilflosigkeit überkommen. Zwar verfügen wir über populär gewordene Computersimulationsstudien, deren Ergebnisse auf Grenzen des Bevölkerungs- und Wirtschaftswachstums verweisen (Meadows und Meadows 1974); doch empirische Feldforschungsansätze solchen Ausmaßes liegen bislang nicht vor (vgl. Patry et al. 1982).

In der Ökopsychologie kann es derzeit auch gar kein näheres Forschungsziel sein, monumentale ökologische Erklärungen von Gesamtzusammenhängen zu geben. Da es vielmehr darum geht, die psychologischen Aspekte von Systemzusammenhängen herauszuarbeiten, dürfte weniger „der Umfang einer Untersuchung, sondern die Struktur ihrer Anordnung entscheidend" sein (Bronfenbrenner 1981, S. 56). – Ein *Beispiel* hierfür – aber auch für die Diskrepanz von labor- und feldexperimentell gewonnenen Forschungsergebnissen – ist folgendes einfallsreiche Feldexperiment:

Piliavin, Rodin und Piliavin (1969) unternahmen in der New Yorker Untergrundbahn ein Feldexperiment über das Verhalten „guter Samariter", weil ihnen aufgefallen war, daß ein Großteil der Forschung über Hilfeleistungen bei Unglücksfällen aus dem Labor stammt. Auf der siebeneinhalbminütigen Fahrt zwischen der 59. und 125. Straße West „inszenierten" sie „Standardkollapse" von vorgeblich Kranken, die einen Stock, und vorgeblich Betrunkenen, die eine Flasche trugen. Die ursprüngliche Absicht, die aktivierende Wirkung eines Vorbilds für hilfreiches Verhalten zu erforschen, scheiterte an der Häufigkeit und Schnelligkeit der spontan von den Passagieren angebotenen Hilfe. In beinahe 80 Prozent der Einzelversuche kam jemand zu Hilfe, ehe das Modell handeln konnte: „Die Häufigkeit, mit der den Opfern geholfen wurde, war eindrucksvoll, zumindest im Vergleich zu bisherigen Laborergebnissen ... Aufgrund früherer Forschung erwarteten wir relativ lange Latenzperioden der spontanen Hilfeleistung; wir nahmen also an, daß die Vorbilder Zeit zu helfen haben würden und daß ihre Effekte erfaßt werden könnten" (S. 292). In dieser Alltagssituation offensichtlicher Hilfebedürftigkeit erwiesen sich diese Menschen als durchaus hilfreich. Warum handelten sie in der Laborsituation nicht ähnlich (ebd. S. 123 f.)?

Daß aber feldexperimentelle Ergebnisse nicht ohne Vorbehalte verallgemeinert werden dürfen, zeigen folgende krasse *Beispiele,* bei denen Passanten in Notsituationen nicht eingriffen.

Neulich fand sich in einer großen Zeitung die Anzeige: „Ich danke den zahlreichen Zeugen, die nicht eingriffen, als am... in der... Straße ein Passant zusammengeschlagen wurde."

Unterschrift: „Der Passant". Leider ist das kein Kuriosum. Vergewaltigungen z. B. werden auch in deutschen Großstädten immer häufiger und immer öffentlicher: Die Täter verlassen sich darauf, daß niemand eingreift - selbst wenn sie boobachtet werden. Das traurigste Beispiel ist vielleichr der Fall Kitty Genovese, die im April 1964 im New Yorker Stadtteil Queens auf offener Straße von einem Mann überfallen wurde. 38 Zeugen (!) beobachteten von sicheren Fensterplätzen aus, daß der Täter mit einem Messer zustieß, wiederholt weglief und wieder kam, um aufs neue auf sein um Hilfe schreiendes Opfer einzustechen. Die junge Frau starb. Während der halben Stunde (!) unternahm kein einziger der Zeugen (!) den Versuch, die Polizei zu alarmieren oder die Ermordung des Mädchens zu verhindern" (Scherer 1979, S. 197).

Hätten sich diese Gewalttaten im enger begrenzten Raum einer Untergrundbahn ebenso „ungestört" abspielen können? Hätten die unbeteiligten Zuschauer sich ebenso leicht in ihre Anonymität und Teilnahmslosigkeit zurückziehen können? Nach Scherer, Abels und Fischer (1975) „besteht die größte Sicherheit in der Anwesenheit von anderen" (S. 250). Dies scheint aber nur für Situationen zu gelten, in denen die anwesenden anderen direkte Beteiligte des Geschehens sind. Bedingungen hierfür bestehen u. a. in der *Beschaffenheit der Räume bzw. der Orte des Handelns.* In einer Untergrundbahn bietet sich wohl kaum die Möglichkeit, sich hinter sicheren Fensterplätzen aufzuhalten!

Erste ökopsychologische Untersuchungen in Deutschland beziehen sich u. a. auf das Erleben von Umwelteinflüssen (Kaminski 1976). Weitere orientieren sich im pädagogisch-psychologischen Arbeitsfeld: Lehrerarbeitslosigkeit (Ulich et al. 1980), Schulversagen (Seewald 1980) und Konflikte in der Lehrer-Schüler-Interaktion (Wahl 1980) sind hier die hauptsächlichen Themen. Die ökologischen Bedingungen für das Auftreten von Gewalt sind Forschungsgegenstand soziologischer ökopsychologischer Analysen. Die Untersuchung von Stadtstruktur und alltäglicher Gewalt (Klein 1981) sowie von Selbstmordversuchen in städtischen Lebensumwelten (Welz 1979) sind Beispiele hierfür. Feldexperimentelle Untersuchungen zur kindlichen Erfahrungsorganisation wurden ebenfalls nach den Prinzipien einer ökopsychologischen Forschungsweise realisiert (s. Mogel 1990a).

Verschiedene Autoren fragen, welches die „richtige" Strategie sei, Forschungsarbeit und Anwendungspraxis zu ergänzen. Sie schlagen vor, den Alltag zu verwissenschaftlichen (Luhmann 1977) und die Wissenschaft zu humanisieren (Galtung 1977), zumindest aber Alltagsthemen in die wissenschaftlichen Fragestellungen einzubeziehen (Greverus 1978). Andere überlegen, wie der zwischenmenschliche Austausch in künftigen Gesellschaften gestaltet sein könnte (Bell 1979, Harloff 1978). Wieder andere verknüpfen Inhalte und Relevanz ökopsychologischer Forschung mit politischen Argumentationen (Bartholomäi 1977, Bronfenbrenner 1981). Bergius (1976) und Wohlwill (1980) versuchen eine Integration psychologischer und politischer Umweltargumentationen zu leisten. Eine interdisziplinäre Koordination soziologischer und psychologischer Arbeiten zur sozialökologischen Sozialisationsforschung hat Vaskovics (1982) vorgelegt.

12.6 Kriterien für die Erfassung ökopsychologisch relevanter Wirkgrößen (Einflußgrößen)

Wie die Beispiele zeigen, können ganz verschiedene Ökosysteme Forschungsgegenstand sein. Umfassende, hoch komplex strukturierte und in komplizierten

Bedingungsgefügen funktionierende Ökosysteme (wie z. B. Staaten) kommen ebenso in Frage wie ökologische Miniatursituationen (z. B. die Auseinandersetzung eines satten Säuglings mit einer Rassel).

Gemeinsam ist allen ökopsychologischen Problemstellungen die Schwierigkeit, daß die Wechselwirkungen zwischen subjektiven individuellen Größen auf der Individuumsseite mit subjektiven und objektiven Größen auf der Umweltseite adäquat (d. h. in ihren Interdependenzen) berücksichtigt werden. Wie relevant sind welche Wirkgrößen? Worin bestehen Kriterien für die repräsentative und gültige Erfassung relevanter Wirkgrößen?

Ein Kriterium dafür, was als relevante Einflußfaktoren zu gelten hat, ist durch die *subjektive Einschätzung persönlicher Lebensumstände* gegeben. Ein weiteres besteht in *objektiv wirksamen Lebensbedingungen.* Beide Wirkgrößen müssen in ihrer *wechselseitigen Verflechtung* präzise erfaßt und analysiert werden.

Das *erste Relevanzkriterium* besteht also in der Sicht der aktuellen Lebenssituation aus der Perspektive der Individuen, die Bestandteile des Ökosystems sind: Welche subjektive Bedeutung haben Bezugsgegenstände der unmittelbaren Umgebung? Durch welche Einflüsse von Gegenständen und Personen sind Individuen unmittelbar betroffen? Wie bewerten sie sich und die nähere Umgebung? Welche Erwartungen und Ziele hegen sie in bezug auf ihre Umwelt und sich selbst? Wie sehen sie ihre eigenen Einflußmöglichkeiten auf die Gestaltung ihrer Lebenssituation?

Das *zweite Relevanzkriterium* stellt uns vor eine Doppelaufgabe: (1) müssen alle objektiv feststellbaren Einflußgrößen erfaßt werden, wie z. B. Wohnverhältnisse, klimatische Verhältnisse, Stellung in der Geschwisterreihe, Arbeitsverhältnis, Lebensalter; (2) müssen wir alle subjektiven Wirkungen objektiv feststellbarer Einflüsse präzise ausfindig machen und exakt herausbekommen, wie sie zusammenwirken, ferner, welche Folgen resultieren: Wie wirken z. B. Wohnverhältnisse, Klima, Stellung in der Geschwisterreihe usw. zusammen, und welche Folgen entstehen für die Individuumsseite des Ökosystems?

Will man solche Fragen beantworten, muß man die wechselseitigen Abhängigkeiten der Bestandteile eines Ökosystems erkennen. Da diese zumeist auf ganz unterschiedlichen Ebenen organisiert sind (z. B. objektive und subjektive, materielle und immaterielle, kollektive und individuelle, rationale und irrationale Größen können ein und dasselbe Ökosystem organisieren), muß die wissenschaftliche Erfassung und Analyse auch auf diesen unterschiedlichen Ebenen ansetzen (Mehrebenenanalyse). Sie muß berücksichtigen, ob die genannten Größen einzeln oder zusammen wirken. Wie schwierig die Erfüllung beider Kriterien sein kann, soll am *Beispiel* eines Mikroökosystems, *der frühen Mutter-Kind-Dyade* verdeutlicht werden (im Unterschied zu einem Makroökosystem: z. B. Zusammenwirken von Staaten des Planeten Erde): Soll das erste Relevanzkriterium erfüllt werden, tun sich für eine Seite der Dyade, die Mutter, folgende Schwierigkeiten auf. Sie kann zwar ihre Befindlichkeit, ihre momentane Selbst- und Weltsicht mitteilen, da sie über Sprache verfügt. Doch ist dies noch keine Garantie für die Richtigkeit der Informationen: Die Mutter kann ihre Äußerungen den von ihr vermuteten Erwartungen des Psychologen angepaßt haben. Eine weitere Schwierigkeit besteht auf der anderen Seite der Dyade. Das Kind verfügt zu dieser frühen Zeit nur über wenige Möglichkeiten, sein aktuelles Befinden mitzuteilen, z. B. durch verschiedene Weisen des Weinens. – Während der Psychloge bei der Mutter sprachliche

Informationen über deren aktuelle Lebenslage erhält, ist er beim Kind darauf angewiesen, durch Interpretationen des kindlichen Verhaltens dessen aktuelle Lebenssituation zu erschließen. Zwar kann ihm die Mutter dabei helfen. Doch bleibt durch die enge „wechselseitige Regulation“ (Erikson 1971, S. 63) des Ökosystems Mutter-Kind unsicher, wie verläßlich die Informationen sind. Gerade durch ihren engen Bezug zum eigenen Kind könnte sich die Mutter täuschen, indem sie überstark ihre eigene Sichtweise den Äußerungen des Babys unterstellt.

Der erste Teil des zweiten Kriteriums ist unproblematisch, während der zweite Teil Probleme schafft, deren Lösung wieder an Interpretation und Schlußfolgerung gebunden ist. Zwar besteht eine weitere Lösungsmöglichkeit in experimentellem Vorgehen, doch stößt dies an menschliche und ethische Grenzen: Ob in einem bestimmten Weinen ausgedrücktes Unwohlbefinden durch Hungergefühle zustande kommt, könnte zwar experimentell durch längeren Nahrungsentzug geprüft werden, dies wäre jedoch nicht verantwortbar. – Die angesprochenen Schwierigkeiten sind vorwiegend methodischer Art: Wie soll man vorgehen, um sie möglichst optimal zu lösen?

12.7 Methoden der Ökopsychologie: Probleme und Lösungsmöglichkeiten

Methodologische Überlegungen müssen einige grundsätzliche Gesichtspunkte einbeziehen: „(1) Wie *nehmen* Menschen ihre Umwelt *wahr;* (2) wie *beeinflussen* Menschen durch ihr Handeln die Umwelt; (3) *wie gestalten* Menschen ihre Umwelt; (4) wie *wirken* sich unterschiedliche Umweltbedingungen auf den Menschen *aus?*“ (Fietkau 1981, S. 116 ff.) (5) Wie beeinflussen sich ineinander verschachtelte Ökosysteme? (6) Wie sind Interdependenzen (wechselseitige Abhängigkeiten) *innerhalb* von Ökosystemen und *zwischen* Ökosystemen unterschiedlicher Art und Größenordnung zu erfassen? (7) Welche Wissenschaften müssen in die interdisziplinäre Zusammenarbeit einbezogen werden, um ökopsychologische Grundlagenforschung zu betreiben (s. S. 221)? – Diese Fragen können hier nicht einmal ansatzweise beantwortet werden. Wir begnügen uns damit, sie gestellt zu haben und einige methodische Hmweise zu geben.

Zur Beantwortung der *Fragen (1) bis (4)* erscheint es ratsam, alle bewährten empirischen und klinischen Methoden einzubeziehen: Verhaltensbeobachtung, Experiment, psychologische Diagnostik u. a. Angemessene Antworten auf die *Fragen (5) und (6)* erfordern, Daten auf unterschiedlichen Ebenen in Ökosystemen zu erfassen und die Art der Verschachtelung zwischen den Systemen zu erkennen. Damit kommen mehrere verschiedene Analyseebenen ins Spiel, die zur Erklärung der Systemzusammenhänge berücksichtigt und miteinander verknüpft werden müssen.

Selbst wenn es gelingt, auf unterschiedlichen Systemebenen gewonnene Beziehungen miteinander zu verweben, bleibt die Frage nach der Gültigkeit von damit verbundenen Schlußfolgerungen. Wie sich dieses Problem z. B. für die „ökologische Untersuchung von Ursachen und Häufigkeiten von Selbstmordversuchen in städtischen Lebensumwelten“ darstellt, hat Welz (1979) gezeigt. Er veranschaulicht „Datenebenen ökologischer Forschung“ durch ein „hierarchisches System ökologischer Einheiten“ *(Abb. 12.3).*

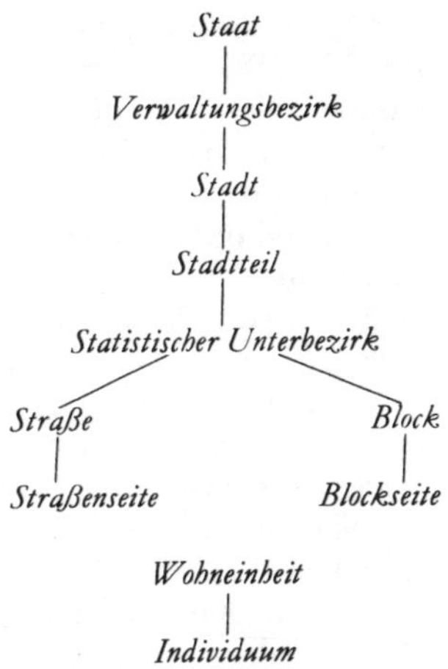

Abb. 12.3:
Hierarchisches System ökologischer Einheiten nach Welz (1979, S. 78). Wie Bertram (1979, S. 210ff.) schlägt Welz als Methode der Wahl die Anwendung der Mehrebenenanalyse von Daten unterschiedlichen Systemniveaus vor. Eine Darstellung dieser Methode findet sich bei Hummel (1972).

Ein weiteres Methodenproblem besteht bei der Auswahl empirischer Forschungsstrategien zur Untersuchung ökopsychologischer Fragestellungen. Unter welchen Voraussetzungen sind ökopsychologische Forschungsergebnisse auch ökologisch gültig?

Zwar kann „das Labor als ökologischer Kontext" (Bronfenbrenner 1981, S. 116 ff.) beschrieben werden, doch hat sich gezeigt, daß in der künstlichen Situation des Laborexperiments gewonnene Ergebnisse kaum auf die Alltagsrealität übertragen werden können. So beklagt Holzkamp (1972), daß durch die in der Laborsituation entstehende „Reizlabilisierung" den Versuchspersonen (Vpn) die Orientierung an gewohnten Umweltgegenständen entzogen wird. Durch die „Einschränkung ihrer Handlungsmöglichkeiten werden experimentell nachweisbare Zusammenhänge in dem Sinne zu Artefakten, daß diese ausschließlich in der speziellen experimentellen Situation auftreten" (Bartl 1979, S. 35). – Eine realitätsgerechtere Vorgehensweise besteht darin, die empirische Forschung in alltäglichen Lebenssituationen unter natürlichen Bedingungen durchzuführen (biotisches Experiment bzw. Feldexperiment, s. Mogel 1982, 1990a). Damit verbundene Vorteile – größere Repräsentativität der erhobenen Daten für den Forschungsgegenstand und höhere Gültigkeit der Ergebnisse – müssen aber mit einem unvergleichlich höheren Forschungsaufwand erkauft werden. Zwar ist „die ökologische Gültigkeit von Versuchsergebnissen ... niemals von vorneherein durch den Lebensbereich, in dem sie erzielt werden, festgelegt" (Bronfenbrenner 1981, S. 123). Doch während z. B. im Laborexperiment ein zeitlich begrenzt neuer Lebensbereich vom Forscher geschaffen wird, an den sich die Vpn anpassen müssen, muß sich im Falle des Feldexperiments der Forscher an bestehende Lebensbereiche seiner Vpn anpassen. Die Kunst dabei ist, den ökologischen Kontext der vorfindlichen Lebensbereiche nicht zu beeinflussen und gleichzeitig experimentelle Bedingungen zu schaffen, die zu Veränderungen im Erleben und Verhalten der Vpn führen.

Bezüglich der Gültigkeit von labor- und feldexperimentell erzielten Forschungsergebnissen geben Campbeil und Stanley (1963) aufschlußreiche Informationen.

Stapf plädiert dafür, „der *Laborforschung* beim heutigen Wissensstand der Ökopsychologie die *Feldforschung*... vorzuordnen" (1978, S. 279). Wie zweckmäßig dies ist, dürfte allerdings von der jeweiligen Fragestellung abhängen. Für die Ökopsychologie geht es zunächst nicht nur um die Testung von theoriengeleiteten Hypothesen (Feldexperiment), sondern auch um das Auffinden bestehender Zusammenhänge zur Gewinnung von Hypothesen (Feldstudien). Ökopsychologisch relevante Hypothesengewinnung und -testung ist aber wohl auch durch Simulation natürlicher Umwelten im Labor möglich, wie die Arbeiten von Dörner et al. (1982) zeigen. – Sinnvollerweise knüpft Bronfenbrenner (1981) die Gültigkeit ökopsychologischer Forschungsergebnisse nicht an die Erhebungssituation (Labor vs. Feld): „Ökologische Gültigkeit bezeichnet das Ausmaß, in dem die von den Vpn einer wissenschaftlichen Untersuchung erlebte Umwelt die Eigenschaften hat, die der Forscher voraussetzt" (S. 46). Nicht der Grad der Natürlichkeit der Erhebungssituation ist für das Ausmaß der ökologischen Gültigkeit maßgebend, sondern „wie die Untersuchungssituation von den Vpn wahrgenommen und interpretiert worden ist" (ebd.). Wie diese *Situationsinterpretation* mit der des Forschers übereinstimmt, ist maßgebend. Dies schafft jedoch schwer zu bewältigende Probleme: z. B. können sich erwachsene Vpn bei der sprachlichen Wiedergabe ihres Erlebens täuschen oder im Sinne „sozialer Erwünschtheit" auf Befragung hin antworten. Sehr kleine Kinder als Vpn können sprachlich ihre Situationswahrnehmung noch nicht mitteilen. Auch in Feldforschungsansätzen läßt sich dieses Problem kaum befriedigend lösen, da eine Befragung der Vpn durch den Versuchsleiter Veränderungen des natürlichen Kontextes bewirken würde. Günstiger ist es, die Ermittlung dessen, wie die Vpn die Untersuchungssituation wahrnehmen und erleben, so in den natürlichen Kontext zu integrieren, daß die Vpn hiervon nichts merken (s. Mogel 1982, 1990a). Eine weitere, bislang in der experimentellen Psychologie noch wenig praktizierte Möglichkeit sehen wir darin, nach einem Experiment sowohl bei der Vp als auch beim Forscher zu erfassen, wie sie selbst und wie nach ihrer Ansicht der jeweils andere die Untersuchungssituation erlebt haben. Dies ist durch Beschreibungen des eigenen Erlebens und nachherige Analyse dieser Beschreibungen oder durch Fragebogenerhebungen oder eine Kombination beider Verfahren praktizierbar.

Die beschriebenen Methodenprobleme der Ökopsychologie betreffen nur einige Aspekte der Schwierigkeiten, mit denen sie sich auseinandersetzen muß. Weitere Problemlösungsschritte werden nötig, wenn wir versuchen, *Frage* 7 (s. S. 276) zu klären. Da psychologische Ökosysteme praktisch immer auch soziale, kulturelle, ökonomische, politische, historische, physiologische, chemische, biologische und physikalische Komponenten aufweisen, die sich wechselseitig beeinflußen, erscheint es demzufolge naheliegend, sich interdisziplinär zu arrangieren. Doch bleibt dieser Wunsch irrealistisch, solange die Stellung der Ökopsychologie in der traditionellen wissenschaftlichen Psychologie weiterhin ungeklärt bleibt.

12.8 Zur Stellung der Ökopsychologie in der wissenschaftlichen Psychologie

Nach Durchsicht verschiedener Forschungsrichtungen trifft Walter „auf ein erstaunliches Nebeneinander theoretischer wie empirischer Ansätze" (1979, S. 28).

Dies wird verständlich, wenn man berücksichtigt, welche Gründe für Ökopsvchologie bestehen und welche Fragestellungen sich anbieten. Welche Gegenstandsbereiche interessant sind, hängt von den Forschungszielen ab. Wie adäquat die beteiligten Wirkgrößen berücksichtigt werden, ist von den verwendeten Methoden abhängig. Forschungsinteressen und -ziele entstehen u. a. aus der Motivstruktur des Forschers und dem Grad der Relevanz, der einem Forschungsproblem zuerkannt wird. Daß Ökopsychologie zu einer Zeit ein Thema wird, in der durch den Menschen erzeugte Umweltkatastrophen (z. B. durch Schadstoffemissionen, „moderne" Waffen und Zerstörung) seinen Lebensraum zu vernichten drohen, ist ein Aspekt in der Reihe von Gründen für ökopsychologische Fragestellungen. Ein anderer verweist eher auf diskontinuierliche historische Entwicklungen in der wissenschaftlichen Psychologie und auf ein Defizit in einigen psychologischen Disziplinen. Während der durch Watson (1913) in Amerika begründete Behaviorismus eine nahezu totale Determination des Individuums durch umweltbedingte Lerneinflüsse postulierte und damit einige Generationen von Psychologen beeinflußte, hat die kontinentaleuropäische Psychologie noch vor ca. zwei Jahrzehnten solche und weitere Umwelteinflüsse auf die Organisation des menschlichen Verhaltens weitgehend gering geachtet. - Die ökologische Fragestellung, wie sie Hellpach (1924) formulierte, wurde - nach 50jähriger Vergessenheit - durch Graumann (1974) explizit wieder aufgegriffen. Seither ist die Diskussion im Gange, welchen Namen man dem wiederentdeckten Stiefkind der Psychologie geben und mit welchen Forschungszielen man es ausstatten soll, ob es als eigenständig akzeptiert oder als „Perspektive" in das bestehende wissenschaftliche System integriert wird. Die Unsicherheit gegenüber der Ökopsychologie spiegelt sich in einer Vielzahl begrifflicher Facetten wider. Nur einige sollen dargestellt werden *(Tab. 12.2)*.

Tab. 12.2: Gängige Begriffe für Ökopsychologie

Begriffe	**Autoren**	**Jahr**
Geopsychische Erscheinungen	Hellpach	1911
Psychologie der Umwelt	Hellpach	1924
Psychologische Ökologie	Lewin	1944
Ökologische Psychologie	Barker	1968
Eco-behavioral science	Barker	1969
Umweltpsychologie	Preiser	1972
Psych. Aspekte der Umweltforschung	Karninski/Heyden	1975
Ökologische Fragestellung	Graumann	1975
Ökol. Perspektiven in der Psychologie	Graumann	1978
Ökologie der menschlichen Entwicklung	Bronfenbrenner	1979

Ökopsychologie sollte m. E. als Grundlagendisziplin der Psychologie gelten. Sie bietet eine umfassende Forschungsperspektive und eine übergreifende Sichtweise psychischer Prozesse und Funktionen. Wie notwendig diese Sicht ist, geht schon daraus hervor, daß es kein psychisches Geschehen gibt, das nicht an Umwelt gebunden und durch bestehende Lebensverhältnisse beeinflußt ist. Dies angemessen zu berücksichtigen, ist Aufgabe einer jeden Teildisziplin. Aufgabe der Ökopsychologie ist es, hierfür handhabbare Anregungen zu geben. Dazu gehört, die Verbindung zwischen Individuum und Umwelt als ein System vielfältig vernetzter Beziehungen zu beschreiben. Eine Analyse der Systemkomponenten nach ihrer Funktionsweise, ihren Bedingungen und Auswirkungen führt dann zu einer Erklärung der Systemzusammenhänge.

12.9 Schlußbemerkung

Der Mensch im Bezug zu seiner Lebensumwelt ist Erkenntnisgegenstand der Ökopsychologie. Theoretische und empirische Untersuchungen müssen die Wirksamkeit der Bedingungen, unter denen Menschen leben, in die wissenschaftliche Analyse einbeziehen. Lebensbedingungen werden wirksam durch die natürliche Umwelt, welche Menschen vorfinden (z. B. geographische und klimatische Verhältnisse), und durch die gestaltete Umwelt, welche Menschen machen (z. B. gesellschaftliche, ökonomische, zivilisatorische, kulturelle Verhältnisse), außerdem durch die menschliche Eigenart. Durch ihr Handeln verändern Menschen sich und ihre Umgebung. – Wie sind Mensch-Umwelt-Verhältnisse im einzelnen beschaffen? Welches sind die Grenzen der Umwelt? Was zählt mehr: die objektive Umwelt in ihrer physikalisch-räumlichen *(abiotischen)* Anordnung, die individuelle Umwelt in ihrer biologisch-psychosozialen *(biotischen)* Verfügbarkeit? Wie lassen sich die Bestandteile eines Ökosystems in ihrer Wechselwirkung beschreiben und erklären? Woran könnte sich eine hierarchische Gliederung verschiedener Umwelten orientieren: eher an der subjektiven Bedeutung bestimmter Umwelteinflüsse, eher an der Erfassung objektiver Einflüsse? Solche Fragen bedürfen eingehender Bearbeitung. Die Tatsache, daß wohl immer mehrere Einflußfaktoren auf ganz verschiedenen Ebenen und mit unterschiedlicher Intensität gleichzeitig wirksam sind, macht Ökopsychologie zu einem schwierigen, weil komplexen Unterfangen. Worin bestehen umfassende und überdauernde (molare), worin einzelne, nur kurzfristig wirksame (molekulare) Umwelteinflüsse. *Molare* bestehen z. B. in ökopsychologischen Situationseinflüssen von Eltern auf ihre Kinder, *molekulare* in ökologischen Miniatursituationen, die nicht komplex, sonden einzelheitlich strukturiert sind, wie z. B.: Peter reicht Paul eine Gabel. Die Abgrenzung molekularer von molaren Bedingungen erleichtert die Verhaltensbeschreibung insofern, als der Strukturiertheitsgrad von Verhaltensweisen (einfach komplex) besser sichtbar wird. – Nur einige der Probleme, mit denen sich Ökopsychologie grundlegend auseinandersetzen muß, konnten angesprochen werden. Dabei sollte deutlich werden, welche sowohl begrifflichen wie inhaltlichen Aufgaben noch zu lösen sind. Wir können uns Lohr anschließen, der in seiner Einführung zu Lewins Feldtheorie formuliert: „Das Problem der psychologischen Ökologie ist noch nicht bewältigt" (1963, S. 37). – Versuchen wir es!

Literatur-Empfehlungen

Bronfenbrenner, U.: Die Ökologie der menschlichen Entwicklung. Natürliche und geplante Experimente. Stuttgart 1981.
Mogel, H.: Ökopsychologie. Stuttgart 1984.
Mogel, H.: Bezugssystem und Erfahrungsorganisation. Göttingen 1990 a.
Mogel, H.: Umwelt und Persönlichkeit. Bausteine einer psychologischen Umwelttheorie. Göttingen 1990 b.
Mogel, H.: Psychologie des Kinderspiels. Die Bedeutung des Spiels als Lebensform des Kindes, seine Funktion und Wirksamkeit für die kindliche Entwicklung. 2. aktualisierte und erweiterte Auflage. Berlin Heidelberg 1994.
Mogel, H.: Geborgenheit. Psychologie eines Lebensgefühls. Berlin Heidelberg 1995.

Hermann J. Liebel

13. Sozialpsychologie

13.1 Was ist Sozialpsychologie?

Mit was beschäftigt sich Ihrer Meinung nach Sozialpsychologie? - Fallen Ihnen zu dieser Frage spontan Gedankenverbindungen ein wie „Mutter und Kind", „Kellner und Gast", „Vorgesetzter und Mitarbeiter", „Arzt und Patient" oder denken Sie an bestimmte Menschen, z. B. an Albert Schweitzer, an Schwester Teresa in den Slums von Kalkutta oder an Karl-Heinz Böhm in Äthiopien? - Möglicherweise assoziieren Sie Initiativen von Organisationen wie Amnesty International, UNESCO, Greenpeace, Pro familia oder der Aktion Humane Schule? -

„Sozial" wird in der Alltagssprache als moralischer Wertebegriff gebraucht: Ein „sozialer Mensch" denkt und handelt demnach prosozial, helfend, altruistisch. Das *passive* Gegenstück ist der „Unsoziale", der Hilfeleistung dort, wo sie sich ihm als Herausforderung stellt, schlicht verweigert. Die *aktive* Alternative ist der „Asoziale", der aggressiv, normnegierend, antisozial, egoistisch und gelegentlich auch kriminell rücksichtslos nur für sich und seine Interessen agiert. Solche Etikettierungen von Menschen fallen uns im allgemeinen nicht schwer. Im Sprachgebrauch der Sozialpsychologie meint das Wort „sozial" lediglich die Verhaltensbeziehungen zwischen zwei oder mehreren Personen; wir nennen sie „soziale Interaktionen".

Menschen existieren nicht isoliert voneinander in Zeit und Raum - auch wenn wir uns gelegentlich wünschten, es wäre so, oder wenn wir uns unsere Sehnsucht nach der „einsamen Insel" in Romanen wie Daniel Defoes „Robinson" von den dortigen Leitfiguren stellvertretend verwirklichen lassen! Wir sind vielmehr das Ergebnis von Beziehungen zu anderen Menschen. Ohne den anderen können wir nicht leben und zwar gleich von der ersten Sekunde unseres embryonalen Daseins an. Durch die Interaktion mit anderen Menschen erhalten wir *die* Kenntnisse und erreichen *die* Fertigkeiten, die wir zur Lebensbewältigung benötigen. Folglich ist das Leben jedes einzelnen Individuums eine höchst soziale Angelegenheit.

Genau damit, nämlich mit dem Beschreiben, dem Erklären und der Vorhersage sozialer Interaktionen, beschäftigt sich die Sozialpsychologie.

Unter sozialer Interaktion versteht man aber nicht nur die wechselseitigen Verhaltensbeziehungen und Beeinflussungen zwischen zwei und mehr Individuen, sondern auch die Beziehungen zwischen den Einzelnen und der Gesellschaft. Verständlich, daß es so eine Vielzahl sehr verschiedener Phänomene gibt, mit denen sich diese Teildisziplin der Psychologie beschäftigt: Kultur, Gesellschaft, Gruppenprozesse, Kommunikation, Sprache, Rollen, Normen, Persönlichkeit, Vorurteile, Attraktivität, Aggressivität, Macht; Wahrnehmung, Denken, Motivation; Geschlechtsunterschiede, Familie Schule, Beruf und Moral sind mehr oder minder zentrale Begriffe, die kaleidoskophaft ein Schlaglicht auf die inhaltliche Breite dieses Faches werfen. Gleichzeitig wird deutlich, daß sich auch andere Disziplinen mit den angesprochenen Themen beschäftigen. Von diesen steht der Sozialpsychologie die Soziologie am nächsten. Sie setzt mit ihren Fragestellungen primär an der Gesamtgesellschaft und ihren Teilsystemen an, während die Sozialpsychologie primär das Individuum und seine Stellung in größeren sozialen Gruppierungen zum Ausgangspunkt nimmt.

In Erweiterung eines Vorschlags von Allport (in Lindzey 1985, S. 3) können wir festhalten, daß – von wenigen Ausnahmen abgesehen – Sozialpsychologen ihr Fach als Versuch auffassen, das *Denken, Fühlen* und *Handeln* des Menschen zu *verstehen, zu erklären* und *vorherzusagen,* so, wie es durch die *tatsächliche, vorgestellte* oder *implizite Anwesenheit* anderer mitbedingt wird.

Ein wahrer „Trümmer" von Definition werden Sie sich – mit Recht – sagen. Zur Erleichterung des Verständnisses: In der Definition sind drei mal drei zusammengehörende Begriffe enthalten. Fühlen (Emotionen), Denken (Kognitionen) und Handeln (Conationen) sind die drei wesentlichen Funktionen der menschlichen Psyche. Wir wollen deren innere Zusammenhänge verstehen, die Ursachen für ihr Entstehen erkunden (erklären) und daraus wiederum Prognosen für künftiges Erleben und Verhalten ableiten. Bis hierher gilt die Definition für alle psychologischen Teildisziplinen. Das für die Sozialpsychologie Besondere enthält die dritte der Triaden, in der behauptet wird, daß menschliches Erleben und Verhalten wesentlich von der tatsächlichen, vorgestellten oder impliziten Anwesenheit anderer Menschen abhängig sei. Dazu einige Beispiele: Sitzen wir während eines Vortrags mit anderen Zuhörern im Auditorium, werden wir uns auf den Redner konzentrieren, versuchen, ihm geistig zu folgen oder aber gelangweilt die Deckenkonstruktion studieren oder andere auf ihre physische Attraktivität hin durchmustern, vielleicht werden wir demonstrativ gähnen, um anderen das Ausmaß unserer Begeisterung zu signalisieren. Wären wir aber alleine im Raum, kein Redner, kein sonstiges Publikum weit und breit, täten wir mit Sicherheit anderes. Vielleicht würden wir ein Liedchen pfeifen, eine Lektüre aus der Tasche ziehen oder die Bilder an den Wänden betrachten. In einem der ersten sozialpsychologischen Experimente überhaupt untersuchte 1897 Norman D. Triplett von der Indiana University Auswirkungen der körperlichen Anwesenheit anderer, nachdem er, ein begeisterter Anhänger des Radrennsports, in sportmedizinischen Berichten, bei Trainings- und Wettkampfbeobachtungen sowie in Gesprächen mit Sportlern immer wieder festgestellt hatte, daß die größten Leistungen im Wettbewerb und nicht im Training erzielt wurden. In seiner Theorie der „Dynamogenese" nahm er an, daß allein die Anwesenheit anderer Fahrer und ihre Wahrnehmung als Konkurrenten einen Reiz zur Mobilisierung latenter Energien darstelle. Er versuchte, seine Vermutungen in einem Laborexperiment zu bestätigen, wo vierzig Kinder nach einem systematisch variierten Versuchsplan einzeln oder zu zweit Angelschnüre aufrollen mußten. Die Kinder bekamen keinerlei Instruktion, daß sie miteinander konkurrieren sollten. Gemessen wurde jeweils die Länge der aufgespulten Schnur in der vorgegebenen Zeit. Nach seiner Darstellung wurde die Hälfte der Kinder in der Zweiersituation positiv stimuliert, 10 erreichten durch überzogenen Ehrgeiz deutlich niedrigere Leistungen, während die übrigen 10 nur geringfügig veränderte Ergebnisse aufwiesen. – Seine Thesen haben die Forschung noch viele Jahre beschäftigt.

Beispiele für die Wirksamkeit der *vorgestellten* Anwesenheit anderer sind z. B. der Autofahrer, der sich peinlichst davor hütet, die vorgeschriebene Höchstgeschwindigkeit zu übertreten, solange er mit einer Polizeikontrolle rechnet, der plötzliche Stillstand der Klassenrandale, wenn der Schmieresteher die Ankunft des Lehrers signalisiert oder die geistige Orientierung an Personen, die ähnliche Situationen, in die wir geraten und in denen wir uns vielleicht unsicher fühlen, bereits erfolgreich gemeistert haben.

Die *implizite* Gegenwart anderer meint alle Einwirkungen, die von Menschen ausgehen, derer wir uns nicht oder nicht mehr bewußt sind. Dazu gehören alle diejenigen, die in unserem bisherigen Lebenslauf versuchten, uns zu erziehen, uns Einstellungen und Werthaltungen zu vermitteln, die uns beigebracht haben, einen bestimmten Dialekt zu sprechen und vieles mehr, von dem wir annehmen, es sei irgendwie von selbst so gekommen. Implizit gegenwärtig sind aber auch stets diejenigen, die indirekt und unbemerkt auf unser Verhalten einwirken, so die Schöpfer von Normen, Regelwerken oder Moralkodizes, an die wir uns im Umgang miteinander zu halten haben, z. B. im Straßenverkehr, in der Arbeitswelt, beim Verkauf eines Autos, im Ausfechten eines Rechtsstreits; oder die Erbringer von Dienstleistungen, derer wir uns kaum bewußt sind, wenn wir den Wasserhahn aufdrehen, das Licht anknipsen oder die Zeitung lesen: oder die Erfinder und Entwickler neuer Technologien, deren implizite Anwesenheit sich in Form eines Airbags lebensrettend auswirken kann.

Es geht der Sozialpsychologie also nicht um das isolierte Betrachten psychischer Funktionen und Kräfte, sondern um die wissenschaftliche Untersuchung individuellen Verhaltens in Abhängigkeit von sozialen Reizen. Es sei allerdings nicht verschwiegen, daß zwei Grundrichtungen - wenn man so will, auch Schulen - koexistieren, nämlich die *psychologisch* ausgerichtete Sozialpsychologie, die den Einfluß sozialer Faktoren auf die psychischen Prozesse des Individuums akzentuiert und die *soziologisch* ausgerichtete, die sich mit den Gruppenprozessen als solchen beschäftigt, in die das Individuum nur als ein Element mit eingeht.

Kurz gefaßt läßt sich sagen: Sozialpsychologie ist eine große Variation des Themas der wechselseitigen Beeinflussung von Menschen.

Bestimmt gab es schon sehr lange vor Aristoteles' Feststellung, daß der Mensch ein soziales Wesen sei, Menschen, die zu dieser ebenso wahren wie trivialen Erkenntnis gelangt waren, und die auch schon über Strategien dazu verfügten, wie man auf Überzeugungen und Verhaltensweisen anderer Einfluß ausüben kann. Insofern sind die meisten Menschen so etwas wie Experten im Lösen sozialpsychologischer Probleme. Erfolgreich mit anderen umgehen zu können, ist im Privatleben wie in der Arbeitswelt seit jeher für jeden enorm wichtig. Zweifellos laufen sehr viele, vermutlich sogar die Mehrzahl aller sozialer Interaktionen ganz automatisch und ohne bewußte Reflexionen ab, dennoch entwickeln die meisten von uns Hypothesen zumindest für spezielle Auseinandersetzungen mit anderen. Nach Aronson (1994, S. 29) sind es im wesentlichen folgende Fragen, deren Beantwortung für viele so faszinierend ist: Wie werden Menschen beeinflußt? Warum akzeptieren sie, daß sie beeinflußt werden? Was haben sie davon? Was erhöht oder vermindert die Wirksamkeit sozialer Einflußnahme? Sind solche Einflußnahmen von Dauer oder nur vorübergehend? Von welchen Variablen hängt die Verstärkung oder Verringerung des Überdauerns sozialer Einflußnahme ab? Wie kommt es, daß man jemand anderen sympathisch oder unsympathisch findet? Sind daran die gleichen Prozesse beteiligt, die auch dazu führen, daß uns unser neues Auto gefällt oder daß wir eine bestimmte Sorte Schokolade mögen? Wie kommt es, daß ein Mensch Vorurteile gegen andere Völker und Rassen entwickelt? Passiert dabei dasselbe – nur in umgekehrter Richtung –, wie wenn jemand eine positive Einstellung entwickelt, oder laufen dabei psychologisch völlig andersartige Prozesse ab? – Dieser Fragenkatalog läßt sich nach Forgas (1992, S. VIII) ergänzen: Wie nehmen wir andere wahr? Wie interpretieren wir ihr Verhalten? Wie bilden wir uns einen Eindruck von unseren jeweiligen Partnern? Wie setzen wir die Sprache und unsere nonverbalen Verständigungsmittel ein? Wie stellen wir uns anderen so dar, daß der gewünschte Eindruck entsteht? – Weitere Fragen lassen sich noch hinzufügen: Wie verhalten wir uns in Gruppen? Was macht einen erfolgreichen Gruppenführer aus? Wie lassen sich aus Einzelkämpfern in der Arbeitswelt schlagkräftige Teams bilden? Wie lösen wir Konflikte? Wie erkennen wir soziale Bedürfnisse bei anderen? Wie verhalten wir uns in Konkurrenz- und Wettbewerbssituationen? Wie entsteht und verändert sich unser Selbstverständnis? – Und damit ist der Fragenpool zur wechselseitigen sozialen Beeinflussung bei weitem noch nicht erschöpft.

Warum interessieren sich heute die meisten Menschen für solche Fragen und dies keineswegs nur in positiv altruistischer Hinsicht?

Zweifellos haben die umwälzenden weltweit zu beobachtenden sozialen, wirtschaftlichen und politischen Veränderungen in unserem Jahrhundert, die ja noch in vollem Gange sind, dazu beigetragen, daß die zwischenmenschlichen Beziehungen, vor allem in industrialisierten Massengesellschaften, immer problematischer werden. Einerseits klagen zunehmend mehr Menschen über Isolation und Einsamkeit, andererseits verlangt der Wandel von der Produktions- zur Dienstleistungsgesellschaft ein deutliches Mehr an Kompetenz im sozialen Umgang in der Arbeitswelt, wo gegenwärtig mit den Schlagworten Lean Production, Lean Management oder Human Resource Management ganz stark auf Partizipation, Kooperation und Teamarbeit gesetzt wird (vgl. Liebel & Oechsler 1994).

Wodurch unterscheiden sich die Amateursozialpsychologen von denen, die beanspruchen, Sozialpsychologie wissenschaftlich zu betreiben?

Zunächst stimmen beide darin überein, daß sie ihre Hypothesen zum sozialen Verhalten überprüfen, um ihre eigene Neugier zu stillen; der Unterschied besteht lediglich darin, daß ihre Beobachtungen nicht so systematisch und objektiv sind wie bei einer sorgfältig geplanten und durchgeführten wissenschaftlichen Untersuchung. Dies bedeutet allerdings nicht, daß nicht beide häufig zu den gleichen Ergebnissen gelangen. So fragt sich der Leser angesichts der vielen sozialpsychologischen Experimente und deren Ergebnisse, ob hier nicht einmal mehr etwas mit viel Aufwand an Geld, Energie und Zeit erforscht wurde, was „man" ohnehin schon längst gewußt hat. Dennoch spricht vieles für die wissenschaftliche Erhellung des Sozialverhaltens: *Erstens* (so Aronson 1994, S. 30) sind wir alle anfällig für den *Im-nachhinein-Effekt* (hindsight effect), der besagt, daß die Ergebnisse eines Experiments fast immer ganz leicht vorhersagbar gewesen wären, wenn man sie erst gelesen oder sonstwie zur Kenntnis genommen hat, als wenn man die Ergebnisse hätte vorhersagen sollen, ohne sie zu kennen.

Zweitens sind systematische Untersuchungen deshalb wichtig, weil einiges von dem, was wir zu wissen glauben, einer sorgfältigen Überprüfung dann doch nicht standhält. Zum Beispiel wissen nur wenige, daß Menschen, denen nur leichte

Strafen drohen, eher eine Abneigung gegenüber dem inkriminierten Verhalten entwickeln, während solche, denen schlimme Strafen drohen, eine leicht *positivere* Einstellung gegenüber dem verbotenen Verhalten einnehmen.

Drittens bietet sich dem professionellen Forscher die Möglichkeit des Experimentierens; er braucht also nicht erst darauf zu warten, bis etwas geschieht, um die Reaktionen der Menschen zu beobachten, sondern er kann viele Situationen experimentell herstellen, d. h. Bedingungen konstant halten oder kontrolliert variieren *(vgl. Kap. 2)*. Dies bedeutet gegenüber dem Amateur eine höhere Aussagesicherheit und differenziertere Schlußfolgerungen.

Man kann sich also nur bedingt auf den viel beschworenen „gesunden Menschenverstand" berufen, wenn es um die Erklärung und Vorhersage von Sozialverhalten geht. Er stützt sich zwar auf eine Menge persönlicher Informationen und Erfahrungen, ist aber als „geistiger Besitz" relativ unflexibel, erhebt Anspruch auf Objektivität und erliegt dem Trend nach unangebrachter Verallgemeinerung. Derartige „Erfahrungen" sind subjektiv immer richtig, dennoch gilt der Satz: „Unter Erfahrung verstehen viele das, was sie schon seit Jahren falsch machen". Andererseits ist es sicher zu weit gegangen, dem späten Nietzsche zuzustimmen, der gesagt haben soll, der gesunde Menschenverstand sei eine mildere Form des Schwachsinns! Faszinierend ist wohl eher der Umstand, sich wechselseitig kontrollieren zu können, so, daß man sich in seinen Erfahrungen durch wissenschaftliche Forschungsergebnisse bestätigt findet, der Wissenschaftler andererseits seine Arbeitshypothesen und Theorien auf dem Hintergrund außerwissenschaftlicher Erfahrungen prüfen und modifizieren kann.

13.2 Zur Problemgeschichte der Sozialpsychologie

Angesichts der seit Zeiten ständigen Aktualität der angedeuteten Fragestellungen verwundert es, daß sich die Sozialpsychologie erst in den letzten Jahrzehnten stürmisch entwickelt und im psychologischen Fächerkanon etabliert hat. Der klassische Satz von Hermann Ebbinghaus (1908), „die Psychologie hat eine lange Vergangenheit, doch nur eine kurze Geschichte", scheint vor allem auf die Sozialpsychologie zuzutreffen. Für Murphy (1930) beginnt sie „ganz plötzlich" in den 90er Jahren des vergangenen Jahrhunderts (vgl. Anger 1984). Fragt man danach, wann und wo die Bezeichnung „Sozialpsychologie" zum ersten Mal als Buchtitel auftaucht, läßt sich ihr Ursprung bibliographisch am Erscheinungsdatum der beiden ersten Lehrbücher im Jahr 1908 festmachen. Der Autor von „An introduction to social psychology" war William McDougall (1871–1938). Als Anhänger neodarwinistischer Ideen suchte er das soziale Verhalten des Menschen durch dessen Reduktion auf die Aktivität von zunächst 32, später dann 13 angeborenen Trieben oder Instinkten zu erklären, die der Mensch mit den Tieren gemeinsam habe, z. B. Geselligkeits- und Herdentrieb, Nachahmungstrieb, Fortpflanzungstrieb, Drang zur Macht usw. Seine biologistische Sicht stand in hartem Gegensatz zu Wilhelm Wundt's Bewußtseins- und Willenspsychologie, welche die Eigenständigkeit und Autonomie des Menschen hervorhebt. McDougall traf zu seiner Zeit auf ein Defizit der Behandlung des Themas „Motivation" *(vgl. Kap. 5)*, was seinem Buch zu stattlichen 23 Auflagen verhalf. Der Autor des zweiten Lehrbuchs „Social psychology" war der Soziologe E.A. Ross (1866–1951). Er beschreibt im

Anschluß an die französischen Soziologen Gustav Le Bon (1841–1931) und Gabriel Tarde (1843–1904) die Vorgänge der Nachahmung, der Suggestion, der Massenbildung und kollektiven Handelns. Er richtete seine Aufmerksamkeit von Anfang an auf die Prozesse, welche Menschen miteinander in Beziehung bringen, bevor sie ihre Beziehungen durch Vereinbarungen regeln.

Man läge aber auch nicht falsch, den eigentlichen Anfang der Sozialpsychologie in den 30er und 40er Jahren zu suchen, der Zeit ihrer vehementen Ausweitung als einer experimentell fundierten Wissenschaft. Sodhi (1954), einer ihrer ersten wichtigen Vertreter, war bereits vor 40 Jahren der noch heute gültigen Auffassung, daß die Psychologie keineswegs in der Lage sei, alle Gesetze sozialen Geschehens erfassen zu können; sie könne lediglich bestimmte Aspekte des Sozialverhaltens mit den Mitteln von Beobachtung und Befragung untersuchen. So gesehen reduziert sich die Problemgeschichte der Sozialpsychologie auf die Frage nach den Einflußfaktoren, warum sich mehr und mehr ein operationales Verständnis von Sozialpsychologie durchsetzte, d. h. eine Bestimmung der Sozialpsychologie anhand der wesentlichen Inhalte und Methoden. Diese sind in den Hauptkapiteln der einschlägigen Lehrbücher von Aronson (1994), Bierhoff (1993), Forgas (1992), Herkner (1986), Mann (1994), Sadal (1991), Stroebe et al. (1990) oder Witte (1989) repräsentiert. Die wichtigsten Themenkreise sind 1. Einstellungen (attitudes), 2. Gruppe, 3. Sozialisation und – je nach Autorenpräferenz – 4. Spezialthemen wie z. B. Affiliation (Gesellung), Attraktivität, nonverbale Kommunikation, Rollenverhalten und vieles mehr. Das 4. „Standbein“, oder besser „Spielbein“ der empirischen Sozialpsychologie, ist demnach als Variable zu betrachten, was sich besonders deutlich bei der Durchsicht von Vorlesungsverzeichnissen und Studienordnungen *der* Hochschulen zeigt, wo das Fach Sozialpsychologie in der Ausbildung vertreten ist.

Bedenkt man die Fragestellungen der Vorläufer der Sozialpsychologie von Plato über Machiavelli bis Marx, so wie sie in historischen Darstellungen unserer Disziplin zu finden sind (Hofstätter 1966, Anger 1984 oder Allport 1985) sowie die unter 13.1 aufgeworfene Fragenvielfalt, so bedeuten die oben genannten drei bis vier Hauptthemenkreise zweifellos eine starke Einengung möglicher Fragestellungen. Sie repräsentieren jedoch nur die Hauptstränge der sozialpsychologischen Forschung, die sich vorläufig noch nicht in eine umfassende Theorie zusammenfügen lassen. So kommt es, daß die Entwicklungsgeschichte der Sozialpsychologie aus einer Geschichte der Einstellungsforschung, einer Geschichte der Gruppenforschung, einer Geschichte der Sozialisationsforschung und schließlich aus einer Reihe von Geschichten engerer Forschungsaspekte, wie z. B. dem Rollenkonzept, der Attributionsprozesse oder der sozialen Wahrnehmung usw., besteht.

Diesen Geschichten im einzelnen nachzuspüren, würde hier zu weit führen. Statt dessen wollen wir einen anderen Weg einschlagen, um uns an die Sozialpsychologie heran und etwas hinein zu bewegen, indem wir aus den weiten Fächern der sozialen Phänomene und dazugehörender Theorien einige wenige herausgreifen, um damit vielleicht Interesse zu weiterer Beschäftigung mit ihnen zu wecken. Bevor wir diese Auswahl treffen, sollten wir uns zumindest einen groben Überblick über den Theorienbestand der Sozialpsychologie verschaffen. Dies erleichtert ein dreibändiges Werk, herausgegeben von Frey und Irle (1985, 1993), in welchem die wichtigsten Theorien, in fünf Gruppen zusammengefaßt, abgehandelt werden:

I Kognitive Theorien
1. Die Hypothesentheorie der sozialen Wahrnehmung
2. Die Theorie sozialer Vergleichsprozesse
3. Die kognitiv-physiologische Theorie der Emotion von Schachter
4. Die Theorie der Selbstaufmerksamkeit
5. Die Attributionstheorie
6. Gerechtigkeitstheorien
7. Die Theorie der psychologischen Reaktanz
8. Die Theorie der kognitiven Dissonanz
9. Das Elaboration-Likelihood-Modell von Petry und Cacioppo
10. Einstellung und Verhalten: Die Theorie des überlegten Handelns und die Theorie des geplanten Verhaltens

II Gruppentheorien
1. Verhalten im sozialen Kontext: Soziale Förderung und Unterdrückung von Verhalten
2. Konvergenz und Divergenz in Gruppen
3. Soziale Einflüsse von Minoritäten in Gruppen
4. Theorien des interpersonalen Konflikts
5. Theorien zur sozialen Macht
6. Führungstheorien
7. Verhalten zwischen sozialen Gruppen: Die Theorie der sozialen Identität

III Lern- und Austauschtheorien
1. Die soziale Lerntheorie von Rotter
2. Die sozial-kognitive Lerntheorie von Bandura
3. Psychologische Theorien des sozialen Austausches

IV Motivationstheorien
1. Die Affiliationstheorie von Schachter
2. Symbolische Selbstergänzung
3. Die Impression-Management-Theorie
4. Die Theorie des Selbstwertschutzes und der Selbstwerterhöhung
5. Die Theorie der kognizierten Kontrolle
6. Crowding: Sozialpsychologische Erklärungen der Wirkung von Dichte und Enge

V Informationsverarbeitungstheorien
1. Theorien zur sozialen Urteilsbildung
2. Urteilsheuristiken
3. Theorien konzeptgesteuerter Informationsverarbeitung
4. Die Theorie der Laienepistemologie

Auch wenn hier viele Fachbegriffe auftauchen, die zunächst fremd auf uns wirken, wird sicher nicht alles fremd sein: unter mancher Theorie werden wir uns etwas mehr, unter einer anderen vielleicht noch gar nichts vorstellen können. Etwas transparenter sind gewiß die fünf übergeordneten Gliederungspunkte. Aus ihnen läßt sich erkennen, daß die meisten Theorien das Individuum im Blickfeld haben, seine Kognitionen, seine Motivation, sein Lernen und sein Umgang mit Informationen. Hier liegt gegenwärtig der Schwerpunkt wissenschaftlichen Bemühens. Neben dieser individuenzentrierten Perspektive war lange Zeit die gruppenzentrierte etwas in den Hintergrund geraten, ein Trend, der sich angesichts der gesellschaftlichen Veränderungen im Bezug auf Partnerbeziehungen, Umorganisationen und Akzentverschiebungen in der Wirtschaft, in der Politik, im Bildungs- und in anderen Bereichen derzeit wieder umzukehren scheint. Optimal wäre auch hier, das eine zu tun und das andere nicht zu lassen.

13.3 Die individuenzentrierte Perspektive

13.3.1 Biologische und kulturelle Grundlagen der Interaktion

Jeder von uns weiß um die wechselseitigen Beeinflussungsversuche von Individuen. Wir brauchen nur einen Blick auf unseren eigenen Alltag zu werfen. Sobald wir mit Menschen in Kontakt kommen, beeinflussen wir andere und werden auch selbst von den anderen in unserem Verhalten beeinflußt.

Es sind vor allem die Erkenntnisse der Ethologie, der vergleichenden Verhaltensforschung, die zur Untersuchung der biologischen und kulturellen Grundlagen der Interaktion bei Menschen anregten (vgl. Eibl-Eibesfeldt 1973, Hinde 1990, Dittami 1993). Hierzu einige Forschungsergebnisse: Ethologen stellten fest, daß bei niederen Tieren die soziale Interaktion weitgehend von einem angeborenen Programm bestimmt wird. So ist z. B. die Interaktionssequenz, die bei Tauben zur Paarung führt, genau festgelegt. Dieses Instinktprogramm ist durch natürliche Auslese entstanden, weil es für die Tiere Überlebenswert besaß. Bei höheren Säugetieren werden, ähnlich wie auch beim Menschen, die Jungen mit einem offenen Instinktprogramm geboren, das durch Erfahrung vervollständigt wird. Auch das offene Instinktprogramm wurde in der Entwicklungsgeschichte der jeweiligen Art durch Selektion erworben. Beim Menschen enthält dieses Programm offenbar keine festgelegten Verhaltensabläufe, sondern bestenfalls angeborene Antriebe und Lerndispositionen, die durch kulturelle Einflüsse ihre individuellen Ausprägungen erhalten. Der Basler Zoologe Adolf Portmann drückte dies in einer Vorlesung so aus: „Der Mensch ist spezialisiert aufs Nichtspezialisiertsein". Schon der Säugling verfügt über eine Reihe von funktionstüchtigen Verhaltensweisen. Eine davon, der Handgreifreflex, ist bei Frühgeburten gelegentlich so stark ausgeprägt, daß sich das Kind im Handhang oder im Hand- und Beinhang an einer Wäscheleine festklammern kann. Dieser Greifreflex diente wohl in entwicklungsgeschichtlich früheren Stadien dazu, sich am Fell der Mutter festzuhalten. Er dürfte auch heute noch nicht ganz funktionslos sein, denn in einigen Kulturen schlafen die Kinder am Körper ihrer Mutter und klammern sich während des Schlafens an deren Kleidern fest.

Auch die Gesten der Begrüßung gehören zu einem offenen Instinktprogramm. Dieselbe Geste benutzt z. B. auch der Schimpanse. Nach Auffassung von Ethologen werden durch Grußzeremonien die innerartlichen Aggressionen beschwichtigt und die Kontaktaufnahme eingeleitet. Der Mensch muß außerdem noch die für seinen Kulturkreis geltende Art und Weise des Händegebens und die dazugehörigen Situationen im Laufe des Sozialisationsprozesses erlernen. Früher war es allgemein üblich, daß Mädchen Autoritätspersonen mit Handgruß und Knicks begrüßen mußten. Die Jungen begrüßten mit Handschlag und Diener. Leute, die weniger Autorität verkörperten, begrüßte man dagegen mit einem einfachen „Guten Tag!". Es sind also biologische und kulturelle Bedingungen, die uns im Interaktionsprozeß beeinflussen.

Darüber hinaus – und das unterscheidet das Verhalten des Menschen wesentlich von dem der Tiere – erlernen wir eine hochdifferenzierte Sprache. Unsere soziale Interaktion wird weitgehend durch diese Sprache determiniert. Wir können auf diesem Weg die Inhalte unserer Kultur erlernen, modifizieren und weitergeben. Im zwischenmenschlichen Interaktionsprozeß lassen sich *verbale* aber auch *nichtverbale* Kommunikationselemente unterscheiden. Stehen zwei oder mehr Menschen in Interaktion, dann sendet jeder von ihnen – teils absichtlich, teils unabsichtlich – die verschiedensten sichtbaren und hörbaren Signale aus, welche die anderen Anwesenden beeinflussen können.

Zu den nichtverbalen Signalen gehören: Körperkontakt, räumliche Nähe, Körperhaltung, äußere Erscheinung, Mimik und Gestik, Blickrichtung, aber auch die nichtverbalen Aspekte des Sprechens, wie Tonfall, Sprechfehler und Akzent.

Die verbale Kommunikation, die Sprache, kann man wiederum unterteilen, z. B. in bestimmte Arten von Äußerungen wie ernste Gespräche oder Scherze oder auch in die linguistische Struktur der Sprache; dazu rechnet man z. B. die Satzlänge, die individuellen Sprechstile oder auch die verschiedenen Grade der Förmlichkeit des Sprechens.

Dazu ein Beispiel: Versetzen Sie sich in die Situation eines Stellenbewerbers, der zu einem Einstellungsgespräch geht. Sie werden sich vermutlich sorgfältig kleiden, wenn Sie hoffen, daß dies Ihre Gesprächspartner beeindrucken wird. Bei der Begrüßung werden Sie sich die Hände geben, und Sie werden dabei womöglich auf die Festigkeit Ihres Händedrucks achten, denn mit festem Händedruck beabsichtigen Sie, sozusagen eine „starke Persönlichkeit" zu signalisieren. Wenn Sie Platz nehmen, werden Sie eine gewisse räumliche Distanz bevorzugen, denn Sie möchten auf keinen Fall den Eindruck erwecken, daß Sie sich aufdrängen wollen.

Diese Analyse könnte man entsprechend unserer Aufzählung der nichtverbalen und verbalen Kommunikationselemente natürlich noch beliebig weiter fortsetzen und dabei auf bestimmte Feinheiten, z. B. auf das Zusammenspiel zwischen verbalen und nichtverbalen Elementen, besonders achten.

Fassen wir zusammen: Die soziale Interaktion des Menschen hat ihre biologische Grundlage im offenen Instinktprogramm, das durch Selektion in der stammesgeschichtlichen Entwicklung des Menschen entstanden ist. Dieses Programm wird im Verlauf des Sozialisationsprozesses durch Übernahme der kulturellen Regeln und Interaktionsmuster wesentlich überformt. Die Sprache spielt dabei eine herausragende Rolle, denn durch sie können die Inhalte unserer Kultur leichter erlernt, modifiziert und weitergegeben werden. Die vom Menschen im Interaktionsprozeß verwendeten verbalen und nichtverbalen Elemente beeinflussen, teils bewußt, teils unbewußt, seine Partner genauso wie ihn selbst.

13.3.2 Soziale Wahrnehmung

Ein wesentlicher Teil unseres Verhaltens im Interaktionsprozeß wird durch die soziale Wahrnehmung bestimmt. Was ist damit gemeint?

Unter sozialer Wahrnehmung versteht man in der Sozialpsychologie sowohl die Wahrnehmung von Sozialem (also Personenwahrnehmung) als auch die Mitbedingtheit der Wahrnehmung durch Soziales, das heißt durch soziale und persönlichkeitsspezifische Faktoren des wahrnehmenden Subjekts. Wir wollen uns hier lediglich mit der sozialen Mitbedingtheit des Wahrnehmens befassen. Was der Mensch wahrnimmt, hängt nicht allein von physikalischen und physiologischen Gesetzmäßigkeiten ab, sondern auch von psychischen Wahrnehmungsfunktionen wie Selektion, Gestaltung, Akzentuierung und Fixation.

Unter *Selektion* versteht man die Tatsache, daß der Mensch nicht alle einströmenden Eindrücke beantworten kann, sondern aus der Fülle der Reize nur einige auswählt. So wird zum Beispiel ein verliebtes Pärchen bei einem Stadtbummel mehr von solchen Geschäften angezogen werden, die mit der Erfüllung ihrer Zukunftswünsche in Zusammenhang stehen.

a b c

Abb. 13.1: „Kippbild mit Auflösung"

Das durch die Wahrnehmung Selektierte wird immer mehr oder weniger sinnvoll *gestaltet* empfunden. Ob man auf dem mehrdeutigen Bild in *Abb. 1a* eine alte oder eine junge Frau sieht, hängt von persönlichen Einstellungen ab. Dazu ein Experiment: Man bildete zwei Gruppen A und B. In Gruppe A wurde eine Diareihe gezeigt, in der sich als zweites Dia das Bild von *Abb. 1b,* das eine junge Frau darstellt, befand. In Gruppe B dagegen befand sich das Bild von *Abb. 1c* mit der alten Frau an zweiter Stelle der Serie. Als vorletztes Bild wurde in beiden Gruppen das mehrdeutige Bild von *Abb. 1a* vorgeführt. Die unterschiedliche Bereitschaft, auf dem mehrdeutigen Dia eine junge oder eine alte Frau zu erblicken, war je nach vorausgegangener eindeutiger Darstellung auch eindeutig festzustellen. Fast alle Versuchspersonen in Gruppe A sahen im zweideutigen sogenannten „Junge Frau/Alte Frau-Kippbild" die junge Frau, und rund 90 % der Versuchspersonen in Gruppe B sahen die alte Frau (vgl. Liebel 1978, S. 53).

Bei der dritten der genannten Wahrnehmungsfunktionen, der *Akzentuierung,* besteht die Tendenz, gewisse relevante Anhaltspunkte zu betonen und zu vergrößern. Die bekannten amerikanischen Psychologen Bruner und Goodman führten 1947 einen Versuch durch, der inzwischen als klassisches Experiment in die Geschichte der Psychologie eingegangen ist, der sogenannte „Münzversuch": Sie setzten 30 zehnjährige Kinder vor eine Mattscheibe, auf die ein Lichtfleck projiziert werden konnte, der von den Versuchspersonen durch einen Drehknopf in seiner Größe verstellt werden konnte. 20 Kinder bildeten die Versuchsgruppe, 10 die Kontrollgruppe. Jedes Kind der Versuchsgruppe sollte den Lichtfleck aus dem Gedächtnis so einstellen, daß dessen Größe einem 1-, 5-, 10-, 25-Cent-Stück und schließlich einer Halbdollar-Münze entspricht. In einem zweiten Durchgang wurden den Kindern die echten Münzen in die Hand gegeben, um sie jetzt im Simultanvergleich auf den Lichtfleck einzustellen. Die Versuchsgruppe setzte sich je zur Hälfte aus Kindern „reicher" und „armer" Eltern zusammen. Die Kinder der Kontrollgruppe hatten am Lichtkasten die Größe von Pappscheiben einzustellen, die in ihren Durchmessern den Münzen in der Versuchsgruppe entsprachen. Die Ergebnisse bestätigten die Hypothesen, daß die Münzen signifikant größer eingeschätzt wurden als die Pappscheiben und daß die höherwertigen Münzen stärker überschätzt wurden als geringerwertige, und zwar im Gedächtnis- wie im Simultanvergleich. In beiden Versuchsvarianten überschätzten die Kinder aus „armen" Milieus die Münzgrößen in höherem Grad, als dies Kinder aus „reichen" Milieus taten. In gut kontrollierten Replikationen kam Holzkamp (1965) im Wesentlichen zu den gleichen Ergebnissen. Somit ist gut belegt, daß der sozioökonomische Status die Wahrnehmung der Größe von Münzen beeinflußt.

Eine weitere psychische Wahrnehmungsfunktion, als *Fixation* bezeichnet, meint die Tendenz des Menschen, seine bisherigen Erfahrungen durch entsprechende Wahrnehmung zu bestätigen. Heißt das aber nicht, daß wir bevorzugt das wahrnehmen, was wir erwarten, oder was wir gerne sehen möchten?

Dazu ein Beispiel: Robert Rosenthal (1966) übergab in seinem ebenfalls als klassisch geltenden Experiment einigen Versuchsleitern Ratten für einen Lernversuch, die er als besonders gelehrig hinstellte. Eine Gruppe von Versuchsleitern erhielt Tiere, die er als besonders dumm bezeichnete. In Wirklichkeit waren alle Tiere jedoch gleich intelligent, das heißt, sie gehörten alle zu dem gleichen Stamm, aus dem sie nach Zufall herausgegriffen und auf die Versuchsleiter verteilt worden waren. Doch das Ergebnis der Lernversuche, nämlich ein Labyrinth möglichst fehlerfrei zu durchlaufen, war überraschend: Obwohl sich die Ratten bezüglich ihrer Intelligenz oder besser ihrer Lernfähigkeit in Wirklichkeit nur im Vorurteil ihrer Versuchsleiter unterschieden, lernten die als besonders gelehrig bezeichneten Tiere tatsächlich besser als die angeblich dummen.

Rosenthal konnte durch genaue Beobachtungen bei späteren Wiederholungen des Experiments feststellen, daß es die Versuchsleiter selber waren, die zur Bestätigung ihres Vorurteils beitrugen. Die Versuchsleiter widmeten nämlich den sogenannten klugen Ratten mehr Aufmerksamkeit, z. B. faßten sie diese länger und öfter an und waren im allgemeinen zufriedener mit ihren Tieren als die Versuchsleiter der sogenannten dummen Ratten. Die freundlich behandelten Tiere konnten so ihre Lernfähigkeit um einiges besser nutzen, da sie weniger nachteilig beeinflußt worden waren.

Dieser sogenannte „Rosenthal-Effekt" wurde von Rosenthal & Jacobsen (1968) im Sinne einer sozialen Beeinflussungsstrategie auf die Lehrer-Schüler-Interaktion übertragen. Mit ihrer Studie „Pygmalion im Klassenzimmer" weckten sie (vielfach überzogene) Hoffnungen hinsichtlich der Beeinflußbarkeit der Intelligenzentwicklung in der Schule, denn sie berichteten von positiven Erwartungshaltungen bei Lehrern bezüglich der Intelligenz bestimmter Schüler, die mit der Zeit zu besseren Intelligenzleistungen dieser Kinder führten. Trotz berechtigter Detailkritik an dieser Untersuchung sind in der Folge hunderte von Beiträgen erschienen, die Rosenthal-, Pygmalion- oder Erwartungseffekte bestätigten auf dem Hintergrund der Theorie der „self-fulfilling-prophecy" (Merton 1948), der Theorie der sich selbst erfüllenden Prophezeiung. Sie besagt, daß die Tendenz zur Wunscherfüllung in der interpersonalen Beziehung die Art und Häufigkeit der Interaktion verändert. Gehen wir z. B. von der Erwartung aus, eine bestimmte Person sei nett und liebenswert, verhalten wir uns ihr gegenüber aufgeschlossen und freundlich. Andererseits kann unser Verhalten diesen Menschen dazu veranlassen, uns gegenüber ebenfalls freundlich zu sein. Er bestätigt so unsere Erwartungen. Sind wir dagegen der Meinung, der andere sei ein höchst unangenehmer Zeitgenosse, geben wir uns ihm gegenüber eher feindselig oder indifferent. Der Betreffende reagiert seinerseits wenig sozialpositiv und bestätigt so unsere möglicherweise irrigen Annahmen. Dies gilt insbesondere für solche Fälle, wo uns Leute geschildert werden, die wir selbst noch gar nicht persönlich kennengelernt haben, wie es z. B. in der Arbeitswelt häufig der Fall ist, wo dem oder der Neuen ein bestimmter Ruf vorauseilt, der durchaus manipuliert sein kann.

Die Hypothesentheorie der sozialen Wahrnehmung (vgl. Lilli & Frey 1993) beschreibt nicht nur die psychischen Wahrnehmungsfunktionen wie Selektion, Gestaltung, Akzentuierung und Fixation, sondern setzt diese Funktionen auch in Beziehung zum Wahrnehmungsprozeß. Wahrnehmung wird zum Beispiel in der Erwartungs- und Hypothesentheorie als dreistufiger Prozeß beschrieben. Er setzt ein mit der Erwartung oder Hypothese. Darunter versteht man eine Art Vorbereitung oder Bereitschaft zu sehen, zu hören, zu riechen usw. Der zweite Schritt ist die Reiz- bzw. Informationsaufnahme, also der Aufschluß über die Umwelt. Der dreistufige Prozeß endet mit der Nachprüfung; das heißt, man prüft nach, ob der Umweltaufschluß mit den Erwartungen übereinstimmt. Besteht keine Übereinstimmung, so verändert man die Ausgangshypothese so lange, bis Kongruenz, das heißt Übereinstimmung, erreicht wird.

Wir haben uns mit einigen Aspekten der sozialen Wahrnehmung und besonders mit den sozialen und persönlichkeitsspezifischen Faktoren dieses Prozesses beschäftigt, die unser Verhalten weitgehend beeinflussen. – Treten wir mit einem oder mehreren Menschen in Interaktion, so werden wir nicht nur durch biologische und kulturelle Gegebenheiten beeinflußt, sondern auch durch soziale Wahrnehmungsfaktoren. Stellen Sie zum Beispiel die Hypothese auf: „Schwarzhaarige, die haben Temperament!", dann werden Sie, um in unserem Schema zu bleiben, beim Umweltaufschluß Schwarzhaarige öfter wahrnehmen, als temperamentvoll empfinden und vielleicht mit besonderem Wohlwollen ihre Gestik beobachten. Bei der sogenannten Nachprüfung werden Ihnen gerade temperamentvolle Schwarzhaarige bevorzugt auffallen, bedingt durch die allgemeine Tendenz, daß unsere Erwartungen die Wahrnehmung weitgehend steuern. Damit hätte sich die Ausgangshypothese: „Schwarzhaarige, die haben Temperament!" subjektiv als richtig erwiesen, wäre also zu einem Stück „Lebenserfahrung" geworden. Wahrnehmung ist demzufolge meist ein Kompromiß; ein Kompromiß zwischen dem, was der Mensch wahrzunehmen erwartet und dem, was er faktisch an Umweltaufschluß vorfindet. Aus all dem läßt sich schließlich die These ableiten:

„Wie, wann und was wir wahrnehmen, hängt davon ab, wer und was wir sind".

Der, der neben uns steht, kann bei voller Aufrichtigkeit ein und dasselbe Ereignis ganz anders sehen und wiedergeben, als wir es tun würden. Nur das Wissen um diese Sachverhalte kann uns bis zu einem gewissen Grad davon abhalten, ständig auf uns selbst hereinzufallen, indem wir unsere subjektive Weltsicht zum verbindlichen Maßstab für die anderen erheben.

13.3.3 Kognitive Dissonanz

In vielen Fällen sind wir uns nicht darüber im Klaren, daß wir durch Beeinflussung zu Entscheidungen oder Verhaltensweisen gebracht werden, die eigentlich gegen unsere bewußten Vorstellungen oder gegen unsere Interessen gehen, das heißt, daß wir manipuliert werden.

Es gibt zwar so etwas wie unbewußte Verteidigungsmechanismen, die als Barrieren gegen Überredung und Beeinflussung wirken. Mit einer bestimmten Technik, der sogenannten foot-in-the-door-technique, zu deutsch: der „Vertretermethode", lassen sich diese Verteidigungsmechanismen aber relativ leicht durchbrechen. In einem Feldexperiment von Freedman & Fraser (1966) wurde eine Gruppe von Hausfrauen gefragt, ob sie bereit wären, ein paar einfache Fragen über Haushaltsprodukte zu beantworten. Anschließend wurden sie darum gebeten, fünf bis sechs Männer in die Wohnung einzulassen, um alle verwendeten Haushaltsprodukte zu katalogisieren. Eine zweite Gruppe von Hausfrauen wurde nur mit einer Frage konfrontiert und zwar, ob fünf bis sechs Männer in die Wohnung kommen könnten, um alle verwendeten Haushaltsprodukte zu katalogisieren. Bei dieser Untersuchung handelt es sich um eine experimentelle Überprüfung der „Vertretermethode". Die Technik, einen Fuß in die Tür zu klemmen – im wörtlichen und übertragenen Sinn – wird von Vertretern jedweder Provenienz in der Praxis mit großem Erfolg benutzt. Sie wird aber auch von all denen verwendet, die die Aufgabe oder das Interesse haben, anderen gegen deren Willen etwas „anzudrehen" oder sie zu etwas zu bringen.

Das grundlegende Prinzip der Vertretertechnik besteht nun darin, die angepeilte Person um eine kleine, belanglose Gefälligkeit zu bitten, die anscheinend keine Konsequenz für sie hat. Indem nun die Person darauf eingeht und bereit ist, diese Gefälligkeit zu erweisen, werden bei ihr offensichtlich auch Widerstandsmechanismen abgebaut; denn anschließend fällt es ihr schwerer, eine größere Bitte abzulehnen, was vorher sicher kein großes Problem gewesen wäre.

In der zitierten Untersuchung erfüllen 53 % der befragten Hausfrauen den ziemlich anmaßenden Wunsch, mit fünf bis sechs Mann die Wohnung betreten zu können, nachdem sich fast alle auf die kleine Gefälligkeit, nämlich einige Fragen zu beantworten, bereits eingelassen hatten. Dieser Gruppe steht die vergleichsweise kleine Zahl der 22 % zustimmenden Hausfrauen gegenüber, die ebenfalls den Wunsch nach Betreten der Wohnung erfüllten, vorher jedoch nicht um die Beantwortung von Fragen gebeten worden waren.

Ebenso erfolgreich kann auch eine alternative Strategie sein, die door-in-the-face-technique: Hier wird zuerst eine übertrieben hohe Forderung gestellt, der dann, wenn sie nicht erfüllt wird, eine kleinere Bitte nachgeschoben wird. Hier wird sozusagen „mit der Tür ins Haus gefallen". Ein Beispiel dazu wäre der Türverkäufer, der es zuerst mit dem Verkauf einer Waschmaschine versucht, um dann „wenigstens" ein Paket Wäscheklammern oder Putzlappen an den Mann oder die Frau zu bringen.

Eine der weitverbreitetsten Theorien der Sozialpsychologie ist die „Theorie der kognitiven Dissonanz" von Leon Festinger (vgl. Frey & Gaska 1993). Seine Theorie hat eine große Anzahl von Untersuchungen angeregt und wurde mehr als andere Theorien zur Analyse sozialer Situationen herangezogen. Seine Theorie beruht auf der Annahme, daß das Individuum versucht, eine interne Harmonie zwischen seinen Meinungen und Einstellungen, seinem Wissen und seinen Werten herzustellen, zwischen „kognitiven Elementen" also, wie Festinger es nennt. Unter einem kognitiven Element versteht Festinger jedes Wissen, jede Meinung oder Überzeugung über die Umwelt, über sich selbst, über sein eigenes Verhalten, dazu gehören auch Annahmen, Einstellungen, Vorurteile und Stereotype. Die kognitiven Elemente sind also recht weit gefaßt und – was kritisch anzumerken ist – recht unscharf umschrieben. Zwischen zwei kognitiven Elementen kann eine irrelevante, konsonante oder dissonante Beziehung herrschen. Eine Beziehung ist irrelevant, wenn beide Elemente nichts miteinander zu tun haben, z. B. „Der FC-Bayern München wird dieses Jahr deutscher Meister" und „Ich liebe Norwegen". Eine Beziehung ist konsonant, wenn ein Element mit dem anderen übereinstimmt, z. B. „Ich fahre gerne in die Schweiz. Ich bin leidenschaftlicher Bergsteiger. Seeluft tut mir nicht gut". Eine Beziehung ist dissonant, wenn ein Element mit dem anderen in Widerspruch steht, z. B. „Ich fahre gerne schnelle Autos. Ich halte Autofahren für lebensgefährlich". Ist also die Beziehung zwischen kognitiven Elementen widersprüchlich, passen sie nicht zueinander, obwohl sie in einer relevanten Beziehung stehen, d. h. für das Individuum von Bedeutung sind, so sprechen wir von einer dissonanten Beziehung.

Festinger (1978, S. 16) stellt dazu zwei grundlegende Hypothesen auf:

1. Die Existenz von Dissonanz, die psychologisch unangenehm ist, wird die Person motivieren zu versuchen, die Dissonanz zu reduzieren und Konsonanz herzustellen.
2. Wenn Dissonanz besteht, wird die Person, zusätzlich zu dem Versuch, sie zu reduzieren, aktiv Situationen und Informationen vermeiden, die möglicherweise die Dissonanz erhöhen könnten.

In Anlehnung an Bornewasser et al. (1979, S. 90 f.) könnte man das Ausmaß an Dissonanz, also die Dissonanzstärke (DS), mit folgender Formel beschreiben:

$$DS = \frac{\Sigma\, DE \times k_i}{\Sigma\, DE \times k_i + \Sigma\, KE \times k_j}$$

Im Falle kognitiver Dissonanz ist die Anzahl der daran beteiligten Elemente durchaus wichtig. Die Wahrscheinlichkeit dafür, daß kognitive Elemente unvereinbar sind, steigt, je mehr Kognitionen vorhanden sind. Weiterhin ist das Ausmaß der Dissonanz von dem Verhältnis zwischen dissonanten und konsonanten Elementen abhängig. Außerdem wirkt sich auf die Stärke der Dissonanz aus, von welcher Wichtigkeit die beteiligten Elemente für die jeweilige Person sind (k_i und k_j). Die Formel macht deutlich, daß die Dissonanz dann besonders stark ist, wenn die Summe dissonanter Elemente (Σ DE) die Anzahl der konsonanten übersteigt (Σ KE) und/oder wenn die Summe der konsonanten Elemente gegen null geht. Es sei angemerkt, daß diese Formel keine Formel im mathematischen Sinn, vielmehr eine Hilfskonstruktion ist, um eine bessere Übersicht über das Zusammenwirken der verschiedenen Faktoren zu geben.

Im Streben nach innerer Harmonie und Ausgeglichenheit haben wir nach Festinger grundsätzlich drei Möglichkeiten zur Dissonanzreduktion, die *verhaltensbezogene*, die *umweltbezogene* und die *kognitionsbezogene*.

Bei der Veränderung des Verhaltens, z. B. vom Gurtmuffel zum regelmäßigen Träger des Sicherheitsgurts, führt die neue Kognition, das neue kognitive Element „Ich schnalle mich ab sofort an" zu einer Reduzierung der Dissonanz zwischen den Elementen „Tragen des Sicherheitsgurts ist unbequem", und „Der Sicherheitsgurt reduziert das Verletzungsrisiko bei Unfällen erheblich", gesetzt den Fall, der Änderungswiderstand (k) des Bequemlichkeitsarguments ist nicht so hoch, daß es den des Sicherheitsarguments erheblich übersteigt.

Ein anderer Weg zur Dissonanzreduktion führt über die Umwertung oder die Ablehnung von Umweltinformationen. Dabei entstehen neue einstellungs- oder verhaltenskonforme Kognitionen: Beispielsweise zweifelt der Raucher die Aussagegültigkeit wissenschaftlicher Untersuchungen über die Gefährlichkeit des Rauchens an, weil er von Gegendarstellungen gehört hat, oder der Autofahrer, der sich sorglos in den Straßenverkehr begeben kann, wenn er den Unfall als höchst seltenes Ereignis begreift mit der Schlußfolgerung „Mir passiert nichts", oder man erhält die interne Harmonie seiner Kognitionen, indem man zu eigenen Auffassungen widersprüchliche Argumente schlicht negiert: „Das akzeptiere ich nicht!"

Die kognitionsbezogene Möglichkeit der Dissonanzreduktion ist von der umweltbezogenen – aufgrund der unscharfen Definition vom „kognitiven Element" – nicht deutlich zu trennen. Meist spricht man hier von der Hinzufügung eines neuen Elements, oder auch eines Schein- oder Pseudoarguments. Allerdings kann auch die Neuinterpretation von Umweltereignissen als Hinzufügen eines neuen kognitiven Elements verstanden werden. Es scheint daher zwischen den umweltbezogenen und den kognitionsbezogenen Möglichkeiten der Dissonanzreduktion nur einen perspektivischen Unterschied zu geben. In dem Raucherbeispiel wäre ein vollkommen neues kognitives Element das Bekenntnis zu der Einstellung, daß man das Leben schließlich auch genießen wolle und ein asketisches Leben ablehne. Trotz des Widerspruchs von überzeugendem Wissen und Verhalten wird keines dieser beiden Elemente geändert, da eine übergreifende, eine Supereinstellung hinzugekommen ist. Andere Supereinstellungen, unter denen sich eine Menge widersprüchlicher Kognitionen vereinbaren läßt, wären „Ich vertraue auf Gott" oder „Ich vertraue auf die Wissenschaft" oder „Ich bin liberal" oder „Ich bin tolerant gegen andere und auch mir selbst gegenüber".

Festingers Theorie der kognitiven Dissonanz kann zur Erklärung vieler Aspekte menschlichen Verhaltens herangezogen werden. Besondere Bedeutung hat sie bei der Vorhersage von Einstellungsänderungen in Situationen gewonnen, in denen eine Person veranlaßt wird, entgegen ihrer eigenen Meinung eine andere Position zu vertreten (sog. „forced-compliance-Situationen"). Es entsteht hierbei eine kognitive Dissonanz zwischen dem Verhalten der Person und ihrer Einstellung, wobei wir unter „Einstellung" die subjektive Bewertung von Objekten verstehen. Führt man ein einstellungsdiskrepantes Verhalten aus, kann dies zu einer Änderung der ursprünglichen Einstellung führen. Für das Ausmaß der Einstellungsänderung und auch die Art der Dissonanzreduktion ist die Höhe der Belohnung von entscheidender Bedeutung, die man für das Einnehmen der einstellungsdiskrepanten Positon bekommt. Die Dissonanztheorie sagt zunächst voraus: „Je höher die Belohnung für ein einstellungsdiskrepantes Verhalten, desto geringer ist die Dissonanz zwischen der Einstellung und dem Verhalten. Infolgedessen ist auch der Druck zur Dissonanzreduktion gering, so daß die Einstellung nicht geändert zu werden braucht.

Die klassische Untersuchung zu diesem Problem ist das „ l-Dollar/20-Dollar-Experiment“ von Festinger und Carlsmith (1959): Studenten nahmen als Versuchspersonen an einem äußerst stumpfsinnigen und ermüdenden Experiment teil. Anschließend bat man jeden Studenten, eine draußen sitzende Versuchsperson hereinzuholen und ihr dabei zu sagen, das Experiment sei sehr interessant und mache Spaß. Für diese „Flunkerei“ wurden die einen Studenten mit 20 Dollar, die anderen mit einem Dollar honoriert. Die Versuchsleiter nahmen dabei an, daß bei den Studenten Dissonanz entstünde zwischen der Einstellung, das Experiment sei stumpfsinnig und langweilig, und der Handlung, das Experiment dennoch interessant darzustellen.

Eine kognitive Dissonanz ist am größten, wenn die beiden in Widerspruch stehenden Elemente, in diesem Fall eine Einstellung und ein Verhalten, gleich stark und gleich bedeutsam sind. Was geschieht nun, wenn eines der beiden ursprünglich gleich starken kognitiven Elemente durch Belohnung stärker oder wichtiger wird? – Die Dissonanz zwischen den beiden kognitiven Elementen „Einstellung“ und einstellungsdiskrepantem „Handeln“ wird geringer und der Druck zur Einstellungsänderung dementsprechend schwächer. Die Belohnung stärkt nur das kognitive Element „Ich soll eine kleine Lüge erzählen“, und je höher die Belohnung ist, desto größer ist die verstärkende Wirkung, das einstellungsdiskrepante Verhalten auch tatsächlich zu zeigen. Und wie ging der Versuch aus? – Nach dem Experiment wurden die Studenten über ihre Einstellung befragt. Dabei zeigte sich, daß diejenigen, die 20 Dollar für die Lüge bekommen hatten, das Experiment nach wie vor für stumpfsinnig hielten, daß die mit nur 1 Dollar „belohnten“ das Experiment jetzt jedoch deutlich positiver bewerteten. Sie mußten schließlich zur Dissonanzverringerung einfach an das glauben, was sie getan hatten, während die anderen sich vor sich selbst rechtfertigen konnten, die Lüge nur wegen der relativ großen Belohnung erzählt zu haben, ihre eigentliche Überzeugung berühre das selbstverständlich nicht.

Eine interessante Ergänzung dieser Ergebnisse bringen Gerard et al. (1974), die einen U-förmigen Zusammenhang zwischen Belohnungshöhe und Einstellungsänderung fanden, was bedeutet, daß eine aus der Sicht der Versuchsperson überreichliche Belohnung ebenso wie eine extrem unzureichende Belohnung einstellungsändernd wirken. Bei zu hoher Belohnung mußten sich die Versuchspersonen sagen, soviel Geld zu nehmen, nur um eine Lappalie zu erzählen, ist schon unanständig, so daß diese Diskrepanz sich nur dadurch verringern läßt, das Experiment gar nicht so schlecht zu finden, vielleicht hat man es ja auch nicht so ganz verstanden!

Die Dissonanztheorie kommt damit zu einer scheinbar paradoxen Aussage: Einstellungsdiskrepantes Handeln führt bei kleinem oder sogar gar keinem Anreiz für dieses Verhalten zu einer Einstellungsänderung, ebenso bei überreichlicher Belohnung, während es bei für reichlich befundener Belohnung zu keiner Einstellungsänderung kommt. Dieser Effekt konnte in vielen Untersuchungen repliziert werden, jedoch nur dann, wenn die Versuchspersonen Entscheidungsfreiheit zur Teilnahme am Experiment hatten.

Außer den Beispielen, wie anfänglich negative in positive Einstellungen gewandelt werden können, noch ein Beispiel für den umgekehrten Fall aus der Serie der sog. Forbidden-toy-Experimente:

Aronson & Carlsmith (1963) stellten die Beliebtheitsgrade verschiedener Spielsachen bei drei- bis vierjährigen Kindern fest. Dann wurde jedem Kind verboten, während der Abwesenheit der Versuchsleiter sein beliebtestes Spielzeug zu benutzen. Die Kinder, die heimlich beobachtet wurden, hielten die Verbote ein. In der ersten Versuchsbedingung wurden die Kinder sehr freundlich gebeten, in der zweiten wurde mit massiven Strafen bei Nichteinhalten des Verbots gedroht. Nach einer Beobachtungsphase von etwa 10 Min. betrat einer der Versuchsleiter wieder den Raum und ermittelte nochmals die Beliebtheitsrangreihe der Spielsachen. Wie zu erwarten, hatten viele Kinder der Versuchsbedingung „freundliche Bitte" das vormals beliebteste Spielzeug abgewertet, dagegen kein einziges der Bedingung „harrsches Verbot". Zur Einstellungsänderung war es nur in der ersten Gruppe gekommen, wo das Verzichten auf das Lieblingsspielzeug sicher ein einstellungsdiskrepantes Verhalten ist, das auf Veränderung der Einstellung zielt. Dies ist in der zweiten Gruppe nicht nötig, denn das Vermeidungsverhalten ist mit der Angst vor der angedrohten Strafe ausreichend begründet.

Andere interessante Experimente wurden zur Hypothese von der Rechtfertigung des Aufwands (effort justification hypothesis) durchgeführt. Sie lautet: Je größer unter sonst gleichen Bedingungen die Anstrengung ist, die man um einer Sache willen auf sich nimmt, desto größer ist die Wertschätzung, die man dieser Sache entgegenbringt – ein wissenschaftlicher Beleg für die Alltagserkenntnis „Was nichts kostet, ist nichts wert" in differenzierter Form (vgl. dazu Herkner 1991, Kap. 1. und 4.).

Aus der Festingerschen Theorie kann man zwei wichtige Regeln ableiten:

(1) Um einen Menschen zur Änderung einer Einstellung zu bringen, muß man ihn grundsätzlich veranlassen, eine Handlung zu vollbringen, die in Widerspruch zu seiner Einstellung steht.

(2) Die Belohnung, welche die Person zu dieser Handlung bewegen soll, muß relativ gering oder übergebührlich groß sein, damit die Einstellungsänderung möglichst groß wird.

Mit diesen Regeln könnten jetzt Tür und Tor für Manipulatoren geöffnet sein. Jedoch: Außerhalb des Labors der Sozialpsychologen ist es in der Praxis schwierig, fein abgestufte Belohnungssysteme zu schaffen, die genau in der richtigen schwachen Dosierung einstellungsdiskrepantes Verhalten hervorrufen. Es ist aber wichtig zu wissen, daß es längst nicht immer der massive Druck ist, der die größte Wirkkraft hat, wenn es darum geht, Einstellungen zu ändern. Sozialer Druck wirkt hinsichtlich Verhaltensänderungen sehr schnell und sehr stark, vor allem dann, wenn mit massiven Sanktionen gedroht wird, nicht aber einstellungsverändernd. Vielmehr treibt er in die innere Imigration, in reaktantes Verhalten und in die Angst.

Die Thesen von Festinger sind, wie bereits erwähnt, vielfältiger Kritik unterzogen worden. Mit Sicherheit kann man nicht – wie auch genügend theoretische und experimentelle Beiträge verdeutlichen – die Komplexität sozialer Prozesse nur auf dissonante und konsonante Elemente reduzieren. Daher auch das Bemühen, den an sich fruchtbaren Ansatz von Festinger insbesondere durch eine stärkere Spezifizierung der Bedingungen für Einstellungsänderungen und Verhaltensvorhersagen weiterzuentwickeln. Die Kritik an dieser Theorie läßt sich mit Herkner (1991, S. 272 f.) folgendermaßen zusammenfassen: Ihre Grundbegriffe sind mangelhaft definiert und daher sehr vage. Kognitive Dissonanz ist eine latente Variable, die ebensowenig direkt beobachtbar ist wie die Prozesse der Dissonanzreduktion. Dieser Einwand ist allerdings insofern nicht sehr schwerwiegend, kann man ihn doch gegen alle kognitiven Theorien vorbringen. Dissonanz erleben muß nicht immer unangenehm sein und muß demnach auch nicht immer reduziert werden. Ein gewisses Ausmaß von Spannung und Konflikt kann sogar sehr angenehm sein und geradezu aktiv gesucht werden. Ständiges Fehlen von Spannungen würde eher zu Langeweile führen. Es gibt große individuelle Unterschiede bezüglich der Toleranz von Widersprüchen. So streben autoritär und dogmatisch eingestellte Personen eher nach Dissonanzreduktion als liberal eingestellte.

Dennoch, so Herkner, kann die Existenz der Dissonanzreduktion, wenn auch in verschiedenem Ausmaß, bei allen Menschen angenommen werden.

An dieser Stelle ist auf die konkurrierende Theorie der Selbstwahrnehmung (Bem 1972, Forgas 1992, S. 71 ff.) zu verweisen, die von sich beansprucht, die gleichen Phänomene einfacher und schlüssiger als die Dissonanztheorie erklären zu können, wofür allerdings der Beweis nach wie vor noch aussteht, und auf die erfolgversprechende Weiterschreibung der Dissonanztheorie durch die Heranziehung attributionstheoretischer Ansätze, von denen im nächsten Abschnitt die Rede sein wird.

13.3.4 Attributionen

Attributionen sind Antworten auf die Fragen: „Warum verhält sich ein Mensch so, wie er sich verhält?" „Was sind die Ursachen, die seinem Verhalten zugrundeliegen?" Attributionen sind demnach Ursachenzuschreibungen als Erklärung eigenen und fremden Verhaltens. Die dazugehörenden theoretischen Ansätze versuchen zu beschreiben und zu erklären, wie wir zu solchen Schlüssen gelangen. Sie beschäftigen sich mit „naiver Psychologie", mit alltäglichen Verhaltenserklärungen, wie sie „der Mann auf der Straße" vornimmt. Menschen zeigen eine ausgeprägte Tendenz, in kausalen Zusammenhängen zu denken, und zwar unabhängig davon, ob sie für solche Zusammenhänge konkrete Anhaltspunkte haben oder nicht: „Alles hat seinen Grund!" Da wir wissen, daß wir mit unseren eigenen Intentionen und Handlungen kausal auf unsere Umwelt einwirken, erklären wir auch das Verhalten unserer Mitmenschen kausal. Bloßes Registrieren unserer sozialen Umwelt reicht nicht aus, wenn wir in einer kontrollierbaren und strukturierbaren Welt leben möchten. Attributionen sollen soziales Verhalten verstehbar, erklärbar und voraussagbar machen. Insofern ist das Attribuieren die wichtigste und komplexeste Aufgabe im Prozeß der sozialen Interaktion. Fast jedes menschliche Verhalten kann unterschiedlich, und dennoch plausibel erklärt werden. Ein Nachbar kann freundlich zu Ihnen sein, weil er Sie sympathisch findet, weil er von Ihren Gartenpflanzen etwas abhaben will, weil er gegen jedermann freundlich ist, oder weil ihm andere Nachbarn – aus welchen Erfahrungen mit Ihnen auch immer – dringend dazu geraten haben. Um zu entscheiden, was sein Verhalten bestimmt, müssen wir herausfinden, so meinen jedenfalls einige Attributionsforscher, welche die Gründe sind, die dem Verhalten vorausgehen und welche Absichten (Intentionen) mit dem Verhalten verbunden werden. Die Gründe können in der Person liegen (er findet Sie sympathisch) oder in äußeren Umständen (der Rat anderer Nachbarn). Weiter wäre zu fragen, ob und wenn ja, welche Absichten er damit verfolgt.

Eben weil sich die Attributionstheorie mit Prozessen beschäftigt, die tagtäglich für jeden Menschen relevant werden, hat sie in den letzten 20 Jahren zunehmend mehr Aufmerksamkeit auf sich gelenkt als alle anderen Theorien (vgl. Meyer & Försterling 1993).

Der Psychologe Fritz Heider hat sich als erster explizit mit Attributionsprozessen beschäftigt und etwa zeitgleich seine Attributionstheorie veröffentlicht (1958) wie Festinger seine Dissonanztheorie (1957). Er geht davon aus, daß wir alle uns im Alltag wie „naive“ Wissenschaftler verhalten und uns, um einander zu verstehen, derselben Prinzipien von Verursachung und Logik bedienen, denen auch Wissenschaftler bei der Erforschung ihrer Gegenstände folgen. Wir bemühen uns zunächst, zwischen äußeren, umgebungsbedingten und inneren, individuellen Einflüssen zu unterscheiden. Auf innere Verursachung (Dispositionen, Persönlichkeitsmerkmale, Überzeugungen etc.) kann man nur schließen, wenn sich keinerlei Druck von außen als Handlungserklärung anbietet. Wenn Sie erfahren, daß Ihr Nachbar auf Anraten anderer freundlich zu Ihnen ist, können Sie nicht entscheiden, ob er Sie tatsächlich mag oder nicht. Tut dagegen jemand etwas gegen starken Widerstand von außen, z. B. bei der Wahl seines Studiums, ist die Vermutung nicht falsch, daß beträchtliche interne Faktoren, verbunden mit einer hohen Anstrengungsbereitschaft, sein Handeln erklären können.

Tab. 13.1: Attributionsmodell (nach Heider 1958)

	Person (intern)	Umwelt (extern)
stabil	Fähigkeit	Schwierigkeitsgrad eines Problems
instabil	Anstrengung	Glück, Zufall

Es sind nach Heider zwei innere Komponenten, auf die menschliches Handeln attribuierbar ist: die *Fähigkeiten,* über die jemand verfügt, und die *Anstrengung,* die er für eine Handlung aufbringt *(vgl. Tab. 13.1)*. Er nimmt an, daß interne und externe Faktoren in additiver Verbindung stehen, während die beiden inneren Komponenten multiplikativ miteinander verknüpft sind: $H = f(F \times A)$. Wenn einer der beiden Faktoren Fähigkeit (F) oder Anstrengung (A) null wird, wird auch das Produkt null, d. h., es kommt keine Handlung (H) zustande. Die Beziehung zwischen Fähigkeit und der umgebungsbedingten Schwierigkeit einer Aufgabe wird als *Können* wahrgenommen. Übersteigt die Schwierigkeit die Fähigkeit, ist kein erfolgreiches Handeln möglich; ist die Schwierigkeit gering, bedarf es für das Handeln keiner großen Fähigkeit. Der nächste Schritt der „naiven“ Handlungsanalyse ist die Frage nach der Intention des Akteurs: „Welche Absicht verfolgt er mit seinem Tun?“ und nach der Anstrengung: „Mit welcher Intensität verfolgt er sein Ziel?“ Glück und Zufall sind dagegen instabile und nur unzuverlässig diagnostizierbare externe Ursachen für ein Handlungsergebnis.

Wenn wir uns in einem konkreten Fall für eine innere Verhaltensverursachung entschieden haben, wie können wir dann die genauere Motivation erkennen? Der Prozeß der Motiv-Attribuierung geht nach Jones & Davis (1965) von den Handlungen des Interaktionspartners aus. Hier beginnt das Schlußfolgern des Beobachters nach rückwärts vom Ergebnis über den Weg zu den Ursachen. Der Beobachter muß dabei annehmen, daß der Akteur vorausschauende Kenntnis davon hatte, welche Effekte, oder zumindest einige davon, er mit seinem Verhalten hervorruft. Er kann überlegen, welche Handlungsalternativen der Akteur sonst gehabt hätte und was im Vergleich dazu das Besondere an seinem gezeigten Verhalten ist. Dieser mit den Alternativen nicht gemeinsame Effekt gibt einen Anhaltspunkt für eine mögliche Dispostionsattribution. Einen weiteren Anhaltspunkt gewinnt der Beobachter nach Jones & Davis aus der Einschätzung der Erwünschtheit des gezeigten Verhaltens. Je stärker ein Handlungsergebnis hinsichtlich seiner Erwünschtheit aus der Sicht der von diesem Verhalten betroffenen Personen abweicht, umso eher ist dies ein Indikator für eine Persondisposition, viel mehr jedenfalls als bei sozial erwünschten Handlungen mit vielen möglichen Ursachen. Je mehr plausible Ursachen es zur Erklärung eines Verhaltens gibt, desto weniger ist jede einzelne wert, wenn es beim Attribuieren um die Schaffung von Sicherheit und Orientierung geht.

Zwei Untersuchungen, die diesen nicht ganz einfach zu verstehenden Attributionsprozeß verdeutlichen:

In der ersten Untersuchung (Jones et al. 1961) bat man Probanden um Urteile über Personen, die sich zu ihrem Rollenverhalten in Einklang oder in Widerspruch verhielten. Die Probanden beobachteten zwei Gruppen von Zielpersonen. Die Personen der ersten verhielten sich während eines Bewerbungsgesprächs für eine Stelle, bei der Introversion erwünscht war (Astronaut), entweder introvertiert und bescheiden oder rollennonkonform extravertiert. Die Personen der zweiten simulierten die Bewerbung für eine Stelle, bei der Extraversion erwünscht war (U-Boot-Fahrer), indem sich ein Teil erwartungskonform extravertiert, ein anderer introvertiert verhielt. Stimmte das Bewerberverhalten mit den Berufsanforderungen nicht überein, schlossen die Beobachter hinsichtlich der rollennonkonform gezeigten Intro- und Extraversion auf genuine Eigenschaften.

In einem zweiten Experiment (Jones & Harris 1967) sollten amerikanische Studenten den Verfassern von Referaten pro und contra Fidel Castro politische Einstellungen attribuieren.

Einige Verfasser konnten frei ihre Einstellung kundtun, den anderen war sie vorgegeben worden. Die Dispositionszuschreibung fiel den Beobachtern am leichtesten für die Referenten, die ihren Beitrag freiwillig verfaßt hatten und dabei eine nonkonformistische Pro-Castro-Einstellung kundtaten.

Intentionalität und Glaubwürdigkeit werden dann sicher attribuiert, wenn der Beobachter Anhaltspunkte erkennen kann, daß ein Akteur etwas trotz äußeren Drucks oder sogar unter Mißachtung seiner eigenen öffentlich bekannten Interessen tut.

Harold Kelley entwickelte ein differenzierteres Attributionsmodell, das drei Gruppen von Variablen gleichzeitig berücksichtigt:

(1) Die *Situation* oder der Kontext, in dem ein Verhalten gezeigt wird,
(2) das *Ziel* oder Objekt der Handlung,
(3) der *Akteur,* der die Handlung ausführt.

Der Kerngedanke Kelleys ist der der Kovariation; wir können Kausalität aus dem Zusammenspiel von Ursachen und Wirkungen attribuieren (vgl. *Abb. 13.2).*

Zunächst möchte man als Beobachter wissen, ob ein bestimmtes Verhalten über eine gewisse Zeit und verschiedene Situationen hin gleich bleibt (Konsistenz).

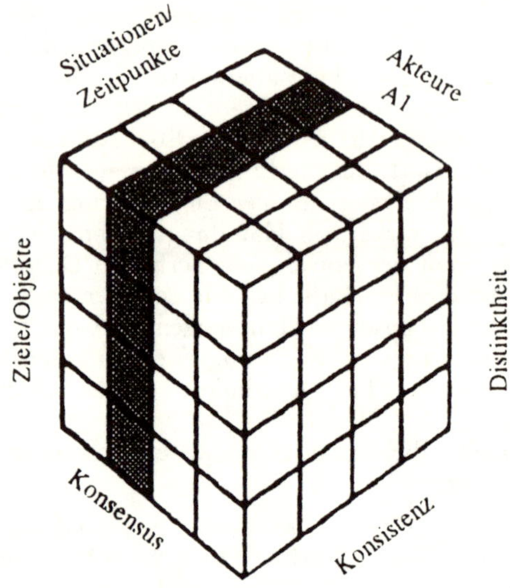

Abb. 13.2: Würfel-Modell der Attribitionsdimensionen (nach Kelley 1973, S. 110)

Reagiert eine Person in unterschiedlichen Situationen wenig konsistent, wird der Beobachter das Verhalten eher dem Zufall zuschreiben oder auf die wechselnden Umstände zurückführen, auf innere Attributionen wird man dagegen verzichten. Um an unser Beispiel zu erinnern: Sie können sich von der Freundlichkeit Ihres Nachbarn erst dann ein verläßliches Urteil bilden, wenn er sich in verschiedenen Situationen über eine gewisse Zeit hinweg freundlich zeigt.

Als nächstes muß der Beobachter herausfinden, ob Distinktheit besteht, das heißt, ob der Akteur ein bestimmtes Verhalten nur einer bestimmten Person oder einem besonderen Objekt gegenüber zeigt (hohe Distinktheit), oder ob er mit diesem Verhalten auf viele Reize, Objekte oder Situationen reagiert (niedrige Distinktheit). Ist Ihr Nachbar nur zu Ihnen freundlich oder auch zu anderen? Und wenn ja, zu wem? Die Folge hochdistinktiven Verhaltens sind äußere, situationsgebundene Attributionen.

Schließlich ist für den Beobachter wichtig zu wissen, wie andere Personen auf die selben Objekte reagieren; er möchte wissen, wie spezifisch ein Verhalten für eine Person ist. Reagieren auch andere in ähnlichen Situationen so wie er, ist der Konsensus hoch; zeigt nur der Akteur das Verhalten, ist der Konsensus entsprechend niedrig. Reagieren alle Personen in spezifischer Weise auf ein Objekt (hoher Konsensus), dann liegt die Ursache dieses Verhaltens im Objekt, hat eine äußere Ursache, ein Fall für äußere Attribution: Alle Klassenkameraden hänseln Hans.

Eine differenzierte Attributionsstrategie richtet sich nach der Kombination der drei Modalitäten: Konsensus, Konsistenz und Distinktheit. Ein Beispiel (nach Forgas 1992, S. 77) soll dieses Zusammenspiel illustrieren (vgl. *Tab. 13.2)*.

Tab. 13.2: Warum hat Maria über den Komiker gelacht? Eine Illustration zu Kelleys dreidimensionalem Modell: Die Effekte von Konsistenz, Distinktheit und Konsens auf Attributionen

Information für die Beobachter			
Konsistenz	Distinktheit	Konsens	typische Attribution
1. Hoch - sie lacht immer über ihn	hoch - sie hat über niemand sonst gelacht	hoch - auch alle anderen haben über ihn gelacht	zum Reiz: dem Komiker
2. hoch - sie lacht immer über ihn	gering - sie lacht über jeden Komiker	gering - sonst hat fast niemand gelacht	zur Person: zu Maria
3. gering - sie lacht sonst nie über ihn	hoch - sie hat nur über ihn gelacht	gering - sonst hat fast niemand gelacht	zur Situation/zu den Umständen

Leider stehen uns in der Praxis kaum sehr genaue Informationen über alle Modalitäten zur Verfügung, so daß wir uns bei der Ursachenzuschreibung oft einfacherer Muster bedienen müssen. Da solche selbstgezimmerten Verursachungsmodelle äußerst fehlerbehaftet sind, wundert es nicht, daß es sich dabei häufig um Vorurteile handelt, die in der Attributionstheorie geradezu als „typische Attributionsfehler" gehandelt werden, so z. B. wenn behauptet wird, in Europa würde Erfolg intern, Mißerfolg extern attribuiert, während es in Asien umgekehrt sei, oder „Manager wird man durch harte Arbeit oder durch die Dummheit anderer"! Oft leiden unsere Attributionen an irrationalen, motivationsbedingten Verzerrungen oder unserer Unfähigkeit, mit verfügbarer Information hinlänglich behutsam umzugehen.

Der fundamentalste Attributionsfehler liegt in der Neigung vieler Menschen, statt so differenziert vorzugehen, wie die Attributionsforscher uns dies vor Augen führen, Ereignisse vorschnell durch innere Dispositionen zu erklären. Ein Akteur ist für viele so feldbeherrschend, faszinierend, daß nichts näher zu liegen scheint, als all sein Verhalten auf Persönlichkeitsmerkmale zurückzuführen: Lächeln - > intelligent, überlegen, fröhlich; fester Händedruck - > starke Persönlichkeit; wer lügt, stiehlt ...

Jones & Nisbett (1972) haben auf den interessanten Sachverhalt aufmerksam gemacht, daß wir nur bei der Beurteilung des Verhaltens anderer zum fundamentalen Attributionsfehler neigen; geht es dagegen um die Attribution unseres eigenen Verhaltens, neigen wir dazu, dieses mit äußeren, situationalen Faktoren zu erklären. Einfacher gesagt, schreiben wir anderen gerne Eigenschaften wie fröhlich, launisch, intelligent, derb, aggressiv liebenswert usw. zu, während wir uns selbst gegen solche Etiketten zur Wehr setzen, z. B. mit der typischen Psychologenintrade „Es kommt darauf an ...!"

Von vielen weiteren Attributionsfehlern sei abschließend nur noch einer erwähnt, der ebenfalls sehr verbreitet ist und der zu den sog. selbstwertdienlichen Attributionsverzerrungen gehört: die *falsche Konsensannahme*. Sie bezeichnet das häufig anzutreffende Phänomen, daß die meisten Menschen zu der Annahme neigen, alle anderen würden oder müßten unsere eigenen Einstellungen, Werte und Verhaltensweisen mit uns teilen. (Fast) jeder sieht sich gerne als „normal", und dazu gehört auch die Annahme, daß wir uns von anderen - bis auf kleine individuelle Reservate - nicht zu sehr unterscheiden. Es ist die Auffassung, daß zumindest alle gut beraten wären, wären sie so wie wir. Forgas (1992, S. 89) berichtet dazu ein erhellendes Experiment: Man fragte studentische Probanden, ob sie bereit wären, mit einem großen Plakat über den Campus zu marschieren, das alle Welt aufforderte: „Eßt bei Joe!" Diejenigen, die in den Reklamemarsch einwilligten, glaubten, daß sich dazu 62 % ihrer Kommilitonen ebenfalls bereitfinden würden. Aber auch diejenigen, die ablehnten, empfanden sich als Majorität. Ihrer Meinung nach hätten sich 67 % der Studenten auf Befragung hin diesem Ansinnen verweigert.

Das Prinzip ist klar: Was ich tue, würden die meisten anderen in meiner Situation auch tun - also bin ich „normal"!

Schon wieder das eigene Ich als Maßstab für die anderen? -

13.4 Die gruppenzentrierte Perspektive

In diesem Abschnitt wollen wir zunächst einige wichtige Probleme und Erkenntnisse anreißen, die sich mit dem Individuum als Mitglied von Gruppen befassen, um daran anschließend an einem Beispiel aus der Arbeitswelt zu verdeutlichen, wie auf dem Hintergrund sozialpsychologischer Erkenntnisse mit intuitiv-klinischem Vorgehen zur Lösung alltagspraktischer Probleme beigetragen werden kann.

13.4.1 Kleingruppenforschung und Gruppendynamik

Die sozialen Bedingungen der Erforschung der Gruppendynamik von Kleingruppen wurden von Cartwright & Zander in ihrem Buch „Group dynamics" (1968) in sehr prägnanter Weise formuliert. Als erste dieser Bedingungen wird eine unterstützende Gesellschaft genannt, das heißt, eine Bereitschaft, Forschung und Technologie nicht nur auf dem Gebiet der Naturwissenschaften, sondern auch auf dem Gebiet der Sozialwissenschaften zu fördern. Voraussetzung für die Ausbildung des Forschungsinteresses für die Sozialpsychologie in der Gruppe war auch ein Anwachsen des Nationaleinkommens in den USA gewesen, das es trotz der Wirtschaftskrise von 1928-1930 ermöglichte, gerade um diese Zeit die ersten Projekte in diesem Bereich zu starten (vg. Thomae 1977).

Eine zweite soziale Bedingung für die Ausbildung der Kleingruppenforschung um 1930 waren die Erfahrungen in einer zunehmenden Zahl praktischer Berufe gewesen, die mit Gruppen von Menschen umzugehen hatten. Aus diesen Erfahrungen ergaben sich wie von selbst Schlußfolgerungen über bestimmte Regeln oder Prinzipien, die man beim Umgang mit Gruppen beachten sollte. Zu diesen Berufszweigen gehörten Leiter von Clubs, Freizeitvereinigungen und Sportteams, aber auch in der Sozialarbeit Berufstätige. Vor allem aber waren die Erfahrungen von Psychiatern und Psychotherapeuten für die Gruppenforschung bedeutsam geworden. Dabei seien teils in Anlehnung an die Freudsche Psychoanalyse, teils in

Anlehnung an die „Struktur des Bühnendramas“ höchst unterschiedliche Techniken der Gruppenarbeit entwickelt worden, so z. B. das Psychodrama zur Aktualisierung der Problematik des eigenen Selbst und das Soziodrama, in dem die Probleme von Mitgliedern einer Gruppe untereinander „dramatisch“ ausgetragen werden sollen (Moreno 1923). Zu den Berufszweigen, welche Erfahrungen im Umgang mit Gruppen gewannen, gehörten neben Lehrern und Erziehern vereinzelt auch schon leitende Verwaltungsfachleute und Manager in Großbetrieben, die allmählich die Aufgabe des Managements nicht mehr nur individualistisch und autoritär zu sehen gelernt hatten.

Der wichtigste Anstoß zu diesen Einsichten über die Bedeutung gruppendynamischer Prozesse kam aus den „Hawthorne-Experimenten“ (1924–1932) in einem Zweigbetrieb der General Electric Company in Chicago, in denen für die Produktion und die Zufriedenheit der Mitarbeiter günstige Auswirkungen der Gruppenpflege nachgewiesen werden konnten (*vgl. dazu auch Kap. 15*, S. 346).

Diese verschiedenen sozialen Konstellationen hätten aber nicht zur Ausbildung eines neuen Forschungszweiges geführt, wenn nicht teils aus rein theoretischem Interesse, teils aus praktischen Anstößen heraus mit der Soziometrie und anderen gruppendiagnostischen Verfahren (Moreno 1934, Höhn & Seidel 1976, Dollase 1976) Methoden zur exakten Registrierung des Gruppenprozesses entwickelt worden wären. Schließlich wurde um die gleiche Zeit die Feldlehre des Berliner Gestaltpsychologen Kurt Lewin (1890–1947) bekannt, die der Gruppendynamik ein theoretisches Rüstzeug lieferte. Als Lewin nach 1933 nicht in Deutschland bleiben wollte, stand der Theoretiker den Initiatoren der Bewegung der „Gruppendynamik“ in Amerika persönlich zur Verfügung und konnte die gruppendynamischen Konsequenzen seiner Lehre selbst empirisch untermauern. Die neue kulturelle und sozioökonomische Umgebung seiner neuen Heimat und die Arbeitswelt Nordamerikas bewirkten eine Neuorientierung von Lewins ursprünglich ganz auf das Individuum und seine abstrakte Umwelt zentrierten Interessen auf die soziale Einheit der Gruppe. Er war es auch, der als erster die Auswirkungen der sog. „klassischen Führungsstile“, wie autoritär, laissez-faire und demokratisch, auf die zu führenden Gruppen empirisch untersucht hat.

Erst das Zusammentreffen von sozialen Ausgangsbedingungen, Methodenentwicklung und theoretischer Fundierung schuf die Basis für die Eröfffnung des neuen Gebiets der „Gruppendynamik“, obwohl Begriffe wie „ Volksgeist“, „Gruppenklima“, „Gruppenseele“, „Gemeinschaft“ oder „Wir-Gefühl“ schon in der Philosophie und Soziologie des frühen 19. Jahrhunderts existierten.

Während des Zweiten Weltkriegs führte Lewin sehr lebensnahe Experimente über die größere Effizienz von Entscheidungen durch, die durch Gruppendiskussionen vorbereitet wurden, gegenüber solchen, die nach dem Anhören eines Vortrags, z. B. über zweckmäßige Kinderernährung, gewonnen wurden. Weiter wurden Experimente durchgeführt, welche eine bessere Anpassung an „Änderungen von Produktionsbedingungen“ in den Industriebetrieben demonstrierten, in denen diese Änderungen z. B. durch Gruppendiskussionen anstelle autoritärer „Verordnung“ vorbereitet wurden, eine Thematik, die bis heute unter den Schlagworten Kooperation, Partizipation und Lean Management topaktuell geblieben ist.

Die spätere betriebsbezogene Gruppenforschung hat diesen Aspekt der Arbeiten von Lewin „Diskussion statt Verordnung“ lange Zeit weniger berücksichtigt als den des Einflusses verschiedener Führungs- bzw. Erziehungsstile und Einstellungen von Führern auf die Gruppeneffizienz.

Mit der Etablierung der Kleingruppenforschung in der Sozialpsychologie nahm bei ihren theoretischen Vertretern die Tendenz zur Distanzierung von den prosozialen Ausgangspunkten stetig zu. Über lange Zeit sahen „exakte" Gruppenexperimente oft keinen direkten Kontakt unter den Mitgliedern mehr vor. Die Interaktion wurde indirekt über verschiedene apparative Einrichtungen und komplizierte Schaltsysteme über den Versuchtsleiter hergestellt. Die Dyade war zum bevorzugten Forschungsgegenstand geworden. Es hat bis in die späten siebziger Jahre gedauert, bis die Analyse prosozialen Verhaltens von und in Gruppen wieder eine gewisse Wende gebracht hat (Lück 1975, Bartal 1976). Auf der anderen Seite verschmolzen die Ideen der „Gruppendynamik" mit den gruppentherapeutischen Bestrebungen, die in der Überzeugung von der „heilenden Kraft der Gruppe" einst den Forschungszweig der „Kleingruppenforschung" mit angeregt hatten, wie z. B. Slavson (1943), Foulkes (1948, 1965) oder Battegay (1969/70). Ein Kind dieser gruppendynamisch orientierten Therapien ist die klinische „Trainingsgruppe" (T-Gruppe), eine relativ unstrukturierte Gruppe, an der die Individuen als Lernende teilnehmen *(vgl. Kap. 16)*.

13.4.2 Gruppenstruktur und Gruppenprozeß

Der Mensch denkt, fühlt und handelt nicht einfach als autonomes Individuum, sondern meist auch als Mitglied von Gruppen im privaten wie im beruflichen Bereich. Im letzteren sind die Arbeitsgruppen von besonderer Bedeutung. Sie stellen die elementaren Einheiten z. B. eines Betriebes oder eines Verwaltungsgefüges dar.

Was ist eine Gruppe? Ab wann kann man von einer Gruppe sprechen?
Eine Gruppe im sozialpsychologischen Sinn besteht
(1) aus einer *begrenzten Anzahl* von Mitgliedern,
(2) die über eine gewisse *Zeitspanne* in Interaktion stehen,
(3) sich *gegenseitig wahrnehmen* können,
(4) sich ihrer *Zusammengehörigkeit* bewußt sind („Wir-Gefühl") und
(5) sich in ihrem Verhalten gegenseitig beeinflussen.

Die Gruppe darf nur eine bestimmte Anzahl von Mitgliedern haben, so daß sie für alle überschaubar bleibt. Man wird also das Lehrerkollegium einer Schule (35 Personen) und den Vorstand einer Firma (8 Personen) als Gruppen bezeichnen, nicht aber 70 Mitarbeiterinnen und Mitarbeiter eines Krankenhauses. Unter dem Aspekt des unmittelbaren Kontakts von bestimmter Häufigkeit und Dauer wäre ein Planungsteam, das einen Projektentwurf erarbeitet, eine Gruppe, nicht aber die Belegschaft einer Firma bei der Weihnachtsfeier und auch nicht die Teilnehmer an einem Tennisturnier. Ein Zusammengehörigkeitsgefühl läßt sich erkennen an Bemerkungen wie „In unserer Abteilung würden wir das nicht zulassen!" oder „Wir in unserem Club stehen voll hinter der Abmachung."

Im Verlauf eines Gruppenprozesses bilden sich Normen, Rang- und Statusbeziehungen aus, was sich in Aussagen wie diesen ausdrückt: „Er ist inzwischen unser

‚Krisenmanager' geworden" oder „Zu ihm haben alle am meisten Vertrauen und auch Kontakt."

Manchmal stellt sich die Frage, ob zwei Personen bereits eine Gruppe darstellen. Sicher kann sich hier ein sehr intensives Zusammengehörigkeitsgefühl entwickeln. Da aber einige Merkmale charakteristischen Gruppenverhaltens fehlen, handelt es sich bei der Zweier-Gruppe eher um einen Sonderfall.

Eine Aussage über *die* optimale Gruppengröße läßt sich selbstverständlich nicht machen. Zweckmäßiger ist es, im konkreten Fall die Auswirkungen der jeweiligen Gruppengröße zu bedenken und für die Gruppenbildung zu berücksichtigen.

Mit wachsender Gruppengröße verändert sich auch die physische Distanz zwischen den Mitgliedern, die Homogenität, das Engagement, das Vertrauen und die Offenheit. Die Kommunikationsprozesse werden in zu großen Gruppen behindert. In der Praxis stellt sich häufig die Frage, wie groß beispielsweise ein Arbeitsteam oder eine Planungsgruppe sein soll, um effizient arbeiten zu können und um die individuellen Fähigkeiten und Talente optimal zu nutzen.

Mit einer Drei-Personen-Gruppe haben wir bereits eine „echte" Gruppe vor uns, d. h., hier können wir alle charakteristischen Gruppenmerkmale finden. Diese Konstellation ist deshalb besonders gefährdet, weil ein Gruppenmitglied schnell ins Abseits geraten kann, wenn die beiden anderen ihre Sympathien ungleich verteilen. Auch bei Vierer-Gruppen hat man festgestellt, daß hier eine bestimmte Tendenz zur Untergruppierung mit einer typischen Spannungs- und Konfliktsituation besteht. Die Gruppenmitglieder können sich jeweils zu zwei miteinander konkurrierenden Paaren zusammenschließen oder es kann sich eine Dreier-Gruppe bilden, der ein einzelner gegenübersteht. Bei einer Fünfer-Gruppe ist die Spaltungsmöglichkeit in eine Dreier-Gruppe und ein Paar gegeben. Doch im Gegensatz zur Dreier-Gruppe ist die Minderheit (zwei gegen drei) nicht so schwach: es gibt hier keine alleinige abseits stehende Person. Diese Gruppengröße wird oftmals recht günstig angesehen für Problemlösegruppen oder Teams im Planungs- und Realisierungsbereich. Die Sechser-Gruppe ähnelt in manchem der Vierer-Gruppe; vor allem trifft man hier auch auf die nachteiligen Folgen der Patt-Stellung in der typischen Konkurrenzsituation. Haben wir Siebener-, Achter- und noch größere Gruppen vor uns, wird die Kommunikation jedes mit jedem zunehmend komplizierter, so daß eine einheitliche Gruppe immer schwerer zustandekommt. Je größer die Gruppe, desto größer ist der für die Regulierung ihrer inneren Prozesse erforderliche Zeitaufwand, der dann nicht mehr der aufgabenzentrierten Tätigkeit zur Verfügung steht. Außer dem Besprochenen ist für das Zustandekommen von Kommunikation, Leistung und Zufriedenheit in den meisten Fällen Gruppenführung notwendig.

Eine Gruppe bildet ein relativ geschlossenes soziales System, das in seiner Eigenart gut zu beschreiben ist und sich deutlich von seiner Umwelt abhebt. Gruppen bilden sich hauptsächlich dadurch, daß die Gruppenmitglieder auf bestimmten Gebieten übereinstimmende Zielsetzungen haben. Gruppen werden besonders zusammengehalten, indem sie Normen als eigene, „ungeschriebene Gesetze" entwickeln. Von den Gruppenmitgliedern wird erwartet, daß sie anerkannt und eingehalten werden. Gruppen unterscheiden sich voneinander aufgrund von Zielsetzungen, Normen und individuellen Eigenarten ihrer Gruppenmitglieder.

Wie könnten Zielsetzungen, Normen und soziale Rollen in einem konkreten Beispiel aussehen?

Nehmen wir dazu eine Arbeitsgruppe an einem Forschungsinstitut. Die Zielsetzungen dieser Gruppe könnten dreierlei sein: Gewinn eines ausgeschriebenen Forschungspreises, erfolgreiche Vermittlung der Ergebnisse in Lehrveranstaltungen und Vorträgen sowie ökonomische Verwaltung der Forschungsmittel. Die Normen, die sich in dieser Gruppe ausbilden, hängen teilweise von diesen Zielsetzungen ab. Sie könnten lauten: freundlicher, partnerschaftlicher Umgangston, kooperative Zusammenarbeit, gegenseitiges Informieren über fachliche und administrative Neuigkeiten. Selbstverständlich werden Zielsetzungen und Normen in Gruppen normalerweise nicht explizit ausformuliert – häufig sind sie den Gruppenmitgliedern kaum bewußt und dennoch halten sich alle daran.

Wie verhält es sich nun mit der Ausbildung sozialer *Rollen?*

Bleiben wir bei unserem Beispiel. Nehmen wir an, ein Mitglied des Instituts, Dr. A., ist bei der Arbeit sehr aktiv, fachlich besonders kompetent und am wissenschaftlichen Weiterkommen sehr interessiert; zudem ist er grundsätzlich partnerschaftlich eingestellt und stets zur Teamarbeit bereit. Seine Zielsetzungen und Verhaltensweisen entsprechen also den Gruppencharakteristika des Instituts in besonders guter Weise. Deshalb hat er in dieser Gruppe eine zentrale Rolle. Die anderen wenden sich häufiger an ihn um Rat als an jemand anderen. Er hat sehr viel Einfluß und kann als erster unter den gleichrangigen Kollegen (primus inter pares) bezeichnet werden.

Die soziale Rolle, die jemand in einer Gruppe hat, ergibt sich aus Zielsetzungen und Gruppennormen in Verbindung mit den persönlichen Eigenarten, Fähigkeiten, Interessen, sozialen Kompetenzen usw. der Mitglieder. Die soziale Rolle des gleichen Menschen kann in verschiedenen Gruppen sehr unterschiedlich sein. Die Normen einer Gruppe zeigen sich als bestimmte Erwartungen an die Gruppenmitglieder. Nach dem Ausmaß, nach dem ein Gruppenmitglied diese Erwartungen erfüllt, bestimmt sich die Rolle, die es in dieser Gruppe spielt. Sehr häufig übernimmt recht bald ein Mitglied die *Führerrolle (Alpha-Rolle).* Der Inhaber dieser Rolle ist wesentlich an der Koordination der übrigen Gruppenmitglieder beteiligt und außerdem vertritt er die Gruppe nach außen. Die Interaktion zwischen dem Führer und den restlichen Gruppenmitgliedern hängt davon ab, ob die Gruppe eher autoritär oder demokratisch organisiert ist. Für besondere Aufgaben und Funktionen bilden sich häufig *Spezialistenrollen* aus *(Beta-Rolle).* Einer der Inhaber einer solchen Rolle ist in der Regel der Stellvertreter des Gruppenführers. Die Mehrzahl der Gruppenmitglieder in größeren Gruppen hat eine *Mitläuferrolle (Gamma-Rolle)* inne, vor deren Hintergrund sich die profilierteren Rollen erst entwickeln können – in der Gesellschaft ist das die vielzitierte „schweigende Mehrheit“. In gestörten Gruppen werden einzelne Gruppenmitglieder in die Rolle des *Sündenbocks* gedrängt *(Omega-Rolle).* Der Träger der Omega-Rolle fördert den Gruppenzusammenhang häufig dadurch, daß er den anderen Gruppenmitgliedern als Zielscheibe dient, die eigenen unbewältigten Konflikte und Aggressionen auf jemanden zu richten, gegen den sie ursprünglich nicht gerichtet waren. Gesamtgesellschaftlich gesehen übernehmen häufig rassische, religiöse oder politische Minderheiten diese Rolle.

Unter einer *Kommunikationsstruktur* versteht Leavitt (1951), einer der Pioniere auf diesem Gebiet, die Gesamtheit der kommunikativen Beziehungen in einer

Gruppe, also das „Netz“ der Kommunikation. In den einzelnen Gruppen können die verschiedensten Kommunikationsstrukturen vorkommen. Betrachtet man eine Gruppe mittlerer Größe, so kann man nach der Art der Kommunikation zwischen den verschiedenen Gruppenmitgliedern verschiedene Strukturen unterscheiden *(Abb. 13.3)*:

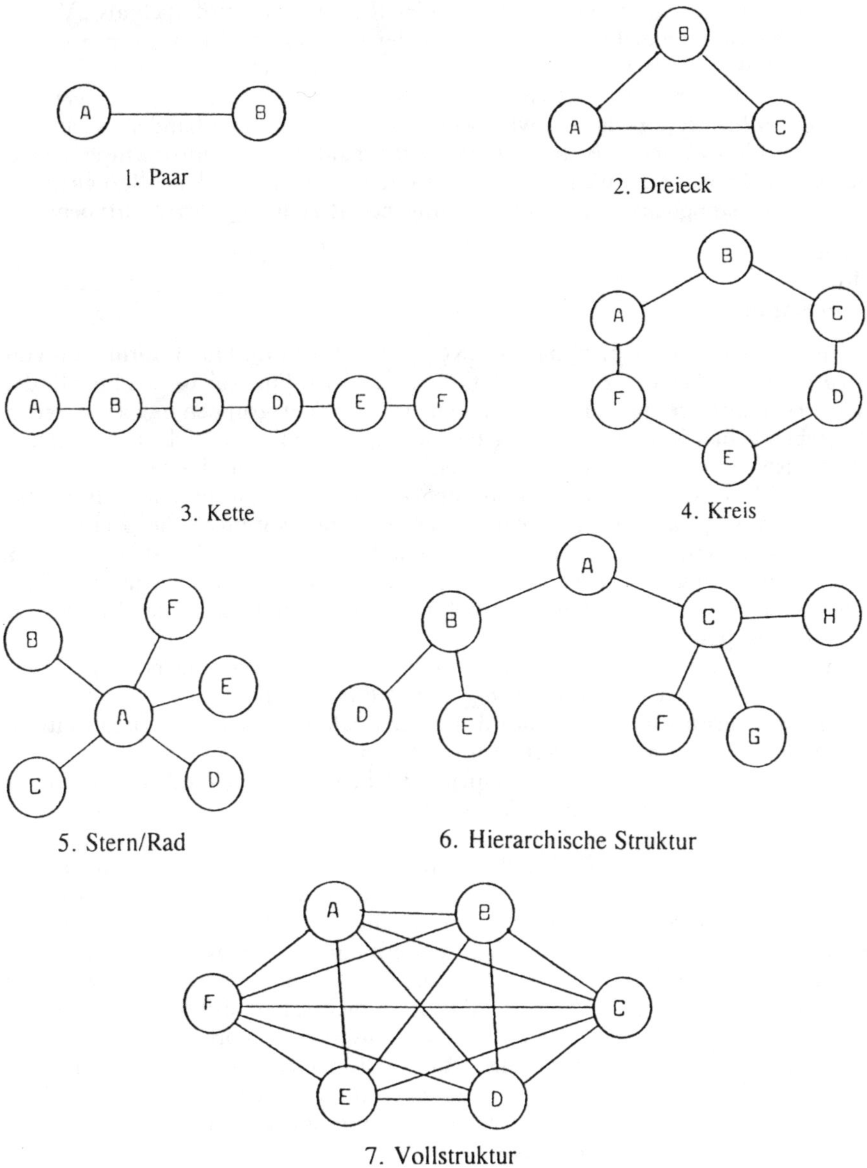

Abb. 13.3: Strukturtypen der Kommunikation

Mit einer Kreisstruktur ist ein Kommunikationsnetz gemeint, bei dem jeder mit jeweils zwei anderen Personen in Verbindung steht, wobei es durch den geschlossenen Kreis keine Endpositionen gibt. Die Stern- oder Radstruktur ist ein Kommunikationsnetz, bei dem es eine zentrale Person gibt, zu der die einzelnen Mitglieder in Verbindung stehen; nur über diese zentrale Person können die anderen miteinander in Verbindung treten. Die Stern- oder Radstruktur wird auch als „Vorgesetztenstruktur" bezeichnet. Die Struktur der erwähnten Institutsgruppe dürfte der Vollstruktur am nächsten kommen, wenn auch manche Kommunikationskanäle dabei stärker (beispielsweise die zu Dr. A.), andere schwächer ausgeprägt sind als im Idealtyp. Bedenken wir: Bei den sieben Strukturen handelt es sich um typisierte Idealformen. Die in der Praxis auftretenden Gruppenstrukturen lassen sich lediglich mehr oder weniger einer dieser Idealformen zuordnen. Bezüglich der Kooperationsmöglichkeiten ergibt sich folgende Reihung der Strukturtypen:

1. 2. 6. 5. 7. 4. 3.

Hohe Kooperation ◄————► Geringe Kooperation

Den geringsten Rangplatz hat die „Kettenstruktur" (3.): Eine Information von A zu F müßte über vier Zwischenstationen wandern. Eine solche Struktur findet sich wegen ihrer geringen Leistungsfähigkeit bei Arbeitsgruppen nur dann, wenn die Arbeit keiner Kooperation bedarf, sondern in viele Einzeltätigkeiten aufgeteilt ist, die isoliert verrichtet werden können, wie z. B. an einem Fließband.

In der Mitte der Kooperationsskala stehen der „Stern" (5.) und die „Hierarchische Struktur" (7.). Sie erlauben eine bessere Kommunikation als die „Kette" oder der „Kreis", nicht aber eine so gute Kommunikation wie die „Vollstruktur". Der „Stern" geht bei größerer Mitgliederzahl in eine „Hierarchische Struktur" über; die Kommunikationsmöglichkeiten nehmen generell mit steigender Mitgliederzahl der Gruppe ab.

In jeder Organisation kann man grundsätzlich zwei verschiedene Arten von Gruppen unterscheiden: *Arbeitsgruppen* und *Ranggruppen*.

Eine Ranggruppe bildet sich auf den horizontalen Ebenen einer Organisation, also zwischen Kollegen im engeren Sinn, z. B. den Stellenvorstehern, den Meistern, den Abteilungsleitern etc. Ranggruppen entstehen mit ihren Tendenzen nach kastenartiger Abschottung nach außen besonders leicht bei differenziert gestaffelten Hierarchien, also wenn viele Hierarchiestufen übereinandergeschichtet sind, die sich voneinander durch Titel, äußere Statussymbole, Bildungsabschluß, Besoldung, Arbeitsplatzausstattung, Kleidung, Größe des Sekretariats, Dienstwagen und dergleichen deutlich unterscheiden. Solche Ranggruppen pflegen verstärkt Kontakte nicht nur im Arbeitsbereich, sondern darüberhinaus auch im öffentlich kulturellen und im Privatbereich. Nach außen kann man die Ranggruppe häufig daran erkennen, daß ihre Mitglieder das persönliche „Du" gebrauchen, während die Anredeform gegenüber sonstigen Mitarbeitern oder Vorgesetzten das „Sie" bleibt. Steigt jemand von einer Ranggruppe in die nächsthöhere auf und wird zum Vorgesetzten seiner Kollegen, gibt es in einer ausgeprägten Hierarchie ebenfalls leicht Schwierigkeiten, besonders wenn der Aufgestiegene in seiner ehemaligen Ranggruppe keine Führerrolle hatte.

In einem gewissen Gegensatz zur Ranggruppe steht die Arbeitsgruppe. Sie hat eine funktionelle, aufgabenbezogene Grundlage. Arbeitsgruppen können sich innerhalb einer Ranggruppe bilden, z. B. als Teams mit Spezialaufträgen oder als Kommission, die über Verbesserungsvorschläge berät. Häufiger bilden sich jedoch Arbeitsgruppen über mehrere Ranggruppen hinweg; z. B. kann eine solche Gruppe in einem Produktionsbetrieb aus Meister, Vorarbeitern und Facharbeitern bestehen, die Arbeitsgruppe kann also drei Ranggruppen einschließen.

Es liegt nahe, daß die Struktur der Arbeitsgruppe der Organisationsform des Betriebs angeglichen ist. In deutlich hierarchisch gegliederten Organisationen, wie sie im öffentlichen Dienst die Regel sind, ist die Struktur der Arbeitsgruppen ebenfalls häufig hierarchisch; in funktional organisierten Betrieben hingegen nähert sie sich eher der Vollstruktur.

In der Gruppenforschung unterscheidet man zwischen *formellen* und *informellen* Gruppen. Formelle Gruppen werden nach technischen Erfordernissen und den Zielsetzungen von der Organisationsleitung selbst gebildet und sollen bestimmte Aufgaben erfüllen. Sie sind mit den beschriebenen Arbeitsgruppen identisch. Die formalen Gruppen können je nach Aufgabenstellung längere oder kürzere Zeit existieren, je nachdem, ob es sich um Forschungs- oder Führungsteams handelt, oder um Gruppen, die ad hoc zur Lösung besonderer Probleme und Aufgaben als Arbeitskreis oder als Krisenstab gebildet wurden. Eine formale Gruppe kann einerseits auf Amtsautorität oder Weisungsgebundenheit aufgebaut sein, z. B. ein Stellenvorsteher im Briefabgang eines großen Postamts mit seinem Heer von Zustellern, oder rein an den Erfordernissen der Aufgabenstruktur gebildet werden, wie es bei Spezialistenteams geschieht, wo jeder einzelne als Experte für einen Teilaspekt der Gesamtaufgabe zuständig sein soll, z. B. in Teams zur Städteplanung, Arbeitsgruppen zur inneren Verwaltungsreform oder im Rahmen von Lean Production.

Im Gegensatz zur formellen Gruppe entstehen informelle Gruppen aus Organisationsmitgliedern auf der Basis von Sympathie oder gemeinsamer persönlicher Interessen, oft quer durch die Hierarchie hindurch.

Schauen wir uns zwei spezifische Formen von Kleingruppen noch etwas genauer an, das *Team* und die *Clique*.

Unter „Team“ versteht man eine gut funktionierende formelle Gruppe, also eine Arbeitsgruppe, die, wenn sie geschickt zusammengestellt ist, meist auch gute Leistungen erbringt. Die gefühlsmäßige und soziale Seite ist für ein Team ein entscheidendes Moment: Die Mitglieder fühlen sich als ein einheitliches Ganzes, sie passen zueinander, Sympathie, Wir-Gefühl und Kontaktbereitschaft sind vorhanden. Formelle und informelle Strukturen sind im wesentlichen zur Übereinstimmung gebracht: man arbeitet zusammen und man hält zusammen. Teamarbeit wird daher von der Organisation als auch von den Mitarbeitern angestrebt, sofern sie von deren Vorteilen überzeugt sind.

Nahezu konträr zum Team ist die „Clique“. Die Clique ist eine informelle Gruppe, die mit den Zielen der Organisation nicht übereinstimmt. Sie schließt sich bewußt gegen andere Gruppen ab und steht in Opposition zu ihnen oder den Vorgesetzten. Cliquenbildungen führen in der Regel zu einem Nachlassen der Arbeit und Leistungsfähigkeit der Gruppenmitglieder. Cliquen können horizontal und vertikal innerhalb von Arbeitsgruppen oder Abteilungen entstehen.

Wichtige Fragen, mit denen man bei der Organisation von Teams in der Praxis häufig konfrontiert ist, sind:

(1) Soll eine Arbeitsgruppe eher *homogen* oder *inhomogen* sein, etwa im Hinblick auf Interessen, Ziele, Kreativität, Intelligenz, Arbeitsstil, Leistungsmotivation, Fähigkeiten, Risikobereitschaft, Entscheidungsfreudigkeit?
(2) Welche Mitglieder passen nach ihrer *Persönlichkeitsstruktur* überhaupt in eine Gruppe? Stören oder behindern sie sich? Können sie effizient zusammenarbeiten?
(3) Welche Organisationsmitglieder sind *effektiver,* wenn sie allein oder in Gruppen arbeiten?

Auf diese Fragen lassen sich wissenschaftlicherseits keine verbindlichen Antworten geben, so daß von Fall zu Fall abhängig von den spezifischen Umständen und Zielsetzungen entschieden werden muß (näheres dazu bei Sader 1991).

13.4.3 Fallbeispiel zur Analyse sozialer Beziehungen

Anhand des abschließenden Fallbeispiels können Sie sich weiter in die Inhalte der Sozialpsychologie hineinbegeben. Sie können dabei Ihr neues sozialpsychologisches Wissen anwenden und sich dabei weitere Aspekte zur Gruppendynamik zusätzlich selbst erarbeiten, die bisher nur angedeutet oder noch gar nicht angesprochen worden sind.

Fallbeispiel Frau M.

A. Vorbemerkung
Die Teilnehmer an einem psychologischen Mitarbeitertraining wurden gebeten, eine Problemsituation aus ihrem Arbeitsalltag aufzuschreiben, für deren Lösung sie sich ein größeres psychologisches Wissen oder den Rat eines Psychologen gewünscht hätten. Herr I., Sicherheitsingenieur bei einem Großunternehmen, schilderte einen Fall aus seinem Arbeitsbereich. Eine kleine Alltagsgeschichte, ein scheinbar unbedeutendes Problem einer Mitarbeiterin, die zudem auch ‚nur' Küchenhilfe ist. – Aber nicht nur für die Arbeitswelt gilt der Satz, daß sich hinter kleinen Problemen oft eine erdrückende Last für die Betroffenen verbirgt!

Versetzen Sie sich nun in die Rolle eines Psychologen, der zwei Dinge tun soll:
(1) Das Verhalten der Beteiligten auf vermutliche Ursachen hin zu analysieren und
(2) zu überlegen, welche Verhaltensalternativen er mit den Beteiligten diskutieren würde.

B. Die Personen des Fallbeispiels
Frau M., eine Mitarbeiterin,
Frau G., die Gruppenleiterin, Vorgesetzte von Frau M.,
Herr W., der Kantinenleiter, Vorgesetzter von Frau G.,
Herr I., der Sicherheitsingenieur, Mitglied einer Stabsabteilung,
Herr S., der Leiter der Sicherheitsabteilung,
Herr P., der Leiter der Personalabteilung.
Die Beteiligten gehören unterschiedlichen Ebenen der Organisationshierarchie, also auch unterschiedlichen Ranggruppen an.

C. Die Fallgeschichte

Frau M. ist 55 Jahre alt und in der Kantine einer großen Firma beschäftigt. Sie sucht wegen Herzbeschwerden ihren Hausarzt auf. Bei der Untersuchung sieht der Arzt an ihrem Daumen zufällig eine alte, vereiterte Schnittwunde. Frau M. erzählt, daß sie sich die Wunde schon vor etwa vier Wochen bei der Arbeit in der Kantine zugezogen habe. „Aber warum haben Sie das nicht gemeldet?“ fragt der Arzt vorwurfsvoll: „Wollen Sie daß Ihnen noch der Daumen abgenommen wird?“

Frau M. meldet den Unfall im Betrieb; sie wird behandelt und für zwei Wochen krankgeschrieben. Der für ihren Bereich zuständige Sicherheitsingenieur, Herr I., bekommt die Unfallmeldung und wundert sich.

Als Frau M. wieder da ist, spricht er mit ihr. Sie mochte zuerst nicht recht reden. Nur mit viel Geduld kann er schließlich den Hergang des Unfalls und die Gründe für ihr Verhalten erfahren: „Wissen Sie - ich bin nun die Älteste in meiner Gruppe; und ich habe immer so das Gefühl, die anderen meinen, ich leiste nicht mehr so viel wie sie. Und wenn ich gleich zum Arzt renne, bloß wegen einer Schnittwunde, dann glauben die in der Gruppe, ich will mich drücken. Auch Herr W. (der Kantinenleiter) sieht das gar nicht gerne, wenn jemand öfter krankgeschrieben wird oder nur leichtere Arbeit machen darf.“

Der Sicherheitsingenieur: „Und Ihre Vorgesetzte, Ihre Gruppenleiterin, was sagt die dazu?“ Frau M.: „Das ist Frau G., - die denkt natürlich genauso - versteh' ich ja auch. Sie muß halt auch sehen, daß sie ihre Leistung bringt. Und so ältere Leute wie ich, die stehen doch grundsätzlich auf der Abschußliste. Wenn man da mal krank ist oder Verletzungen hat, das sieht dumm aus. Aber erzählen Sie das bloß nicht Frau G. oder Herrn W.! Ist schon schlimm genug, daß ich jetzt vierzehn Tage nicht da war. Das gibt sowieso Ärger!“

Der Sicherheitsingenieur steht vor einer unangenehmen Entscheidung. Einerseits kann er den Fall nicht auf sich beruhen lassen. Kantinenleiter und Gruppenleiterin müssen informiert werden; sie müssen so beeinflußt werden, daß ähnliche Fälle nicht wieder vorkommen. Andererseits hat Frau M. ihm das alles ‚im Vertrauen‘ erzählt. Er will ihr auf keinen Fall Schwierigkeiten machen.

Nun hätte er sich gerne einen psychologischen Rat eingeholt. Diesen verspricht er sich von seinem Vorgesetzten, Herrn S., dem Leiter der Sicherheitsabteilung. Er spricht mit ihm über den Fall. Herr S. beschließt insgeheim, den Kantinenleiter, Herrn W., einmal informell auf den Fall hin anzusprechen. Herr W. zeigt sich erstaunt: „Ich kann gar nicht verstehen, warum Frau M. sich so komisch verhält. Als ob bei uns niemand zum Arzt gehen dürfte! Meinen Sie nicht auch, daß die M. persönlich ein bißchen schwierig ist? Die bildet sich doch alles nur ein. Sie wissen doch selbst, daß wir keinem mit Entlassung drohen, wenn er mal krank ist!“

Der Kantinenleiter hat in einem Punkt sicher recht: Er droht nicht mit Entlassung, wenn jemand krank ist. Aber liegt das Verhalten von Frau M. wirklich nur daran, daß sie „etwas schwierig“ ist?

D. Zur Analyse des Falls

Eigentlich nur eine Lappalie: Ein verletzter Finger, nicht rechtzeitig behandelt, führt zu einem Arbeitsausfall, der bei rechtzeitiger Behandlung ganz oder zum größten Teil hätte vermieden werden können. Aber was steckt dahinter? Eine Mitarbeiterin handelt nicht vernünftig und zweckmäßig, sondern gegen ihr eigenes Interesse ebenso wie gegen das Interesse des Betriebes. Warum tut sie das?

Es gibt mindestens zwei Erklärungen dafür:

[a] Die Mitarbeiterin weiß nicht, daß sie sich behandeln lassen *muß;*
[b] die Mitarbeiterin hat gefühlsmäßige Gründe, sich nicht behandeln zu lassen.

Was trifft in unserem Fall zu? – Die Lösung steht auf S. 318 unter (1).

Beantworten Sie diese und die folgenden Fragen aber zuerst für sich und möglichst schriftlich, bevor Sie die Lösungen nachlesen! Sie wissen ja, erstens ist jeder bis zu einem gewissen Grad selbst Experte für die Lösung psychologischer Probleme, und zweitens gibt es fast immer mehr als nur eine Lösungsmöglichkeit, wobei unsere Vorschläge nicht die besten sein müssen.

Das kleinste soziale System in der Gesellschaft ist bekanntlich die Gruppe. Jeder von uns ist Mitglied verschiedener solcher Gruppen: Familie, Freizeitgruppen wie Skatclub oder Stammtisch, Freundes- und Bekannten-„gruppen" und nicht zuletzt: Die Arbeitsgruppe im Betrieb.

Das Verhalten von Frau M. in unserem Fallbeispiel wird durch ihre Zugehörigkeit .... bestimmt.

(Lösung S. 318, (2).

Frau M. hat offensichtlich das Gefühl, bestimmte Gruppennormen – Erwartungen an sie – nicht erfüllen zu können. Und wenn sie krank wird, verstärkt sich diese Befürchtung.

Was erwartet die „Gruppe G." von ihren Mitgliedern? Versuchen Sie, einige Stichworte zu nennen:

....

....

(Lösung S. 318, (3).

Erfüllt jemand die Erwartungen nicht, die man in ihn setzt, enttäuscht er die Gruppe. Er wird zum sogenannten Außenseiter, weil er die Normen verletzt. In jeder Gruppe findet eine solche Rollenverteilung statt: der eine ist beliebt und der andere ist tüchtig, der eine übernimmt Führungs- und Leitungsfunktionen, der andere ist Mitläufer oder Außenseiter.

Frau M. hat in ihrer betrieblichen Arbeitsgruppe die Rolle des

....

(Lösung, S. 318, (4).

Außenseiter gibt es in vielen Gruppen, auch in betrieblichen Arbeitsgruppen, und sie bilden stets ein Problem – für sich selbst, für die Gruppe und für den Betrieb. Außenseiter wird man nicht aufgrund eines ‚schwierigen Charakters', sondern dann, wenn man den allgemeinen Erwartungen nicht entspricht. In einer sehr leistungsbezogenen Gruppe ist derjenige Außenseiter, der weniger leistet oder zu leisten scheint. In einer leistungsunwilligen Gruppe ist der Leistungsfreudige ein Außenseiter. In einer ‚jungen Gruppe' kann der Ältere leicht ein Außenseiter werden, in einer ‚älteren Gruppe' entsprechend der Junge. Außenseiter zu sein, sagt also nichts über persönliche Qualitäten, über Leistung, über Intelligenz und dergleichen aus, sondern nur etwas über die Beziehung des einzelnen zur Gruppe.

Wie reagiert der Außenseiter auf seine Rolle? Es gibt mehrere Möglichkeiten:

a Er lehnt sich auf, protestiert, wehrt sich.
b Er resigniert und fühlt sich irgendwie schuldig, weil er den Gruppennormen nicht entspricht.

Welche Reaktionsform ist die häufigere? a) ☐ oder b) ☐

Warum sind Sie dieser Meinung?

....

....

(Lösung S. 318, (5).

Der Mensch ist ein sozial so stark geprägtes Wesen, daß die Bindungen der Gruppe meist stärker sind als seine individuellen Interessen. Daher stellt er häufig eher sich selbst als die anderen in der Gruppe in Frage.

Wie reagiert Frau M.?

....

Welche Konsequenzen hat das für sie selbst und für den Betrieb?

....

(Lösung, S. 319, (6).

Wer kann an einer solchen Situation etwas ändern?

Das hängt davon ab, um was für eine Gruppe es sich handelt. In einer „Freizeitgruppe" ist jeder relativ frei, zu gehen und sich eine für ihn angemessenere Umgebung zu suchen. In einer betrieblichen Arbeitsgruppe ist dies nicht so. Die Gruppe muß zusammenarbeiten, und jedes Mitglied muß seine Aufgabe erfüllen, will von den anderen anerkannt werden und in die Kommunikationsbeziehungen der Gruppe integriert sein. Der ‚Außenseiter' selbst kann an seiner Situation gewöhnlich nichts ändern; er ist nun einmal ‚anders als die anderen', er ist eben ‚zu alt' oder ‚zu jung', er ist eben ‚Gastarbeiter' oder ‚neu im Betrieb'.

Auch die Gruppe selbst kann ohne weiteres so leicht nichts daran ändern, denn sie ist ja der Meinung, ihr Verhalten sei richtig und der Außenseiter liege falsch (denn die Gruppennormen sind ja gerade das Bindemittel der Gruppe!). Daran ändern kann meistens nur ein bestimmtes Mitglied der Gruppe etwas: Wer?

....

(Lösung, S. 319, (7).

Auch der Vorgesetzte hat eine Rolle in der Gruppe. Er bestimmt weitgehend die Gruppennormen und damit maßgeblich das Verhalten der Gruppenmitglieder. Ein Vorgesetzter muß, wenn er von seinen Mitarbeitern akzeptiert werden will, zweierlei anstreben:

(1) für eine sachliche Aufgabenerfüllung sorgen und
(2) dafür sorgen, daß die sozialen und gefühlsmäßigen Bedürfnisse der Gruppenmitglieder erfüllt werden und damit zugleich dafür, daß die Gruppe einen gewissen Zusammenhalt hat, daß sie ‚gut integriert' ist. Er sorgt dafür, daß niemand zum Außenseiter wird oder daß bestehende Außenseiterrollen abgebaut werden. Er muß Konflikte zwischen seinen Mitarbeitern erkennen, analysieren und ihre Ursachen finden können.

Diese beiden Aufgaben des Vorgesetzten als Gruppenführer sind nicht immer leicht zu vereinbaren. Denn er muß einerseits die Organisationsziele vertreten und zum anderen für seine Mitarbeiter auch Vertrauensperson sein. Diese Ansprüche an den Vorgesetzten erzeugen Streß.

Gerade untere und mittlere Führungskräfte können leicht zwischen dem Leistungsdruck von oben und den Ansprüchen, Forderungen und Problemen der Mitarbeiter zerrieben werden.

Wie steht es damit in unserem Fall?

Frau G. sorgt

[a] für die sachliche Aufgabenerfüllung,

[b] für die Erfüllung der sozialen und gefühlsmäßigen Bedürfnisse aller Gruppenmitglieder.

(Lösung S. 319, (8).

Für diese beiden Aufgaben des Vorgesetzten gibt es zwei Fachworte:

Lokomotion - das bedeutet ‚Zielgerichtetheit', Bewegung auf das Ziel hin;
Kohäsion - das bedeutet Zusammenhalt.

Ein Vorgesetzter, der nur die Lokomotion sieht und nicht an die Kohäsion seiner Gruppe denkt, erkennt Konflikte in der Gruppe nicht, kann diese Konflikte nicht beeinflussen und wird letzten Endes auch der ersten Aufgabe - für die sachliche Erreichung der Gruppenziele zu sorgen - nicht gerecht. Denn Störungen der Kohäsion, des Gruppenzusammenhalts, erkennbar an Kommunikationsstörungen, wirken sich sehr bald auch auf die Leistung negativ aus.

Wie auch unser Fall zeigt: Frau G. verhält sich im Sinne der betrieblichen Zielsetzung falsch, weil es in der Gruppe Kohäsionskonflikte gibt, die von den Vorgesetzten nicht gesehen oder nicht für wichtig gehalten werden.

Was sollte der Vorgesetzte über die Gruppe wissen, in der er als Führungskraft arbeitet? Zunächst sollte er ihre informelle Struktur kennen.
Folgende Skizze zeigt die *formelle Struktur* der Gruppe von Frau G.:

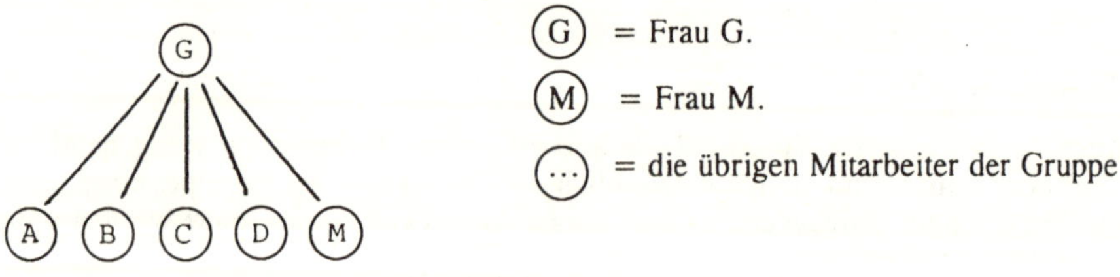

Wie könnte die *informelle Struktur* der Gruppe von Frau G. aussehen?

(Lösung S. 319, (9).

Unterschiede zwischen formeller und informeller Gruppenstruktur können Ursachen für Konflikte werden, die sich auf die Zusammenarbeit störend auswirken; wenn z. B. die formelle Gruppenstruktur den Arbeitsaufgaben nicht angepaßt ist; wenn die ‚informellen Schlüsselpersonen' – die Leute mit Einfluß, der informelle Führer – in der formellen Organisation keine Rolle spielen: wenn der Führer der formellen Arbeitsgruppe in der informellen Gruppe keinen Einfluß hat, nicht akzeptiert wird; wenn es ‚informell' Außenseiter gibt wenn es ‚Cliquen' gibt.

Wir haben also eine Reihe von Ursachen oder Bedingungen für Frau M.'s Verhalten gefunden: Sie liegen in der Struktur der Arbeitsgruppe, in der Rolle als Außenseiter und darin, daß die Vorgesetzte – Frau G. – nicht ausreichend für die Integration in ihrer Gruppe sorgt.

Wie sollte man sich als Vorgesetzter bei Konflikten innerhalb der Gruppe der Mitarbeiter verhalten? Was sollte man psychologisch raten? Dafür gibt es, wie immer, keine Patentrezepte. Aber: Je stärker der Vorgesetzte auch in der informellen Struktur seiner Arbeitsgruppe eine ‚Schlüsselrolle' besitzt, desto einfacher machen es ihm seine Mitarbeiter: Sie sind einerseits stärker zur Leistung zu motivieren und andererseits eher bereit, Konflikte gütlich beizulegen. – Doch weiter zu unserem Fall:

Frau M. hat die Motive für ihr Verhalten dem Sicherheitsingenieur ‚im Vertrauen' erzählt; sie hat ihn gebeten, nichts davon weiterzugeben, weil sie Angst vor Konsequenzen hat. Der Sicherheitsingenieur seinerseits ist jedoch verpflichtet, diesen Fall weiterzugeben – an den Leiter der Sicherheitsabteilung, Herrn S.

Was meinen Sie, hat Herr S. das Problem richtig angefaßt?

☐ Ja ☐ Nein

Wie begründen Sie Ihre Auffassung?

....

....

Welche Folgen wird sein Vorgehen in bezug auf Frau M.'s Stellung in ihrer Arbeitsgruppe wahrscheinlich haben?

....

....

(Lösung. S. 319, (10).

Aber was hätte anders verlaufen können? Welche Möglichkeiten hätte es gegeben, den Konflikt für die Beteiligten positiv zu lösen?

Versuchen Sie in Stichworten einen möglichen Lösungsweg zu skizzieren!

....

....

....

....

....

E. Lösungen

(1) Grundsätzlich können beide Erklärungsmöglichkeiten zutreffen:
   a) Möglicherweise hat Frau M. ein Informationsdefizit hinsichtlich allgemein geltender Normen; nicht jeder ist gleich gut über die rechtlichen, insbesondere dienstrechtlichen Vorschriften informiert.
   b) Die Mitarbeiterin läßt sich aus emotionalen Gründen nicht behandeln. Solche Gründe liegen in Persönlichkeitsmerkmalen des Betreffenden, vor allem aber hängen sie mit den sozialen Lernerfahrungen zusammen, die in ähnlichen Situationen von ihm gemacht wurden oder ihm berichtet worden sind (z. B. Modellernen).

(2) Das Verhalten von Frau M. wird durch ihre Zugehörigkeit zu einer Arbeitsgruppe im Betrieb bestimmt.

(3) Diese Arbeitsgruppe erwartet
   - einerseits eine bestimmte Leistung,
   - andererseits aber auch weniger rational begründbare Merkmale, wie ‚jung sein' oder ‚nicht zu alt sein'.

   In dieser Gruppe wird offensichtlich Leistungsbereitschaft mit ‚nicht alt sein' identifiziert. Wenn Frau M. auch noch so fleißig arbeiten würde, müßte sie dennoch befürchten, daß die anderen ihr das nicht abnehmen, daß sie trotzdem für untüchtig gehalten wird, einfach weil sie älter ist als die anderen.

(4) Frau M. spielt in ihrer betrieblichen Arbeitsgruppe unfreiwillig die Rolle der Außenseiterin.

(5) Die zweite Reaktionsweise ist die häufigere. Hier findet eine Anpassung an soziale Normen statt. Die Reaktionen sind abhängig von Persönlichkeitseigenschaften, die ihrerseits häufig sozial erlernte Verhaltenskomponenten darstellen.

(6) Frau M. resigniert. Sie stellt nicht die Gruppennormen, sondern sich selbst in Frage. Sie sagt nicht: „Die anderen irren sich, wenn sie meinen, ich sei nicht mehr leistungsfähig, nur weil ich älter bin als sie", sondern sie fügt sich: „Ist ja klar, daß die das meinen; ich darf ihnen also keinen Anlaß geben, diese Meinung zu verstärken".

   Die Konsequenz: Frau M. versteckt die Folgen einer Verletzung, die jedes andere Gruppenmitglied wahrscheinlich offen zugegeben und medizinisch hätte versorgen lassen. Sie schadet damit sich selbst, ihrer Gruppe und dem Betrieb.

(7) Nur der Vorgesetzte oder jemand, der in der Gruppe eine informelle Führungs- und Leitungsfunktion hat, kann bewirken, daß Außenseiter besser in die Gruppe einbezogen werden.

(8) Frau G. sorgt für die sachliche Aufgabenerfüllung offenbar sehr gut. Doch sie sorgt nicht für die Erfüllung der sozialen und gefühlsmäßigen Bedürfnisse der Gruppenmitglieder; anscheinend erkennt sie gar nicht, was in ihrer Gruppe vorgeht.

(9) So etwa kann die informelle Struktur der Gruppe von Frau G. aussehen:

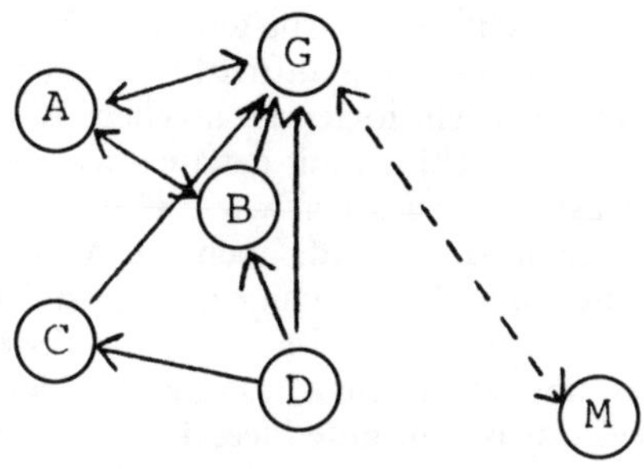

Zwischen Frau G. und den meisten Mitarbeitern besteht eine gute Kommunikation; ebenso zwischen den Gruppenmitgliedern selbst. Zu Frau M. dagegen haben die anderen Gruppenmitglieder gar keinen Kontakt und Frau G. selbst auch nur ganz geringen.

(10) Der Leiter der Sicherheitsabteilung hat das Problem zwar gutwillig, aber dennoch nicht richtig angefaßt. Er erreicht nur, daß der Kantinenleiter, Herr W., mit einem Sachverhalt überrascht wird, den er eigentlich kennen müßte, und daher sofort in Abwehrstellung geht.
Die vermutlichen Folgen: Herr W. wird mit Frau G. über den Fall sprechen, die wahrscheinlich ebenso überrascht sein und sich übergangen fühlen wird. Beide werden zu dem Ergebnis kommen: „Es liegt an Frau M.“. Ob Frau G. dann vielleicht noch mit Frau M. spricht und ihr das falsche Verhalten vorhält oder nicht – in jedem Fall wird sie Frau M. übelnehmen, was sie dem Sicherheitsingenieur gesagt hat. Schließlich, und so war es auch in diesem Fall, fühlt sich auch Herr I. durch das Verhalten seines Chefs bloßgestellt; Frau M. sieht ihr Vertrauen durch ihn mißbraucht. Der Konflikt wird nicht behoben, sondern verstärkt.

F. Lösungsvorschlag

Bei unserem Lösungsvorschlag sei ausdrücklich darauf verwiesen, daß es sich um eine von mehreren denkbaren Alternativen handelt!

Der Sicherheitsingenieur, Herr I., berichtet Herrn S., seinem Vorgesetzten, den Fall M. und regt an: „Vielleicht könnte man einmal vertraulich mit Herrn W. sprechen. Allerdings Frau M. kommt dann in eine dumme Lage; und das können wir nicht machen, denn schließlich hat sie mir die ganze Geschichte unter dem Siegel der Verschwiegenheit berichtet.“

Herr S.: „Frau M. hat Angst, unangenehm aufzufallen. Um das zu vermeiden, nimmt sie sogar eine Verletzung in Kauf. Jetzt hinzugehen und ihren persönlichen Fall hochzuspielen, das geht genau in die falsche Richtung. Im übrigen ist Frau M. sicher nicht die einzige ältere Mitarbeiterin, die sich so verhält. – Und das widerspricht vollständig unserer Zielsetzung: Offenheit bei Schadensfällen, aus Unfällen und Störungen lernen, was man anders machen kann. Wir müssen also etwas unternehmen, was über den Fall M. hinaus wirkt." Der Sicherheitsingenieur: „Die Vorgesetzten müssen lernen, daß man bei Unfällen und Betriebsstörungen nicht nach der Schuld, sondern nach der Ursache fragt! Und daß bei weitem nicht immer die Ursache beim Mitarbeiter liegt, sondern häufig bei der Maschine oder in der Organisation des Arbeitsablaufs. Oft genug werden ja noch Maschinen gekauft, mit denen man überhaupt nicht sicher arbeiten kann. Dann ist es nur noch eine Frage der Zeit, wann die erste Störung auftritt!"

Herr S.: „Wir könnten vielleicht folgendes machen: Wir lassen uns von Herrn W. eine Aufstellung seiner Maschinen mit genauen technischen Angaben geben. Bei der nächsten Betriebsbegehung sehen wir uns dann die Maschinen an, bei denen Schnittverletzungen möglich sind; auch die Maschine, an der Frau M. arbeitet. Ich möchte wetten, daß die Maschine nicht ausreichend gesichert ist. Wir werden ihm also klarmachen, daß an dieser Maschine Verletzungen zwangsläufig passieren, und daß hier eine Schutzvorrichtung konstruiert werden muß."

Sicherheitsingenieur: „Das ist eine gute Idee, da ist sie persönlich entlastet, und wir können doch etwas unternehmen. Aber eigentlich genügt das nicht. Denn: Diese Sache mit den älteren Mitarbeitern und geringerer Leistungsfähigkeit und Angst vor Entlassung – da müßte man doch etwas Grundsätzliches machen!"

Herr S.: „Ich werde die Sache – ohne Namensnennung von Frau M. – mit dem Personalleiter besprechen. Vielleicht haben wir da ein paar Statistiken über Fehlzeiten und Alter und so. Wir schreiben mal einen Artikel in der Werkszeitung."

Die Statistiken sahen so aus, wie Herr S. es erwartet hatte: Ältere Mitarbeiter hatten weniger Unfälle und geringere Fehlzeiten als jüngere Mitarbeiter.

Der Artikel in der Werkszeitung hatte etwa folgenden Tenor: „Gerade die älteren Mitarbeiter sind mit ihrer langjährigen Betrieberfahrung, ihrer Zuverlässigkeit und ihrer Betriebstreue besonders wertvolle und unentbehrliche Betriebsmitglieder."

Kurz nach Erscheinen dieses Artikels machen Herr S. und Herr I. eine Betriebsbegehung bei Herrn W. in der Kantine. An der Maschine von Frau M. demonstrieren sie, daß die Schutzvorrichtungen mangelhaft sind.

Frau G., die Gruppenleiterin, meint: „Ist ja gut, daß gerade Frau M. damit gearbeitet hat; dadurch ist sicher noch Schlimmeres verhütet worden! Hätte ich eins von den unerfahrenen jungen Dingern da drangesetzt . . ."

Nach der Betriebsbegehung spricht Herr S. mit dem Personalleiter, Herrn P.: „Ich glaube, wir sind immer noch nicht da, wo wir hinwollen. Jetzt sind nicht mehr die älteren Mitarbeiter die Dummen – dafür sind es aber plötzlich die jungen!"

Der Personalleiter: „Wir wissen alle zu wenig über die persönlichen und sozialen Beziehungen von Menschen untereinander und über ihre Auswirkungen auf die Zusammenarbeit. Im Grunde schleppt jeder seine Probleme und Aggressionen mit sich herum, und wie sich das in der Zusammenarbeit auswirkt, überblickt so recht niemand. Ich glaube, das muß in den geplanten Weiterbildungsmaßnahmen für unsere Mitarbeiter ein besonders wichtiger Punkt sein!"

13.5 Schlußbemerkung

Die Sozialpsychologie spielt in allen Bereichen der Angewandten Psychologie eine wichtige Rolle, geht es doch überall um Formen sozialer Interaktion *(vgl. ab Kapitel 14 ff.)*. Leider konnte vieles von dem, was auch dort wichtig ist, hier nur angedeutet, noch mehr mußte gänzlich weggelassen werden. So bleibt zum Schluß die Hoffnung, daß vieles für Sie so interessant und spannend war, daß Ihr Bedürfnis nach Mehr durch die folgenden Literaturempfehlungen gestillt werden kann!

Literatur-Empfehlungen

Aronson, E.: Sozialpsychologie - Menschliches Verhalten und gesellschaftlicher Einfluß. Heidelberg 1994.

Bierhoff, H.W.: Sozialpsychologie- Ein Lehrbuch. 3. Aufl. Stuttgart 1993.

Forgas, J.P.: Soziale Interaktion und Kommunikation. 2. Aufl. München 1992.

Frey, D. & Gaska, A.: Die Theorie der kognitiven Dissonanz. In Frey, D. und Irle, M. (Hrsg.): Theorien der Sozialpsychologie, Band I, S. 275–324. Bern 1993.

Frey, D. & Irle, M. (Hrsg.). Theorien der Sozialpsychologie. Band I: Kognitive Theorien. 2. Aufl., Bern 1993. Band II: Gruppen- und Lerntheorien. Bern 1985.

Gerhard, H. B., Conolley, E. S. & Wilhelmy, R. A.: Compliance, justification and cognitive change. In Berkowitz, L. (Hrsg.): Advances in experimental social psychology, Band 7. New York - London 1974.

Heigl-Evers, A. (Hrsg): Sozialpsychologie, 2 Bände. Weinheim 1984.

Hinde, R. A.: Verhaltensforschung und Sozialpsychologie. In Stroebe, W. et al. (Hrsg.): Sozialpsychologie, S. 21–39. Berlin 1990.

Herkner, W.: Lehrbuch Sozialpsychologie. Bern 1991.

Höhn, E. & Seidel, G.: Das Soziogramm - Die Erfassung von Gruppenstrukturen. 4. Aufl. Göttingen 1976.

Hofstätter, P. R.: Einführung in die Sozialpsychologie. Stuttgart 1966.

Holzkamp, K. (1965). Das Problem der „Akzentuierung" in der sozialen Wahrnehmung. Zeitschrift für Experimentelle und Angewandte Psychologie, 12, 86–97.

Jones, E. E., Davis, K. E. & Gergen, K. J. (1961). Role playing variations and their informational value for person perception. Journal of Abnormal and Social Psychology, 63, 302–310.

Jones, E. E. & Davis, K. E.: From acts to dispositions: The attribution process in person perception. In Berkowitz, L. (Hrsg.): Advances in experimental social psychology, Band 2, S. 219–266. New York 1965.

Jones, E. E. & Harris, V. A. (1967). The attribution of attitudes. Journal of Experimental Social Psychology, 3, 1–24.

Jones, E. E., Kanouse, D. E., Kelley, H. H., Nisbett, R. E., Valins, S. & Weiner, B. (Eds.): Attribution: Perceiving the cause of behavior. New York 1972.

Jones, E. E. & Nisbett, R. E.: The actor and the observer: Divergent perceptions of the causes of behavior. In Jones, E. E. et al. (Hrsg.). Attribution: Perceiving the causes of behavior, S. 79–94. New York 1972.

Kelley, H. H. (1972). The processes of causal attribution. American Psychologist, 28, 107–128.

Leavitt, H. J. (1951). Some effects of certain communication patterns on group performance. Journal of Abnormal and Social Psychology, 46, 38–50.
Mann, L.: Sozialpsychologie. 10. Aufl. Weinheim 1994.
Sader, M.: Psychologie der Gruppe. München 1991.
Stroebe, W., Hewstone, M., Codol, J.-P. & Stephenson, G.M. (Hrsg.): Sozialpsychologie – Eine Einführung. Berlin 1990.
Witte, E.H.: Sozialpsychologie. München 1989.

II. Anwendungsfelder der Psychologie

Hermann J. Liebel

14. Angewandte Psychologie

14.1 Was ist Angewandte Psychologie?

Mit dieser Frage beginnt Anne Anastasi ihr über weite Strecken auch heute noch grundlegendes Werk „Angewandte Psychologie" (1964, dt. 1973, S. 3) - nur, eine Antwort darauf, jedenfalls im Sinne eines prägnanten Satzes, gibt sie nicht. Vielmehr stellt sie fest, daß vor dem 2. Weltkrieg die Mehrzahl der Psychologen in Lehre und Grundlagenforschung an den Universitäten beschäftigt gewesen sei, und danach eine Entwicklung eingesetzt habe, die dazu führte, daß heute eine große Mehrheit akademisch ausgebildeter Psychologen in den Bereichen des Geschäftslebens, in der Industrie, in Kliniken, Schulen, Behörden, der Verwaltung und im militärischen Bereich arbeitet. Demnach wird der Psychologe, je nachdem welche Funktionen er erfüllt, zum anwendenden Psychologen.

Eine andere Unterscheidung wird gerne innerhalb des Kanons der psychologischen Teildisziplinen vorgenommen durch die Abgrenzung der *angewandten Fächer* (insbesondere der Arbeits-, Organisations- und Wirtschaftspsychologie, der Klinischen und der Pädagogischen Psychologie) von den *Grundlagenfächern,* wie sie in vielen Prüfungsordnungen seit der Einführung eines Hochschulabschlusses in Psychologie im Jahr 1941 üblich ist. Nach Mattes (1980, S. 19) liegt der Schluß nahe, das Verhältnis von Grundlagenfächern zur Angewandten Psychologie als Verhältnis von Grundlagenforschung und Theoriebildung einerseits, zu ihrer Anwendung andererseits zu sehen, etwa in Analogie der Beziehung zwischen Naturwissenschaft und Technik. Tatsächlich wurde Angewandte Psychologie jahrzehntelang und leider bis heute in diesem Sinne verstanden. William Stern begründete 1903 diese Tradition in der von ihm ins Leben gerufenen Zeitschrift „Beiträge zur Psychologie der Aussage" und definierte sie als „Wissenschaft von den psychologischen Tatbeständen, die für praktische Anwendungen in Frage kommen". Hugo Münsterberg (1863-1916), der eigentliche Initiator der Angewandten Psychologie, sah in ihr die „Wissenschaft von der praktischen Anwendung der Psychologie im Dienste der Kulturaufgaben" und nannte sie „Psychotechnik" (1914, S. 1). Ihm kommt vor allen anderen das Verdienst zu, Wege zur Nutzung psychologischer Erkenntnisse bei der Lösung von Problemen auf nahezu allen Gebieten des gesellschaftlichen Lebens aufgezeigt zu haben. Arnold steht ebenfalls in dieser Tradition, wenn er überall von Angewandter Psychologie spricht, „wo Psychologie mit den Mitteln der Wissenschaft für die Praxis fruchtbar gemacht wird"

(1970, S. 10). Er zieht, nebenbei bemerkt, eine wichtige Trennungslinie zur „Praktischen Psychologie“ als der Alltagspsychologie von jedermann, wo auf der Basis einer allgemeinen, vorwissenschaftlichen Menschenkunde naiv-intuitiv Verhalten interpretiert und beeinflußt wird. Dies ist keineswegs abwertend gemeint, denn erstens ist jeder Mensch aufgrund seiner Erfahrungen bis zu einem gewissen Grad selbst Experte in Lebensfragen, und zweitens ist nicht zu leugnen, daß es so manchen praktischen Menschenkenner gibt, der die Eigenheiten einer Person schneller und treffsicherer erfassen kann als ein mit ihm konkurrierender, geschulter Psychologe.

Besonders in den frühen 70er Jahren lösten sich die Idealvorstellungen von einer anwendbaren Grundlagenforschung weitgehend auf. Mattes (1980, S. 20) sieht die Gründe dafür in einer zunehmenden Hilf- und Ratlosigkeit grundwissenschaftlich orientierter Psychologen gegenüber den konkreten Anforderungen, die sich den Psychologen in den außeruniversitären Bereichen ihrer Berufspraxis stellten, und dem fortschreitenden Realitätsverlust von Experimentalanordnungen, deren Ergebnisse für die Lösung konkreter Alltagsprobleme oft keinen Beitrag mehr erkennen ließen. Besonders von studentischer Seite wurde eine größere Praxisnähe der psychologischen Wissenschaft gefordert. Es gab und gibt Ansätze, diesem Ziel durch eine Erweiterung der Grundlagenforschung um soziale oder institutionelle Variablen näherzukommen und die außeruniversitäre Ausbildung durch Praktika und die Planung der Einführung eines Assistentenjahres berufsbezogener zu gestalten. Diese Maßnahmen machen die Forschung zwar realistischer und die Ausbildung realitätsnäher, aber doch nicht realitätsorientiert.

Wir stehen gegenwärtig in der Angewandten Psychologie an einem Wendepunkt weg von der Frage, wo irgendwo aus wissenschaftsimmanentem Interesse oder aus persönlicher Neugier Erforschtes anwendbar sein könnte, hin zu einer Orientierung an den sich in den *Praxisfeldern* stellenden Problemen, die es zu lösen gilt. Sie sind der Gegenstand und Ausgangspunkt wissenschaftlicher Bearbeitung. Es bleibt dabei nach wie vor legitim und notwendig zu fragen, ob es im Gesamtbestand des psychologischen Wissens Beiträge für konkrete Problemlösungen gibt. Es muß aber zunehmend selbstverständlich werden, auch problemspezifische Forschungsmethoden und neue Theorien in den Anwendungsfeldern selbst zu erarbeiten.

Dies bedeutet als *Postulat für eine moderne Angewandte Psychologie:* Die konkrete soziale Wirklichkeit muß Ausgangspunkt und Orientierung einer Angewandten Psychologie sein!

Die wissenschaftlichen Konzepte müssen also aus den Gegebenheiten der Praxisfelder heraus und für diese zurück erarbeitet werden. Slogans wie „Praxisorientierte Wissenschaft und wissenschaftsgeleitete Berufspraxis“ bekommen durch ein solches Vorgehen einen sozial verantwortbaren Hintergrund durch die bewußte Akzentuierung der gesellschaftlich-praktischen Dimension. Angewandt-psychologische Forschung definiert sich, so gesehen, von ihren tatsächlichen oder zumindest ins Auge gefaßten Anwendungsmöglichkeiten und nimmt von dort ihren Ausgang; dabei ist es einerlei, ob dies in einem Universitätsinstitut oder in einer Beratungsstelle für Drogenabhängige geschieht.

Nach diesem Konzept gibt es nicht mehr Forschung und Lehre einerseits und die praktische Anwendung andererseits, vielmehr handelt es sich gleichsam um zwei Seiten ein und derselben Medaille, die sich nicht voneinander trennen lassen. Die

Begriffe ‚Forschung' und ‚Anwendung' akzentuieren lediglich, sie sind aber keine Entweder-Oder. Angewandte Psychologie ist immer in erster Linie Psychologie; der anwendende Psychologe ist immer in erster Linie Psychologe und erst in zweiter Linie Spezialist für eines oder mehrere Anwendungsfelder. „Er muß als Praktiker seiner Wissenschaft verbunden sein und in seiner praktischen Anwendung Forscher bleiben" (Ebel 1981, S. 3, ähnlich Anastasi 1973, S. 23 und Frey et al. 1988, S. 22 ff.).

Ein Beleg dafür, daß sich diese Arbeits- und Berufsauffassung zumindest ansatzweise realisieren läßt, liefert das vom Berufsverband Deutscher Psychologen e.V. 1980/81 herausgegebene dreibändige „Handbuch der Angewandten Psychologie" , das exemplarisch darstellt, wie Psychologen in der Praxis arbeiten, wie sie konkrete Fragestellungen aus den Praxisbereichen Arbeit und Organisation (Bd. 1), Behandlung und Gesundheit (Bd. 2) sowie Markt und Umwelt (Bd. 3) aufnehmen und, gestützt auf wissenschaftliche Methodik, fachlich kompetent zu beantworten versuchen.

Aus dieser Berufssicht stellt sich insbesondere den Hochschullehrern an den Universitäten verstärkt die Aufgabe, die Studenten über Projektseminare und die Beteiligung an angewandter Projektforschung in geeigneter Weise auf ihre Berufspraxis vorzubereiten.

Heute trifft man auf den Begriff „Angewandte Psychologie" trotz oder gerade wegen seiner breiten Benützung in recht unterschiedlicher Bedeutung, so in einem traditionelleren Sinn als

(1) *Oberbegriff für die Teilfächer* Arbeits- und Wirtschaftspsychologie, Klinische und Pädagogische Psychologie und als
(2) *Sammelbezeichnung* für alle oder einige der verschiedenen *Berufsfelder* und *Funktionen des Psychologen* in der Arbeitswelt, der Erziehung, der Medizin, der Justiz, der Politik, des Sports, der Kirchen usw.; oder in einem fortschrittlicheren Sinn als
(3) *realitätsorientierte Forschung und Theorienbildung* zur Problemlösung in allen Bereichen des gesellschaftlichen Lebens.

Wir verwenden im folgenden den Begriff im Sinne einer Kombination aus (1), (2) und (3), also als Sammelbegriff für diejenigen Teilfächer der Psychologie einschließlich der Arbeitsfelder des Psychologen, deren Ziele in erster Linie auf die wissenschaftsgestützte Problemlösung in den verschiedenen Bereichen des gesellschaftlichen Lebens ausgerichtet sind, in lediglich akzentuierender Abgrenzung zu den primär theoretischen Grundlagenfächern.

14.2 Teilgebiete der Angewandten Psychologie als Praxisfelder des Psychologen

Die *Teilgebiete* der Angewandten Psychologie sind gleichzeitig auch *Berufsfelder.* Beides läßt sich insofern nicht voneinander trennen, als der psychologische Wissenschaftler nach unseren Vorstellungen realitätsorientiert und der Berufspraktiker immer zugleich mit wissenschaftlicher Methodik forschend arbeiten sollte. Da die Teilgebiete und die Berufsfelder so vielfältig sind wie die Facetten des gesellschaftlichen Lebens selbst, muß jede Auflistung lückenhaft bleiben. Wir haben in den letzten 10 Jahren eine Explosion der Anwendungsmöglichkeiten von Psychologie erlebt, und es werden noch manche in Zukunft erschlossen werden. Die folgende Aufstellung beabsichtigt daher nicht mehr als eine grobe und sicher unvollständige Nennung von Teilgebieten zu wagen, wobei auch die Unterscheidung nach traditionelleren und neueren Gebieten nur akzentuierend gemeint ist. Den als ‚traditioneller' apostrophierten Gebieten sei keineswegs die Aktualität ihrer Themen abgesprochen, ebensowenig wie den neueren Gebieten verwehrt sein soll, auf eine längere historische Entwicklung verweisen zu können. So ist die Beratungspsychologie von ihren historischen Anfängen der Berufsberatung her gesehen fast genauso alt wie die Angewandte Psychologie schlechthin. Wenn wir sie dennoch zu den neueren Gebieten zählen, so deshalb, weil sie sich in den letzten 15 Jahren sehr intensiv in verschiedene Zweige ausdifferenziert hat, zum Beispiel in die Ehe-, Familien-, Drogen-, Organisations-, Schul-, Studien- und in viele andere institutionalisierte Beratungen. Das gleiche gilt auch für die Organisationspsychologie, deren Wurzeln sich mühelos bei Stern und Münsterberg finden lassen. Auch handelt es sich bei den aufgezählten Teilgebieten nicht immer um eindeutige und einander klar ausschließende Kategorien.

Tab. 14.1: Teildisziplinen der Angewandten Psychologie

Angewandte Psychologie	
Traditionellere Gebiete	Neuere Gebiete
Pä Kl Wi AB Re Ve We Ph Sc	Or Po Re Sp Be Ök To Ar
*Pä*dagogische Psychologie^{+}	*Or*ganisationspsychologie^{+}
*Kl*inische Psychologie^{+}	*Po*litische Psychologie
*Wi*rtschaftspsychologie($^{+}$)	*Re*ligionspsychologie
*Ar*beits- und *B*etriebspsychologie($^{+}$)	*Sp*ortpsychologie
*Re*chtspsychologie	*Be*ratungspsychologie
*Ve*rkehrspsychologie	*Ök*ologische Psychologie^{+}
*We*hrpsychologie	*To*urismuspsychologie
*Ph*armakopsychologie	*Ar*chitekturpsychologie
*Sc*hriftpsychologie	....

Auf die mit einem Kreuzchen versehenen Teildisziplinen wird an anderen Stellen in diesem Band ausführlicher eingegangen! Die Kreuzchen in Klammern weisen darauf hin, daß diese Teilgebiete im folgenden Kapitel 15 Organisationspsychologie teilweise mitbehandelt werden.

In der Bundesrepublik Deutschland sind gegenwärtig etwa 35 000 Psychologen berufstätig. Über 20 000 von diesen sind im *Berufsverband Deutscher Psychologen e.V.* (BDP) zusammengeschlossen. Der Berufsverband untergliedert sich in zwölf Sektionen, die sich mit speziellen Fragen und Problemen von Teilgebieten der Angewandten Psychologie beschäftigen. Hierbei sind Doppel- und Mehrfachmitgliedschaften möglich. Die Tatsache, daß etwa die Hälfte der Mitglieder des BDP in mehr als einer Sektion eingeschrieben ist, mag als Beleg für die Vielzahl der Möglichkeiten zur Berufsausübung gelten.

Tab. 14.2: Sektionen des BDP und deren Mitgliederzahl (Stand 31. Dezember 1994)

1. Arbeits-, Betriebs- und Organisationspsychologie	2.746
2. Aus-, Fort- und Weiterbildung in Psychologie	1.762
3. Rechtspsychologie	957
4. Klinische Psychologie	10.772
5. Markt- und Kommunikationspsychologie	650
6. Politische Psychologie	407
7. Schriftpsychologie	86
8. Schulpsychologie	821
9. Verkehrspsychologie	375
10. Angestellte und beamtete Psychologen	2.213
11. Freiberufliche Psychologen	5.723
12. Verband Psychologischer Psychotherapeutinnen und Psychotherapeuten - VPP	5.991
Gesamt	32.503

Für die Betrachtung der Tätigkeit des Psychologen ‚vor Ort' weist Gasch (1979) darauf hin, daß ‚Berufspraxis' und ‚Berufsaufgaben' Begriffe sind, die unterschiedlichen Abstraktionsebenen angehören. Er schlägt vor, *‚Berufspraxis'* als übergeordneten Begriff zu definieren und ihn in *‚Berufsfeld'* und *‚Berufsaufgaben'* zu untergliedern. Das *‚Berufsfeld'* meint demnach eine räumlich-organisatorische Einheit, meist eine Institution, in der ein Psychologe seine Aufgaben erfüllt. Dies kann beispielsweise eine psychiatrische Klinik, eine Firma, eine Schule, eine Beratungsstelle, aber auch eine politische Partei oder eine Gewerkschaft sein. Als *‚Berufsaufgaben'* sollen die in einem Berufsfeld anfallenden Tätigkeiten verstanden werden. Diese Unterscheidung ist zur Vermeidung von Mißverständnissen sinnvoll, da Psychologen in ganz verschiedenen Berufsfeldern durchaus ähnliche oder gleiche Tätigkeiten ausüben. Beispiel: Die Anwendung von Verfahren zur Persönlichkeitsdiagnostik (Fragebogen, Tests, Interviews) ist im Berufsfeld Arbeit, etwa bei der Eignungsbegutachtung von Bewerbern für eine Stelle, ebenso wichtig und üblich wie in einer Schule zur Schullaufbahnberatung oder in einer psychiatrischen Klinik vor der Wahl eines bestimmten Therapieverfahrens.

Die Notwendigkeit dieser Unterscheidung wird besonders bei der Bezeichnung ‚Klinische Psychologie' offenkundig, worunter keineswegs nur die spezifischen Aufgaben des Psychologen in einem Berufsfeld Klinik zusammengefaßt werden, sondern jegliche Art diagnostizierender, beratender, betreuender, vorbeugender und heilender Tätigkeiten bei Personen mit psychischen Störungen, Problemen oder abweichendem Verhalten, auch wenn sich die Durchführung dieser Tätigkeiten außerhalb einer Klinik, beispielsweise in einer Erziehungsberatungsstelle in einer freien Praxis oder in einer Strafvollzugsanstalt, abspielt. Nur auf dem Hintergrund dieser Unterscheidung läßt sich verstehen, daß die weit über 50 % aller Berufspsychologen, die sich selbst als ‚Klinische Psychologen' bezeichnen oder der gleichnamigen BDP-Sektion angehören, bei weitem nicht alle auch in medizinischen Kliniken tätig sind.

Die häufig anzutreffende terminologische Vermischung von Berufsfeldern und Berufsaufgaben wird deutlich, wenn wir noch einmal einen Blick auf die Benennungen der Sektionen des BDP werfen *(vgl. Tab. 14. 2)*:

Arbeits-, Betriebs- und Organisationspsychologie

Bei dieser Benennung handelt es sich vorwiegend um die Abgrenzung eines *Berufsfelds.* Hier sind hauptsächlich Psychologen erfaßt, die in der Arbeitswelt, genauer in Unternehmen der Wirtschaft, in Industriebetrieben, im Handel, in Banken, Versicherungen und Versorgungsunternehmen, aber auch im Bereich der öffentlichen Verwaltung tätig sind. Die Ausweitung des Berufsfelds dieser Psychologen über den Industriebetrieb hinaus führte vor einigen Jahren zur allmählichen Ablösung der Bezeichnung ‚Betriebspsychologie' durch ‚Organisationspsychologie'. Die Aufgaben, die sich diesen Psychologen stellen, sind vielfältiger Art. Die Arbeitspsychologen befassen sich nach Hoyos „mit den psychologischen Aspekten der Beziehungen zwischen Mensch und Arbeit" (1974, S. 11). Eine Auswahl von Teilthemen sind die Analyse und Beeinflussung von Arbeitsanforderungen, die Entwicklung sinnvoller Arbeitsplatzgestaltungen, die Unfallverhütung, die Leistungsmessung, die Arbeitsbewertung, die körperliche und geistige Beanspruchung, die Arbeitzufriedenheit und die Arbeitsmoral. Die Betriebs- oder neuerdings Organisationspsychologie versteht sich in wesentlichen Teilen als angewandte Sozialpsychologie in Organisationen. (Näheres hierzu im *Kapitel 15* Organisationspsychologie).

Aus-, Fort- und Weiterbildung in Psychologie

Diese Sektion beschreibt eindeutig eine *Berufsaufgabe.* Sie umfaßt die akademische Ausbildung von Diplom-Psychologen im Berufsfeld Universität, die Vermittlung psychologischer Fachkenntnisse an Nicht-Psychologen in Fachhochschulen, in weiterführenden Schulen oder in der Fort- und Weiterbildung bestimmter Berufsgruppen, wie Führungskräfte aus Wirtschaft und Verwaltung, Lehrer oder das Pflegepersonal klinischer Einrichtungen.

Rechtspsychologie

Mit Rechtspsychologie (früher „Forensische- und Kriminalpsychologie) ist eindeutig ein *Berufsfeld,* nämlich das des Gerichts, in Erweiterung auch das Strafvollzugs und der Justiz insgesamt, gemeint. Die Tätigkeiten sind hauptsächlich diagnostischer und begutachtender, aber auch beratender und therapeutischer Art.

Klinische Psychologie

Wie oben bereits dargelegt, kann man hierunter in einem engeren Sinn ein *Berufsfeld,* zum Beispiel das einer Klinik oder klinikähnlicher Einrichtungen, fassen. Meistens ist aber ein Katalog von *Berufsaufgaben,* wie Fehlentwicklungen zu diagnostizieren, Klienten zu beraten, zu betreuen und zu behandeln, gemeint, unabhängig davon, wo dies stattfindet. (Näheres hierzu in Kapitel 16 Klinische Psychologie.)

Markt- und Kommunikationspsychologie

Hier handelt es sich wieder um *Berufsfelder,* nämlich um ein ausgedehnteres Berufsfeld, das den Markt als die Gesamtheit aller potentiellen Konsumenten von bestimmten Produkten und Dienstleistungen umfaßt, und um ein engeres, nämlich das Feld der Kommunikationsbeziehungen zwischen Verkäufern und Kunden. Eine sehr gute Gegenstands- und Tätigkeitsbeschreibung gibt Sauermann (1980, S. 16): „Marktpsychologie ist somit ein Teilgebiet der angewandten Psychologie, das die Bedürfnisse und Wünsche (potentieller) Konsumenten analysiert (= psychologische Marktforschung, Motivforschung), das bei der Ausarbeitung von Werbemaßnahmen mitwirkt und ihren Effekt bei der beabsichtigten Zielgruppe überprüft (= Werbepsychologie) und das die direkten Kommunikationsbeziehungen zwischen Verkäufern und Kunden durch Schulungs- und Motivierungsmaßnahmen fördert (= Verkaufspsychologie). Marktpsychologie hilft dem Hersteller, seinen Marktpartner, den Verbraucher, kennenzulernen, und dem Verbraucher, seine Konsumwünsche dem Hersteller nahezubringen." Markt- und Kommunikationspsychologen arbeiten in Werbeagenturen, Verlagen, Industrieunternehmen, Marktforschungsinstituten und in der Verbraucherberatung.

Politische Psychologie

Hierunter kann sowohl ein *Berufsfeld* als auch eine *Berufsaufgabe* verstanden werden. Sie ist das Betätigungsfeld des Psychologen als eines Angestellten einer politischen Partei, der dort politische Grundeinstellungen erforscht, politische Urteilsbildungsprozesse untersucht oder Vorurteile und Stereotype erfaßt und analysiert. Als Berufsaufgabe verstanden meint Politische Psychologie den gezielten Einsatz psychologischer Methoden und Erkenntnisse, um aktiv zur Veränderung unserer Gesellschaft oder zumindest von Teilen von ihr beizutragen, unabhängig davon, in welchem Berufsfeld dies geschieht. Ein Beispiel hierfür wären die aktuellen berufspolitischen Aktivitäten des BDP und der Deutschen Gesellschaft für Psychologie DGfP mit dem Ziel, die bisher nach § 5 HPG (Heilpraktikergesetz) mit Strafe bedrohte, selbständige Durchführung von Psychotherapie durch Diplom-Psychologen ohne Heilpraktikerprüfung auf dem Weg der Durchsetzung eines Berufsgesetzes, der sogenannten Bundespsychologenordnung (BuPO), zu legitimieren, die nach Informationen aus dem Deutschen Bundestag in absehbarer Zeit geltendes Recht werden soll.

Schriftpsychologie

Diese Bezeichnung erfaßt zwei sehr eingegrenzte *Berufsaufgaben,* nämlich das Betreiben von Persönlichkeitsdiagnostik mittels der speziellen Verfahrenstechniken der Graphologie und die vergleichende Analyse von mit der Hand Geschriebenem, z. B. zur Überprüfung der Echtheit von Unterschriften.

Schulpsychologie

Diese Sektion deckt eindeutig ein *Berufsfeld* mit recht vielseitigen diagnostischen, beraterischen, pädagogischen und organisationspsychologischen Aufgaben ab. Zu den wichtigsten Aufgaben des Schulpsychologen gehören neben (a) der individualpsychologischen Beratung bei Schulschwierigkeiten in Folge von Konzentrationsmängeln, Sexualproblemen, Ängsten, Beziehungsstörungen im Elternhaus und dergleichen (b) die Schullaufbahnberatung, (c) die Beratung von Schule und

Lehrern sowie (d) die Zusammenarbeit mit anderen Beratungsdiensten. (Ausführlich hierzu Wiest 1978, Hoffmann und Liebel 1983; vgl. auch *Kapitel 18* Pädagogische Psychologie.)

Verkehrspsychologie

Bei dieser Sektionsbezeichnung ist eine Unterscheidung schwierig. Es handelt sich aber wohl eher um ein *Berufsfeld* als um eine Berufsaufgabe. Die Mitglieder dieser Sektion sind meist in solchen Unternehmen und Organisationen beschäftigt, die mehr oder minder direkt mit dem Verkehr auf Straßen, Schienen, zu Wasser und in der Luft zu tun haben, z. B. bei Technischen Überwachungsvereinen, bei der Deutschen Bundesbahn, bei Automobilclubs, Luftfahrtgesellschaften und speziellen Forschungsinstituten.

Angestellte und beamtete Psychologen

Diese Sektion des BDP fördert die spezifischen Interessen in den *Berufsfeldern,* in denen Psychologinnen und Psychologen als Angestellte oder Beamte ihren Berufsaufgaben nachgehen. Ihre Mitglieder arbeiten an der Verbesserung tarifpolitischer Regelungen sowie an der Fortentwicklung des Berufsrechts, des Arbeitsrechts und der Arbeitsbedingungen, der Sicherung und Fortentwicklung der Tätigkeitsfelder und Aufgabenbereiche sowie der Information und Beratung ihrer Mitglieder in arbeits-, sozial- und bildungspolitischen Fragen.

Freiberufliche Psychologen

Hierunter ist eindeutig ein *Berufsfeld,* nämlich der offene Markt von Angebot und Nachfrage nach psychologischen Dienstleistungen aller Art ohne unmittelbare Einbindung des Psychologen in eine Organisation zu verstehen.

Verband Psychologischer Psychotherapeutinnen und Psychotherapeuten – VPP

Diese seit dem 12. 3. 1994 bestehende jüngste Sektion des BDP hat die Aufgabe, wissenschaftliche und berufsständische Angelegenheiten ihrer Mitglieder zu pflegen und zu erfüllen, insbesondere aber sie gegenüber der Politik, Behörden und Verbänden sowie der Öffentlichkeit zu vertreten. Sie bedient sich dabei der Mithilfe des Gesamt-BDP.

14.3 Tätigkeitsfeldunabhängige Aufgaben des anwendenden Psychologen

Bevor wir zu einer etwas ausführlicheren Darstellung ausgewählter Teildisziplinen der Angewandten Psychologie übergehen, soll noch einmal klar herausgestellt werden, was ein Psychologe tut, der seine Wissenschaft anwendet. Es ist bereits an vielen Stellen angeklungen, was unter ‚Anwendung' konkret zu verstehen ist. Es war von Analysieren, Diagnostizieren, Interpretieren, Beraten, Begutachten, Betreuen, Vorbeugen, Behandeln und Therapieren die Rede – Tätigkeiten, die quer durch alle Teilfelder der angewandten Psychologie gehen. Man kann diese Einzeltätigkeiten auf drei elementare Aufgabenkomplexe reduzieren, nämlich die *Analyse* eines vorgefundenen oder vorgegebenen Problems, die *Interpretation* der ermittelten Befunde, etwa in Form einer Beratung oder Begutachtung, und die Planung und Durchführung einer *Intervention,* etwa in Form eines Verhaltenstrainings oder einer Therapie.

Ein ebenfalls tätigkeitsfeldunabhängiger Aspekt berufspraktischer Tätigkeit ist die Verantwortung, die der Psychologe übernimmt, wenn er in Anwendung psychologischer Verfahren und Kenntnisse einen oft erheblichen Einfluß auf seine Klienten ausübt. In Ermangelung normativer Regelungen in Form eines Berufsrechts unterwerfen sich die im BDP zusammengeschlossenen Psychologen freiwillig einer „Berufsordnung für Psychologen", einem Kanon berufsethischer Verpflichtungen (zu beziehen über die Bundesgeschäftsstelle des BDP, Heilsbachstraße 22, 53123 Bonn). Zur Veranschaulichung seien einige dieser Verpflichtungen genannt:

- Verpflichtung zu fachlicher Fortbildung;
- Verpflichtung zur Sachlichkeit;
- Verpflichtung zur Erfolgskontrolle des eigenen Tuns;
- Mithilfe bei der Unterbindung inkompetenter Ausübung psychologischer oder angeblich psychologischer Tätigkeiten;
- Verschwiegenheitspflicht über ihm anvertraute Geheimnisse gegenüber Dritten (auch im § 203 StGB geregelt!);
- Vorrang des Wohls des Klienten;
- Ablehnung von Aufträgen, die dem berufsethischen Kanon zuwiderlaufen;
- keine Verfahren anzuwenden, die die Würde der Person verletzen könnten.

Die Berufsordnung soll dem in Praxis, Lehre und Forschung tätigen Psychologen als Richtschnur für sein Handeln dienen. Daneben soll sie zu einem zuverlässigen Bild vom Berufsstand des Psychologen in der Öffentlichkeit beitragen und gleichzeitig einen Maßstab für die Einschätzung verschiedenster, von Scharlatanen innerhalb und außerhalb des eigenen Lagers als „psychologisch" ausgegebener Aktivitäten abgeben. Schließlich sollen Organisationen, die Psychologen für ihre besonderen Zwecke beschäftigen möchten, eine gültige Orientierung darüber erhalten, nach welchen Prinzipien der Psychologe seinen Beruf auffaßt, um von vornherein unnötige Konflikte zu vermeiden.

Je nach Tätigkeitsfeld sind von den dort arbeitenden Psychologen auch *Rechtsvorschriften* zu beachten, die einerseits die Arbeitsmöglichkeiten zum Teil erheblich einschränken, deren Nichtbeachtung sie aber in große Schwierigkeiten bringen kann. Es würde im Rahmen dieser kurzen Einführung in die Aufgaben und Probleme der Angewandten Psychologie zu weit führen, wollte man die einschlägigen Gesetze und Paragraphen anführen und sie auf ihre Auswirkungen in allen Tätigkeitsfeldern kritisch befragen. Damit dieser, besonders in der Ausbildung von Psychologen häufig in fahrlässiger Weise vernachlässigte rechtsnormative Aspekt jedoch nicht auch in dieser Einführung in die Psychologie elegant ausgeklammert wird, ist diese Problematik im folgenden Kapitel für die Tätigkeit von Organisationspsychologen exemplarisch aufgezeigt.

Literatur-Empfehlungen

Berufsverband Deutscher Psychologen (Hrsg.): Handbuch der Angewandten Psychologie I-III. München 1980/81.
Frey, D., Hoyos, C. Graf & Stahlberg, D. (Hrsg.): Angewandte Psychologie. München 1988.
Schorr, A. (Hrsg.): Handwörterbuch der Angewandten Psychologie. Bonn 1993.

Hermann J. Liebel

15. Organisationspsychologie

15.1 Was ist Organisationspsychologie?

Gegenstand der Organisationspsychologie ist nicht, wie man vermuten könnte, das „Organisieren" als Tätigkeit, der Organisationspsychologe ist also kein professioneller „Organisator". Organisationspsychologie ist – zunächst und einfach gesagt – die Anwendung psychologischer Erkenntnisse auf die psychologische Forschung in Organisationen. Mit ‚Organisationen' als Berufsfelder des Organisationspsychologen meinen wir die aufeinander bezogenen Systeme, die die Welt der Arbeit gliedern, also Firmen, Banken, Versicherungen, Behörden, Verbände, Gewerkschaften, Kirchen, Schulen, Krankenhäuser und viele andere.

Stimmt das so? – Ist nicht die Pädagogische Psychologie für den Bereich Schule und Erziehung zuständig und die Klinische Psychologie für die Vorsorge, Therapie und Rehabilitation in Kliniken und Beratungseinrichtungen? – Der Einwand ist richtig, und die Organisationspsychologie drängelt sich auch nicht in besetztes Terrain, wo es um das Verhältnis Psychologe – Klient, Berater – Schüler oder Therapeut – Patient geht. Die Organisationspsychologie behandelt die Schule aber insofern als eine Organisation in der Arbeitswelt, als dort Lehrer ihrem Beruf nachgehen, und sie sieht Kliniken nicht primär mit Hinblick auf die Patienten, sondern auf die Arbeitsplätze derjenigen, die in diesen Organisationssystemen ihren Dienst tun. Wir müssen also unsere Definition präzisieren und sagen: *Organisationspsychologie ist die Wissenschaft vom Erleben und Handeln des Menschen als Mitglied in Organisationen.*

Dennoch, eine messerscharfe Trennung dieser Teildisziplinen gibt es nicht. Sowohl von den Arbeitsfeldern wie auch von den konkreten Tätigkeiten her überschneiden sie sich. Der Pädagogische Psychologe arbeitet organisationspsychologisch, wenn er seine Mitarbeiter zu mehr Kooperation motivieren will, oder der Klinische Psychologe, wenn er seine Mitarbeiter beurteilt. Ebenso arbeitet der Organisationspsychologe pädagogisch-psychologisch bei der Planung und Durchführung von Mitarbeitertrainings oder klinisch-psychologisch, wenn er versucht, ein gestörtes Vorgesetzten-Mitarbeiter-Verhältnis wieder in für alle erträglichere Bahnen zu lenken. Es gibt also Organisationspsychologen in Schulen und Pädagogische Psychologen in der Arbeitswelt, ebenso wie es Organisationspsychologen in Klinischen Einrichtungen und klinisch-psychologische Tätigkeiten in Organisationen gibt. Dieser Umstand zwingt uns, von allgemeinen Definitionen mit geringer Aussagekraft Abstand zu nehmen und statt dessen die Organisationspsychologie in ihren *Funktionen* zu beschreiben sowie ihre konkreten *Aufgaben* und *Themen* zu nennen, mit denen sie sich beschäftigt. Und schon geraten wir ins nächste Dilemma, denn in bezug auf den allgemeinen Gegenstand der Organisationspsychologie ist man sich in der Fachwelt im großen und ganzen einig, was allerdings im Detail alles dazugehören soll und was nicht, darüber herrscht in der Literatur und auch in der Praxis weniger Übereinstimmung. Bei einem Blick in die neuere einführende Literatur stellt sich das Fach als äußerst facettenreich dar (vgl. Gebert und v. Rosenstiel 1992, Roth 1989 oder Weinert 1992). Das verwundert aber nicht weiter, wenn man erstens bedenkt, daß die Organisationspsychologie nicht systematisch am Reißbrett eines Wissenschaftlers entstanden ist, sondern sich, wie übrigens alle anderen angewandten Teildisziplinen auch, aus der Dynamik technischer und sozialer Veränderungen in den Anwendungsfeldern und den sich daraus ergebenden Problemen entwickelt hat. Zweitens vergegenwärtige man sich, wie breit das Spektrum von Organisationen in unserer Arbeitswelt ist und wie vielfältig die Probleme sind, die sich für die Berufstätigen aus ihren Kontakten zu Kollegen, Vorgesetzten oder Interessenvertretern täglich ergeben können. Das heißt nun nicht, daß die Erkenntnis der Existenz menschlicher Probleme in der Arbeitswelt etwas grundsätzliches Neues wäre; wäre diese Erkenntnis nicht noch viel älter, wäre sie spätestens seit dem angeblich durch Kommunikationsstörungen verursachten Mißlingen des biblisch-historischen Turmbaus zu Babel allgemein bekannt. Andererseits hat es offenbar auch vor aller Organisationspsychologie für Arbeits- und Zusammenarbeitsprobleme Lösungsmöglichkeiten gegeben, sonst wären zum Beispiel die Pyramiden Ägyptens ebensowenig entstanden wie die anderen genialen Gemeinschaftsleistungen antiker und klassischer Baukunst. Ob sich mit den Errungenschaften organisationspsychologischer Forschung der Turmbau Babels hätte vollenden lassen oder ob sich die erdrückenden persönlichen Probleme der extremen Abhängigkeit eines Michelangelo von seinem päpstlichen Auftraggeber und der keineswegs nur leistungsfördernden Rivalität mit seinen Künstlerkollegen hätten lösen lassen, steht dahin. Solche Überlegungen werfen nur die Frage auf, warum sich eine Organisationspsychologie nicht schon viel früher entwickelt hat.

Psychologie der menschlichen Arbeit gibt es, seit Menschen ihr Arbeiten erleben, ihr eigenes Arbeitsverhalten und das der anderen mehr oder minder systematisch beobachten, beurteilen und beeinflussen. Aus dieser Sicht ist sie so alt wie die Menschheit selbst. So gilt, wie für so viele andere Wissenschaften, auch für die Organisationspsychologie, daß sie eine lange Vergangenheit, aber nur eine kurze Geschichte hat.

Die Bezeichnung „Organisationspsychologie" begann vor rund 30 Jahren die Bezeichnung *Betriebspsychologie* abzulösen, nachdem sich die Tätigkeiten über den Industriebetrieb hinaus auch auf andere Institutionen der Arbeitswelt und des in politischen, staatlichen und kirchlichen Einrichtungen organisierten gesellschaftlichen Lebens ausgebreitet hatten. ‚Organisationspsychologie' wird heute in einem weiteren und einem engeren Sinn gebraucht. Sie deckt in beiden Versionen einen verschieden großen Teil der Psychologie in der gesamten Arbeitswelt ab, die wir vereinfachend und einer bald hundertjährigen Tradition folgend mit dem Begriff *Wirtschaftspsychologie* belegen. Zur Systematisierung der Wirtschaftspsychologie gibt es eine Menge von Vorschlägen, die wir nicht zu diskutieren brauchen. Für eine allgemeine Orientierung reicht der in *Abb. 15.1* skizzierte Systematisierungsversuch aus.

Die *Wirtschaftspsychologie* betrachtet den Menschen als Produzenten und Konsumenten von Gütern und Dienstleistungen aller Art. *Organisationspsychologie*

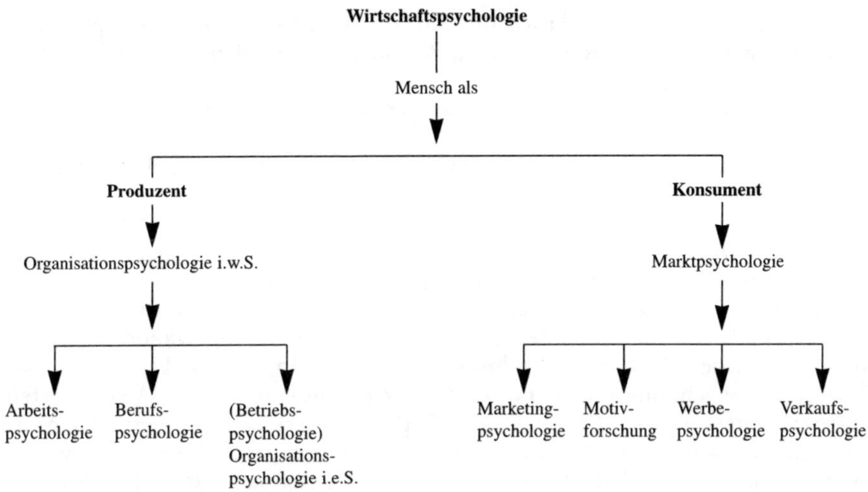

Abb. 15.1: Systematik der Wirtschaftspsychologie

im weiteren Sinn deckt die Psychologie der Produktionsseite, komplementär dazu die *Marktpsychologie* die der Konsumseite ab. Nachdem die Marktpsychologie weiter oben in ihren Aufgaben und den dazugehörigen Berufsfeldern bereits angesprochen war, wollen wir uns auf die Nennung näher informierender Literatur (v. Rosenstiel und Ewald 1979 oder Dahlhoff 1982) beschränken und uns gleich einer ausführlichen Betrachtung der Organisationspsychologie zuwenden. Dabei werden die Arbeitspsychologie und die Berufspsychologie relativ knapp, die Organisationspsychologie im engeren Sinne als Nachfolge der Betriebspsychologie entsprechend ihrer Bedeutung ausführlicher behandelt.

15.1.1 Arbeitspsychologie

Bei der menschlichen Arbeitstätigkeit geht es um das Erbringen von Leistungen zunächst mit dem Ziel der Existenzsicherung, dann aber auch um die Befriedigung anderer Bedürfnisse, zum Beispiel nach sozialen Kontakten, nach Selbstbestätigung, nach Anerkennung durch andere oder nach der Verwirklichung der eigenen Möglichkeiten. Die Arbeitstätigkeit ist so zentral im Leben des Menschen, daß ihre Auswirkungen für die Formung und Entwicklung der Persönlichkeit und damit auch für alle sozialen Beziehungen im dienstlichen wie im privaten Bereich sehr hoch eingeschätzt werden müssen. Die Arbeitspsychologie ist eines der ältesten Teilgebiete der Angewandten Psychologie. Ihr *Gegenstand* ist die menschliche Arbeit oder das Arbeitsverhalten im institutionellen Rahmen von Organisationen. Ihre *Hauptaufgaben* sind die Analyse und Optimierung des menschlichen Arbeitsprozesses. Nach Hacker bestehen ihre *Teilziele* in der Leistungsverbesserung, der Belastungsminderung und der Persönlichkeitsförderung (1978, S. 21, ähnlich auch Schmale 1983 und Frieling et al. 1987). Für die Entwicklung der Arbeitspsychologie waren *drei Aufgabenstellungen* richtungsweisend:

(1) die Konstruktionen und Anwendungen von Instrumenten, in erster Linie Tests und Experimentalanordnungen, zur Personalauslese („den richtigen Mann an den richtigen Platz“);
(2) die Analyse und Optimierung der äußeren Arbeitsbedingungen (Beleuchtung, Pausen, Arbeitszeit, Lärm u.a.);
(3) die Erforschung der Arbeitsmotivation und die Beeinflussung der Arbeitszufriedenheit.

Nehmen wir zur Verdeutlichung dieser Entwicklung einige wichtige Fakten aus der Problemgeschichte der Organisationspsychologie vorweg:

Der Amerikaner Walter Scott, dessen Buch „Psychology of Advertising“ im Jahr 1908 erschien, war mit seiner Berufung zum Professor für Angewandte Psychologie an das Carnegy Institute of Technology im Jahr 1915 der erste Psychologe, der diese Amtsbezeichnung führte. Er gilt zusammen mit dem nach USA emigrierten Hugo Münsterberg, der 1912 sein grundlegendes Werk „Psychologie und Wirtschaftsleben“ veröffentlichte, als Begründer der Arbeitspsychologie. Beide waren in Leipzig Schüler von Wilhelm Wundt. Sie beschäftigten sich mit der Entwicklung eignungsdiagnostischer Tests für Firmen, Staat und Militär zur Prüfung der Intelligenz, der Konzentrationsfähigkeit, der Handgeschicklichkeit, der charakterlichen Zuverlässigkeit und dergleichen. Die Entwicklung und Anwendung solcher Verfahren ist heute nach wie vor eine wichtige Aufgabe. Das gegenwärtig umfassendste Diagnose-System ist die von der Bundesanstalt für Arbeit (Nürnberg) entwickelte *Berufseignungstestbatterie,* die in den Arbeitsämtern zur Vorbereitung der Beratung von Klienten in Fragen der Berufswahl und der Karriereplanung dient.

Ausgangspunkt für die direkte Erfassung von Arbeitstätigkeiten war E.W. Taylors Buch „Job Management“ (1903) und das nach ihm benannte Rationalisierungssystem des *Taylorismus.* Sein Arbeitsstudium beschränkte sich auf die Ermittlung des „one best way“, der optimalen Bewegungsabfolge für eine bestimmte Tätigkeit. Daß der Mensch bei seinem Handeln denkt und fühlt, wurde dabei übersehen. Revisionen des Taylorismus brachten die vernachlässigten Komponenten ein. Das Konzept hieß nun: *Anpassung der Arbeit an den Menschen* und *Anpassung des Menschen an die Arbeit.* Die psychischen Auswirkungen äußerer Arbeitsbedingungen und Fragen der Aus- und Weiterbildung rückten damit in den Vordergrund.

Während des Zweiten Weltkriegs setzte die Beschäftigung mit Fragen der menschlichen Informationsverarbeitung ein. Diese Strömung nahm ihren Ausgang von dem Problem, die Fehlerquote bei Vigilanzaufgaben, also bei Daueraufmerksamkeitsleistungen gegenüber seltenen Ereignissen, wie sie zum Beispiel bei der Beobachtung von Radarschirmen oder der Beobachtung von Meßeinrichtungen und Steuerungsanlagen verlangt werden, zu senken. Mit fortschreitender Automatisierung erweiterte sich die Aufgabenstellung auf die Erforschung der menschlichen Informationsverarbeitung mit dem konkreten Ziel der optimalen Gestaltung von Bedienungs- und Ableseelementen bei Maschinen und der optimalen Bedienung von Steuerungseinrichtungen aller Art. Dieses Arbeitsgebiet hat sich unter den Bezeichnungen *Ergonomie, Engineering Psychology* oder *Ingenieurpsychologie* als eine mehr oder minder eigenständige arbeitswissenschaftliche Disziplin entwickelt (vgl. Hoyos et al. 1989).

In den letzten 20 Jahren kamen unter dem Stichwort *„Humanisierung der Arbeitswelt"* als neue Kriterien optimale Arbeitsgestaltung, „Autonomie" und „Flexibilität" in die Diskussion. *„Job Enlargement"* (die Erweiterung der Arbeitsaufgabe, zum Beispiel anstelle monotonen Schraubenfestziehens den kompletten Einbau eines Tachometers in ein Armaturenbrett), *„Job Enrichment"* (die Erweiterung des Verantwortungsbereichs eines Mitarbeiters zum Beispiel durch Übertragung von Entscheidungsbefugnissen), *„Job Rotation"* (der Einsatz an verschiedenen Arbeitsplätzen) sowie das Konzept der *„autonomen* oder *teilautonomen Arbeitsgruppen"*, denen ein hohes Maß an Selbstbestimmung bei der Aufgabenverteilung, der Arbeitsdurchführung und der Arbeitszeitregelung übertragen wird, zielen auf die Aktivierung individueller Fähigkeiten, die Reduktion eintöniger, repetitiver Tätigkeiten, zum Beispiel am Fließband, und die Verbesserung der Arbeitsmotivation durch Erweiterung des Freiraums des einzelnen und ganzer Arbeitsgruppen bei der Arbeitsgestaltung. Die Einführung von *Teamwork* und die *Beteiligung an betrieblichen Entscheidungen* sind weitere Methoden, die über die Schaffung von Identifikation mit den Arbeitsaufgaben und den Organisationszielen die Arbeitsmotivation günstig beeinflussen sollen (vgl. Ulich et al. 1973).

Von den Theorien, auf die solche Maßnahmen entweder aufbauen oder die infolge problemorientierter Untersuchungen entstehen, ist die *Zwei-Faktoren-Theorie der Arbeitszufriedenheit* von Herzberg sehr bekannt geworden. Herzberg und seine Mitarbeiter interessierten die Zusammenhänge von Arbeitnehmereinstellungen und der Arbeitsleistung. 200 Ingenieure und Buchhalter wurden gebeten, sich an Situationen zu erinnern, in denen sie sich bei ihrer Arbeit besonders wohl oder ausgesprochen unwohl gefühlt hatten. Sie sollten möglichst detailliert beschreiben, was dabei vorgefallen war. Weiter erkundeten die Forscher die Dauer der Situationen und die praktischen Konsequenzen, die sich aus diesen Erlebnissen ergaben, also die Faktoren, die zu Zufriedenheit, und solche, die zu Unzufriedenheit geführt hatten, sowie die Auswirkungen auf die Gefühle, die Gesundheit und die zwischenmenschlichen Beziehungen. Außerdem sollten die Befragten angeben, ob sie aufs Ganze gesehen mit ihrer Arbeit eher zufrieden oder unzufrieden sind. Die Ergebnisse zeigten, daß die Zufriedenen in den angenehm empfundenen Situationen besonders solche Erlebnisse schilderten, die ihre *Tätigkeit selbst* zum Gegenstand hatten. In der Reihenfolge ihrer Häufigkeit ging es um besondere Leistungen, Anerkennung durch andere, das Erleben von Verantwortung und um Situationen, die zum Aufstieg auf der Gehalts- oder Prestigeleiter führten, also alles Faktoren, die man unter der Überschrift Selbstbestätigung, Selbstverwirklichung, Selbstaktualisierung zusammenfassen kann. Die Unzufriedenen bezogen sich in ihren Schilderungen unangenehm empfundener Situationen häufiger auf den *Arbeitskontext,* was sich in Äußerungen über ineffiziente Unternehmenspolitik, Ungerechtigkeiten bei der Behandlung von Belegschaftsmitgliedern, Unfähigkeit von Vorgesetzten, schlechtes Betriebsklima, mangelhafte Sozialleistungen, veraltete Werkzeuge und Maschinen und dergleichen offenbarte. Insgesamt war die Anzahl der Faktoren, die für die Entstehung von Unzufriedenheit verantwortlich gemacht wurden, erheblich größer als die für Zufriedenheit maßgeblichen. Der Faktor Entlohnung taucht in beiden Gruppen mit mittlerer Häufigkeit auf. Die Bezahlung der Arbeitsleistung gilt als Störfaktor der Zufriedenheit, wenn sie als unangemessen erlebt wird, andererseits erfüllt sie als Mittel zur Anerkennung der Leistung eine wichtige Motivierungsfunktion.

Herzberg und seine Mitarbeiter ziehen den Schluß, daß Zufriedenheit und Unzufriedenheit nicht die beiden extremen Enden einer Skala seien, sondern zwei getrennte Erlebnisbereiche, von denen der eine von einem gedachten Nullpunkt an bis „zufrieden“, der andere von da bis „unzufrieden“ reicht *(Abb. 15.2)*.

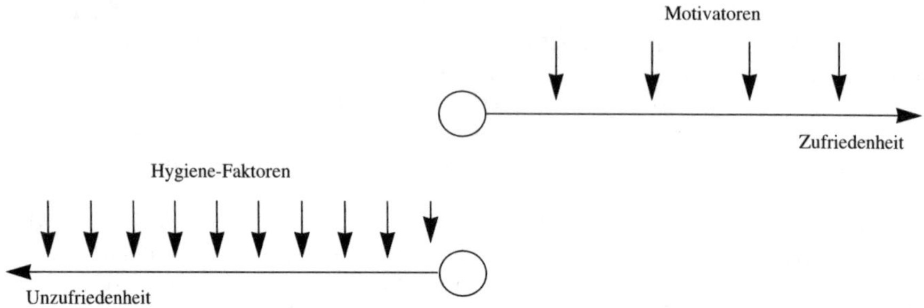

Abb. 15.2: Die zwei Faktoren der Arbeitszufriedenheit nach Herzberg

Zur Erhöhung der Arbeitszufriedenheit als Basis für das Zustandekommen optimaler Leistungsergebnisse dienen nur solche Faktoren, die als die Tätigkeit selbst betreffend erlebt werden; sie werden *intrinsische* Faktoren oder auch *Motivatoren* genannt. Die Verbesserung der arbeitsexternen Faktoren kann nur dazu beitragen, daß Arbeitsunzufriedenheit schwindet, sie werden auch als *Hygiene-Faktoren* bezeichnet; zu diesen gehören auch Human-Relations-Programme zur Förderung der zwischenmenschlichen Beziehungen und der Aufbau eines Systems von Sozialleistungen. Abwesenheit von Unzufriedenheit ist zwar wichtig, sie bedingt aber noch lange nicht das Vorhandensein von Zufriedenheit.

Im Anschluß an die Untersuchungen ist, teils durch die Spezifizierung der genannten Faktoren und die Identifizierung neuer Bedingungen, eine Vielfalt von Theorien zur Arbeitsmotivation und Methoden zu ihrer Beeinflussung entstanden (vgl. Six et al. 1989). Alle bisher entwickelten Theorien und daraus abgeleiteten praktischen Ratschläge, wie man sie massenhaft zum Beispiel in dem bekannten Harzburger Modell (Höhn und Böhme 1974, kritisch dazu Oechsler 1992, S. 62) vorfindet, lassen sich jedoch nicht ohne weiteres auf jede Organisation übertragen. Sie sind nur dann erfolgsversprechend anwendbar, wenn im speziellen Fall zumindest die wichtigsten situativen, strukturellen, arbeitsorganisatorischen, personellen, betriebstraditionellen und unternehmenspolitischen Gegebenheiten unter Beachtung ihrer wechselseitigen Verflechtung berücksichtigt werden.

In Anlehnung an Übersichten von Hacker (1978) und Semmer und Volpert (1980) lassen sich die vielen *Einzelaufgaben der Arbeitspsychologie* in folgendem Schwerpunktkatalog zusammenfassen:

(1) Entwicklung neuer und Anpassung vorhandener Verfahren zur *Personalauslese* unter Beachtung testtheoretischer Gesichtspunkte,

(2) Diagnose und Beeinflussung von *Arbeitsmotivation* und *Arbeitszufriedenheit,*

(3) (Lern-)Psychologische Bestgestaltung von *Ausbildungsverfahren* und *Ausbildungsmitteln* für die Berufsausbildung, Anlernung, Umschulung, Rehabilitation, Arbeitstherapie, berufliche Fortbildung und Weiterbildung (= Erweiterung des Allgemeinwissens, politische Bildung oder der Erwerb psychologischer Kenntnisse und Fertigkeiten).

(4) Die *Arbeitsanalyse* diente zunächst der Optimierung mechanischer Arbeitsabläufe (Rationalisierung), heute darüber hinaus der Ermittlung motivationsfördernder Momente (z. B. Dispositionsspielräume, soziale Kontaktmöglichkeiten, Aufstiegschancen) und der Erfassung der Arbeitsanforderungen zur Verbesserung von Anlernverfahren, zur Einführung sinnvoller Sicherheitsmaßnahmen oder zur leistungsgerechten Lohnfindung. Hierzu gehört die Erarbeitung von Stellen- und Arbeitsplatzbeschreibungen und die Erstellung von Anforderungskatalogen, die wiederum als Kriterien für die Auslese geeigneter Stellenbewerber herangezogen werden können.
(5) Die *Arbeitsgestaltung* dient der Verbesserung der äußeren Arbeitsbedingungen (Hygiene-Faktoren), der eindeutigen Zuordnung von Signalen und Handlungen (Ergonomie) sowie der Gestaltung des Dispositionsspielraumes von einzelnen und Gruppen.
(6) Analyse und Beseitigung von *Unfallursachen,*
(7) Analyse der physischen und psychischen *Belastung* (Ermüdung, Auswirkungen von Schicht- und Nachtarbeit, Pausengestaltung, Bedeutung der Biorhythmen).

Unter Berücksichtigung gegenstandsbezogener Modifikation gilt dieser Aufgabenkatalog auch im Verkehrswesen (zur Verkehrspsychologie vgl. Hoyos 1980 und Echterhoff 1991), bei Bundeswehr und Bundesgrenzschutz (zur Militärpsychologie vgl. Riedesser 1980), in Ausschnitten des Leistungssports (zur Sportpsychologie vgl. Bierhoff-Alfermann 1986), in der Rehabilitation (vgl. Witte 1987) sowie für die Analyse von Freizeittätigkeiten, sofern sie arbeitsähnlichen Charakter haben (vgl. Daumenlang et al. 1989).

In neuerer Zeit entwickelt sich unter der Federführung der Dresdner Arbeitsgruppe um Hacker ein Ansatz, der in betonter Abkehr von zu ‚praktizistischen' Tendenzen einen verstärkten Bezug der Arbeitspsychologie zu einer allgemeinen Theorie des menschlichen Handelns herzustellen versucht (vgl. hierzu auch Dörner, Kap. 4 in diesem Band). Zentraler Ausgangspunkt ist die *Arbeitsaufgabe* einschließlich der Information über die zu erreichenden Ziele, die Arbeitsmittel, den Zeitbedarf und den zu bearbeitenden Gegenstand. Auf dieses Ziel hin ist die *Arbeitshandlung* ausgerichtet.

Um sie durchführen zu können, muß der Arbeitende eine Vorstellung, ein ‚inneres Modell' entwickeln, das sein Tun steuert. Die Untersuchung des Entstehens und der Funktion dieser Modelle ist der Hauptgegenstand dieser Forschungsrichtung. Der Schwerpunkt des Interesses liegt auf den Planungs- und Entscheidungsprozessen, die dem äußeren Handeln vorausgehen, die aber für dessen Gelingen oder Mißlingen höchst bedeutsam sind. Es geht dabei einmal um die Untersuchung der Wahrnehmungs- und Informationsverarbeitungsleistungen, zum Beispiel an einem Schaltfeld, etwa der Gleisanlage eines Güterbahnhofs, wo man untersuchen kann, wieviel Information pro Zeiteinheit aufgenommen wird, wieviele Fehlersignale erkannt werden und über welche Programme zur Fehlerbehebung der Arbeitende verfügt. Zum anderen geht es in diesem Ansatz um die Frage, inwieweit ein Arbeitsprozeß von dem Arbeitenden verlangt, höhere kognitive Funktionen zu aktivieren. Dieser Aspekt ist besonders aktuell, nachdem man heute um die negativen Auswirkungen weiß, die von Arbeitsplätzen ausgehen, die nur wenig Handlungsspielraum bieten. Kommt noch ein Konflikt zwischen den

Interessen und Wünschen des Arbeitenden und dem, was der Arbeitsplatz von ihm verlangt, hinzu, ist es nur noch ein kurzer Weg zu Deformationen der Persönlichkeit, zu Depression und Apathie (vgl. Seibel et al. 1984).

Für die arbeitspsychologische Forschung der nächsten Jahre zeichnen sich gegenwärtig *drei Tendenzen* ab: Die Weiterentwicklung des Hackerschen Ansatzes und damit eine verstärkte Grundlagenorientierung, die Einbeziehung der Persönlichkeitsentwicklung, soweit sie durch die berufliche Tätigkeit beeinflußt wird (berufliche Sozialisation), und eine verstärkte Beschäftigung mit Problemen der physischen und psychischen Belastung (Arbeitsstreß).

Semmer und Volpert weisen insbesondere auf die gesellschaftspolitisch wichtigen Prozesse der ständigen Veränderung und Vernichtung von Arbeitsplätzen hin. Für die Psychologen in der Arbeitswelt stellt sich dort die Aufgabe, „die Qualifikationen und Belastungen an neuen Arbeitsplätzen vorab einzuschätzen und auf Gefahren wie auch auf Gestaltungsmöglichkeiten hinzuweisen. Was die Vernichtung von Arbeitsplätzen angeht, so ist einmal auf die psychischen Folgen der Arbeitslosigkeit hinzuweisen und zum anderen auf Möglichkeiten einer sinnvollen Freizeitgestaltung, wie sie sich bei einer vernünftigen Umverteilung der Arbeit ergeben können, sowie auf deren Zusammenhang mit der Gestaltung der Arbeit" (1980, S. 41).

15.1.2 Berufspsychologie

Die Berufspsychologie ist in ihren Aufgabenstellungen sehr eng mit denen der Arbeitspsychologie verflochten. Dies ist wohl der Hauptgrund dafür, warum Seifert, der Herausgeber eines fast 800 Seiten starken Handbuchs der Berufspsychologie (1977), sich darüber beklagt, daß die Berufspsychologie in den neueren Sammelwerken und Lexika der Psychologie nur beiläufig oder gar nicht vertreten ist, ganz im Gegensatz zu Amerika, wo sich die ‚Vocational Psychology' einen sehr gewichtigen Platz im Kanon der angewandten Disziplinen geschaffen hat. Uns scheint eine mittlere Linie zwischen diesen beiden Extremen sinnvoll. Wir beschränken uns zur Vermeidung überflüssiger Wiederholungen auf die akzentuierende Darstellung der Aspekte, die für die Etablierung einer eigenen Berufspsychologie neben der Arbeitspsychologie sprechen mögen.

Einen Beruf zu haben und ihn auch ausüben zu können, ist trotz des Wandels von der Leistungs- zur Konsum- und Freizeitgesellschaft für die überwiegende Mehrheit der Menschen in den Industriestaaten nach wie vor ein für die individuelle und soziale Existenz grundlegender Wert. Diese Einschätzung bestätigt sich am eindrucksvollsten in Zeiten großer Arbeitslosigkeit mit den oft verheerenden Folgen nicht nur materieller Art, sondern der zunehmenden sozialen Isolierung und den damit zusammenhängenden Gefühlen der Betroffenen, unwichtig oder gar überflüssig zu sein.

Nach Seifert befaßt sich die Berufspsychologie „vor allem mit den psychologischen Voraussetzungen und Bedingungen für eine persönlichkeitsgemäße Wahl des Berufes sowie für die Aufnahme und Ausübung einer beruflichen Tätigkeit" (1977, S. 13). Nach Huth ist das zentrale Thema die Berufswahl, „also die richtige Zuordnung des Menschen zu den Berufen" (1961, S. 13). Seifert geht über diesen Ansatz hinaus, indem er die Auffassung vertritt, daß es der Berufspsychologie nicht nur um den Verhaltensausschnitt im Leben des Menschen gehen darf, in dem er die Entscheidung für einen Beruf zu treffen hat, vielmehr gehöre zu ihrem Aufgabenbereich die gesamte individuelle berufliche Entwicklung des Individuums von der Zeit der Vorbereitung auf das berufliche Leben und die berufliche Entwicklung selbst bis zum Rückzug aus dem Arbeitsleben (1989, S. 608 ff.).

Vor diesem Hintergrund lassen sich *vier Hauptaufgabenbereiche* nennen:

(1) *Psychologische Berufsforschung:* Hierbei geht es um die systematische Sammlung objektiver Unterlagen über die wirtschaftlichen, hygienischen, technischen und sozialen Verhältnisse in den einzelnen Berufen. Im Unterschied zur Arbeitsanalyse, die nur die Anforderungen eines Arbeitsplatzes oder Gruppen ähnlicher Arbeitsplätze zum Gegenstand hat, untersucht die Berufsanalyse die übergreifenden Merkmale der Anforderungen und der erforderlichen persönlichen Eignungsvoraussetzungen der Berufsbewerber. Ein Beispiel für die Unterscheidung ist die arbeitsanalytische Frage, welche Aufgaben sich einem Diplom-Psychologen im werkspsychologischen Dienst der Firma X stellen, in Abhebung von der berufsanalytischen Frage, welche Anforderungen an den Diplom-Psychologen in unserer Gesellschaft schlechthin gestellt werden. Im ersten Fall geht es also um die Tätigkeit an einem bestimmten Arbeitsplatz, im zweiten um das allgemeine Berufsbild.

(2) *Berufseignungsdiagnostik:* Die Berufspsychologie befaßt sich in deutlicher Überschneidung mit der Arbeitspsychologie und der Organisationspsychologie i .e. S. ebenfalls mit dem Fragenkomplex der interindividuellen Unterschiede der beruflichen Eignung (persönlichkeitspsychologischer Aspekt) und der Methodologie der Eignungsfeststellung (psychodiagnostischer Aspekt). Die Eignungsauslese erfolgt durch die Koordination von Anforderungen, Fähigkeiten, Neigungen und Interessen einerseits und der Arbeitsmarktlage andererseits.

(3) *Organisation der Berufsberatung:* Man unterscheidet gegenwärtig 25 000(!) berufliche Tätigkeiten. Ziel des Berufsberatungswesens ist die Beratung zur Erleichterung einer persönlichkeitsentsprechenden Wahl oder zum Wechsel eines Berufes. Die Aufgaben der Berufsberatung und der Arbeitsvermittlung oblagen bis vor kurzem in der Bundesrepublik Deutschland aufgrund des Arbeitsförderungsgesetzes (AFG) von 1969 ausschließlich dem Staat in Gestalt der *Bundesanstalt für Arbeit* und den für sie tätigen Landesarbeitsämtern und den Arbeitsämtern in Städten und Kreisen. Diese Institutionen bilden das wichtigste Berufsfeld für Berufspsychologen. Horney (1978) wies auf die Lage der freiberuflichen Psychologen in der Personalberatung hin, die ihre Aufgaben nur mit Einschränkungen und unter Beachtung besonderer Vorschriften wahrnehmen könnten. Diese Einschränkungen seien insofern bedenklich, als die Arbeitsverwaltung wegen unzureichender Mittel zeitlich und personell nicht in der Lage sei, alle interessierten Lehrstellenbewerber, Arbeits- und Ratsuchenden ausführlich psychologisch zu begutachten und zu beraten. Deswegen sahen sich viele Unternehmen und Verwaltungen gezwungen, selbst eignungsdiagnostische Untersuchungen durchzuführen, was rechtlich insofern zulässig war, als es hier nicht darum geht, überhaupt einen Berufsrat zu erteilen oder Arbeit zu vermitteln, sondern im Rahmen der Anbahnung eines Arbeitsverhältnisses um die Feststellung der Eignung für eine konkrete Tätigkeit in einer bestimmten Organisation, für die sich der Bewerber interessiert und potentiell geeignet sieht. Seit dem 1. 8. 1994 ist aufgrund der

veränderten Arbeitsmarktsituation und der Ansprüche privater Personalberater dieses Vermittlungs- und Berufsberatungsmonopol durch die entsprechende Änderung des § 4 AFG aufgehoben.

(4) *Berufswahl und Laufbahnforschung:* Diese Forschungsrichtung bezieht ihre Impulse aus dem Selbstverständnis der amerikanischen Berufspsychologie, welche die berufliche Entwicklung als einen lebenslangen Prozeß („Careermodel") versteht. Hier interessieren besonders die Zusammenhänge innerhalb der Trias Berufswahl, Berufszufriedenheit und Berufserfolg.

Mit den gleichen Aufgaben wie die Berufspsychologie befaßt sich in zum Teil identischer Weise, zum Teil mit Akzentverschiebungen noch eine ganze Reihe anderer Wissenschaften. In *Abb. 15.3* sind diese Disziplinen genannt und ihre Beziehungen zu den Hauptaufgabenbereichen durch Pfeile gekennzeichnet. Unter den Disziplinen sind stichwortartig die Aspekte vermerkt, unter denen dort das entsprechende berufspsychologische Thema behandelt wird.

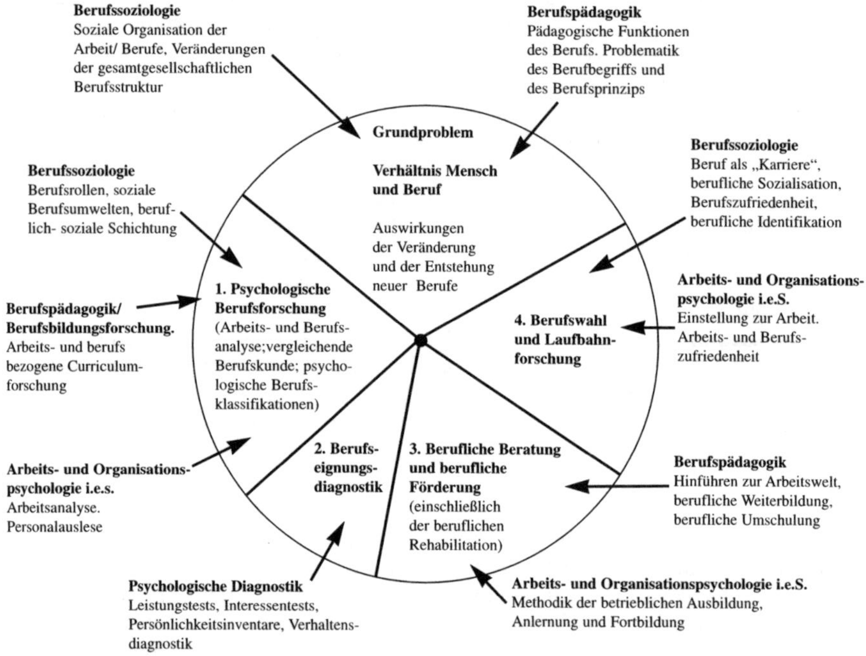

Abb. 15.3: Die Beziehungen zwischen Berufspsychologie, den Nachbarschaftswissenschaften und Anderen Teilgebieten der Psychologie (in Anlehnung an Seifert 1977, S. 20).

15.2 Organisationspsychologie i.e.S.

Die Organisationspsychologie i.e.S. geht aus von der Erkenntnis, daß es sich bei Organisationen um komplexe soziale Gebilde handelt, die man in der Gesamtheit ihrer Strukturen und Funktionen untersuchen muß, wenn man das individuelle Verhalten derjenigen verstehen und kontrolliert beeinflussen will, die in ihnen ihrer Arbeit nachgehen. Liegen die Akzente der Arbeits- und Berufspsychologie auf der Betrachtung des Verhältnisses zwischen dem Individuum und seiner Arbeit, geht es der Organisationspsychologie i. e. S. verstärkt um die *Beziehungen zwischen dem Individuum und seiner sozialen Umwelt einschließlich der organisationalen Bedingungen,* von denen das Sozialverhalten wesentlich beeinflußt wird. Unter diesem Blickwinkel könnte man auch von einer „Angewandten Sozialpsychologie in Organisationen" sprechen.

Was mit *sozialer Umwelt* gemeint ist, die in Organisationen auch ‚Sozialstruktur' oder ‚soziales System' genannt wird, braucht wohl nicht mehr näher erläutert zu werden (vgl. *Kapitel 13* Sozialpsychologie in diesem Band). In Organisationen sind es in erster Linie die informellen Beziehungen zu den Kollegen, Vorgesetzten, Personen in anderen Abteilungen und Mitgliedern der Personalvertretung. Die organisationalen Bedingungen sind hauptsächlich in der formalen Organisationsstruktur zu suchen. Dabei handelt es sich um ein System von festgeschriebenen Regeln. Die *Aufbauorganisation* meint die formale Struktur einer Organisation, das ‚administrative System'. Dazu gehören die Organisationsgröße, die Anzahl der Hierarchieebenen, Anzahl und Größe von Abteilungen und Arbeitsgruppen und die Kontrollspanne, das ist die Anzahl an Mitarbeitern, die einem Vorgesetzten direkt unterstellt sind. Die *Ablauforganisation* regelt das funktionale Zusammenwirken der Ressorts bei der Lösung der Gesamtaufgaben einer Organisation. Hierzu zählen Spezialisierung und Arbeitsteilung, Formalisierung, Standardisierung und Koordination der verschiedenen Arbeitstätigkeiten oder auch der Grad der Zentralisierung von Entscheidungen. Mit Greif (1980, S. 307) lassen sich aus den bekanntgewordenen Untersuchungen folgende allgemeine Ergebnistendenzen feststellen: In Organisationen mit geringerer Zentralisierung, Spezialisierung und Formalisierung sowie geringeren Arbeitsgruppengrößen ist die *Abwesenheitsrate* geringer und die *Arbeitszufriedenheit* größer. Andererseits ist die *Produktivität* und *Effektivität* in großen Organisationen mit starker Arbeitsteilung höher. Die Organisationsmitglieder fühlen sich eher wohl und fehlen seltener, wenn Organisationen und Arbeitsgruppen nicht sehr groß sind, wenn ihnen ihre Arbeit nicht durch Regeln und Vorschriften perfekt vorgegeben wird und wenn ihnen ein hinreichender Spielraum bleibt, selbständig Entscheidungen zu treffen.

Einschränkend ist jedoch zu bemerken, daß diese Zusammenhänge allesamt nicht sonderlich stark ausgeprägt sind. Es sind also keine zwangsläufig zu erwartenden Wirkungen, die durch entsprechende Veränderungen der Organisationsstrukturen stets zu erreichen wären. In manchen Untersuchungen zeigten sich sogar gegenläufige Tendenzen.

15.2.1 Ziele der Organisationspsychologie

Da Zielvorstellungen wissenschaftlicher Disziplinen üblicherweise fester Bestandteil von Definitionen des jeweiligen Faches sind, werfen wir zunächst einen Blick auf *neuere Definitionsversuche* von Organisationspsychologie. So schreibt Weinert (1992, S. 20), daß es ihm darum geht, „die menschliche Arbeit in Organisationen angenehmer zu gestalten, die Arbeitsprozesse den physiologischen und psychischen Gegebenheiten und Kapazitäten des Menschen besser anpassen zu können, Aufgaben und Arbeitsabläufe durch *Humanisierung* der Organisationsprozesse umgestalten - und für den einzelnen sinnvoller machen zu können". Mayer konkretisiert diese „sinnvollere Umgestaltung" als Förderung „sozial verantworteter, persönlicher Entfaltung" (1978, S. VI). Letztes und eigentliches Anliegen der Organisationspsychologie sei die Rettung der Freiheit des einzelnen in einer organisierten Welt und Gesellschaft. Während er besonders die potentielle Gefährdung des einzelnen durch die Bedingungen in Organisationen in den Vordergrund rückt, weist Knabe auf eine gegenläufige Gefahr hin, nämlich „die Gefährdung von Organisationen durch die Freiheit des einzelnen" (1982, S. 21). Seine Argumente sinkender Effektivität bei sprunghaft steigenden Kosten, vor allem der Personalkosten, warnen vor der einseitigen Beachtung des Wohls des einzelnen zu Lasten des Wohls der Allgemeinheit. Neben der ‚Humanisierung der Arbeitswelt' im Sinne der Vergrößerung individueller Handlungs- und Entscheidungsspielräume als erstem der Ziele, zu denen Organisationspsychologie beitragen will, betont er als zweites Ziel, „die Leistungsfähigkeit der zu beratenden Organisation zu verbessern und einen Beitrag zu ihrer Zukunftssicherung zu leisten durch eine Verbesserung der Flexibilität, Veränderungs- und Innovationsbereitschaft bzw. -fähigkeit ihrer Mitglieder". Es besteht in Fachkreisen weitgehende Übereinstimmung, daß beide Ziele, die Humanisierung der Arbeitswelt zur Rettung der Freiheit des einzelnen sowie die Erhaltung und Entwicklung der Organisationen und damit die Erhaltung und Schaffung von Arbeitsplätzen, gleichzeitig und mit gleichem Nachdruck verfolgt werden müssen.

Aus diesen Überlegungen wird deutlich, daß Organisationspsychologie nicht nur analysieren und beschreiben will, sie beansprucht darüber hinaus auch, Veränderungen bewirken zu wollen. Man kann Gebert und v. Rosenstiel (1989, S. 13) zustimmen, die nach einer ausführlicheren Diskussion zu einem konkretisierenden Zielkatalog kommen, der neben Leistungsindizes die Kriterien Arbeitszufriedenheit, Autonomie, Qualifizierungschancen und Wohlbefinden/Gesundheit in den Vordergrund stellt. In diesem Sinne kann die Organisationspsychologie, weitgehend unabhängig von den politischen Systemen wie Sozialismus oder Kapitalismus, ihren Beitrag zur Humanisierung des Arbeitslebens und zur Erhaltung und Verbesserung der Arbeitsqualität leisten.

15.2.2 Zur Problemgeschichte der Organisationspsychologie

Die Ursprünge, aus denen die Beschäftigung mit dem Arbeitsverhalten des Menschen in Organisationen entstanden ist, liegen zweifellos in der Industrialisierung und Technisierung im frühen 19. Jahrhundert, im Interesse der Unternehmer, möglichst hohe Gewinne bei möglichst niedrigen Kosten zu erzielen, in der Zunahme der Administration und in durch Arbeitsteilung und Überbeanspruchung bedingten Identitätsverlusten der Werktätigen. Zur Beleuchtung des Selbstverständnisses der gegenwärtigen Organisationspsychologie wollen wir zum einen die Einflüsse umreißen, die von zwei der wichtigsten Phasen ihrer Geschichte, nämlich dem *Taylorismus* und der *Human-Relations-Bewegung* ihren Ausgang nahmen, zum anderen die *Ansätze neuerer Organisationstheoretiker,* die auf der Basis eines differenzierteren Menschenbilds Neuentwicklungen einleiteten.

Weiter oben wurde bereits erwähnt, daß die historischen Wurzeln der heutigen Organisationspyschologie in der Befassung mit arbeitspsychologischen Fragestellungen zu Beginn des 20. Jahrhunderts liegen. Sie hieß damals ‚Psychotechnik'. In Abgrenzung zur ‚Psychognostik' als psychischer Beurteilung (der heutigen Psychodiagnostik) verstand man darunter die Lehre von der Menschenbehandlung. Soweit sie sich den Problemen des Arbeits- und Wirtschaftslebens zuwandte, erhielt sie entsprechende Impulse durch das von Taylor in Amerika begründete und nach ihm benannte *Rationalisierungssystem des Taylorismus.* Er versprach den Unternehmern mit seinen Methoden überdurchschnittliche Produktionssteigerungen bei gleichzeitiger Senkung der Produktionskosten. Sein System der ‚Wissenschaftlichen Betriebsführung' (‚Scientific Management'), das Taylor in seinen beiden Hauptwerken „Job Management" (1903) und „The Principals of Scientific Management" (1911) ausführlich darstellte, geht aus von der Idee, daß jedes Arbeitsergebnis zu verbessern sei durch geschickte Auslese der Arbeitskräfte, durch deren Schulung in den *effizientesten Arbeitsmethoden,* durch genau *kontrollierte Pausengestaltung* und durch *ökonomische Nutzung der Arbeitszeit.* Er behauptet, es gäbe für jeden Arbeitsgang nur einen optimalen Weg *(the one best way).* Taylor sucht ihn zu finden, indem er den mechanischen Arbeitsablauf in seine kleinsten Elemente zergliedert, um ihn dann unter Ausschluß überflüssiger und Verbesserung unökonomischer Teilbewegungen zu verkürzen und dennoch wirkungsvoller zu gestalten. Die *sozialen Aspekte* der menschlichen Arbeit übersah er bei seinem Vorgehen fast völlig. Die menschliche Arbeitsleistung wird ausschließlich als ein Problem der Produktion betrachtet. Nach dem dahinterstehenden Menschenbild funktioniert der Mensch wie eine Maschine und folgt letztlich nur ökonomischen, genauer gesagt, finanziellen Anreizen. Taylors Verständnis für die psychologischen Probleme erschöpfte sich weitgehend in der höchst zweifelhaften Ansicht, höhere Bezahlung als Anreiz zur Leistungssteigerung bedinge gleichzeitig eine höhere Befriedigung der Werktätigen.

Wichtige Unterstützung erfuhr das System durch die Untersuchungen Gilbreths und dessen Frau, die sich wie Taylor um eine ‚Bestgestaltung' der Arbeitsverrichtungen bemühten, worunter sie das Auffinden der optimalen Bewegung bei gleichzeitiger Ermittlung des optimalen Zeitwerts verstanden. Gilbreth, wie Taylor Ingenieur, verfeinerte die Methoden der Bewegungs- und Zeitstudien durch die Einführung von Fotoapparat und Filmkamera als Beobachtungshilfen.

Das Taylorsche System fand in Amerika, aber auch in Europa vor allem deshalb sehr schnell weite Verbreitung, weil es trotz langwieriger und teurer Vorbereitungen den Unternehmen häufig *Produktionssteigerungen* bis zu 200 % und *Einsparungen an Arbeitskräften* von 50 % und mehr bescherte.

Je beliebter die Methoden Taylors und Gilbreths bei den Unternehmern wurden, desto stärker gerieten sie bei den Arbeitnehmern in Mißkredit. Letztere ließen sich durch die bessere Bezahlung höherer Leistung über ihre Situation nicht hinwegtäuschen. Viele fühlten sich der Dauerbelastung, ständig Höchstleistungen erbringen zu müssen, nicht gewachsen. Sie fürchteten um ihre Gesundheit und nicht zu Unrecht sahen sie ihre Arbeitsplätze in Gefahr, denn der Erfolg der ‚wissenschaftlichen Betriebsführung' wurde in erster Linie daran gemessen, wieviele Arbeitskräfte nach ihrer Einführung ohne negative Auswirkung auf die Produktionsraten eingespart, das heißt entlassen werden konnten. Seit 1917, auf Intervention der amerikanischen Gewerkschaften zeitweilig verboten, wirkt das Taylor-System bis heute vor allem in aufs

Äußerste rationalisierten Arbeitsgängen sowie in den *Akkord-* und *Prämiensystemen* nach, wo der Arbeiter seine Außenbestimmtheit besonders deutlich spürt. Heute gibt es wohl keinen Organisationspsychologen mehr, der die ökonomischen Aspekte so einseitig in den Vordergrund stellt.

Die weitere Entwicklung wurde dann hauptsächlich durch den Auffassungswandel im Selbstverständnis des arbeitenden Menschen von seiner Bedeutung in der Arbeitswelt bestimmt. Es waren vor allem die Lohnarbeiter, die ihre Arbeits- und ihre anderen Lebensbedingungen auf dem Wege der Selbsthilfe durch freiwilligen Zusammenschluß zu verbessern strebten. Verfolgt man die Geschichte dieser um die Mitte des vorigen Jahrhunderts einsetzenden ‚Arbeiterbewegung' bis hin zu den entsprechenden Aktivitäten der verschiedenen gewerkschaftlichen und ihnen vergleichbaren Organisationen in unseren Tagen, so wird deutlich, daß der arbeitende Mensch nicht mehr als „berechenbarer" Wirtschaftsfaktor gelten wollte. Vielmehr verstand er sich zunehmend als lebendiges, wichtiges und mündiges Mitglied im Unternehmen, ein Umstand, ohne den die erst vor wenigen Jahren eingeleitete Diskussion um eine verantwortliche betriebliche Mitbestimmung von Arbeitern und Angestellten undenkbar wäre.

Innerhalb der Organisationspsychologie gingen die entscheidenden Impulse zu einer neuen Sichtweise des arbeitenden Menschen von den Untersuchungen aus, die Mayo und seine Mitarbeiter in den Werken der Western Electric Company in Chicago durchführten und die als *Hawthorne-Studies* (1924–1939) über die Grenzen des Fachgebietes hinaus bekanntgeworden sind (zusammengefaßt und kommentiert bei Neuberger 1977). Ursprünglich zur Erforschung der Wirksamkeit von Einflüssen finanzieller Anreizmittel und der physikalischen Umgebung des Arbeitsplatzes auf die Arbeitsleistung geplant, förderten sie ganz unvorhergesehene Einflußgrößen für das menschliche Arbeitsverhalten zutage. Die Beobachtung, daß in Experimentalgruppen trotz stetiger Verschlechterung der äußeren Arbeitsbedingungen dennoch zum Teil beträchtliche Leistungssteigerungen zustande kamen, konnte sich Mayo nur aus der veränderten sozialen Situation erklären, in der sich die Versuchspersonen befanden. In speziell auf die Untersuchung sozialer Faktoren ausgerichteten Experimenten und in über 20 000 Interviews mit Beschäftigten aus verschiedenen Abteilungen des Werks konnte die Existenz informeller Gruppen nachgewiesen werden, deren Mitglieder durch persönliche Sympathie, gleiche Herkunft und gemeinsame Interessen miteinander verbunden sind. Informelle Gruppen umfassen einen Teil der Mitglieder einer formalen, das heißt einer durch einen Organisationsplan in ihren Funktionen und Positionen fixierten Arbeitsgruppe oder Mitglieder mehrerer formaler Arbeitsgruppen. Die Hawthorne-Studien zeigten, daß das in diesen Gruppen wirksame *informelle Normensystem* die individuellen Einstellungen, die Arbeitszufriedenheit und die Arbeitsleistung in weit stärkerem Maße beeinflußt als die äußeren Faktoren wie Pausengestaltung, Länge der Arbeitszeit, Beleuchtungsbedingungen oder dergleichen.

Mit diesen Studien wurde die *Bewegung der Human Relations* eingeleitet, die die Auffassung der älteren Organisationstheoretiker vom Mitarbeiter als dem *oeconomic man,* dessen Arbeitshaltung nur von monetären Interessen geleitet ist, abgelöst zugunsten einer Auffassung, die den arbeitenden Menschen als *social man,* das heißt als ein von sozialen Bedürfnissen und Wünschen bewegtes Wesen betrachtet. Beide Auffassungen sind insofern einseitig, als sie die anlagemäßig vorgegebene und durch Umwelteinflüsse individuell geprägte Vielfalt menschlicher Erlebens- und Verhaltensvarianten nur wenig berücksichtigen.

Neuere Organisationstheorien versuchen diesen Aspekten Rechnung zu tragen, indem sie von einem *differenzierteren Menschenbild* ausgehen. Dabei finden vor allem die unterschiedlichen Motive menschlichen Handelns Beachtung, wie sie Maslow (1943), einer der Mitbegründer der Humanistischen Psychologie, in seinem *hierarchischen Motivationsmodell* entwickelt hat. Es umfaßt in Stufen von unten nach oben dargestellt, die *physiologischen Grundbedürfnisse,* zum Beispiel Hunger, Durst, Schlaf, Bewegung, Sexualität; die *Sicherheitsbedürfnisse,* zum Beispiel materielle Sicherung, Sicherung des Existenzminimums, allgemeines Schutzbedürfnis, Bedürfnis nach stabilen Verhältnissen; die *sozialen Bedürfnisse,* zum Beispiel Bedürfnis nach mitmenschlicher Zuwendung, Freundschaft, Zugehörigkeit zu einer Gruppe, in der feste Regeln gelten; die *ich-bezogenen Bedürfnisse,* zum Beispiel Selbstachtung, Selbstvertrauen, Anerkennung durch andere; und schließlich die *Bedürfnisse nach Selbstverwirklichung.* Maslow geht davon aus, daß ein Bedürfnis nur so lange verhaltensbestimmend wirkt, bis es befriedigt worden ist, und daß Bedürfnisse der nächsthöheren Stufe erst dann wirksam werden, wenn die Bedürfnisse der darunterliegenden Stufen befriedigt sind. ‚Selbstverwirklichung' oder ‚Selbstaktualisierung' im Sinne der Entfaltung der vielfältigen Möglichkeiten des Individuums im schöpferischen Tun und der Verwirklichung selbstgesteckter Ziele werden von der Humanistischen Psychologie als Lebensendziele aufgefaßt. McGregor (1960) erweitere Maslows Modell, indem er unter der höchsten Motivationsebene der Bedürfnisse nach Selbstverwirklichung die *Bedürfnisse nach Selbstbestimmung und Unabhängigkeit* als wesentliche Komponenten einfügte. Er und andere Organisationstheoretiker wie Argyris (1964) oder Likert (1967) empfehlen, Organisationen in deren eigenem Interesse und dem ihrer Mitglieder so zu strukturieren, daß für das Individuum ausreichende Möglichkeiten bestehen, vor allem die drei an der Spitze der Motivationshierarchie stehenden Bedürfnisse nach Anerkennung, Selbstständigkeit und Selbstaktualisierung zu befriedigen.

Die wohl bekannteste der Theorien, die vom Persönlichkeitsbild des *complex man* ausgehen, ist die *Theorie Y* von McGregor, nach der der Mensch einen natürlichen Aktivitätsdrang besitzt, der durch die Möglichkeit zur Selbstverwirklichung befriedigt werden kann. Deshalb darf eine Organisation nicht nur nach Gewinnmaximierung streben, sondern hat auch eine *soziale* Funktion innerhalb der Gesellschaft zu übernehmen. Der Mensch kann sich nur dann selbstverwirklichen, wenn ihm für seinen Aufgabenbereich *Verantwortung* übertragen wird. Die Möglichkeit zur Selbstverwirklichung motiviert das Individuum zur Arbeit. Die Befriedigung, die es aus in diesem Sinne erfolgreichem Arbeiten zieht, steigert wiederum seinen Arbeitseinsatz auch zum Nutzen der Organisation. Im Gegensatz dazu steht die *Theorie X* als typischer Denkansatz der früheren Organisationstheoretiker, nach der der Mensch in seiner Grundhaltung träge und faul ist, nicht freiwillig arbeiten will und nur mit Druck und unter Kontrolle zum Arbeiten veranlaßt werden kann.

In neuerer Zeit beginnen *systemtheoretische Ansätze* eine wichtige Rolle zu spielen. Sie beschreiben Organisationen als Systeme, in die Energie in Form von Rohmaterialien und menschlicher Arbeit aus der externen Umwelt aufgenommen (input), innerhalb des Systems durch irgendwelche Maßnahmen umgewandelt (throughput) und dann als Produkt oder als Dienstleistung (output) wieder an die externe Umwelt abgegeben werden. Die Produkte und Dienstleistungen dienen selbst wieder als energetischer Input für andere Organisationen. Dieser andauernde Kreislauf ist für nach außen offene Systeme typisch. Ihre Effizienz zeigt sich am Verhältnis Input zu Output; übertrifft der Wert des Output den des Input, arbeitet die Organisation mit Gewinn, man spricht auch vom ‚Mehrwert', der geschaffen wurde. Die offenen Organisationssysteme gliedern sich in interne, geschlossene Subsysteme, in das administrative, das technische und das soziale System, die sich wechselweise beeinflussen. Die darin ständig wiederkehrenden Aktivitäten und Interaktionen werden in sogenannten rollentheoretischen Modellen durch die Menge von miteinander verknüpften Rollen beschrieben, die von den Organisationsmitgliedern bei der Bewältigung ihrer Aufgaben und bei der Verfolgung eigener Ziele nach den im System geltenden Normen und Wertvorstellungen übernommen werden (vgl. Greif 1980, S. 310). Der entscheidende Fortschritt, den dieser Ansatz der Organisationspsychologie bringt, ist die Erweiterung der Perspektive über die Betrachtung des Individuums im sozialen System hinaus in seinen Verflechtungen mit den anderen Teilsystemen der Gesamtorganisation.

15.2.3 Wichtige Aufgaben der Organisationspsychologie

Wie sich aus den bisherigen Darlegungen leicht ableiten läßt, gibt es eine kaum übersehbare Fülle von Einzelaufgaben und Fragestellungen, die die Organisationspsychologie behandelt oder behandeln könnte. Es würde dieses Kapitel unnötig überfrachten, wollte man versuchen, auch nur einigermaßen Vollständigkeit mit differenzierter Detailinformation zu verbinden. Um einen ersten Überblick zu geben, mag in Erweiterung eines Vorschlags von Gebert (1978, S. 9 ff.) ein *ausgewählter Themenkatalog* ausreichen:

(1) *Individuum und Arbeit* (arbeitspsychologischer Aspekt):
- Vermeidung von Über- und Unterforderung
- Analyse von Aufgabenstrukturen (Arbeitsplatzanalysen)
- Diagnose von Kenntnissen und Fertigkeiten (Eignungsdiagnose)
- Assessment-Center als Methode zur Auswahl von Führungskräften
- Untersuchung und Abbau von Fehlzeiten
- Beseitigung von Unfallgefahren am Arbeitsplatz (Arbeitsschutz)
- Personalförderung und Personalentwicklung (Job Rotation, Job Enlargement, Job Enrichment)
- Konstruktion von Systemen zur Mitarbeiterbeurteilung
- Entwicklung, Durchführung und Erfolgskontrolle von Weiterbildungsmaßnahmen
- Analyse der Arbeitsmotivation
- Bedingungen für Arbeitszufriedenheit
- Industrielle Psychopathologie (Streß am Arbeitsplatz, Alkohol im Dienst, der ‚schwierige' Mitarbeiter usw.)
- Prophylaxe arbeitsbedingter, körperlicher und psychischer Erkrankungen
- individuelle Beratung bei Arbeits- und Berufsschwierigkeiten
- Entspannungstrainings, Selbstsicherheitstrainings, Vermittlung von Konfliktbewältigungsstrategien.

(2) *Individuum und Gruppe* (sozialpsychologischer Aspekt):
- Beeinflussung des Individuums durch die Gruppe (Rollen-, Kommunikations-, Machtstruktur)
- Zusammenhänge zwischen Gruppenzusammenhalt und Leistungsverhalten
- Leistungsvorteile von Gruppenarbeit gegenüber Einzelarbeit
- Leistungsabfall in einem Arbeitsbereich
- Förderung von Kooperation und Hilfsbereitschaft
- Erforschung und Gestaltung des Vorgesetzten-Mitarbeiter-Verhältnisses (Führungspsychologie)
- Planung, Durchführung und Erfolgskontrolle von Maßnahmen zur Weiterbildung in Psychologie (Durchführung von Mitarbeitertrainings)
- Analyse und Verbesserung von Kommunikations- und Entscheidungsprozessen
- Produktive Formen der Konfliktaustragung und Konfliktsteuerung
- Personalberatung, Personalförderung und Personalentwicklung
- Vorzeitiges Ausscheiden aus der Organisation (Outplacement)
- Vorbereitung auf das Ausscheiden aus dem Arbeitsleben (Pensionierung)
- Organisationspsychologische Beratung bei Vorgesetzten-Mitarbeiter-Konflikten
- Organisationspsychologische Beratung von Unternehmensleitungen, Personalvertretungen und Betriebsräten.

(3) *Individuum und Organisation* (integrativer Aspekt):
- Strategien der Organisationsentwicklung
- Planung und Durchführung von Veränderungsprozessen mit den Betroffenen, zum Beispiel Organisationsentwicklungsprojekte zur Einführung neuer Technologien (EDV, Bildschirm-Arbeitsplätze, Industrieroboter) oder für die Anpassung an sich verändernde Märkte
- Reduzierung personalwirtschaftlicher Kostenfaktoren
- Psychologische Auswirkungen von Rationalisierungsmaßnahmen
- Optimierung der Managementprozesse
- Gesunderhaltung der Organisationsmitglieder
- Stabilisierung der Beschäftigungslage
- Analyse und Beeinflussung des Organisationsklimas
- Überwindung von verhärteten Fronten zwischen verschiedenen Abteilungen oder zwischen Mitgliedern verschiedener Hierarchieebenen
- Auswirkungen und Umsetzungen der Unternehmensphilosophie und von sogenannten ‚Führungsleitlinien'
- Organisationspsychologische Beratung von Unternehmen und Einrichtungen der öffentlichen Verwaltung
- Vermittlung von fachlicher, beraterischer und didaktischer Kompetenz an künftige Organisationspsychologen im Verlauf ihrer akademischen Ausbildung.

15.3 Der Rechtsrahmen organisationspsychologischer Tätigkeit

Die rund 4500 Arbeits-, Betriebs- und Organisationspsychologen finden ihre Beschäftigung in Wirtschaftsunternehmen und in der öffentlichen Verwaltung, bei der Deutschen Bahn AG, der Bundespost und bei der Bundeswehr, bei der Bundesanstalt für Arbeit und den angeschlossenen Arbeitsämtern, bei den Technischen Überwachungsvereinen, in Personalberatungsunternehmen, Forschungsinstituten, Hochschulen und Fachhochschulen sowie als freiberuflich Arbeitende. Wir haben an anderer Stelle darauf hingewiesen, daß es zwar kein Berufsrecht für Psychologen gibt, wie dies beispielsweise für Rechtsanwälte, Wirtschaftsprüfer oder Ärzte der Fall ist. Dennoch gibt es neben der erwähnten selbstauferlegten Berufsordnung für Psychologen eine ganze Reihe rechtlicher Bestimmungen, die die Ausübung der Tätigkeiten des anwendenden Psychologen nicht völlig seinem Ermessen überlassen. Für eine kompetente und erfolgreiche Ausübung dieses Berufs ist die Kenntnis und Beachtung der rechtlichen Rahmenbedingungen von großer Bedeutung. Diese Bedeutung, so scheint uns, wird in der Fachliteratur und in der Ausbildung von Diplom-Psychologen in nicht zu verantwortender Weise vernachlässigt. Wir wollen nicht nur in der vordergründigen Absicht darüber informieren, um selbst einem solchen Vorwurf zu entgehen, sondern aus der Einsicht in die Wichtigkeit dieses Aspekts für die berufsmäßige Ausübung von Psychologie überhaupt. Dabei geben wir zunächst einen kommentierten Überblick über die für den Organisationspsychologen wichtigsten *Gesetze,* den wir dann am Beispiel der Rechtslage bei der Anwendung psychologischer Testverfahren im Personalbereich von Wirtschaftsunternehmen vertiefen.

15.3.1 Die wichtigsten Rechtsnormen im Überblick

(1) Das *Betriebsverfassungsgesetz* von 1952 (BetrVerfG), neugefaßt 1972: Dieses aus 132 Paragraphen bestehende umfangreiche Gesetz regelt unter anderem die *Mitwirkung* und *Mitbestimmung des Betriebsrats* bei personellen und sozialen Maßnahmen, bei der Arbeitsgestaltung, beim Arbeitsschutz und bei der Berufsbildung. Hier ergeben sich starke Berührungspunkte zur organisationspsychologischen Tätigkeit im weiteren Sinn. Deshalb ist es erforderlich, Aufgaben, Arbeitsweise und Ergebnisse organisationspsychologischer Tätigkeit für die betroffenen Mitarbeiter und den Betriebsrat verständlich darzustellen. Der Betriebsrat hat ein Mitwirkungsrecht bei der Personalplanung, der Durchführung von Personalbefragungen, der Erstellung von Beurteilungsgrundsätzen und von Richtlinien für die Personalauswahl, bei der Neueinstellung, der Eingruppierung, der Versetzung und der Kündigung von Mitarbeitern. Entscheidungen in diesen Angelegenheiten bedürfen seiner Zustimmung. Die *Mitarbeiter* haben das Recht zur Einsicht in ihre Personalakte, das Recht, sich zu beschweren und angehört zu werden.
Mit Horney (1978, S. 49) läßt sich nach den Erfahrungen der zurückliegenden 30 Jahre aus psychologischer Sicht sagen, daß durch diese Mitwirkungs- und Mitbestimmungsrechte innerbetriebliche Auseinandersetzungen weithin vermieden oder zumindest in sachliche Bahnen des Verhandelns mit dem Gebot zum Kompromiß gelenkt wurden. Insofern bedeutet dieses Gesetz nicht nur Einschränkung psychologischer Tätigkeit, sondern es hat durch seinen Beitrag zur Versachlichung auch positive Rückwirkungen.
Besonders wichtig ist der § 90, in dem Arbeitgeber und Betriebsrat ausdrück-

lich darauf hingewiesen werden, bei der Gestaltung von Arbeitsplatz, Arbeitsablauf und Arbeitsumgebung „die gesicherten arbeitswissenschaftlichen Erkenntnisse über die menschengerechte Gestaltung der Arbeit (zu) berücksichtigen". Der Organisationspsychologe bezieht von hier seinen mitarbeiterorientierten Auftrag, wie er der Beschreibung der Arbeitsziele und dem Katalog seiner Arbeitsaufgaben zugrunde liegt. Von diesem Gesetzesausschnitt leiten sich auch alle staatlichen Programme und Aufträge zur Humanisierung der Arbeitswelt her, in denen Psychologen in einem nicht unerheblichen Ausmaß beteiligt waren und sind.

(2) Das Gesetz über Betriebsärzte, Sicherheitsingenieure und andere Fachkräfte für Arbeitssicherheit von 1973, kurz *Arbeitssicherheitsgesetz* (AsiG): In diesem Gesetz wird die arbeitspsychologische Beratung der Arbeitgeber als *ärztliche* Aufgabe erwähnt. Arbeits- und Organisationspsychologen (i.e.S.) sind nicht ausdrücklich miteinbezogen. Dieses Gesetz mißt den Betriebsärzten auch eine (wo erworbene?) Kompetenz zu, über die der arbeitspsychologische Spezialist weit besser verfügt. Diese Benachteiligung und nicht zuletzt die reduzierte Kompetenzzuschreibung hat seitens des Berufsverbands Deutscher Psychologen zu Initiativen geführt mit dem Ziel einer Anpassung des Gesetzes an real gegebene Kompetenzverteilung.

(3) Das *Berufsbildungsgesetz* von 1969: Dieses Gesetz regelt die *Aus-, Fort-* und *Weiterbildung* sowie die *Umschulung der Mitarbeiter.* Es verlangt für die Ausbilder eine besondere Eignungsprüfung. Im Rahmen von deren ‚Ausbildung zum Ausbilder' arbeiten viele Organisationspsychologen bei der Unterrichtung über entwicklungspsychologische, lernpsychologische und sozialpsychologische Fragen mit, so ähnlich wie dies nach bundeseinheitlichen Vorschriften auch bei der Industriemeisterausbildung der Fall ist.

(4) Das *Strafgesetzbuch* von 1871 in seiner Fassung von 1975 (StGB): Hier ist besonders der § 203 „Verletzung von Privatgeheimnissen" von Bedeutung, der für den Psychologen eine *Schweigepflicht* festlegt. Die entscheidenden Passagen lauten: „Wer unbefugt ein fremdes Geheimnis, namentlich ein zum persönlichen Lebensbereich gehörendes Geheimnis oder ein Betriebs- oder Geschäftsgeheimnis, offenbart, das ihm als ... Berufspsychologen mit staatlich anerkannter wissenschaftlicher Abschlußprüfung ... anvertraut oder sonst bekannt geworden ist, wird mit Freiheitsstrafe bis zu einem Jahr oder mit Geldstrafe bestraft ... Den ... Genannten stehen ihre berufsmäßig tätigen Gehilfen und die Personen gleich, die bei ihnen zur Vorbereitung auf den Beruf tätig sind." ... Mit der Bezeichnung ‚Berufspsychologe' ist hier, im Gegensatz zu unserer Verwendung, der ‚berufstätige Psychologe' gemeint. Zu den ‚Gehilfen und Personen' zählen seine Mitarbeiter; ist der Psychologe als Forscher und Lehrer an Hochschulen tätig und beteiligt er Studenten zu Lehrzwecken oder als Hilfskräfte an der Bearbeitung konkreter Beratungsfälle oder der Vorbereitung und Erstellung von Gutachten, so gilt die Pflicht zur Verschwiegenheit auch für diesen Personenkreis. Der Psychologe hat allerdings *kein generelles Zeugnisverweigerungsrecht* für den Fall, daß eine Rechtsinstanz, zum Beispiel ein Gericht, ihn als Zeuge zur Preisgabe seines Wissens auffordert.

(5) Das *Bundesdatenschutzgesetz* von 1977 (BDSG): Dieses Gesetz regelt die *Verwendung persönlicher Daten.* Die Speicherung und Weitergabe solcher

Daten ist in Organisationen stark eingeschränkt. Konsequenzen für den Psychologen ergeben sich besonders im Bereich der *Eignungsdiagnostik*, wenn es um die Frage geht, inwieweit er den Arbeitgeber bzw. den Auftraggeber über die Befunde und die Ergebnisse einer psychodiagnostischen Untersuchung informieren darf. Auf diese Problematik kommen wir etwas später zurück.

(6) Das Gesetz über Berufsberatung und Arbeitsvermittlung von 1929, neugefaßt durch das *Arbeitsförderungsgesetz* (AFG) von 1969: Auf dieses Gesetz sind wir bereits bei der Frage gestoßen, wer ein Recht zur Ausübung von *Berufsberatung* und *Arbeitsvermittlung* hat. Das dort erwähnte *Staatsmonopol* schränkte die Arbeit von Psychologen außerhalb der Einrichtungen der Bundesanstalt für Arbeit auf diesem Gebiet erheblich ein. Im Sinne der *Anbahnung eines Arbeitsverhältnisses* durften aber Firmen und Behörden selbst Eignungsuntersuchungen und Einstellungsprüfungen von Auszubildenden bzw. Einzustellenden durchführen (vgl. S. 341 unten). Sie machen, wie entsprechende Umfragen zeigen, auch reichlich von diesen Möglichkeiten Gebrauch. Die Qualität solcher Untersuchungen dürfte aber schon deshalb sehr unterschiedlich sein, weil z. B. fast alle von 74 befragten Unternehmen verschiedener Größe aus verschiedenen Branchen zwar psychologische Verfahren einsetzen, aber nur weniger als die Hälfte dieser Organisationen betraut mit diesen Aufgaben ausgebildete Diplom-Psychologen (vgl. Klein 1982, S. 23 ff.).

Dieser kurze und sicher nicht vollständige Überblick über wichtige gesetzliche Bestimmungen sollte die Rechtsschranken aufzeigen, die der Arbeit des Organisationspsychologen im Berufsalltag gesetzt sind.

15.3.2 Zur Rechtslage bei der Anwendung von Tests im Personalbereich

Fragen der *Eignungsdiagnostik*, die Konstruktion von *Tests* und die Erstellung von *Gutachten* haben in der organisationspsychologischen Praxis von Anfang an eine herausragende Rolle gespielt. Dies führte gelegentlich dazu, daß ganze Teilgebiete, wie zum Beispiel die Berufspsychologie, mit diesem Aufgabenbereich identifiziert wurden. Heute verwenden etwa 90 Prozent aller mittleren und größeren Unternehmungen psychologische Tests. Dennoch konstatiert Schmid eine erhebliche Unsicherheit bei Personalleitern, Psychologen und Juristen, wenn es um die Anwendung psychologischer Tests bei Bewerbern und Mitarbeitern geht (1972, S. 7).

Nach Klein (1982, S. 147 ff.) ist ein Arbeitgeber nach Art. 1 Abs. 1 und Art. 2 Abs. 1 GG (Grundgesetz) und nach § 823 Abs. 1 BGB (Bürgerliches Gesetzbuch) verpflichtet, das Recht auf Schutz der Persönlichkeit von Stellenbewerbern und Mitarbeitern (im folgenden Probanden genannt) zu wahren. Er verstößt gegen diese Verpflichtung, wenn er in seinem Unternehmen die Verwendung von Tests zuläßt, die dieses allgemeine Persönlichkeitsrecht verletzen. Sieht sich ein Proband in seinen Persönlichkeitsrechten bedroht, ist er berechtigt, eine psychologische Begutachtung von vornherein abzulehnen, sie abzubrechen und die Vernichtung der Untersuchungsunterlagen zu verlangen. Liegt ein objektivierbarer schuldhafter Eingriff vor, kann er Anspruch auf Schadensersatz in Form von Schmerzensgeld erheben. Im Grunde greift *jede psychologische Untersuchung* in das allgemeine Persönlichkeitsrecht ein. Dies gilt auf jeden Fall für die Auswertung und Interpretation. Die Intensität hängt von den jeweils verwendeten Verfahren ab: Leistungstests bedeuten einen geringeren Eingriff als Intelligenz- oder Persönlichkeitstests; Intelligenztests greifen wiederum meist nicht so intensiv ein wie Persönlichkeitstests. Einen Eingriff in das allgemeine Persönlichkeitsrecht stellt auch die *Weitergabe* von Befunden und Ergebnissen an Dritte dar, wobei sich die Schwere des Eingriffs an der Art und dem Umfang der Informationen bemißt. Auch das *Aufbewahren* psychologischer Untersuchungsunterlagen verstößt gegen dieses Grundrecht.

Alle diese Eingriffe sind nur dann gerechtfertigt, wenn der *Proband* ihnen *zustimmt.* Sein Einverständnis mit der Untersuchung und der Weitergabe der Information an den Auftraggeber gilt als stillschweigend erteilt, wenn er ohne Einspruch an der Untersuchung teilnimmt. Der *Aufbewahrung* der Untersuchungsunterlagen muß er jedoch eigens zustimmen.

Die Einwilligung ist aber nur dann *rechtswirksam,* wenn der Proband von vornherein über Ziel, Art und Umfang der Untersuchung sowie über das Informieren des Auftraggebers und über die Aufbewahrung der Unterlagen aufgeklärt worden ist. Die Einwilligung gilt grundsätzlich nur für die Weiterleitung solcher Informationen als erteilt, die im Hinblick auf die arbeitsvertraglich zu übernehmende Tätigkeit für das Arbeitsverhältnis unmittelbar und erkennbar von Bedeutung sind. Die Übermittlung von Informationen an andere Personen und Stellen als der für die Einstellung maßgeblichen ist unzulässig.

Weiter ist zu unterscheiden, ob es sich bei dem zu untersuchenden Probanden um einen *Bewerber* oder einen *Mitarbeiter* handelt.

Die psychologische Begutachtung eines *Bewerbers* ist immer zulässig, die eines *Mitarbeiters* dagegen nur in bestimmten Fällen. Letzerer kann, sein Einverständnis vorausgesetzt, dann begutachtet werden, wenn begründete Zweifel an seiner Arbeitsplatztauglichkeit bestehen und er eine besonders verantwortungsvolle oder eine besonders gefährliche Tätigkeit ausübt. Andere begründete Anlässe sind ins Auge gefaßte Beförderungen, unternehmensinterne Versetzungen, die Wiedereingliederung von Behinderten oder die Selektion für Schulungsmaßnahmen, deren Kosten vom Arbeitgeber getragen werden.

Die psychologische Begutachtung muß *fachkompetent* durchgeführt werden. Sie erfordert den Einsatz von Diplom-Psychologen, die lediglich routinemäßig ablaufende einfache Durchführungs- und Auswertungsarbeiten von Hilfspersonal vornehmen lassen. Wie schon erwähnt, wird dieses Rechtserfordernis bei der Verwendung psychologischer Tests von sehr vielen Unternehmen mißachtet. Nach ausführlicher Diskussion einschlägiger Rechtspraxis kommt Klein zu dem eindeutigen Ergebnis, daß „die in der Wirtschaft verbreitete Praxis, psychologische Eignungsuntersuchungen von Nicht-Psychologen durchführen zu lassen, rechtswidrig“ ist (a.a.O., S. 150).

Es dürfen nur solche Verfahren zur Anwendung kommen, die sich auf *arbeitsplatzbezogene Merkmale* beziehen, und keine, die in den Kernbereich des allgemeinen Persönlichkeitsrechts eingreifen. Daher sind Begutachtungen der Gesamtpersönlichkeit nur in extremen Ausnahmefällen zulässig; wenn es zum Beispiel bei der Besetzung eines Top-Manager-Postens um besondere Anforderungen geht. Aber auch in solchen Fällen muß der Intimbereich, soweit irgend möglich, unangetastet bleiben. Eine mögliche Ausnahme von letztgenanntem Erfordernis wäre allenfalls denkbar, wenn sich bei der Untersuchung eines Bewerbers um eine Stelle als Lehrlingsausbilder mit Blick auf das Jugendarbeitsschutzgesetz Anhaltspunkte für sexuelles Fehlverhalten ergeben.

Auch dürfen keine Tests eingesetzt werden, in denen für die Probanden nicht durchschaubare Fragen und Aufgaben gestellt werden. Aufgrund der Undurchschaubarkeit geraten die Probanden in eine für sie nicht mehr kontrollierbare Abhängigkeit, und ihre ursprungliche Einwilligung in die Untersuchung wäre hinfällig, weil sie auf falschen Voraussetzungen fußt. Daß die gewählten Testverfahren im Hinblick auf die Testgütekriterien gewissen Mindestanforderungen genügen müssen, sollte für einen Diplom-Psychologen selbstverständlich sein.

Der Einsatz von *Leistungstests* und *Intelligenztests* ist unbedenklich, solange die mit ihnen erfaßten Merkmale mit den Arbeitstätigkeiten der Probanden unmittelbar zu tun haben. Anders dagegen sieht es bei den *Persönlichkeitsverfahren* aus, wobei der Einsatz psychometrischer Verfahren, meist Persönlichkeitsinventare in Fragebogenform, insoweit rechtmäßig ist, als es bei der angestrebten Tätigkeit auf die Persönlichkeitsstruktur entscheidend ankommt. Die Unzulässigkeit sogenannter *Persönlichkeitsentfaltungsverfahren,* in der Regel projektive Tests wie das bekannte Rorschach-Verfahren, der thematische Apperzeptionstest TAT, der Sceno-Test oder die graphologische Persönlichkeitserfassung, findet in der einschlägigen Literatur breite Zustimmung. Den mit diesen Verfahren zu treffenden Aussagen fehlt in der Regel der Bezug zur beruflichen Arbeit. Auch gilt hier das Argument der Undurchschaubarkeit in besonderer Weise. Ausnahmen können sich höchstens ergeben, wenn es bei einem zu besetzenden Arbeitsplatz um eine besonders verantwortungsvolle Führungsposition oder um eine besonders gefährliche Tätigkeit, etwa die eines Piloten, geht.

Das psychologische Gutachten muß in einen Befund- und in einen Bescheidbogen aufgeteilt werden. Der *Befundbogen* enthält das Eignungsurteil und die Befunde (Test- und Beobachtungsdaten), auf die es sich stützt. Der Auftraggeber bekommt den *Bescheidbogen,* der neben dem Eignungsurteil „geeignet", „bedingt geeignet" oder „ungeeignet" allenfalls eine allgemeingehaltene Erläuterung, niemals aber Testkennwerte und Einzelbefunde enthält. Es gibt sogar die Auffassung, daß der Auftraggeber nur das nackte Eignungsurteil erhalten solle, wobei man sich allerdings erstens fragen muß, ob damit sein legitimes Informationsbedürfnis abgedeckt ist und zweitens, wie lange der Psychologe wohl sein blindes Vertrauen genießt.

Die gesamten Testunterlagen werden vom untersuchenden Psychologen oder der entsprechenden Dienststelle aufbewahrt. Der Proband hat das Recht zur Einsichtnahme und das Recht, sich über das Untersuchungsergebnis unterrichten zu lassen. Der Auftraggeber darf den Bescheidbogen mit Einwilligung des Probanden aufbewahren, Bescheidbögen von nicht eingestellten Bewerbern oder entlassenen Mitarbeitern dagegen müssen vernichtet werden.

Wer sich über die Rechtsprobleme psychologischer Tätigkeiten genauer informieren möchte, möge bei Kühne (1987) nachlesen. Wer sich für Rechtsfragen im Zusammenhang mit der Tätigkeit des Psychologen in Beratungsdiensten interessiert, wo zum Teil die gleichen, aber auch spezielle andere Rechtsvorschriften gelten, sei auf ein Buch von Schuschke (1980) hingewiesen. Rechtsfragen, die die forensisch-psychologische Tätigkeit betreffen, finden sich bei Liebel und v. Uslar (1975) abgehandelt.

Obgleich die Einschränkungen der psychologischen Tätigkeit im allgemeinen und die der Organisationspsychologen im besonderen recht erheblich sind, so läßt sich offenbar doch insofern ganz gut damit leben, als sie die Zufriedenheit der Organisationspsychologen mit ihrer Tätigkeit nicht zu beeinträchtigen scheinen. Schorr führte 1991 eine Umfrage unter angestellten Psychologen zu Merkmalen ihrer Berufstätigkeit durch. Dort zeigte sich, daß die allgemeine Arbeitszufriedenheit von Arbeits-, Betriebs- und Organisationspsychologen im Vergleich zu Klinischen und Pädagogischen Psychologen an erster Stelle liegt. Besonders zufrieden sind sie mit der Vielfalt ihrer Aufgaben, ihrem fachlichen Ansehen, ihrem sozialen Prestige, ihrer Sachausstattung und mit der Sicherheit ihrer Arbeitsplätze!

Literatur-Empfehlungen

Gebert, D. & v. Rosenstiel, L.: Organisationspsychologie. 3. Aufl. Stuttgart 1992.

Liebel, H. J. & Oechsler, W. A.: Handbuch Human Resource Management. Wiesbaden 1994.

Strutz, H. (Hrsg.): Handbuch Personalmarketing. 2. Aufl. Wiesbaden 1993.

Weinert, A.B.: Lehrbuch der Organisationspsychologie. 3. Aufl. München 1992.

Hans Reinecker

16. Klinische Psychologie

16.1 Historische Entwicklung

Die Wurzeln der Klinischen Psychologie lassen sich bis ins klassische Altertum zurückverfolgen. Als Gründer der Klinischen Psychologie im Rahmen der heute als wissenschaftlich angesehenen neueren Psychologie können E. Kraepelin (1856–1926) und L. Witmer (1867–1956) angesehen werden. Kraepelin war Psychiater, förderte aber (stark von Wundt beeinflußt) bereits Ende des vergangenen Jahrhunderts, daß an die Stelle geist- und wortreicher Überlegungen Tatsachen zu treten haben:

- Psychologische Methoden und Ergebnisse müssen auf psychiatrische Probleme in der Klinik angewendet werden,
- die in der Klinik angewendete Psychologie muß auf den durch Messung und Beobachtung gefundenen Tatsachen der psychologischen Forschung gründen.

L. Witmer fand an der University of Pennsylvania als Nachfolger von J. McKeen Cattel (dem ersten Assistenten von Wundt) eine geistige Tradition vor, in der *differentialpsychologische* Ansätze allgemein anerkannt wurden. Das Interesse von Witmer an klinischen Fragen (Erziehungsberatung, Wahrnehmungsstörungen, Lernprobleme ...) hatte im Jahre 1896 die Gründung der ersten psychologischen Klinik zur Folge.

Klinische Psychologie – so Witmer – ist als Anwendung von Psychologie in einer psychologisch orientierten Klinik anzusehen. Eine polemische Abgrenzung zu anderen Fachbereichen allerdings hatte Witmer nie intendiert; eine komplementäre Betrachtung von verschiedenen Gesichtspunkten aus schien für die von ihm behandelten Probleme adäquat.

Einen wichtigen Entwicklungsgesichtspunkt stellen *psychoanalytische* Betrachtungsweisen dar: J. Breuer und S. Freud wendeten zunächst nach französischem Vorbild das Verfahren der Hypnose auf die damals häufigen hysterischen Zustände an (1895).

Als Grenzen dieses Verfahrens offensichtlich wurden, entwickelte Freud die *psychoanalytische Standardtechnik* (freie Assoziation in einer Übertragungssituation und Interpretation durch den Analytiker und Patienten), die bereits zu Beginn des Jahrhunderts (durch Adler und Jung) Abwandlungen erlebte. Die Modifikationen des Verfahrens durch Nachfolger Freuds (Neo-Analytiker) sind heute kaum noch zu überblicken (vgl. Thomä & Kächele 1985, 1988).

Gleichfalls zu Beginn des Jahrhunderts war die Psychologie mit *differential-psychologischen Fragen* konfrontiert worden: Binet und Simon erhielten den Auftrag, bei Kindern die abnorme intellektuelle Leistungsfähigkeit frühzeitig zu diagnostizieren, um sie auf einer Sonderschule zusammenfassen und optimal fördern zu können; man wollte den Kindern damit auch die evtl. Mißerfolgserlebnisse in einer Normalschule ersparen. 1905 legten Binet und Simon eine erste Fassung ihres Intelligenztests vor; damit begann eine inhaltlich und methodisch rasante Entwicklung von Verfahren im Rahmen der Intelligenzforschung.

Sowohl die *Intelligenztests* als auch die später entwickelten *Persönlichkeitstests* (Fragebogen, projektive Verfahren) haben viel zum Ansehen der Klinischen Psychologie beigetragen. Da die Klinische Psychologie mit der Psychologie jedoch auch in einer geistes- und sozialwissenschaftlichen Tradition stand, blieb die praktische Umsetzung klinisch-psychologischen Wissens lange Zeit der Psychiatrie vorbehalten.

Der Durchbruch der Klinischen Psychologie als eigenes Fach (neben der Psychiatrie) gelang erst, als die Ergebnisse und Methoden der Psychologie auch im therapeutischen Rahmen mit Erfolg angewendet wurden (wie L. Witmer dies längst gefordert hatte). Interessanterweise war der Psychoanalyse dieser Durchbruch in der therapeutischen Versorgung nicht gelungen - ein Grund (neben wissenschaftshistorischen Aspekten) mag in der langwierigen und kostspieligen Ausbildung zu suchen sein. Wenn heute allerdings Klinische Psychologie weithin als Psychotherapie mißverstanden wird, so ist dies *als problematische Verkürzung ihres Gegenstandsbereiches anzusehen.*

16.2 Gegenstandsbereich der Klinischen Psychologie

Der Gegenstandsbereich der Klinischen Psychologie ist recht heterogen; aus diesem Grunde sind knappe Definitionen, an denen es nicht mangelt, kaum geeignet, die Breite des Gegenstandes der Klinischen Psychologie abzudecken. L. R. Schmidt (1984 S. 5 f.) schlägt eine Charakterisierung in mehreren Punkten vor. Nach ihm ist Klinische Psychologie

- die „eigenständige
- Anwendung und Entwicklung von Theorien, Methoden und Techniken der Psychologie und ihrer Nachbardisziplinen
- bei einzelnen Personen aller Altersstufen oder Gruppen von Individuen,
- die unter Störungen oder Krankheiten (unabhängig von deren Ursache) leiden, die sich im psychischen (Verhalten und Erleben) und/oder somatischen Bereich manifestieren
- oder die im Hinblick auf derartige Störungen und Krankheiten gefährdet erscheinen.
- Dabei werden in der Praxis psychologische Methoden der Prävention, Diagnostik, Beratung, Rehabilitation und Therapie eingesetzt.
- Praktische klinisch-psychologische Tätigkeiten werden vor allem ausgeübt in: Kliniken der verschiedensten Fachdisziplinen, Beratungsstellen aller Art, Heimen, Schulen, in der „Gemeinde“ und privaten Praxen.
- Neben den Praxisbezügen seien Forschung und Lehre ausdrücklich als wesentliche Bestandteile der Klinischen Psychologie angeführt“.

Die knappe Aufzählung soll etwas ausgeführt werden:

Eigenständigkeit klinisch-psychologischer Tätigkeit wird deshalb betont, weil die Ausbildung in Psychologie und die Spezialisierung in Klinischer Psychologie eigene Rechte und Pflichten festlegt, die sich nicht auf andere Berufszweige reduzieren lassen. Eigenständigkeit schließt aber Kooperation vor allem im interdisziplinären Sinne keinesfalls aus.

Klinische Psychologen müssen über eine solide *Grundausbildung* in Theorien und Methoden der Psychologie verfügen, um in ihrer späteren Tätigkeit theoretische Ansätze entwickeln, vertreten und begründen, methodisch fundieren und/oder kritisieren zu können. Es ist nicht davon auszugehen, daß dem Klinischen Psychologen im Laufe des Studiums Techniken und Lösungen für alle Probleme vermittelt werden, die ihm im Laufe seiner Praxis begegnen; er sollte jedoch in die Lage versetzt werden, theoretische Konzepte und methodische Ansätze im Sinne konstruktiver Problemlösung auf sein Praxisfeld zu übertragen.

Die Charakterisierung von *Zielgruppen* der Klinischen Psychologie schließt praktisch keine Alters-, Personen- und Störungsgruppe aus. In der Vergangenheit haben sich allerdings Schwerpunkte der Behandlung von Störungen gebildet (z. B. Kinder, neurotische Störungen . . .); diese Grenzziehungen werden vermehrt aufgeweicht: In programmatischen Stellungnahmen wird die Einbeziehung von alten Personen, von Unterschichtspatienten, von Störungen außerhalb des neurotischen Bereiches und der klinisch-psychologischen Intervention und Hilfe bei psychosomatischen und rein somatischen Störungen gefordert.

Bei den verschiedenen Interventionen sollte man allerdings auch die *Ziele und Grenzen* psychologischer Möglichkeiten angeben, da es andernfalls zu einer Selbstüberschätzung und illegitimen Ausweitung der Grenzen klinisch-psychologischer Tätigkeit kommen könnte.

Präventive Aspekte der Klinischen Psychologie finden vorwiegend in programmatischen Erklärungen einzelner Therapieverbände und Interessengruppen ihren Ausdruck. Über die Einlösung und Einlösbarkeit solcher Forderungen wird zunehmend diskutiert (Keupp 1978, Perrez 1991).

Historisch gesehen stellten *Diagnostik* und evtl. *Beratung* einen ersten Schwerpunkt klinischer Tätigkeit dar; mit der eigenständigen Qualifikation und der Entwicklung spezifisch klinisch-psychologischer Methoden gelang der Durchbruch auch im therapeutischen Bereich. Für die eigenständige therapeutische Tätigkeit von Psychologen ist eine gesetzliche Regelung jedoch erst in Vorbereitung.

Die *Tätigkeitsfelder* Klinischer Psychologie sind schwerpunktmäßig auf die in diesem Punkt angeführten Bereiche verteilt; nimmt man allerdings sowohl präventive als auch rehabilitative Programme ernst, so wird klar, daß die Beschränkung auf die angeführten Bereiche weder notwendig noch sinnvoll ist. Gelänge es, eine Bestandserhebung und gesetzliche Regelung für eine psychosoziale Versorgung vorzulegen, so müßten Klinische Psychologen auch in unterversorgten Gebieten tätig werden.

Klinische *Forschung* als entscheidendes Charakteristikum soll und darf nicht auf Universitäten und Forschungsinstitute bzw. auf Personen, die von der aktuellen Versorgung freigestellt sind, beschränkt bleiben. Die immer wieder zu hörende Kritik an der Praxisferne universitärer Forschung soll die Praktiker dazu veranlassen, die Konsequenz zu ziehen, selbst Forschung zu betreiben: Durch Dokumentation der eigenen Tätigkeit und durch einfache Auswertungsverfahren im Sinne der kontrollierten Praxis, wie sie in letzter Zeit entwickelt worden sind, kann praktische Tätigkeit zu einem wichtigen korrigierenden Element klinisch-psychologischer Forschung werden.

16.3 Ätiologie psychischer Störungen

Wenn man mit auffälligem Verhalten, mit psychischen Störungen oder abnormen Reaktionen konfrontiert ist, stellt man sich jeweils die Frage, wie es zu solchen Verhaltensstörungen und Reaktionen kommen konnte – kurz: die Frage nach dem *Warum* eines bestimmten Ereignisses. Im Rahmen unserers Alltagswissens verfügen wir über eine Reihe von plausiblen Antworten auf diese Frage: die Alltagstheorien haben insofern eine entlastende Funktion, als sie den Druck, den unerklärte Probleme in uns auslösen, zumindest zeitweise reduzieren.

Auch in der Klinischen Psychologie stellt man sich die Frage, warum ein bestimmtes Verhalten aufgetreten ist; das *Prinzip ätiologischer Forschung* besteht darin, daß man für einen zu erklärenden Satz (Explanandum) nach Gesetzesbedingungen sucht; diese Gesetzmäßigkeiten stellen zusammen mit bestimmten Antezedenzbedingungen eine Erklärung (Explanans) für ein bestimmtes Verhalten (Störung) dar.

Ein *Beispiel:*

Herr X äußert, er habe Angst, fremde Personen anzusprechen.	*Explanandum* (= zu erklärender Satz) (FRAGE: Warum ist dies der Fall?)
(1) Personen, die interpersonales Verhalten nicht gelernt haben, werden Angst empfinden, wenn dieses Verhalten gefordert wird. (2) Lernen interpersonalen Verhaltens erfolgt durch Modellernen und direkte Instruktionen.	$G_1 \ldots G_n$ (= Gesetzesbedingungen) *Explanans* (G und A)
(1) Herr X. ist sehr isoliert aufgewachsen. (2) Herr X konnte erwünschtes interpersonales Verhalten weder durch entsprechende Modelle noch durch direkte Instruktion lernen. (3) Die Mutter von Herrn X. ist sehr zurückgezogen und lieferte ein ängstliches Modell.	$A_1 \ldots A_n$ (= Antezedenz- bzw. Randbedingungen)

Durch Zurückgreifen auf die im Explanans formulierten Gesetzesbedingungen und auf die konkreten Antezedenzbedingungen gelingt es, eine Erklärung zu formulieren.

Was unterscheidet nun diese Erklärung von vorher charakterisierten alltagspsychologischen Erklärungsmustern? Eine alltagspsychologische Erklärung würde etwa lauten: ‚X hat Angst, fremde Personen anzusprechen, weil er ein schüchterner Mensch ist.' – Der Unterschied liegt darin, daß Erklärungen bzw. Ätiologiemodelle, wie sie in der Klinischen Psychologie formuliert werden, im Gegensatz zu alltagspsychologischen Erklärungen bestimmten Kriterien zu genügen haben. Für naturwissenschaftliche Erklärungen gelten etwa folgende Bedingungen:

- Der Schluß vom Explanans zum Explanadum muß korrekt sein.
- Im Explanans muß mindestens ein allgemeines Gesetz enthalten sein.
- Das Explanans muß empirischen Gehalt besitzen.
- Die Sätze des Explanans müssen wahr (zumindest gut bewährt) sein (vgl. Stegmüller 1974, Prim & Tillman 1976, Möller 1976, Groeben & Westmeyer 1975).

Die Kenntnis der Ursachen psychischer Störungen muß als *Voraussetzung* für die Entwicklung von therapeutischen und vor allem präventiven Maßnahmen angesehen werden; selbst über die verschiedensten Schulrichtungen in der Klinischen Psychologie hinweg ist man sich in dieser allgemeinen Auffassung recht einig. Strittig sind allerdings die beiden folgenden Fragen:

(1) Was ist als Ursache psychischer Störungen anzusehen? Je nach metatheoretischem Gesichtspunkt wird man verschiedene Antworten auf diese Frage als adäquat akzeptieren; dies legt weitgehend die Suchrichtung nach ätiologischen Faktoren fest.

(2) In welchem Umfang müssen die Entstehungsbedingungen einer psychischen Störung im Einzelfall aufgedeckt werden, um gezielte therapeutische Maßnahmen einleiten und einen dauerhaften Erfolg erzielen zu können?

Da eine ätiologische Erklärung aus wissenschaftstheoretischen und pragmatischen Gründen niemals vollständig sein kann, besteht über die Frage, wann die Ursachen hinreichend aufgedeckt seien, kaum Einigkeit. Auf beide Fragen werden von verschiedenen Theorien in der Klinischen Psychologie völlig unterschiedliche Antworten als adäquat erachtet; im Rahmen einer *differentialätiologischen Betrachtungsweise* (Becker 1984) unterscheidet man allerdings – wieder recht einheitlich – folgende drei Bedingungskomplexe:

(1) *Prädisponierende Bedingungen:* Dazu rechnet man ungünstige Erbanlagen, biologische und biochemische sowie physiologische Schädigungen und ungünstige Umweltbedingungen in der Kindheit. Prädisponierende Bedingungen determinieren keinesfalls die Entstehung von Störungen, sie müssen jedoch als entscheidende Faktoren bei der Genese berücksichtigt werden.

(2) *Auslösende Bedingungen:* Von auslösenden Bedingungen spricht man, wenn bestimmte Ereignisse oder Zustände einem ersten oder erneuten Auftreten psychischer Störungen vorausgehen. *Beispiel:* belastende Ereignisse, Verlusterlebnisse, Frustrationen, kritische Lebensereignisse. Die Identifikation und Analyse der Effekte solcher Bedingungen ist ein sehr diffiziles Problem, dem man z. B. in der Erforschung kritischer Lebensereignisse nachzugehen versucht (Filipp 1981, Katschnig 1980).

(3) *Aufrechterhaltende Bedingungen:* Bestimmte Störungen haben vorübergehenden Charakter (speziell in der Kindheit); es kommt dann zu einer dauerhaften Störung, wenn aufrechterhaltende Bedingungen zur Störung hinzutreten, z. B. Reaktionen der Umwelt, Etikettierung, Bestrafung, Rollenzuschreibungen.

Selbst wenn es gelungen ist, prädisponierende, auslösende und aufrechterhaltende Bedingungen für eine bestimmte Störung zu identifizieren, ist damit das Gewicht der einzelnen Faktoren noch keinesfalls festgelegt; von Theoretikern verschiedener Provenienz werden dabei jeweils verschiedene Faktoren (über-)betont. Es muß unser Bestreben sein, von globalen Aussagen wegzukommen (z. B. indem man für verschiedene Störungen immer dieselben Ursachen verantwortlich macht). Ziel einer differentialätiologischen Betrachtungsweise ist es, diejenigen spezifischen Bedingungen angeben zu können, die für das Auftreten spezifischer Störungen verantwortlich sind.

16.4 Abweichendes Verhalten und Normproblem

Im vergangenen Kapitel wurde der Begriff der psychischen Störung oder des abnormen Verhaltens unerklärt eingeführt und gebraucht; man fragt zurecht, wann bestimmtes Verhalten als abweichend, als psychische Störung angesehen werden kann.

Auch im Kontext diagnostischer Bemühungen ist man mit der Frage konfrontiert, was als normal, als abweichend oder störend anzusehen ist; will man zu einer derartigen Beurteilung kommen, so spielt der jeweils zugrunde gelegte Normbegriff eine entscheidende Rolle. Grundsätzlich lassen sich folgende Herangehensweisen an den *Normbegriff* unterscheiden:

(1) *Statistische Norm:* Hier wird das Verhalten einer Person auf eine bestimmte *Verteilung* bezogen; weicht das Verhalten stark vom Mittelwert ab, so wird die Person als abnorm bezeichnet; korrekter wäre es, das Verhalten als im Hinblick auf diese Verteilung „extrem" zu bezeichnen.

(2) *Wertnormen:* Charakterisiert man Verhalten in bezug auf Wertnormen als „normal" oder „abnorm", so greift man auf *Kriterien der Gesellschaft* zurück; dabei sind die tolerierten Abweichungen und die jeweiligen Sanktionen mehr oder weniger festgelegt. *Problem:* die Beurteilung von Verhalten nach Wertnormen unterliegt großen Veränderungen in Kulturkreisen und Zeiträumen (z. B. Homosexualität, Exhibitionismus . . .)

Folgerung: Spricht man von Verhalten als „abnorm", „gestört" oder „abweichend", so muß man sich vor Augen halten, daß jeweils ein bestimmter Normbegriff zugrunde gelegt werden muß; dies sollte explizit geschehen und jeweils mehrere normative Gesichtspunkte einbeziehen.

Wenn man sich länger mit Klinischer Psychologie beschäftigt, wird klar werden, daß das Normproblem weder endgültig lösbar ist, noch daß man darauf völlig verzichten kann. Eine gewisse Lösung deutet sich mit der Explizierung und kritischen Hinterfragung des Normproblems an.

16.5 Epidemiologie psychischer Störungen

Im Kapitel zur Ätiologie psychischer Störungen wurde klargelegt, daß bestimmte Typen von Bedingungen vorliegen müssen, damit es zum Auftreten und zum Aufrechterhalten psychischer Störungen kommt. Bereits für *somatische Krankheiten* konnte nachgewiesen werden, daß ihre Verteilung nicht zufällig ist, sondern mit verschiedenen Variablen in Zusammenhang steht; die Forschungsstrategie wurde auf die Psychologie übertragen, und die Erfassung dieser (sozialen, ökonomischen, situativen ...) Variablen und die Ermittlung ihres Zusammenhanges mit psychischen Störungen sind Gegenstand der Epidemiologie.

Das *Vorgehen der epidemiologischen Forschung* psychischer Störungen läßt sich in drei aufeinanderfolgende Schritte gliedern:

(1) Untersuchungen des Zusammenhanges von abweichendem Verhalten (psychische Störungen) mit sozialen und strukturellen Variablen. Abgesehen davon, daß im ersten Suchraster bereits theoretische Annahmen über Verteilungen vorliegen müssen, kann man dies als *deskriptive Strategie* bezeichnen. Als *Beispiel* für eine deskriptive epidemiologische Studie sei die klassische Untersuchung von Hollingshead & Redlich (1974) zitiert: Sie konnten nachweisen, daß Mitglieder sozial benachteiligter Schichten signifikant mehr schwere Verhaltensstörungen entwickeln als Mitglieder mit begünstigtem Sozialstatus. Die Autoren konnten u. a. folgende Hypothesen belegen: Je niedriger die Schichtposition eines Individuums ist, desto höher ist das Risiko einer psychischen Erkrankung. Die Formen psychischer Erkrankung stehen in signifikantem Zusammenhang mit der Struktur der sozialen Schichtung; bei Mitgliedern niedriger sozialer Schichten werden vermehrt schwere Störungen, bei Mitgliedern höherer Schichten vermehrt leichte Störungen diagnostiziert. Die Art der Verordnung der psychiatrischen Behandlung steht in Beziehung zur Schichtposition des Patienten: Unterschichtpatienten erhalten eher medikamentöse Therapie oder bloße Verwahrung, Oberschichtpatienten vermehrt Psychotherapie.

(2) Den zweiten Schritt in der epidemiologischen Forschung stellt der Versuch einer *Interpretation des korrelativen Zusammenhangs der relevanten Merkmale* dar; intendiert ist dabei eine zumindest vorsichtige kausale Interpretation, die eine Gewichtung und Spezifikation der gefundenen Variablen nahelegt. Ohne eine solche Differenzierung bleibt man bei der Feststellung stehen die „Gesellschaft produziere abweichendes Verhalten"; Keupp (1974, S. 36) bezeichnet dies berechtigterweise als „Allerweltsaussage". Die zitierte Studie von Hollingshead & Redlich (1974) und ähnliche epidemiologische Befunde haben verschiedene Interpretationen erfahren: Dunham (1965) interpretiert die spezifischen Verteilungsmuster psychischer Störungen als Funktion sozialer Selektionsprozesse. Kohn (1972) erklärt das überzufällig häufige Vorkommen schizophrener Störungen in benachteiligten Sozialschichten durch das Zusammenwirken dreier Faktoren: genetische Bedingungen, Streß und soziale Schichtbedingungen. Seiner Meinung nach kommen genetische Benachteiligungen und Streß in unteren sozialen Schichten gehäuft vor, was in einem höheren Risiko schizophrener Störungen resultiert.
Kausale Interpretationen intendieren somit die Angabe der relevanten Ursachen (z. B. soziale Selektionsprozesse) für ein bestimmtes Ereignis (z. B. psychische Störungen); für die Behauptung einer Kausalrelation müssen allerdings drei Bedingungen gegeben sein und zwar

- A (= Ursache) liegt zeitlich vor B (= Wirkung),
- A und B sind zeitlich kovariiert (d. h.: treten gemeinsam auf) und
- es darf nur A als Ursache für B in Frage kommen.

Im Rahmen der sozialwissenschaftlichen Forschung stellt der *Ursachenbegriff* jedoch eine Art Idealkonzept dar: „Als Ursache eines Ergebnisses müssen sämtliche relevanten Bedingungen dieses Ereignisses angesehen werden. Dazu gehören nicht nur die sich gerade ändernden Bedingungen, sondern auch die konstanten Bedingungen oder Prozesse, ohne die das fragliche Ereignis nicht stattfinden könnte" (Stegmüller 1974, S. 433).

Bezieht man sich also im zweiten Schritt der epidemiologischen Forschung auf vorherige Bedingungen, so sollte man sich vor Augen halten, daß man nur mögliche oder wahrscheinliche (plausible) Antezedenzbedingungen - niemals aber „die Ursache" eines Ereignisses erfaßt hat. Anders wäre es auch unverständlich, wenn von verschiedenen Forschern unterschiedliche „Ursachen" als relevant angesehen werden.

(3) Die *Erfassung* (Schritt 1) und *teilweise Interpretation* (Schritt 2) epidemiologischer Befunde schafft die *Voraussetzung für konkrete Interventionen*. Solche Interventionen müssen keinesfalls psychologischer oder therapeutischer Natur sein; überwiegen werden sogar eher soziale, strukturelle oder politische Interventionen (vgl. Keupp 1991).

Die beiden ersten Schritte stellen schon deshalb eine unabdingbare Voraussetzung konkreten Handelns dar, weil ohne theoretisches Wissen (Gesetzesbedingungen über den Zusammenhang von psychischen Störungen und externen Variablen) therapeutisches, soziales oder politisches Handeln in völlig blinden Aktionen münden würde. Speziell für präventive Programme (s. u.) muß solches theoretisches Wissen in ausreichender Weise vorhanden sein.

16.6 Intervention in der Klinischen Psychologie

Für diesen Bereich wird eine kurze Besprechung des Problems der differentiellen Indikation vorangestellt. Daran schließt sich die Betrachtung präventiver Aspekte in der Klinischen Psychologie an. Für den Bereich der Methoden wurde ausschließlich eine kurze Charakterisierung der Psychoanalyse gewählt. Für Zielgruppen habe ich mich auf Interventionen im Bereich der Familien und Gruppen beschränkt. Daran schließt sich eine Charakterisierung problemorientierten Vorgehens sowie die Betrachtung eines speziellen ‚Settings', nämlich der Instigationstherapie, an.

16.6.1 Differentielle Indikation

Schraml (1969) versteht unter *Indikation* die *„korrekte Ermittlung* der geeigneten Therapieform für die jeweilige Störung beim jeweiligen Patienten".

Wenn sich ein Klient an einen Psychologen wendet, so ist üblicherweise die erste Frage: „Ist psychologische Intervention/Psychotherapie bei diesem Klienten anzuwenden?" bereits positiv beantwortet. Vor diesem Schritt findet allerdings bereits ein komplexer sozialer Prozeß statt: Der Klient versucht mit seinem Problem selbst fertig zu werden, er wendet sich an Freunde, Bekannte und erst dann an den

Fachmann. Von 1000 Einwohnern in der Bundesrepublik Deutschland wenden sich jährlich 150 wegen psychischer Störungen an Ärzte, 140 davon an den Hausarzt und nur 10 an einen Psychiater (Bericht über die Lage der Psychiatrie in der Bundesrepublik Deutschland, 1975).

Die erste Indikationsentscheidung ist also längst gefällt, wenn ein Klient den Weg zum Klinischen Psychologen findet. Im Rahmen der Forschung um das Problem der *differentiellen* Indikation lassen sich zwei Typen von Fragen ausmachen:

(1) „Welche Therapieform, angewendet durch welchen Therapeuten, ist bei welchen Patienten, mit welcher Problematik zu welcher Zielsetzung, wie angemessen und wie effektiv?" (Paul 1969, Baumann 1981).
Diesen Ansatz kann man als *Variablenmodell* bezeichnen, weil die in der Frage enthaltenen Variablen isoliert, differenziert und in diversen Kombinationen untersucht werden können (Cook & Campbell 1976); prinzipiell mußte sich somit für jeden Patienten mit einer bestimmten Störung die effektivste Therapieform und der effektivste Therapeut eruieren lassen, womit man eine klare empirische Grundlage für die Indikationsentscheidung hatte - so zumindest die Logik des Modells.
Das Modell weist jedoch mehrere ganz entscheidende *Mängel* auf:
   - *Probleme der Sprache wnd einer einheitlichen Klassifikation von Störungen:* Dies kann speziell über verschiedene Schulen hinweg nicht geleistet werden.
   - *Forschungsmethodologische Probleme,* nämlich die Frage der Vergleichbarkeit und Zusammenfassung verschiedener Befunde. Diese Schwierigkeit ist zum gegenwärtigen Zeitpunkt völlig ungelöst.
   - *Praktische Probleme:* Eine differentielle Psychotherapiestudie zur Kombination aller angeführten Variablen läßt sich aus rein praktischen Gründen nicht realisieren (vgl. Grawe 1978, Fliegel et al 1989).

(2) Aus all diesen Schwierigkeiten hat man nun den Schluß zu ziehen, daß eine endgültige Lösung der oben charakterisierten Fragen prinzipiell unmöglich ist, bisher vorliegende Therapiestudien können den Entscheidungsprozeß bei der differentiellen Indikationsstellung nicht eindeutig festlegen.
Dennoch wäre es verfehlt, empirische Therapiestudien als irrelevant anzusehen; allerdings ist ihre Funktion verändert zu sehen.

Westmeyer (1979, 1981) hat ein Modell der Rekonstruktion psychologischer Praxis vorgeschlagen, das auch auf den Spezialfall der differentiellen Indikation angewendet werden kann; demzufolge stellt sich für den Therapeuten nicht mehr die Frage, ob differentielle Entscheidungen aus theoretischem und empirischem Wissen abgeleitet werden können, sondern vielmehr die bescheidenere Frage: „Wie läßt sich therapeutisches Handeln rechtfertigen bzw. begründen?"

Damit wird zwar die Frage ausgeklammert, wie es zu einer bestimmten Therapieentscheidung kommt (= *Entstehungszusammenhang);* für die differentielle Indikation ist es aber entscheidender, wie sich ein bestimmtes Vorgehen relativ rational rechtfertigen läßt *(= Begründungszusammenhang).* Der Begriff der *relativen Rationalität* ist eine Konsequenz und Anerkennung der Tatsache, daß sich konkretes Handeln niemals endgültig rechtfertigen läßt - neue Erkenntnisse, neues Wissen, lassen alte Entscheidungen als überholt erscheinen.

Auch die Kriterien, die man an die Rationalität einer Indikationsentscheidung anlegt, sind nie voll durchzuhalten: Man legt zwar wissenschaftslogische, methodische, inhaltliche und pragmatische Kriterien an, die eine gute Begründung erfüllen sollten, ist sich aber gleichzeitig im klaren, daß die zugrunde gelegten Argumente nur jeweils Ausschnitte der Kriterien abdecken können.

Das Modell der relativ rationalen Rekonstruktion ist besonders für Praktiker geeignet; sie werden dazu angehalten, ihre impliziten Treatmententscheidungen explizit zu vertreten und zu rechtfertigen; Psychologen sollen lernen, welche Bedeutung theoretisches, methodisches und empirisches Wissen zur Begründung praktischen Handelns besitzt.

16.6.2 Prävention psychischer Störungen

Betrachtet man die Zahl psychischer Störungen in einem Gesellschaftssystem, so stellt sich die Frage, ob diesem Problem durch rein kurative (= therapeutische) Interventionen langfristig adäquat begegnet werden kann; der Gedanke der Prävention ist relativ alt, man geht davon aus, daß

- vorbeugen besser als heilen ist - sowohl für den Betroffenen als auch für das System der Gesundheitsversorgung und
- durch kurative Maßnahmen am Einzelfall bestimmte Probleme nicht wirklich grundlegend verändert oder gelöst werden können.

Speziell im zweiten Punkt macht man sich die Auffassung zu eigen, daß bestimmte psychische Probleme nicht adäquat durch psychologische Methoden bekämpft werden konnen - in Analogie etwa zur Medizin, wo die Bekämpfung von Seuchen und Epidemien nicht allein durch medizinische Methoden, sondern erst durch Trockenlegung von Sümpfen und hygienische Maßnahmen gelang.

Effiziente präventive Maßnahmen haben als *entscheidende Voraussetzung*, daß wir über bewährte Ätiologie-Theorien verfügen: erst wenn wir wissen, wie bestimmte Störungen gesetzmäßig mit bestimmten Ereignissen (z. B. soziale Situationen) zusammenhängen, konnen präventive Maßnahmen sinnvoll eingesetzt werden. *Beispiel:* ein allgemeines Merkmal vieler psychischer Störungen ist mangelnde soziale und interpersonale Kompetenz, kognitive Ineffizienz und ungenügende Selbstkontrolle. Diese Probleme begünstigen sekundär die Ausbildung psychischer Störungen Als Folgerung für präventive Ansätze bietet sich an, frühzeitig (z. B. im Kindergarten oder in der Schule) diese Defizite zu beheben, damit es gar nicht zur Ausbildung von Störungen kommt.

Die Terminologie im Bereich der Prävention wurde von Caplan (1964) geprägt und hat sich in der Folge durchgesetzt (s. Becker, 1984):

(1) *Primäre Prävention:* Hier zielt man darauf ab, die Inzidenzrate (= Auftretenshäufigkeit) psychischer Störungen zu senken, mit anderen Worten: Es soll verhindert werden, daß psychische Störungen überhaupt auftreten (Beispiel: Maßnahmen in Institutionen, Gemeinden ...).

(2) *Sekundäre Prävention:* Hierunter versteht man Maßnahmen zur Verkürzung der Erkrankungsdauer und damit indirekt zur Senkung der Prävalenzrate (= Anzahl der Personen, die zu einem bestimmten Zeitpunkt an einer Störung leiden). Wichtig hierfür sind z. B. sensible Auffangmöglichkeiten für psychische Störungen, gute diagnostische Methoden und wirksame, rasche und dauerhafte Behandlungsansätze.

(3) *Tertiäre Prävention:* Sie hat zum Ziel, die negativen Folgen einer psychischen Störung sowohl für den Betreffenden als auch für seine Umgebung (Familie, Freunde, Gemeinde) möglichst gering zu halten. Beispiel: Rehabilitation; Resozialisierung.

Das Bekenntnis zu präventiven Aufgaben gehört zum Programm von Vereinigungen, die Fortschrittlichkeit für sich in Anspruch nehmen. Diese Feststellung in den Statuten der Vereine hat aber stark den Charakter von Lippenbekenntnissen, weil kaum konkrete präventive Aktionen gesetzt werden, denn es überwiegen noch immer kurative Interessen und Aktivitäten im psychosozialen Arbeitsfeld (s. Keupp 1978, Stark 1991).

Meiner Einschätzung nach hängt dies sehr eng mit einigen *Grundproblemen der Prävention* zusammen:

- Es wird oft darauf hingewiesen, daß unsere ätiologischen Theorien für komplexe präventive Maßnahmen nicht ausreichen; ich halte dies nur zum Teil für zutreffend. Für einige Bereiche gibt es sehr wohl ganz konkrete Hinweise darauf, was geändert werden müßte, um primäre, sekundäre oder tertiäre Präventionsmaßnahmen treffen zu können (Beispiel: Vermittlung von sozialer und intellektueller Kompetenz; Intervention auf der Ebene von Gemeinden; Städteplanung . . .).
- Für präventive Modelle und Ansätze besteht kein so direkter Interventionsdruck, wie dies etwa für manifeste Störungen der Fall ist (Eltern, deren Kinder noch keine Störung entwickelt haben, haben keine Motivation für präventive Maßnahmen); dies schlägt sich auch in der Strategie der Finanzierung psychologischer Versorgung nieder, die nur kurative Maßnahmen bei vorliegenden (meist medizinisch definierten) Problemen abdeckt.
- Die Effekte präventiver Tätigkeit lassen sich nicht leicht demonstrieren: Bei der Therapie einer psychischen Störung läßt sich (im günstigen Falle) zeigen, daß eine vorher vorhandene Störung nach einer Intervention behoben ist (und diese langfristig positive Effekte hat). Bei präventiven Maßnahmen wäre der Nachweis zu führen, daß eine noch nicht eingetretene Störung wegen bestimmter Interventionen (z. B. primäre Prävention) tatsächlich nicht auftritt (und diese langfristig positive Effekte hat). Dieses forschungsmethodologische Problem ist nur durch komplexe und langfristig angelegte Untersuchungen zu lösen.

Die Notwendigkeit präventiver Arbeit kommt im folgenden Zitat recht klar zum Ausdruck: „Wenn die Psychologen irgendeinen ernstzunehmenden Einfluß auf die allgemeinen Probleme unseres Lebens nehmen wollen, müssen sie ihre korrektiven Maßnahmen auf die schädlichen Praktiken der Gesellschaft anwenden und können sich nicht damit zufrieden geben, die Opfer dieser Praktiken zu behandeln“ (Bandura 1976, S. 214).

16.7 Klinische Interventionsverfahren

Als *psychologische Interventionsverfahren* („Psychotherapie“) werden im folgenden alle jene Behandlungsverfahren bezeichnet, die auf eine Lösung menschlicher Verhaltens- und Erlebensprobleme abzielen und die klinisch-psychologisch legitimierbar sind. Psychotherapie muß damit den folgenden *zwei Kriterien* genügen (vgl. Perrez 1982, 1989):

(1) Das Verfahren muß seine Wirksamkeit nachgewiesen haben bzw. prinzipiell nachweisen können (vgl. Bastine 1982). Dieser Nachweis der Wirksamkeit geschieht optimalerweise mit der konkreten Angabe von Effektivitätswerten bei der Behandlung bestimmter Probleme.

(2) Das Verfahren muß mit dem jeweiligen Wissen der Psychologie vereinbar sein. Laienhilfe z. B. wird etwa keineswegs als unbrauchbar bezeichnet, es handelt sich aber nicht um Psychotherapie, weil kein Bezug auf psychologische, sondern auf Alltagstheorien vorliegt.

Die von Perrez vorgeschlagenen Abgrenzungskriterien halte ich für notwendig, will man Psychotherapie weiterhin als *rationales Handeln* verstehen und von Handauflegen, Exorzismus und den neueren Blüten auf dem Psycho-Markt, etwa „Manifesting" (Verwirklichung von Wünschen durch Aussprechen dieser Wünsche) oder einem „Prosperity-System" (Ziel: reich werden) unterscheiden können. Die Kriterien sind auch nicht so rigide, daß sie neue Entwicklungen in der Psychotherapie ausschließen; sie stehen einer empirischen Validierung neuer Verfahren ebenso offen wie der Weiterentwicklung der Klinischen Psychologie.

Psychologische Therapieverfahren sollten sich an dem pragmatischen *Prinzip minimaler Intervention* (Kanfer 1980) orientieren: Jede psychologische Intervention zielt auf eine Veränderung in Verhaltens- und Erlebensbereichen eines Patienten ab; die Therapie - so Kanfer - sollte einen minimalen Eingriff in das Leben des Patienten darstellen und nur jene Bereiche einer Veränderung unterziehen, die der Patient selbst behandeln möchte.

Besonders in Selbstkontroll- und Selbstmanagement-Verfahren (s. Kanfer et al. 1990) wird darauf Wert gelegt, daß der Klient befähigt wird, mit seinen Problemen sobald als möglich selbst umzugehen (s. u.).

Für eine Besprechung der verschiedenen Interventionsmöglichkeiten bieten sich eine Reihe von Gesichtspunkten an; Ziel dieses Kapitels ist es, einen gewissen Überblick und Beurteilungskriterien für die verschiedenen Interventionen in der Klinischen Psychologie zu liefern. Das folgende Schema versucht, die Gesichtspunkte unter denen die Klinischen Interventionsverfahren besprochen werden können, auseinanderzuhalten und beinhaltet eine Trennung in Therapieansatz, Zielgruppen, Probleme und Setting.

- *Therapieansatz* (theoretische Orientierung): tiefenpsychologisch orientierte Verfahren; verhaltenstherapeutisch orientierte Verfahren; psychologische Gesprächsführung/Gesprächstherapie; kognitive Therapieverfahren usw.
- *Zielgruppen:* Kinder; Jugendliche; Erwachsene; Paare; Familien; Gruppen; Gemeinden usw.
- *Probleme* (Gliederung nach Störungen): Ängste; Zwänge; Depressionen; Sexualstörungen; Leistungsprobleme; Alkoholismus usw.
- *Setting* (Art der Intervention): Interaktionstherapie (z. B. dyadisch); Instigationstherapie (z. B. im Leben; in der natürlichen Umgebung) usw.

Es ist hier nicht möglich, alle Verfahren der Klinischen Psychologie, die möglichen Kombinationen mit Problemen, Zielgruppen und Arten der Intervention darzustellen (vgl. dazu Perrez & Baumann 1991). Dem Leser soll vielmehr ein Überblick und exemplarischer Einblick vermittelt werden. Für den Bereich der Interventionsverfahren werden lediglich psychoanalytische Techniken behandelt, den verhaltenstherapeutischen Ansätzen ist ein eigenes Kapitel in diesem Buch gewidmet. An Zielgruppen werden lediglich Familientherapie und Gruppentherapie ausgewählt, da diese häufig mit inhaltlich-therapeutischen Ansätzen verwechselt werden. Im Bereich der Problemorientierung wird nicht auf die einzelnen Störungsbereiche eingegangen, es wird vielmehr das prinzipielle problemorientierte Vorgehen demonstriert (s. Bezüge zur Indikation und Diagnostik). Als Beispiel für Settings, in denen eine Intervention stattfinden kann, wird die Selbst-Management-Therapie exemplarisch herausgegriffen, da sich gerade hier die Verwobenheit von Verfahren, Zielgruppen und Problemorientierung demonstrieren läßt.

16.7.1 Psychoanalyse

Für die historische Entwicklung der Klinischen Psychologie stellten - wie in der Einleitung bereits erwähnt - psychoanalytische Gesichtspunkte eine damals völlig neue Sichtweise psychischer Störungen dar. Das von Sigmund Freud entwickelte Verfahren der Psychoanalyse erlebte aber so viele Modifikationen, Veränderungen und Wandlungen, daß diese nur mehr schwerlich einem einzigen Begriff zugeordnet werden können. Dies zeigt sich auch daran, daß eine Reihe von sich zum Teil überschneidenden Begriffen geprägt wurde (z. B. psychoanalytische Therapie, dynamische Psychotherapie, Neo-Psychoanalyse, Große Psychoanalyse, psychoanalytische Kurzbehandlung, Fokaltherapie . . .). Auf diese Differenzierungen kann hier nicht näher eingegangen werden (s. Greenson 1975).

Aber selbst wenn man sich als Ziel steckt, die entscheidenden Grundgedanken der Psychoanalyse zu charakterisieren, muß man verschiedene *Ebenen* unterscheiden, wie man Psychoanalyse verstehen kann (s. Loch 1977):

(1) Psychoanalyse als allgemeine Theorie menschlichen Handelns (= *Persönlichkeitstheorie);* (2) Psychoanalyse als sozialpsychologische und ethnologische Theorie *(= Kulturtheorie);* (3) Psychoanalyse als Lehre über die Entstehung psychischer Störungen (= *Neurosentheorie); (4)* Psychoanalyse als Technik und Behandlungsverfahren *(= Therapietheorie);* (5) Psychoanalyse als wissenschaftliche und standespolitische Bewegung.

Jeder der Bereiche würde eine differenzierte Analyse verlangen, besonders problematisch wäre es allerdings, die verschiedenen Ebenen zu verwechseln; aus diesem Grunde ist es zum Teil falsch von „der" Psychoanalyse zu sprechen und spezifische Aussagen dazu zu machen (denn was für die Psychoanalyse als Kulturtheorie zutrifft, muß für die Psychoanalyse als Therapietheorie noch keineswegs zutreffen . . .).

Für unsere Zwecke - im Rahmen klinischer Interventionsverfahren - interessiert in erster Linie Psychoanalyse als Therapietheorie, zum Teil auch noch die Neurosentheorie, da sich die Behandlungsschritte größtenteils aus den Annahmen über das Zustandekommen einer Störung ergeben (vgl. Becker 1970; Thomä & Kächele 1985). Freuds erste Thesen sind auch vor dem historischen Hintergrund der damaligen Zeit und seiner Patienten - vorwiegend Störungen hysterischen Typs - zu verstehen.

Die *Kernannahme der Therapietheorie Freuds* ist, daß das Wiedererinnern und aktive Wiedererleben von unbewußten Gedanken, Gefühlen und Erlebnissen zu einer Beseitigung der (hysterischen) Symptomatik führt (Einsicht als nicht rein intellektuell, sondern emotional erlebtes Nachvollziehen). Diese Gedanken wurden, so Freud, in früher Kindheit verdrängt, d. h. als nicht bewußtseinsfähig (Zensur des Über-Ich) in den Bereich des Unbewußten abgeschoben. Sie finden aber auch ihren problematischen Ausdruck in den Symptomen des Patienten, die gleichzeitig Symbolcharakter für die zugrundeliegende Störung besitzen.

Im Verlaufe der Entwicklung der Psychoanalyse gab es verschiedene Verfahren, diesen unbewußten Gedanken den Weg zum bewußten Erleben zu eröffnen: zuerst wandte Freud (mit Breuer) die *Hypnose* an; als es damit gewisse Schwierigkeiten gab, entwickelte Freud ein Verfahren, um den Widerstand des Patienten zu umgehen, die sog. *freie Assoziation.* Diese wird auch heute noch als Standardtechnik eingesetzt und beinhaltet die Aufforderung an den Patienten, alles zu sagen, was ihm in den Sinn kommt. Spezielle Anknüpfungspunkte für die Analyse unbewußter Inhalte sind nach Freud *Träume,* in denen die Zensurschranke des Ich und Über-Ich herabgesetzt ist; *Fehlleistungen*, z. B. Versprecher, in denen sich das Unbewußte sozusagen „spontan äußert; *Symbole* im Verhalten und in den Symptomen des Patienten, über die der Analytiker durch Deutungen zusammen mit dem Patienten an die unbewußten Inhalte herankommt.

Damit der Patient in der therapeutischen Situation seinen Assoziationen freien Lauf lassen kann, sollte der Therapeut möglichst wenig lenken („Abstinenzregel"), evtl. durch gewisse Deutungen dem Patienten weiterhelfen, ihm im Grunde aber in „gleichschwebender Aufmerksamkeit" begegnen. Im Laufe der Interaktion kommt es zu einer *Übertragung* des Patienten auf den Analytiker, d. h. zu einer Wiederholung von Gefühlen und Einstellungen aus der Kindheit des Patienten, die nun dem Therapeuten gegenüber aktiviert werden. Diese Übertragung wurde von Freud ursprünglich als Störfaktor betrachtet, dann aber als wichtiges Material in die Analyse einbezogen. Damit die *Gegenübertragung* (die Projektion von Gefühlen etc. des Psychoanalytikers auf den Patienten) keinen allzu störenden Charakter bekommt, muß der Analytiker im Verlaufe seiner mehrere Jahre dauernden Ausbildung (Lehranalyse) lernen, mit Übertragung und Gegenübertragung umzugehen (s. Thomä & Kächele 1988).

Schon recht früh gab es Bestrebungen, die sehr lange dauernde psychoanalytische Behandlung (ca. 4 Std. pro Woche über mehrere Jahre hinweg) zu verkürzen (analytische Kurztherapie; Fokaltherapie). Auch hinsichtlich der Notwendigkeit einzelner Elemente (z. B. Bearbeitung von Material aus der frühen Kindheit) gab es relativ bald Kontroversen, was zu einer Aufsplitterung in verschiedene Schulen führte, die kaum noch als einheitlich charakterisiert werden können.

Einige *Probleme* und kritische Gesichtspunkte in der psychoanalytischen Therapietheorie:

(1) Die Psychoanalyse nimmt in der Psychologie eine gewisse Außenseiterposition ein; von mehreren Psychoanalytikern wird die Auffassung vertreten, Psychoanalyse könne gar nicht in den Rahmen der Psychologie als Naturwissenschaft gezwängt werden, weil sie eher *Deutungskunst* als Wissenschaft sei. Dem widersprach z. B. Möller (1978) in einer sehr differenzierten Analyse, indem er nachweist, Psychoanalyse intendiere sehr wohl Erklärungen (und als Folge

davon das Verstehen von Zusammenhängen) und müsse somit den Kriterien einer erklärenden Wissenschaft genügen.

Einer Annäherung von Psychoanalyse und anderen theoretischen Positionen steht man vielfach noch sehr skeptisch gegenüber.

Insgesamt hat die Diskussion, ob Psychoanalyse überhaupt *Wissenschaft* sei oder nicht, stark polemische Züge; ich würde in der Gesamtbeurteilung dem Ergebnis der kritischen Betrachtung von Perrez (1979) zustimmen, der meint, Psychoanalyse erfülle in vielen Bereichen (z. B. Qualität der Hypothesen) die Kriterien, die man an eine empirische Wissenschaft stellt, noch nicht; dies sollte uns aber keinesfalls davon abhalten, die Konzepte psychoanalytischer Theorien, hier speziell der Neurosentheorien, strenger empirischer Kontrolle zu unterziehen. Erst dann kann auf der Basis von Daten und nicht von Vorurteilen eine Beurteilung abgegeben werden.

(2) Sowohl die Strategien und Methoden als auch die bisherigen Ergebnisse zur Erforschung der Resultate psychoanalytischer Therapieverfahren (also der direkten Überprüfung zur Therapietheorie) sind heftig umstritten: Probleme der *Datenerhebung*, der *Datenqualität* und des *zirkulären Schließens* bei der Interpretation von Daten im Lichte der Theorie sind ebenso schwerwiegend wie die Frage, was als *Kriterium erfolgreicher Therapie* anzusehen ist (s. die spätere Erörterung des Kriterienproblems). In letzter Zeit mehrt sich aber die Anzahl empirischer Untersuchungen zu den Teilproblemen des psychoanalytischen Therapieverfahrens beträchtlich (s. Luborsky & Spence 1978); dies gilt auch für Vergleichsuntersuchungen der Effektivität der Psychoanalyse mit anderen Verfahren (s. Rachman & Wilson 1980; Meyer et al. 1991). Eine abschließende und endgültige Stellungnahme dazu abzugeben, wäre allerdings nicht nur verfrüht, sondern aufgrund der vielen divergenten Resultate auch noch gar nicht möglich.

(3) Angesichts des *Aufwandes,* der *Dauer* und *Kosten* der psychoanalytischen Behandlung wird berechtigterweise die kritische Frage nach ihrer Bedeutung für die psychosoziale Versorgung gestellt. Das Standardverfahren wird aus praktischen Gründen kaum noch durchgeführt, und unter einem gewissen Realitätsdruck (z. B. Übernahme der Kosten durch die Kassen nur für eine begrenzte Stundenzahl; alternative effektive Behandlungsverfahren) haben sich auch sachliche und inhaltliche Argumente für eine Ökonomisierung des Verfahrens durchgesetzt.

Im Bereich der *Indikation* muß sich die Psychoanalyse mit der Frage auseinandersetzen, ob ihre Indikationskriterien nicht so eng gefaßt sind, daß nur die gesündesten Patienten selegiert werden; dies ist ein Umstand, der auch als „psychoanalytisches Paradoxon" bezeichnet wurde, d. h.: Für die Psychoanalyse werden am ehesten diejenigen Patienten als geeignet erachtet, die ihrer am wenigsten bedürften. Blaser (1977) wies in einer empirischen Untersuchung zur Indikation in der Psychoanalyse nach, daß das Indikationsstereotyp von Analytikern dem YAVIS-Schema folgt (young, attractive, verbal, intelligent, successful), ein Umstand, der unter Versorgungsgesichtspunkten nicht unproblematisch ist.

Diese sehr knappe Behandlung einiger Kernannahmen der Psychoanalyse als Krankheitslehre und Therapieverfahren sowie das Anreißen einiger kritischer Punkte sollte genügen, um den Leser zur eigenen weiteren Auseinandersetzung zu führen. Ein gewisses Problem stellt dabei die Kluft zwischen den Ausbildungserfordernissen der Psychoanalyse und den Möglichkeiten an einer Universität dar.

16.7.2 Familientherapie

Rein formal gesehen kann man Familientherapie als einen Interventionsansatz bezeichnen, bei dem die Störung, die sich bei einem oder mehreren Familienmitgliedern manifestieren kann, als im System Familie verankert gesehen und auf dieser Ebene behandelt wird. Die Bezeichnung *Familien*therapie legt die *Methode* der Behandlung noch keineswegs fest (s. Reiter 1984). Was als „Familie“ bezeichnet wird, ist m. E. schwer abzugrenzen; günstig ist sicher eine funktionale Sichtweise, d. h., es werden diejenigen Mitglieder eines familiären Verbandes in die Therapie einbezogen, von denen man begründet annehmen kann, daß eine Veränderung ihres Verhaltens und Erlebens zu einer deutlichen Veränderung des identifizierten Problems führt.

In der Familientherapie sind praktisch alle Richtungen der Klinischen Psychologie bzw. Kombinationen oder Integrationen verschiedener Ansätze vertreten (s. Haley 1977).

Indikationen zur Familientherapie

Die Frage der Indikation zu einer bestimmten Therapieform läßt sich, wie oben ausgeführt, nicht definitiv treffen, sondern nur im Sinne einer *relativ rationalen* Rechtfertigung. Dies ist besonders der Fall bei einer Interventionsform, die vom Begriff her nur die Zielgruppe, keineswegs aber die inhaltlichen Gesichtspunkte festlegt; zudem ist die Familientherapie in einer raschen Entwicklung begriffen, die eine abschlleßende Beurteilung erschwert. Um somit die Indikation „Familientherapie“ rechtfertigen zu können, müssen einige Gründe vorliegen, die es sinnvoll erscheinen lassen, nicht das Individuum, sondern das System Familie zum Ziel der Intervention zu machen (s. Reiter 1984; Bommert et al. 1990):

- Optimalerweise sollte ein Problem von einer Familie als gemeinsames erlebt werden; z. B. Probleme der Ablösung eines Jugendlichen aus dem Familienverband; Störungen, bei denen der Therapeut relativ bald den gemeinsamen Anteil verschiedener Familienmitglieder herausstellen kann, etwa Alkoholabhängigkeit, Zwänge etc.
- Wenn spezifische einseitige Abhängigkeiten der Familienmitglieder untereinander bestehen, so spricht dies stark für den Einbezug der Gesamtfamilie, da eine Einzeltherapie das Gleichgewicht der Familie stark beeinträchtigen würde. Beispiel: Paarkonflikte der Eltern; Kind als Symptomträger einer gestörten Familieninteraktion.
- In einem primär präventiven Sinne ist Familientherapie dann spezifisch indiziert, wenn aufgrund bestimmter Konflikte eine Störung zwar noch nicht aufgetreten, im Laufe weiterer Belastung jedoch zu erwarten ist. Beispiel: Prävention psychosomatischer Störung durch Hilfe bei der Streßbewältigung.

Kritische Punkte

- Es gibt nur wenige empirische Belege zur Effektivität familientherapeutischer Intervention; wenn solche Belege gebracht werden, dann läßt sich eine Überlegenheit gegenüber traditionellen Verfahren nicht nachweisen.

- Es besteht die Gefahr eines gewissen Reduktionismus des Problems auf systemische Gesichtspunkte, womit differentielle Aspekte kaum noch ins Gesichtsfeld rücken.
- Die im Rahmen der Familientherapie häufig thematisierten systemtheoretischen Ansätze besitzen eine Art Eigendynamik; die Legitimation einer systemtheoretischen Betrachtung bleibt einer kritischen Hinterfragung kaum offen.

16.7.3 Gruppentherapie

Gruppentherapie ist ebensowenig eine inhaltliche Festlegung wie Familientherapie oder Einzeltherapie, sondern beinhaltet lediglich, daß sich die Intervention *gleichzeitig auf mehrere Personen* bezieht. Für den klinischen Bereich lassen sich eine Reihe inhaltlicher, theoretischer und methodisch zu unterscheidender Gruppenansätze aufführen wie: Psychodramagruppen, gesprächspsychotherapeutische Gruppen, verhaltenstherapeutische Gruppen, psychoanalytische Gruppen, gestalttherapeutische Gruppen usw. (vgl. Yalom 1974). Außerhalb des klinischen Bereiches gibt es ebenfalls eine Reihe von Gruppenansätzen (zur Systematik s. Speierer 1978).

Für die *differentielle Indikationsstellung* zur Gruppentherapie existieren bisher fast ausschließlich Plausibilitätsüberlegungen; dies ist zum Teil auch ein Problem der empirischen Erforschung von differentiellen Prozessen in der Gruppe und Aspekten der Interaktion. Es gibt allerdings Untersuchungen, die differentielle Einschätzungen und ihre Möglichkeiten laufend verbessern (vgl. Liebermann 1977). Der hier interessierende Gesichtspunkt psychotherapeutischer Gruppen ist die Frage der *Indikation von Gruppentherapie versus Einzeltherapie,* mit anderen Worten: Es muß über die verschiedenen Schulen hinweg Argumente für die Durchführung eines therapeutischen Verfahrens in der Gruppe geben. Einige dieser Argumente seien im folgenden angeführt, weil sie gleichzeitig auf Charakteristika und spezifische Wirkfaktoren hinweisen (vgl. Grawe 1980; Fiedler 1987):

(1) *Aspekte der Ökonomie:* Dieses Argument wird zum Teil als oberflächlich bezeichnet, dabei kann es angesichts der problematischen Versorgungslage im psychosozialen Bereich und der Überbelastung von Therapeuten als durchaus wichtig angesehen werden.

(2) *Gruppe als sozialer Mikrokosmos für die Diagnostik und Veränderung menschlicher Beziehungsstörungen:* Die Gruppe wird in diesem Fall als Modell der realen Welt des Klienten angesehen. In der „geschützten" Situation kann der Klient angstfreier agieren, sprechen und handeln; diagnostisch kann das problematische Beziehungsverhalten des Klienten erfaßt werden; die Gruppe bildet ein Modell für das Einüben von Veränderungen im Beziehungsverhalten der einzelnen Mitglieder. Diagnostik und Veränderungsstrategien sind in den einzelnen Therapieformen sehr unterschiedlich; sie hängen mit Ätiologie- und Therapietheorien in den verschiedenen Ansätzen zusammen.

(3) *Mobilisierung von Gruppenkräften für die Herbeiführung individueller Verhaltensänderungen:* Die Zusammenstellung einer Gruppe zu therapeutischen Zwecken schafft Lernbedingungen, die gezielt dazu eingesetzt werden können, um bestimmte Ziele zu erreichen: Kooperation, Kohäsion, Offenheit und Vertrauen als instrumentelle Gruppenbedingungen müssen vom Leiter der

Gruppe im Laufe der Zeit herbeigeführt und können dann optimal eingesetzt werden (Bedeutung der Interaktion im therapeutischen Setting!).
Über die *Zusammensetzung* einer therapeutischen Gruppe, die *Frequenz* und *Dauer der Sitzungen,* gibt es nur Rahmenwerte; für die Zusammensetzung gilt als Größe 6–9 Teilnehmer aus gruppendynamischen Überlegungen als optimal, allzu homogen zusammengesetzte Gruppen hemmen üblicherweise die Entfaltung der Gruppe (Lernbedingung), so daß man eher zur Zusammensetzung von heterogenen Gruppen (Alter/Geschlecht/Symptomatik) tendiert (Liebermann 1977).

16.7.4 Problemorientiertes Vorgehen

In der psychotherapeutischen Literatur wird immer wieder (zu Recht) gefordert, eine therapeutische Methode/Technik sollte nicht deshalb bei einem spezifischen Patienten angewendet werden, weil der Patient aufgrund diverser Zufälle bei einem bestimmten Therapeuten gelandet ist und der Therapeut nur über diese eine Interventionsmethode verfügt. Der Einsatz eines bestimmten Verfahrens, so wird argumentiert, habe sich an den *Problemen zu* orientieren. Übersehen wird dabei, daß die Konzeption dessen, was ein „Problem" ausmacht, nicht völlig unabhängig von einem theoretischen Gesichtspunkt geschehen kann; bereits eine noch so datennahe (objektive) Beschreibung impliziert die Verwendung eines Begriffssystems, das nur „im Lichte einer Theorie" sinnvoll ist (vgl. Bunge 1967).

Wie sieht nun problemorientiertes Vorgehen in der Psychologie aus? Man kann die Tätigkeit des Therapeuten(-teams) als Problemlöseprozeß auffassen, als Metamodell therapeutischen Vorgehens.

Therapeutische Probleme sind dadurch gekennzeichnet, daß ein bestimmter Zustand des Klienten als störend, problematisch, krankhaft, abweichend ... bezeichnet wird *(= Ausgangszustand).* Dieser Zustand kann von Klient und Therapeut mehr oder weniger präzise beschrieben werden. Davon zu unterscheiden ist ein *Zielzustand,* ein von Patient und Therapeut als erwünscht angesehenes Verhalten, Erleben, in das der Ausgangszustand nicht trivial überführt werden kann (sonst bestünde kein therapeutisches Problem). Die Zielzustände sind oft nicht so präzise zu beschreiben, wie die Ausgangszustände; häufig sind sie von seiten des Patienten negativ charakterisiert (... keine Probleme mehr, keine Ängste mehr ...), und nicht selten stellt die Formulierung und Konzeption eines adäquaten Zieles bereits das erste therapeutische Problem dar (von diesem Sonderfall sei hier abgesehen).

Gesucht sind nun möglichst effektive therapeutische Maßnahmen, die eine Überführung des Ausgangszustandes in den Zielzustand ermöglichen. Aus dem Methodenarsenal der Klinischen Psychologie wird nun jenes Verfahren auszuwählen sein, das die Überführung am ehesten gewährleistet; zusätzliche Kriterien sind die Akzeptabilität für den Klienten und das Fehlen von schädlichen Nebenwirkungen. Für diese Entscheidung sind keine sicheren, sondern nur Wahrscheinlichkeitsaussagen möglich.

Dieser Entscheidungsprozeß ist ein typisch hypothesengeleitetes Vorgehen: Ein Therapieerfolg belegt nicht schon die Richtigkeit der Hypothesen, genauso wenig wie ein Mißerfolg die Falschheit (oder Unangemessenheit) der Methode beweist.

Die Therapieplanung ist nicht mit der Zuweisung des Patienten zu einem bestimmten Verfahren abgeschlossen, sondern erfordert sensible Aufmerksamkeit für Rückmeldungen, die wiederum zu differentiellen Maßnahmen im Therapieverlauf eingesetzt werden können (therapiebegleitende Diagnostik).

Kriterien für einen Therapieprozeß sind:

- Durchschaubarkeit/Transparenz, um die Nachvollziehbarkeit der Entscheidung zu gewährleisten.
- Kontrolliertes Vorgehen im Sinne kontrollierter Praxis.
- Relativ rationale Begründung mit einem Bezug auf theoretisches und empirisches Wissen (z. B. im Dialogverfahren).

Durch das Einhalten bestimmter Regeln kann die interne und externe Validität zumindest einigermaßen abgesichert werden, womit sowohl Erfolge als auch Mißerfolge in der Therapie „Relevanz" für die formulierten Hypothesen besitzen. Dies ist um so eher der Fall, je besser die von Cook & Campbell (1976) aufgelisteten Gefährdungen der internen und externen Validität *kontrolliert* sind. Hat man die Intervention nach der Analyse des Problems relativ rational begründet, so müssen Mißerfolge des therapeutischen Einsatzes auch diese Argumente belasten (bzw. Erfolge zugunsten des gewählten Vorgehens sprechen). Da in die Argumentation und in die Voraussetzung klinisch-therapeutischen Handelns jedoch auch Prämissen eingehen, die nicht explizit formuliert waren, ist nicht präzise genug anzugeben, welcher Teil der Voraussetzungen als belastet bzw. bewährt anzusehen ist. Für oder gegen eine spezifische Intervention können jeweils mehrere mögliche Begründungen (und damit Alternativerklärungen) vorgebracht werden. Die Wahrscheinlichkeit des Zutreffens von Alternativerklärungen kann jedoch durch die Beachtung von Validitätsgesichtspunkten im Sinne von Cook & Campbell (1976) zumindest eingeschränkt werden. Mit anderen Worten: Mit einer gewissen relativ rationalen Rechtfertigung kann gesagt werdet, welcher Teil des Vorgehens als belastet bzw. bewährt anzusehen ist.

Die Lösung für die Frage der differentiellen Indikation ist somit auch die reine Problemorientierung nicht; ich würde allerdings meinen, daß die Forderung nach einer allgemein verständlichen Beschreibung eines Problems und die Entscheidung für die Zuweisung eines Patienten zu einem bestimmten therapeutischen Verfahren in einem multidisziplinären Team einen entscheidenden Schritt weg vom Zufallsverfahren hin zu einer zumindest relativ rationalen Indikationsstellung darstellt.

16.7.5 Selbst-Management-Therapie

Hauptziel psychologischer Interventionsverfahren muß sein, den Klienten unabhängig vom Therapeuten zu machen und die neuerlernten Bereiche im natürlichen Setting zu realisieren; eine Interventionsform ist dann relativ nutzlos, wenn ein Klient zwar im Laufe der Zeit lernt, in der therapeutischen Situation seine Ziele zu realisieren, wenn er aber nicht in der Lage ist, diese Erfahrungen auf seine natürliche Lebenssituation zu übertragen. Selbst-Management-Therapie legt ihr Hauptaugenmerk auf genau diesen Punkt: Der Therapeut erarbeitet mit dem Klienten zusammen Anregungen, Hilfestellungen, die der Klient zwischen den therapeutischen Sitzungen realisieren sollte; das therapeutische Setting bietet zwar immer noch einen Freiraum für den Klienten, in dem er angstfrei agieren kann (z. B. im Rollenspiel), die wesentlichen neuen Erfahrungen sollte der Klient jedoch allein und in natürlichen Situationen machen.

Selbst-Management-Therapie ist von den theoretischen Grundlagen her stark an *Selbstkontrollmodelle* angelehnt (Kanfer 1979; Kanfer et al. 1990): Klienten sollten dazu befähigt werden, ihre eigene Umgebung zu verändern und damit ihr Verhalten zu kontrollieren. Selbst-Management-Therapie ist weder ein neuer Therapieansatz, noch auf diejenigen Verfahren beschränkt, die eine Nähe zum Selbstkontrollmodell aufweisen: Es scheint ziemlich bedeutungslos, welches Verfahren (inhaltlich) dazu angewendet wird, dem Klienten den Weg von einem problematischen Ist-Zustand zu einem erwünschten Soll-Zustand zu erleichtern; der Klient sollte im Laufe der Therapie befähigt werden, diesen Weg *allein zu* gehen.

Es gibt einige *Argumente,* die für Selbst-Management-Therapie sprechen:

(1) Wenn Klienten frühzeitig für die Planung der Therapie und für ihre Durchführung verantwortlich sind, so erhöht sich ihre *Motivation* zur Verhaltensänderung. In der Selbst-Management-Therapie wird dies schon sehr früh durch Anleitungen zu Selbstbeobachtung, Selbstaufzeichnungen und später durch kleine „Hausaufgaben" intendiert (vgl. Shelton 1979, Shelton & Ackermann 1974). Die Bedeutung von Hausaufgaben für die Effektivität eines Treatments wurde immer wieder unter Beweis gestellt. Nicht selten wird vom Therapeuten die „mangelnde Motivation" von Klienten beklagt. Motivation (im Sinne einer Mitarbeit des Klienten) kann schrittweise aufgebaut werden: Der Klient wird angeregt, neues Verhalten in einer natürlichen Situation zu versuchen, auszuprobieren und erst die konkrete direkte Erfahrung wird ihn lehren, daß er mit diesem neuen Verhalten neue Kompetenz gewinnt.

(2) Es ist speziell in der Phase der *Beendigung* einer therapeutischen Intervention entscheidend, daß der Klient die Erfolge der Therapie sich selbst zuschreibt, hält er daran fest, ohne einen Therapeuten könne er nicht selbständig agieren, so wird dies bei der Beendigung der Therapie unweigerlich zu Schwierigkeiten führen. Selbst-Management-Therapie plant diesen Schrite des Übergangs vom therapeutischen Setting in die natürliche Umgebung sehr früh und systematisch. Die Anregungen aus der Therapie werden früh umgesetzt und tragen stark zur Aufrechterhaltung des therapeutischen Erfolgs bei (der Klient hat auch konkrete Selbstattributionen gelernt).

(3) Es gibt verschiedene Bereiche psychologischer Interventionsverfahren, in denen die Intervention im therapeutischen Setting aus prinzipiellen, sachlichen oder ethischen Gründen nicht möglich ist, z. B. im *Bereich funktioneller Sexualstörungen.* Hier liegen schon seit längerer Zeit konkrete Vorstellungen für systematische Übungen vor (s. Masters & Johnson 1970), die von den Partnern ohne Anwesenheit des Therapeuten durchgeführt werden. Das therapeutische Setting dient lediglich dazu, die Übungen zu planen, zu strukturieren, eventuelle Komplikationen zu besprechen und Hilfestellungen zu geben. Sexualtherapie ist auch ein gutes Beispiel dafür, daß nicht so sehr Veränderungen im therapeutischen Setting (z. B. verbale Berichte), sondern konkrete Veränderungen im natürlichen Setting interessieren. Ein ähnliches Beispiel stellen

Anleitungen des Patienten zur Eigenaktivität, zur Selbsttherapie durch konkrete Hausaufgaben im Rahmen der kognitiven Therapie der Depression dar (s. Beck et al. 1981).

16.8 Therapieforschung

Bei der Überprüfung der Wirksamkeit eines therapeutischen Verfahrens bzw. bei der vergleichenden Effektivitätsprüfung mehrerer Verfahren gibt es eine Fülle von Problemen; die meisten davon sind aus der Wirkungsforschung in der Allgemeinen und Angewandten Psychologie, aus der Veränderungsmessung, von Versuchen zur Kontrolle interner und externer Validität bekannt. Einige andere - z. B. die Frage der „Spontanremission", die Wahl adäquater Kontrollgruppen und adäquater Untersuchungspläne, Fragen von Prozeß- und Erfolgsforschung - sind für die Klinische Psychologie spezifischer, können aber hier kaum in der notwendigen Differenziertheit erörtert werden (s. dazu Hartig 1975, Petermann 1977, Garfield & Bergin 1986, Kratochwill 1978, Hersen & Barlow 1976, Rachman & Wilson 1980; Vandenbos 1986; Beutler & Crago 1991; Grawe 1992).

Das zentrale Problem der Psychotherapieforschung scheint mir zu sein, welche *Kriterien* man an Therapie und Therapiestudien anlegen sollte. Könnte man hier grundsätzlich Einigkeit erzielen, so wäre eine Reihe anderer Kontroversen eher zweitrangig. Die Frage, was man bei einem bestimmten Patienten als Erfolg der Therapie ansieht, entscheidet auch weitgehend darüber, welche Art von Intervention man für angemessen hält. Bereits bei der Erörterung der Frage differentieller Indikationsstellung wurde deutlich, daß globale Fragen und Einschätzungen einer eher differentiellen Betrachtungsweise keinesfalls angemessen sind.

Für die Betrachtung der *Veränderungen aus der Sicht des Patienten* bzw. vom Aufwand der Therapie her haben Kazdin & Wilson (1978) einige Gesichtspunkte vorgeschlagen, die hier erläutert und kommentiert werden sollen. Dabei handelt es sich nicht um fixe Kriterien, sondern eben um Gesichtspunkte, nach denen therapeutische Veränderungen beurteilt werden können. Der Vorzug dieser Betrachtungsweise liegt darin, daß die Gesichtspunkte allgemein und explizit sind, so daß Vertreter verschiedener Richtungen dazu differenziert Stellung beziehen können.

Von seiten des Patienten aus wären demnach folgende Kriterien anzulegen:

(1) *Bedeutung einer Veränderung:* Gerne wird in diesem Rahmen die Diskrepanz zwischen klinischer und statistischer Relevanz (Signifikanz) in die Diskussion geworfen; ich würde meinen, sie stellt nur einen Spezialfall verschiedener Betrachtungsmöglichkeiten dar: Die subjektive Beurteilung durch den Klienten, seine Umgebung, den Therapeuten oder unabhängige Beobachter und Testverfahren können unterschiedlich ausfallen und auch auf verschiedenen Ebenen (Verhalten/subjektiv/physiologisch) große Diskrepanzen zeigen. Das sollte uns gegenüber eindimensionalen Veränderungsangaben sehr skeptisch stimmen (z. B. Patient: „Ich fühle mich viel besser"; Therapeut: „Patient kann Situation X bewältigen"). Erst im Rahmen *multimethodaler Diagnostik (s.* Seidenstücker & Baumann 1978) läßt sich hier eine gewisse Entscheidung fällen.

(2) *Anzahl gebesserter Patienten:* Mit der direkten Angabe der Zahl gebesserter bzw. verschlechterter Patienten versucht man das Problem der Beurteilung einer Veränderung durch Angabe von Mittelwertverschiebungen zu umgehen. Solche *durchschnittlichen Veränderungen* einer Experimentalgruppe (Therapie) im Vergleich zu einer Kontrollgruppe sagen über den Wert einer Therapie relativ wenig aus und wurden in der Vergangenheit auch heftig kritisiert (Yates 1976, Grawe 1976).
(3) *Breite der Veränderungen:* Das Kriterium verlangt eine Angabe, welche Veränderungen erzielt worden sind; dazu gehören nicht nur die intendierten Therapieeffekte, sondern auch positive Nebeneffekte (z. B. Generalisierung) oder Nebenwirkungen schädigender Art. Ich halte diese Forderung von Kazdin & Wilson (1978) für prinzipiell sehr sinnvoll, weil sie die Verschränkung von theoretischer und empirischer Forschung in der Klinischen Psychologie verdeutlicht. Die Forderung ist jedoch niemals (und zwar prinzipiell) restlos einzulösen, weil nicht alle potentiellen Effekte der Therapie boobachtbar und beschreibbar sind und nicht eindeutig entschieden werden kann, welche Ergebnisse der Therapie als Wirkung des Treatments und welche unabhängig davon zustande gekommen sind (Frage der internen Validität).
(4) *Dauer der Veränderungen:* Als Minimalkriterium für jede Form von Intervention ist zu fordern, daß sich das Problem in Richtung des Zieles verändert. Zusätzlich wlrd meist verlangt, daß sich die Besserung als zeitlich und situational stabil erweist. So einig man sich über diese grundsätzliche Forderung sein mag, so heikel bleibt es, wenn konkrete Nachkontrollen vorgelegt werden sollen; die vorher proklamierte Dauer der Veränderungen bleibt oft ein Lippenbekenntnis und leider eher der Vermutung des Therapeuten überlassen, als daß sie konkret geplant und geprüft würde. Die Frage der Dauer der Veränderungen ist aber genauso wenig endgültig zu beantworten, wie jene nach der Breite: Kann man z. B. von einer dauerhaften positiven Veränderung bereits sprechen, wenn ein Alkoholiker nach der Therapie sechs Monate oder drei Jahre nicht mehr trinkt?

Schon die Betrachtung relativ einfacher Kriterien zeigt, daß die *Beurteilung von Effekten der Psychotherapie* kein leichtes und schon gar nicht ein eindimensionales Unterfangen darstellt; dabei haben wir bisher nur einige mögliche Kriterien vom Gesichtspunkt des Klienten aus betrachtet. Zieht man zu differenzierteren Beurteilungen zusätzliche Kriterien heran, die die Ergebnisse einer Intervention in Relation zu dessen Aufwand setzen (vom Therapeuten und Klienten her) so verkompliziert sich das Bild noch beträchtlich:
(1) *Effektivität in Relation zur Dauer der Therapie:* Beispiel: Beachtung von Zeitvariablen, Spontanveränderung, Regressionseffekten.
(2) *Effektivität in der Anwendung eines Verfahrens:* Beispiel: Einfachheit eines Verfahrens, Möglichkeit des Übergangs zur Selbstkontrolle und Selbsthilfe.
(3) *Kosten der Ausbildung des Therapeuten:* Beispiel: Beachtung des Aufwandes, den sich die Gesellschaft leistet, um Therapeuten auszubilden
(4) *Kosten für den Klienten:* Beispiel: finanzieller, emotionaler, organisatorischer Aufwand für den Klienten und seine soziale Umgebung.
(5) *Relation von Kosten und Effekten:* Beispiel: stehen die erhaltenen Effekte noch in Relation zum betriebenen Aufwand?

Durch explizite Angabe von Kriterien kann man zur relativ rationalen Rechtfertigung der Therapie jedoch einiges beitragen und sie somit der Beliebigkeit und Willkürlichkeit blinden Handelns entziehen.

Das Problem der Kriterien in der Psychotherapieforschung wird zusätzlich dadurch verkompliziert, daß für die Wahl der Kriterien nicht nur Theorien und empirische Ergebnisse der Psychologie, also deskriptive Anteile, sondern in einem hohen Maße auch *normative Gesichtspunkte* zugrunde gelegt werden müssen. Ihnen gilt die Erörterung Im nächsten Kapitel.

16.9 Ziele und Werte in der Klinischen Psychologie

Klinische Psychologen sind in vielfältiger Weise mit Zielen konfrontiert; in den verschiedenen therapeutischen Ansätzen werden dabei die unterschiedlichsten Therapieziele thematisiert, etwa

- „Stärkung des Ich", „Individuation" *(Psychoanalyse)*
- „Änderung des Selbstkonzepts", „Selbstakzeptierung" *(Gesprächstherapie)*
- „Veränderung von Verhaltensgewohnheiten", „Selbstkontrolle" *(Verhaltenstherapie).*

Einen Überblick über verschiedene Therapieziele gibt Perrez (1982). Die verschiedenen Ziele sind üblicherweise sprachlich auf verschiedenen Ebenen formuliert (theoretisch/dispositional/Beobachtungsbegriffe).

Wichtig ist sowohl die Frage, wie wir zu Zielen gelangen *(Heuristik),* als auch, wie wir diese Ziele rechtfertigen *(Begründung).*

Unter *Zielen in der Psychotherapie* versteht man diejenigen Soll-Zustände eines Patienten, die man durch das therapeutische Handeln anstrebt. Als zentralen Punkt möchte ich dabei hervorheben, daß sich diese Soll-Sätze (die Soll-Zustände beschreiben) weder allein aus deskriptiven Sätzen (= Ist-Sätzen) gewinnen lassen, noch daß sich diese Soll-Sätze allein deskriptiv begründen lassen (Morscher 1974). Sowohl zur Gewinnung als auch zur Begründung von normativen Sätzen müssen normative Sätze (z. B. grundlegende normative Prinzipien) herangezogen werden. Ziele, die auf prinzipiellen Wertvorstellungen gründen, sind im menschlichen Handeln immer mitgegeben (s. Reiter 1975); dies bedeutet keineswegs, Klinische Psychologie sei fortan als normative und nicht als deskriptive Wissenschaft (im Sinne von Weingartner 1971) zu betreiben. Die normativen Anteile (Sätze) innerhalb der Klinischen Psychologie jedoch sind nicht auf deskriptive reduzierbar und sollten vor einem normativen Hintergrund betrachtet und analysiert werden.

Dieser Problematik kann man sich auch nicht entziehen, indem man Therapieziele nicht formuliert oder behauptet, sie seien nicht formulierbar: Therapeutisches Handeln ist immer zielorientiert, in den genannten Fällen eben implizit, weil Wertvorstellungen, das „Menschenbild" des Therapeuten sowie Vorstellungen vom „besseren, erstrebenswerteren Leben" die Therapieziele determinieren.

Neben der möglichst genauen (vom theoretischen Standpunkt abhängigen) Beschreibung des *Problemzustandes* eines Patienten ist auch eine zumindest vorläufige Formulierung des *Zielzustandes* zu erarbeiten, die sich keineswegs aus der Präzisierung von Problemen, Defiziten oder Verhaltensstörungen ergibt.

Beispiel: Die ausführliche Beschreibung psychosomatischer Beschwerden eines Patienten legt noch keineswegs fest, in welche *Richtung* (Ziel) eine Änderung vorgenommen werden sollte (Änderung des Lebensstils, Änderung von Standards, Bewältigung von Streß). Absichtserklärungen und Willensäußerungen sowie globale Zielvorstellungen des Patienten stellen Bestandteile des Zielfindungsprozesses dar. Die oft rein negative Charakterisierung des Zielzustandes durch Patienten („die Kopfschmerzen sollen aufhören", „die Atembeschwerden sollen weg sein" . . .) liefern erste grobe Beschreibungen eines Zielzustandes. Üblicherweise sind diese Angaben zusammen mit dem Patienten so umzuformulieren und zu präzisieren, daß sie mit Hilfe (psychologischer) Interventionsverfahren auch erreicht werden können (vgl. Schmelzer 1983).

Der Umstand, daß für einen bestimmten Problemzustand keineswegs von vornherein festgelegt ist, was als Ziel einer Intervention angestrebt werden soll, bedeutet keineswegs eine Willkürlichkeit in Bereichen der Zielbestimmung. Im Rahmen der sog. *Normenlogik* (Kutschera 1973) lassen sich aber sehr wohl Kriterien angeben, nach denen auch Therapieziele beurteilt werden können. Für Psychotherapieziele könnte man mit Perrez (1982) folgende *Kriterien* als brauchbar ansehen:

(1) Die Formulierung des Therapieziels darf nicht so vage und unbestimmt sein, daß über die Erreichung oder Nichterreichung keine definitive Aussage getroffen werden kann, sonst würde das psychotherapeutische Verfahren immun gegen Kritik.

(2) Wenn bestimmte Ziele angegeben werden, dann sollte man gleichzeitig versuchen, die positiven/negativen Nebenwirkungen unter bestimmten Randbedingungen abzuschätzen (z. B.: Ziel: Kritikfähigkeit versus Anpassung).

(3) Man kann überprüfen, ob durch die Erreichung bestimmter Teilziele das postulierte Endziel erreichbar ist; mit anderen Worten: ob die Teilziele ihrerseits als Mittel für die Endziele angesehen werden können.

(4) Ist ein bestimmtes Therapieziel formuliert, so läßt sich fragen, ob das Ziel unter gegebenen Umständen erreichbar ist; dies kritisiert zwar nicht das Ziel an sich, wenn iedoch keine Verfahren zu dessen Erreichung bekannt sind oder entwickelt werden können, hat die Formulierung des Therapieziels bestenfalls akademischen Charakter.

16.10 Ausbildung und Weiterbildung in Klinischer Psychologie

Klinisch-psychologisches Handeln als professionelle Tätigkeit erfordert eine Basis an theoretischem und methodischem Wissen (z. B. für die differentielle Indikationsstellung/relativ rationale Argumentation zugunsten eines bestimmten Ansatzes).

Um genau angeben zu können, welche *Qualifikationen* ein Klinischer Psychologe erwerben sollte, müßten wir *Kriterien* dafür besitzen, welche Merkmale einen guten Klinischen Psychologen (praktisch und theoretisch) auszeichnen. Dazu gibt es eher entmutigende Befunde: Es konnte in mehreren Studien demonstriert werden, daß Laientherapeuten klinisch ausgebildeten Fachleuten auf einer Reihe von Dimensionen ebenbürtig, zum Teil sogar überlegen waren (Durlak 1979). Wir wissen also nicht einmal mit hinreichender Genauigkeit, welche Merkmale „Ausgebildete“ aufweisen sollten. Als eine Folge davon (nicht nur davon, sondern auch anderer Umstände) wagt man kaum zu fragen, wie, mit welchen Methoden Klinische Psychologen an ein bestimmtes Ausbildungsziel herangeführt werden könnten.

Ähnlich schwerwiegend ist ein damit zusammenhängendes Problem: Ausbildung in Klinischer Psychologie sollte sich sowohl an theoretischen/methodischen Erfordernissen und Standards orientieren als auch auf die Bedürfnisse derjenigen abgestimmt sein, die „versorgt“ werden müssen.

Die Universitäten vermitteln in Klinischer Psychologie gegenwärtig nur einen Grundstock. Die Ausbildungsrichtlinien sind nicht einheitlich geregelt; angesichts der gegenwärtigen Situation stellt sich jedoch die Frage, ob eine solche einheitliche Regelung überhaupt als wünschenswert anzusehen ist. Außeruniversitär erfolgt die Ausbildung vorwiegend durch Psychotherapieverbände; die Anerkennung der Ausbildung durch die diversen Verbände ist bisher nicht gesetzlich geregelt.

Als *Problem der Ausbildung* sind folgende Punkte anzuführen:

- Eine *zu kurze Studienzeit* für die Breite des Faches; dies stellt auch ein Argument von seiten der Mediziner dar, die sich gegen die Ausübung des Heilberufes „Psychotherapie“ wehren, da sie selbst nach ihrem Studium eine mehrjährige Praxiszeit absolvieren müssen, die von Psychologen bisher nicht verlangt wird.
- Zu *wenig Praxisbezug* im Studium: Dies wird von Ausbildern und Auszubildenden gleichermaßen beklagt, ohne daß man über brauchbare Modelle eines Einbezugs von Praxis im Verlauf des Studiums verfügte.
- Eine *zu starke Orientierung an Psychotherapie* im Vergleich zu anderen Inhalten im Bereich der Klinischen Psychologie; in der Klinischen Psychologie wird zu starkes Gewicht auf die Ausbildung in einzelnen Therapieverfahren gelegt, ohne daß die Studierenden bereit wären, sich Grundlagen, methodische Voraussetzungen und Informationen über Störungsbereiche anzueignen, die die Verankerung der Klinischen Psychologie im Gesamtfach rechtfertigen.
- Für die *Aus- und Weiterbildung* (post-graduate) in Klinischer Psychologie gibt es in der Zwischenzeit einige modellhafte Vorhaben; es erscheint unabdingbar, daß sich Klinische Psychologen nach ihrer universitären Ausbildung über neue Trends in der Klinischen Psychologie auf dem laufenden halten.
- Für einige Ausbildungsgesichtspunkte, die vehement gefordert werden - im Sinne von Selbstverständlichkeiten - (z. B. Supervision, Selbsterfahrung) gibt es so gut wie keine empirischen Argumente.

Literatur-Empfehlungen

Bastine, R.: Klinische Psychologie, Band 1. 2. Aufl. Stuttgart 1990.

Baumann, U. & Perrez, M. (Hrsg.): Klinische Psychologie. Band 1: Grundlagen, Diagnostik, Ätiologie. Bern 1990.

Davison, G. C. & Neale, J. M.: Klinische Psychologie. 3. Aufl. München/Weinheim 1988.

Perrez, M. & Baumann, U. (Hrsg.): Klinische Psychologie. Band 2: Intervention. Bern 1991.

Reinecker, H. (Hrsg.): Lehrbuch der Klinischen Psychologie: Modelle psychischer Störungen 2. Aufl. Göttingen 1993.

Schmidt, L. R.: Lehrbuch der Klinischen Psychologie. 2. Aufl. Stuttgart 1984.

Hans Reinecker

17. Verhaltenstherapie

Der Verhaltenstherapie wird im Rahmen dieses Einführungsbuches größeres Gewicht zugemessen; eine Begründung dafür ist, daß verhaltenstherapeutische Theorien, Technologien und Praxis eine breite Fundierung in verschiedenen Einzeldisziplinen der Psychologie aufweisen.

17.1 Historische Entwicklung

Verhaltenstherapie hat eine lange Vergangenheit: Während viele Autoren die Geburtsstunde auf das Ende der 50er Jahre festlegen, läßt sich zeigen, daß Ansätze einer verhaltenstheoretischen Betrachtensweise und eines verhaltenstherapeutischen Zugangs bereits zu Beginn unseres Jahrhunderts keineswegs ungewöhnlich waren, und noch frühere Wurzeln sich bis in die Antike zurückverfolgen lassen (Brozek & Diamond 1976).

Ansätze aus dem Zeitraum von 1890–1920 bilden zwar vereinzelte, keineswegs jedoch nur intuitive oder gar rein zufällige Beispiele für eine Sichtweise, wie sie auch für die heutige Verhaltenstherapie kennzeichnend ist. Prince (1891) faßte neurotische Störungen als schlecht angepaßte Verhaltensweisen auf, die durch einen Prozeß entstanden sind, den wir heute als *Klassische Konditionierung* bezeichnen würden; Prince geht auch davon aus, daß Prinzipien zur Erforschung „normalen" Verhaltens universelle Gültigkeit besäßen, somit zur Analyse (Beschreibung/Erklärung/Prognose) auch abweichenden Verhaltens herangezogen werden könnten.

Donley (1907) und Williams (1909) richten ihr Augenmerk bereits sehr früh auf die *Bedeutung kognitiver Prozesse:* Ihrer Auffassung nach lassen sich Neurosen als Verhaltensmuster ansehen, die durch falsche, problematische Verknüpfungen von Ereignissen, Wahrnehmungen über sich selbst und die Umgebung entstanden sind.

Auf theoretischer Ebene vertritt Sidis (1909) für den Zusammenhang zwischen Ätiologie und Therapie einen wissenschaftstheoretisch auch heute noch zutreffenden Standpunkt: Er geht davon aus, daß die ätiologische Forschung zwar einen wichtigen Bereich einer funktionalen Analyse ausmacht, daß aber die Kenntnis der genetischen Bedingungen für die erfolgreiche Behandlung einer Störung weder notwendig, noch hinreichend ist. Dazu muß man sich nur die erkenntnistheoretische Überlegung vor Augen halten, wonach die Erfassung und Überprüfung der „wahren Ursachen" einer Störung schon *prinzipiell* nicht mehr möglich ist. Erklärungen für die Genese und Aufrechterhaltung einer Störung haben somit den Charakter von „Wie es-möglich-war, daß-Erklärungen" (Westmeyer 1973), weil weder für die Ätiologie noch im Rahmen einer funktionalen Analyse alle möglichen relevanten Ursachen einer Störung eruierbar sind. Dies schließt nicht aus, daß Entstehungsbedingungen gestörten Verhaltens in der Verhaltensanalyse erfaßt werden und als heuristische Elemente in die Therapieplanung eingehen.

Faßt man die Gemeinsamkeiten dieser frühen Ansätze mit heutigen Gesichtspunkten zusammen, so lassen sich folgende Elemente hervorheben (s. auch Freeberg 1973, S. 233-234):

- Die Entwicklung des „abnormen" und „normalen" Verhaltens läßt sich durch Lernprinzipien beschreiben und erklären;
- als methodologischer Hintergrund fungiert der empirische und funktionale Ansatz des späten 19. Jahrhunderts;
- Ziel einer therapeutischen Intervention ist es, gelernte Fehlhaltungen zu verändern, z. B. Assoziationen zwischen CS und CR aufzulösen;
- für den Neuerwerb und das Verlernen von Verhalten ist die Kenntnis der „Gründe" des Verhaltens aus logischen Gründen nicht von Bedeutung; für die ätiologische Forschung müssen sie jedoch untersucht werden;
- zwischen „normalem" und „neurotischem" Verhalten besteht kein qualitativer Unterschied, beide sind durch dieselben Prinzipien beschreibbar und erklärbar (funktionaler Gesichtspunkt).

Sehr originelle und gelungene therapeutische Ansätze wurden von M.C. Jones (1924) bei der Behandlung eines Jungen mit einer Kaninchenphobie sowie von Dunlap (1932) in der Therapie von Bewegungsstörungen (Tics) durch „negative Praxis" entwickelt. M. Jones behandelte einen dreijährigen Jungen, der extreme Angst vor Kaninchen, Pelzen, Baumwolle und ähnlich weichen Stoffen zeigte; Jones gewöhnte den Jungen dadurch an die Anwesenheit eines Kaninchens, daß sie dieses in den Raum ließ, in dem Peter mit drei anderen Kindern spielte. Zur Unterstützung ihres Verfahrens benutzte Jones auch einen mit Angst inkompatiblen Reiz, eine Eßreaktion von Peter: Langsam wurde damit die Angstreaktion eliminiert und durch positive Reaktionen ersetzt. Schließlich konnte Peter sogar das vorher gefürchtete Kaninchen streicheln, auch die Angst vor ähnlichen Gegenständen nahm dauerhaft ab.

Das von Jones benutzte Prinzip – die Einführung *angstinkompatibler Reaktionen zur Bewältigung von Angst* – bildet auch heute noch die Grundlage vieler verhaltenstheraptischer Verfahren.

Von einer kontinuierlichen, wissenschaftlichen Entwicklung der Verhaltenstherapie spricht man erst mit dem Ende der 50erJahre; schon damals handelte es sich jedoch um keine einheitliche Strömung, da die Verhaltenstherapie an verschiedenen Orten mit verschiedenen Schwerpunkten ihren Ausgang nahm. So ist es kaum verwunderlich, wenn sich das Bild der *heutigen* Verhaltenstherapie alles andere als einheitlich präsentiert. Relativ unabhängig voneinander entwickelten sich verschiedene Schwerpunkte der Verhaltenstherapie in *England*, in *Südafrika* und in den USA:

England: Auf der Grundlage lerntheoretischer Prinzipien versuchte Eysenck (1959) ein Erklärungsmodell für die Entstehung psychischer Störungen sowie ein daraus abzuleitendes Behandlungsmodell zu entwickeln; sehr einflußreich – allerdings auch recht *problematisch* und verhängnisvoll – war seine Charakterisierung von Verhaltenstherapie als *„Anwenden von Lerntheorien"*, eine Auffassung, die zu Mißverständnissen und Kontroversen Anlaß gab und gibt. Eysenck nimmt für sich auch in Anspruch, den Begriff „Verhaltenstherapie" geprägt und eingeführt zu haben.

M.B. Shapiro (1961) verstand unter Verhaltenstherapie weniger die Anwendung bestimmter Techniken oder gar der Lerntheorie; sein Ansatz zeichnete sich vielmehr dadurch aus, daß zur Beschreibung, Erklärung und evtl. Modifikation von Verhalten der *gesamte Bereich* psychologischen Wissens herangezogen wurde. Die Anwendung dieses Wissens sollte nach Shapiro in *kontrollierten Einzelfallstudien* erfolgen.

Südafrika: J. Wolpe (1958) entwickelte aus anfänglich tierexperimentellen Befunden (speziell bei Katzen) und rein theoretischen Überlegungen ein Modell zur Beseitigung von gelernten Angstreaktionen. Daraus entstand die Methode der *systematischen Desensibilisierung,* die eine gewisse Zeit lang sogar mit der Verhaltenstherapie identifiziert wurde; nach äußerst interessanten Kontroversen um Wirkmechanismen und theoretische Grundlagen (s. Yates 1975) kommt ihr heute nicht mehr diese zentrale Bedeutung zu.

Zusammen mit Wolpe arbeiteten damals S. Rachman (1959) und A.A. Lazarus (1958) an der Begründung der Verhaltenstherapie in Südafrika; es ist wissenschaftshistorisch interessant, daß Rachman später nach England ging und dort mit Eysenck zusammenarbeitet. Wolpe und Lazarus wirkten als Kollegen später gemeinsam in den USA (Philadelphia). In den letzten Jahren gehen sie jedoch wissenschaftlich völlig getrennte Wege; Lazarus (1972) mit seinem eklektischen/technologischen Ansatz wird von Wolpe (1976) sogar heftig angegriffen.

Vereinigte Staaten: Es fällt für die USA besonders schwer, von einer einheitlichen Entwicklung der Verhaltenstherapie zu sprechen; als grundlegend kann man jedoch die Arbeiten Skinners (1953) und seiner Mitarbeiter zum *operanten Ansatz* betrachten. Skinner hat selbst nie praktisch gearbeitet, sein Ansatz ist auch keineswegs als reine Therapietheorie, sondern auch als pädagogischer Ansatz, als Kulturtheorie und Utopie anzusehen. Dieser breitere Anspruch schlägt sich zum Teil auch in der Bezeichnung „Behavior Modification" nieder.

Grundlegend sind in diesem Rahmen die Prinzipien (1) des *operanten Konditionierens,* (2) einer *konsequenten funktionalen Analyse* und (3) eines *relativ theoriearmen* (sparsamen) *Ansatzes.*

Die Ideen von Skinner wurden bald aufgegriffen und auf eine ganze Reihe von klinisch relevanten Problemen übertragen; wichtig ist dabei, daß man sich keineswegs auf eher „neurotische" Störungen beschränkte, sondern daß die Prinzipien auch zur Analyse psychotischen Verhaltens, von Abhängigkeiten, geistiger Behinderung etc. erfolgreich herangezogen wurden (s. Ullmann & Krasner 1975).

17.2 Methodologischer und philosophischer Hintergrund

Als wissenschaftstheoretischer Hintergrund der Verhaltenstherapie wird gerne auf Wurzeln im *Empirismus* des späten 19. Jahrhunderts verwiesen; diese antimetaphysische Haltung, wie sie auch in der Philosophie des sog. „Wiener Kreises" zum Ausdruck kommt, hat gewiß das Denken in der Verhaltenstherapie beeinflußt und zum methodologischen Exaktheitsideal seinen Beitrag geleistet.

Als besonders kennzeichnend für die Verhaltenstherapie wird eine *behavioristische Grundposition* angesehen. Die Bezeichnung eines Wissenschaftlers als „Behaviorist" wird speziell im deutschen Sprachraum zur Kennzeichnung einer Haltung verstanden, die angeblich völlig überholt ist, mit der man sich also nicht mehr ernsthaft auseinandersetzen muß (vgl. Groeben & Scheele 1977). Dementsprechend selten sind differenzierte Analysen behavioristischer Publikationen, die die

Vielfalt und Ernsthaftigkeit des Ansatzes verdeutlichen würden. Interessanterweise werden Charakterisierungen eines behavioristischen Ansatzes vorwiegend von nichtbehavioristischen Wissenschaftlern geliefert, üblicherweise in einer so verzerrten Art und Weise, daß es dann nicht mehr schwerfällt, dieses Behaviorismus-*Miß*verständnis einer massiven Kritik zu unterziehen.

Westmeyer (1982) zeigt in einer Analyse, wie durch verschiedene Attribute eine Differenzierung des Behaviorismusbegriffs möglich wird (z. B. bei Mace 1948):
- *Metaphysischer Behaviorismus:* leugnet die Existenz „psychischer Entitäten".
- *Methodologischer Behaviorismus:* macht keine definitiven Aussagen (ontologische Annahmen) zu psychischen Entitäten: er behauptet allerdings, daß sie aus *methodologischen* Gründen nicht zum Gegenstand wissenschaftlicher Untersuchungen werden können.
- *Analytischer Behavorismus:* Aussagen, die sich auf psychische Entitäten beziehen, erweisen sich bei näherer Untersuchung als Aussagen, die sich auf Verhalten beziehen.

Eine allgemeine Kennzeichnung eines Autors oder Forschers als „Behaviorist" ist praktisch nichtssagend - eben weil sie auf jeden Psychologen zutrifft - zumal auf kognitive Psychologen, wie Westmeyer (1982) recht klar zu zeigen vermag.

Inwieweit heutige Theorien, die als Grundlage der Verhaltenstherapie fungieren, als behavioristisch angesehen werden können oder sogar müssen, möchte ich nicht a priori entscheiden; mit der Tätigkeit als Verhaltenstherapeut nimmt man allerdings auch methodologische, wissenschaftstheoretische und philosophische Voraussetzungen in Kauf, über die man sich zumindest im Umriß klar sein sollte. Eine gute Voraussetzung für eine solche Klärung bildet die differenzierte Beschäftigung mit wissenschaftstheoretischen und methodologischen Inhalten, damit man nicht auf globale Charakterisierungen (z. B. *„Behaviorismus")* hereinfällt. Dazu gehört auch eine Erarbeitung der diversen Positionen aus der Primärliteratur (z. B. Skinner 1974, Catania 1973, Richelle 1976).

17.3 Gegenstandsbereich und Charakterisierung von Verhaltenstherapie

In der kurzen Geschichte der Verhaltenstherapie mangelt es keineswegs an Definitionen von Verhaltenstherapie oder Verhaltensmodifikation. Definitionen sind jedoch nur als willkürliche Übereinkünfte zur Verwendung von *Begriffen* anzusehen, und aus diesem Grunde bevorzuge ich die *Charakterisierung* einiger Kernbereiche von Verhaltenstherapie in Anlehnung an eine Beschreibung von Franks & Wilson (1978; Reinecker 1987):
- Verhaltenstherapie beinhaltet die Anwendung von Prinzipien der (experimentellen/empirischen) Psychologie und ihrer Nachbardisziplinen.
- Die Prinzipien dienen zur Beschreibung, Erklärung und evtl. Veränderung menschlichen Leidens und zur Verbesserung der (individuellen) Funktionsfähigkeit.
- Intendiert ist bei der Anwendung eine systematische Erfassung und Bewertung der Effekte.

- Die Intervention hat speziell eine Veränderung der (sozialen/physikalischen) Umgebungsvariablen, auch von Variablen im Innern des Organismus, zur Modifikation von Verhalten, Erleben und Kognitionen zum Ziel.
- Als letztes Ziel einer Intervention ist generell verbesserte Selbstkontrolle/Selbstbestimmung/Eigensteuerung des Patienten anzusehen.

Die Charakterisierung, von Franks & Wilson (1978) in eine Definition eingebaut, ist als sehr breit anzusehen und läßt speziellen Raum für Weiter- und Neuentwicklungen der Psychologie und somit der Verhaltenstherapie. Eine klare Einschränkung obiger Beschreibung ergibt sich dann, wenn man methodische und inhaltliche *Kriterien* für die einzelnen Punkte heranzieht.

Dieser grundlegende *funktionale Gesichtspunkt,* unter dem Probleme zu betrachten sind, wird auch von Verhaltenstherapeuten häufig nicht konsequent genug gesehen und realisiert; Holland (1978) kritisiert in diesem Zusammenhang die Praxis von Verhaltenstherapeuten, die bei spezifischen Problemen (z. B. Alkoholismus) nicht genügend breit (mikro- und makrosozial) funktional analysieren. Ein Problem wie das des Alkoholismus läßt sich nach Holland (1978) nur durch makrosoziale Veränderung reduzieren, weil es eben nur zu einem geringeren Teil unter Bedingungen steht, die mikrosozialer Natur sind. Der Gesichtspunkt einer konsequenten funktionalen Analyse von Problemen zeigt auch recht klar die Grenzen psychologischer/verhaltenstherapeutischer Interventionsmöglichkeiten auf: Viele Bedingungen des Verhaltens sind eben durch psychologische Interventionen nicht veränderbar.

Recht offen ist auch der Bereich „menschlichen Leidens", zu dessen Veränderung Verhaltenstherapie einen Beitrag leisten will; man hatte ursprünglich Verhaltenstherapie speziell für neurotische/phobische Störungen als indiziert erachtet. Die neuere Entwicklung zeigt allerdings, daß die Möglichkeiten einer verhaltenstherapeutischen Intervention durch eine *funktional Analyse* sehr groß sind.

Als *Beispiel* sei die Therapie bei einem 9 Monate alten Säugling angeführt, der seine Nahrung immer wieder erbrach. Trotz mehrfacher Operationen, Spezial- und Sondenernährung(!) war der Zustand des Kindes äußerst kritisch. Lang & Melamed (1969) unterbanden die lebensbedrohenden Würgereaktionen, indem sie dem Kind bei ersten Anzeichen dieser Reaktionen nach der Nahrungsaufnahme leichte elektrische Schläge auf die Wade verabreichten. Schon nach wenigen Behandlungen hatte der Säugling gelernt, die unangenehme Stimulation durch das Unterbrechen des Würgens zu vermeiden. Das Kind konnte die Nahrung bald auch außerhalb der Sitzungen im Magen behalten; nach zwei Wochen übernahm die Mutter wieder die Betreuung des Kindes, das sich nun physisch und psychisch völlig normal weiterentwickelte.

17.4 Diagnostik in der Verhaltenstherapie: Das funktionale Modell

Grundlage und Voraussetzung jeglicher psychologischer Intervention bildet eine möglichst präzise Beschreibung des Problemverhaltens sowie die Angabe der Ziele, die im Laufe einer Veränderung erreicht werden sollen. Die Auswahl dessen, *was* beschrieben wird und *wie* es beschrieben werden sollte, hängt stark vom theoretischen/wissenschaftstheoretischen Hintergrund ab.

Die sog. *klassische Diagnostik* ist eher gekennzeichnet durch einen „Zeichenansatz“, d. h. die in den diagnostischen Verfahren gezeigten Reaktionen werden als Zeichen zugrundeliegender Störungen aufgefaßt.

In der *Verhaltensdiagnostik* ging man im Kontrast dazu von einem *„Stichprobenansatz“* aus, d. h., die in den diagnostischen Erhebungen gezeigten Reaktionen werden als Stichprobe des Problemverhaltens aufgefaßt. Aus diesem Grunde legt man in der Verhaltenstherapie wenig Wert auf die Konstruktion von komplizierten Testverfahren, sondern man versucht eine möglichst korrekte Erfassung (Beobachtung) derjenigen Probleme, die eine Veränderung erfordern. Bei der Erfassung versucht man eine möglichst genaue Stichprobe zu erhalten, ein Unterfangen, das prinzipiell am besten in der natürlichen Lebenssituation des Patienten zu realisieren ist.

Das *funktionale Diagnoseschema* von Kanfer & Saslow (1965) liefert den Hinweis auf diejenigen Datenbereiche, die in der Verhaltensdiagnostik erfaßt werden sollten. Dieses Raster kann zur Strukturierung verfügbarer Daten dienen; für die Bereiche der *Verhaltensanalyse,* der *Zielanalyse* und der *Therapieplanung* müssen nach Kanfer & Saslow (1965) bzw. Schulte (1986) folgende Fragen geklärt werden:

(1) Welches sind die Bedingungen, die zur Ausformung des Verhaltens geführt haben und die es momentan aufrechterhalten?
(2) Welche Verhaltensweisen bedürfen einer Veränderung?
(3) Welche Maßnahmen sind am besten geeignet, um einen Zielzustand bei einem Individuum zu erreichen?

Die Therapieplanung (3) kann auch als differentielle Indikationsstellung angesehen werden.

Rein praktisch gesehen bedient man sich bei der Verhaltensanalyse eines oder mehrerer folgender *Verfahren* (vgl. Goldfried 1976):

- Direkte Beobachtung in der natürlichen Umgebung (meist: Stichproben des Verhaltens);
- Situationstests, z. B. Herstellung bestimmter „kritischer “ Situationen und Erfassung des problematischen Verhaltens (z. B. Vermeidungstests);
- Rollenspiel, d. h. Herstellung von kritischen Situationen mit „Als-ob-Charakter“;
- Selbstbericht des Patienten über a) prinzipiell beobachtbares Verhalten (wobei wichtig ist, daß Verhalten und Selbstbericht keineswegs als identisch anzusehen sind); b) Emotionen, Gefühle und c) Umgebungsvariable, Situationscharakteristika;
- physiologische Reaktionen auf bestimmte Situationen oder vorgestellte Stimuli.

Bei der Erfassung von Verhalten (etwa auch in der Therapie-begleitenden Diagnostik) unterscheidet man üblicherweise zwischen folgenden *drei Ebenen* (s. Lang 1971):

(1) Verhaltensebene, (2) subjektiv-verbale Ebene, (3) physiologische Ebene.

Beispiel: Ängstliches *Verhalten* in bestimmten Situationen (z. B. Prüfungsangst) ist durch einen bestimmten Typus von Vermeidungsverhalten gekennzeichnet: sich nicht zu Prüfungen anmelden/kein Referat übernehmen . . .; *subjektiv* können diverse Aussagen identifiziert werden („Ich fürchte mich davor, durchzufallen“. . .), und auf der *physiologischen* Ebene zeigt sich eine Reihe von autonomen Veränderungen (z. B. erhöhte Herzrate, schwitzen, zittern . . .) beim Aufsuchen der Situation oder auch schon im Situationstest.

Ein großes Problem bildet die Tatsache, daß Meßwerte der drei Aspekte menschlichen Erlebens und Verhaltens keineswegs hoch korrelieren. Für die Prozeß- und Effektanalyse geben sich dadurch Interpretationsschwierigkeiten.

Einen vorläufigen Abschluß diagnostischer Bemühungen in der Verhaltenstherapie bildet die Erstellung eines *hypothetischen Bedingungsmodells:* Nach der Sammlung diverser Informationen versucht man eine Erklärung des problematischen Verhaltens im Lichte der Variablen, die für Genese und/oder Aufrechterhaltung entscheidend waren bzw. sind *(Beispiel:* Charakterisierung von Angst als gelerntes Vermeidungsverhalten, das zusätzlich operant aufrechterhalten wird). Ein großes Problem des hypothetischen Bedingungsmodells bildet die Tatsache, daß seine Richtigkeit auch durch eine gelungene Therapie nicht endgültig zu erweisen ist (dies wäre nur unter experimentell kontrollierten Bedingungen möglich). Unter praktischen Gesichtspunkten muß das Bedingungsmodell jedoch zur Therapieplanung herangezogen werden.

17.5 Zum Persönlichkeitsmodell der Verhaltenstherapie

Mit dem Begriff „Persönlichkeit" konnte man in der Verhaltenstherapie lange Zeit wenig anfangen – ja, man suchte sich von klassischen Persönlichkeitskonzepten zu distanzieren. Vom Grundkonzept der Verhaltenstherapie her ist es auch problematisch, von „Persönlichkeit" zu sprechen, da „Persönlichkeit" – zumindest nach klassischer Version – immer einen Bezug zu abstrakteren, nicht beobachtbaren Eigenschaften, sog. „traits", implizierte. Wenn die Verhaltenstherapie die Situationsspezifität von Verhalten betont (und dazu Theorien entwickelt hat), liegt es nahe, keinesfalls situationsinvariante Eigenschaften anzunehmen. „Persönlichkeit" ließe sich in der Verhaltenstherapie am ehesten charakterisieren als ein *komplexes System von Verhaltensweisen in bestimmten Situationen;* zieht man diesen Ansatz der Situationsspezifität konsequent durch, so gelangt man anstellle einer Charakterisierung von Persönlichkeit durch „traits" *in* der Person zu einem Persönlichkeitsmodell, das durch Situationen zu klassifizieren ist. Da auch dies keineswegs unproblematisch ist (verschiedene Personen reagieren in der *gleichen* Situation *verschieden),* versuchte man dies in neueren Persönlichkeitsmodellen zu berücksichtigen (vgl. Westmeyer 1992):

Die differentielle Reaktion von verschiedenen Personen in der *gleichen* Situation wurde durch die unterschiedliche Lerngeschichte erklärt, die eine unterschiedliche Wahrnehmung, Situationsverarbeitung und Reaktionsfertigkeit bedingt. Das *Verhalten* in einer spezifischen Situation ist demzufolge als *Interaktion zwischen Situationscharakteristika mit bestimmten individuellen Kompetenzen* anzusehen.

Diese Sichtweise des Interaktionismus scheint sich in der Persönlichkeitstheorie insgesamt durchzusetzen; nach Mischel (1973) müssen auf seiten des Individuums verschiedene Kompetenzbereiche angenommen werden, um Verhalten adäquat beschreiben und erklären zu können. So werden z. B. Stimuli subjektiv selegiert und bewertet und im Laufe der Entwicklung bilden sich individuelle Präferenzen gegenüber bestimmten Stimulusbedingungen.

Die individuellen Kompetenzen bilden die entscheidenden Bestandteile einer kognitiv-sozialen Lerntheorie, wie sie für die Verhaltenstherapie kennzeichnend ist (Mischel 1986); eine gewisse Schwierigkeit in diesem *interaktionistischen* Modell bildet die Präzisierung einzelner Bestandteile, z. B. die Vorhersage von Verhalten als Interaktion von Umgebungs- und Persönlichkeitsvariablen.

17.6 Interventionsansätze in der Verhaltenstherapie

Verhaltenstherapie wurde und wird immer noch als Summe von (besonders effizienten) *Verfahren* zur Behandlung bei spezifischen Problemen verstanden. Aus der obigen Charakterisierung (vgl. S. 384, 385) müßte klar geworden sein, daß eine solche Kennzeichnung unzutreffend ist, sie ist zudem auch irreführend.

Die Indikation zur Anwendung eines spezifischen Verfahrens ergibt sich erst aus einer exakten *Verhaltensdiagnostik* und einer *Zielanalyse; Indikation* heißt auch nicht die Zuordnung eines bestimmten Verfahrens zu einem bestimmten Problem, sondern die relativ *rationale Rechtfertigung eines bestimmten therapeutischen Vorgehens bei einem vorliegenden Problem.* Verhaltenstherapeutisches Vorgehen ist somit weniger durch spezifische Methoden, sondern durch einen speziell methodologischen Zugang zu bestimmten Problemen gekennzeichnet. Es muß auch darauf hingewiesen werden, daß ein bestimmtes ätiologisches Modell einer Störung (z. B. für die Genese einer Agoraphobie) noch keineswegs Richtung, Art oder Methode der Therapie festlegt. Ebensowenig kann eine erfolgreiche oder mißlungene Therapie als Beleg- oder Widerlegungsinstanz für ein ätiologisches Modell herangezogen werden. Diese Feststellung einer Unabhängigkeit beider Bereiche folgt aus der Tatsache, daß Ätiologie und Therapiemodell nicht auseinander ableitbar bzw. aufeinander reduzierbar sind. Im Folgenden werden nur einige mögliche Zugangsweisen im Rahmen von Interventionsansätzen in der Verhaltenstherapie charakterisiert; dabei werden verschiedene Aspekte verhaltenstherapeutischen Handelns erörtert, die auch verschieden kombiniert werden können - sie sind also keinesfalls als einander ausschließend zu betrachten.

17.6.1 Orientierung des verhaltenstherapeutischen Vorgehens am Problemlösemodell

Seit ca. 10 Jahren wird versucht, einen speziellen Aspekt der allgemeinen kognitiven Psychologie auf die Interventionsstrategien in der Verhaltenstherapie anzuwenden: Die Analyse diverser Störungen legte es nahe, von einer eingeschränkten Problemlösefähigkeit des Patienten zu sprechen und die Situation analog zum Problemlösesatz zu analysieren (D'zurilla 1986). Ein *Problem* ist dabei ganz allgemein charakterisiert durch einen unerwünschten Ausgangszustand, einen erwünschten Zielzustand und eine Barriere, die die Überführung vom Anfangs- in den Endzustand verhindert.

17.6.2 Vorgehen durch Rückgriff auf „Standardmethoden"

Für verschiedene Typen von Problemen wurden sog. „Standardmethoden" entwickelt; als Beispiel dafür lassen sich *Konfrontationsverfahren* bei Ängsten und

Zwängen, *operante Verfahren* bei Verhaltensdefiziten, *Selbstsicherheitstraining* bei sozialen Ängsten und Unsicherheit, *Selbstkontrollverfahren* bei konflikthaften Verhaltensweisen anführen. Eine genauere Erörterung der einzelnen Verfahren würde den hier gesteckten Rahmen überschreiten (s. Rimm & Masters 1979, Goldstein & Foa 1980, Kanter & Goldstein 1991, Fliegel et al. 1989, Hersen, Eisler & Miller 1975–1992). Die sog. „Standardmethoden" können etwa im Rahmen der verschiedenen Stufen des Problemlösemodells differentiell eingesetzt werden.

Problemlösen als Meta-Modell

Das Vorgehen in der Verhaltenstherapie kann man selbst im Rahmen des Problemlösemodells konzipieren: Ein Patient schildert einen Zustand, ein Verhalten, Erleben das ihm bzw. der Umgebung als unerwünscht auffällt. Über einen erwünschten Zielzustand hat der Patient oft keine klare Vorstellungen, er ist häufig *negativ* charakterisiert („Störung loswerden"...), und es stellt oft einen wichtigen Gesichtspunkt der Intervention dar, den erwünschten Zielzustand zu präzisieren.

Das spezielle Charakteristikum *therapeutischer* Hilfe liegt nun darin, aus dem für den Patienten „unlösbaren" Problem durch eine Reihe von Transformationen ein „lösbares" Problem zu machen bzw. mit dem Patienten zusammen in Richtung einer Problemlösung zu arbeiten. Kanfer & Grimm (1981) haben hierfür ein *7-Stufen-Modell* entwickelt, in dem die einzelnen Schritte therapeutischen Vorgehens expliziert werden.

Beispiel: Ein agoraphobischer (Angst vor Plätzen, Menschenansammlungen usw.) Patient leidet darunter, daß er bestimmte Situationen nicht aufsuchen kann, ohne extreme Angst zu spüren; es wird ihm dabei evtl. übel; sein Verhaltensspielraum, seine Sozialkontakte etc. sind entscheidend eingeschränkt. Dieser Zustand ist für den Patienten üblicherweise höchst aversiv und kennzeichnet einen unerwünschten Ausgangszustand. Befragt man den Patienten im Verlauf der Exploration, welcher Zustand für ihn wünschenswert wäre, so erhält man anfangs üblicherweise Angaben wie: „Keine Angst mehr haben", „Keine Übelkeit mehr" usw. Im Laufe des Problemlöseverhaltens lassen sich über Zwischenziele konkrete Zielzustände eruieren, die für den Patienten erwünscht sind, z. B. „Nächste Woche ins Theater gehen", „Allein einkaufen gehen"...

Die Barrieren sind für den Patienten unterschiedlicher Natur. Es mag sein, daß ihm eine Lösung seines Problems nicht gelingt,

- weil er seinen Ausgangszustand nicht klar analysieren kann,
- weil er keine Klarheit über den Zielzustand besitzt oder
- weil er kaum bzw. keine Hinweise über hilfreiche Mittel bzw. deren Anwendung besitzt.

Gelänge es unserem Patienten, seinen Ausgangszustand als Vermeidungsverhalten zu charakterisieren, sein Ziel als Aufbau neuen (oder früher einmal vorhandenen) Annäherungsverhaltens zu sehen, und wüßte er, *wie* dies zu realisieren ist, so könnte man kaum von einem Problem sprechen: der Patient könnte sich selbst helfen.

Im Verlaufe einer verhaltenstherapeutischen Intervention versucht der Therapeut, dem Klienten bei der Lösung seines Problems beizustehen; dies hebt den Gesichtspunkt der Aktivierung des Patienten und der fachlichen Unterstützung durch den Therapeuten hervor. Allmählich sollte der Patient befähigt sein (werden), sein Problem *selbst zu* lösen. Die Schritte dazu sind – analog zum diagnostisch/therapeutischen Vorgehen: (1) eine gemeinsame *Verhaltensanalyse (2)* eine gemeinsame *Zielanalyse (3)* eine gemeinsame *Therapieplanung*.

Die Konzipierung therapeutischen Handelns als gemeinsames Problemlösen des Klienten und Therapeuten hat zusätzlich die Funktion, daß „blindes" therapeutisches Handeln verhindert wird: Erst wenn Problem- und Zielzustand klar genug formuliert sind, kann ein Mittel ausgewählt werden, das in Richtung einer Veränderung führt.

17.6.3 Intervention in der natürlichen Umgebung

Gerade in der Verhaltenstherapie wird der Aufrechterhaltung therapeutischer Effekte in der natürlichen Umgebung besondere Beachtung geschenkt; nimmt man den *funktionalen* Charakter psychischer Störungen ernst, so liegt es nahe, die aufrechterhaltenden Bedingungen in der natürlichen Umgebung des Patienten zu eruieren und so zu modifizieren, daß nun nicht mehr das Problemverhalten, sondern eine neu gelernte Alternative stabilisiert wird. Es genügt eben keinesfalls, ein Problem im therapeutischen Setting behoben zu haben (z. B. Gewichtszunahme einer anorektischen Patientin in der Klinik/Reduktion von Zwangsverhalten im therapeutischen Setting), weil die Bedingungen im natürlichen Setting das Problemverhalten vermutlich aufrechterhalten und zu einem „Rückfall" führen werden, wenn nicht adäquate Maßnahmen ergriffen werden.

Intervention in der natürlichen Umgebung heißt: Die Umgebungspersonen des Patienten werden in der funktionalen Analyse geschult, mit ihnen und dem Patienten werden Ziele erarbeitet und die Umgebungspersonen werden auch in Prinzipien der Verhaltensänderung unterwiesen; ein speziell für die Intervention bei Kindern gedachtes Modell wurde von Tharp & Wetzel (1975) vorgestellt; es braucht keineswegs auf Kinder beschränkt zu bleiben.

Das Prinzip des sog. *Mediatoren-Modells* von Tharp & Wetzel liegt im Aufbrechen des traditionellen dyadischen Modells, in dem ein Therapeut versucht, die Probleme des Patienten zu erfassen und direkt zu verändern. Tharp & Wetzel schlugen eine *Beratungstriade* vor, in der diejenigen Personen in der natürlichen Umgebung einer Zielperson die Funktion eines unmittelbaren Therapeuten übernehmen, die in direktem Kontakt mit ihr stehen; sie übernehmen also die Intervention in konkreten Situationen in der natürlichen Umgebung. Ein Fachmann, Therapeut, Psychologe wird als „mittelbarer" Therapeut bezeichnet, weil er den „unmittelbaren" Therapeuten fachlich berät *(Abb. 17.1)*.

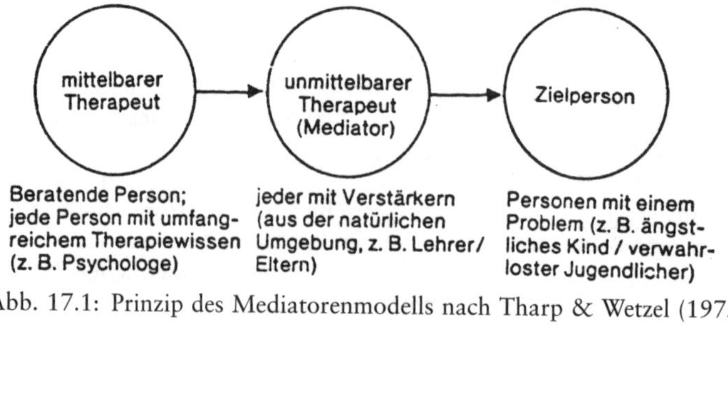

Abb. 17.1: Prinzip des Mediatorenmodells nach Tharp & Wetzel (1975)

Selg (in Mees & Selg 1977) schlägt vor, von einem vierstelligen Modell auszugehen, in dem ein hochspezialisierter Fachmann nur mehr die Rolle eines *Supervisors* übernimmt, ein *Berater* hingegen in direktem Kontakt mit dem *Feld der Interaktionsstörung* steht: Es wird also nicht mehr die *Zielperson* als „gestört" angesehen, sondern auszugehen ist von einer Notwendigkeit der Verbesserung einer *Interaktion* im natürlichen sozialen Feld, wobei üblicherweise der *Mediator* die Intervention (Veränderung, auch an sich selbst!) durchführt *(Abb. 17.2)*.

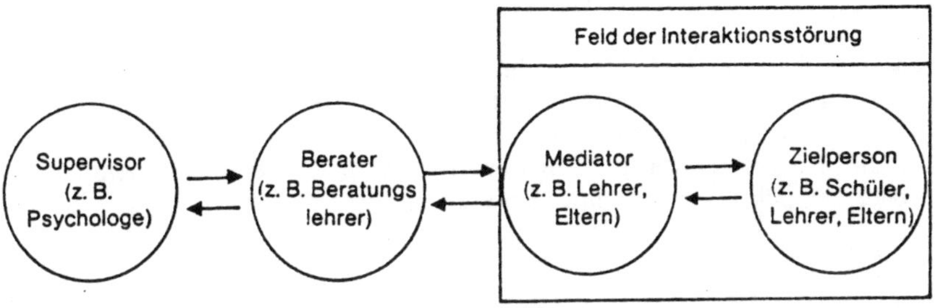

Abb. 17.2: Ausweitung des Mediatorenmodells durch Selg (1977)

Tharp & Wetzel schildern in ihrem Buch eine Reihe von Anwendungsbeispielen für die Durchführung und zur Evaluation ihres Mediatorenmodells, das sich für die Intervention im natürlichen Sozialfeld (etwa in der Schule) anbietet.

Eine gewisse Abänderung des prinzipiellen Modells würde ich in folgendem Punkt vorschlagen: Im Modell von Tharp & Wetzel (1975) geht man davon aus, daß der Mediator/Therapeut und die Zielperson keinen direkten Kontakt aufzunehmen brauchen; ich halte eine Verhaltensanalyse, Zielanalyse und Therapieplanung durch einen professionellen Therapeuten zumindest im Anfangsstadium deshalb für wünschenswert, weil sonst die Adäquatheit der Verhaltensanalyse nicht beurteilt werden kann. Die Personen der natürlichen Umgebung mögen zwar in den Prinzipien der Beobachtung geschult sein, sie bleiben aber in das Problem involviert, und es stellt eine gewisse Hilfe dar, ihnen am Anfang von therapeutischer Seite eine Hilfestellung zu geben.

In ähnlicher Weise kann eine Entfernung der Zielperson aus der natürlichen Umgebung zumindest kurzfristig von großem Vorteil sein; dies hat oft eine nicht zu unterschätzende Entlastungsfunktion für alle Beteiligten, und durch ein Verlassen eingefahrener Verhaltens- und Bewertungsmuster kann die prinzipielle Änderbarkeit von Verhalten zum ersten Mal klar gezeigt werden (z. B. Erhöhung der Motivation).

Unter den gegenwärtig problematischen Versorgungsbedingungen für psychische Probleme ist die Heranziehung von Personen der natürlichen Umgebung in verschiedenen Stufen der Intervention praktisch unumgänglich. Sie stellt eine Entlastung für den Therapeuten und eine Erhöhung der Effizienz professioneller Intervention dar.

Gemeindepsychologische Ansätze kann man als konsequente Weiterentwicklung von Interventionen in der natürlichen Umgebung ansehen (s. Sommer & Ernst 1977, Sommer et al. 1978, Zurek 1991). Gemeindepsychologie bedeutet ein

Abgehen von einem rein psychologisch verstandenen Interventionsbegriff, da z. B. primäre Prävention, soziale und sozialtherapeutische Maßnahmen, Reformen im Gesundheitswesen ebenso als zentral angesehen werden können wie die psychologische Vermittlung sozialer und interpersonaler Kompetenzen. Insgesamt muß Gemeindepsychologie wohl im weiteren Bereich psychosozialer Versorgung angesiedelt werden. In der Schule, in der nichtfamiliären Erziehung, bei der Versorgung von Randgruppen, der Bildung von kleinen Gemeindezentren, im Produktionsbereich etc. spielen Ansätze der Gemeindepsychologie eine wichtige Rolle.

Die Durchsetzung präventiver und kurativer Ansätze wird nicht zuletzt vom sozialpolitischen Geschick der Gemeindepsychologen abhängen; da jedoch gerade im Bereich der Prävention ein großes Problem klarer Effizienzkontrolle besteht – und ein komplexer Ansatz im natürlichen System wie die Gemeindepsychologie nur mühsam evaluiert werden kann –, wird wohl die Umsetzung gemeindepsychologischer Perspektiven noch eine Weile dauern.

17.7 Neue Entwicklungstendenzen und Zukunftsperspektiven

Nach einer kurzen Entwicklungszeit ist es der Verhaltenstherapie gelungen, einen Status zu erreichen, der einen kritischen Rückblick und mögliche Ausblicke erlaubt. Die Entwicklung der Forschung in der Verhaltenstherapie ist so rasch und so breit, daß eine Einzelperson kaum noch die verschiedenen Strömungen, neuen Ergebnisse und Anwendungsbereiche zu überblicken vermag. Nicht selten tauchen zu derselben Fragestellung konträre Befunde auf, die gerade den Praktiker in einen Zustand der Orientierungslosigkeit – ja einer reservierten Haltung und Ablehnung empirischen Studien gegenüber versetzen können.

Dieser Zustand ist nicht zuletzt eine Folge der Ausdehnung verhaltenstherapeutischer Ansätze in die verschiedensten Bereiche; durch die sehr weiten Charakterisierungen von „Verhaltenstherapie" war eine solche Diversifikation geradezu programmiert worden. So ist es kaum verwunderlich, wenn in letzter Zeit vermehrt darauf hingewiesen wird, daß die *Grenzen* der Verhaltenstherapie deutlicher gemacht werden müssen (s. z. B. Kazdin 1978). Grenzen lassen sich aber nur dort sinnvoll ziehen, wo dies auch begründet werden kann – und Begründungen erfordern zumindest vorläufige *Theorien*. Die theoretischen Gesichtspunkte sollten eine sinnvolle Integration klinischer und empirischer Befunde leisten.

Als mögliche *Bereiche der theoretischen Weiterentwicklungen* würde ich z. B. folgende ansehen:
- kognitiv-soziale Lerntheorie als grundlegendes Persönlichkeitsmodell;
- kognitive Ansätze in der Verhaltenstherapie; Klärung ihrer empirischen und theoretischen Stellung;
- Kompetenz- und Bewältigungsansatz und
- Verhaltensmedizin.

Der Bereich der kognitiv-sozialen Lerntheorie wurde unter den Persönlichkeitstheorien (vgl. S. 387) bereits näher ausgearbeitet; dieser theoretischen Position würde ich auch eine längerfristige Chance im Verlauf der Entwicklung von Theorien der Verhaltenstherapie einräumen.

17.7.1 Kognitive Ansätze in der Verhaltenstherapie

Für eine neue Tendenz in der Verhaltenstherapie wird gerne der Begriff „Kognitive Wende“ benutzt; ich halte dies für nicht ganz zutreffend und habe in anderem Zusammenhang (Reinecker, 1981) begründet, warum ich eher von einer „Kognitiven *Rückwende*“ sprechen möchte. So haben etwa kognitive Elemente schon in jenen Ansätzen eine wichtige Rolle gespielt, die zu Beginn des Kapitels angeführt wurden. Der Begriff *kognitiv* wird zur Kennzeichnung der Bereiche menschlichen Denkens, des Erinnerns, Problemlösens („menschliche Informationsverarbeitung“) verwendet.

Kognitive und behaviorale Prinzipien sollten nicht als Gegensatz, sondern als *Ergänzung* angesehen werden; ein großer Vorteil der Verhaltenstherapie war es, gezeigt zu haben, daß neue „Einsicht“ nicht unbedingt zu neuem Verhalten führt, daß aber neues Verhalten in den meisten Fallen neue „Einsicht“ zur Folge hat (im Sinne einer neuen Sicht von Problemen).

Von einem ganz speziellen Aspekt einer kognitiven Erweiterung verhaltenstherapeutischer Ansätze kann man sprechen, wenn man in der Intervention das Vorgehen einsichtig macht; es ist in der Verhaltenstherapie inzwischen selbstverständlich geworden, nach der mit dem Patienten erarbeiteten Verhaltensanalyse und Zielklärung auch die Therapieplanung ausführlich zu erörtern. Um dem *Erklärungsbedürfnis* der Patienten nachzukommen, stellte es sich als äußerst günstig und zusätzlich effizient dar, dem Patienten eine „plausible Erklärung“ für Genese und Aufrechterhaltung seiner „Störung“ zu vermitteln (s. Tunner 1976). Mit anderen Worten: Man sollte dem Patienten eine möglichst differenzierte Sicht des hypothetischen Bedingungsmodells bieten (vgl. Reinecker 1987).

In der Zwischenzeit sind kognitive Therapieverfahren aus der Behandlung unterschiedlicher psychischer Störungen nicht mehr wegzudenken (z. B. Hawton et al 1989; Dobson 1990). Die Frage einer theoretischen Erklärung von Veränderungsprozessen (s. Foa & Kozak 1986) ebenso wie die kontroverse Frage des empirischen Stellenwertes von kognitiven versus verhaltensorientierten Ansätzen für den Therapieerfolg (vgl. Sweet & Loizeaux 1991) werden allerdings noch lange Zeit Gegenstand entsprechender Diskussionen bleiben.

17.7.2 Bewältigungs-und Kompetenzansatz

Von mehreren Gesichtspunkten der Verhaltenstherapie her ergibt sich eine Konvergenz zu Ansätzen der Bewältigung und des Erlernens von spezifischen und allgemeinen Komptenzen:

- Es ist häufig nicht hinreichend, ein einzelnes, spezifisches Problem zu beheben, weil es in einen Kontext anderer Schwierigkeiten eingebettet sein mag. Damit sind auch einer externen therapeutischen Intervention Grenzen gesetzt, was zur Entwicklung von *Selbstkontrollansätzen* geführt hat. Hier sollen Klienten befähigt werden, mit ihren Problemen in Zukunft selbst besser umzugehen (s. z. B. Thoresen & Mahoney 1974).
- Die problematische Situation im Bereich der psychosozialen Versorgung zeigt, daß ohne die Aktualisierung von Selbsthilfekompetenzen bzw. Laien- und

Nachbarschaftshilfe keine grundlegende Verbesserung der Situation zu erwarten ist. Eine Vermehrung der Anzahl von Therapeuten im kurativen Ansatz verändert das psychosoziale Elend nicht grundlegend; die allgemeine Vermittlung von interpersonalen, kognitiven und sozialen Kompetenzen könnte zumindest einen Schritt in Richtung auf eine verbesserte psychosoziale Versorgung darstellen.

- Die Vermittlung von Bewältigungsstrategien und allgemeinen sozialen Kompetenzen kann als generelle Strategie angesehen werden. Sie ist häufig Bestandteil eines Therapiepaketes, etwa bei Patienten mit allgemeinen Streß- und Belastungsproblemen (Meichenbaum 1991). Die Vermittlung von Strategien zur Bewältigung von Belastungen spielt nicht nur im therapeutischen Bereich eine wichtige Rolle, sondern erweist sich auch zur Prävention gravierender Folgeerscheinungen als bedeutsam.

Für den Ansatz der Bewältigung gibt es für einzelne Bereiche zwar konkrete Effizienzhinweise (z. B. soziale Kompetenztrainings, Problemlösetraining); günstiger als die Übernahme solcher fertiger Programme wäre es jedoch, nach einer spezifischen Verhaltensanalyse einen für die individuellen Bedürfnisse des Patienten (d. h. gerade auf seine Mängel eingehend und auf seine vorhandenen Fertigkeiten aufbauend) abgestimmten Therapieplan zu entwerfen.

17.7.3 Verhaltensmedizin

Verhaltenstherapie versteht sich in der Zwischenzeit nicht nur als Ansatz zur Behandlung psychischer Störungen, sondern auch zur Intervention bei Verhaltenskomponenten aller Krankheiten. Für diesen Ansatz wurde der Begriff *Verhaltensmedizin* geprägt. (vgl. Gentry 1984, Miltner, Birbaumer & Gerbert 1986, Schneiderman & Tapp 1985, Pearce & Wardle 1989, Holroyd & Creer 1986). Kennzeichnend dafür sind folgende Gesichtspunkte (vgl. Traue 1986):

- Die Grenze zwischen psychischen und somatischen Störungen läßt sich nicht streng ziehen; ein typisches Beispiel sind die sog. *„psychosomatischen" Störungen* (s. Köhler 1989). Zielführend erscheint es deshalb, bei allen Krankheiten von einem bio-psycho-sozialen Modell auszugehen (s. Schwartz 1982).
- Alle Krankheiten weisen sog. *Verhaltensanteile* auf; diese Verhaltensanteile (z. B. Arztbesuche; Medikamenteneinnahme etc.) beeinflußen in nicht geringem Maße das Risiko einer Erkrankung, deren Verlauf und die Besserungschancen.
- Bei vielen Krankheiten, insbesondere bei *chronischen Erkrankungen* ist eine Heilung im engeren Sinne nicht mehr möglich (z. B. Diabetes mellitus, chronische Nierenerkrankungen, chronische Schmerzen etc.). Hier kommt es in erster Linie darauf an, den Patienten im Umgang und in der Bewältigung seiner Erkrankung zu befähigen (s. Broda & Muthny 1990).
- Verhaltensmedizin bietet insofern eine gewisse Perspektive für die *Gesundheitsversorgung,* als ein rein kuratives System an die Grenzen der Finanzierbarkeit stößt; erforderlich sind präventive Maßnahmen ebenso wie die *aktive* Beteiligung und die Bereitschaft des Patienten zu effektivem Selbst-Management.

Verhaltensmedizinische Denkmodelle überschreiten die Grenzen einzelner Disziplinen; dies stellt nicht selten eine große Schwierigkeit für eine zielführende Kooperation dar. Auf der anderen Seite zeigt sich in der Flut von Publikationen, in der Gründung einschlägiger Buch- und Zeitschriftenreihen sowie in Forschungs- und Kongreßaktivitäten, daß in einerverhaltensmedizinischen Perspektive ein in theoretischer und praktischer Hinsicht zukunftsweisendes Modell gesehen wird.

Literatur-Empfehlungen

Deutsche Gesellschaft für Verhaltenstherapie (Hrsg.): Verhaltenstherapie - Theorien und Methoden. Tübingen 1986.

Fliegel, S., Groeger, W.M., Künzel, R., Schulte, D. & Sorgatz, H.: Verhaltenstherapeutische Standardmethoden. Ein Übungsbuch. 2. Aufl. München 1989.

Kanfer, F.H. & Goldstein, A.P. (Hrsg.): A textbook of methods. 4th Ed. New York 1991.

Kanfer, F.H., Reinecker, H. & Schmelzer, D.: Selbstmanagement-Therapie. Ein Lehrbuch für die klinische Praxis. Berlin 1990.

Reinecker, H.: Grundlagen der Verhaltenstherapie. 2. Aufl. München/Weinheim 1993.

Wahl, R. & Hautzinger, M. (Hrsg.): Verhaltensmedizin. Konzepte, Anwendungsgebiete, Perspektiven. Köln 1989.

Detlef Berg

18. Pädagogische Psychologie

18.1 Der Gegenstand der Pädagogischen Psychologie

Ein Elternpaar hockt stolz vor dem Gitterbettchen, in dem sein erstes Kind, ein lebhafter Sohn, steht. Die Eltern sind unsicher, was sie alles tun müssen, damit ihr Stammhalter richtig gedeiht, und ob sie überhaupt etwas tun müssen, außer ihm das richtige Essen zu geben und dafür zu sorgen, daß er nicht schreit, denn sie haben von Tante Martha gehört, daß „sich eine gute Substanz immer durchsetzt“ und daß man die Kinder daran gewöhnen soll, sich allein zu beschäftigen. Onkel Fritz ist ganz anderer Meinung – überhaupt, alle aus der Verwandschaft und Bekanntschaft, die selbst Kinder haben und hatten, sind nur zu gern bereit zu sagen, wie man Kinder erzieht, und alle wissen ganz genau, was das Beste ist, schließlich hat man seine Erfahrungen gemacht. Für unsere stolzen Eltern ist allerdings verwirrend, daß völlig unvereinbar erscheinende Hinweise gegeben werden, die anscheinend zu denselben Ergebnissen geführt haben.

Wenn der Leser nun meint, „die Psychologie“ oder „die Pädagogische Psychologie“ könnte den Eltern genau sagen, was sie wann tun müßten, damit sie ein „Prachtkind“ haben, sei er jetzt schon vor einer unvermeidlichen Enttäuschung gewarnt. Die Psychologie kann wohl manche der Widersprüche zwischen verschiedenen Erfahrungen erklären helfen. Das würde aber voraussetzen, daß die Erfahrungen vollständig berichtet werden. Das wird nur selten der Fall sein. Denn die Erfahrenden als psychologische Laien wissen nicht unbedingt, was beobachtet werden muß und was sie sich als wesentlich für ihre Erfahrungen merken sollen. Manchmal kann Psychologie auch bei der Wahl zwischen möglich erscheinenden Handlungsalternativen behilflich sein.

Bevor diese möglicherweise pessimistisch anmutenden Sichtweisen des Verhältnisses von „theoretischen“ Ergebnissen der Psychologie und ihren Anwendungsmöglichkeiten in der Praxis genauer begründet werden, wenden wir uns noch einmal unseren stolzen Eltern zu. Die hocken in einer Einführung in die Psychologie natürlich nicht von ungefähr vor dem Bettchen ihres Sohnes. Mit ihrer Hilfe soll versucht werden, die Verbindung der Pädagogischen Psychologie zu anderen Teildisziplinen der Psychologie zu illustrieren.

18.1.1 Verbindungen der Pädagogischen Psychologie zu anderen psychologischen Disziplinen

Bei jeder Frage, die sich die Eltern in bezug auf das Verhalten und Erleben ihres Kindes stellen werden, ist in irgendeiner Weise die *Allgemeine Psychologie* mit betroffen. Sie liefert das System definierter psychologischer *Grundbegriffe* zu den Themen Wahrnehmung, Lernen, Gedächtnis, Denken, Sprache, Motivation, Emotion, Handeln etc. Ebenso erarbeitet die Allgemeine Psychologie die grundlegenden *Gesetzmäßigkeiten* in diesen Bereichen. Die Pädagogische Psychologie verwendet diese Begriffe und Gesetzmäßigkeiten im Rahmen ihrer Forschung. Für die Eltern wäre es hilfreich, damit vertraut zu sein, einmal, weil sie im Gespräch über ihr Kind genauer wüßten, worüber sie gerade sprechen, wenn ihre Begriffe besser als vorher definiert sind, zum anderen, weil die Gesetzmäßigkeiten für Überlegungen leitend sein könnten, wie sie sich ihrem Kind gegenüber verhalten sollten.

„Was soll man machen, wenn er anfängt, abends immer zu schreien wie die Anna nebenan? Ob es wohl richtig war, sie unter die kalte Dusche zu halten?!"

Aus der Allgemeinen Psychologie könnten die Eltern zur Beantwortung dieser Frage die Begriffe *„Lernen"*, *„Strafe"*, *„Positive Verstärkung"*, *„Extinktion"* und die allgemeinen Gesetzmäßigkeiten über die *Wirkung von Verstärkern* heranziehen. Ein schreiendes Kind unter die kalte Dusche zu halten, wäre mit den Gesetzen der Allgemeinen Psychologie noch zu vereinbaren, denn die Anwendung von Strafreizen kann dazu führen, daß ein Organismus lernt, unerwünschte Handlungen zu unterlassen. Die Aufgabe der Pädagogischen Psychologie wäre es in diesem Zusammenhang, *empirisch* zu überprüfen, ob bestimmte Handlungen von Erziehern, die auf der Grundlage der Allgemeinen Psychologie erfolgversprechend wären, *in pädagogischen Handlungszusammenhängen* wirksam sind und welche *schädlichen Nebenwirkungen* dabei zu erwarten wären. Nun würde der pädagogisch-psychologische Forscher nicht reihenweise schreiende Kinder unter die kalte Dusche bringen, um dann wissenschaftlich exakt schädliche Nebenwirkungen zu untersuchen. Unverzichtbarer Bestandteil seiner Versuchsplanung sind *ethische* Überlegungen, die ihn vor so einem Versuch zurückschrecken lassen würden.

Die Allgemeine Psychologie könnte den Eltern zu folgender Überlegung verhelfen: Wenn das Kind satt ist, keine vollen Windeln hat, nicht zu warm und nicht zu kalt zugedeckt ist, nichts an seiner Kleidung drückt, wird das Motiv der Handlung „Schreien" wohl etwas mit dem *Geselligkeitsbedürfnis* zu tun haben. Nach Vorstellung der Eltern soll das Kind aber lernen, daß dieses Bedürfnis nach 20.00 Uhr nicht mehr befriedigt wird. Um dieses Bedürfnis nicht völlig zu frustrieren und damit ein ausgeprägtes aggressives Verhalten zu provozieren, wird die Tür zum Kinderzimmer abends offengelassen. Hochnehmen des Kindes, wenn es schreit, wäre eine *positive Verstärkung* des Schreiens und würde die Wahrscheinlichkeit erhöhen, daß es wieder schreit, wenn man es allein läßt. Ignorieren des Schreiens würde zu *„Extinktion"* des unerwünschten Verhaltens führen. Zur Frage, wie man das macht, das Schreien des geliebten Stammhalters, den man gerne trösten möchte, zu ignorieren, helfen die Allgemeine Psychologie oder die Pädagogische Psychologie nicht viel weiter, möglicherweise aber Alltagserfahrungen. Verwandte unseres nachdenklichen Ehepaares haben z. B. ausprobiert, wie man dies Ignorieren durchstehen kann, und ihnen hat es geholfen, sich einen Zeitraum von zehn Minuten festzulegen, die sie ihr Kind schreien lassen wollten, bevor sie hingingen. Tatsächlich war schon nach vier Minuten immer Ruhe gewesen, einmal nicht, und da war das liebe Kind in der Zwischenzeit wieder naß geworden. Ob das auch unseren stolzen Eltern helfen würde, sei dahingestellt. Empfindet die Mutter solches Verhalten als unerträglich technokratisch, wird sie es kaum erfolgreich übernehmen können.

Die Nachbarn, die mit kalten Duschen das abendliche Schreien ihres Kindes zu beenden versuchen, werden möglicherweise bald die Erkenntnisse und Verfahrensweisen der *Klinischen Psychologie* benötigen. Denn vermutlich werden sie auch in anderen Erziehungssituationen krasse Fehler machen und eines Tages mit ihrem trotzigen, bettnässenden, stotternden, aggressiven Kind beim Kinderarzt, einer Erziehungsberatungsstelle oder einem niedergelassenen Kinderpsychologen erscheinen und dann fragen, wie man dies mißratene Kind denn zur Vernunft bringen könnte. Die Pädagogische Psychologie könnte einen (noch relativ dürftigen) Wissenshintergrund bieten, der es dem Berater ermöglicht, gezielt nach Erziehungsmaßnahmen der Eltern zu fragen. Denn eine der spezifischen Fragestellungen der Pädagogischen Psychologie sind die *Auswirkungen elterlicher (Fehl-)Erziehung* auf kindliches Verhalten. Die *Beratung* könnte eine Veränderung dieser verfehlten Erziehungsstrategien anzielen und versuchen, die Eltern, nicht das Kind, „zur Vernunft zu bringen". Für die Veränderung der inzwischen gut ausgebildeten Fehlverhaltensweisen des Kindes würden Erkenntnisse und Methoden der Klinischen Psychologie benötigt werden. Der Übergang zur Pädagogischen Psychologie wäre dabei fließend. Dazu gehören insbesondere Verfahren der *pädagogischen Verhaltensmodifikation.* Dies sind psychotherapeutische Verfahren auf der Basis einer verhaltenstheoretisch orientierten Klinischen Psychologie, die auf Probleme angewendet werden, welche in Erziehungssituationen auftreten und/oder die besonders effektiv zusammen mit Erziehern eingesetzt werden können.

„Wann wird er wohl zu sprechen anfangen? Die gleichaltrige Anja nebenan spricht schon", fragen sich unsere stolzen Eltern. So eine Frage betrifft zunächst die *Entwicklungspsychologie.* Wenn sie sich mit diesem Teilbereich der Psychologie näher beschäftigen, werden sie finden, daß ihre Frage viel zu ungenau gestellt ist, denn was heißt „Sprechen"? Ist „da-da-da" schon sprechen? Sie werden feststellen, daß Wörter, die ein Objekt, eine Situation oder eine Emotion bezeichnen sollen, normalerweise zwischen einem dreiviertel Jahr und zwei Jahren auftreten und daß Mädchen generell einen Entwicklungsvorsprung vor Jungen haben, es also völlig „normal" ist, daß die gleichaltrige Anja schon besser sprechen kann als ihr Sohn. Der Übergang von der Entwicklungspsychologie zur Pädagogischen Psychologie ist in unserem Beispiel durch die Frage gekennzeichnet, wie der *Sprachlernprozeß* gefördert werden könnte. Die Entwicklungspsychologie ist u. a. an der Förderbarkeit psychischer Funktionen an sich interessiert, die Pädagogische Psychologie an der Entwicklung bzw. Beschreibung wirksamer Fördermöglichkeiten. Der pädagogisch-psychologische Forscher greift also auf die Entwicklungspsychologie zurück, um grundsätzlich zu wissen, ob überhaupt die Entwicklung eines Verhaltens förderbar ist, ob und welche Reifungsprozesse (also solche Verhaltensänderungen, die ohne spezifische äußere Einflüsse erfolgen) zu berücksichtigen sind, bevor er Möglichkeiten der Einflußnahme untersucht.

Eng verbunden ist mit dieser Frage auch die *Differentielle Psychologie (Persönlichkeitspsychologie).* Sie unterscheidet Ausmaß und Ursachen interindividueller Differenzen in der Ausprägung psychologisch bedeutsamer Variablen. Für die Untersuchung ihrer Fragestellung benötigt sie Tests, mit denen das Ausmaß der Unterschiede zwischen Personen in definierten Variablen meßbar wird. Im Rahmen der Pädagogischen Psychologie könnten solche *Meßverfahren* verwendet werden, um die Notwendigkeit von gezielten Fördermaßnahmen im Einzelfall festzustellen, und auch für die Überprüfung zur Förderung in diesen Variablen. Gäbe es für Einjährige einen Sprachentwicklungstest, könnten die Eltern einen Psychologen bitten, damit ihr Kind zu untersuchen.

Schließlich wären für die Eltern unseres Beispiels auch Erkenntnisse der Theorien und Ergebnisse der *Sozialpsychologie* nützlich. Sie würden z. B. verstehen, daß nicht nur ihr Kind von ihnen lernt, sondern daß sie selbst auch durch die Reaktionen ihres Kindes auf ihre Verhaltensweisen in ihrem Verhalten beeinflußt werden. Sie würden u. a. erfahren, daß „typisch männliche Verhaltensweisen" bei Jungen mit durch die Vorstellung davon, was in unserer Gesellschaft „männlich" ist, beeinflußt werden, weil die Kontaktpersonen des Jungen entsprechende Vorbilder liefern bzw. gezielt entsprechende Verhaltensweisen fördern.

18.1.2 Die Entwicklung der Pädagogischen Psychologie

Verlassen wir nun die Perspektive der Eltern bei der Betrachtung der Pädagogischen Psychologie in ihren Verbindungen zu anderen psychologischen Teildisziplinen und nehmen wir eine historische Perspektive ein.

Die Pädagogische Psychologie gehört zu den ältesten Zweigen der Psychologie. Neben dem Interesse am psychisch Kranken und an den Möglichkeiten, ihm zu helfen, waren es – vermutlich mit größerer Breitenwirkung – Fragestellungen zur *Erziehung* vor allem der Erziehung in der Schule, die zur Entwicklung der Psychologie als wissenschaftliche Disziplin beigetragen haben.

Das bedeutete nun nicht, daß Psychologie zunächst vorwiegend als Pädagogische Psychologie betrieben wurde, aus der sich dann spezielle psychologische Fragestellungen entwickelten. Im Gegenteil, die Probleme der Erziehungspraxis verhalfen der Grundlagenforschung in der Psychologie, vor allem also der Allgemeinen Psychologie, zwar mit zu den erforderlichen Forschungsressourcen, die Pädagogische Psychologie, die daraus entstand, war aber eher eine „verkürzte Psychologie für Pädagogen" (Ewert 1979, S. 16), d. h., die Ergebnisse der Allgemeinen Psychologie wurden lediglich *intuitiv* auf Probleme der Erziehungspraxis übertragen. Inzwischen wissen wir, daß dies zuwenig ist, um psychologische Erkenntnisse für die Praxis des Erziehens zu erhalten. Die Hoffnung – falls sie überhaupt je wirklich bestanden hat –, Lehrer oder Eltern würden schon irgendwie psychologische Erkenntnisse auf ihre Erziehungspraxis anwenden, erwies sich als unerfüllbar. Die Pädagogische Psychologie mußte deshalb zu einem eigenständigen Teilbereich der Psychologie werden. Das heißt nicht, daß sich die Pädagogische Psychologie völlig von der übrigen Psychologie abgekoppelt hat. Psychologische Forschungsmethoden und -erkenntnisse bilden weiterhin das gemeinsame Fundament mit den übrigen Bereichen der Psychologie. Es ist aber deutlich geworden, daß es eine Aufgabe und nicht schon der Inhalt Pädagogischer Psychologie ist, psychologische Erkenntnisse auf ihre Anwendbarkeit auf Erziehungsprobleme zu überprüfen, und daß es psychologische Fragestellungen gibt, die gesondert aus der Pädagogischen Psychologie entwickelt werden müssen, weil sie in anderen Teilbereichen der Psychologie nicht hinreichend beachtet werden.

Weinert (1967, S. 22) bezeichnete die Pädagogische Psychologie als „das Insgesamt erfahrungswissenschaftlicher Befunde und Fragestellungen, die zur psychologischen Erhellung des unter Erziehungseinwirkungen stehenden Menschen vorliegen und möglich erscheinen. . . dabei ist die Erziehung in der Familie ebenso zu berücksichtigen wie die Unterrichtung in der Schule, die Einflüsse der Spielgefährten und Mitschüler in gleicher Weise wie die Wirkungen der Massenmedien."

Dieser Rahmen ist für die Pädagogische Psychologie zu eng geworden. Zwar ist der *Erzogene* weiterhin von zentralem Interesse für die Pädagogische Psychologie, aber auch seine *Erzieher* und die verschiedenen *materiellen* und *sozialen Voraussetzungen von Erziehungsprozessen* sind Gegenstände der pädagogisch-psychologischen Forschung geworden. Das Verhalten der Erzogenen wird nicht allein als „abhängige Variable" untersucht, das sich in Abhängigkeit diverser Umwelteinflüsse formt und verändert, es wird selbst auch als „*unabhängige* Variable" gesehen, von der das Erziehungsverhalten als „abhängige Variable" beeinflußt wird. Dies wiederum ist eine neue Voraussetzung für weitere Erziehungsprozesse. Auch die *Auswirkungen,* die Ergebnisse von Erziehungsprozessen auf das Verhalten und Erleben der für den Erzogenen und/oder seine Erzieher bedeutsamen Interaktionspartner haben, sind Gegenstände pädagogisch-psychologischer Forschung und Theorienbildung.

Ein Beispiel: Eine Ausgangsfrage der Pädagogischen Psychologie über aggressives Verhalten von Kindern mag einmal gelautet haben: Was haben Eltern in der Erziehung falsch gemacht, daß gerade ihre Kinder so aggressiv geworden sind? Die Untersuchungen zur Frage, ob es eine individuelle Disposition zur Aggressivität, im Sinne einer genetisch festgelegten Anlage gibt, hatten die unterschiedlichen Ausprägungen aggressiven Verhaltens nicht hinreichend erklären können. Gemäß verschiedener theoretischer Ansätze über das Lernen aus der Allgemeinen Psychologie wurde z. B. festgestellt: Oft werden aggressive Kinder von ihren Eltern zu aggressivem Verhalten ermutigt („Laß dir nichts gefallen!") und belohnt (operantes Konditionieren). Unter Einbeziehung sozialpsychologischer Gesichtspunkte wurde deutlich, daß aggressive Verhaltensweisen durch Beobachtung aggressiver Vorbilder gelernt werden (Modellernen) und das um so nachhaltiger, je stärker die Merkmale „Attraktivität", „Prestige", „Macht" beim Modell ausgeprägt sind - Merkmale, über die Eltern in den Augen ihrer Kinder gewöhnlich verfügen. Unter der Perspektive der Persönlichkeitspsychologie wurden Elterntypen bzw. Lehrertypen unterschieden, von denen der „autoritäre Typ" wohl - möglicherweise, weil er selbst ein aggressives Modell ist - am ehesten aggressives Verhalten bei Kindern fördert. Ebenso wurden verschiedene sozioökonomische und ökologische Bedingungen für aggressionsförderndes Erziehungsverhalten festgestellt. Die Pädagogische Psychologie interessiert inzwischen aber auch, ob eventuell aggressionsförderndes Erzieherverhalten seine Ursachen in den Erwartungen der Umwelt bezüglich der Reaktionen von Erziehern auf aggressives Verhalten der Erzogenen hat. Ferner wäre die Frage zu stellen, wie der Teufelskreis aus aggressivem Kindverhalten, daraus folgenden Elternreaktionen und daraus wiederum folgendem aggressivem Kindverhalten zu unterbrechen ist.

Generell kann festgestellt werden, daß der *Gegenstand der Pädagogischen Psychologie* der Prozeß der Weitergabe von Verhalten, speziell von Wissen, Fertigkeiten, Einstellungen und Werten in der Gesellschaft ist. Dieser Prozeß kann mit dem Begriff *Erziehungsprozeß* bezeichnet werden.

Aus dem bisher Gesagten sollte deutlich geworden sein, daß Pädagogische Psychologie dasjenige Teilgebiet der Psychologie ist, das sich mit den individuellen, sozialen und materiellen Voraussetzungen von Erziehungsprozessen, den Erziehungsprozessen selbst und den Rückwirkungen der Resultate von Erziehungsprozessen auf Erziehende beschäftigt.

Aus den Beispielen könnte man den falschen Schluß ziehen, die Pädagogische Psychologie betreffe vor allem die Psychologie der Familienerziehung. Dieser Teilbereich ist noch ausgesprochen wenig entwickelt (vgl. Lukesch 1976). Zum allergrößten Teil betreffen die Publikationen zur Pädagogischen Psychologie die

Schulpsychologie, also den Teilbereich der Pädagogischen Psychologie, der Erziehungsprozesse in der Schule betrifft (Gage & Berliner 1986).

Seit einigen Jahren werden von der Pädagogischen Psychologie auch die Lern- und Lehrprozesse untersucht, die in der Aus-, Fort- und Weiterbildung von Erwachsenen von Bedeutung sind (Sarges & Fricke 1986).

18.2 Das Theorie-Praxis-Problem der Pädagogischen Psychologie

Die Pädagogische Psychologie hat Abnehmer, die von ihr etwas erwarten: vor allem Lehrende, diejenigen, die Lehrende ausbilden, und diejenigen, die Lehrende mit dem Lehren beauftragen.

18.2.1 Pädagogische Psychologie zwischen Heilserwartung und Verdammung

Gegenüber diesen Abnehmern steht die Pädagogische Psychologie ständig in dem Spannungsfeld zwischen Überschätzung ihrer Möglichkeiten und völliger Ablehnung als kindertümelnder Schnickschnack.

Die Bedeutung der Ergebnisse aus der Pädagogischen Psychologie für erzieherisches Handeln wird eher deutlich, wenn man sie mit dem Zustand des Nichtwissens vergleicht als mit den Wünschen, die Erziehungspraktiker an die Pädagogische Psychologie haben. Denn der Vergleich des Ist-Zustands mit dem Wunsch-Zustand fällt für die Pädagogische Psychologie noch wenig rühmlich aus.

Das liegt zum Teil daran, daß in der Pädagogischen Psychologie viele Ergebnisse noch unverbunden geblieben sind, der Anwender also u. U. sich zu einer Frage mit einer Fülle von Einzelinformationen konfrontiert sieht, die alle gleichzeitig zu berücksichtigen schier unmöglich ist. Beispielsweise gibt es zur Frage: „Wie kann man Schüler für einen Unterrichtsgegenstand interessieren?“ so viele Antworten, daß sich der Lehrer, der diese alle berücksichtigen will, wie ein Tausendfüßler vorkommen muß, der zu überlegen begonnen hat, wann er welchen Fuß beim Laufen verwendet und so unfähig wird, weiterzulaufen.

Zum Teil fällt der Vergleich zwischen Ist-Zustand und Wunsch-Zustand deshalb enttäuschend aus, weil Ergebnisse empirischer Forschung zum gleichen Thema oft aus den verschiedensten Gründen widersprüchlich ausfallen. Das kann z. B. daran liegen, daß mit unzureichenden Stichproben gearbeitet worden ist oder die interessierenden Variablen mit verschiedenen Meßinstrumenten untersucht worden sind. Der Anwender weiß dann nicht, welchem Ergebnis er denn nun für die Lösung seines Problems trauen soll.

Schließlich muß der Ist-Zustand der Pädagogischen Psychologie manche Wünsche von Anwendern enttäuschen, weil die Wünsche unvernünftig sind, d. h. von der Wissenschaft etwas erwarten, was sie prinzipiell nicht leisten kann. Die Frage: „Was soll man tun, wenn Fritz dauernd durch Herumblödeln stört?“ ist schlicht nicht so zu beantworten, daß der Schulpsychologe sagt: „Am besten tun Sie dies oder jenes, dann hört das schon auf.“ Die Wünsche gehen aber genau in diese

Richtung. Im Idealzustand müßte der Schulpsychologe zur Beantwortung dieser Fragen alle Theorien heranziehen, die die Entstehung von Verhalten, speziell von Normvorstellungen abweichendem Verhalten erklären. Auf dieser Grundlage müßte er dann die Lehrer dieses Schülers, den Schüler selbst und die Eltern gezielt befragen, um dann für diesen speziellen Einzelfall eine noch weiter zu überprüfende Vermutung über die Entstehungsursachen zu entwickeln. Mit anderen Worten: Die Pädagogische Psychologie hält weder für den konkreten Einzelfall (Fritz) Problemlösungen parat noch für konkrete Einzelprobleme (Herumblödeln), sondern sie ist lediglich eine Sammlung von Wissen, das durch systematisch gesammelte Erfahrungen, die auch gezielt durch Experimente herbeigeführt wurden, entstanden ist. Aus diesem Fundus muß der praktisch arbeitende Psychologe im Einzelfall stets neue Problemlösungen erarbeiten.

Oft wird er zu dem Ergebnis kommen, daß Lehrer und/oder Eltern ihr Verhalten gegenüber diesem Schüler verändern müßten – auch ein ziemlich sicherer Weg, die Gruppe derjenigen zu vergrößern, die von Psychologie nichts halten. Oft wird er versuchen, dem Schüler direkt zu helfen, auch wenn eigentlich andere am Konflikt Beteiligte sich primär ändern müßten, „eingeschliffenes" Fehlverhalten wird er versuchen zu modifizieren. Welches Vorgehen wirksam sein wird, ist von vorneherein selten zu sagen, da, wie gesagt, das für den einzelnen Schüler richtige Verfahren erst entwickelt werden muß. Die Gefahr, daß auf diese Weise nichts nachhaltig verändert wird, ist groß, wenn die zu verändernden Verhaltensweisen von den Bezugspersonen des Schülers verursacht oder auch durch falsche Reaktionen darauf aufrecht erhalten werden – und wieder sind einige Personen mehr davon überzeugt, daß Pädagogische Psychologie zum Gelingen von Erziehung wenig beitragen kann.

Die Heilserwartung mancher Praktiker kann für den Psychologen, an den sie herangetragen wird, verführerisch sein, zumal er weiß, wie schnell sie in Verdammnis umschlägt, wenn er dieser Erwartung nicht entspricht. Sie könnte dazu verführen, die Grenze zwischen wissenschaftlich begründeter Aussage und eigener Meinung nur unscharf zu ziehen und sie nur noch ungenügend im Beratungsgespräch aufzuzeigen. Wie in so vielen Verführungen verbirgt sich auch hier eine Gefahr, die der Verführte, wenn er sich verführen läßt, außer acht gelassen hat, weil er sich sonst nicht hätte verführen lassen. In diesem Fall liegt die Gefahr darin, daß mit der Suche nach Beratung auch die Suche nach *Entlastung von Verantwortung* verbunden sein kann. Diese Entlastung kann der Psychologe nicht geben, weil das Gelingen einer Beziehung – hier zwischen Erzieher und Erzogenem – nicht dadurch gefördert werden kann, daß einer die Verantwortung dafür auf andere abwälzt.

Geradezu fatal kann es sein, wenn der Psychologe selbst nicht mehr merkt, daß und wann er als Resultat der Heilserwartung eines Ratsuchenden die Grenze zwischen der Aussage, die sich auf die Pädagogische Psychologie stützt, und der Aussage, die seiner persönlichen Meinung entspricht, überschreitet. Scharf ziehen läßt sich diese Grenze nicht, der Psychologe muß aber bemüht bleiben, sie nicht aus dem Auge zu verlieren.

18.2.2 Manches ist primär Grundlage für anderes

Betrachtet man die Pädagogische Psychologie *allein* unter dem Verwendungsgesichtspunkt in konkreten Erziehungssituationen, erscheint manches überflüssig. So würde ein Lehrer mit mehrjähriger Schulpraxis - wenn er höflich ist - schmunzeln, wenn man ihm vorschlüge, mit einem Soziogramm oder mit Hilfe multidimensionaler Skalierung und zeitaufwendigen Rechenverfahren festzustellen, ob sich in seiner Klasse ein „Außenseiter" oder eine „Clique" befindet. Dies können viele Lehrer auch ohne Meßverfahren so präzise angeben, daß ihre Aussage als Maßstab zur Bestimmung der Güte des Verfahrens zur Analyse von Sozialbeziehungen (Validitätskriterien) verwendet werden könnte. Für Forschungszwecke kann es aber von Bedeutung sein, ein erprobtes soziometrisches Verfahren zur Verfügung zu haben, das keine negativen Nebenwirkungen für die Schüler-Schüler-Beziehung hat, wenn es z. B. darum geht festzustellen, ob und wie sich bestimmte pädagogisch-psychologische Maßnahmen auf die Sozialstruktur der Klasse auswirken.

18.2.3 Manches brauchen nur manche Praktiker

Validitätskriterien sind oft unzureichend, um die Güte von psychologischen Meßverfahren zu beurteilen. In unserem Fall wird das Validitätskriterium „Lehrerurteil über die soziale Struktur der Klasse" um so mangelhafter, je mehr Lehrer, die eben kein „Gespür" dafür haben, Urteile abgeben. Gerade in den Klassen solcher erfahrener Lehrer wäre dann ein Meßverfahren wie das Soziogramm durchaus eine wertvolle Informationsquelle. Die Schwierigkeit ist nur: Wer wird schon von sich aus wissen, ob er zu denen mit oder zu denen ohne Gespür gehört? Im konkreten Einzelfall wird der Psychologe also gut daran tun, beim Verdacht auf gestörte Beziehungen in einer Klasse, die als „schwierig" bezeichnet wird, *soziometrische Verfahren* anzuwenden auch wenn ein erfahrener Lehrer meint, dies alles schon glasklar zu durchschauen. Es gibt wohl tatsächlich Naturtalente unter Erziehern, die auf Pädagogische Psychologie verzichten können. Jost, Klyne und Höder schätzten in Untersuchungen mit Tausch 10 bis 15 % von 97 untersuchten Lehrern so ein (vgl. Tausch 1982, S. 107). Von diesen Lehrern wird der pädagogisch-psychologische Forscher eher etwas lernen können, als ihnen wichtige Hinweise für das Gelingen ihrer Praxis geben zu können. Aber wer weiß, vielleicht wären jene sogar für ein Gespräch über pädagogisch-psychologische Fragen besonders aufgeschlossen.

18.2.4 Manches wäre verwendbar, wird aber nicht genutzt

Es genügt nicht, Wissen in Büchern zur Verfügung zu stellen, wenn man möchte, daß es genutzt wird. Die Aufgabe, den Wissensstand der Pädagogischen Psychologie, generell sozialwissenschaftlicher Forschungsergebnisse, der Schule verfügbar zu machen, wird bisher in der Bundesrepublik Deutschland noch stark vernachlässigt. Es werden professionelle Fortbildner benötigt und ein institutioneller Hintergrund, der effektive Fortbildung ermöglicht. Denn es genügt ganz offensichtlich nicht, daß ein Fortbildner durch ein Referat oder über ein Videoband das erzählt, was der Auszubildende auch selber hätte lesen können, um den Wissensbestand praktisch wirksam werden zu lassen. Regionale Pädagogische Zentren erwiesen sich als erfolgversprechend für die Vermittlung zwischen Wissenschaft und Schulpraxis. Sie werden in vielen westlichen Ländern auch verwirklicht, in der Bundesrepublik Deutschland konnten sie aber nicht, trotz positiv verlaufender Versuche, im erforderlichen Umfang bildungspolitisch durchgesetzt werden (vgl. Berg, Petry & Raschert 1980). Selbst manches von dem, was Psychologiestudenten so selbstverständlich erscheint, daß sie schon kaum noch wissen, daß dies Psychologie ist, wird in der Praxis schlicht übergangen. Aufgaben in Klassenarbeiten und Schulbüchern werden gestellt, als ob es nie eine Diskussion über Lernerfolgskontrolle gegeben hätte, Zensuren werden nach Hundertsteln verrechnet, auch wenn sie von verschiedenen Lehrern mit verschiedenen Bezugssystemen stammen (der eine gibt für eine bestimmte Leistung eine Drei, der andere bewertet sie mit Zwei) und obwohl es beinahe eine Allerweltsweisheit ist, daß die Skaleneigenschaften von Zensuren diese Verarbeitung nicht zulassen, wenn das daraus folgende Resultat seinen Sinn haben soll. Die Vermittlung zwischen Pädagogischer Psychologie und familiärer Erziehungspraxis erfolgt teilweise über Erziehungsberatungsstellen, teilweise über Volkshochschulen. Auch zahlreiche Zeitschriften nehmen sich dieser Aufgabe an. Dabei besteht allerdings die Gefahr zu grober Vereinfachung und zu optimistischer Verallgemeinerung von noch unzureichend gesicherten Einzelergebnissen. Hier schließt sich der Kreis, denn diese Publikationsstrategie trägt mit zur Entstehung der Heilserwartung bei, deren Nichterfüllung das Ansehen der Psychologie - der Laie wird kaum zwischen Psychologie und Pädagogischer Psychologie unterscheiden - ramponiert.

18.3 Problemstellungen und Methoden der Pädagogischen Psychologie

Die Pädagogische Psychologie bedient sich des ganzen Spektrums der Methoden, die in der Psychologie entwickelt bzw. von der Psychologie aus anderen Wissenschaften übernommen worden sind (z. B. das Experiment, Beobachtung, Hypothesenbildung, statistische Verfahren). Für einzelne Fragestellungen werden bei Bedarf besondere Methoden entwickelt, z. B. spezielle, der Fragestellung angemessene *Beobachtungsverfahren.* Im Zusammenhang mit der wissenschaftlichen Begleitung von Schulversuchen wurde, gemeinsam mit empirisch arbeitenden Pädagogen, der Ansatz der *Handlungsforschung* entwickelt, nach dem der Wissenschaftler nicht unbeteiligt beobachtet, ob und wie ein Schulversuch gelingt, sondern gleichzeitig versucht, durch den Einsatz seiner Möglichkeiten den Schulversuch in Richtung auf dessen Ziele zu fördern (Näheres bei Klafki et al. 1982). Die meisten der bisher von der Pädagogischen Psychologie bearbeiteten Problemstellungen betreffen, wie schon angedeutet, das *schulische Lernen.* Ferner befaßt sie sich mit der Psychologie der *Familienerziehung,* Spezialgebieten wie z. B. der Psychologie der *Erwachsenenbildung, Freizeitverhalten* von Kindern und Erwachsenen, und, in Verbindung mit Pädagogischer und Klinischer Psychologie, mit der *Beratung* in der Erziehung.

18.3.1 Lernen in der Schule

Im Kapitel „Lernen und Gedächtnis“ dürfte schon deutlich geworden sein, daß „Lernen“ zu den Begriffen gehört, die zwar im Alltag weit verbreitet sind, aber so vielfältig verwendet werden, daß für wissenschaftliche Zwecke eine spezifische Bedeutung festgelegt werden muß.

Für die Fragestellungen in der Pädagogischen Psychologie ist es von besonderer Bedeutung, daß mit *Lernen* ein *Prozeß* der Entwicklung von Verhaltensänderungen oder kognitiven Strukturen bezeichnet wird, der durch Erfahrung ermöglicht wird und nicht etwa nur das Resultat, das fertige neue Verhalten. Man kann zwar an Resultaten erst erkennen, ob Lernen stattgefunden hat, im Idealfall kann aber bei richtiger Versuchsanordnung aus der Qualität des Resultates, des Gelernten, auf die Qualität eines geplant angelegten Lernprozesses geschlossen werden. Und dies ist ein spezifisches Interesse der Pädagogischen Psychologie.

Der *Prozeßcharakter des Lernens* wird in der Schule bedauerlicherweise oft vernachlässigt. Lernen benötigt Zeit, und Denken und Verhalten sind direkt abhängig von der Art des bereits vorher Gelernten. Daraus wird klar, daß verschiedene Schüler unterschiedlich viel Zeit zum Lernen ein und desselben Lerngegenstandes brauchen. Dies wird innerhalb der üblichen Schulorganisation kaum berücksichtigt. Hieraus folgt auch, daß verschiedene Schüler zu einem bestimmten Zeitpunkt, z. B. bei einer Prüfung, notwendig an verschiedenen Stellen des Lernprozesses angelangt sind. Die Prüfungen in der Schule sind aber in der Regel so angelegt, daß nur festgestellt werden kann, ob ein Schüler an einem bestimmten Endpunkt des Lernprozesses angelangt ist. Neuere testtheoretische Entwicklungen verstärken noch diesen Trend. Wichtig wäre es aber gerade festzustellen, an *welcher Stelle des Lernprozesses* sich ein Schüler befindet, um dort gezielt anzuknüpfen und auch ihm das Erreichen des angestrebten Endpunkts zu ermöglichen. Das gilt nicht nur für *kognitives Lernen* (Erwerb von Wissen und seiner Verwendung), sondern auch für *soziales Lernen* (Erwerb von Verhalten im Umgang mit anderen), *emotionales Lernen* (Erwerb von Verhaltensweisen im Umgang mit eigenen Gefühlen, Stimmungen u. ä.) sowie für *psychomotorisches Lernen* (Erwerb von Fertigkeiten bei der Durchführung des motorischen Anteils von Handlungen).

Die Pädagogische Psychologie untersucht und beschreibt das Lernen in der Schule aus verschiedenen Perspektiven. Grob unterscheiden lassen sich: (a) Der Schüler und seine Eigenschaften, (b) die Schule und ihre Eigenschaften, (c) außerschulische Einflüsse, (d) Lernschwierigkeiten.

Lange Zeit dominierte in der Pädagogischen Psychologie die erste Perspektive, die Untersuchung des *Zusammenhangs von Lernen und individuellen Voraussetzungen des Lernenden.* Vor allem den *kognitiven* Voraussetzungen (Intelligenz, Kreativität, kognitive Stile, Verfügbarkeit von Lernstrategien) des einzelnen Schülers als Voraussetzung für schulisches Lernen wurde viel Aufmerksamkeit gewidmet. Ein wesentlicher Grund dafür, vor allem für die Bedeutung von Intelligenztests in der schulpsycholoischen Praxis, ist wohl, daß lange Zeit die Frage der „richtigen“ Zuordnung von Schülern zur richtigen Schulart die Hauptaufgabe war, die den Schulpsychologen zugewiesen worden war. Inzwischen ist, wenigstens in der Pädagogischen Psychologie, deutlich geworden, daß diese Frage falsch gestellt war, also auch nicht richtig beantwortet werden konnte. Schon aus der Tatsache, daß ein Schüler in manchen Fächern gut lernen kann, in anderen nicht so gut, und daß verschiedene Bereiche der Intelligenz bei ein und derselben Person unterschiedlich ausgeprägt sind, läßt sich ableiten, daß das Problem mit der richtigen Zuordnung jedes einzelnen Schülers zu einer von drei möglichen Schularten unter psychologischen Gesichtspunkten gar nicht zu lösen ist. Ein genereller Zusammenhang zwischen der Schulleistung und der Intelligenz läßt sich nicht sinnvoll bestimmen, sondern nur jeweils ein Zusammenhang zwischen *bestimmten Anforderungen der Schule* und *bestimmten Teilbereichen der Intelligenz.* Dabei muß auch noch das *Alter* der Schüler berücksichtigt werden. Lediglich dem Umstand, daß die Anforderungen in der Schule zu einem Großteil schlußfolgerndes Denken in sprachlichen Kontexten und einen umfangreichen Wortschatz voraussetzen, ist es zu verdanken, daß mit Intelligenztests, die eben dies auch überprüfen, die Vorhersage des Schulerfolgs etwas verbessert werden konnte. Eine Gesellschaft, die mit ihrem Schulsystem diese Teilbereiche menschlicher Verhaltensmöglichkeiten dermaßen, vermittelt durch ihr Bildungssystem, bevorzugt, bereitet Kinder gut auf Berufe vor, in denen *schlußfolgerndes Denken* in sprachlichen Zusammenhängen und ein *großer Wortschatz* für den Erfolg ausschlaggebend sind (Lehrer, Richter oder Verwaltungsfachmann). Wenig förderlich ist diese einseitige Bevorzugung kognitiver Möglichkeiten für Berufe, in denen anderes wichtiger wäre: Erfinder, Musiker, Handwerker, Naturwissenschaftler, Kaufmann.

Natürlich blieb weder Lehrern noch Pädagogischen Psychologen verborgen, daß die genannten Teilbereiche der Intelligenz nicht ausreichen, um den Erfolg bei schulischem Lernen aus der Perspektive der Lernvoraussetzungen des Schülers zu begründen. Besonders intensiv wurde das Thema *Leistungsmotivation* bearbeitet, nennenswert behandelt wurden noch die Themen *Aggression, Schulangst, Konzentration.* Relativ breites Interesse fand auch das Thema „*Leistungsmessung* in der Schule". Auch hier ging die Pädagogische Psychologie zunächst von dem Bemühen aus, die Zuweisung von Schülern zu den Schularten zu verbessern. In vielen Untersuchungen war belegt worden, daß verschiedene Lehrer gleiche Prüfungsergebnisse unterschiedlich bewerten, je nach persönlichen Ansprüchen und anderen Leistungen, die ihnen zum Vergleich zur Verfügung standen, so daß eine Objektivierung der Beurteilung notwendig und sinnvoll erschien. Dieses Thema ist in der Pädagogischen Psychologie inzwischen nur noch von geringem Interesse. Bedauerlicherweise ist mit dem Widerstand gegen ein Ausufern von Tests in eine „Testeritis" und gegen die Verwendung von Tests als Hindernis auf dem 9 bis 13 Jahre dauernden Hindernislauf Schule auch alles das verdrängt worden, was zu einer Verbesserung der schulischen Leistungsbeurteilung, die es schließlich wie eh und je gibt, dienen könnte: Die Ideen, daß es immer Meßfehler gibt, die nicht vom Gemessenen (hier dem Schüler) zu vertreten sind, daß auch Lehrer irren können, daß ungelöste Aufgaben etwas mit schlechter Aufgabenkonstruktion oder schlechter Vorbereitung der Schüler durch den Lehrer zu tun haben könnten, beeinflussen das schulische Prüfungswesen wenig. Techniken der Aufgabenstellung bleiben ungenutzt, die dazu beitragen könnten, daß nur der in Frage stehende Inhalt und nicht die Art der Aufgabenstellung für Schüler ein Problem darstellt. Möglichkeiten, Aufgaben so zu stellen, daß aus ihrer Lösung deutlich wird, an welcher Stelle des Lernprozesses sich der Schuler befindet, und mathematisch-statistische Verfahren, mit denen diese Problemstellungen bearbeitet werden können, sind den meisten Lehrern unbekannt geblieben. An vielen Schulen werden heute wieder (oder weiterhin) Schülerleistungen so bewertet, als ob es die Diskussion um diese Themen nie gegeben hätte.

Gegenwärtig wird bei der Erklärung von Lernen aus der Perspektive der Schülervoraussetzungen weniger versucht, weitere Zusammenhänge zwischen Schülereigenschaften und Lernerfolgen aufzudecken, sondern es wird mehr der *individuellen Lerngeschichte* Aufmerksamkeit gewidmet. Allerdings versäumen manche Forscher, die heute die Bedeutung der individuellen Bedingtheit psychischen Geschehens vor allgemeinen psychologischen Gesetzmäßigkeiten betonen, darauf hinzuweisen daß auch die Rückführung von spezifischen Verhaltensweisen auf die individuelle Lerngeschichte nicht auf die Kenntnis allgemeiner Gesetzmäßigkeiten verzichten kann, weil sonst möglicherweise bedeutsame Details der individuellen Lerngeschichte gar nicht als bedeutsam identifiziert werden könnten.

Die Schule und ihre Eigenschaften wurde von der Pädagogischen Psychologie in der Bundesrepublik Deutschland als Bedingung schulischen Lernens lange wenig beachtet. Dieses Problemfeld wurde weitgehend der Pädagogik überlassen. Lediglich den Lehrerverhaltensweisen wurde relativ ausführlich Aufmerksamkeit gewidmet.

Die Pädagogische Psychologie beschäftigt sich auch mit der Frage nach der *Verbesserung von Lehrmethoden.* Lediglich „programmiertes Lernen" (Anwendung der behavioristischen Lerntheorie auf Lehrtexte) war schon etwas früher von Interesse. Auch die Schule als *Gebäude* und die *Schulorganisation* kamen ins Blickfeld. Diese Themen werden vermutlich unter der Perspektive der Ökopsychologie weiter in ihren Auswirkungen auf das Lernen in der Schule erforscht werden. Ein Thema mit Zukunft ist auch das *Training von Lehrern*, damit sie Verhaltensweisen erwerben, die für das Lernen in der Schule förderlich sind. Bezüglich der Effektivität solcher Bemühungen ist allerdings einige Skepsis erlaubt: Wollen wir wirklich, daß sich alle ca. 500 000 Lehrer in der Bundesrepublik Deutschland gleich verhalten? Eine Verbindung der trainierten Handlungen mit Handlungen bei der Vermittlung schulischer Inhalte gelingt bisher den Trainierten kaum. Schließlich gäbe es sehr viele zu trainierende Lehrerverhaltensweisen. Trainings sind aber sehr zeitintensiv. Ist es sinnvoll, da ein umfassendes Training nicht für viele realisierbar ist, mit einzelnen Lehrern mehr oder weniger zufällig ausgewählte einzelne Verhaltensweisen zu trainieren?

Der Bereich *außerschulischer* Bedingungen schulischen Lernens ist noch relativ wenig bearbeitet. Bisher wurde vor allem nach dem Einfluß der sozioökonomischen Bedingungen (Beruf, Ausbildung der Eltern, Familienfinanzen), unter denen ein Schüler aufwächst, auf schulisches Lernen gefragt. Recht lückenhaft ist noch die Forschung zum *Einfluß der gleichaltrigen Mitschüler* oder Spielkameraden zu Hause auf den Schüler.

Die letzte Perspektive der Pädagogischen Psychologie zum Lernen in der Schule, die erwähnt werden soll, sind die „*„Lernschwierigkeiten*". Hier wird von auffälligem Schülerverhalten ausgegangen: Disziplinproblemen, aggressiven Handlungen, Angst, Selbstmord, sexueller Verfrühung, Lese- und Rechtschreibschwierigkeiten, Konzentrationsproblemen, Hyperaktivität u. a.

18.3.2 Psychologie der Familienerziehung

Wie schon erwähnt, ist dieser Teilbereich der Pädagogischen Psychologie im Vergleich zur Schulpsychologie noch *wenig entwickelt.* Er ist fest in der Hand von populär- und pseudowissenschaftlichen Rat- und Hilfebüchern und „Frauenzeitschriften". Eine Fülle von Detailergebnissen, von der Auswirkung der *Berufstätigkeit der Mutter* auf die Entwicklung der Kinder, über die *Familienmerkmale von jugendlichen Kriminellen* bis zum *Einfluß der Kinder auf Elternverhaltensweisen,* ist bisher noch wenig geordnet. Auch in diesem Bereich ist das Thema *Verhaltenstraining* aktuell. Zur Vorbeugung von Fehlentwicklungen in der Kindheit durch psychologisch schädliches Elternverhalten und zur Veränderung solcher kinderschädlichen Verhaltensweisen wurden Elterntrainings entwickelt. Deren Nutzen liegt aber möglicherweise weniger im Gelingen des Trainings spezifischer Verhaltensweisen als darin, daß Eltern beginnen, ihr Verhalten den Kindern gegenüber kritischer zu sehen. Vielleicht werden sie eher bereit, wenigstens vor sich selbst einmal zuzugeben, daß sie sich falsch verhalten haben, daß sie selbst sich auch um angemessenes Verhalten zu ihren Kindern bemühen müssen und nicht schon recht haben, weil sie „erwachsen" (= ausgewachsen = unveränderbar?) sind (vgl. Gordon 1972).

Die Arbeit des Deutschen Kinderschutzbundes hat dazu geführt, daß Kindesmißhandlung und sexueller Mißbrauch von Kindern zunehmend auch in der Psychologie der Familienerziehung mit berücksichtigt werden (Engfer 1986).

18.3.3 Beratung in der Erziehung

In den 70er Jahren begann in der Bundesrepublik Deutschland ein „Boom" von Publikationen zum Thema Beratung in der Erziehung. Auslösend war wohl die Empfehlung der Bildungskommission des Deutschen Bildungsrates, das Beratungswesen in der Schule auszubauen. Es wurden verschiedene Konzepte für die Durchführung von Beratung von Schülern, Lehrern und Schulverwaltung entwickelt, der Beratungsprozeß zum Gegenstand der Forschung gemacht und auch hier Ansätze für Verhaltenstrainings aufgegriffen und weiterentwickelt. Es entstanden neue Beraterberufe, wie z. B. der *Beratungslehrer,* für deren Ausbildung die Pädagogische Psychologie unter Verwendungsgesichtspunkten neu systematisiert wurde. Dadurch wurden Forschungslücken deutlich, wie z. B. Unterrichtsverfahren, Methoden zur Veränderung von problematischen Schülerverhaltensweisen, Probleme der Arbeitsorganisation von Schülern.

18.3.4 Psychologie der Erwachsenenbildung

In den letzten Jahren haben sich Pädagogische Psychologen intensiv mit Fragen beschäftigt, die psychologische Aspekte der Ausbildung, Fortbildung oder Weiterbildung von Erwachsenen betreffen. Dafür lassen sich mehrere Gründe finden, die sämtlich etwas damit zu tun haben, daß mit Schul- und Berufsabschluß und dem „Erwachsensein" die Notwendigkeit systematischen Lernens nicht mehr ihren

Abschluß findet. Eine Berufsausbildung reicht nicht mehr für ein Leben, die Inhalte ändern sich sehr schnell - vor 20 Jahren konnte z. B. ein Automechaniker noch nicht gelernt haben, wie elektronische Systeme, die heute in Autos üblich sind, funktionieren, zu installieren oder zu prüfen sind -, Berufe verschwinden ganz oder werden inhaltlich neu bestimmt (z. B. Chemotechniker), andere entstehen neu und sind vielleicht attraktiver als der einst gelernte.

Die weltpolitische Ordnung verändert sich rapide (Zerfall der UdSSR, Deutsche Einheit, Europäischer Einigungsprozeß) und verlangt und ermöglicht neue Qualifikationen. Der Lebenslauf wird zunehmend weniger vorhersehbar, und tiefgreifende Veränderungen im persönlichen Leben erfordern neues Lernen: Scheidung, Kinder werden selbständig, so daß die Berufstätigkeit der betreuenden Person wieder möglich wird - in einem Beruf, dessen Anforderungsstruktur sich geändert hat -, körperliche Behinderung durch Krankheit oder Unfall, Tod wichtiger Bezugspersonen, Arbeitslosigkeit aus verschiedensten Gründen, Beendigung der Berufstätigkeit als Anfang einer immer länger werdenden Lebensphase. Lange versuchte man, die Pädagogische Psychologie, die vorwiegend im Kontext Grundschule entwickelt worden war, per Analogieschluß auf das Lernen von Erwachsenen zu übertragen. Das ist aber sehr oft wenig sinnvoll, zu tiefgreifend sind die Unterschiede in den Voraussetzungen der Lernenden: was sie schon wissen - Umlernen kann schwerer sein als Neulernen -, ihre Lernmotivation, die Rahmenbedingung, die Lernprozesse beeinflussen (die Notwendigkeit, weiter Geld zu verdienen; eine Familie, für die Zeit benötigt wird; ein Haushalt, der versorgt sein muß und vieles andere mehr), die entwicklungspsychologischen Lernvoraussetzungen. Es werden andere Lehr- und Lernmethoden benötigt, neue Themen ergeben sich für die Pädagogische Psychologie wie z. B.: Gesundheitsförderung, Alphabetisierung von Erwachsenen, Bildungsmaßnahmen mit Menschen, die auf verschiedene Weise körperlich oder geistig behindert wurden, berufsrelevanter Fremdsprachunterricht für Erwachsene (vgl. Sarges & Fricke 1986).

18.3.5 Weitere Problemstellungen der Pädagogischen Psychologie

Mit zunehmender Freizeit, sei es durch Arbeitszeitverkürzung, sei es durch Arbeitslosigkeit, beginnt die Pädagogische Psychologie auch, sich mit dem Thema der sinnvollen Verwendung dieser *Freizeit* zu beschäftigen. Dabei kann auf eine Forschungstradition zum Thema Spiel zurückgriffen werden, die schon einige in der pädagogischen Praxis verwendbare Ergebnisse erbracht hat (vgl. Daublesbsky 1975).

Zunehmend wird auch das *Lernen von Erwachsenen* Thema der Pädagogischen Psychologie.

Nur zögernd beginnt sich die Pädagogische Psychologie mit dem Thema *Sexualerziehung zu* beschäftigen. Bisher ist dies weitgehend ein Thema von „Sexualpädagogen“ und Theologen.

Anders als in den Vereinigten Staaten von Amerika sind die Themen *Psychohygiene* und *moralische Erziehung* in der Bundesrepublik Deutschland bisher kaum im Rahmen von Pädagogischer Psychologie bearbeitet worden.

Generell scheint es so zu sein, daß viele Themen zunächst von der Pädagogik bearbeitet werden, bevor auch in der Pädagogischen Psychologie klar wird, daß diese Themen für sie ebenfalls der Beachtung wert wären.

18.3.6 Gegenwärtige Entwicklungen und Perspektiven

In den vorangegangenen Abschnitten dieses Kapitels wurde jeweils schon kurz darauf eingegangen, in welche Richtung sich die Arbeit in dem jeweiligen Problembereich der Pädagogischen Psychologie entwickelt. Hier sollen gegenwärtige Entwicklungen und einige weitere Perspektiven abschließend zusammengestellt werden.

Wie sich der starke Trend zum Verhaltenstraining für Schüler, Lehrer und Eltern entwickeln wird, vorbeugend und zur Therapie bei Verhaltensproblemen eingesetzt, ist noch nicht abzusehen. Gegenpositionen sind noch wenig bezogen worden. Unterstützung erhält dieser Trend durch eine Perspektive, die in großen Teilen der Psychologie gegenwärtig wieder aktuell ist: Die stärkere Beachtung der individuellen Abweichungen von allgemeinen psychologischen Gesetzmäßigkeiten und die Betonung der modifizierenden Wirkung von Situationen auf die Wirksamkeit psychischer Eigenschaften für menschliches Handeln. Dadurch ist auch der Optimismus stärker geworden, daß sich diese Eigenschaften durch gezielte psychologische Maßnahmen verändern lassen.

Im Zusammenhang damit ist der Trend zu sehen, weg von der pädagogisch-psychologischen Diagnostik hin zur psychotherapeutisch fundierten Psychohygiene.

Diese Alternative ist falsch, läßt sie doch außer acht, daß in der Schule weiter geprüft wird, nur jetzt mit weniger schlechtem Gewissen dem Psychologen gegenüber.

Die zunehmende Bedeutung des Themas *Erwachsenenbildung* in der Pädagogischen Psychologie wird aus drei Quellen gespeist. *Umschulung* von Arbeitslosen, *Fortbildung* in der Freizeit, *Weiterbildung* zur Verbesserung von beruflichen Aufstiegschancen. Dieser Gegenstandsbereich wird um so bedeutsamer, je mehr Menschen damit rechnen müssen, nicht mehr ein ganzes Leben lang in demselben Beruf arbeiten zu können, entweder weil der Konkurrenzdruck durch Jüngere zu stark wird oder weil neue Technologien den einmal gewählten Beruf überflüssig machen. Umschulungsmaßnahmen, generell die pädagogische Beeinflussung von Erwachsenen, stellen Lehrende vor eine Situation, die von der in der Schule in vielen Aspekten recht verschieden ist. Die pädagogisch-psychologische Forschung zu diesem Problemfeld hat aber noch kaum begonnen.

Nicht nur die Klinische Psychologie, auch die Pädagogische Psychologie muß sich weiterentwickeln, um besser zur Erhaltung psychischer und körperlicher Gesundheit beitragen zu können. Beispielsweise hat sich die Pädagogische Psychologie bisher kaum sichtbar mit dem *Schulsport* befaßt. Die gegenwärtig vorherrschende Überbetonung des Leistungssports auch bei Schülern, die ganz offensichtlich dafür nicht geeignet sind, verhindert die Entwicklung einer positiven Einstellung oder gar psychomotorischer Grundlagen für den „Breitensport", der mehr Wert legt auf den Spaß bei der sportlichen Betätigung als auf herausragende Leistungen.

Die zunehmende Verwendung von Pädagogischer Psychologie für die pädagogisch-psychologische Beratung hat deutlich werden lassen, daß sich die Pädagogische Psychologie bisher bei zu vielen Problemen auf die Verwendbarkeit grundlagenwissenschaftlicher Erkenntnis verlassen hat und daß die üblichen Forschungsmethoden der Psychologie für die Pädagogische Psychologie nicht immer angemessen waren. Aus diesem Grund entwickelt sich gegenwärtig etwas, das mit dem Begriff *Beratungsforschung* bezeichnet werden könnte: Theorienbildung, Methodenentwicklungen und empirische Forschung in Richtung auf ein psychologisches Wissen, das geeignet ist, die wissenschaftlichen Grundlagen von Beratung zu verbessern.

18.4 Berufsfelder

Pädagogische Psychologie wird vor allem in beratenden Berufen verwendet. An erster Stelle ist der *Schulpsychologe* zu nennen. Die Bund-Länder-Kommission und die Kultusministerkonferenz haben 1973 ein Verhältnis von einem Schulpsychologen für 5000 Schüler und einem Beratungslehrer für 500 Schüler geplant. Diese Quoten sind zu hoch, wenn der *schulpsychologische Dienst* wirksam arbeiten soll. Bisher wurde in Deutschland diese Quote erst in den Stadtstaaten erreicht.

Besonders in den skandinavischen Ländern ist die Versorgung der Schule mit Schulpsychologen schon wesentlich weiter entwickelt als in der Bundesrepublik Deutschland.

Ein weiteres großes Berufsfeld ist die *Erziehungsberatung*. Speziell für Probleme, deren Ursache oder Auswirkungen vor allem das Elternhaus und nicht die Schule betreffen, wurden Erziehungsberatungsstellen, vorwiegend in freier Trägerschaft (Arbeiterwohlfahrt, Caritas usw.) gegründet.

Als drittes großes Berufsfeld wäre die *wissenschaftliche Lehre* und *Forschung* zu nennen (von manchen Wissenschaftlern wird Psychologie so gelehrt, als ob es für die Studenten allein dieses Berufsfeld gäbe). Zulieferfunktion hat sie besonders bei der Lehrerausbildung und im Diplomstudium Pädagogik.

In folgenden Berufsfeldern sind profunde Kenntnisse in Pädagogischer Psychologie ebenfalls nützlich: Lehrer an allen Schularten, Beratungslehrer, Lehrerfortbilder, Erzieher in Heimen und Kindergärten, hauptamtliche Tätigkeit an Volkshochschulen, pädagogisch-psychologische Betreuung von Jugendlichen im Gefängnis, Studienberatung, Berufsberatung beim Arbeitsamt, Planung und Durchführung von innerbetrieblichen Bildungsprogrammen in großen Firmen, Fortbildung von Führungskräften, freie Jugendarbeit in Freizeitheimen, Sozialarbeit, Bewährungshilfe.

Nützlich wären Kenntnisse in Pädagogischer Psychologie sicher auch für Jugend- und Familienrichter, Allgemeinärzte, Kinderärzte und das Personal der Kliniken, in denen Kinder behandelt werden. Bisher ist es aber noch deren privatem Interesse überlassen, ob sie auch wissenschaftlich fundierte Kenntnisse über das Verhalten und Erleben und die Erziehung von Kindern und Jugendlichen erwerben.

Literatur-Empfehlungen

Gage, N.L & Berliner, D.C.: Pädagogische Psychologie. München 1986.
Nolting, H.-P. & Paulus, P.: Pädagogische Psychologie. Stuttgart 1992.
Sarges, W. & Fricke, R. (Hrsg.): Psychologie für die Erwachsenenbildung/Weiterbildung. Ein Handbuch in Grundbegriffen. Göttingen 1986.
Schiefele, H. & Krapp, A. (Hrsg.): Handlexikon zur Pädagogischen Psychologie. München 1986.
Weidenmann, B. & Krapp, A. et al.: Pädagogische Psychologie. Ein Lehrbuch. München 1993.

Literaturverzeichnis

Abramson, L. Y., Seligman, M. E. P. & Teasdale, J. D. (1978). Learned helplessness in humans: Critique and reformulation. Journal of Abnormal Psychology, 87, 49–74.
Ach, N. (1910). Über den Willensakt und das Temperament. Leipzig: Quelle & Meyer.
Ach, N. (1935). Analyse des Willens. In E. Abderhalden (Hrsg.), Handbuch der biologischen Arbeitsmethoden (Bd. VI). Berlin: Urban & Schwarzenberg.
Aebli, H. (1963). Über die geistige Entwicklung des Kindes. Stuttgart: Klett.
Aebli, H. (1981). Denken: das Ordnen des Tuns, Bd. I u. II. Stuttgart: Klett-Cotta.
Ainsworth, M. D. S., Bell, S. M & Stayton, D. J. (1971). Individual differences in strange-situation behaviour of one-year-olds. In H. R. Schaffer (Ed.), The origins of human social relations (pp. 17–57). London: Academic Press.
Ainsworth, M. D. S., Bell, S. M & Stayton, D. J. (1974). Infant-mother attachment and social development: Socialization as a product of reciprocal responsiveness to signals. In M. P. Richards (Ed.), The integration of the child into a social world. Cambridge: University Press.
Allport, G. W. (1955). Werden der Persönlichkeit. Bern: Huber.
Allport, G. W. (1959). Persönlichkeit, Struktur, Entwicklung und Erfassung der menschlichen Eigenart (2. Aufl.). Meisenheim: Hain-Verlag.
Allport, G. W. (1985). The historical background of modern social psychology. In G. Lindzey (Ed.). New York: Random House.
Anastasi, A. (1973). Angewandte Psychologie. Weinheim: Beltz.
Anger, H. (1984). Die historische Entwicklung der Sozialpsychologie. In A. Heigl-Evers (Hrsg.), Sozialpsychologie, Band 1 (S. 29–50). Weinheim: Beltz.
Argyris, C. (1964). Integrating the individual and the organization. New York: Wiley.
Arnold, W. (1970). Angewandte Psychologie, Stuttgart.
Aronson, E. (1994). Sozialpsychologie - Menschliches Verhalten und gesellschaftlicher Einfluß. Heidelberg: Spektrum, Akad. Verl.
Aronson, E. & Carlsmith, J. M. (1963). Effect of severity of threat on the valuation of forbidden behavior. Journal of Abnormal and Social Psychology, 66, 584–588.
Asanger, R. & Wenninger, G. (Hrsg.). (1980). Handwörterbuch der Psychologie. Weinheim: Beltz.
Atkinson, J. W. (1957). Motivational determinants of risk-taking behavior. Psychological Review, 64, 359–372.
Atkinson, J. W. (1964). An introduction to motivation. Princeton, NJ: Van Nostrand.

Atkinson, J. W. (1964). An introduction to motivation. New York: American Book. Deutsch: (1975).Einführung in die Motivationsforschung. Stuttgart: Klett.
Atkinson, J. W. & Birch, D. A.(1970). A dynamic theory of action. New York: Wiley.
Atkinson, J. W. & Raynor, J. O. (1974). Motivation and achievement. Washington, DC: Winston.

Bässler, U. (1979). Sinnesorgane und Nervensystem. Stuttgart: Metzler.
Bäumler, F. (1974). Grundfragen der modernen Entwicklungspsychologie. Bad Heilbrunn: Klinkhardt.
Baltes, P. B. (1967). Sequenzmodelle zum Studium von Altersprozessen: Querschnitts- und Längsschnittssequenzen. In F. Merz (Hrsg.), Ber. 25. Kongr. DGP Münster 1966. Göttingen: Hogrefe.
Bandura, A. (1976). Verhaltenstheorie und die Modelle des Menschen. In A. Bandura (Hrsg.), Lernen am Modell (S. 205–229). Stuttgart: Klett.
Bandura, A. (1977). Selfefficacy: Toward a unifying theory of behavior change. Psychol. Review, 84, 191–215.
Bandura, A. (1977). Social learning theory. Englewood Cliffs, NJ: Prentice Hall. Deutsch: (1979). Sozial-kognitive Lerntheorie. Stuttgart: Klett-Cotta.
Bandura, A. (1986). Social foundations of thought and action: A social cognitive theory. Englewood Cliffs, NJ: Prentice Hall.
Bandura, A. (1991). Self-regulation of motivation through anticipatory and self-reactive mechanisms. In R. A. Dienstbier (Ed.), Nebraska symposium on motivation, 1990 (Bd. 38, pp. 69–164). Lincoln, NE: University of Nebraska Press.
Bandura, A. & Walters, R. (1963). Social learning and personality development. New York: Holt, Reinhart and Winston.
Bandura, A., Blanchard, E. B. & Ritter, B. (1969). Relative efficacy of desensibilization and modeling approaches for inducing behavioral, affective and attitudional changes. J. pers. soc. Psychol., 13, 173–199.
Barker, R. G. (1968). Ecological Psychology: Concepts and methods for studying the environment of human behavior. Stanford: University Press.
Barker, R. G. (1969). Wanted: An ecobehavioral science. In E. P. Willems & H. L. Rausch (Eds.), Naturalistic viewpoints in psychological research (pp. 31–43). New York.
Bar-Tal, D. (1976). Prosocial behaviour – Theory and research. London: Wiley.
Bartholomäi, R. (1977). Ressortforschung. Aspekte der Vergabe und Forschungsbegleitung. In Wissenschaftszentrum Berlin (Hrsg.), Interaktion von Wissenschaft und Politik. Frankfurt a. M.: Campus.
Bartl, M. (1979). Versuch einer Gegenstandsbestimmung ökologischer Psychologie. In H. Walter, R. Oerter (Hrsg.). Donauwörth: Auer.
Bartling, G., Ziegenbaum, W., Krause, R. (1980). Reizüberflutung. Stuttgart: Kohlhammer.
Bastine, R. (1990). Klinische Psychologie, Band 1. (2. Aufl.). Stuttgart: Kohlhammer.
Bastine, R. et al. (Hrsg.). (1982). Grundbegriffe der Psychotherapie. Weinheim: Edition Psychologie.

Battegay, R. (1969/70). Der Mensch in der Gruppe. Bände I–III. Bern: Huber.
Bauer, M. (1979). Verhaltensmodifikation durch Modellernen. Stuttgart: Kohlhammer.
Baumann, U. (Hrsg.). (1981). Indikation zur Psychotherapie. Perspektiven für Praxis und Forschung. München: Urban & Schwarzenberg.
Baumann, U. & Perrez, M. (Hrsg.). (1990). Klinische Psychologie. Band 1: Grundlagen, Diagnostik, Ätiologie. Bern: H. Huber.
Bechterew, W. (1913). Objektive Psychologie. Leipzig: Teubner.
Beck, A. T., Rush, A. J., Shaw, B. F. & Emery, G. (1981). Kognitive Therapie der Depression. München: Urban & Schwarzenberg.
Becker, A. M. (1970). Die Behandlungstechnik der Psychoanalyse. In W. J. Schraml (Hrsg.), Klinische Psychologie (2. Aufl., S. 331–375). Bern: Huber.
Becker, P. (1984). Differentialätiologie. In L. R. Schmidt (Hrsg.), Lehrbuch der Klinischen Psychologie (2. Aufl.). Stuttgart: Enke.
Becker, P. (1984). Primäre Prävention. In L. R. Schmidt (Hrsg.), Lehrbuch der Klinischen Psychologie (2. Aufl.). Stuttgart: Enke.
Bell, D. (1979). Die nachindustrielle Gesellschaft. Hamburg:
Bem, D. J. (1972). Self-perception theory. In L. Berkowitz (Ed.), Advances in experimental social psychology, Band 6. New York – London: Academic Press.
Benedikt, R. (1955). Urformen der Kultur. Hamburg: Rowohlt.
Benesch, H. & Dorsch, F. (1971). Berufsaufgaben und Praxis des Psychologen. München: Reinhardt.
Berg, D., Petry, C.& Raschert, J. (1980). Curriculumentwicklung, Lehrerfortbildung, Schulberatung. Evaluationsbericht des regionalen Pädagogischen Zentrums in Aurich. Stuttgart: Klett-Cotta.
Bergius, R. (1976). Sozialpsychologie. Hamburg:
Bericht über die Lage der Psychiatrie: Zur psychiatrischen und psychotherapeutisch-psychosomatischen Versorgung der Bevölkerung. Bundesdrucksache BT, 7/1975, 4200.
Berkowitz, L. (Ed.). (1965–1974). Advances in experimental social psychology (mehrere Bände). New York – London: Academic Press.
Bernstein, B. (1964). Elaborated and restricted codes: Their origins and some consequences. In J. J. Gumperz & D. Hymed (Eds.), The ethnography of communication. The Americ. Anthropologist, 66, 6, II, 55–69.
Bertram, H. (1979). Sozialökologische Konzepte in der Sozialisationsforschung und Mehrebenenmodelle. Methodologische Uberlegungen zur sozialökologischen Perspektive in der Sozialisationsforschung. In H. Walter & R. Oerter (Hrsg.).
Berufsverband deutscher Psychologen e. V. (Hrsg.). (1980/81). Handbuch der Angewandten Psychologie (3 Bände). München: Verlag Moderne Industrie.
Beutler, L. E. & Crago, M. (1991). Psychotherapy research. An international review of programmatic studies. Washington, D. C.: American Psychological Association.
Bever, T. G. (1970). The influence of speech performance on linguistic structures. In G. B. Flores d'Arcais & W. Levelt (Eds.), Advances in Psycholinguistics. Amsterdam: North-Holland-Publication.
Bierhoff, H. W. (1993). Sozialpsychologie – Ein Lehrbuch (3. Aufl.). Stuttgart: Kohlhammer.

Bierhoff-Alfermann, D. (1986). Sportpsychologie. Stuttgart: Kohlhammer.
Birbaumer, N. & Schmidt, R. F. (1991). Biologische Psychologie (2. Aufl.). Berlin, Heidelberg, New York: Springer.
Birch, H. G. (1945). The relations of previous experience to insightful problem-solving. J. comp. Psychol., 38, 367–383.
Bischof, N. (1966). Erkenntnistheoretische Grundlagenprobleme der Wahrnehmungspsychologie. In W. Metzger (Hrsg.), Handbuch der Psychologie. 1. Band Allgemeine Psychologie. 1. Halbband: Wahrnehmung und Bewußtsein (S. 21–78). Göttingen: Hogrefe.
Bischof, N. (1966). Psychophysik der Raumwahrnehmung. In W. Metzger (Hrsg.), Handbuch der Psychologie. 1. Band Allgemeine Psychologie. 1. Halbband: Wahrnehmung und Bewußtsein (S. 307–408). Göttingen: Hogrefe.
Bischof, N. (1966). Stellungs-, Spannungs- und Lagewahrnehmung. In W. Metzger (Hrsg.), Handbuch der Psychologie. 1. Band Allgemeine Psychologie. 1. Halbband: Wahrnehmung und Bewußtsein (S. 409–497). Göttingen: Hogrefe.
Bischof, N. (1981). Aristoteles, Galilei, Kurt Lewin – und die Folgen. In W. Michaelis (Hrsg.), Bericht über den 32. Kongreß der DGfP in Zürich 1980, Göttingen: Hogrefe.
Blaser, A. (1977). Der Urteilsprozeß bei der Indikationsstellung zur Psychotherapie. Bern: Huber.
Bochenski, I. M. (1965). Die zeitgenössischen Denkmethoden (3. Aufl.). München: Francke.
Boesch, E. E. (1980). Kultur und Handlung. Bern: Huber.
Bommert, H., Henning, T. & Wälte, D. (1990). Indikation zur Familientherapie. Stuttgart: Kohlhammer.
Bornemann, E. (1967). Betriebspsychologie. Wiesbaden: Gabler.
Bornewasser, M., Hesse, F. W., Mielke, R. & Schmidt, H. D. (1976). Einführung in die Sozialpsychologie. Heidelberg: Quelle & Meyer.
Boulding, K. E. (1978). Ecodynamics. Beverly Hills, London: Sage Publications.
Bourne, L. E., Ekstrand, B. B. & Dominowski, R. L. (1971). The psychology of thinking. Englewood Cliffs, NJ: Prentice Hall.
Brandstädter, J., Reinert, G. & Schneewind, K. A. (Hrsg.). (1979). Pädagogische Psychologie: Probleme und Perspektiven. Stuttgart: Klett.
Brandstätter, V. (1992). Der Einfluß von Vorsätzen auf die Handlungsinitiierung. Ein Beitrag zur willenspsychologischen Frage der Realisierung von Absichten. Frankfurt: Lang.
Breuer, F. (1977). Einführung in die Wissenschaftstheorie für Psychologen. Münster: Aschendorff.
Brickenkamp, R. (1975). Handbuch psychologischer und pädagogischer Tests. Göttingen: Hogrefe.
Brickenkamp, R. (1977). Testdiagnostik. In T. Herrmann et al. (Hrsg.), Handbuch psychologischer Grundbegriffe. München: Kösel.
Broda, M. & Muthny, F. A. (1990). Umgang mit chronisch Kranken. Stuttgart: Thieme.
Bronfenbrenner, U. (1981). Die Ökologie der menschlichen Entwicklung. Natürliche und geplante Experimente. Stuttgart: Klett-Cotta.

Brown, R. & Fraser, C. (1963). The acquisition of syntax. In C. N. Cofer & B. S. Musgrave (Eds.), Verbal behavior and learning. New York: McGraw-Hill Book Company.

Brozek, J. & Diamond, S. (1976). Die Ursprünge der objektiven Psychologie. In H. Balmer (Hrsg.), Die Psychologie des 20. Jahrhunderts, Bd. 1: Die europäische Tradition. Zürich: Kindler.

Bruner, J. S. & Goodman, C. C. (1947). Value and need as organizing factors in perception. Journal of abnormal and social Psychology, 42, 33-44.

Bruner, J. S., Goodnow, J. G. & Austin, G. A. (1956). A study of thinking. New York: Wiley.

Brunstein, J. C. & Olbrich, E. (1985). Personal helplessness and action control: Analysis of achievement-related cognitions, self-assessments, and performance. Journal of Personality and Social Psychology, 48, 1540-1551.

Bunge, M. (1967). Scientific research I, II. Berlin: Springer.

Campbell, D. T. (1957). Factors relevant to the validity of experiments in social settings. Psychological Bulletin, 57, 54, 297-312.

Caplan, G. (1964). Principles of preventive psychiatry. New York: Basic Books.

Cartwright, D. & Zander, A. (Eds.). (1968). Group dynamics. New York: Harper & Row.

Catania, A. C. (1973). The concept of the operant in the analysis of behavior. Behaviorism, 1, 103-116.

Cattell, R. B. (1973). Die wissenschaftliche Erforschung der Persönlichkeit. Weinheim: Beltz.

Chapman, L. J. & Chapman, J. P. (1959). Atmosphere effect reexamined. J. exp. Psychol., 58, 220-226.

Chomsky, N. (1957). Syntactic Structures. The Hague: Mouton.

Chomsky, N. (1959). Verbal behavior (a review). Language, 35, 26-58.

Chomsky, N. (1970, 1965). Aspekte der Syntax-Theorie. Frankfurt: Suhrkamp.

Cierpka, M. (Hrsg.). (1988). Familiendiagnostik. Berlin: Springer.

Clark, H. H. (1969). Linguistic processes in deductive reasoning. Psychol. Rev., 76, 387-404.

Clauss, G. (1975). Zum Gesetzesbegriff in der Pädagogischen Psychologie. Probl. u. Ergebnisse der Psychol., 54, 5-21.

Cohen, M. R. (1944). A preface to logic. New York:

Cook, T. H. & Campbell, D. T. (1976). The design and conduct of quasi experiments and true experiments in field settings. In M. D. Dunnette (Ed.), Handbook of industrial and organizational psychology (pp. 223-326). Chicago: Rand McNally.

Cooper, R. & Zubek, J. (1958). Effects of enriched and restricted early environments on the learning ability of bright and dull rats. Canad. J. Psychol., 12, 159-164.

Craig, W. (1918). Appetits and aversions as constituents of instincts. Biol. Bull., 34, 91-107.

Crain, W. C. (1980). Theories of development. Englewood Cliffs, NJ: Prentice Hall.

Cranach v., M., Kalbermatten, U., Intermühle, K. & Gugler, B. (1980). Zielgerichtetes Handeln. Bern, Stuttgart: Huber.

Cronbach, L. J. (1970). Essential of psychological testing (3rd ed.). New York: Harper & Row.
Csikszentmihalyi, M. (1975). Beyond boredom and anxiety. San Francisco: Jossey-Bass.
Cube v., F. (1967). Was ist Kybernetik? Bremen: Schünemann

Dahlhoff, H. D. (1982). Markt- und Kommunikationspsychologie - Gegenstandsbereich und Tätigkeitsfelder. Psychol. Rundschau, 23, 1-18.
Darwin, Ch.. (1884). Der Ausdruck der Gemüthsbewegungen bei dem Menschen und den Thieren. Stuttgart: Schweizerbart (Original 1872).
Daublebsky, B. (1975). Spielen in der Schule. Vorschläge und Begründungen für ein Spielcurriculum (3. Aufl.). Stuttgart: Klett.
Daumenlang, K. & Dreesmann, H. (1989). Arbeit und Freizeit. In E. Roth (Hrsg.), Göttingen: Hogrefe.
Davies, G. M. & Logie, R. H. (Eds.). (1993). Memory in Everyday Life. Amsterdam: North Holland XIII.
Davison, G. C. & Neale, J. M. (1988). Klinische Psychologie (3. Aufl.). München/Weinheim: Psychologie Verlags Union.
Dawkins, R. (1978). Das egoistische Gen. Berlin: Springer.
De Soto, C. B., London, M. & Handel, S. (1965). Social reasoning and spatial paralogic. J. Pers. Soc. Psychol., 2, 513-521.
Dement, W. C. (1960). The effect of dream deprivation. Science 131, 1705-1707.
Deutsche Gesellschaft für Verhaltenstherapie (Hrsg.). (1986). Verhaltenstherapie - Theorien und Methoden. Tübingen: DGVT-Verlag.
Dieterich, R. (1973). Psychodiagnostik. München, Basel: Reinhardt.
Dittami, J. (Hrsg.). (1993). Signale und Kommunikation. Heidelberg: Spektrum Akad. Verl.
Dobson, K. S. (Ed.). (1990). Handbook of cognitive-behavioral therapies. New York: Guilford Press.
Dörner, D. (1974). Die kognitive Organisation beim Problemlösen. Bern: Huber.
Dörner, D. (1978). Selfreflection and problem solving. In F. Klix (Ed.), Human and artificial intelligence. Berlin:
Dörner, D. (1979). Problemlösen als Informationsverarbeitung (2. Aufl.). Stuttgart: Kohlhammer.
Dörner, D. (1981 a). Über die Schwierigkeiten menschlichen Umgangs mit Komplexität. Psychol. Rundschau, XXXI/3, 163-179.
Dörner, D. (1982). Verhalten, Denken und Emotionen. Memorandum 11, Lehrstuhl Psychologie II, Universität Bamberg.
Dörner, D. (1987). Problemlösen als Informationsverarbeitung (3. Aufl.). Stuttgart: Kohlhammer.
Dörner, D. (1989). Die Logik des Mißlingens. Reinbek: Rowohlt.
Dörner, D. & Reither, F. (1978). Über das Problemlösen in sehr komplexen Realitätsbereichen. Z. f. exp. u. angew. Psychol., 25, 527-551.
Dörner, D., Reither, F. & Stäudel, T. (1982). Emotionen und problemlösendes Denken. In H. Mandl & G. L. Huber (Hrsg.), Kognition und Emotion. München: Urban & Schwarzenberg.

Dörner, D., Kreuzig, H. W., Reither, F. & Stäudel, T. (Hrsg.). (1983). Lohhausen. Vom Umgang mit Komplexität. Bern: Huber.
Dörner, D., Reh, H. & Stäudel, T. (1983). Die Erklärung des Verhaltens (S. 397–448). In D. Dörner et al. (Hrsg.).
Dörner, D. & Stäudel, T. (1989). Emotion und Kognition. In K. Scherer (Hrsg.), Emotionspsychologie (Enzyklopädie der Psychologie). Göttingen: Hogrefe.
Dollase, R. (1976). Soziometrische Techniken (2. Aufl.). Weinheim: Beltz.
Donley, J. E. (1907/1908). A further study of association neuroses. J. of Abnormal Psychol., 2, 45–67.
Dorsch, F. (1970). Psychologisches Wörterbuch (8. Aufl.). Hamburg: Meiner.
Dreistadt, R. (1969). The use of analogies and incubation in obtaining insights in creative problem solving. J. Psychol. 71.
Drever, J. & Fröhlich, W. D. (1968). Wörterbuch zur Psychologie. München: Dt. Taschenbuch Verl.
Duncker, K. (1963). (1935). Zur Psychologie des produktiven Denkens. Berlin: Springer.
Dunham, H. W. (1965). Community and schizophrenia: An epidemiological analysis. Detroit: Wayne State University Press.
Dunlap, K. (1932). Habits: Their making and unmaking. New York: Liveright.
Durlak, J. A. (1979). Comparative effectiveness of paraprofessional and professional helpers. Psychol. Bull., 86, 80–92.
Dyck, R. J. & Rule, B. G. (1978). Effect on retaliation of causal attributions concerning attack. Journal of Personality and Social Psychology, 36, 521–529.
D'Zurilla, T. J. (1986). Problemsolving therapy: A social competence approach to clinical intervention. New York: Springer.

Ebbinghaus, H. (1885). Über das Gedächtnis. Leipzig: Dunker & Humblot.
Ebbinghaus, H. (1908). Abriß der Psychologie. Leipzig: Veit.
Ebel, V. (1981). Zur Lage der Angewandten Psychologie in der Bundesrepublik Deutschland. Report Psychologie, 6, 3–13.
Eckensberger, L. H. (1976). Der Beitrag der kulturvergleichenden Forschung zur Fragestellung der Umweltpsychologie. In G. Kaminski (Hrsg.). Stuttgart: Klett.
Eckensberger, L. H. (1978). Die Grenzen des ökologischen Ansatzes in der Psychologie. In C. F. Graumann (Hrsg.). Bern: Huber.
Echterhoff, W. (1991). Verkehrspsychologie: Bonn.
Edelmann, W. (1980). Entwicklungspsychologie. München: Kösel.
Egelkamp, J. (1974). Psycholinguistik. München.
Egelkamp, J. (1990). Das menschliche Gedächtnis. Göttingen: Hogrefe.
Engfer, A. (1986). Kindesmißhandlung. Stuttgart: Enke.
Ehrlich, D., Guttmann, J., Schönbach, P. & Mills, J. (1957). Postdecision exposure to relevant information. J. Abnorm. Soc. Psychol., 54, 98–102.
Eibl-Eibesfeldt, I. (1973). Der vorprogrammierte Mensch: Das Ererbte als bestimmender Faktor im menschlichen Verhalten. Wien: Molden.
Epstein, S. (1984). Controversial issues in emotion theory. In Ph. Shaver (Ed.), Review of Personality and Social Psychology. Vol. V. Emotions, relationships, and health (pp. 64–88). Beverly Hills: Sage.

Erikson, E. (1963). Childhood and society (2nd ed.). New York: Norton.
Erikson, E. (1971). Kindheit und Gesellschaft (4. Aufl.). Stuttgart: Klett.
Euler, H. A. & Mandl, H. (Hrsg.). (1983). Emotionspsychologie. Ein Handbuch in Schlüsselbegriffen. München: Urban & Schwarzenberg.
Ewert, O. J. (1979). Zum Selbstverständnis der Pädagogischen Psychologie im Wandel ihrer Geschichte. In J. Brandtstädter, Reinert, G. & Schneewind, K. A. (Hrsg.). Pädagogische Psychologie: Probleme und Perspektiven. Stuttgart: Klett-Cotta.
Eysenck, H. J. (1953). The structure of personality. London: Methuen.
Eysenck, H. J. (1959). Learning theory and behavior therapy. J. of Mental Science, 105, 61-75.
Eysenck, H. J. (1968). Handbook of abnormal psychology (3rd ed.). London: Pitman.

Fahrenberg, J., Hampel, R. & Selg, H. (1984). Freiburger Persönlichkeitsinventar FPI (4. Aufl.) Göttingen: Hogrefe.
Faltermaier, T., Mayring, P., Saup, W. & Strehmel, P. (1995). Entwicklungspsychologie des Erwachsenenalters. Stuttgart: Kohlhammer.
Fend, H. (1972). Sozialisierung und Erziehung (5. Aufl.). Weinheim: Beltz.
Ferguson, C. A. & Slobin, D. I. (Eds.). (1973). Studies of child language development. New York: Holt, Rinehart and Winston.
Festinger, L. (1978). Theorie der kognitiven Dissonanz. Bern: Huber. (Deutsche Übersetzung von: A Theory of Cognitive Dissonance, Stanford 1957).
Festinger, L. & Carlsmith, J. M. (1959). Cognitive Consequences of forced compliance. Journal of Abnormal and Social Psychology, 58, 201-211.
Fiedler, P. (1987). Problemorientierte Arbeitsgruppen in der Psychotherapie. Verhaltensmodifikation und Verhaltensmedizin, 8, 111-133.
Fietkau, H. J. (1981). Umweltpsychologie und Umweltkrise. In H. J. Fietkau & D. Görlitz (Hrsg.), Umwelt und Alltag in der Psychologie (S. 113-135). Weinheim: Beltz.
Filipp, S. H. (Hrsg.). (1981). Kritische Lebensereignisse. München: Urban & Schwarzenberg.
Filipp, S. H. (1982). Kritische Lebensereignisse als Brennpunkte einer Angewandten Entwicklungspsychologie des mittleren und höheren Erwachsenenalters. In R. Oerter & L. Montada (Hrsg.), Entwicklungspsychologie. München: Urban & Schwarzenberg.
Fisseni, H. J. (1990). Lehrbuch der psychologischen Diagnostik. Göttingen: Verlag für Psychologie.
Fliegel, St. et al. (1981). Verhaltenstherapeutische Standardmethoden. Ein Übungsbuch. München: Urban & Schwarzenberg.
Fliegel, S., Groeger, W. M., Künzel, R., Schulte, D. & Sorgatz, H. (1989). Verhaltenstherapeutische Standardmethoden. Ein Übungsbuch (2. Aufl.). München: Urban & Schwarzenberg.
Ford, C. S. & Beach, F. A. (1968). Formen der Sexualität. Hamburg: Rowohlt.
Forgas, J. P. (1992). Soziale Interaktion und Kommunikation (2. Aufl.). München: Psychologie-Verlags-Union.
Foulkes, S. H. (1948). Introduction to group-analytic psychotherapy. London.
Foulkes, S. H. (1965). Therapeutic group analysis. New York.

Franks, C. M. & Wilson, G. T. (1978). Annual review of behavior therapy. Theory and practice. New York: Guilford Press.
Freeberg, E. J. (1973). Behavior therapy: A comparison between early (1890-1920) and contemporary techniques. The canadian Psychologist 14, 225-240.
Freedmann, J. L. & Fraser, S. C. (1966). Compliance without pressure: the foot-in-the-door-technique. Journal of Personal and Social Psychology, 4, 195-202.
Freud, S. (1900). Die Traumdeutung, Bd. II/III. London: Imago.
Freud, S. (1915). Triebe und Triebschicksale. Ges. Werke, Bd. X. London: Imago.
Freud, S. (1926). Hemmung, Symptom, Angst. Ges. Werke, Bd. XIV. London: Imago.
Freud, S. (1938). Abriß der Psychoanalyse, Bd. XVII. London: Imago.
Frey, D., Hoyos, C. Graf & Stahlberg, D. (Hrsg.). (1988). Angewandte Psychologie. München: Psychologie-Verlags-Union.
Fricke, R. (1974). Kriteriumsorientierte Leistungsmessung. Stuttgart: Kohlhammer.
Friedrichs, K. (1957). Der Gegenstand der Ökologie. Studium Generale, 10, 112-143.
Frieling, E. & Sonntag, K. H. (1987). Arbeitspsychologie. Bern: Huber.
Frijda, N. H. (1986). The emotions. Cambridge: Cambridge University Press./Paris: Editions de la maison des Science de l'homme.
Furth, H. G. (1973). Piaget für Lehrer. Düsseldorf: Schwann.

Gabele E., Liebel H. J. & Oechsler, W. A. (1992). Führungsgrundsätze und Mitarbeiterführung. Wiesbaden: Gabler.
Gage, N. L. & Berliner, D. C. (1986). Pädagogische Psychologie. München: Urban & Schwarzenberg.
Gagne, R. M. & Smith, E. C. (1962). A study of the effect of verbalization on problem solving. J. Exp. Psychol. 63, 12-18.
Galtung, J. (1977). Menschliche Bedürfnisse - Brennpunkt für die Sozialwissenschaften - wozu? In Fischer Taschenbuch-Verl. (Hrsg.). Frankfurt a. M.
Garfield, S. L. & Bergin, A. E. (Eds.). (1986). Handbook of psychotherapy and behavior change (3rd ed.). New York: J. Wiley.
Gasch, B. (1979). Berufsaufgaben des Psychologen. Unveröff. Manuskript AUFG 3 aus dem Versuch für das Fernstudium im Medienverbund FIM. Erlangen.
Gebert, D. (1978). Organisationspsychologie - Einige einführende Überlegungen. In A. Mayer (Hrsg.), Organisationspsychologie (S. 1-15). Stuttgart: Poeschel.
Gebert, D. & Rosenstiel v., L. (1992). Organisationspsychologie (3. Aufl.). Stuttgart: Kohlhammer.
Gentry, W. D. (Ed.). (1984). Handbook of behavioral medicine. New York: Guilford Press.
Goldfried, M. R. (1976). Behavioral assessment. In J. B. Weiner (Ed.), Clinical methods in psychology. New York: Wiley.
Goldstein, A. P. & Kanfer, F. H. (Eds.). (1979). Maximizing treatment gains: Transfer enhancement in psychotherapy. New York: Academic-Pr.

Goldstein, A. P. & Foa, E. B. (1980). Handbook of behavioral interventions. A clinical guide. New York: Wiley.
Gollwitzer, P. M. (1986). Striving for specific identities: The social reality of self-symbolizing. In R. Baumeister (Ed.), Private self and public self (pp. 143–159). New York: Springer.
Gollwitzer, P. M. (1990). Action phases and mind-sets. In E. T. Higgins & R. M. Sorrentino (Eds.), Handbook of motivation and cognition: Foundations of social behavior (Vol. 2, pp. 53–92). New York: Guilford Press.
Gollwitzer, P. M. (1991). Abwägen und Planen. Göttingen: Hogrefe.
Gollwitzer, P. M. (1993). Goal achievement: The role of intentions. In W. Stroebe & M. Hewstone (Eds.), European Review of Social Psychology (Vol. 4, pp. 141–185). Chichester: Wiley.
Gollwitzer, P. M. & Brandstätter, V. (1990). Do initiation intentions prevent procrastination? Vortrag auf dem 8. General meeting of the European Association of Experimental Social Psychology Budapest, Juni 1990.
Gollwitzer, P. M. & Liu, C. (im Druck). Wiederaufnahme. In J. Kuhl & H. Heckhausen (Hrsg.), Enzyklopädie der Psychologie, Teilband C/IV/4: Kognition, Motivation und Handlung. Göttingen: Hogrefe.
Gordon, W. J. (1961). Synectics: The development of creative capacity. New York:
Gordon, R. (1978). Familienkonferenz. Die Lösung von Konflikten zwischen Eltern und Kind (12. Aufl.). Hamburg: Hoffmann & Campe.
Graumann, C. F. (Hrsg.). (1965). Denken. Köln: Kiepenheuer & Witsch.
Graumann, C. F. (1974). Psychology and the world of things. J. of Phenomenological Psychology, 4, 389–405.
Graumann, C. F. (1975). Die ökologische Fragestellung, 50 Jahre nach Hellpachs „Psychologie der Umwelt“. In W. H. Tack (Hrsg.), Bericht 29. Kongr. der Deutschen Gesellschaft für Psychologie in Salzburg 1974, Bd. 2, (S. 267–269). Göttingen: Hogrefe.
Graumann, C. F. (Hrsg.). (1978). Ökologische Perspektiven in der Psychologie. Bern: Huber.
Grawe, K. (1976). Differentielle Psychotherapie I. Bern: Huber.
Grawe, K. (1978). Indikation in der Psychotherapie. In L. Pongratz (Hrsg.), Handbuch der Psychologie Bd. 8, Klinische Psychologie, 2. Halbbd. Göttingen: Hogrefe.
Grawe, K. (Hrsg.). (1980). Verhaltenstherapie in Gruppen. München: Urban & Schwarzenberg.
Grawe, K. (1992). Psychotherapieforschung zu Beginn der neunzinger Jahre. Psychologische Rundschau 43, 133–162.
Grawe, K., Donati, R. & Bernauer, F. (1994). Psychotherapie im Wandel. Von der Konfusion zur Profession. Göttingen: Hogrefe.
Greenson, R. R. (1975). Technik und Praxis der Psychoanalyse. Stuttgart: Klett.
Greif, S. (1980). Organisationspsychologie. In R. Asanger et al. (Hrsg.), Handwörterbuch der Psychologie (S. 305–312). Weinheim: Beltz.
Greverus, I. M. (1978). Kultur und Alltagswelt. Eine Einführung in Fragen der Kulturanthropologie. München: Beck.
Groeben, N. & Westmeyer, H. (1975). Kriterien psychologischer Forschung. München: Juventa.

Groeben, N. & Scheele, B. (1977). Argumente für eine Psychologie des reflexiven Subjekts. Darmstadt: Steinkopf.

Großmann, K. E., Fremmer-Bombik, E., Friedl, A., Großmann, K., Spangler, G. & Süß. (1988). Die Ontogenese emotionaler Integrität und Kohärenz. In E. Roth (Hrsg.), Denken und Fühlen (S. 36-55). Berlin: Springer.

Grubitzsch, S. & Rexilius, G. (1978). Testtheorie und Testpraxis. Reinbek: Rowohlt.

Guha, A. A. (1971). Sexualität und Pornographie. Frankfurt: Fischer.

Guilford, J. P. (1971). Persönlichkeit. Logik, Methodik und Ergebnisse ihrer quantitativen Erforschung (1959) (5. Aufl.). Weinheim: Beltz.

Guttmann, G. (1982). Lehrbuch der Neuropsychologie. Bern: Huber.

Hacker, W. (1978). Allgemeine Arbeits- und Ingenieurpsychologie. Bern: Huber.

Haley, J. (1977). Direktive Familientherapie. München: Pfeiffer.

Halisch, F. (1986). Operante und respondente Verfahren zur Messung des Leistungsmotivs. München: Max-Planck-Institut für psychologische Forschung.

Harloff, H. J. (1978). Bedingungen des Lebens in der Zukunft und die Folgen für die Erziehung. Dokumentation der Technischen Universität Berlin.

Harré, R. (Ed.). (1986). The social construction of emotions. Oxford/UK: Blackwell.

Hartig, M. (1975). Probleme und Methoden der Psychotherapieforschung. München: Urban & Schwarzenberg.

Hartmann, H. (1973). Psychologische Diagnostik (2. Aufl.). Stuttgart: Kohlhammer.

Hawton, K., Salkovskis, P. M., Kirk, J. & Clark, D. M. (1989). Cognitive behaviour therapy for psychiatric problems. A practical guide. Oxford: Oxford Medical Publications.

Heckhausen, H. (1963). Hoffnung und Furcht in der Leistungsmotivation. Meisenheim: Hain.

Heckhausen, H. (1967). The anatomy of achievement motivation. New York: Academic Press.

Heckhausen, H. (1977). Achievement motivation and its constructs: A cognitive model. Motivation and Emotion, 1, 283-329.

Heckhausen, H. (1980, 1989). Motivation und Handeln. Berlin: Springer.

Heckhausen, H. (1981). Ein kognitives Motivationsmodell und die Verankerung von Motivkonstrukten. In H. Lenk (Hrsg.), Handlungstheorien interdisziplinär III: Verhaltenswissenschaftliche und psychologische Handlungstheorien?(S. 283-352). München: Fink.

Heckhausen, H. (1987 a). Wünschen - Wählen - Wollen. In H. Heckhausen et al. (Hrsg.).

Heckhausen, H. (1987 b). Perspektiven einer Psychologie des Wollens. In H. Heckhausen et al.(Hrsg.).

Heckhausen, H., Beckmann, J., Gollwitzer, P. M., Halisch, F., Lütkenhaus, P. & Schütt, M. (1986). Wiederaufbereitung des Wollens. Symposium auf dem 35. Kongreß der Deutschen Gesellschaft für Psychologie in Heidelberg, September 1986.

Heckhausen, H., Gollwitzer, P. M. & Weinert, F. E. (Hrsg.). (1987). Jenseits des Rubikon: Der Wille in den Humanwissenschaften. Berlin: Springer.
Heckhausen, H. & Kuhl, J. (1985). From wishes to action: The dead ends and short cuts on the long way to action. In M. Frese & J. Sabini (Eds.), Goal directed behavior: The concept of action in psychology (pp. 134–159). Hillsdale, NJ: Lawrence Erlbaum.
Heckhausen, H., & Rheinberg, F. (1980). Lernmotivation im Unterricht, neu betrachtet. Unterrichtswissenschaft, 8, 7–47.
Heckhausen, H., Schmalt, H. D., & Schneider, K. (1985). Achievement motivation in perspective. New York: Academic Press.
Heider, F. (1958). The psychology of interpersonal relations. New York: Wiley. Deutsch: (1977). Psychologie der interpersonalen Beziehungen. Stuttgart.
Heiss, R. (1948). Person als Prozeß. In C. G. Allesch et al. (Hrsg.), Kongreßbericht des Berufsverbandes Deutscher Psychologen. (S. 11–25). Hamburg: Nölke.
Hellpach, W. (1911). Die geopsychischen Erscheinungen. Wetter, Klima und Landschaft in ihrem Einfluß auf das Seelenleben. Leipzig: Engelmann.
Hellpach, W. (1924). Psychologie der Umwelt. In E. Abderhalden (Hrsg.), Handbuch der biologischen Arbeitsmethode. Abt. VI. Teil C, Heft 3. Wien:
Herkner, W. (1991). Lehrbuch Sozialpsychologie. Bern: Huber.
Herrmann, Th. (1972). Lehrbuch der empirischen Persönlichkeitsforschung (2. Aufl.). Göttingen: Hogrefe.
Herrmann, Th. (1989). Methoden als Problemlösemittel. In E. Roth (Hrsg.), Sozialwissenschaftliche Methoden. München: Oldenbourg.
Hersen, M., Eisler, R. M. & Miller, P. M. (Eds.). (1975 ff). Progress in behavior modification (Vol. 1–28). New York: Academic Press / seit Vol. 21, 1987: London: Sage Publications.
Hersen, M. & Barlow, D. H. (1976). Single case experimental designs. Strategie for studying behavior change. New York: Pergamon Press.
Herzberg, F., Mausner, B. & Snyderman, B. (1959). The motivation to work (2nd ed.). New York: Wiley.
Hicks, D. J. (1965). Imitation and retention of film mediated aggressive peer and adult models. J. pers. soc. Psychol. 2, 97–100.
Higgins, E. T. & Sorrentino, R. M. (1990). Handbook of motivation and cognition (Vol. 2). New York: Guilford Press.
Hilgard, E. R. & Bower, G. H. (1971). Theorien des Lernens Bd. I, II. Stuttgart: Klett.
Hiroto, D. S. (1974). Locus of control and learned helplessness. Journal of Experimental Psychology, 102, 187–193.
Hoc, J. M. (1988). Cognitive Psychology of Planning. London.
Hockett, C. F. (1960). The origin of speech. Scientific American, 203, 89–96.
Höhn, R. & Böhme, G. (1974). Führungsbrevier der Wirtschaft (8. Aufl.). Bad Harzburg: Verlag f. Wissenschaft, Wirtschaft und Technik.
Hoffmann, S. O. & Hochapfel, G. (1979). Einführung in die Neurosenlehre und psychosomatische Medizin. Stuttgart: Schattauer.
Hoffmann, W. & Liebel, H. J. (1983). Schulpsychologe in Bayern. Bad Heilbrunn: Klinkhardt.

Hofstätter, P. R. (1971). Differentielle Psychologie. Stuttgart: Kröner.
Hofstätter, P. R. (1971). Gruppendynamik. Kritik der Massenpsychologie. Hamburg: Rowohlt.
Hofstätter, P. R. (versch. Aufl.). Psychologie. Frankfurt: Fischer.
Holland, J. G. (1978). Behaviorism: Part of the problem or part of the solution? J. of Applied Behavior Analysis, 11, 163-174.
Holland, J. G. & Skinner, B. F. (1971). Analyse des Verhaltens. München: Urban & Schwarzenberg.
Hollingshead, A. B. & Redlich, F. C. (1974). Soziale Schichtung und psychiatrische Erkrankung. In H. Keupp (Hrsg.), (S. 55-65). München: Urban & Schwarzenberg.
Holroyd, K. A. & Creer, T. L. (Eds.). (1986). Selfmanagement of chronic disease. New York: Academic Press.
Holt, R. R. (1958). Clinical and statistical prediction: A reformulation and some new data. J. abnorm. soc. Psychol. 1, 56.
Holt, R. R. (1971). Assessing personality. New York.
Holzkamp, K. (1972). Kritische Psychologie. Frankfurt: Fischer.
Hoppe, S., Schmid-Schönbein, Ch., Seiler, T. B. (1977). Entwicklungssequenzen. Bern: Huber.
Horney, H. L. (1978). Berufsständische und rechtliche Situation der Arbeits- und Betriebspsychologie in der Bundesrepublik Deutschland. In Sektion „Arbeits- und Betriebspsychologie" im Berufsverband Deutscher Psychologen e. V. (Hrsg.), Arbeits- und Betriebspsychol. in der BRD.
Hovland, C. I. & Weiss, W. (1953). Transmission of information concerning concepts through positive and negative instances. J. exp. Psychol. 1953, 45, 175-182.
Hoyos, C. Graf (1974). Arbeitspsychologie. Stuttgart: Kohlhammer.
Hoyos, C. Graf (1980). Psychologische Unfall- und Sicherheitsforschung. Stuttgart: Kohlhammer.
Hoyos, C. Graf & Zimolong, B. (Hrsg.). (1989). Ingenieurpsychologie. Göttingen: Hogrefe.
Hubel, D. H. & Wiesel, T. N. (1962). Receptive fields, binocular interaction and functional architecture in the cat's visual cortex. J. of Physiology 106, 160.
Hull, C. L. (1943). Principles of behavior. New York: Appleton Century Crofts.
Hummel, H. J. (1972). Probleme der Mehrebenenanalyse. Stuttgart.
Hussy, W. (1992). Denken und Problemlösen. Stuttgart: Kohlhammer.
Huth, A. (1961). Beruf und Seele. München.
Huttenlocher, J. (1968). Constructing spatial images: A strategy in reasoning. Psychol. Rev., 75, 550-560.

Ickes, W. J. & Kidd, R. F. (1976). An attributional analysis of helping behavior. In J. H. Harvey, W. J. Ickes & R. F. Kidd (Eds.), New directions in attribution research (Vol. 1, pp. 311-334). Hillsdale, NJ: Erlbaum.

Jäger, R. (Hrsg.). (1988). Psychologische Diagnostik. Ein Lehrbuch. München: Psychologie-Verlags-Union.
Jaeggi, E. (1981). Suche nach selbstversteckten Ostereiern. Psychol. heute, 8, 3, 79-80.

Jänig, W. (1977). Das vegetative Nervensystem. In R. F. Schmidt & G. Thews (Hrsg.).
Jaspers, K. (1949). Vom Ursprung und Ziel der Geschichte. München: Piper.
Johnson, D. M. (1972). A systematic introduction to the psychology of thinking. New York.
Jones, M. C. (1924). A laboratory study of fear. The case of Peter. Pedag. Sem., 31, 308–315.
Jones, M. C. (1924). The elimination of children's fears. J. of Experimental Psychology, 7, 383–390.
Jung, C. G. (1921). Psychologische Typen. Zürich: Rascher.

Kaminski, G. (Hrsg.). (1976). Umweltpsychologie. Perspektiven, Probleme, Praxis. Stuttgart: Klett.
Kaminski, G. & Heyden, Th. (1975). Psychologische Aspekte der Umweltforschung. Kolloquiumsbericht. Psychol. Inst. der Universität Tübingen.
Kanfer, F. H. (1979). Selfmanagement: Strategies and tactics. In A. P. Goldstein & F. H. Kanfer (Eds.), Maximizing treatment gains: Transfer enhancement in psychotherapy (pp. 185–224). New York: Academic Press.
Kanfer, F. H. (1980). Selfmanagement methods. In F. H. Kanfer & A. P. Goldstein (Eds.), Helping people change. A textbook of methods (2nd ed., pp. 334–389). New York: Pergamon Press.
Kanfer, F. H. & Saslow, G. (1965). Behavioral diagnosis. Archives of General Psychiatry, 12, 529–538.
Kanfer, F. H. & Grimm, L. G. (1981). Bewerkstelligung klinischer Veränderungen: Ein Prozeßmodell der Therapie. Verhaltensmodifikation, 2, 125–132.
Kanfer, F. H., Reinecker, H. & Schmelzer, D. (1990). Selbstmanagement-Therapie. Ein Lehrbuch für die klinische Praxis. Berlin: Springer.
Kanfer, F. H. & Goldstein, A. P. (Eds.). (1991). Helping people change. A textbook of methods (4th ed.). New York: Pergamon Press.
Katschnig, H. (Hrsg.). (1980). Sozialer Stress und psychische Erkrankung. Lebensverändernde Ereignisse als Ursache psychischer Störungen. München: Urban & Schwarzenberg.
Kazdin, A. E. (1978). History of behavior modification. Baltimore: Univ. Park Pr.
Kazdin, A. E. & Wilson, G. T. (1978). Criteria for evaluating psychotherapy. Archives of General Psychiatry, 35, 407–416.
Keeser, W., Pöppel, E. & Mitterhusen, P. (Hrsg.). (1982). Schmerz. München: Urban & Schwarzenberg.
Kelley, H. H. (1967). Attribution theory in social psychology. In D. Levine (Ed.), Nebraska symposium on motivation. Lincoln: Univ. of Nebraska-Press.
Keupp, H. (Hrsg.). (1974). Verhaltensstörungen und Sozialstruktur. Epidemiologie: Empirie, Theorie, Praxis. München: Urban & Schwarzenberg.
Keupp, H. (1978). Psychologische Tätigkeit in der psychosozialen Versorgung: Wider die Voreiligkeit programmatischer Fortschrittlichkeit. Verhaltenstherapie in der psychosozialen Versorgung. Sonderheft II/1978 der Mitteilungen der DGVT, 11–24.
Keupp, H. (1991). Sozialepidemiologie – Zur gesundheitspolitischen Hypothek der Klassengesellschaft. In G. Hörmann & W. Körner (Hrsg.), Klinische Psychologie. Ein kritisches Handbuch. Reinbek: Rowohlt.

Kiell, N. (1976). Varieties of sexual experience. New York: Internat. Univ. Pr.
Kintsch, W. (1974). The representation of meaning in memory. New York.
Klafki, W., Schefer, U., Koch-Priewe, B., Stöcker, H., Huschke, P. & Stangh, H. (1982). Schulnahe Curriculumentwicklung und Handlungsforschung. Forschungsbericht des Marburger Grundschulprojekts. Weinheim: Beltz.
Klauer, K. J. (1978). Handbuch der pädagogischen Diagnostik. Düsseldorf: Schwann.
Klaus, G. & Buhr, M. (1972). Marxistisch-leninistisches Wörterbuch der Philosophie. Hamburg: Rowohlt.
Kleber, E. (1974). Abriß der Entwicklungspsychologie. Weinheim: Beltz.
Kleber, E. (1979). Tests in der Schule. München: Reinhardt.
Klein, F. J. (1982). Die Rechtmäßigkeit psychologischer Tests im Personalbereich. Düsseldorf: Mannhold.
Klinger, E. (1975). Consequences of commitment to and disengagement from incentives. Psychological Review, 82, 1-25.
Klix, F. (1971). Information und Verhalten. Bern: Huber.
Klix, F. (1977). Strukturelle und funktionelle Komponenten des Gedächtnisses. In F. Klix & H. Sydow (Hrsg.), Zur Psychologie des Gedächtnisses. Berlin: Dt. Verl. d. Wiss.
Klix, F. (1992). Die Natur des Verstandes. Göttingen: Hogrefe.
Knabe, G. (1982). Tätigkeitsfeld Organisationspsychologie. Report Psychologie, 7, 19-23.
Kock, S. E. (1974). Företagsledning och motivation. Nordisk Psykologi, 26, 211-219.
Köhler, T. (1989). Psychosomatische Krankheiten (2. Aufl.). Stuttgart: Kohlhammer.
Köhler, W. (1917). Intelligenzprüfungen an Anthropoiden. Berlin.
Kohn, M. L. (1972). Class, family and schizophrenia: A reformulation. Social Forces, 50, 295-304.
Kornadt, H. J. (1982). Aggressionsmotiv und Aggressionshemmung. Empirische und theoretische Untersuchungen zu einer Motivationstheorie der Aggression und zur Konstruktvalidierung eines Aggressions-TAT (Bd. 1 und 2). Bern: Huber.
Kornadt, H. J. (1992). Trends und Lage der gegenwärtigen Aggressionsforschung. In H. J. Kornadt (Hrsg.), Aggression und Frustration als psychologisches Problem (Bd. 2, S. 513-560). Darmstadt: Wissenschaftliche Buchgesellschaft.
Kratochwill, T. R. (Ed.). (1978). Single subject research. Strategies for evaluating change. New York: Acad. Press.
Kretschmer E. (1921). Körperbau und Charakter. Berlin: Springer.
Kühne, H. H. (Hrsg.). (1987). Berufsrecht für Psychologen. Baden-Baden: Nomos-Verlags-Ges.
Kuhl, J. (1982). Action vs. stateorientation as a mediator between motivation and action. In M. v. Cranach, W. Hacker & W. Volpert (Eds.), Cognitive and motivational aspects of action. Amsterdam: North-Holland Publ.
Kuhl, J. (1982). Handlungskontrolle als metakognitiver Vermittler zwischen Intention und Handeln: Freizeitaktivitäten bei Hauptschülern. Zeitschrift für Entwicklungspsychologie und Pädagogische Psychologie, 14, 141-148.
Kuhl, J. (1983). Motivation, Konflikt und Handlungskontrolle. Berlin: Springer.

Kuhl, J. (1984). Volitional aspects of achievement motivation and learned helplessness: Toward a comprehensive theory of action control. In B. A. Maher & W. B. Maher (Eds.), Progress in experimental personality research (Vol. 13, pp. 99–171). New York: Academic Press.

Kuhl, J. (1985). Volitional mediators of cognition-behavior consistency: Selfregulatory processes and action versus state orientation. In J. Kuhl & J. Beckmann (Eds.), Action control: From cognition to behavior (pp. 101–128). Berlin: Springer.

Kuhl, J. (1994). Action versus state orientation: Psychometric properties of the action control scales (ACS-90). In J. Kuhl & J. Beckmann (Eds.), Volition and personality: Action versus state orientation (47–59). Göttingen: Hogrefe.

Kuhl, J. & Beckmann, J. (1985). Action control: From cognition to behavior. Berlin: Springer.

Kuhl, J. & Geiger, E. (1986). The dynamic theory of the anxiety-behavior relationship: A study on resistance and time allocation. In J. Kuhl & J. W. Atkinson (Eds.), Motivation, thought and action (pp. 76–93). New York: Praeger.

Kuhl, J. & Helle, L. (1986). Motivational and volitional determinants of depression: The degenerated-intention hypothesis. Journal of Abnormal Psychology, 95, 247–251.

Kuhl, J. & Kazén-Saad, M. (1988). A motivational approach to volition: Activation and deactivation of memory representations related to incompleted intentions. In V. Hamilton, G. H. Bower & N. H. Frijda (Eds.), Cognitive perspectives on emotion and motivation (pp. 63–85). Dordrecht: Kluwer.

Kuhl, J. & Beckmann, J. (Hrsg.) (1994). Volition and personality: Action and state orientation. Göttingen: Hogrefe.

Kutschera v., F. (1973). Einführung in die Logik der Normen, Werte und Entscheidungen. Freiburg: Alber.

Lang, P. J. (1971). The application of psychological methods to the study of psychotherapy and behavior change. In A. E. Bergin & S. L. Garfield (Eds.), Handbook of psychotherapy and behavior change. New York: Wiley.

Lang, P. J. & Melamed, B. G. (1969). Case report: Avoidance conditioning therapy of an infant with chronic ruminative vomiting. J. of Abnormal Psychology, 74, 1–8.

Lassen, N. A., Ingvar, D. H. & Skinhoy, E. (1980). Hirnfunktion und Hirndurchblutung. In C. F. Stevens et al. (Hrsg.), Gehirn und Nervensystem. Weinheim: Spektrum der Wissenschaft-Verlagsges.

Lazarus, A. A. (1958). New methods in psychotherapy: A case study. South African Medical Journal, 32, 554–660.

Lazarus, A. A. (1972). Clinical behavioral therapy. New York.

Lazarus, R. S. (1991). Cognition and motivation in emotion. American Psychologist, April 1991.

Lazarus, R. S. & Folkman, S. (1987). Transactional theory and research on emotions and coping. European Journal of Personality, 1, 149–169.

Leahey, Th. H. (1987). A history of psychology. Englewood Cliffs, NJ: Prentice Hall.

Leakey, R. E. & Lewin, R. (1978). Wie der Mensch zum Menschen wurde. Hamburg: Hoffmann & Campe.

Lee, W. (1977). Psychologische Entscheidungstheorie. Weinheim: Beltz.
Lehr, U. (1972). Psychologie des Alterns. Heidelberg: Quelle & Meyer.
Leichner, R. (1979). Psychologische Diagnostik. Weinheim: Beltz.
Lenk, H. (Hrsg.). (1980). Handlungstheorien interdisziplinär. Bd. I und II. München: Fink.
Leont'ev, A. N. (1977). Tätigkeit, Bewußtsein, Persönlichkeit. Stuttgart: Klett.
Lersch, Ph. (1951, 1956). Der Aufbau des Charakters (1938), später: Aufbau der Person. München: Barth.
Leventhal, H. (1984). A perceptual motor theorion. In L. Berkowitz (Ed.), Advances in experimental social Psychology (Vol. 17, pp. 117–182). New York: Academic Press.
Leventhal, H. & Scherer, K. (1987). The relationship of emotion to cognition: A functional approach to a semantic controversy. Cognition and Emotion, 1 (1), 3–28.
Lewin, K. (1926). Untersuchungen zur Handlungs- und Affekt-Psychologie. II: Vorsatz, Wille und Bedürfnis. Psychologische Forschung, 7, 330–385.
Lewin, K. (1935). A dynamic theory of personality. New York: McGraw-Hill.
Lewin, K. (1936). Principles of topological psychology. New York: McGraw-Hill.
Lewin, K. (1944). Constructs in psychology and psychological ecology. University of Iowa studies in Child Welfare, 20, 17–20. Deutsch in: Lewin, K. (1963). Feldtheorie in den Sozialwissenschaften (S. 206–222). Bern: Huber.
Lewin, K. (1963). Feldtheorie in den Sozialwissenschaften. Bern: Huber.
Liebel, H. J. (1978). Führungspsychologie. Göttingen: Hogrefe.
Liebel, H. J. & Uslar v., W. (1975). Forensische Psychologie. Stuttgart: Kohlhammer.
Liebel, H. J. & Oechsler, W. A. (1992). Personalbeurteilung – Neue Wege zur Bewertung von Leistung, Verhalten und Potential. Wiesbaden: Gabler.
Liebel, H. J. & Oechsler, W. A. (1994). Handbuch Human Resource Management. Wiesbaden: Gabler.
Liebermann, M. A. (1977). Gruppenmethoden. In F. H. Kanfer & A. P. Goldstein (Hrsg.), Möglichkeiten der Verhaltensänderung (S. 503–567). München: Urban & Schwarzenberg.
Lienert, G. (1969). Testaufbau und Testanalyse (3. Aufl.). Weinheim: Beltz.
Likert, R. (1967). The human organization. New York.
Lilli, W. & Frey, D. (1993). Die Hypothesentheorie der sozialen Wahrnehmung. In D. Frey & M. Irle (Hrsg.), Theorien der Sozialpsychologie, Band 1, (S. 49–78). Bern: Huber.
Lindsay, P. H. & Norman, D. A. (1972). Human information processing. New York, London: Academic Press.
Lindzey, G. (Ed.). (1985). Handbook of Social Psychology (3rd ed.). Reading (Mass.): Addison Wesley.
Loch, E. (1977). Die Krankheitslehre der Psychoanalyse. Stuttgart.
Locke, E. A. & Latham, G. P. (1990). A theory of goal setting and task performance. Englewood Cliffs, NJ: Prentice Hall.
Löwe, H. (1976). Einführung in die Lernpsychologie des Erwachsenenalters. Köln: Kiepenheuer & Witsch.

Lohr, W. (1963). Einführung zur deutschsprachigen Ausgabe. In K. Lewin (Hrsg.). Bern: Huber
Lompscher, J. (Hrsg.). (1971). Psychologie des Lernens in der Unterstufe. Berlin: Volk und Wissen.
Lompscher, J. (Hrsg.). (1972). Theoretische und experimentelle Untersuchungen zur Entwicklung geistiger Fähigkeiten. Berlin: Volk und Wissen.
Lorenz, K. (1937). Über die Bildung des Instinktbegriffs. Naturwissenschaften, 25, 289-331.
Lorenz, K. (1966). Ethologie, die Biologie des Verhaltens. In F. Gessner & L. V. Bertalanffy (Hrsg.), Handbuch der Biologie (Bd. II, S. 341-559). Frankfurt: Athenäum.
Luborsky, L. & Spence, D. P. (1978). Quantitative research on psychoanalytic therapy. In S. L. Garfield & A. E. Bergin (Eds.), Handbook of psychotherapy and behavior change. An empirical analysis (2nd ed.), (pp. 331-368). New York: Wiley.
Luchins, A. S. (1946). Classroom experiments on mental set. Amer. J. Psychol. 59, 295-298.
Lück, H. E. (1975). Prosoziales Verhalten. Köln: Kiepenheuer & Witsch.
Lück, H. E. (1991). Geschichte der Psychologie. Stuttgart: Kohlhammer.
Lüer, G. (1973). Gesetzmäßige Denkabläufe beim Problemlösen. Weinheim: Beltz.
Luhmann, N. (1977). Theoretische und praktische Probleme der anwendungsorientierten Sozialwissenschaft. In Wissenschaftszentrum Berlin (Hrsg.), Interaktion von Wissenschaft und Politik (S. 16-39). Frankfurt a. M.: Campus.
Lukesch, H. (1976). Elterliche Erziehungsstile. Psychologische und soziologische Bedingungen. Stuttgart: Kohlhammer.

Mace, C. A. (1948). Come implications of analytical behaviorism. Proceedings of the Aristotelian Society, 49, 1-16.
Maier, S. F. & Seligman, M. E. P. (1976). Learned helplessness: Theory and evidence. Journal of Experimental Psychology: General, 105, 3-16.
Malzacher, J. T. (1992). Erleichtern Vorsätze die Handlungsinitiierung? Zur Aktivierung der Vornahmehandlung. Unveröff. Dissertation. Universität München.
Mann, L. (1994). Sozialpsychologie (10. Aufl.). Weinheim: Psychologie-Verlags-Union.
Martin, L. L. & Tesser, A. (1989). Toward a motivational and structural theory of ruminative thought. In J. S. Uleman & J. A. Bargh (Eds.), Unintended thought (pp. 306-323). New York: Guilford Press.
Maslow, A. H. (1943). A theory of human motivation. Psychol. Review, 5, 370-396.
Masters, W. & Johnson, V. (1970). Human sexual inadequacy. Boston: Little, Brown.
Mattes, P. (1980). Allgemeine und Angewandte Psychologie. In R. Asanger et al. (Hrsg.), Handwörterbuch der Psychologie (S. 18-22). Weinheim: Beltz.
Mayer, A. (Hrsg.). (1978). Organisationspsychologie. Stuttgart: Poeschel.
McClelland, D. C. (1975). Power: The inner experience. New York: Irvington.
McClelland, D. C. (1985). Human motivation. Glenview, Ill.: Scott, Foresman.

McClelland, D. C. (1990). Cognitive versus traditional motivational models. In E. T. Higgins & R. M. Sorrentino (Eds.), Handbook of motivation and cognition (Vol. 2, pp. 562–597). New York: Guilford Press.
McClelland, D. C., Atkinson, J. W., Clark, R. A. & Lowell, E. L. (1953). The achievement motive. New York: Appleton-Century-Crofts.
McDougall, W. (1908). An introduction to social psychology. London: Methuen.
McGregor, D. (1960). The human side of enterprice. New York: McGraw-Hill. (Deutsch: Der Mensch im Unternehmen. Düsseldorf 1973, 3. Aufl.)
McNeill, D. (1966). Developmental psycholinguistics. In F. Smith & G. H. Miller (Eds.), The genesis of language: A psycholinguistic approach. Cambridge, Mass.: M. I. T. Pr.
Mead, M. (1958). Mann und Weib. Hamburg: Rowohlt.
Meadows, D. L. & Meadows, D. H. (1974). Das globale Gleichgewicht. Modellstudien zur Wachstumskrise. Stuttgart: Dt. Verl. Anst.
Meehl, P. E. (1954). Clinical vs. statistical prediction. Minneapolis: Univ. of Minnesota Pr.
Mees, U. & Selg, H. (Hrsg.) (1977). Verhaltensbeobachtung und Verhaltensmodifikation. Stuttgart: Klett.
Meichenbaum, D. (1991). Intervention bei Streß. Anwendung und Wirkung des Streßimpfungstrainings. Bern: H. Huber.
Merton, R. K. (1948). The selffulfilling prophecy. Antioch Review, 8, 193–210.
Meyer, A. E., Richter, R., Grawe, K., v. der Schulenburg, J. M. & Schulte, B. (1991). Forschungsgutachten zu Fragen eines Psychotherapeutengesetzes. Bonn: Gesundheitsministerium.
Meyer, W. U. & Försterling, F. (1993). Die Attributionstheorie. In D. Frey & M. Irle (Hrsg.), Theorien der Sozialpsychologie, Band 1, 175–214. Bern: Huber.
Miller, G. A. (1956). The magical number seven, plus or minus two: Some limits on our capacity for processing information. Psychol. Rev., 63, 81.
Miltner, W., Birbaumer, N. & Gerber, W. D. (1986). Verhaltensmedizin. Berlin: Springer.
Mischel, W. (1968). Personality and assessment. New York: Wiley.
Mischel, W. (1973). Toward a cognitive social learning reconcentualization of personality. Psychol. Review, 80, 252–283.
Mischel, W. (1976). Introduction to personality. New York: Holt, Rinehart & Winston.
Mischel, W. (1986). Introduction to personality. A new look. (4th ed.). New York: CBS College Publishing.
Moeller, H.-J. (1976). Methodische Grundprobleme der Psychiatrie. Stuttgart: Kohlhammer.
Moeller, H.-J. (1978). Psychoanalyse – erklärende Wissenschaft oder Deutungskunst? München: Fink.
Mogel, H. (1982). Das Selbst als Bezugssystem für die subjektive Bewertung von Erfahrungsgegenständen. Diss. Universität Freiburg.
Mogel, H. (1984). Ökopsychologie. Stuttgart: Kohlhammer.
Mogel, H. (1985). Persönlichkeitspsychologie. Ein Grundriß. Stuttgart: Kohlhammer.

Mogel, H. (1990 a). Bezugssystem und Erfahrungsorganisation. Göttingen: Hogrefe.
Mogel, H. (1990 b). Umwelt und Persönlichkeit. Bausteine einer psychologischen Umwelttheorie. Göttingen: Hogrefe.
Mogel, H. (1994). Psychologie des Kinderspiels. Die Bedeutung des Spiels als Lebensform des Kindes, seine Funktion und Wirksamkeit für die kindliche Entwicklung. 2., akutalisierte und erweiterte Auflage. Springer: Berlin Heidelberg.
Mogel, H. (1995). Geborgenheit. Psychologie eines Lebensgefühls. Springer: Berlin Heidelberg.
Moreno, J. L. (1923). Das Stegreiftheater. Berlin.
Moreno, J. L. (1934). Who shall survive? Washington.
Morgan, C. T. (1961). Introduction to psychology (2nd ed.). New York: McGraw-Hill.
Morscher, E. (1974). Das Sein-Sollen Problem logisch betrachtet. Conceptus, 8, 5–29.
Morscher, E. (1974). Philosophische Grundlagen der Normenproblematik. Habilitationsschrift. Salzburg.
Münsterberg, H. (1912). Psychologie und Wirtschaftsleben. Leipzig: Barth.
Münsterberg, H. (1914, 1928). Grundzüge der Psychotechnik (3. Aufl.). Leipzig: Barth.
Murphy, G. (1930). An historical introduction to modern psychology. London.
Murray, H. A. (1938). Explorations in personality. New York: Oxford University Press.
Murray, H. A. (1943). Thematic Apperceptive Test Manual. Cambridge: Harvard University Press.
Mussen, P. H., Conger, J. J. & Kagan, J. (1976). Lehrbuch der Kinderpsychologie. Stuttgart: Klett.

Nagel, E. (1956). Logic without metaphysics. New York.
Neisser, U. (1974). Kognitive Psychologie. Stuttgart: Klett.
Nesselroade, J. R., Schaie, K. W., Baltes, P. B. (1972). Ontogenetic and generational components of structural and quantitative change in adult behavior. J. of Gerontology, 27, 222–228.
Nestmann, F. (1981). Diagnostik. In G. Rexilius, S. Grubitzsch (Hrsg.), Handbuch psychologischer Grundbegriffe. Reinbek: Rowohlt.
Neuberger, O. (1977). Organisation und Führung. Stuttgart: Kohlhammer.
Newell, H. & Simon, H. A. (1972). Human problem solving. New Jersey: Prentice-Hall.
Nickel, H. (1972, 1975). Entwicklungspsychologie des Kindes- und Jugendalters, I, II. Bern: Huber.
Nolting, H. P. & Paulus, P. (1992). Pädagogische Psychologie. Stuttgart: Kohlhammer
Norman, D. A. (1976). Memory and Attention. New York: Wiley.

Oechsler, W. A. (1992). Systeme der Organisation und Führung. In E. Gabele et al. (Hrsg.). Wiesbaden: Gabler.

Oerter, R. (1969). Moderne Entwicklungspsychologie (4. Aufl.). Donauwörth: Auer.

Oerter, R. (1971). Psychologie des Denkens (2. Aufl.). Donauwörth: Auer.

Oerter, R. (1978). Entwicklung und Sozialisation. Donauwörth: Auer.

Oerter, R. (1979). Ein ökologisches Modell kognitiver Sozialisation. In H. Walter, R. Oerter (Hrsg.). Donauwörth: Auer.

Oerter, R. & Montada, L. (Hrsg.). (1982). Entwicklungspsychologie. München: Urban & Schwarzenberg.

Oesterreich, R. (1981). Handlungsregulation und Kontrolle. München: Urban & Schwarzenberg.

Oevermann, U. (1969). Schichtspezifische Formen des Sprachverhaltens und ihr Einfluß auf die kognitiven Prozesse. In M. Roth (Hrsg.), Begabung und Lernen. Stuttgart: Klett.

Olson, D. R. (1970). Language and thought: Aspects of a cognitive theory of semantics. Psychol. Rev., 77/4, 257–272.

Olweus, D. (1972). Personality and aggression. In J. K. Cole & D. D. Jensen (Eds.), Nebraska Symposium on Motivation (pp. 261–321). Lincoln, NE: University of Nebraska Press.

Ortony, A. (Ed). (1988). Metaphor and Thought. Cambridge: University Pr.

Osborne, A. F. (1962). Development in creative education. In S. J. Parnes & H. F. Harding (Eds.), A source book for creative thinking. New York: Scribner.

Osgood, C. E. (1971). Where do nouns come from? In D. D. Steinberg & I. A. Jakobovits (Eds.), Semantics, an interdisciplinary reader in philosophy, linguistics and philosophy. Cambridge: University Pr.

Paivio, A. & Scapo, K. (1969). Concrete image and verbal memory codes. J. Exp. Psychol., 80, 279–285.

Patry, J. L. (Hrsg.). (1982). Feldforschung. Methoden und Probleme sozialwissenschaftlicher Forschung unter natürlichen Bedingungen. Bern: Huber.

Paul, G. L. (1969). Behavior modification research: Design and tactics. In C. M. Franks (Ed.), Behavior therapy: Appraisal and status. New York: Mc Graw Hill.

Pawlik, K. (Hrsg.). (1976). Diagnose der Diagnostik. Stuttgart: Klett.

Pawlow, I. P. (1953). Sämtliche Werke. Berlin: Akademie-Verl.

Pearce, S. & Wardle, J. (1989). The practice of behavioral medicine. Oxford: British Psychological Society.

Pekrun, R. (1988). Emotion. Motivation und Persönlichkeit. München/Weinheim: Psychologie Verlags Union.

Penrose, L. S. (1965). Einführung in die Humangenetik. Berlin: Springer.

Perrez, M. (1979). Ist die Psychoanalyse eine Wissenschaft? (2. Aufl.). Bern: Huber.

Perrez, M. (1982). Ziele der Psychotherapie. In R. Bastine et al. (Hrsg.), Grundbegriffe der Psychotherapie (S. 459–463). Weinheim: Edition Psychologie.

Perrez, M. (1982). Was nützt die Psychotherapie? Psychol. Rundschau, 33, 121–126.

Perrez, M. (1989). Psychotherapeutic methods between scientific foundation and everyday knowledge. New Ideas in Psychology, 7, 133–145.

Perrez, M. (1991). Prävention, Gesundheits- und Entfaltungsförderung: Systematik und allgemeine Aspekte. In M. Perrez & U. Baumann (Hrsg.), Lehrbuch Klinische Psychologie. Band 2: Intervention. Bern: H. Huber.
Perrez, M. & Baumann, U. (Hrsg.). (1991). Lehrbuch Klinische Psychologie. Band 2: Intervention. Bern: H. Huber.
Pervin, L. A. (1976). A freeresponse description approach to the analysis of personsituation interaction. J. Personality and Soc. Psychol., 34, 456-474.
Pervin, L. A. (1981). Persönlichkeitspsychologie in Kontroversen. München: Urban & Schwarzenberg.
Petermann, F. (Hrsg.). (1977). Psychotherapieforschung. Weinheim: Beltz.
Piaget, J. (1945). La formation du symbole chez l'enfant. Neuchatel: Delachaux et Niestlé.
Piaget, J. (1958). Psychologie der Intelligenz. Zürich: Rascher.
Piaget, J. (1983). Meine Theorie der geistigen Entwicklung. Frankfurt: Fischer.
Piaget, J. & Inhelder, B. (1977). Die Psychologie des Kindes. Frankfurt: Fischer.
Piliavin, I. M., Rodin, J., Piliavin, J. A. (1966). Good samaritanism: an underground phenomenon? Journal of Personality and Social Psychology, 13, 289-299.
Plack, A. (1967). Die Gesellschaft und das Böse. München: List.
Pongratz, L. J. (1971). Bewußtsein. In W. Arnold et al. (Hrsg.), Lexikon der Psychologie. Freiburg: Herder
Popper, K. R. (1976). Logik der Forschung (6. Aufl.). Tübingen: Mohr.
Popper, K. R. & Eccles, J. C. (1982). Das Ich und sein Gehirn. München: Piper.
Preiser, W. F. E. (1972). Umweltpsychologie - Plädoyer für eine neue Disziplin. Umwelt, 6, 25-28.
Prim, R. & Tilman, H. (1976). Grundlagen einer kritisch-rationalen Sozialwissenschaft. Heidelberg: Quelle & Meyer.
Prince, M. (1981). Association neuroses. J. of Nervous and Mental Disease, 18, 257-282.
Pulver, U., Lang, A., Schmid, F. W. (1978). Ist Psychodiagnostik verantwortbar? Bern: Huber.

Rachman, St. (1959). The treatment of anxiety and phobic reactions by systematic desensitization. Journal of Abnormal and Social Psychology, 58, 259-263.
Rachman, St. & Wilson, G. T. (1980). The effects of psychological therapy (2nd ed.). Oxford: Pergamon Pr.
Rauh, H. (Hrsg.). (1978). Jahrbuch der Entwicklungspsychologie 1/1979. Stuttgart: Klett.
Reinecker, H. (1981). Die kognitive Wende in der Verhaltenstherapie. Verhaltensmodifikation, 2, 25-32.
Reinecker, H. (1987). Grundlagen der Verhaltenstherapie. München: Urban & Schwarzenberg.
Reinecker, H. (1993). Grundlagen der Verhaltenstherapie (2. Aufl.). München/Weinheim: Psychologie Verlags Union.
Reinecker, H. (Hrsg.). (1993). Lehrbuch der Klinischen Psychologie: Modelle psychischer Störungen (2. Aufl.). Göttingen: Hogrefe.

Reiter, L. (1975). Werte, Ziele und Entscheidungen in der Psychotherapie. In H. Strotzka (Hrsg.), Psychotherapie. Grundlagen, Verfahren, Indikationen (S. 85–109). München: Urban & Schwarzenberg.
Reiter, L. (1984). Partnerschafts- und Familientherapie. In L. R. Schmidt (Hrsg.), Lehrbuch der Klinischen Psychologie (2. Aufl.). Stuttgart: Enke.
Reiter, L. (1984). Partnerschafts- und Familientherapie. In L. R. Schmidt (Hrsg.), Lehrbuch der Klinischen Psychologie (S. 492–501). Stuttgart: Enke.
Reitman, W. R. (1965). Cognition and Thought. New York: Wiley.
Reulecke, W. (Hrsg.). (1977). Strukturelles Lernen. Hamburg: Hoffmann & Campe.
Rheinberg, F. (1982). Zweck und Tätigkeit. Göttingen: Hogrefe.
Richelle, M. (1976). Formal analysis and functional analysis of behavior. Behaviorism, 4, 209–221.
Riedesser, P. (1980). Militärpsychiatrie und -psychologie. In R. Asanger et al. (Hrsg.), Handwörterbuch der Psychologie (S. 291–294). Weinheim: Beltz.
Rimm, D. C. & Masters, J. C. (1979). Behavior therapy: Techniques and empirical findings (2nd ed.). New York: Acad. Pr.
Rogers, C. R. (1959). Toward a theory of creativity. In H. H. Anderson (Ed.)., Creativity and its cultivation. New York: Harper & Row.
Rohracher, H. (1971). Leib-Seele-Problem. In W. Arnold et al. (Hrsg.), Lexikon der Psychologie. Freiburg: Herder.
Rosenberg, M. J. (1960). An analysis of affective-cognitive consistency. In C. J. Hovland & M. J. Rosenberg (Eds.), Attitude organization and change. New Haven:
Rosenblatt, G. (1958). The perception: A probabilistic model for information storage and organization in the brain. Psychol. Rev., 65, 385.
Rosenstiel v., L. & Ewald, G. (1979). Marktpsychologie I und II. Stuttgart: Kohlhammer.
Rosenthal, R. & Jacobsen, L. (1968). Pygmalion in the classroom. New York: Holt, Rinehart & Winston.
Rosenthal, R. (1966). Experimenter effects in behavioral research. New York: Appleton-Century-Crofts.
Rosch, E. (1975). Cognitive representations of semantic categories. J. Exp. Psychol. General, 104, 192–223.
Ross, E. A. (1908). Social psychology. An outline and source book. New York: Wiley.
Roth, E. (Hrsg.). (1989). Organisationspsychologie. Göttingen: Hogrefe.
Rothacker, E. (1938). Die Schichten der Persönlichkeit. Bonn.
Rubinstein, S. L. (1971). Grundlagen der allgemeinen Psychologie. (Ost)Berlin: Volk und Wissen.

Saarni, C. & Harris, P. L. (Eds.). (1989). Children's understanding of emotion. Cambridge: Cambridge University Press.
Sader, M. (1991). Psychologie der Gruppe (2. Aufl.). München: Juventa.
Sarges, W. & Fricke, R. (Hrsg.). (1986). Psychologie für die Erwachsenenbildung/Weiterbildung. Ein Handbuch in Grundbegriffen. Göttingen: Hogrefe
Sauermann, P. (1980). Marktpsychologie – Eine Einführung in die Praxis der Wirtschaftspsychologie, Bd. II. Stuttgart: Enke.

Schachter, S. & Singer, J. E. (1962). Cognitive, social, and physiological determinants of emotional states. Psychological Review, 69, 379–399.
Schaie, K. W. (1965). A general model for the study of developmental problems. Psychol. Bull., 64, 92–107.
Schandry, R. (1989). Lehrbuch Psychophysiologie (2. Aufl.). München, Weinheim: Psychologie-Verlags-Union.
Scherer, K. R. (1979). Der aggressive Mensch. Ursachen der Aggressionen unserer Gesellschaft. Königstein/Ts.: Athenäum.
Scherer, K. R. (Hrsg.). (1990 a). Psychologie der Emotion. Enzyklopädie der Psychologie, C. IV, 3. Göttingen: Hogrefe.
Scherer, K. R. (1990 b). Theorien und aktuelle Probleme der Emotionspsychologie. In K. R. Scherer (Hrsg.), (1990 a). Psychologie der Emotion. Enzyklopädie der Psychologie, Bd. C/IV, 3 (S. 2–38). Göttingen: Hogrefe.
Scherer, K. R., Abels, R. P., Fischer, C. S. (1975). Human aggression and conflict. Englewood Cliffs, NJ: Prentice Hall.
Scherer, K. R. & Ekman, P. (Eds.). (1984). Approaches to emotion. Hillsdale: Erlbaum.
Schermer, F. J. (1991). Lernen und Gedächtnis. Stuttgart: Kohlhammer.
Schiefele, H. & Krapp, A. (Hrsg.). (1986). Handlexikon zur Pädagogischen Psychologie. München: Ehrenwirth.
Schmale, H. (1983). Psychologie der Arbeit. Stuttgart: Klett-Cotta.
Schmelzer, D. (1983). Problem- und zielorientierte Therapie: Ansätze zur Klärung der Ziele und Werte von Klienten. Verhaltensmodifikation, 4, 130–156.
Schmid, K. H. (1972). Psychologische Testverfahren im Personalbereich. Köln: Müssener.
Schmidt, H. D. (1973). Allgemeine Entwicklungspsychologie. (Ost) Berlin: Dt. Verl. d. Wiss.
Schmidt, L. R. (1984). Lehrbuch der Klinischen Psychologie (2. Aufl.). Stuttgart: Enke.
Schmidt, R. F. & G. Thews (Hrsg.). (1995). Physiologie des Menschen (26. Aufl.). Berlin, Heidelberg, New York: Springer.
Schneiderman, N. & Tapp, J. T. (Eds.). (1985). Behavioral medicine. The biopsychosocial approach. Hillsdale, N. J.: L. Erlbaum.
Schorr, A. (1991). Psychologen im Beruf. Bonn: Dt. Psychologen-Verl.
Schorr, A. (Hrsg.). (1993). Handwörterbuch der Angewandten Psychologie. Bonn: Dt. Psychologen-Verl.
Schraml, W. J. (1969). Abriß der Klinischen Psychologie. Stuttgart: Kohlhammer.
Schuler, H. & Stehle, W. (Hrsg.). (1982). Psychologie in Wirtschaft und Verwaltung. Stuttgart: Poeschel.
Schulte, D. (1986). Verhaltenstherapeutische Diagnostik. In Deutsche Gesellschaft für Verhaltenstherapie (Hrsg.), Verhaltenstherapie: Theorien und Methoden. Tübingen: DVGT-Verlag.
Schuschke, W. (1978, 1980). Rechtsfragen in Beratungsdiensten (3. Aufl.). Freiburg: Lambertus-Verl.
Schwartz, G. E. (1982). Integrating psychobiology and behavior therapy: A systems perspective. In G. T. Wilson & C. M. Franks (Eds.), Contemporary behavior therapy. Conceptual and empirical foundations. New York: Guilford Press.

Schwarzer, Ch. (1979). Einführung in die pädagogische Diagnostik. München: Kösel.
Scott, W. D. (1908). Psychology of advertising. Boston.
Seewald, C. (1980). „Das hängt ja auch vom Lehrer ab...". Pragmatische Alltagstheorien und Urteile von Lehrern am Beispiel einer Schulversagerin. In K. Ulich (Hrsg.), Wenn Schüler stören (S. 49-66). München: Urban & Schwarzenberg.
Seibel, H. D. & Lühring, H. (1984). Arbeit und psychische Gesundheit. Göttingen: Hogrefe.
Seidenstücker, G. & Baumann, U. (1978). Multimethodale Diagnostik. In U. Baumann, H. Berbalk & G. Seidenstücker (Hrsg.), Klinische Psychologie. Trends in Forschung und Praxis 1 (S. 134-182). Bern: Huber.
Seifert, K. H. (Hrsg.). (1977). Handbuch der Berufspsychologie. Göttingen: Hogrefe.
Seifert, K. H. (1989). Berufliche Entwicklung und berufliche Sozialisation. In E. Roth (Hrsg.), 608-630.
Sektion „Arbeits- und Betriebspsychologie" im Berufsverband deutscher Psychologen e. V. (Hrsg.). (1978). Arbeits- und Betriebspsychologie in der Bundesrepublik Deutschland - Stand und Perspektiven. Duisburg: Eigenverlag.
Selg, H. (1969). Diagnostik der Aggressivität (2. Aufl.). Göttingen: Hogrefe.
Selg, H. (1969). Einführung in die experimentelle Psychologie (2. Aufl.). Stuttgart: Kohlhammer.
Selg, H. (1972). Über Gewaltdarstellung in Massenmedien. Schriftenreihe der Bundesprüfstelle für jugendgefährdende Schriften, Heft 3, 11-31.
Selg, H. (1978). Entwicklung und Lernen (2. Aufl.). Braunschweig: Waisenhaus-Verl.
Selg, H., Klapprott, J. & Kamenz, R. (1992). Forschungsmethoden der Psychologie. Stuttgart: Kohlhammer.
Seligman, M. E. P. (1975). Helplessness: On depression, development and death. San Francisco: Freeman.
Seligman, M. E. P. (1990). Learned optimism. New York: Knopf.
Selz, O. (1913). Über die Gesetze des geordneten Denkverlaufs. Stuttgart.
Selz, O. (1924). Die Gesetze der produktiven und reproduktiven Geistestätigkeit. Bonn.
Semmer, N., Pfäfflin, M. (1978). Interaktionstraining. Weinheim: Beltz.
Semmer, N. & Volpert, W. (1980). Arbeitspsychologie. In R. Asanger et al. (Hrsg.). Handwörterbuch der Psychologie (S. 36-43). Weinheim: Beltz.
Shapiro, M. B. (1961). The single case in fundamental clinical psychological research. British J. of Medical Psychol., 34, 255-262.
Shelton, J. L. (1979). Instigation therapy: Using therapeutic homework to promote treatment gains. In A. P. Goldstein & F. H. Kanfer (Eds.), (pp. 225-245) New York: Academic-Pr.
Shelton, J. L. & Ackermann, M. J. (1974). Homework in counseling and psychotherapy. Springfield, Ill.: Thomas.
Shipley, T. E. & Veroff, J. (1952). A projective measure of need for affiliation. Journal of Experimental Psychology, 43, 349-356.
Sidis, B. (1909/1910). The psychotherapeutic value of hypnoidal state. J. of Abnormal Psychol., 4, 151-171.

Sinclair de Zwart, H. (1969). Developmental psycholinguistics. In D. Elkind & G. H. Flavell (Eds.), Studies in cognitive development - Essays in Honor of Jean Piaget. New York u. a.: Oxford Univ. Press.
Sinz, R. (1977). Neurophysiologische und biochemische Grundlagen des Gedächtnisses. In F. Klix & H. Sydow (Hrsg.), Zur Psychologie des Gedächtnisses. Berlin: Dt. Verl. d. Wiss.
Six, B. & Kleinbeck, U. (1989). Arbeitsmotivation und Arbeitszufriedenheit. In E. Roth (Hrsg.), 348-398. Göttingen: Hogrefe.
Sixtl, F. (1980). Die Entdeckung allgemeiner psychologischer Gesetze bei variablen Organisationsbedingungen. In Witte, E. H. (Hrsg.). Beiträge zur Sozialpsychologie. Weinheim: Beltz.
Sixtl, F. (1982). Meßmethoden der Psychologie (2. Aufl.). Weinheim: Beltz.
Sixtl, F. (1985). Notwendigkeit und Möglichkeit einer neuen Methodenlehre der Psychologie. 2. Exp. Angew. Psychopl., 32, 320-339.
Skinner, B. F. (1953). Science and human behavior. New York: Macmillan.
Skinner, B. F. (1957). Verbal behavior. New York: Appleton-Century-Crofts.
Skinner, B. F. (1974). About Behaviorism. New York: Knopf.
Slavson, S. R. (1943). An introduction to group therapy. New York: Commonwealth fund.
Smith, C. A. & Ellsworth, Ph. C. (1985). Patterns of cognitive appraisal in emotion. Journal of Personality and Social Psychology, 48, 813-838.
Sodhi, K. S. (1953). Mittel- und westeuropäische Sozialpsychologie. In A. Wellek (Hrsg.), Bericht über den 19. Kongreß der Deutschen Gesellschaft für Psychologie (S. 7-33). Göttingen: Hogrefe.
Sommer, G. & Ernst, H. (Hrsg.). (1977). Gemeindepsychologie. Therapie und Prävention in der sozialen Umwelt. München: Urban & Schwarzenberg.
Sommer, G. et al. (1978). Gemeindepsychologie. In L. J. Pongratz (Hrsg.), Handbuch der Psychologie, Band 8: Klinische Psychologie, 2. Halbband (S. 2913-2979). Göttingen: Hogrefe.
Sorrentino, R. M. & Higgins, E. T. (1986). Handbook of motivation and cognition (Vol. 1). New York: Guilford Press.
Speierer, G. W. (1978). Gruppenpsychotherapie. In U. Baumann, H. Berbalk & G. Seidenstücker (Hrsg.), Klinische Psychologie. Trends in Forschung und Praxis 1 (S. 184-273). Bern: Huber.
Spelt, D. K. (1948). The conditioning of the human fetus in utero. J. exp. Psychol., 38, 338-346.
Sperling, G. (1960). The information available in brief visual presentations. Psychol. Monographs 74.
Spranger, E. (1921). Lebensformen. Geisteswissenschaftliche Psychologie und Ethik der Persönlichkeit (3. Aufl.). Halle: Niemeyer.
Stapf, K. H. (1978). Ökopsychologie und Systemwissenschaft. In C. F. Graumann (Hrsg.).
Stark, W. (1991). Prävention und Empowerment. In G. Hörmann & W. Körner (Hrsg.), Klinische Psychologie. Ein kritisches Handbuch. Reinbek: Rowohlt.
Stegmüller, W. (1974). Wissenschaftliche Erklärung und Begründung. Probleme und Resultate der Wissenschaftstheorie und Analytischen Philosophie. Berlin: Springer.

Steller, B. (1992). Vorsätze und die Wahrnehmung günstiger Gelegenheiten. München: Tadur Verlagsgesellschaft.
Stern W. (1900). Über Psychologie der individuellen Differenzen. Leipzig: Barth.
Stern W. (1903). Angewandte Psychologie. Beiträge zur Psychologie der Aussage. Erste Folge. Leipzig 1.
Stone, L. J., Church, J. (1978). Kindheit und Jugend, I, II. Stuttgart: Thieme.
Stroebe, W., Hewstone, M., Codol, J. P. & Stephenson, G. M. (Hrsg.). (1990). Sozialpsychologie - Eine Einführung. Berlin: Springer.
Strutz, H. (Hrsg.). (1993). Handbuch Personalmarketing (2. Aufl.). Wiesbaden: Gabler.
Sweet, A. & Loizeaux, A. L. (1991). Behavioral and cognitive treatment methods: A critical comparative review. Journal of Behavior Therapy and Experimental Psychiatry, 22, 159–185.

Tausch, R. (1982). Wie kann ich als Lehrer echter, einfühlsamer und wärmesorgender werden? In D. H. Rost (Hrsg.), Erziehungspsychologie für die Grundschule (S. 106–132). Bad Heilbrunn: Klinkhardt.
Tausch, R. & Tausch, A. (versch. Auflagen). Erziehungspsychologie. Göttingen: Hogrefe.
Taylor, F. W. (1903). Shop management. New York: Wiley. Deutsch (1909): Die Betriebsleitung, insbesondere der Werkstätten. Berlin: Springer.
Taylor, F. W. (1911). The principles of scientific management. New York: Deutsch (1977): Die Grundsätze wissenschaftlicher Betriebsführung. Weinheim: Beltz.
Tharp, R. G. & Wetzel, R. J. (1975). Verhaltensänderung im gegebenen Sozialfeld. München: Urban & Schwarzenberg.
Thomä, H. & Kächele, H. (1985). Lehrbuch der psychoanalytischen Therapie. 1 Grundlagen. Berlin: Springer.
Thomä, H. & Kächele, H. (1988). Lehrbuch der psychoanalytischen Therapie. 2 Praxis. Berlin: Springer.
Thomae, H. (1955). Persönlichkeit. Eine dynamische Interpretation (2. Aufl.). Bonn: Bouvier.
Thomae, H. (1959). Entwicklung und Prägung. In H. Thomae (Hrsg.), Handbuch der Psychologie, III, Entwicklungspsychologie. Göttingen: Hogrefe.
Thomae, H. (1959). Entwicklungsbegriff und Entwicklungstheorie. In H. Thomae (Hrsg.), Handbuch der Psychologie, III, Entwicklungspsychologie. Göttingen: Hogrefe.
Thomae, H. (1968). Das Individuum und seine Welt. Eine Persönlichkeitstheorie. Göttingen: Hogrefe.
Thomae, H. (1977). Psychologie in der modernen Gesellschaft. Hamburg: Hoffmann & Campe.
Thoresen, C. E. & Mahoney, M. J. (1974). Behavioral selfcontrol. New York: Holt, Rinehart and Winston.
Thorndike, E. L. (1911). Animal intelligence. New York: Macmillan.
Thurstone, L. L. (1938). Primary mental abilities. Chicago.
Tinbergen, N. (1951). The study of instinct. London: Oxford University Press.
Traue, H. C. (1986). Behavioral Medicine - Verhaltensmedizin. Psychologische Rundschau, 37, 195–208.

Trautner, A. M. (1978). Lehrbuch der Entwicklungspsychologie, I. Göttingen: Hogrefe.
Traxel, W. (1968). Über Gegenstand und Methode der Psychologie. Bern: Huber.
Triplett, N. D. (1897/98). The dynamogenetic factors in pacemaking and competition. American Journal of Psychology, 9, 507-533.
Tunner, W. (1976). Die Behandlung neurotischer Ängste durch Selbstwahrnehmung, Selbstinstruktion und Probehandeln. Vortrag auf dem 30. Kongr. der DGfP in Regensburg 1976. Göttingen: Hogrefe.

Uleman, J. S. (1972). The need for influence: Development and validation of a measure, and comparison with the need for power. Genetic Psychology Monographs, 85, 157-214.
Ulich, D. (1989). Das Gefühl. Eine Einführung in die Psychologie (2. Aufl.). München: Psychologie Verlags Union.
Ulich, D. (1991). Emotionale Entwicklung als Aufbau emotionaler Schemata. Positionsreferat (eingeladen) auf der 10. Tagung Entwicklungspsychologie, Köln.
Ulich, D. (1994). Sozialisations- und Erziehungseinflüsse in der emotionalen Entwicklung. In K. Schneewind (Hrsg.), Psychologie der Erziehung und Sozialisation. Enzyklopädie der Psychologie. Göttingen: Hogrefe.
Ulich, D., Hauser, K., Mayring, Ph., Strehmel, P., Grünwald, H. (1980). Kognitive Kontrolle in Krisensituationen. Arbeitslosigkeit bei Lehrern. Fortsetzungsantrag an die DFG. München.
Ulich, D. & Kapfhammer, H. P. (1991). Sozialisation der Emotionen. In K. Hurrelmann & D. Ulich (Hrsg.), Neues Handbuch der Sozialisationsforschung (S. 551-572). Weinheim: Beltz.
Ulich, D. & Mayring, Ph. (1992). Psychologie der Emotionen. Stuttgart: Kohlhammer.
Ulich, E., Grosskurth, P. & Bruggemann, A. (1973). Neue Formen der Arbeitsgestaltung. Frankfurt.
Ullmann, L. P. & Krasner, L. (1969). A psychological approach to abnormal behavior. Englewood Cliffs, NJ: Prentice Hall.

Vandenbos, G. R. (Guest Editor). (1986). American Psychologist. Special Issue: Psychotherapy Research. Vol. 41, No. 2.
Vaskovics, L. A. (Hrsg.). (1982). Umweltbedingungen familialer Sozialisation. Beiträge zur sozialökologischen Sozialforschung. Stuttgart: Enke.
Veroff, J. (1957). Development and validation of a projective measure of power motivation. Journal of Abnormal and Social Psychology, 54, 1-8.
Vester, F. (1975). Denken, Lernen, Vergessen. Stuttgart: Dt. Verl.-Anst.
Vroom, V. H. (1964). Work and motivation. New York: Wiley.

Wälder, R. (1930). Das Prinzip der mehrfachen Funktion. Internat. Z. f. Psychoanalyse, 16, 285-300.
Wahl, D. (1980). Lehrermotive und Zielkonflikte. Studienbrief 1/A des Fernstudiums Erziehungswissenschaft 'Schülerprobleme - Lehrerprobleme'. Tübingen.
Wahl, R. & Hautzinger, M. (Hrsg.). (1989). Verhaltensmedizin. Konzepte, Anwendungsgebiete, Perspektiven. Köln: Deutscher Ärzte-Verlag.

Wainer, H. A. & Rubin, I. M. (1971). Motivation of research and development entrepreneurs: Determinants of company success. In D. A. Kolb, I. M. Rubin & J. McIntire (Eds.), Organizational psychology (pp. 131–139). Englewood Cliffs, NJ: Prentice Hall.
Walter, H. (1979). Ökologie und Entwicklung. Zur Standortbestimmung des Konstanzer Symposiums. In H. Walter, R. Oerter (Hrsg.). Donauwörth: Auer.
Walter, H. & Oerter,R. (1979). Ökologie und Entwicklung. Donauwörth: Auer.
Wason, P. C. (1960). On the failure to eliminate hypothesis in a conceptual task. Quart. J. exp. Psychol. 12, 129–140.
Watson, J. B. (1913). Psychology as the behaviorist views it. Psychol. Rev., 20, 158–177.
Watson, J. B. (1930). Behaviorism. Chicago: Deutsch (1968): Behaviorismus, Köln: Kiepenheuer & Witsch.
Watson, J. B. & Rayner, R. (1920). Conditioned emotional reactions. J. of Exp. Psychol., 2, 1–14.
Watzlawick, P., Weakland, J. H., Fisch, R. (1974). Lösungen. Bern: Huber.
Weidenmann, B. & Krapp, A. et al. (1993). Pädagogische Psychologie. Ein Lehrbuch. München/Weinheim: PVU
Weiner, B. (1974). Achievement motivation and attribution theory. Morristown, NJ: General Learning Press.
Weiner, B. (1985). An attribution theory of achievement motivation and emotion. Psychological Review, 92, 548–573.
Weiner, B. (1986). An attributional theory of motivation and emotion. New York: Springer.
Weiner, B. (1992). Human motivation. Newbury Park: Sage Publications.
Weiner, B., Frieze, I. H., Kukla, A., Reed, L., Rest, S. & Rosenbaum, R. M. (1971). Perceiving the causes of success and failure. Morristown, NJ: General Learning.
Weinert, A. B. (1992). Lehrbuch der Organisationspsychologie (3. Aufl.). München: Urban & Schwarzenberg.
Weinert, F. (Hrsg.). (1967). Pädagogische Psychologie. Köln: Kiepenheuer & Witsch.
Weingartner, P. (1978). Wissenschaftstheorie I. Einführung in die Hauptprobleme. Stuttgart: Frommann-Holzboog.
Wellek, A. (Hrsg.). (1953). Bericht über den 19. Kongreß der Deutschen Gesellschaft für Psychologie. Göttingen: Hogrefe.
Welz, R. (1979). Selbstmordversuche in städtischen Lebensumwelten. Eine epidemiologische und ökologische Untersuchung über Ursachen und Häufigkeit. Weinheim, Basel: Beltz.
Wertheimer, M. (1922). Untersuchungen zur Lehre von der Gestalt. Psychol. Forschung, 1, 47–58.
Wertheimer, M. (1971). Kurze Geschichte der Psychologie. München: Piper.
Westmeyer, H. (1973). Kritik der psychologischen Unvernunft. Probleme der Psychologie als Wissenschaft. Stuttgart: Kohlhammer.
Westmeyer, H. (1977). Verhaltenstherapie: Anwendung von Verhaltenstheorien oder kontrollierte Praxis? Möglichkeiten und Probleme einer theoretischen Fundierung der Verhaltenstherapie. In H. Westmeyer & N. Hoffmann (Hrsg.), Verhaltenstherapie: Grundlegende Texte. Hamburg: Hoffmann & Campe.

Westmeyer, H. (1979). Die rationale Rekonstruktion einiger Aspekte psychologischer Praxis. In H. Albert & K. H. Stapf (Hrsg.), Theorie und Erfahrung. Stuttgart: Klett-Cotta.
Westmeyer, H. (1981). Allgemeine und methodologische Probleme der Indikation in der Psychotherapie. Perspektiven für Praxis und Forschung (S. 187–198). München: Fink.
Westmeyer, H. (1992). Lerntheoretische Persönlichkeitsforschung. In K. Pawlik (Hrsg.), Enzyklopädie der Psychologie. Serie Differentielle Psychologie und Persönlichkeitsforschung. Band 1: Methoden der Differentiellen Psychologie. Göttingen: Hogrefe.
Westmeyer, H. (im Druck). Von der Schwierigkeit, ein Behaviorist zu sein oder auf der Suche nach einer behavioristischen Identität. In H. Lenk (Hrsg.), Handlungstheorien – interdisziplinär, Bd. 3. München: Fink.
Whitbourne, S. K. & Weinstock, C. S. (1982). Die mittlere Lebensspanne. München: Urban & Schwarzenberg.
Whorf, B. L. (1963). Sprache – Denken – Wirklichkeit. In P. Krausser (Hrsg.), Rowohlts dt. Enzyklopädie. Reinbek: Rowohlt.
Wicklund, R. A. & Gollwitzer, P. M. (1982). Symbolic self-completion. Hillsdale, NJ: Erlbaum.
Wiest, M. (1978). Schulpsychologie. Stuttgart.
Williams, T. A. (1909). Psychoprophylaxis in childhood. J. of Abnormal Psychol., 4, 182–199.
Wilson, E. O. (1975). Sociobiology. The new synthesis. Cambridge, MA: Harvard University Press.
Winkelmann, W. (1975). Testbatterie zur Erfassung kognitiver Operationen. Braunschweig: Westermann.
Winter, D. G. (1973). The power motive. New York: The Free Press.
Witte, E. H. (1989). Sozialpsychologie. München: Psychologie-Verlags-Union.
Witte, W. (1987). Einführung in die Rehabilitationspsychologie. Bern: Huber.
Wohlwill, J. F. (1980). Environmental psychology and environmental problems. (Unveröff. Papier). Internationales Institut für Umwelt und Gesellschaft. Berlin.
Wolpe, J. (1958). Psychotherapy by reciprocal inhibition. Palo Alto, Calif.: Univ. Pr.
Wolpe, J. (1976). Behavior therapy and its malcontents II: Multimodal electicism, cognitive exclusivism and 'exposure' empiricism. Journal of Behavior Therapy and Experimental Psychiatry, 7, 109–116.
Wundt, W. (1913). Einführung in die Psychologie (3. Aufl.). Leipzig: Dürr.
Wundt, W. (1918). Grundriß der Psychologie (13. Aufl.). Leipzig: Kröner.

Yalom, I. D. (1974). Gruppenpsychotherapie. München: Kindler.
Yates, A. J. (1975). Theory and practice in behavior therapy. New York: Wiley.
Yates, A. J. (1976). Research methods in behavior modification. A comparative evaluation. In M. Hersen, R. M. Eisler & P. M. Miller, (Eds.), Progress in behavior modification, (Vol. 2, pp. 279–306). New York: Academic Pr.

Zimbardo, P. G. & Ruch, F. L. (1978). Lehrbuch der Psychologie (3. Aufl.). Berlin: Springer.

Zimmer, D. E. (1981). Die Vernunft der Gefühle. München: Piper.
Zurek, A. (1991). Gemeindepsychologie. In G. Hörmann & W. Körner (Hrsg.), Klinische Psychologie. Ein kritisches Handbuch. Reinbek: Rowohlt.

Sachverzeichnis